杭州钱塘新区年鉴

杭州钱塘新区地方志编纂委员会办公室　编

HANGZHOU QIANTANG NEW AREA YEARBOOK

2020

方志出版社
Publishing House of Local Records

杭州钱塘新区地方志编纂委员会（2020）

杭州钱塘新区年鉴编辑部

编辑说明

一、《杭州钱塘新区年鉴》是中国共产党杭州钱塘新区工作委员会、杭州钱塘新区管理委员会主办的地方综合年鉴，逐年记载新区自然、政治、经济、文化、社会和生态文明建设等方面的基本情况，为新区机关部门、街道、进区直属管理服务机构、社会各界人士及中外投资者了解和研究新区提供地情资料。

二、《杭州钱塘新区年鉴（2020）》为新区成立后的创刊卷。本年鉴以马克思列宁主义、毛泽东思想、邓小平理论、“三个代表”重要思想、科学发展观、习近平新时代中国特色社会主义思想为指导，全面记载2019年度新区大事、要事、新事和特事，反映新区围绕“建设世界级智能制造产业集群、长三角地区产城融合发展示范区、全省标志性战略性改革开放大平台和杭州湾数字经济与高端制造融合创新发展引领区”的战略目标，践行高质量发展之路所取得的成就、亮点、经验，以及在发展中遇到的新情况、新矛盾、新问题。

三、本年鉴按分类法编排，主体内容分类目、分目、条目三个层次。卷首设特载、专文、大事记、年度要览，卷尾设人物、统计资料、附录。正文百科部分设类目36个、分目180个、条目848条。全书框架结构按地方综合性年鉴编纂要求设置。

四、本年鉴所刊载的情况和数据，均由新区有关职能部门提供，并经过严格审核，文后署作者姓名。统计表由新区统计部门提供，业务数据由各业务主管部门提供。统计资料使用现行法定计量单位。文中数据比较特别说明外，均为2019年与2018年相比，“上年”指“2018年”其他年份之间数据的比较写明年份。因统计口径和统计时间的原因，有些数据可能与统计资料公布的数字有差异，以统计资料公布的为准。

五、为表述简洁，杭州钱塘新区简称新区，中国共产党杭州钱塘新区工作委员会简称新区党工委，杭州钱塘新区管理委员会简称新区管委会；新区党工委、管委会机关部门、直属单位、进区直属管理服务机构第一次出现时用全称，下文出现时用简称，机构全称及规范化简称见附录。文中所涉杭州大江东产业集聚区简称集聚区，杭州经济技术开发区简称开发区。

杭州钱塘新区地图

地图审核号：浙杭 S（2020）035 号

嘉
兴
市
丁桥镇
海宁市
G92
杭州湾环线高速（杭浦段）
中寿
新仓
钱江隧道
塘
江
前进街道
滨江路
六工路
长安福特
华东医药
苏泊尔
统一食品
吉利汽车
中特
西子航空
宝伟
前进智造园
东庄
格力电器
乐歌
庆成
联润
深国际
三一
临江
新湾
前进科技
泽欣纺织
四和机械
富易捷
吉利汽车
科创谷
普洛斯
联源
华东机电
杭齿
协诚
圣山
东风
龙派
创智园
富丽达
临江高科园
汇林食品
红景备品
新湾街道
新湾汽车站
樱友电器
钱塘江纺织
华成
共和
国海针织
远大住工
万东仓储
百合花
宝湾物流
福莱蒽特科技
福莱蒽特
舒能新材料
科利化工
传化化工
吉华化工
鼎龙
惠力化纤
郑翔化纤
钱塘江出海码头
舒能电力
恒逸
恒逸己内酰胺
恒逸高新材料
东南新材料
龙山化工
临江环保
颖泰生物科技
杭电化集团
杭州油脂化工
九隆芳纶
临江街道
传化公路港
普洛斯
永安
党湾
梅东
团结
幸福
党湾镇
永乐
长北
兴围
庆丰
红界
镇中
勤联
利围
区
S9
益农
益农镇
东沙
八里桥
官一
五六二
兴裕
久联
三围
群围
东联
前兴
车路湾
靖力
绍
兴
市
曹
娥
江
杭州市
绍兴市

◆ 区位图

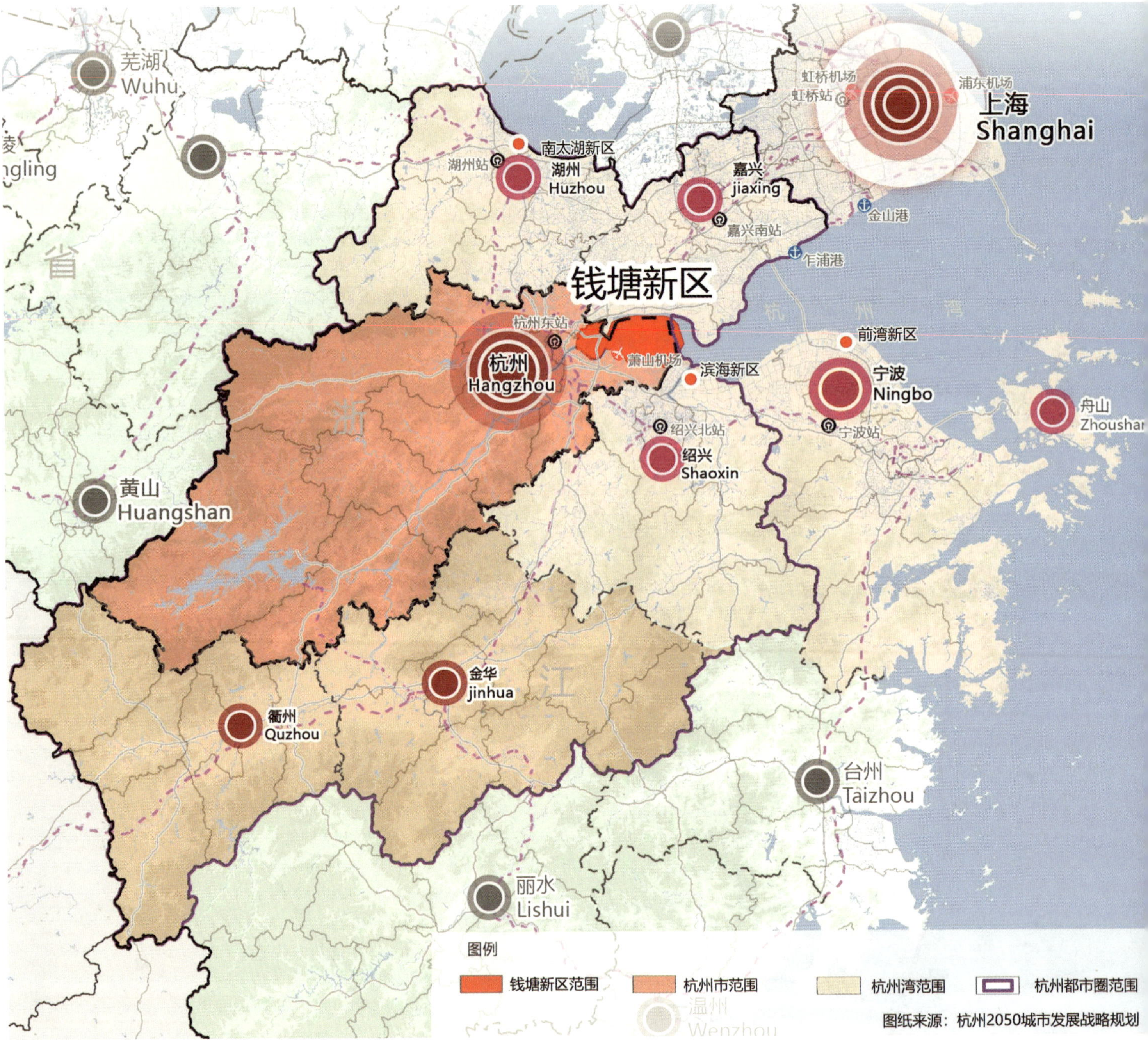

新区在长江三角洲的区位

湖州市
HU ZHOU
嘉兴市
JIA XING
钱塘新区
杭州市区
西湖
钱 塘 江
QIANTANG RIV
绍兴市
SHAO XING

新区在杭州市的区位

新区俯瞰

（叶国炯 摄）

2019 年 4 月 18 日，杭州市召开推进杭州钱塘新区高质量发展大会，时任浙江省委副书记、省长袁家军出席大会并讲话。大会宣读《浙江省人民政府关于同意设立杭州钱塘新区的批复》，公布《中共杭州市委、杭州市人民政府关于加快钱塘新区高质量发展的意见》 （沈 雷 摄）

2019 年 4 月 18 日，推进杭州钱塘新区高质量发展大会上，省委常委、杭州市委书记周江勇（左二）和时任杭州市委副书记、市长徐立毅（右二）分别为中共杭州钱塘新区工作委员会、杭州钱塘新区管理委员会授牌 （沈 雷 摄）

2019 年 4 月 19 日，新区党工委、管委会在位于江东一路 7899 号的东沙湖畔办公楼东广场举行挂牌仪式。图为杭州市副市长、新区党工委书记柯吉欣（左）与时任新区党工委副书记何美华（右）挂牌前握手合影（童志忠 摄）

2019 年 4 月 19 日，新区召开领导干部会议，学习杭州钱塘新区高质量发展大会精神，宣布新区各部门（单位）筹建工作小组成员名单及转隶工作安排（童志忠 摄）

2019年10月18日，新区召开推进高质量发展暨全面实施“新制造业计划”大会，公布新区产业规划、“1+4+X”政策体系及“新制造业计

（童志忠 摄）

2019 年 10 月 18 日，新区推进高质量发展暨全面实施“新制造业计划”大会上，长安福特汽车有限公司杭州分公司等 10 个获评新区 2018 年度“工业产值十强企业”接受表彰（童志忠 摄）

2019 年 10 月 18 日，新区推进高质量发展暨全面实施“新制造业计划”大会上，10 个涉及半导体、生物医药、航天航空、数字经济等领域的产业项目集中签约（童志忠 摄）

2019 年 10 月 18 日，新区推进高质量发展暨全面实施“新制造业计划”大会上，新区管委会与深圳证券交易所等 6 个单位签订战略合作协议 （童志忠 摄）

2019 年 10 月 18 日，新区推进高质量发展暨全面实施“新制造业计划”大会上，首批钱塘智库专家接受聘书 （童志忠 摄）

2019 年 11 月 13 日，新区管委会联合杭州市商务局在上海举办招商推介会，并在推介会上安排“钱塘跨境、开放共赢”杭州钱塘新区 2019 年上海圆桌论坛 （童志忠 摄）

2019 年 12 月 11 日，新区举行重大项目集中开工、竣工投产活动，涉及项目 30 个、总投资 663 亿元 （童志忠 摄）

2019 年 6 月 20 日，浙江省卫生健康委、中科院肿瘤所、新区管委会签署中科院肿瘤与基础医学研究所合作框架协议　（童志忠　摄）

2019 年 7 月 30 日，新区召开战略规划及综合交通规划专家研讨会　（童志忠　摄）

2019 年 8 月 20 日，新区共享数字经济论坛暨海聚中心开园仪式在大创小镇举行。金创供应链等多个科技领军企业签约入驻海聚中心　（杨　卫　供稿）

2019 年 11 月 22 日，杭州中欣晶圆半导体股份有限公司半导体大硅片项目竣工投产　　（童志忠　摄）

2019 年 9 月 27 日，新区企业杭州壹网壹创科技股份有限公司在深圳证券交易所创业板上市　　（新区经发科技局　供稿）

2019 年 6 月 26 日，广州汽车集团乘用车（杭州）有限公司第 20 万辆汽车下线　　（方　波　摄）

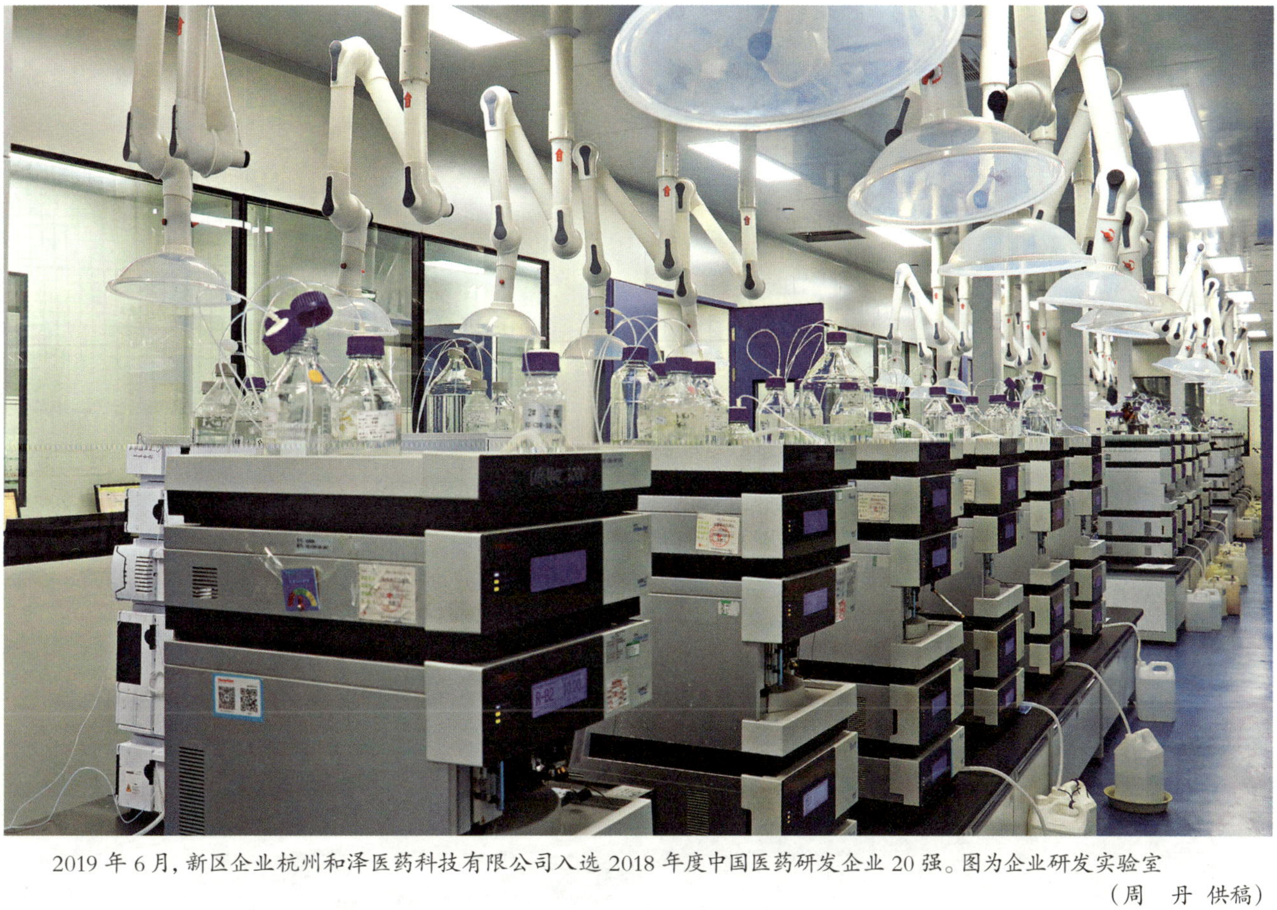

2019 年 6 月，新区企业杭州和泽医药科技有限公司入选 2018 年度中国医药研发企业 20 强。图为企业研发实验室

（周　丹　供稿）

新区地标性商务综合体——湖畔中心

（邱东明 摄）

2019年10月28日，杭州绕城高速公路下沙新建收费站开通启用　（李婷娜 供稿）

新区地铁专线——杭州地铁8号线施工现场　（李婷娜 供稿）

建设中的新区群众艺术文化用房（大剧院）　（王国平 摄）

位于新区东部湾总部基地的亚运轮滑馆施工现场　（叶国炯 摄）

2019 年 5 月，新区大学城北体育健身中心施工现场　　（陈浩杰 摄）

2019 年 9 月，位于新区启成路 1 号的杭州高级中学教育集团启成学校竣工　　（沈佳琪 供稿）

新区大创小镇　　（杨　卫 供稿）

杭州医药港小镇　　（周　丹 供稿）

位于杭州医药港小镇的生物医药加速器三期项目　　（周　丹 供稿）

新区专业化产业综合体——和达高科·海聚中心　　（楼志英 供稿）

2019 年 11 月 27 日，新区与浙江大学签订战略合作协议，浙江大学智能创新药物研究院落户新区　（童志忠 摄）

2019 年 11 月 27 日，新区与浙江工业大学签订战略合作协议，浙江工业大学钱塘生物产业研究院落户新区　（童志忠 摄）

2019 年 11 月 29 日，新区区校合作暨“浙子回归梦钱塘”工程推进大会上，新区管委会与区内 14 所高校签订全面战略合作协议（童志忠 摄）

2019 年 11 月 29 日，新区区校合作暨“浙子回归梦钱塘”工程推进大会上，“浙子回归梦钱塘”工程启动 （童志忠 摄）

2019 年 12 月 5 日，新区政银企党建联盟启动仪式暨全面战略合作签约大会上，新区管委会与 20 个金融机构签署合作协议
（童志忠 摄）

2019 年 10 月 11 日，新区管委会与杭州钢铁集团签订战略合作协议
（童志忠 摄）

2019 年 6 月 11 日，杭州综合保税区通过海关总署授权浙江省联合验收组的验收。浙江省政府副秘书长高屹（左）与杭州海关副关长孙荣燕（右）分别代表省政府和联合验收组签署验收纪要（童志忠 摄）

2019 年 10 月 23 日，新区管委会与海宁市政府签订全面战略合作协议，海宁杭海新区纳入新区战略规划范围（童志忠 摄）

新区临江江海湿地

（陈浩杰 摄）

2019 年 6 月 13 日，杭州举办 2019 年全国大众创业万众创新活动周，钱塘新区分会场同日启动　　（杨　卫 供稿）

2019 年 6 月 13 日，第七届中国创业投资行业峰会在全国大众创业万众创新活动周钱塘新区分会场召开

2019年6月13日，全国大众创业万众创新活动周杭州钱塘新区分会场启动仪式上，中国先进制造业投融资服务联盟启动

（杨　卫　供稿）

（童志忠　摄）

新区 LOGO 发布

2019 年 10 月 18 日，新区召开新闻发布会，公布新区 LOGO 终选方案。新区 LOGO 以“钱”字拼音的首字母“Q”为整体造型，内部线条整合集成电路、钱江浪潮、新区路网等线条元素。方案由杭州正负极工业设计公司设计。LOGO 以蓝色和金色两种不同配色体系呈现，分别取名为“逐浪钱塘”和“旭日钱塘”。LOGO 标识外形酷似初升的太阳，寓示钱塘新区如同一轮初升的太阳，熠熠生辉，充满希望与潜能。内部的线条结构设计，承载新区打造成为世界级智能制造产业集群的雄心与信心，同时饱含钱塘新区人勇做时代大潮的弄潮儿，续写钱塘繁华的决心与担当。

杭州钱塘新区
HANGZHOU QIANTANG NEW AREA

杭州钱塘新区
HANGZHOU QIANTANG NEW AREA

“逐浪钱塘” 标识配色呈现浅蓝到深蓝的渐变效果，是钱江水奔腾如海的颜色变化，寓意钱塘新区的发展向着国际化、科技化、未来化、智能化的蓝图不断进发。与钱塘新区人才集聚、创新创业氛围浓厚、前沿科技成果迭出的气质十分契合，展现钱塘新区不断推陈出新、开拓进取的美好前景。

“旭日钱塘” 以金色为主色调，整体呈磨砂质感，凸显钱塘新区大气开放、实干踏实的气质内涵。金色又是朝阳的颜色，也代表沙地文化元素，象征这片迎接杭州第一缕阳光的围垦热土，如同旭日正蓬勃向荣发展。

2019 年 10 月 18 日，新区召开新闻发布会，发布新区“1+4+X”政策体系、产业规划、新区 LOGO （童志忠 摄）

2019 年 8 月 22 日，“钱塘人才安居乐业一件事”窗口在新区行政服务中心揭牌　　（沈丽晨 供稿）

2019 年 11 月 26 日，新区首个“境外人员服务站”在白杨街道朗琴社区启动。图为工作人员引导外籍人士在自助机上办理住宿登记　　（童志忠 摄）

2019 年 11 月 10 日，“海归杭州，梦圆钱塘”2019 钱塘新区国际人才交流与项目合作大会在新区大创小镇举办，该大会同为杭州国际人才交流与项目合作大会的分会场 （方 波 摄）

2019 年 11 月 10 日，新区国际人才交流与项目合作大会上，浙江省“千人计划”钱塘产业园、杭州国际人才创业创新园、钱塘新区人才之家（高层次人才联谊会）揭牌 （童志忠 摄）

2019 年 11 月 10 日，新区设台参加在杭州国际博览中心开幕的 2019 年杭州国际人才交流与项目合作大会　（童志忠　摄）

2019 年 11 月 10 日，杭州国际人才交流与项目合作大会上，新区企业格力电器（杭州）有限公司设台参展　（童志忠　摄）

2019 年 3 月 21 日，新华社、人民日报、人民网、中央电视台等 40 多家媒体组团参观杭州医药港小镇　（童志忠　摄）

2019 年 11 月 29 日，市民代表参观新区整车企业广汽乘用车（杭州）有限公司生产车间　（方　波　摄）

2019 年 12 月 1 日，新区组织开展“百名市民、百名记者看新区”体验日活动　（方　波　摄）

2019 年 12 月 13 日，由 10 多家中央、省、市媒体代表组成的采访团到新区采风，感受新区发展　（方　波　摄）

2019 年 10 月 27 日，杭州国际女子半程马拉松赛在新区开赛　　　（童志忠　摄）

2019 年 9 月 27 日，新区庆祝中华人民共和国成立 70 周年文艺晚会在中国计量大学举行（童志忠　摄）

2019 年 5 月 18 日，新区举行青年歌

2019 年 6 月 2 日，浙江大湾区自行车公开赛首战——杭州钱塘新区站在下沙围垦公园开赛 （童志忠 摄）

（童志忠 摄）

2019 年 11 月 10 日，钱塘新区首届毅行大会现场 （童志忠 摄）

新区江东片区农居风貌

（方　波 摄）

新区乡间田地　　（陈浩杰 摄）

义蓬街道环河公园　　（蒋馨怡 供稿）

江东农场百亩油菜田　　（陈浩杰　摄）

临江街道萧东村的东海直河　　（茅徐锃　供稿）

规划控制总面积 531.7 平方千米

陆域面积 436 平方千米

钱塘江水域面积 95.7 平方千米

临江江海湿地 77 平方千米

常住人口 116 万人

户籍人口 30.43 万人

托管街道 7 个

行政村 59 个

社区 54 个

工业总产值 2916.9 亿元

地区生产总值（GDP） 1100.2 亿元

农业总产值 21.92 亿元

工业增加值 725.7 亿元

服务业增加值 324.8 亿元

社会消费品零售总额 311.7 亿元

货物进出口总额 122.9 亿美元

财政总收入 201.2 亿元

一般公共预算收入 105.8 亿元

实际使用外资 11.8 亿元

规模以上工业企业 609 个

年产值 100 亿元以上企业 4 个

年产值 50 亿元以上企业 5 个

年产值 10 亿元以上企业 51 个

年产值 5 ~ 10 亿元以上企业 53 个

研究与开发经费支出 34.1 亿元

国家级高新技术企业 461 个

上市企业 8 个

国家级孵化器、众创空间 8 个

企业专利申请量 1.3 万件

企业专利授权量 6623 件

年末从业人员 33.1 万人

大学 14 所

中学 19 所

小学 27 所

托幼儿园 75 所

卫生医疗机构 332 个

三级甲等医院 2 个

社区卫生服务中心 7 个

文化经营单位 157 个

目　录

中共杭州钱塘新区工作委员会

杭州钱塘新区管理委员会

人大政协事务

人民团体

法治

制造业

产业平台

服务业

招商引资

口岸·贸易

开放·合作

人才与科技创新

农业·农村

规划·建设

公用事业

生态环保

城市综合管理

经济综合管理

财金税务

改革·创新

国资公司

教 育

卫生健康

文化·体育

安全稳定

社会民生

杭州下沙高教园区

辖区街道

人 物

统计资料

附　录

索　引

浙江省人民政府
关于同意设立杭州钱塘新区的批复

浙政函［2019］39号

（2019年4月2日）

杭州市人民政府：

你市关于设立杭州钱塘新区的请示收悉。现批复如下：

一、同意设立杭州钱塘新区。杭州钱塘新区规划控制总面积531.7平方千米，空间范围包括现杭州大江东产业集聚区和现杭州经济技术开发区，托管管理范围包括江干区的下沙、白杨2个街道，萧山区的河庄、义蓬、新湾、临江、前进5个街道，以及杭州大江东产业集聚区规划控制范围内的其他区域（不含党湾镇所辖接壤区域的行政村）。

二、杭州钱塘新区建设要坚持以习近平新时代中国特色社会主义思想为指导，深入贯彻党的十九大和省第十四次党代会精神，全方位融入长三角一体化发展国家战略，全面落实省委、省政府“四大建设”决策部署，高效发挥杭州经济技术开发区等国家级平台的带动作用，优化资源配置，强化科技创新，加快转型升级，着力打造世界级智能制造产业集群、长三角地区产城融合发展示范区、全省标志性战略性改革开放大平台、杭州湾数字经济与高端制造融合创新发展引领区。

三、杭州钱塘新区要坚持以体制机制创新为突破，按照“一个平台、一个主体、一套班子、多块牌子”的体制架构，保持原有3个国家级牌子（杭州经济技术开发区、浙江杭州出口加工区、萧山临江高新技术开发区）不变，同步撤销区域内省级以下产业平台牌子。杭州钱塘新区管理机构设置和人员编制要遵循精简、统一、高效的原则，严格控制总量，依法依规设置。

四、杭州市政府要切实加强组织领导，以“最多跑一次”改革为牵引，完善工作机制，明确责任分工，创新发展方式，落实重点工作任务，抓紧编制实施相关规划，加快推动杭州钱塘新区高质量发展。

五、省级有关部门要按照职能分工，密切协作配合，加强对杭州钱塘新区建设发展的指导，在规划编制、政策实施、项目布局、体制创新、对外开放等方面给予积极支持，帮助解决实际困难和问题，营造良好的政策环境。

关于加快推进杭州钱塘新区高质量发展的若干意见

厅字［2020］6号

（2020年2月28日）

为深入贯彻落实浙江省大湾区建设行动计划，加快推进杭州钱塘新区（以下简称钱塘新区）高质量发展，现提出如下意见。

一、创新管理体制机制

（一）建立协同工作体系。高效发挥省推进“四大建设”工作联席会议的牵头抓总作用，完善省市联动协调工作机制，充分调动省直有关单位的工作积极性和杭州市的主观能动性，协同做好钱塘新区重大规划调整、重大政策制定、重大项目实施和空间要素保障等重点工作。

（二）加大赋能赋权力度。加快《杭州钱塘新区管理条例》地方立法程序，赋予钱塘新区县一级开发建设和经济社会管理权限，除明确由省级投资主管部门核准的项目外，依法赋予钱塘新区内资项目省级核准或备案管理权限。健全人大工作机制，探索支持杭州经济技术开发区法院、检察院更名并将管辖范围扩大至钱塘新区全域。研究制定下放钱塘新区的权力清单，依法扩大外商投资项目立项、城市建设等方面的审批、核准、备案和管理权。支持单独开设行政审批事项端口、账号、编码，推动相关行业审批特色窗口入驻，为医疗器械等各类企业相关证件办理提供审批便捷服务。

（三）支持改革先行先试。依法赋予钱塘新区更加充分的改革自主权，统筹各类国家和省重大改革创新试点项目，优先安排钱塘新区先行先试。对于符合法律法规并经评估论证不会引发系统性风险的事项，支持钱塘新区报相关主管部门同意或批准后实施。鼓励钱塘新区在组织机构、干部人事管理等方面大胆探索，支持开展聘任制公务员试点、完善绩效工资制度等干部人事制度改革。

二、打造一流创新开放平台

（四）复制集成开放创新政策。按照就高原则，用足用好国家级经济技术开发区、国家自主创新示范区、国家级“双创”示范基地等各类优惠政策。支持申报综合保税区扩点，探索实施“一区多片”管理模式。加快建设服务业扩大开放综合试点先行区，推动建设国家检验检测高技术服务业集聚区。

（五）高水平建设创新载体。支持钱塘新区深化国际产业合作，优化海外创新服务。引导国内外知名高校、科研院所、跨国公司集聚，推动共建高端研发机构、重点实验室。支持各类主体申报建设“双创”示范基地、工程实验室（研究中心）、企业技术中心、产业创新服务综合体、产教融合实训基地。支持钱塘新区申报国家级生物医药产业创新中心，打造生命健康创新平台，引进高端科研人才，谋划建设生命健康领域重大科学装置，争创重点实验室。支持钱塘新区申报建设国家新一代人工智能创新发展试验区，推动中国柔性电子谷建设国家级制造业创新中心。对引进的重点科研机构，依法依规免征设备进口税。简化研发用途设备和样本样品进出口、研发及管理人员出入境手续，优化非贸付汇办理流程。

（六）支持高层次人才创新创业。探索建立人才引进培养、股权激励、成果转化、创业孵化、创业融资等激励机制，完善职务科技成果产业化的多元奖励体系。支持人才计划产业园建设，鼓励建立海外、省外人才“飞地”。支持区域内产教融合实训基地纳入杭州国家产教融合试点城市建设，引导高端人才类活动落户。加大海内外高层次人才、领军型创新创业团队等人才工程项目支持力度，对于引进高级专业技术人才所支付的一次性住房补贴、安家费、科研启动经费等费用，符合国家规定的，可在计算企业所得税前扣除。支持建设国家级高技能人才培训基地和国家级技能大师工作室，探索建立以业绩为导向的高层次人才职称申报绿色通道。

三、推动产城融合发展

（七）助力高端产业集聚。支持钱塘新区深度融入长三角一体化发展国家战略，推动重大项目、重大平台列入长三角一体化发展重大项目计划。推动重大产业项目布局落户钱塘新区，重点打造航空零部件、汽车及零部件、数字经济及智能制造、生命健康、新材料产业大平台，优先支持钱塘新区打造省“万亩千亿”新产业平台、省级特色小镇。

（八）健全新型城市功能。支持钱塘新区提升城市能级、优化城市肌理、完善城市功能，采用先进理念编制发展规划，高水平推进产城人融合。探索未来城市发展模式，率先开展未来社区试点和智能技术应用试验，支持生态海岸带示范段建设。鼓励钱塘新区与浙江大学、浙江工业大学、西湖大学等知名高校深化合作，加快建设中科院肿瘤与基础医学研究所，推动省级综合性三甲医院、高校等优质社会事业项目优先向钱塘新区布局，科学规划建设相应规模的市级公立医疗机构、职业病防治院等专业站所和社区卫生服务机构。

（九）加强基础设施建设。支持钱塘新区编制实施综合交通规划，加快提升交通基础设施水平。推进高铁钱塘站建设，加快对接国家骨干交通网络，优化中长距离铁路出行方式。开展江东货场和江东货运铁路前期研究，预留湾区疏港铁路和沿湾高速公路通道及轨道旅游线路。支持钱塘新区开展水运通道前期研究，提升与宁波舟山港的联通水平。加快杭州萧山国际机场东进场通道建设，提升与杭州都市区重要节点的联通效率。完善内外交通联系，加快推动过江通道建设，构筑钱塘新区内部立体快速路网体系。提升钱塘新区城市电网规划层次，强化供电保障能力，有序推进输配电线路上改下工程。支持钱塘江标准塘工程等重点水利工程建设，进一步完善水利基础设施。

四、增强空间要素保障能力

（十）优化国土空间布局。在全面评估生态保护红线、永久基本农田、城镇开发边界三条控制线的基础上，严格水域保护，合理布局蓝绿空间，统筹安排建设发展用地空间，积极向上争取核减钱塘新区耕地保有量和永久基本农田保护任务。按照全省国土空间规划体系建设总体要求，在不打破乡镇、街道行政区划范围的前提下，支持将钱塘新区作为一个独立单元编制国土空间规划，承接杭州市国土空间总体规划相关指标和管控要求。

（十一）加强项目用地保护。在安排省级年度新增建设用地计划指标时，对钱塘新区予以倾斜。支持交通、水利、能源等重大基础设施项目列入省重点项目，重点保障项目用地指标。支持符合条件的项目纳入省重大产业项目库，优先给予用地计划指标奖励，并允许预支用地计划指标。通过国家统筹补充耕地指标、省内异地调剂补充耕地指标等方式，落实建设项目耕地占补平衡，优先安排跨省域城乡建设用地增减挂钩节余指标。对钱塘新区重大基础设施建设项目，占补平衡缺口部分可按一定比例申请使用省统筹补充耕地指标。钱塘新区要加大企业转型升级倒逼力度，盘活低效用地，推动亩产效益倍增。

五、加大财政金融扶持力度

（十二）加大财政专项投入。统筹安排专项转移支付资金、专项扶持资金适当向钱塘新区倾斜。省市联动设立定向基金，采取市场化运作方式，重点支持优势产业、特色产业发展。积极争取国家集成电路产业投资基金、国家制造业转型升级基金，统筹省内各类产业基金，引导撬动社会资本参与钱塘新区建设。

（十三）发挥金融助推作用。支持钱塘新区对接世界银行、亚洲基础设施投资银行等金融机构，实现境外低成本融资。支持相关企业开展境外人民币融资和实施并购。支持符合条件的开发建设主体申请首次公开发行股票并上市，支持优质企业发行企业债券。允许境外股权及创业投资机构在钱塘新区设立外资股权投资企业，支持生物医药等技术资金密集型企业在辖区试点银行开展资本项目外汇收入支付便利化试点业务。鼓励商业银行、保险公司在钱塘新区设立分支机构，支持设立金融租赁公司、财务公司等法人金融机构。在风险可控的前提下，考虑钱塘区建设的因素，在分配杭州市地方政府债限额时予以倾斜，以加大对钱塘新区建设的支持力度。

杭州钱塘新区高质量发展三年行动计划

（2019—2021 年）

2019年4月2日，浙江省人民政府正式批复同意设立杭州钱塘新区。这是省市党委、政府审时度势、着眼未来作出的重大决策，也为钱塘新区的发展带来了前所未有、千载难逢的重大机遇。为切实承担起省市赋予的重大历史使命，强力推进新区高质量发展，特制定本行动计划。

一、发展基础

钱塘新区实行“一个平台、一个主体、一套班子、多块牌子”的管理架构，保留原有的杭州经济技术开发区、浙江杭州综合保税区、临江高新技术产业开发区3块国家级牌子。规划控制总面积531.7平方公里，辖区人口106万，托管江干区的下沙、白杨2个街道和萧山区的河庄、义蓬、新湾、临江、前进5个街道。

（一）战略地位突出。新区区位条件优越，地处“一带一路”、长江经济带、长三角区域一体化发展三大国家战略的交汇点，是推进浙江大湾区建设和杭州拥江发展的战略要地。省、市高度重视新区建设，多次专题研究新区工作，专门出台加快新区高质量发展的政策意见，要求集中力量、集聚资源、集成政策建设新区。

（二）综合实力增强。2018年，新区地区生产总值1008亿元，财政总收入222亿元。全区共有“三个500强”项目141个、规上工业企业581个，年产值100亿元以上企业3个、50亿元以上企业8个、10亿元以上企业62个。

（三）高校资源丰富。新区建有浙江省最大规模的高教园区，集聚了14所高校、20余万在校师生，拥有省部级重点学科77个、国家和省部级重点实验室38个，建成启用高校产学研联盟中心和全省创新创业教育实践基地，与区内高校合作建成12个大学科技园。

（四）双创氛围浓厚。新区建成投用孵化器、加速器、众创空间等各类创新平台170万方，集聚国千、国万、省千等各类领军型人才190人，国家高新技术企业、省科技型中小企业、省级以上研发机构分别达347个、1084个和196个。成功创建国家双创示范基地、国家创新人才培养示范基地、浙江省首批海外高层次人才创新创业基地、杭州市首批人才生态示范区，双创工作获得国务院和省政府通报表彰。

（五）人居环境改善。新区拥有滩涂湿地、沿江景观、生态廊道、水网农田等独特生态要素，是杭州面向海洋的生态半岛和城市东部生态带的重要组成部分。累计建成投用108所中小学、幼儿园和2个三甲综合性医院，一批商业综合体陆续开业，地铁、过江隧道、大剧院等一批重点配套项目正加快建设。

同时，新区也面临许多亟待解决的问题，主要表现在产业大平台的支撑作用不够有力，产业结构不够合理，主导产业的规模、效益有待提升，大项目大企业的作用还未充分发挥；发展动能不够强劲，创新生态体系还不够完善，服务业占比偏低，生产性服务业基础较为薄弱，土地利用不够集约；城市功能相对滞后，对外交通存在瓶颈，下沙、大江东两区块之间的交通联系有待加强，公共服务水平总体不高，未能较好满足人民群众日益增长的美好生活需要；资金、土地等发展要素受到制约。这些既是新区面临的挑战，更是新区下一步发展的潜力所在，急需紧扣重点、迎难而上，补短板、强弱项、促提升。

2019年4月18日，推进杭州钱塘新区高质量发展大会在国际创博中心召开
（童志忠 摄）

二、总体要求和发展目标

（一）指导思想

以习近平新时代中国特色社会主义思想为指导，深入贯彻党的十九大和十九届二中、三中全会精神，坚持以人民为中心，坚持新发展理念，坚持“八八战略”再深化、改革开放再出发，对标国内一流新区，践行高质量发展要求，抓住“一带一路”、长江经济带、长三角区域一体化发展以及大湾区建设、拥江发展战略机遇，进一步优化资源配置、强化科技创新、加快转型升级，构建国际一流营商环境，朝着早日建成世界级智能制造产业集群、长三角地区产城融合发展示范区、全省标志性战略性改革开放大平台和杭州湾数字经济与高端制造融合创新发展引领区的目标努力前行。

（二）发展原则

1.坚持产业立区。全面实施“新制造业计划”，瞄准智能制造、高端制造和绿色制造，重点建设先进制造业基地和创新中心，大力发展战略性新兴产业和未来产业，加快传统产业数字化智能化改造提升，培育一批具有国际竞争力的创新型龙头企业和千亿级先进制造产业集群。

2.坚持开放合作。实行更加积极主动的开放战略，深度融入长三角一体化，加强区域合作，推动杭州综合保税区创新升级，深度参与跨境电商升级版和e—WTP示范区建设，加快建设国际化营商环境，有力推动城市国际化、产业国际化和人才国际化。

3.坚持改革创新。进一步解放思想、攻坚克难，以“最多跑一次”改革为牵引，不断深化重点领域改革，着力破除制约发展的瓶颈难题和深层次矛盾，加快建立“政府有为、市场有效、企业有利、百姓受益”的体制机制，为全省改革多出经验、多出样板。

4.坚持产城人融合。突出未来、现代、示范，合理布局生产、生活和生态空间，高标准推进城市功能区建设，加快完善城市基础设施和公共服务体系，有效提升人居环境质量，推进城市共治共管，全面优化社会治理，切实增强新区的承载力、吸引力和宜居性。

（三）愿景目标

以争创一流、走在前列的自信和决心，做强做大主导产业，大力培育未来产业，大幅提升服务业占比，着力打造都市农业，初步建成高质量、竞争力、现代化的产业体系，全力建设智造钱塘、活力钱塘、魅力钱塘和奋进钱塘，争取到2021年，全区综合实力和核心竞争力明显提升，社会事业发展水平明显提高，城市国际化现代化水平明显增强，地区生产总值达1380亿元，规模以上工业总产值达4000亿元，为2022年主要经济指标进入国家级新区前十、2025年生产总值突破2000亿元大关打下坚实基础。

1.智造钱塘。围绕半导体、生命健康、智能汽车及智能装备、航空航天、新材料五大先进制造业，一批大项目好项目引进落地、投产见效，一批具有全球竞争力的技术研发中心投入运行，一批“万亩千亿”新产业平台成功创建，成为杭州制造业发展的主要承载地、最大增长极和引领示范区。

2.活力钱塘。全要素鼓励创新创业，全方位深化对外开放，全力争取省、市充分赋能赋权，系统集成跨境电商、综合保税、临空经济与自贸区政策，各类优秀人才和优质资源在新区汇集涌动，各类改革前沿政策措施和创新试点示范项目在新区先行先试，成为全省全市审批速度最快、办事服务最好、政府效率最高的一流营商环境示范区。

3.魅力钱塘。牢牢把握人民群众对美好生活的向往，发挥产业新区特色，城市空间布局不断优化，智慧

推进杭州钱塘新区高质量发展大会上，新区设展宣传　　（童志忠　摄）

新区管理全面提升，公共服务逐步完善，民生保障更加巩固，人居环境持续改善，江海湿地串联起沿江最美之路，田园风与“国际范”相得益彰，加速建成产城人融合的生态型样板新区。

4.奋进钱塘。坚持党建引领，传承弘扬新区特有的沙地文化、勇立潮头和新时代“拓荒牛”精神，打造一支具有过硬素质和国际化视野、开拓奋进、敢攻山头的干部队伍，进一步提升全区上下的向心力、凝聚力，形成攻坚克难趟新路的工作激情，汇聚众志成城建新区的澎湃力量。

三、十大任务

（一）大力发展新制造业

1.招引大项目。紧抓招商引资“一把手”工程不动摇，构建“招商与人才局+特色平台+三大招商服务处+街道、部门、国企、驻外招商机构及招商顾问”的大招商体系。坚持项目为王，突出产业重点，结合产业发展规划，瞄准全球大企业大集团和可产业化项目，在实现市级下达的引资任务基础上，确保三年引进24个“152”工程项目，引进亿元以上制造业项目60个以上，将新区打造成高质量外资和高端制造业的集聚地。积极承接符合产业功能布局要求的中央、省属、重点市属国企入驻新区，三年累计引进30个。加强对未来产业的招引培育，三年累计引进100个左右有竞争力的未来产业项目，打造未来产业园区。优化招商机制和考核体系，实行招商工作季度“回头看”，提升招商工作的实效性。

2.打造大平台。（1）杭州医药港小镇。结合生物医药“万亩千亿”新产业平台创建，形成双核产业发展空间，即医药港区块规划约6.2平方千米的高端创新科技研发服务集聚地，前进区块规划2.3平方千米的成果产业化基地。瞄准生物制药、医疗器械、生命医学工程、医疗大数据等细分产业，招引一批全球标志性、引擎性项目，培育一批领军型、独角兽企业，力争通过三年努力，累计引进“152”工程项目7个、产业个性化项目27个、签约及落地优质项目370个，累计完成固定资产投资46亿元、研发投入48亿元，累计集聚企业2000个以上、新增规上企业40个。到2021年，全区生命健康产业产值规模超540亿元（其中生物医药产业产值规模超340亿元）。（2）大创小镇。以数字经济为主导，聚焦集成电路、新型显示、柔性电子及信息软件、电子商务、智能应用产业，力争通过三年努力，累计引进高层次人才创新创业项目300个以上，引进和培育独角兽人才项目、准上市公司或上市公司项目5个，估值1亿元以上人才项目100个，估值1亿美元以上的准独角兽人才项目20个。重点打造海聚中心、新加坡科技园三期、佳宝园区等项目，到2021年，累计集聚企业5000个以上、新增规模以上企业80个，当年主营业务收入达400亿元。

3.集聚大产业。（1）航空航天产业。充分发挥现有西子航空、艾美依航空等项目的作用，加快推进华瑞航空制造等项目建设。以大飞机关联制造、通用航空、地面保障设备、商业航天、航空创新服务等为主要方向，开展面向全球的航空航天产业招商。力争通过三年努力，累计引进“152”工程项目3个、产业项目10个，2021年实现航空航天产业产值10亿元。（2）汽车及零部件产业。以长安福特、广汽、吉利等现有整车企业为基础，加快在建项目建设，推动投产企业产能释放，结合未来汽车产业智能化、网联化、电动化、共享化趋势，突出智能和新能源汽车整车及动力总成、控制系统、电子系统等关键零部件的智能制造，融合发展汽车金融保险、维修养护、文化培训等后市场服务，布局完善集研发、制造、服务于一体的汽车全产业链。力争通过三年努力，累计引进“152”工程项目5个，2021年实现汽车及零部件产业产值840亿元。（3）智能装备产业。进一步加强与中科院等知名院所的合作，大力发展以工业机器人、服务机器人为核心的智能机器人，以数控车床整机、关键零部件为重点的高端数控机床，以食品包装设备、纺织装备为主的智能专用装备，以工业大脑为核心的智能化解决方案，以及适应消费升级的高端化、融合化智能家电产业，力争通过三年努力，累计引进“152”工程项目8个，2021年实现智能装备产业产值380亿元。（4）半导体产业。抢抓半导体市场需求爆发式增长的战略机遇，主动参与长三角地区半导体产业分工合作，以半导体材料、集成电路制造、智能终端生产为重点，以芯片设计和测试、智能应用为配套产业，加快推动积海、中欣晶圆等重大项目建设，力争通过三年努力，累计引进“152”工程项目5个，2021年实现半导体产业产值75亿元。（5）新材料产业。立足现有产业基础，引导传统企业转型升级。在符合安全、环保要求的前提下，支持引进高端精细化工项目，大力发展以生物医药材料、新能源电池材料为重点的关键战略材料，以智能复合材料为重点的前沿新材料，以高性能轻合金新材料、新型高强韧汽车钢、功能纺织新材料为重点的先进基础材料，力争2021年实现新材料产业产值630亿元。

4.培育大企业。根据杭州市新制造业计划及“六个倍增”要求，积极实施新区“886”企业培育计划，力争到2021年，新区规模以上工业企业达800个、10亿元以上企业80个、100亿元以上企业6个。

（二）全面加速动能转换

1.深入推进“四区”建设。强化创新能力，打造现代产业体系，构建开放合作新格局，引领全省四大新区建设。积极推进临江区块转型升级，在知识和技术创新、产业升级和结构优化、国际化和参与全球竞争能力、可持续发展能力等方面不断提档升级，争取临江高新区排名跻身全国百强。全力加强产业基础、科技创新、区域带动、生态环保和行政效能建设，确保杭州经开区综合考评排名保持全国十强。同时，在跨境电子商务、科技金融结合、知识产权运用和保护、人才集聚、信息化与工业化融合、互联网创新创业等方面先行先试，深入推进国家自主创新示范区建设。

2.推进“三高”人才引进培育。制定出台建设“人才特区”、打造才智高地的政策意见，优化人才项目引育管理办法，积极招引各类高层次、高学历、高技能人才。建立完善人才激励机制，在产业发展和科技创新人才个人所得税补助上作出有益探索。力争通过三年努力，累计新增市“521”计划等D类以上人才230名以上，引进和培育省、市领军型创新创业团队7个，新引进硕士、博士应届高学历毕业生4050人以上，新增国家和省级技能大师工作室2个、博士后工作站5个，培训产业工人1万名，新增百千万拔尖技能人才6人、高技能人才6000人，高技能人才占技能劳动者比例达35%以上。

3.深入推进“三名”工程。建立完善政产学研合作机制、科技成果转化机制、高校资源共享机制和用地开发机制，三年内促成校企产学研合作项目400个以上，推进高校博士入企和高层次人才入校400人次以上。贯彻落实高等教育强省战略，谋划引进一所“双一流”大学。强化与浙江大学、浙江理工大学及区内高校的对接合作，以落实产业化项目为重点，探索建设专业化的大学科技园，成立高校校友总部联盟，着力推进校友经济“双千双万”工程。谋划建设生物医药领域的重大科学装置，2019年建成中国药科大学（杭州）创新药物研究院、2020年建成中科院肿瘤与基础医学研究所、2021年浙江大学智能创新药物研究院等平台投用。积极争创中国柔性电子谷国家级制造业创新中心，积极对接长三角高校联盟等优质合作资源落户新区。全力支持奥克兰大学中国创新研究院、清华柔性电子与智能技术全球研究中心、浙大航空制造高端装备研究中心等科研机构多出成果、早出成效。积极打造军民融合产业集群。

4.加快建设双创平台。积极引导街道和企业利用旧厂房和闲置土地，布局一批具有明确产业定位、具备相应规模、实现集中管理和公共服务的小微园区、科创园，三年累计新增20个。完善创业苗圃—孵化器—加速器—产业园区孵化培育机制，通过三年努力，市级以上孵化器、众创空间累计达到40个，全区科创园、孵化器、众创空间等各类双创平台载体达到270万平方米。

5.深化“亩均论英雄”。实施工业用地全生命周期监管，相关部门严格按照《履约监管协议》落实监管责任，从严把关用地企业股权转让工商注册。支持企业“零土地”技改，以招拍挂方式出让的工业用地，鼓励以弹性年期出让、先租后让、租让结合的方

2019年8月17日，新区产城融合高质量发展专题培训班开班

（童志忠 摄）

式供地。实施亩均效益三年提升行动，对D类企业以及停产、停工用地企业，以收储一批、收购一批、转迁一批、转型一批、重组一批、提升一批等“六个一批”为抓手，加快实现区域内产业结构提升和空间布局优化，到2021年，全区亩均工业增加值超203万元、亩均税收超42万元。

6.改造提升优势传统产业。加快推进“互联网+”“机器人+”“大数据+”“工业设计+”的融合应用，确保到2021年全面完成规上工业企业数字化改造，用地3亩以上规下工业企业数字化改造覆盖率80%以上。推进“标准化+”行动，三年新增企业主导、参与制（修）订国际标准、国家标准、行业标准和“浙江制造”标准165个以上。加强质量品牌建设，争取在省、市政府质量奖上实现零的突破，三年累计通过12个品字标认证，培育6个质量标杆企业，新增市级及以上研发机构100个、国家高新技术企业超320个。大力实施企业上市和并购重组“凤凰行动”，新增上市公司11个。

（三）做大做强现代服务业

1.大力提升服务业占比。抓住杭州推进国家服务业综合改革试点机遇，实施服务业企业三年倍增行动，确保到2021年，全区规上服务业企业、亿元以上服务业企业实现倍增，分别达到1100个、270个，服务业占GDP比重增至26.6%。

2.加快发展生产性服务业。发展总部经济、楼宇经济。加快东部湾总部基地大楼建设，加快盘活区内各类商办楼宇，大力引进各类区域性、功能性总部。力争2021年全区实现1000万元税收楼宇40幢、1亿元税收楼宇5幢。发展电子商务服务业。借力跨境电商的快速发展，大力引进、培育一批成长潜力好的电子商务企业，鼓励创建电子商务特色楼宇，积极营造良好的电子商务发展生态，做大电子商务产业规模，力争2021年电子商务产业营业收入达到500亿元。发展软件信息服务业。重点发展人工智能、大数据、云计算等核心产业，强化软件信息产业对生命健康、智能汽车、智能装备等制造业的引领拉动作用，力争2021年软件信息服务业营业收入达到100亿元。发展科技金融服务业。加快发展融资租赁等非银金融，引进、培育一批具有全国知名度和影响力的私募股权投资基金及其管理机构，扎牢产业发展的金融基础。发展检验检测服务业。全力抢抓国家推动检验检测高技术服务业集聚区建设的有利契机，引进、培育亿元以上检验检测企业3个，力争到2021年集聚50个以上检验检测服务业企业，检验检测及相关营业收入超15亿元。发展文化创意服务业。鼓励文创企业落户新区，支持创办文创特色园区（楼宇）、街区，加快文创品牌打造，支持文创精品佳作和文创品牌活动。

3.提升发展生活性服务业。下沙区块继续做优做精生活性服务业，以满足高端人才、商务白领、创新创业人士的衣食住行及医疗、教育需求为出发点，大力招引和培育品牌商场、酒店、餐饮、旅游、医院、学校、娱乐等行业服务企业。大江东区块结合产业发展规划，进一步完善新区商业规划布局和配套设施，结合未来社区、蓝领公寓等配套需求，建成龙湖、宝龙等城市综合体及酒店、公寓等生活性配套设施，较大改善当前生活性服务业发展滞后的局面。

（四）加快构筑开放高地

1.建设长三角小镇。以大创小镇、杭州医药港小镇为核心支撑，统筹联动新区现有其他平台资源，启动建设长三角小镇。对接推动“张江研究+钱塘新区智造”，形成“上海科研溢出+杭州智造落地”产业转化模式，加速集聚高端科创资源和产业链上下游企业。启动建设沪杭生物医药合作园区，加强沪杭在创新药物研发、生物制药和智能医疗设备科研成果产业化等方面的合作。推进各类改革试点集中落实、各类扶持政策系统集成、各类创新举措率先突破，建设上海高校联盟众创空间等载体，在产业、科创、会展赛事、公共服务等领域全方位对接上海等长三角城市高端要素，打造杭州“新浦东”。加强与萧山空港经济示范区、海宁杭海新区、绍兴滨海新区等周边产业新城的战略合作，建设临空产业园，建立一体化交通体系、产业体系、城镇体系，打造长三角跨市域、跨区域、同城化发展示范区。加快推进中新合作国际产业园建设，谋划建设中德、中瑞、中意、中日、中以等国际产业园。

2.打造全国一流综保区。加快推进综保区改造提升和扩容扩片，2019年完成园区基础设施提升改造和通关系统智慧化改造工程，普洛斯新建物流作业区与创新产业园项目开工，建成杭州首个进口肉类指定查验场并通过验收，启动生物医药检测平台建设。推进综保区和周边国际机场“区港联动”，加快城市货站建设，力争2020年周边国际机场落地的货物可直通新区城市货站，实现“就近办理、一次办理”。进一步优化通关环境，力争2021年平均进出口通关时长比2019年初压缩40%以上。推进企业增值税一般纳税人政策落地，到2021年实现综保区内企业增值税一般纳税人政策试点全覆盖。发挥综保区和综试区叠加优势，实施“五贸”联动，做实技术研究中心、做强加工制造中心、做大物流分拨中心、做优贸易服务中心、做新检测维修中心，力争2019至2021年综保区工业总产值和进、出口总值实现年均10%、12%、15%增长。以综保区“保税+”为基础，积极申建浙江自贸试验区联动创新片区。打造对外开放共同体，推进与库哈工业园区战略合作，推动中非

2019年9月7日，新区深化改革与经济高质量发展专题班开班

（童志忠 摄）

合作大厦落地。2019至2021年新区货物出口总额全省占比保持在21‰以上，服务外贸出口总额年均增长15%以上。

3.打造跨境电商升级版。助力杭州打造“全国跨境电商第一城、全球跨境电商第一流”，到2021年，累计争创1个国家级跨境电商示范园、1个国家跨境电商学院、3个省市级跨境电商示范园、10个以上跨境电子商务孵化平台，引进245个跨境电商企业，孵化3000名以上跨境电子商务人才，形成“一基地两中心三园区”跨境电商布局。加快推进e—WTP示范区建设，确保e—WTP国内首个试点项目菜鸟二期在2021年建成投用，推进菜鸟联盟创新平台项目落地，争取建设e—WTP全球物流分拨中心、全球采购中心、全球销售服务中心，争取杭州数字自由贸易实验区试点园区。

（五）全面提升城市品质

1.编制完善规划体系。高水平编制并严格落实新区战略规划、空间规划、生态规划和综合交通规划。加快打造由钱塘江两岸下沙科创服务城、江东智造服务城、下沙生命健康产业组团、江东半导体与未来产业组团、前进智能装备产业组团、临江新材料产业组团构成的“一江双城四组团”空间格局。编制完成下沙区块城市有机更新概念规划、东沙湖重点区块城市设计等规划，切实做到以高水平规划引领新区高质量发展。

2.推进大枢纽大通道建设。精准实施“22377”交通建设大会战，重点建设江东高铁客运站、运河二通道2个枢纽工程项目，下沙东收费站综合整治工程、杭绍甬高速公路新区段2个高速公路项目，1号线三期新区段、7号线新区段、8号线一期3条地铁项目，艮山东路过江隧道、艮山东路东延、头蓬快速路、滨江二路南段（中环）、下沙路与12号路提升改造及附属配套工程等7条快速路项目以及滨江二路、青西三路等7条主干路项目。积极推进“四港联动”，开工建设萧山机场东进工程、江东三路过江通道，推进八堡船闸建设，谋划红十五线过江通道、江东货运连接线，加密下沙和大江东区块之间的过江通道，加快接轨上海港、宁波—舟山港、乍浦港、浦东国际机场、萧山国际机场等重要交通枢纽，构建铁路、公路、水运、航空等多式联运的综合货运枢纽。

3.完善城市功能配套。加强“城市大脑”顶层设计，全力建设数字钱塘。加快推进6.24平方公里大江东核心区启动区块建设，到2021年初步建成大江东区块城市客厅。建成3个邻里中心；建成云帆未来社区，打造全省未来社区示范样板。实施新区电网建设三年行动，累计建成10座变电站，全面保障新区企业和居民用电需求。推进东沙湖项目及景观工程建设，完成34公里之江绿道建设，实现沿江绿道全线环通，打造江岸观景、儿童科普、生态休闲的最美滨江绿道。优化加密公交线路，规划建设城市慢行系统，推进各种公共交通工具零距离换乘，切实提高居民公交出行分担率。加强城市管理，力争2021年市级城市管理目标考核位列副城（B类）前列。深入推进综合管廊与海绵城市建设，建成投用江东大道等3个地下综合管廊，全面建设省级海绵城市优秀示范区。

4.加快下沙区块有机更新。制定出台具体实施方案，实体化运作指挥部，统筹推进下沙区块有机更新。推进中心国际化，加快金沙湖商务区功能提升，完成金沙湖核心区内所有小区外立面整治工程，建成金沙湖地上景观工程和地下空间工程，完成下沙13个已回迁小区和5个老旧小区全面改造，加快下沙区域高压线路“上改下”工程建设。推进区校融合化，加快下沙高教园区开放融合、产学一体，适时启动实施高校对外开放试点。推进园区小镇化，加快杭州医药港小镇产业社区化、用地复合化，重点做好小镇的未来产业社区项目建设。推进单元多样化，加快低效用地优化利用，启动华春区块等沿湖沿江沿地铁站低效、低潜用地单元的有机更新。

（六）着力优化营商环境

1.深化“最多跑一次”改革。围绕企业投资全生命

2019年12月13日，新区“以高质量党建引领新区高质量发展”党建双强“双十佳”比武打擂总决赛在大创小镇举行

（童志忠 摄）

周期发展需求，重点建设钱塘新区“投资之家”，全力打造全省最优、全国领先的全生命周期投资服务平台，确保到2021年，一般企业投资项目从赋码备案到竣工验收审批“最多60天”，实现新批工业用地除负面清单外100%按照“标准地”制度供地。优化环保和用能准入，全面推行区域环评、区域能评改革，负面清单外的环评可降低一个等级管理，负面清单外的能评实行承诺备案管理。围绕公民个人全生命周期，深入推进便民服务“最多跑一次”改革，确保到2021年，不动产一般登记和抵押登记业务办理时间分别压减至2个、1个工作日以内，认证类公证事项100%实现“最多跑一次”；大幅压缩水、电、气、网络报装时间，全面提高社保医保等各领域的办事效率。

2.加快政府数字化转型。大力推进“网上办、掌上办”，加快打造移动办事之区，确保到2020年，100%的政务服务事项全流程“一网通办”，公民个人事项除法律法规有明确规定外实现“一证通办”，100%的公民个人高频办事事项实现“移动可办”。大力推进机关内部“最多跑一次”改革，加快打造移动办公之区，确保到2020年，政务钉钉基本功能实现政务工作全覆盖，全区100%的部门间办事事项实现“最多跑一次”，100%的部门间非涉密办事事项实现网上办理，确保新区政府数字化转型走在全市前列。

3.深化重点领域改革。深化干部人事制度改革，以去机关化、去行政化为目标，积极推行绩效管理，鲜明实绩导向，大胆使用敢于负责、敢于担当、善于作为、实绩突出的干部，及时调整不担当、不作为、乱作为的干部。深入推进街道体制改革，2019年完成街道体制、机构、人员调整，理清、明确街道权责清单，加快推动新区城市管理、公共服务、社会治理等工作重心下沉街道，全面强化街道属地管理职责，加快形成新区工作“条抓块保”的工作格局。稳步推进综合执法改革，加快梳理整合新区各相关领域行政执法事项、执法力量，制定完成监管事项清单、处罚事项清单、职责边界清单，推进执法权限与力量向基层延伸和下沉，基本建立“综合行政执法+部门专业执法+联合执法”的执法体系。推进国资国企改革，推动国有资本做优做大做强，完成国企整合重组及相关配套制度改革，到2021年，打造3个以上2A+信用评级国有企业，1个国有企业进入上市辅导期。深入开展全域土地综合整治，河庄街道全域土地综合整治试点力争2019年底初步完成建设和复垦工程，2020年底完成省级验收。力争在义蓬、新湾等街道再启动实施1至2个全域土地综合整治项目。

4.加强亲商惠企服务。制定出台推进新区经济高质量发展、实现跨越示范领跑的产业政策体系，全面落实各类惠企减负政策，切实降低企业创新创业的时间成本、商务成本和制度成本，打造成本的洼地、投资的高地。持续深化“走亲连心三服务”活动，选调优秀干部担任服务企业发展的企业服务专员，建立亲商助企服务机制，发挥好下沙和江东2个企业服务中心作用，切实提升服务效能，帮助企业解决实际困难，努力做到“不叫不到、随叫随到、服务周到”。

（七）聚力打造美丽新区

1.推进三大环境行动。实施蓝天保卫行动，基本淘汰35蒸吨/时（不含）以下燃煤锅炉，全面完成48个企业VOCs污染防治，基本完成32个恶臭异味企业治理工作。分步实施重污染企业结构关停，2019年完成11个化工企业关停转迁，2020年完成朝阳橡胶公司炼胶工序搬迁，2021年完成44个化工企业关停退出，启动外六工段11个企业关停或取消化学反应工作。到2021年，新区大气PM2.5平均浓度控制在37.6微克/立方米以下。实施碧水截污行动，2020年完成河道生态治理工程，所有街道实现污水“零直排”，全面建成“污水零直排区”，2021年河道断面四类及以上水年平均值达标率达到75%以上。实施净土清废行动，加强土壤污染防治，推进生活垃圾分类收集清运，提升垃圾城市末端处置能力，2020年全面建成第三固废处置中心、临江环境能源项目和城东垃圾减量综合体项目。

2.加快“三美”建设。大力实施“百镇样板、千镇美丽”工程，积极创建义蓬街道“都市节点型”、前进街道“工业特色型”美丽城镇，力争2020年纳入首批美丽城镇名录。稳步推进美丽乡村建设，到2021年，实现城镇规划以外的“新时代美丽乡村”全覆盖，培育4个以上“新时代美丽乡村”精品村、10个以上“新时代美丽乡村”改善村。推动畜牧业绿色发展，2020年底前全面完成资源化利用工作。积极推进大田托管，三年累计打造美丽田园体验区等4个农旅一体的美丽农业示范工程项目。

（八）持续增进民生福祉

1.建设美好教育先行区。三年累计建设48所中小学、幼儿园，完成10所老校老园改造提升，加快建设杭州鼎文学校、杭州国际学校大江东分校2所国际学校。谋划引入省内外名校资源，实现跨区域、跨层级、跨体制和联盟式名校集团化办学覆盖率80%以上。培育建成市内外具有一定影响力的教育国际化特色学校（品牌项目）12个。加快“名师名校长”队伍打造，累计引进五类教育人才120名以上、培养前四类教育人才40名以上。2021年前全面创成浙江省教育基本现代化区。

2.建设“健康新区”。实施健康钱塘行动，推进“健康细胞”工程，三年累计培养健康讲师500名以上，每年开展健康进社区、进企业、进工地、进机关、进学校活动100场以上。新（扩）建前进、金沙湖等5个街道级社区卫生服务中心，深化大江东医院与市一医院合作。创建国家卫生乡镇4个以上，实现省级卫生村全覆盖。谋划建设融应急、疾控、监督为一体的新区公共卫生服务中心，提升公共卫生应急处置能力。

3.发展文体旅游事业。竣工投用亚运轮滑馆、大剧院、文体中心、大学城北体育健身中心等一批城市急需的重大文体设施项目。依托生态禀赋与工业旅游基础，策划钱江潮、江海湿地、工业旅游、潮音禅院、知青文化、围垦文化、创业文化等新区旅游龙头项目。广泛开展全民健身活动和各级学校体育联赛，加大学校体育场地设施和公共体育资源的开放程度，打造百姓身边的健身组织和“15分钟健身圈”。积极组织承办国际国内重大体育赛事，完善2个省级以上体育后备人才基地，继续办好杭州国际女子马拉松等特色赛事，打造2个具有影响力的全国品牌赛事。

4.强化民生保障。大力实施就业精准服务计划，三年累计推出就业岗位10万个，新增城镇就业人数6万人，失业人员再就业7500人，全区城镇登记失业率控制在2%以下。全面做好助残、养老、无欠薪等民生保障工作。2020年实现城市困难职工解困脱困目标。

（九）积极推进乡村振兴

按照产业兴旺、生态宜居、乡风文明、治理有效、生活富裕的总要求，坚持质量兴农、绿色兴农，以农业供给侧结构性改革为主线，加快构建现代农业产业体系、生产体系、经营体系，农业增加值年均增幅达1.8%。加快实施乡村建设项目，全面推进“四好农村路”建设，完成低等级公路提升改造125公里、路面维修33.6公里。完善农村公共交通服务体系，推进天然气进村入户、自来水“一户一表”改造提升工作，全区行政村农村公厕综合整治覆盖率达100%。加强农村基层基础工作，健全自治、法治、德治相结合的乡村治理体系。加强公共文化服务设施建设，农村文化礼堂覆盖率100%。农村党建提档升级，创建党建引领乡村振兴领航街道2个、样板村20个，推进基层头雁专业化年轻化，具有大学以上学历的村（社区）党组织书记比例达到30%、35周岁以下的比例达到10%。加强清廉乡村建设，全面推进村级小微权力、小型工程、小额资金规范化管理，培育清廉村社示范点10个。全面消除集体经济薄弱村，低收入农户人均可支配收入年均增长10%，2021年达到2.21万元，农民人均收入年均增长7.9%，2021年达到4.78万元。全面落实东西部扶贫协作、对口合作、山海协作、区县协作和联乡结村等工作任务，扎实推进“杭千飞地”园区协作建设。

（十）夯实街道基层基础落实

街道体制改革，在强化公共服务、公共管理、公共安全属地职责的同时，大力发展现代服务业，积极做好招财引税工作，切实提升城市功能配套，着力优化区域营商环境。

1.下沙街道。围绕拥江发展先行区、金沙湖商务核心区和医药港小镇示范区三大定位，推进创新下沙、美丽下沙、平安下沙和幸福下沙建设，打造3个标志性数字经济产业园，其中亿元税收产业园1个、5000万元税收产业园2个，产业园税收入库三年达到10亿元，有序推进10%留用地项目建设，撤村建居社区股份经济合作社年收入突破6.5亿元，2021年，实现一般公共预算收入6.5亿元。

2.白杨街道。围绕城市塑形、产业强身、文化铸魂三大战略，打造城市配套首善街道、创新发展特色街道、文化建设示范街道，三年内建设4个国际化社区，新增1个百亿级产业集群、3个准独角兽企业、2个上市企业，2021年实现一般公共预算收入6亿元。

3.河庄街道。围绕创新融合发展区域中心建设，深入实施功能布局优化、产业平台赋能、全域环境治理、公共服务提升四大行动，着力建设桥头堡、创新型产业项目区块、城市功能区等空间板块，创建小微产业园和产业加速器平台2个，2021年实现地区生产总值50亿元、一般公共预算收入4.1亿元。

4.义蓬街道。紧紧围绕城市功能核心区建设，以美丽城镇、美丽乡村建设为主抓手，以双地铁工程为主引擎，推动街道十大政府投资项目、十大民生实事项目、十大民间投资项目、十大新区配套项目、十大储备建设项目落地见效，完成国家级卫生街道、省级未来社区、省级小微企业园创建，2021年实现地区生产总值60亿元、一般公共预算收入6.3亿元。

5.新湾街道。围绕高铁新城建设，实施新型城市化与新型产业化“双轮驱动”战略，全力推进10亿环境提升工程、10亿基础配套工程、10亿教育文体工程、10亿城市功能配套工程和10亿开发做地工程，2021年实现地区生产总值22亿元、一般公共预算收入1.88亿元。

6.临江街道。围绕临江高新区转型提升、创新发展总体目标，大力推进集镇功能配套提升、环境优化、全域土地综合整治、江海湿地保护等专项行动，为新区新制造业发展提供坚实支撑，2021年实现地区生产总值3.7亿元、一般公共预算收入1亿元。

7.前进街道。围绕打造产城人文融合的生态型样板示范街道目标定位，加快推进国家级卫生街道、美丽城镇、美丽乡村建设，着力提升街道城市配套功能，打造全市美丽城镇、美丽乡村建设示范街道和高品质邻里中心，2021年实现地区生产总值4.5亿元、一般公共预算收入0.36亿元。

四、六大保障

（一）强化思想政治保障。坚持把思想政治建设摆在首位，用习近平新时代中国特色社会主义思想武装党员干部头脑，牢固树立“四个意识”，坚定“四个自信”，做到“两个维护”。全面贯彻落实省市对新区的发展要求，以“功成不必在我、功成必定有我”的胸襟和担当，发扬新时代“拓荒牛”精神，做“李云龙”式干部，把新区规划、建设和管理好。牢牢掌握意识形态工作领导权，切实落实意识形态工作责任制。加大与中央、省级及海外媒体的深度合作，打造国家级新区融媒体中心样板，大力提升新区在全国乃至海外的知名度、美誉度和影响力。推动统战工作向新领域延伸覆盖，最大限度地汇集社会各界和全区上下的智慧力量，共同推进新区高质量发展。

（二）强化组织队伍保障。深化“支部建在项目上、干部派到项目中、服务围绕项目做”工作机制，充分发挥基层党组织的战斗堡垒作用和党员的先锋模范作用。实施新区干部三年滚动培训，统筹推进年轻干部梯

2019年12月17日，新区召开高质量发展三年行动计划分解落实及考核工作会议　　（童志忠　摄）

队培养，全面提升干部队伍的专业素养和履职本领。推动工会、共青团、妇联等群团组织增强政治性、先进性、群众性，创新群众工作体制机制和方式方法，以丰富多彩的活动统一思想、凝聚人心、激发动力。

（三）强化资源要素保障。加快批而未供、供而未用、用而未尽土地的消化利用，促进低效用地再开发，不断提升土地使用效益。积极争取控规调整，全力拓展用地指标来源，力争三年保障用地1万亩、争取耕地占补平衡指标1万亩，争取核减永农保护任务4万亩，释放用地空间5至6万亩。根据产城人融合发展需求，有序做好经营性用地出让工作。加强税源建设，加大资金统筹，用好各级政府产业基金，深化与相关金融机构合作，大力拓展融资渠道，争取省市新增债券支持以及市级产业专项资金等各类财政支持，有效保障新区建设发展。

（四）强化平安法治保障。建设运行钱塘新区综治中心（信访超市），严格落实初信初访首接责任制，切实做好信访积案化解工作，实现信访总量明显下降。加强社会治安综合防控，形成社会治理“六和塔”工作体系品牌特色。加强民主法治建设，积极开展全民依法普法工作。深入开展扫黑除恶专项斗争，有效净化社会环境。全面落实安全生产责任制，建成运行智慧监管平台，坚决遏制重特大安全事故，生产安全事故死亡率逐年下降并达到市级要求。大力提升应急救援能力，建成统一指挥、专常兼备、反应灵敏、上下联动、平战结合的应急管理体制。强化道路交通安全整治，交通警情同比增幅逐年下降，2021年交通警情同比增幅控制在5%以内。不发生省市平安考核十五项“一票否决”事项，到2021年，平安考核进入全省各区县市总分排名前25名、成为全市平安建设优秀单位。完善司法管理，推动经开区法院、检察院职能覆盖至新区全域。加快推进新区条例的立法工作，为经济社会发展营造稳定的法治环境。

（五）强化纪律作风保障。严格落实全面从严治党主体责任，完善廉政风险防控体系，加强日常教育警示，强化不敢腐的震慑，扎牢不能腐的笼子，增强不想腐的自觉。围绕工程建设、公共资源交易、专项资金、国有资产、村社“三资”管理等重点领域开展专项巡查，集中发现和解决一批突出问题。强化财政、审计监督，提高公共资金、国有资产、国有资源的使用效益。严格落实中央八项规定及其实施细则精神，大力整饬“六大顽疾”，持之以恒推进作风建设，切实推进基层减负。加强作风效能督查，持续优化营商环境，构建“亲”“清”政商关系。建立完善容错纠错和失实信访举报澄清机制，为担当者担当，对负责者负责，维护激情创业良好氛围。

（六）强化督查考核保障。建立健全纪检监察工委、办公室、党群工作部分工合作的“大督查”工作体系，对三年行动计划推进情况进行全程跟踪，充分利用比学赶超、红黑榜、基层巡查等手段加强督查工作，实施一月一通报、一季一考评，对重点指标和重点工作完成不理想、工作进度落后的单位实施约谈。有效发挥考核的指挥棒作用，将本行动计划完成情况作为年度综合考评的重要组成部分，与干部选拔任用、奖优罚劣直接挂钩，全面推行强制正态分布SABCD五级考核标准，做到“干多干少不一样、干好干坏不一样”。各部门、街道、单位根据本行动计划，编制实施方案，细化具体举措，每一项工作落实到岗、责任到人。

名词解释

1.产业个性化项目：行业领军企业投资的项目；产业链关键环节项目；拥有突破性关键技术的项目；总投资10亿元以上项目。

2.“六个倍增”要求：市委十二届七次全会及新制造业计划提出的实现规上工业企业、十百千亿企业、国家级高新技术企业数量和工业投资、工业技改总量、新引进项目投资额6个指标倍增要求。

3.校友经济“双千双万”工程：引育千家校友回归企业；形成千亿校友经济规模；集聚万名校友创业筑梦；落户万名学子就业钱塘。

4.“一基地两中心三园区”跨境电商布局：在东部湾总部区块打造跨境电商“独角兽”总部基地；在综保区建设跨境贸易物流分拨中心；在临空产业园开辟综保区东片区建航空集散中心；在东方百富建设市级跨境电商出口园区；在海聚中心引进省级跨境出口电商供应链产业园；在空港物流园附近招引建设跨境电商贸易园（小镇）。

5.“22377”交通项目：江东高铁客运站、运河二通道2个枢纽工程；下沙东收费站综合整治工程、杭绍甬高速公路新区段2个高速公路项目；1号线三期新区段、7号线新区段、8号线一期3条地铁；艮山东路过江隧道、下沙路与12号路提升改造及附属配套工程、江东大道、艮山东路东延、头蓬快速路、滨江二路南段（中环）、江东三路过江通道7条快速路；钱江通道地面道路、滨江二路（江东三路至绍兴界）、江东五路、临鸿东路、义蓬东二路、河景路、青西三路7条主干路。

责任编辑　黎洪正

大事记

两区整合回湖

2017年

6月12日 浙江省第十四次党代会做出建设杭州湾经济区的重大决策部署，要求加强全省重点湾区互联互通，推进沿海大平台深度开发，大力发展湾区经济。

2018年

1月 省委书记车俊在省“两会”杭州代表团会议上指出，“大江东要与周边城市联合起来，争取打造成全国性高端制造业产业集群”。

5月9日 省委书记车俊在全省对外开放大会上要求“下大力气把杭州大江东打造成为标志性、战略性的改革开放大平台，打造成为新时代改革开放的重要窗口和高质量发展的实践范例”。

5月17日 副省长高兴夫调研杭州大江东产业集聚区，提出“大江东要结合省里‘大湾区’发展战略，再谋划再布局，努力建设浙江省高质量、竞争力、现代化的产业平台、开放平台、创新平台，成为全省经济发展的新引擎”。

5月28日 省政府新闻办举行发布会，提出构筑“一港、两极、三廊、四区”的空间格局。其中“四区”即谋划打造杭州江东新区、宁波前湾新区、绍兴滨海新区、湖州南太湖新区。

6月7日 省发改委主任孟刚调研杭州大江东产业集聚区，提出大江东要聚焦环杭州湾经济区发展，建设成为全国现代化建设的先行区、全球数字经济的高地、区域高质量发展的新引擎。

6月14—15日 省委常委、市委书记周江勇带队到杭州大江东产业集聚区蹲点调研，强调全面实施拥江发展战略，努力把杭州大江东产业集聚区打造成为标志性战略性改革开放大平台。

7月23日和24日 《浙江日报》《杭州日报》先后刊载省委常委、市委书记周江勇署名文章《努力建设全省标志性战略性改革开放大平台——大江东产业集聚区蹲点调研报告》。

7月30日 省委副书记、省长袁家军在全省大湾区建设工作部署会议上强调“大江东要做好整合提升文章，打造集约高效、产城融合的高质量发展大平台”。

8月 省委常委、市委书记周江勇召开专题联席会，市人大、市政协主要领导参与商议，研究推进杭州大江东产业集聚区与杭州经济技术开发区两区整合事宜。

10月下旬 在省委常委、市委书记周江勇向省委书记车俊、省长袁家军专题汇报两区整合后，市委书记会议、市委常委会议、市政府常务会议先后研究审议通过两区整合实施方案。

10月31日 市委召开书记专题会议，听取并原则同意《关于理顺体制机制加快大江东高质量发展的有关建议》，提出杭州大江东产业集聚区、杭州经济技术开发区两区整合的实施方案。

12月3日 省委常委、省委组织部部长黄建发调研杭州大江东产业集聚区，要求“大江东要加强党的建设引领，发挥体制机制优势，围绕‘打造改革开放大平台、新时代改革开放重要窗口和高质量发展实践范例’目标，更好完成省委、市委赋予的重要使命”。

12月25日 省委常委、市委书记周江勇召开市领导会议，对两区整合实施方案进行研讨，明确两区整合的总体安排、管理范围、体制机制等重大问题，形成两区整合的实施意见。

12月26日 省委经济工作会议提出“要加快整合提升各类产业平台，重点在构建高质量发展大平台上实现突破。支持杭州率先推进园区整合，打造新样板”。

12月28日 市委召开书记专题会议和市委常委会，听取并审议两区整合的实施意见。市委常委会一致同意实施意见，认为两区整合可实现杭州大江东产业集聚区和杭州经济开发区的优势互补、融合发展。

2019年1月2日，杭州大江东产业集聚区（杭州经济技术开发区）领导干部大会召开。会议通报《关于大江东产业集聚区与杭州经济技术开发区体制调整的实施意见》（童志忠 摄）

整合过渡期（2019年1—3月）

1月

2日 集聚区（开发区）领导班子成员会议、领导干部大会召开，市委常委、常务副市长、集聚区（开发区）党工委书记戴建平讲话。会议通报市委常委会《关于大江东产业集聚区与杭州经济技术开发区体制调整的实施意见》及两套班子整合的干部人事方案，明确两区整合的发展定位、总体安排、具体步骤、管理范围、组织架构和管理体制。

4日 集聚区2018年度政情通报会召开。集聚区党工委副书记、管委会主任何美华主持会议，集聚区党工委委员、管委会副主任李鹏通报经济社会发展情况。

10日 市委十二届六次全体（扩大）会议召开，提出杭州主城区要做好“东整、南启、西优、北建、中塑”5篇文章，其中“东整”指完成杭州大江东产业集聚区和杭州经济技术开发区整合。

14—15日 集聚区党工委副书记、管委会主任何美华调研杭州医药港小镇、大创小镇、清华柔性电子研究院，听取下沙街道、白杨街道情况汇报。

16日 省委常委、常务副省长冯飞到集聚区（开发区）娃哈哈智能工厂园区、地铁1号线三期过江隧道、龙湖杭州金沙天街检查春节前安全生产和食品安全工作。

△ 副省长王文序到集聚区（开发区）走访调研，考察浙江西子航空工业有限公司、中策橡胶集团有限公司。

△ 开发区产教融合大会暨浙江省首届“大创杯”创客大赛颁奖活动举行。8个区校、校企合作项目会上集中签约。

17日 2019年第一期全国电子信息青年科学家论坛在集聚区（开发区）召开。

22日 市政府发布任命通知：何美华任杭州大江东产业集聚区（杭州经济技术开发区）管理委员会主任，邵立春任杭州大江东产业集聚区（杭州经济技术开发区）管理委员会常务副主任。

△ 开发区新加坡杭州科技园三期项目开工奠基。项目总投资14.88亿元，总建筑面积23万平方米，由星桥腾飞集团和三菱地所设计咨询（上海）有限公司合作开发。

28日 市政协主席潘家玮到集聚区（开发区）走访慰问困难群众和基层干部群众。

△ 集聚区（开发区）重点企业、重大项目主要负责人新春恳谈会召开。

30日 集聚区（开发区）党工委、管委会领导班子民主生活会召开。市委常委、常务副市长、集聚区（开发区）党工委书记戴建平主持会议。

31日 集聚区（开发区）党工委副书记、管委会主任何美华带队检查政府投资重点项目推进情况。

2月

2日 集聚区（开发区）党工委副书记、管委会主任何美华到前进街道调研美丽田园综合体和美丽乡村项目。

12日 市委常委、萧山区委书记佟桂莉率萧山区四套班子领导走访集聚区（开发区），就政策衔接、飞地管理、土地征用、环境保护等问题座谈交流。

14日 市委常委、常务副市长、集聚区（开发区）党工委书记戴建平到集聚区（开发区）调研浙江三花工业园、杭州赫姆斯食品有限公司。

18日 集聚区（开发区）党工委副书记、管委会主任何美华到传化集团有限公司、浙江恒逸集团有限公司开展“走亲连心三服务”活动。

19日 省自然资源厅厅长黄志平和市委常委、副市长刘国洪一行到集聚区（开发区）调研，就农保地核减、用地指标倾斜、创新改革支持、行政审批端口等问题进行指导。

20日 省住建厅厅长项永丹到集聚区（开发区）检查指导垃圾和污水处理能力建设工作。

22日 市委副书记、市长徐立毅到集聚区（开发区）走访调研，召开企业家座谈会、两区领导班子专题会议，就两区整合工作提出指导意见。

27日 省委副书记、省长袁家军到集聚区（开发区）调研，考察杭州传化公路港、浙江大学航空制造高端装备研究中心、广汽乘用车（杭州）有限公司、杭州医药港小镇。

28日 隶属杭州海关的钱江海关驻下沙办事处揭牌成立。

2月 集聚区“三湖一湾”（汇龙湖、通慧湖、逸湖、智趣湾）征名活动结束。集聚区核心区景观湖更名为“东沙湖”。

3月

1日 市委副书记、政法委书记张仲灿到集聚区（开发区）考察“三化融合”比学赶超、智慧城市综合管理平台、中策橡胶集团有限公司。

8日 市委常委、常务副市长、集聚区（开发区）党工委书记戴建平到集聚区（开发区）调研乐金电子（杭州）有限公司、东芝开利空调（中国）有限公司和杭州和利时自动化有限公司。

10日 中国药科大学（杭州）创新药物研究院在杭州医药港小镇揭牌成立。

11日 由中国田径协会、杭州市体育总会、集聚区（开发区）主办的杭州国际女子马拉松比赛被评为“2018中国田径协会马拉松银牌赛事”。

13日 集聚区（开发区）“大棚房”整治工作通过省督导组和市抽验组验收。

14日 省委常委、市委书记周江勇到集聚区（开发区）走访调研，考察柔性电子与智能技术全球研究中心、杭州医药港小镇、费列罗食品（杭州）食品有限公司并召开座谈会。周江勇强调抓住两区整合契机，趟出一条高质量发展新路。

△ 市委常委、常务副市长、集聚区（开发区）党工委书记戴建平主持召开两区领导班子会议，传达省委常委、市委书记周江勇调研集聚区（开发区）讲话精神，研究落实新区组建融合等工作。

15日 副省长朱从玖到集聚区（开发区）调研杭州综合保税区发展情况，考察保税区建设、验收申报、提升改造等工作。

19日 集聚区（开发区）党工委副书记、管委会主任何美华督查艮山东路过江隧道、2025（中国）智造谷、杭州中芯晶圆大尺寸半导体硅片、华东医药二期等项目施工建设。

27日 省委书记车俊调研集聚区（开发区）并主持召开座谈会，强调要加强对两区整合的统一认识，集中力量、集聚资源、集成政策，高起点规划、高标准建设、高水平管理，以大整合推进新区高质量发展，把新区打造成标志性战略性改革开放大平台。省委常委、市委书记周江勇汇报集聚区（开发区）整合工作和支持新区高质量发展情况。集聚区（开发区）党工委副书记、管委会主任何美华汇报两区基本情况及工作计划。

28日 市委召开常委会会议，传达学习省委书记车俊考察集聚区（开发区）时的讲话精神，部署、落实相关工作。

29日 杭州地铁1号线下沙江滨站附属工程下沙风井至下沙江滨站区间右线盾构机“先锋号”始发，下沙江滨站附属工程项目进入盾构施工阶段。

30日 长三角柔性电子技术协同创新中心在集聚区（开发区）大创小镇揭牌。清华大学柔性电子技术研究中心主任冯雪任创新中心负责人。副省长高兴夫出席启动仪式。

杭州钱塘新区（2019年4—12月）

4月

2日 省政府发文批复同意设立杭州钱塘新区。明确新区规划控制总面积531.7平方千米，空间范围包括杭州大江东产业集聚区和杭州经济技术开发区。托管管理范围包括江干区下沙、白杨2个街道和萧山区河庄、义蓬、新湾、临江、前进5个街道，以及杭州大江东产业集聚区规划控制范围内的其他区域（不含党湾镇所辖接壤区域的行政村）。按照“一个平台、一个主体、一套班子、多块牌子”体制架构，保持杭州经济技术开发区、杭州综合保税区、杭州临江高新技术产业开发区3个国家级牌子不变，撤销区域内省级以下产业平台牌子。

△ 自然资源部所有者权益司司长廖永林带队到新区调研“标准地”改革实践工作。

11日 2019年中国（杭州）中法创新发展合作大会在新区大创小镇举行。中法（杭州）创新合作加速中心宣布启动。

13日 珠海格力电器股份有限公司董事长董明珠到新区检验格力电器杭州智能电器产业园项目建设工程。

16日 市委、市政府印发《关于加快钱塘新区高质量发展的意见》，明确新区发展的主要目标、托管区域范围、管理体制、重点任务、组织保障等问题。

△ 市人大常委会主任于跃敏到新区考察中沙社区人大代表联络站并召开座谈会，听取新区7个街道人大工作情况汇报。

17日 市委办公厅印发《中共钱塘新区工作委员会杭州钱塘新区管理委员会职能配置、内设机构和人员编制规定》，明确新区党工委、管委会作为市委、市政府派出机构，代表市委、市政府对钱塘新区统一履行经济、社会、文化、生态文明建设和党的建设等各项管理职能，挂杭州经济技术开发区管理委员会、杭州临江高新技术产业开发区管理委员会、杭州综合保税区管理委员会牌子。

△ 市委、市政府决定建立杭州市加快钱塘新区高质量发展领导小组，省委常委、市委书记周江勇任组长。领导小组在新区设立办公室。

18日 杭州市召开推进杭州钱塘新区高质量发展大会，省委副书记、省长袁家军参加大会并讲话。会议宣读《浙江省人民政府关于同意设立杭州钱塘新区的批复》，公布《中共杭州市委、杭州市人民政府关于加快钱塘新区高质量发展的意见》。省委常委、市委书记周江勇，市委副书记、市长徐立毅为中共杭州钱塘新区工作委员会、杭州钱塘新区管理委员会授牌。副市长柯吉欣兼任新区党工委书记。

19日 新区举行挂牌活动并召开领导干部大会。会议传达推进杭州钱塘新区高质量发展大会讲话精神，宣读新区各部门（单位）筹建工作小组成员名单及人员转隶工作安排。

△ 市规划和自然资源局发布通告，因地铁8号线横断面、东沙湖二期等项目建设需要，新区河庄街道建一村、新和村、民主村、向公村的集体土地140万平方米列为冻结范围。

25日 杭州先进技术与产业创新发展国际论坛暨杭州中科先进技术研究院在新区大创小镇揭牌。

29日 国家发改委副主任林念修到新区杭州医药港小镇考察，走访调研杭州奕安济世生物药业有限公司研发中心和生产基地。

5月

1日 艮山东路过江隧道开工建设。该隧道西起新区3号大街与12号大街交叉口，东至滨江二路西侧，全长4.6千米。

9日 全国首创的跨境电商B2C包裹退货新模式在杭州综合保税区投入运行。

10日 中国药科大学（杭州）创新药物研究院在新区杭州医药港小镇揭牌成立。新区党工委副书记、管委会主任何美华，中国药科大学党委书记金能明为研究院揭牌。

11日 新区首个5G基站在新加坡杭州科技园开通。

14日 2019年中以创新论坛暨以色列项目入驻仪式在新区大创小镇举行。新区设立总金额1亿元的“中以创新投资基金”。

16日 天境生物科技（上海）有限公司抗体研发及产业化项目签约落户新区，项目总投资56亿元。省委常委、市委书记周江勇见证签约并会见该公司董事长臧敬五管理团队一行。

△ 选址新区启成路1号的杭州高级中学启成学校揭牌。该校占地面积9.33公顷，总建筑面积7.6万平方米，总投资4.7亿元。

17日 省发改委印发《浙江省“五个千亿”投资工程2019年实施计划项目表》，新区中芯晶圆大尺寸半导体硅片项目、格力电器杭州智能电器产业园项目、长安福特系列大型豪华SUV整车项目在列。

20日 省政府发布任免通知，何美华任杭州钱塘新区管理委员会主任。

21日 新区大江东航空航天产业平台入选省首批7个“万亩千亿”新产业平台培育名单。

△ 杭州钱塘华数数字电视有限公司揭牌成立。

25日 新区江东三路建成通车。道路总长15.62千米，自西向东贯穿整个江东片区。

26日 新区企业捷诺飞生物科技股份有限公司联合浙江省医学信息与生物三维打印重点实验室等单位，发布两款新型生物3D打印机。

28日 2019年中国·杭州医药港健康产业峰会暨长三角G60科创走廊生物医药产业联盟成立大会在新区举行。

29日 新区党工委召开理论学习中心组（扩大）专题学习会，学习营商环境改革和国家级新区发展路径等内容。

31日 市政协主席潘家玮一行到新区下沙街道代表联络站联系基层人大代表并与群众座谈交流。

6月

2日 2019年浙江大湾区自行车公开赛首站——杭州钱塘新区站在下沙围垦公园开赛。省体育局局长郑瑶，新区管委会主任何美华等为公路自行车男子精英组比赛鸣枪发令。

3日 新区开展“走亲连心三服务”活动。新区党工委、管委会领导班子成员分别带领15个小组深入企业送政策、解难题、谈发展。

3—5日 2018年度中国医药行业最具影响力榜单揭晓，新区企业杭州和泽医药科技有限公司入选中国医药研发企业20强。

10日 新区融媒体中心上线试运行。

11日 新区“不忘初心、牢记使命”主题教育工作会议召开。副市长、新区党工委书记柯吉欣强调深入开展主题教育，谱写新区高质量发展新篇章。市委第五巡回指导组组长黄翊参加会议并讲话。

△ 杭州综合保税区通过海关总署授权省联合验收组验收。

△ 副市长、新区党工委书记柯吉欣率新区党工委、管委会领导班子成员到临江兵团知青文化园（临江围垦文化园），参观知青文化纪念馆，回顾围垦历史。

13日 中共中央政治局常委、国务院总理李克强到新区调研中国（杭州）电子商务综合试验区（下沙园区）。省委书记车俊，省委副书记、省长袁家军，省委常委、市委书记周江勇等陪同调研。

△ 2019年全国大众创业万众创新活动周在杭州开幕。新区大创小镇国际创博中心是主会场外唯一分会场，举办“双创周”重要活动——第七届中国创业投资行业峰会。

18日 副省长朱从玖到新区调研中新未来社区项目并召开座谈会。

△ 新区成立后首宗土地即杭钱塘储出〔2019〕1号商业用地挂牌。

△ 新区管委会与中信泰富有限公司在“科技创新、共享亚运”杭州（香港）创新合作恳谈会签署战略合作框架协议。

19日 省委常委、市委书记周江勇到新区开展“调研解难题、深化‘三服务’”活动，强调新区要突出招商引资、城市建设、优化服务，打造宜居宜业产业新城。

20日 新区与省卫生健康委、中国科学院肿瘤与基础医学研究所签署合作框架协议，中科院肿瘤与基础医学研究所落户新区。

△ 新区工会第一次代表大会召开。大会选举产生新区工会领导班子，虞付月当选新区工会主席。

25日 浙江—新加坡经济贸易理事会第十四次会议在杭州召开。会议签署新区数字经济和未来社区等重点项目15个，协议金额106亿元。

26日 新区企业广汽乘用车（杭州）有限公司第20万辆汽车下线。

27日 2019年国际创新临床研究大会在新区召开。

28日 新区杭州市高科技企业孵化园区、国脉科技园、正泰中自科技园、杭州义蓬科创园入选省首批小微企业园名单。

30日 新区企业杭州中芯晶圆半导体股份有限公司首批8英寸（200毫米）半导体硅抛光片生产下线，为杭州制造的首批大硅片。

6月 副市长、新区党工委书记柯吉欣调研新区7个街道，强调以新担当、新作为助推新区高质量发展。

7月

1日 新区党工委举办“不忘初心、牢记使命”主题教育专题党课。副市长、新区党工委书记柯吉欣上党课，强调要牢记使命、担当有为，以只争朝夕的奋斗姿态干出新气象新面貌。

9日 新区与建设银行浙江省分行签订政银战略合作协议。副市长、新区党工委书记柯吉欣，建设银行浙江省分行党委书记、行长高强参加签约仪式。

12日 新区下沙街道作为省内唯一配合部队停止有偿服务工作先进单位，在全国全军停止军队有偿服务工作总结表彰大会上做交流发言，并接受国家、军委领导人接见和颁奖。

△ 新区机关内部“最多跑一次”改革动员部署工作会议召开，全区机关内部“最多跑一次”改革启动。

13—14日 第二届柔性电子国际学术大会在新区大创小镇举行。大会宣布成立柔性电子技术协同创新中心和清华大学柔性电子技术研究中心共同发起的Flex.net学术联盟。

19日 新区推进“浙政钉”移动办公，通过“浙政钉”和“OA办公系统”实现无纸化办公。

26日 新区职工文化活动用房项目开工建设。项目总投资4.7亿元，总建筑面积6.41万平方米。

29日 市委常委、常务副市长戴建平率队到新区调研未来社区建设工作。

△ 杭州首个外资企业侨联组织——杭州松下家电侨联在新区成立。

30日 市委第十二届第七次全体（扩大）会议召开，明确建设杭嘉一体化发展先行区，以临平新城、余杭经济技术开发区、钱塘新区、海宁长安—许村等区域为重点，打造沪杭战略通道重要节点和长三角跨市域同城化发展示范区。

31日 新区企业浙江西子航空工业有限公司承接的空客A320飞机大肋部件首件交付。

7月 新区庆祝中华人民共和国成立70周年“70人、70幅、70场”主题活动启动。

8月

1日 新区召开党工委会议，传达学习市委第十二届第七次全会精神。会议为新区首个无纸化会议。

6日 新区全面提升营商环境工作推进会召开。副市长、新区党工委书记柯吉欣强调要贯彻落实省委、市委关于优化营商环境的决策部署，打造国际一流营商环境。

10日 台风“利奇马”以超强台风级在浙江温岭沿海登陆并入境新区。新区启动防台应急响应，24小时蹲守值班，做好安全保障。

14日 新区党工委召开“解放思想大讨论、勇立潮头大担当”第3期专题讨论会暨主题教育调研成果交流会。

15日 新区政情通报会召开。新区党工委副书记、管委会常务副主任施华森通报新区经济社会发展情况，新区全国、省、市、区四级人大代表及部分政协委员参加会议。

16日 新区纪检监察工委派出街道监察办公室集中授牌。

22日 “钱塘人才安居乐业一件事”窗口在新区行政服务中心揭牌。

25—26日 2019年“创客中国”浙江好项目中小微企业创新创业大赛总决赛暨颁奖仪式在新区大创小镇国际创博中心举行。

29日 由新区白杨街道、余杭区乔司街道和海宁市长安镇（高新区）三地联合组建的杭嘉一体化党建联盟成立。

△ 第八届中国创新创业大赛（浙江赛区）暨第六届浙江省“火炬杯”创新创业大赛在新区举行。

30日 全国首个“保税仓直播间”落地杭州综合保税区。

△ 浙江大有集团有限公司作为首个企业入驻新区智慧谷。

9月

1日 “互联网+养老”服务模式经新区新湾街道共裕村试点后，在新区下沙、白杨、河庄、义蓬、临江、前进6个街道全面推行。

2日 新区召开“不忘初心、牢记使命”专题民主生活会。副市长、新区党工委书记柯吉欣强调要加快推进新区从物理整合走向人心融合、工作提质、发展提速。

6日 新区打造“美好教育先行区”动员大会暨庆祝第35个教师节表彰会召开。表彰杭州市文海实验学校等10个突出贡献集体、金茶娟等10位突出贡献教师，为8所新挂牌集团化学校授牌。

10日 中国银行杭州市钱塘新区支行揭牌，为新区成立后首个揭牌支行。

11日 市人大常委会主任于跃敏到新区调研大创小镇发展服务中心并召开座谈会。

12日 杭州市公安局钱塘新区分局挂牌成立。

17日 2019年浙江·台湾合作周医药健康产业对接会在新区举行。

18日 市委副书记、政法委书记张仲灿到新区开展“走亲连心三服务”活动。

△ 新区高技能人才杭州轩玮鸣模具科技有限公司张利舟、杭州夏坤科技有限公司祝新华、东见裕隆汽车有限公司沈亮3人入选2019年杭州市“百千万”高技能领军人才（拔尖技能人才）。

24日 《杭州钱塘新区规划纲要（战略规划）》成果发布。该规划纲要以目标定位、空间格局、战略路径、设施支撑4个部分为新区未来发展绘制蓝图。

△（美国西部时间） 位于美国加州圣何塞市的硅谷钱塘中心一期工程竣工，杭州中肽生化有限公司入驻该中心。

25日 省委常委、市委书记周江勇到新区开展“走亲连心三服务”活动，强调要贯彻习近平总书记关于制造业发展的重要指示精神，帮助企业排忧解难，推进制造业高质量发展。

26日 新区首届“钱塘工匠”表彰大会召开，评选出马以培、王继青、孙玉锋、季时伟等“钱塘工匠”10人。

△ 浙江省重大项目暨特色小镇建设现场推进会召开，新区杭州医药港小镇和大创小镇被评为优秀小镇。

27日 新区企业杭州壹网壹创科技股份有限公司在深圳证券交易所创业板挂牌上市，为新区成立后首个上市企业。

△ 新区庆祝中华人民共和国成立70周年文艺晚会在中国计量大学嘉量大礼堂举行。

9月 新区首例污染土壤修复工程——原杭大江东储〔2017〕7号地块修复工程完成。

10月

8日 市政协主席潘家玮到新区接访群众，协调解决群众反映的经济适用房转商品房上市交易手续办理问题。

11日 新区与杭州钢铁集团有限公司签署战略合作协议，就环保产业、未来社区建设、杭钢农场地块开发利用、科技创新服务等方面开展合作。

16日 新区召开“五水共治”现场会。新区管委会主任何美华强调要践行“绿水青山就是金山银山”发展理念，全力建设“美丽钱塘”。

17日 新区残疾人联合会第一次代表大会召开。会议选举产生新区残疾人联合会首届主席团。

18日 新区召开推进高质量发展暨全面实施“新制造业计划”大会。会议发布《关于建设“人才特区”打造人才智高地的意见》、“1+4+X”政策体系、产业规划及新区官方LOGO。

19日 新区除恶专项斗争推进会暨中央督导组“回头看”动员部署会召开。

22日 新区企业浙江米奥兰特商务会展股份有限公司于深圳证券交易所上市，股票代码300795，为中国会展第一股。

23日 新区党工委副书记、管委会主任何美华率新区党政考察团赴海宁学习考察，与海宁市政府签订全面战略合作协议。协议将海宁“杭海新区”纳入新区战略规划范围。

△ 市委副书记、政法委书记张仲灿到新区调研市乡村产业振兴和农业企业经营发展情况。

24日 市委常委、组织部部长、市委主题教育领导小组常务副组长兼办公室主任毛溪浩到新区走访调研“不忘初心、牢记使命”主题教育工作。

25日 新区以“砥砺奋进·职求卓越”为主题的首届人力资源峰会开幕。峰会现场举行新区人力资源服务协会成立揭牌、就业扶贫劳务项目授牌和区校结对、校企结对合作签约等仪式。

27日 新区举行李宁·2019年杭州国际女子半程马拉松赛。该赛事由中国田径协会、杭州市体育局和新区管委会主办，来自22个国家和地区的1.03万名选手参加比赛。

28日 杭州绕城高速公路下沙新收费站开通启用，原江东大桥收费站停用。

29日 海关总署副署长王令浚一行到新区调研中国（杭州）跨境电商综合试验区（下沙园区）、杭州士兰集成电路有限公司。

△ 德国杜伊斯堡市市长索伦·林克率领政府和企业代表团到新区参观访问并举办交流推介会。

30日 新区社会治理综合服务下沙中心（信访超市）试运行。中心设有信访接待、联合调处、公共法律服务等功能区6个、接待窗口9个及对外接待功能室20个。

31日 市政协主席潘家玮率考察组到新区调研浙江东南网架配式钢结构绿色建筑项目，了解重大项目进展情况。

△ 创业中华——2019年侨界精英创新创业（中国·杭州）峰会在新区开幕。中国侨联副主席李卓彬为中国侨联新侨创新创业基地——杭州医药港授牌。

11月

1日 新区前进科创园揭牌成立。

△ 2019年海外高层次人才杭州行暨生物医药项目路演对接会在新区举行。

2日 新区首届中小学生运动会举行。

5日 辖区高校浙江理工大学校长陈文兴当选中国工程院院士，为新区首位入选院士。

7日 国家“十三五”时期产教融合发展工程规划项目——“智能制造”开放性公共技能实训基地在新区开工奠基。

9日 2019年中国（浙江）全球科技精准合作交流会暨“一带一路”国际科学组织联盟青年科学家研讨会在新区召开。

△ 新区与中国科学院曼谷创新合作中心签订“一带一路”新兴技术创新与孵化战略合作协议。

9—24日 2019年杭州国际人才交流与项目合作大会在杭州国际博览中心举行。35个人才项目签约落户新区，总投资10.7亿元。

10日 新区国际人才交流与项目合作大会在大创小镇举行。浙江省人才计划钱塘产业园、杭州国际人才创业创新园揭牌；10个高层次人才合作项目签约，涉及生命健康、芯片半导体、航空航天等领域的科研、产业合作。

12日 新区消费纠纷人民调解委员会成立。

13日 新区“开放共赢，魅力钱塘”2019年上海招商推介会举行。

△ 新区杭州金沙湖和达希尔顿嘉悦里酒店开业。该酒店是亚太地区第二个、中国长三角地区首个希尔顿嘉悦里酒店。

14日 世界浙商大会“百名浙商走进大湾区”杭州钱塘新区专场活动举行。

15日 第三届2019年浙江国际协同创新峰会在新区召开。

18日 新区举行下沙街道数字新零售产业园开园暨街道重点扶持企业（产业园）集中签约活动。

19日 省委副书记、省长袁家军会见新区合资项目企业美国势必锐航空系统公司董事长鲍勃·约翰逊一行。

20日 位于新区的杭州进口肉类指定查验场通过海关总署专家验收组验收。

22日 杭州中欣晶圆半导体股份有限公司大硅片项目在新区竣工投产。该项目总投资10亿美元，建设有3条8英寸、2条12英寸半导体硅片生产线。

27日 新区与浙江大学、浙江工业大学达成战略合作。浙江大学智能创新药物研究院、浙江大学校友总会及浙江工业大学钱塘生物产业研究院助力区校合作示范区建设。

29日 新区区校合作暨“浙子回归梦钱塘”工程推进大会举行。会上新区与14所高校签订合作协议，“浙子回归梦钱塘”工程启动。

12月

2日 海宁综合办事自助机落户新区行政服务中心，实现杭州、海宁两地政务服务异地自助通办。

3日 杭州康复医院（杭州市特殊康复中心）项目在新区开工。

该项目位于元成单元，总用地面积2万平方米。

4日 市委副书记、政法委书记张仲灿一行到新区调研督查平安创建工作。

5日 新区政银企党建联盟启动仪式暨全面战略合作签约大会召开。新区党工委副书记、管委会主任何美华与20个金融机构签署战略合作协议。

△ 省内第50座超高压变电站——500千伏萧围变电站在新区投入运行。

9日 新区首届归侨侨眷代表大会暨归国华侨联合会成立大会召开。

10日 2019年中国数字经济与区块链创新应用高峰论坛在新区召开。论坛授牌成立省数字经济学会区块链专委会。

11日 杭州市推进钱塘新区高质量发展领导小组会议召开。省委常委、市委书记周江勇强调要高水平推进新区发展，打造产业高地、城市窗口、开放前沿，使新区成为全市高质量发展重要增长极。

△ 新区举行重大项目集中开工和竣工投产活动。合计30个项目开工、投产，总投资663亿元。

13日 新区党建“双强”“双十佳”比武打擂总决赛举行，评选“最强党支部”10个和“最强领头雁”10人。

△ 新区与国网杭州供电公司签订战略合作协议，国网杭州钱塘新区供电公司揭牌成立。

2019年12月，新区河庄街道城乡一体化安置小区项目建成竣工

（方 波 摄）

△ 新区公安分局召开张雪领见义勇为表彰会，追授张雪领“市见义勇为勇士”称号。张雪领生前系新区企业杭州市成典网络技术有限公司负责人，2019年12月11日因跳河施救一自杀女子遇难。

16日 新区召开年度务虚会，分析经济社会发展形势，谋划2020年工作。

18日 副省长高兴夫率队到新区开展“走亲连心三服务”活动，调研杭州医药港小镇、辉瑞生物制药（杭州）有限公司。

△ 杭州综合保税区与萧山机场首单“区港联动”业务经钱江海关驻下沙办事处和萧山机场海关协力合作办结。

20日 新区科学技术协会成立暨首次代表大会召开。

23日 位于美国加州圣何塞市的的硅谷钱塘中心对外开放。浙江省驻北美商务代表处、浙江大学硅谷中心及10多个创新研发型项目入驻该中心。

23—24日 新区河庄街道城乡一体化安置小区总包工程通过五方主体竣工验收。安置小区总建筑面积85.65万平方米，是新区体量最大的安置房项目。

24日 新区管委会就“加快推进新区5G赋能数字经济发展合作”与中国移动杭州分公司签署战略合作协议。

30日 新区召开党工委（扩大）会议，传达学习杭州市委第十二届第八次全体（扩大）会议精神。

责任编辑 周 丹 黎洪正

年度要览

两区体制整合融合纪略

【两区体制整合】 2019年1月，杭州市委常委、常务副市长戴建平主持召开大江东产业集聚区（杭州经济技术开发区）领导班子成员会议、领导干部大会，通报市委常委会《关于大江东产业集聚区与杭州经济技术开发区体制调整的实施意见》及两套班子整合的干部人事方案，明确两区整合的发展定位、总体安排、具体步骤、管理范围、组织架构和管理体制，两区体制整合由此启动。整合期间，双方正处级以上干部展开交流调研，班子会议、大党建考核、民主生活会、重大项目谋划、年度目标任务统筹等方面一体化开展运作。4月，钱塘新区经浙江省政府批准并挂牌成立，杭州市委办公厅、市政府办公厅印发新区“三定”（定职能、定机构、定编制）方案。根据“三定”规定，新区各部门结合自身工作与新区实际情况进行相应调整。5月，新区管委会各部门（单位）干部选配、人员转隶和办公场所调整到位，按照新机构、新职能、新岗位履行新职责。9月，融合开发区与大江东两片区公安力量的杭州市公安局钱塘新区分局挂牌成立。12月，国网原大江东供电公司和下沙供电营业部整合，国网钱塘新区供电公司组建成立，实现供电管理与新区辖区的匹配、对应和统一。至年末，新区大部分部门完成整合，并着手优化内部机构设置，设立完善可行的运行机制。围绕两区体制整合融合，全年建立健全议事协调机构50多个，整合出台政策制度170多项。

【新机构设立】 2019年4月，新区整合原有产业平台及管理机构，除保留国家级的杭州经济技术开发区、临江高新技术产业开发区、杭州综合保税区牌子外，不再保留其他产业平台的管理机构，实行“一个机构、多块牌子”。根据发展定位和现实需求，整合原杭州大江东产业集聚区、杭州经济技术开发区20个内设机构为12个内设机构。根据提升公共服务和增强引资引智工作需要，专门设立教育与卫生健康局和招商与人才局。按照新区机构改革部署，原两区负责安全生产监管的2个科室合并成立应急管理局，承担“安全、应急、减灾”三大职能。创新统筹编制资源，设立若干个归口管理的事业单位。围绕重点产业发展和创新创业，设立医药港小镇、大创小镇2个发展服务中心。设立行政审批局，统筹推进、协调管理新区行政审批制度改革，集中行使依法赋予新区的行政审批权。设立综合行政执法局（挂城市管理局、综合行政执法大队牌子），实现“一支队伍管执法”。新区管委会被赋予相当于县级的经济社会行政管理职能和审批、执法权限，实现“办事不出新区”。

【谋篇布局促机制融合】 2019年新区成立后，布局启动各类规划编制工作，包括新区战略规划、国土空间规划、综合交通规划、生态规划等。年内，国土空间规划、综合交通规划、生态规划取得阶段性成果，新区规划纲要（战略规划）初步成果发布。新区战略规划近期规划至2025年，远期至2035年，远景展望至2050年。规划合理确定用地规模和布局城市功能，构建“江滩绿谷·一江双城四组团”城市体系，努力实现生活、生产、生态的共融共生和新区的高质量发展。遵循新区战略规划的引领，新区规划和自然资源分局做优做活土地，优化空间格局，为城市发展腾挪空间；新区建设部门推进道路、电网等基础设施建设，补齐短板，为新区发展添动力；新区经发科技局走进车间，送政策送服务，破解经营难题。新区托管的7个街道按上级部署，完成机构改革，提高区域治理能力。

【党员干部思想融合】 2019年，新区围绕中央、省市委部署，结合"趟出一条高质量发展新路"的战略使命和工作要求，开展"解放思想大讨论、勇立潮头大担当"活动，举办集中学习活动340多场，开展大讨论活动50多次，推动两区"物理融合"到党员干部"思想融合"。开展主题教育，促使党员坚定信念、守护初心。新区党工委组织参观临江兵团知青围垦文化园，开讲专题党课和集中学习，举办专题读书班等活动。围绕"我们来新区的初心使命是什么，高质量发展我们缺什么，高质量发展我们干什么"的"三问"主题，开展解放思想大讨论，在目标定位、发展思路、战略规划等方面凝聚共识。实施干部教育培训三年行动计划，搭建年轻干部建功学院等六大载体，实施"千名干部培养锻炼"专项行动，提升干部能力素质。

李克强考察杭州综合保税区

【李克强考察杭州综试区下沙园区】 2019年6月12—13日，中共中央政治局常委、国务院总理李克强在浙江省委书记车俊、省长袁家军陪同下在浙江杭州考察。13日，李克强到位于杭州综合保税区的中国（杭州）跨境电子商务综合试验区下沙

2019年3月27日，时任浙江省委书记车俊（右二）考察调研杭州大江东产业集聚区（杭州经济技术开发区）（童志忠　摄）

园区考察，强调跨境电商是国际贸易未来发展一大趋势，能够带动更多企业直接参与国际贸易，有利于大中小企业融通发展，促进国内制造业升级和品牌成长。他要求有关部门完善政策、创新监管，加大支持。杭州是国务院最早批准设立跨境电子商务综合试验区的城市，近几年跨境电商发展良好，通过"买全球、卖全球"，在促进外贸增长、满足群众消费升级需求等方面发挥重要作用。李克强支持杭州打造"全国跨境电商第一城、全球跨境电商第一流"城市品牌。

【杭州综试区下沙园区运营发展】 2015年3月7日，在李克强总理关心支持下，原杭州跨境贸易电子商务产业园获批中国（杭州）跨境电子商务综合试验区下沙园区。经过几年发展，下沙园区已集聚250多个跨境电商企业，备案品类逾3万个，累计实现进口业务1.53亿单，交易金额295亿元，占杭州市比重80%以上，是中国（杭州）跨境电子商务综合试验区核心功能园区和全国跨境电商综合试验区的标杆园区。下沙园区优化区域营商环境，探索跨境电商海关监管方式，创新跨境电商海关监管模式，在国务院多次常务会议上获得肯定，并在全国试点城市进行推广复制跨境电商杭州经验，为特殊监管区域内发展跨境电商产业、实现区域转型升级提供样板。

省委书记车俊考察调研新区

【省委书记车俊考察两区整合】 2019年3月27日，新区挂牌成立前夕，省委书记车俊在大江东产业集聚区（杭州经济技术开发区）考察调研，强调要加强对两区整合的统一认识，集中力量、集聚资源、集成政策，高起点规划、高标准建设、高水平管理，以大整合推进新区高质量发展，努力把新区打造成标志性战略性改革开放大平台。车俊先后到金沙湖湖畔中心、大江东规划展示馆，考察下沙城市核心区、大江东产业集聚区的规划功能布局、重大项目建设等情况，要求两区坚持新发展理念，注重产城人融合，增强规划的刚性和科学性，实现优势互补、同步提升、融合发展。在杭州医药港小镇、杭州奕安

济世生物药业有限公司、广汽乘用车（杭州）有限公司、浙江西子航空工业有限公司，车俊详细了解产业平台建设和企业发展情况，勉励企业坚定信心、树立标杆、走在前列，更好发挥带动、示范、集聚效应，加快形成产业发展高地。

【打造全省对外开放战略大平台】2019年3月27日，省委书记车俊主持召开座谈会，听取杭州市和新区管委会主要负责人工作汇报后指出，大江东产业集聚区和杭州经济技术开发区陆域面积大，具有叠加落实诸多国家战略的特性，是参与长三角区域一体化发展的前沿阵地、推进杭州拥江发展和杭嘉绍甬同城化的战略要地，应当成为激活杭州湾“大湾区”的核心引擎。浙江省面临全面深化改革、扩大开放新的历史机遇，杭州也处在“后峰会、前亚运”的发展黄金期，推进两区整合、开发新区势在必行，将为全省开发平台的整合集聚发挥示范带动作用。他要求两区抓住难得的机遇，发挥难得的区位优势，把新区打造成不可多得的战略大平台。

【高水平高质量建设标志性新区】2019年3月27日，省委书记车俊在新区座谈会上强调，新区建设必须着眼于未来，坚持高水平高质量，体现战略性标志性，具有创造力竞争力。要登高望远，跳出杭州一域、浙江一地，立足长三角和全国大局，瞄准世界先进水平，牢固树立战略思维，做好长远打算。要把规划的科学性放在第一位，推进产城人融合，布局好社会事业和公共服务项目，有针对性地做好生物医药、汽车及零部件、航空航天、新能源新材料等产业规划，把新区打造成数字经济、生命健康和高端制造融合创新的基地。要保持定力，高标准推进招商选资。要保护生态，推进城乡融合、产城协调、人与自然和谐发展，把新区建设成为美丽浙江大花园的示范区。要以绣花功夫搞建设，在大写意之下画好工笔画，努力使新区在全国全球具有知名度、竞争力、影响力。省有关部门要在空间要素保障、体制机制改革、功能项目布局等方面给予支持，全力破解前进中的难题。

省委常委、市委书记周江勇与钱塘新区

【周江勇蹲点调研大江东】2018年6月14—15日省委常委、市委书记周江勇带队到杭州大江东产业集聚区蹲点调研。其间，周江勇走访企业、学校、社区、农户、工程项目16个，召开重点企业、周边城区、街道社区（村）负责人和机关干部、村民群众座谈会5场次，逐个听取萧山区、高新区（滨江）、杭州经济技术开发区主要负责人的意见建议，共商大江东发展之策。周江勇指出，大江东是大湾区核心区和高端制造业集聚区，自然条件得天独厚，发展基础比较扎实，在全市乃至全省发展中的战略地位十分重要。要围绕省委和市委确定的目标定位，以大格局谋划未来一个时期发展，以大学习全面提升干部队伍素质，以大招商加快培育壮大优势产业，以大建设促进区域“外畅、内顺，中心靓、功能强”，以大统筹推进城市与产业、城市与乡村、经济与社会、自身与周边协调发展，以大改革激发体制机制活力，以大党建强化政治组织保证，努力实现弯道超越，建成新时代改革开放的重要窗口和高质量发展的实践范例。强调要坚持扩大增量与优化存量并重，加快发展新兴产业，大力推进传统产业改造提升，在发展实体经济上走前列、作示范。市委、市政府将全力以赴支持大江东，市直各部门要主动支持、全力支持、特例支持大江东，为大江东产业集聚区发展创造良好条件。

【市委书记大江东蹲点调研报告】2018年7月23日和24日，《浙江日报》《杭州日报》先后刊载省委常委、市委书记周江勇署名文章《努力建设全省标志性战略性改革开放大平台——大江东产业集聚区蹲点调研报告》。该调研报告指出大江东产业集聚区发展进步明显、前景可期，分析发展存在的困难和问题。最突出的问题就是空间布局散、功能配置散、城市功能弱、产业竞争力弱、区域主导能力弱，具体体现在产业定位结构不合理、发展质量效益有待提升、城市功能相对滞后、管理体制尚未完全理顺、干部精气神需要提升5个方面。报告提出破解当前发展难题的5个着力点，分别是面向“大湾区”，理清发展思路；优化空间布局，做好科学统筹文章；加快发展新兴产业，积极培育新的发展动能；加快“小镇”化改造，推进人产城融合；创新体制机制，激发大江东发展内生动力。

【周江勇调研两区整合】2019年3月14日，省委常委、市委书记周江勇到大江东产业集聚区（杭州经济技术开发区）调研，强调抓住大江东产业集聚区和杭州经济技术开发区整合契机，趟出一条高质量发展的新路。周江勇走访柔性电子与智能技术全球研究中心、杭州医药港小镇、费列罗食品（杭州）有限公司，了解技术创新、产业平台、产品工艺等情况；登上开发区金沙湖湖畔中心和大江东智慧谷顶楼，俯瞰金沙湖商务区全景、大江东城市中心区功能布局及项目建设情况。座谈会上，周江勇指出推进大江东产业集聚区和杭州经济技术开发区整合，是市委、市政府做出的重大

决策部署。强调要建设大平台，完善顶层设计，加快规划落地，发展智能制造、数字经济、生命健康、航空航天、金融服务等战略性新兴产业，优化综合功能，完善生活配套，建设以产业和实体经济为支撑的产城人融合大平台；要推动大融合，以两区整合为契机，推进机构组建、人员转隶等工作，促进合心合力，尽快实现一体化运作；要展现大作为，坚持事在人为、项目为王、攻坚突破，以时不我待、只争朝夕的精神投入到招商引资、工程建设等各项工作中，迅速打开发展局面，全面提振干部、群众和社会各界的信心；要优化大环境，推进体制创新先行先试，营造良好舆论氛围，以环境的新优势激发发展的新活力。

2019年3月14日，省委常委、市委书记周江勇（中）调研杭州医药港小镇

（童志忠 摄）

【周江勇三次考察新区建设】 2019年4月钱塘新区挂牌成立后，省委常委、市委书记周江勇分别于6月、9月、12月三次到新区考察调研。6月19日，到新区开展“调研解难题、深化‘三服务’”活动，指出要认清新方位、践行新理念、扛起新使命、干出新成效，努力打造宜居宜业的产业新城，成为全市发展示范、改革样板。强调新区的发展承载着城市梦想、产业愿景和各方期待。要围绕产业新城的功能定位，突出招商引资、城市建设、优化服务三大主线。要把招商引资作为头等大事，创新选商引资的方式方法，强化产业链招商，全力招引一批大项目、好项目。要站在更高起点谋划和推进改革，推进“去机关化”改革，构建精简高效的运行管理机制，努力成为全省审批速度最快、办事服务最好、政府效率最高的区域。要彰显新区国际范，瞄准国际前沿产业，集聚国际知名企业，打造国际一流营商环境建设的示范区。

9月25日，周江勇到新区开展“走亲连心三服务”活动，强调要深入贯彻习近平总书记关于制造业发展的重要指示精神，倾听企业呼声，帮助企业排忧解难，坚定不移推进制造业高质量发展，使数字经济和制造业“双引擎”形成强大动能。要求以产兴城、以城促产、产城融合，推进组团式、精细化布局，借鉴特色小镇建设的成功经验，加快建设一批邻里中心，让入驻企业和当地群众生活更便捷。勉励企业加快数字化智能化改造提升，通过科技创新和有效投入拓展更多市场空间，占据行业高端。强调要发挥产业园平台作用，集聚更多创新资源要素，打造特色产业发展的生态系统，推动产业迈向世界一流水平。要严守生态保护红线，高标准抓好湿地恢复、农田保护、水系整治等生态修复治理，把新区建设成为美丽浙江大花园的示范区。

12月11日，周江勇主持召开推进钱塘新区高质量发展领导小组会议，强调要深入贯彻长江三角洲区域一体化发展国家战略，全面落实省委、省政府“四大建设”决策部署，高水平推进新区发展，奋力打造产业的高地、城市的窗口、开放的前沿，使新区成为全市高质量发展的重要增长极。强调新区要向社会各方面传递“投资钱塘就是投资未来”的信心，确保在全省新区建设中走在前列。要加快构建现代化经济体系和现代化治理体系，坚定不移走“三化融合”之路，抢抓“新制造业计划”机遇，打造数字经济与制造业高质量发展“双引擎”；坚持以“城”的理念推进“区”的建设，高标准推进江海湿地、城市森林、美丽田园、美丽城镇等建设，狠抓综合交通网络建设，加快推进城市大脑建设，提高治理能力和水平。会后，周江勇走访杭州中欣晶圆半导体股份有限公司，考察大尺寸半导体硅片项目投产情况。

责任编辑　黎洪正

新区总情

批准成立

【新区成立】 2019年4月2日，浙江省人民政府批复成立杭州钱塘新区（简称新区）。根据批复，新区空间范围包括原杭州大江东产业集聚区和原杭州经济技术开发区，托管管理范围包括江干区的下沙、白杨2个街道和萧山区的河庄、义蓬、新湾、临江、前进5个街道，以及原杭州大江东产业集聚区规划控制范围内的其他区域（不含党湾镇所辖接壤区域的行政村）。新区实行“一个平台、一个主体、一套班子、多块牌子”的管理体制架构，保持拥有杭州经济技术开发区、杭州综合保税区、临江高新技术产业开发区3块国家级牌子，撤销区域内省级以下产业平台牌子。

【授牌挂牌】 2019年4月18日，杭州市召开推进钱塘新区高质量发展大会。会上，市委、市政府向钱塘新区授牌。省委常委、市委书记周江勇授“中国共产党杭州钱塘新区工作委员会”牌，杭州市副市长、杭州钱塘新区党工委书记柯吉欣接牌。时任市委副书记、市长徐立毅授“杭州钱塘新区管理委员会”牌，时任杭州钱塘新区党工委副书记何美华接牌。4月19日上午9时，杭州钱塘新区在江东一路7899号湖边办公楼挂牌。副市长、新区党工委书记柯吉欣挂“中国共产党杭州钱塘新区工作委员会”牌，时任新区党工委副书记何美华挂“杭州钱塘新区管理委员会”牌。

2019年4月18日，推进杭州钱塘新区高质量发展大会上，与会嘉宾接受新闻媒体采访 （童志忠 摄）

【发展定位】 根据浙江省政府批复，新区承担融入长江三角洲一体化发展国家战略的重要职责，落实省委、省政府加快建设大湾区、大花园、大通道、大都市区决策部署，发挥杭州经济技术开发区等国家级平台的带动作用，优化资源配置，强化科技创新，加快转型升级，目标建设成为世界级智能制造产业集群、长三角地区产城融合发展示范区、全省标志性战略性改革开放大平台、杭州湾数字经济与高端制造融合创新发展引领区。成立前，原杭州大江东产业集聚区规划控制总面积427平方千米，其中陆域面积348平方千米、钱塘江水域面积79平方千米，户籍人口14.68万人。2018年，该区地区生产总值304.29亿元，高新技术产业增加值140.6亿元。原杭州经济技术开发区为国家级开发区，辖区人口45万人，发展形成装备制造、电子信息、生物医药等主导产业，年规模以上工业销售产值逾1600亿元，年高新技术产业产值逾600亿元，有40多个国家和地区的700多个外商投资企业投资创业。承担国家电子商务试点，集聚200多个企业参与跨境贸易业务。

（年鉴编辑部）

自然地理

【地理位置与面积】 新区地处长江三角洲南翼、杭州市区东部，位于杭州主城区和萧山区东北部的沿钱塘江区域。具体四至范围为东、北以钱塘江界线为界，南至红十五线、十二埭横河及与绍兴县接壤的北侧河道，西南与杭州空港经济开发区交界，西至东湖路，西北与余杭区、海宁市交界。规划总用地面积531.7平方千米，其中陆域面积436平方千米、钱塘江水域面积约95.7平方千米。规划区南北长19千米、东西长43.2千米。

【气候特征】 新区地处亚热带季风气候带，温和湿润，雨量充沛，光照充足，四季分明，春秋较短，冬夏较长。春季回暖早，冷暖转换快，气温日差较大。初夏常为梅雨季节，高湿闷热；盛夏晴热少雨，台风影响频繁。秋季多秋高气爽，冬季多晴冷天气。2019年平均气温18.1℃；年雨日数160天，较常年多13天；年日照时数1649.6小时，较常年少。2019年，新区台风影响偏多，“利奇马”台风危害较重。8月10日16～19时，第9号台风“利奇马”穿经新区，新区普降暴雨并伴有大风。至10日20时，新区雨量站点测雨量均大于100毫米，最高171毫米。

【农田湿地】 新区现状永久基本农田1.68万公顷，占总面积35.4%。其中水田1.29万公顷、旱地2616公顷、坑塘水面1265公顷、果园15公顷、其他园区36公顷。东部农田分布较为集中，规模较大；西侧农田集中在西北角，相对集中。规划区东北角沿海为湿地，范围为钱塘江与滨江二路之间生态区，全长约40千米。湿地地势平坦、视线开阔，内部水系纵横，具有明显的围垦地肌理和特征。湿地生态环境整体较优，种类丰富、面积较大、空间延绵、整体性强，是鸟类的重要栖息地，同为杭州建设世界级生态景观休闲廊道“三江两岸”的重要组成部分，规划定位为杭州东部生态带核心区域、新区生态“绿肺”和屏障。

【水系河道】 新区河道密布，主要承担杭州东部的排涝、灌溉、运输和海塘抢险等功能。下沙区块即原杭州经济技术开发区，南北向主要有幸福河、11号渠、环堤护塘等，东西向主要有闸北河、五一河、新建河、2号渠、6号渠、12号渠，呈网格状分布，多为人工开挖，主要用来排涝、防洪。江东区块即原杭州大江东产业集聚区，南北向主要有四工段直河、六工段直河、八工段直河、九工段直河、十工段直河等，东西向主要有沿塘地抢险河、围垦沿塘河、围垦后横河、义隆横湾等，同呈网格状分布、多为人工开挖，系随围垦区不断拓展而形成。主干河道水面60米～70米宽，一般河道20米～30米宽。

【山体堤坝】 新区地势平坦，下沙区块为钱塘江常年冲刷沉积及围垦而成的一块平原，没有山体。江东区块为围垦区，唯有一座较小的丘陵——蜀山，位于河庄街道，海拔44.8米，山脊呈宽、窄长条状，占地面积约4万平方米。南沙大堤是萧山围垦文化的起源。现存南沙大堤西起南阳，后向东北再向东南延伸，过临江后终至红十五线以南萧绍分界点附近。南沙大堤新区段全长28.37千米。河庄街道建有南沙大堤遗址公园。

（年鉴编辑部）

历史沿革

【建制沿革】 1990年8月，经浙江省政府批准，在新区所在的下沙地块建立杭州钱江外商台商投资区。1993年4月，国务院批准在杭州钱江外商台商投资区江北区块设立杭州经济技术开发区。2000年4月，国务院批准在杭州经济技术开发区内设立浙江杭州出口加工区。2001年在新区所在的江东地块筹建江东工业园区，2002年筹建前进工业园区，2003年筹建临江工业园区。2006年，江东工业园区经省政府批复成立。2009年，大江东区域“撤镇设街”，采取“城街合一，以城带街”的运行模式，江东新城、临江新城挂牌。2012年10月，杭州大江东产业集聚区管委会挂牌。2014年8月，大江东产业集聚区体制调整，大江东产业集聚区党工委、管委会履行经济、社会、文化、生态文明建设和党的建设各项管理职能，大江东区域开发建设管理实行“一个平台、一个主体”。2015年1月，大江东产业集聚区实体化运作。2015年2月，该区域内获批国家级萧山临江高新技术产业开发区。2019年4月2日，原杭州大江东产业集聚区和原杭州经济技术开发区“两区合一”，成立杭州钱塘新区。

【分区情况】 新区以钱塘江为界，分江东和下沙两个区块。江东区块即原杭州大江东产业集聚区，是2010年浙江省政府批准的浙江15个省级产业集聚区之一，为萧山区围垦而形成的区域。20世纪主要发展农业，21世纪初开始发展工业，先后筹建成立江东、前进、临江3个开发园区。2014年8月体制调整，实行一体化开发运作。下沙区块即原杭州经济技术开发区，所在地由余杭区围垦而成。20世纪50—80年代，先后两次筑堤围垦。1990年，启动开发建设。1993年批准成为国家级经济技术开发区，1999年托管原下沙镇行政区域范围，开发面积由10平方千米增至104.7平方千米。2000年4月，在东部地块获批设立浙江杭州出口加工区，面积2.92平方千米。同年8月，在北部地块获批建设杭州下沙高教园区，面积10.91平方千米。经过30年开发建设，该区域发展成为集工业园区、高教园区、综合保税区于一体的综合性产业新城。2018年末，国家级经济技术开发区综合发展水平考核中，原杭州经济技术开发区位列全国第9位，是浙江省唯一跻身全国“十强”的经济技术开发区。（年鉴编辑部）

人口变迁

【户籍人口30.43万人】 2019年，新区总户数84073户，比上年增加4419户，增长5.5%，每户平均人数3人。全区户籍总人口304339人，增加17075人，增长5.94%，其中：城镇人口235342人，占全区总人口的77.33%；乡村人口68997人，占全区总人口的22.67%。在总人口中，男性人口151082人，占全区总人口的49.64%，增加8346人，增长5.85%；女性人口153257人，占全区总人口的50.36%，增加8729人，增长6.04%。性别比（女=100）为98.58，比上年下降0.18个百分点。全区省内迁入人口6976人，省外迁入人口10257人；迁往省内人口810人，迁往省外人口1998人。（方晓波）

【人口结构特点】 2019年末，新区常住人口密度为1456人/平方千米，与萧山区、余杭区大致相当。新区作为杭州市工业重地，产业类型相对传统，使新区人口密度处于较低水平。性别比大于杭州市水平，年龄呈老龄化结构。新区性别比和户均人口数均大于杭州市相应数据。从户均人口看，新区户均人口数排名杭州市第一；从性别比角度看，新区与杭州市水平相当，分别为98.76与98.54。综合人口总量、人口结构、人口流动3个方面情况，新区整体呈现较低密度、总量中游、增速较快的人口总量特征，辖区呈现户籍人口差异显著、就业人数较为稳定、老龄化明显的人口结构特征，以及主要流入下沙片区的人口迁移特征。（年鉴编辑部）

产业经济

【经济发展平稳运行】 2019年，新区实现地区生产总值1100.2亿元，比上年增长2.1%；第三产业增加值324.8亿元，增长9.7%；规模以上工业增加值658.4亿元。完成固定资产投资357.76亿元，增长0.1%。其中：工业投资121.77亿元，增长8.1%；交通投资20.05亿元，增长49.7%；高新技术产业投资70.11亿元，增长11.5%；生态环境和公共设施投资28.59亿元，增长12.7%。

【产业结构升级优化】 2019年，新区完成数字经济核心产业增加值110.7亿元，增长17.5%。数字经济核心产业规模以上企业营业收入529.8亿元，增长25.6%。机器人产业规模以上企业营业收入46.9亿元，居杭州第一位；电子信息制造产业649.6亿元、集成电路产业61.2亿元，均居杭州市第二位。探索转型升级新路径，与杭州移动通信公司、杭钢集团签订合作协议，促进5G产业与各领域融合发展。落实“亩均论英雄”改革，出台亩产效益综合评价办法并完成2018年度工业、服务业综合评价，兑现企业在用电、用水等方面补助。

【“515”产业发展体系】 2019年，新区依托已有产业发展基础和比较优势，结合长江三角洲、浙江省和杭州市产业发展方向，聚焦半导体、生命健康、智能汽车及智能装备、航空航天、新材料五大先进制造业，探索布局未来产业，发展研发检测、电子商务、科技金融、软件信息、文化旅游五大现代服务业，构建“515”现代产业发展体系。以数字经济为主线，通过产业数字化和数字产业化，推进新区上下游产业链的分工协作，先进制造业和现代服务业的创新融合，建设智能科技引领，“智能、数据、融合”的产业生态圈。（陈　晨）

【产业项目投资1656亿元】 2019年，新区安排产业项目210个，总投资1656亿元。推进项目建设，出台战略性新兴产业认定、市政基础设施配套费征收及按期开竣投奖励等制度，建立“一周一例会”项目推进机制，破解项目推进过程中遇到的问题和难点。全年新区经发科技局走访对接华海等重大项目100多个，协调解决问题80多个；东芝开利空调（中国）有限公司、浙江四和机械有限公司等在建项目加快投产，微萝妮卡、金晶纺织等新项目加快开工，杭州中欣晶圆大尺寸半导体硅片项目、华翔汽车零部件项目、华东医药二期等30个项目列为市重点项目，总投资862.3亿元；助力7个项目列入省市“152”工程，总投资371.9亿元，其中顾家家居股份有限公司定制智能家居制造项目、得力普乐士办公科技有限公司智能科技项目（一期）、裕桥电子科技有限公司物联网智能设备项目和吉利汽车集团年产10万辆乘用车项目实现落地开工。（陆玲亚）

【传统企业提升改造】 2019年，新区加强传统企业提升改造，实施“机器换人”“企业上云”和“工厂物联网”工程，加大落后企业淘汰整治力度，开展工业园区小镇化改造和产业升级，提升存量产业质效。坚持创新驱动，推进大院名所建设，加快科创企业引进、人才项目引育、创新企业和平台建设。深化政府数字化转型，以“最多跑一次”改革撬动各领域深化改革，持续开展“走亲连心三服务”，推动新区营商环境全面提升、走在前列。新区主动融入长三角区域一体化战略，做优城市配套，做美生态环境，对接推动“张江高科技园区研究+钱塘新区智造”，承接上海产业溢出效应；争取自贸区扩容至新区，争取建设国际产业园。

【农业总产值21.92亿元】 2019年，新区有行政村59个、农户3.8万户，农村常住人口14.48万人，农业总产值21.92亿元，占杭州市农业产值比重11%。全区累计市级及以上农业龙头企业32个，其中省级农业龙头企业2个，分别是杭州郝姆斯食品有限公司、浙江省杭江乳品厂。10月，杭州郝姆斯食品有限公司被认定为农业产业化国家重点龙头企业。推进粮食规模化、机械化生产，实现规模种植面积4333公顷，连片百亩以上水稻面积逾1333公顷。新区委托第三方开展粮食种植面积测量，落实补贴1500万元。（顾小琴）

产业平台

【杭州医药港小镇】 杭州医药港小镇位于新区下沙区块，规划面积3.4平方千米，为杭州市健康产业重点平台。小镇重点围绕生物技术药物、生物医学工程及高端医疗器械等领域进行产业培育和招引，同时鼓励高端项目入驻。2019年，杭州医药港小镇获批组建浙江省生物技术药物产业创新中心，省级小镇评选中获评“优秀”；整合拓展产业发展空间，申报创建省级“万亩千亿”新产业平台。全年小镇新增企业200多个，生物医药企业累计1000多个，其中引进1亿元以上制造业项目30个，总投资10亿元以上项目6个。

【大创小镇】 大创小镇位于新区下沙区块，规划面积3.8平方千米。小镇以数字经济为主导产业，2016年启动创建。2019年4月，新区挂牌后启动实体化运作，为国家创新人才培养示范基地、省级特色小镇（创建）、省级国际合作基地、市级创新服务综合体，辖区累计落户企业3200多个，汇聚领军型人才100多人，引进大院名所合作平台10多个，建成创新创业载体20多个，占地面积100万平方米。

【杭州综合保税区】 杭州综合保税区由全国首批、2001年封关运作的浙江杭州出口加工区升级而来，规划面积2.007平方千米。作为集进出口业务于一体的跨境电商试点区，中国（杭州）跨境电子商务综合试验区（下沙园区）位于该保税区内。保税区集保税加工、保税物流、保税服务、保税贸易等海关特殊监管区域功能政策于一体，突出向高端制造业、生产服务业、服务贸易业转型发展。2019年6月，杭州综合保税区通过海关部署验收并封关运作。10月，位于该区的杭州进口肉类指定查验场验收通过。（年鉴编辑部）

新区大创小镇全景　（新区融媒体中心　供稿）

行政服务

【建章立制与督查】2019年，新区党工委、管委会办公室协调推进新区政策、制度、机制的制定出台，对涉及人、财、物等方面的规章制度进行全面梳理，年末整合出台各层面政策制度307项。根据新区“全面推进高质量发展”的实际，研究出台新区综合考评办法，在差异化赋分、过程性考核、招商引资加分等方面做出调整和创新。履行督查职能，创新“红黄”预警、积分通报等督查机制，对市政府重点任务、领导批示件、会议纪要、建议提案、月度工作、重点工作、重大项目、媒体曝光等方面进行重点督查，全年印发督查通报9期、督查专报8期，交办反馈省、市领导批示4件，委主要领导批示744件，反馈媒体曝光事项整改件5件。

【依法行政与队伍建设】2019年，新区坚持依法行政，加强人才队伍建设，自觉接受人大法律监督和政协民主监督，主动接受司法、审计、舆论和社会监督。听取人大代表、政协委员、民主党派、工商联、无党派人士和人民团体的意见建议。办理人大建议42件、政协提案8件，建议和提案落实率88%。强化重大事项法治保障，规范依法行政执法程序，落实行政复议应诉。推行法律援助申请“容缺受理”机制，开展普法宣传。强化干部队伍建设，出台干部考核评价暂行办法，全面推行绩效考核，激励干部担当作为。做好聘任制公务员、特聘政府雇员、党政储备人才招聘，出台政府雇员管理办法，45名政府雇员打破身份限制任科级干部。实施干部教育培训三年行动计划，搭建钱塘讲坛、高端研修班、年轻干部建功学院等载体，培训干部2000多人次。

【作风廉政建设】2019年，新区针对形式主义、官僚主义问题，制定出台关于整饬“六大顽疾”为基层减负的实施意见。开展作风提升专项集中行动，建立作风效能建设动态监督评价机制。及时查处违反中央八项规定精神的典型问题，对44人给予党纪政务处分。开展街道、国企、村社专项巡查，开展村级小微权力、小型工程、小额资金“三小”监督体系建设和村报账员队伍集中专项治理。全年办理信访举报件178件，处置问题线索160条，立案38件，处分31人。党纪立案查处涉黑恶腐败和“保护伞”问题11起，给予党纪政务处分11人。

【政府数字化转型】2019年，新区上线启用政务服务网，69项群众和企业“一件事”实现“网上办”“掌上办”“一窗办”。启动机关内部“最多跑一次”改革，249项部门间办事事项、30项多部门联办“一件事”事项上线发布。启用“浙政钉”协同办公平台，“浙政钉”激活率、活跃率均排名杭州市第一位，实现新区机关移动办公全覆盖。推进城市大脑建设，建成智慧安防小区42个，全区63个停车场库、3.3万个泊位实现“先离场后付费”，医院“先看病后付费”智慧结算率67%。（年鉴编辑部）

社会事业

【社会事业发展】2019年，新区发展提升教育医疗事业，新挂牌杭州第四中学教育集团钱塘学校等名校集团化学校8所，新区培智学校开班，新区智能制造开放性公共技能实训基地和中策职业学校大江东分校开工建设。推动29所小学提供学后托管服务，关停违规文化类校外培训机构53个。招引教育人才328人，培育省市级优秀教师42人。新建社区卫生服务中心4个，新（改）建社区卫生服务站15个，招引卫生高层次人才21人。深化大江东医院与杭州市第一人民医院紧密型医联体建设。新建公共场所母婴设施场所14处。加强社会基本保障，城镇新增就业3.18万人，失业人员再就业1800人，帮扶就业困难人员再就业2666人，组织就业创业技能培训2200人。做好残疾人、低保家庭、低保边缘家庭、特困救助供养人员等特殊人群的救助工作，完成3个行政村薄弱村“消减”工作。落实东西部扶贫协作、对口合作、区县协作、联乡结村和山海协作5个帮扶地区的24项帮扶任务，援助资金5360万元。

【公共服务完善】2019年，新区新增市级示范街道30分钟市民学习圈1个、市级社区学习共同体5个，新建农村文化礼堂23个、社区文化家园19个，举办文化活动100多场。协办浙江大湾区自行车公开赛、杭州国际女子马拉松赛，完成省级小康体育村升级工程21个、中心村体育休闲公园2个。完成回迁安置1206户，推出公租房房源1701套。建设公用和共用充电桩174个、公共停车位1228个、配建停车泊位7879个，优化调整公交线路7条，提升改造低等级公路170千米。完成2个小区二次供水改造，新增对外开放厕所65座。完成新湾街道南沙新苑多层住宅52部电梯安装。新增放心农贸市场2个、三星级文明规范市场2个。

【平安和谐环境营造】2019年，新区综治中心（信访超市）建设运行，落实初信初访首接责任制，推进信访积案化解。开展“扫黑除恶”和消防安全、生产安全、道路交通安全专项行动，在杭州市率先推出化工园区“五位一体”智慧监管体系，提升平安“三率”。完善基层社会治理体系建设，加快形成社会治理“六和塔”工作体系。推进以公安勤务机制改革为牵引的社会治安防控体系建设，妥善处置涉及征地拆迁、五大市场、长租公寓等引发的维稳事件，开展防欠薪工作，落实防汛防潮防台举措，全年辖区社会环境总体平稳。

街道社区

【街道社区建设】 2019年，新区委托管理江干区的下沙、白杨2个街道和萧山区的河庄、义蓬、新湾、临江、前进5个街道。新增社区2个，年末新区范围内有行政村59个、社区54个。完善社区管理，推进江东片区城市型社区管理进程，谋划新湾街道、前进街道等新建区块社区的筹备工作。年内，河庄街道新成立东沙湖、知行2个社区。下沙街道柠檬社区和白杨街道江潮社区被评为新区第4批市级国际化示范社，下沙街道下沙社区、河庄街道围中村、义蓬街道新庙前村“撤村建居”和“田园社区”示范型创建验收完成。加强社区工作者队伍建设，制定《新区专职社区工作者工资福利待遇实施细则（试行）》，保障社区工作者福利待遇。成立新区社会工作专家委员会、新区社会工作协会和新区领军型社会工作人才工作室。

【2个新社区批准成立】 2019年10月，经新区管委会批准，河庄街道东沙湖、知行2个社区成立。东沙湖社区管辖四至范围：东至青六北路，西青西一路，南至三工段横河，北至江东三路，辖琅琴湾小区、江东新城保障房（在建）、星央悦府（在建）及新区规划馆、金融小镇等。社区规划面积0.48平方千米，楼盘规划户数5130户。配备社区服务用房建筑面积1100平方米。知行社区管辖四至范围为：东至河中路，西至经三路，南至河景路，北至江东大道，辖江东锦苑、大江壹号、钱民花苑、金色河庄、钱塘一品、江东锦绣、大江源著7个楼盘。社区规划面积0.44平方千米，楼盘规划户数2569户。配备社区服务用房建筑面积1100平方米。

生态环境

【地表水环境质量】 2019年，新区监测地表水断面290个，包括3个湖泊断面、10个闸站和277个河道断面，监测指标主要为Ph酸碱度、溶解氧、氨氮、总磷、高锰酸盐指数等，除3个生态考核点单月监测外，其余断面监测频次均为每月一次。评价标准执行《地表水环境质量标准》（GB 3838—2002），评价方法执行《地表水环境质量评价办法（试行）》，以氨氮、总磷和高锰酸盐指数3项为评价指标。2019年满足水环境功能区目标水质要求断面234个，占比80.7%。与2018年相比，Ⅰ～Ⅲ类地表水水质断面比例上升4.7个百分点。监测区级河道断面19个，其中符合Ⅲ类水质断面7个，占比36.8%；符合Ⅳ类水质断面3个，占比15.8%。Ⅰ～Ⅲ类水质断面比例上升21个百分点，区级河道断面水质状况与上年相比明显好转。

【“美丽钱塘”建设行动】 2019年，新区成立美丽钱塘新区建设领导小组，设生态文明示范区建设、“五水共治”（河长制）工作、大气污染防治工作和土壤污染防治工作4个专项办公室，制定各项污染防治年度计划，推动环保工作落实。深化“五水共治”，完成1个工业集聚区、3个街道和41个生活小区的“污水零直排区”创建，完成5个企业市级考核任务，2个企业中水回用工程如期完工。完成4个断面水质达标方案编制，实施850闸断面水生态修复工程。推进“五气共治”，10个列入市级以上考核的恶臭治理企业治理完成，国际香料香精（浙江）有限公司、浙江蓝天环保高科技股份有限公司等11个企业按期关停转迁。淘汰“国三”排放标准的柴油车1223辆，发放补助2275.4万元，全年累计完成远程审验9.16万车次。开展“清废净土”行动，完成重点行业116个企业用地信息采集、3个企业地块初步调查报告、1个企业地块土壤修复、42个企业固废核查，以及渣土消纳联审联勘审核5件。起草新区生态环境保护和建设三年行动计划，实施全区“区域环评+环境标准”改革，排摸16个行业大类共计600个企业。完成第二次全国污染源普查数据审核上报。第三固废处置中心主体结构结顶，临江水处理厂二期工程主体结构通过验收，七格污水处理厂四期通水试运行，钱塘生态公园开园。

（年鉴编辑部）

责任编辑　黎洪正

中共杭州钱塘新区工作委员会

重要会议

【新区党工委会议】 2019年，新区召开党工委会议20次，讨论和决定事项202项。传达学习中央领导在杭州考察有关情况和讲话精神及浙江省省长袁家军、杭州市委书记周江勇在推进杭州钱塘新区高质量发展大会上的讲话精神；贯彻中国共产党十九届四中全会、中共浙江省委十四届六次全会以及市委十二届七次全体（扩大）会议精神；研究新区“不忘初心、牢记使命”主题教育方案、高质量发展三年行动计划、规划纲要（战略规划）、重大交通设施规划、首轮巡查情况汇报、残疾人联合会第一次代表大会等重要事宜；研究新区群团组织、基层党建组织架构体系优化、招商体制改革、街道职能配置、作风建设、纪检监察机关监督审查调查情况。

2019年9月2日，新区党工委、管委会领导班子召开“不忘初心、牢记使命”专题民主生活会　　（童志忠 摄）

2019年新区党工委会议时间及主要议题一览

表1

会议时间	会议主要议题
4月18日 （一次会议）	会议传达学习浙江省省长袁家军、市委书记周江勇在推进杭州钱塘新区高质量发展大会上的讲话精神，研究各部门（单位）筹建工作小组成员有关事宜，研究各部门（单位）科级及以下人员转隶有关事宜
4月26日 （二次会议）	会议研究干部人事工作有关事宜，研究新区融媒体平台战略合作事宜，研究有关案件事宜
5月6日 （三次会议）	会议听取招商引资工作情况汇报，研究招商引才工作机制，研究招商引才项目有关事宜，研究2019年新区预算融合方案有关事宜
5月21日 （四次会议）	会议研究通报党工委、管委会领导班子分工，研究党工委、管委会议事规则有关事宜，研究新区部门及主要事业单位"三定"方案有关事宜，听取在全国双创周启动日承办"第七届中国创业投资行业峰会"有关情况汇报，研究有关案件事宜
6月11日 （五次会议）	会议研究新区"不忘初心、牢记使命"主题教育系列方案有关事宜，研究成立新区总工会暨召开新区工会第一次代表大会有关事宜，研究党工委理论学习中心组2019年学习计划有关事宜，研究干部人事有关事宜
6月19日 （六次会议）	会议传达学习市委主要领导对新区工作的指示精神，传达学习中央领导同志在杭考察有关情况和讲话精神，研究中国科学院肿瘤与基础医学研究所项目有关事宜，研究出资国家集成电路产业投资基金二期有关事宜
7月2日 （七次会议）	会议研究街道体制改革事宜，研究与建设银行浙江省分行战略合作事宜，研究2019年新区预算事宜，研究有关案件事宜
7月9日 （八次会议）	会议传达学习省委主题教育第一巡回指导组组长汤黎路在调研新区时的讲话精神，研究2019年对口支援和区域合作工作事宜，研究《新区机关事业单位政府雇员管理办法》事宜
8月1日 （九次会议）	会议传达学习市委十二届七次全体（扩大）会议精神，听取安全生产工作情况汇报，研究新区征地补偿标准事宜，研究富丽达股份有限公司关停并转事宜，研究《新区国有企业监督管理办法》事宜
8月13日 （十次会议）	会议传达省市关于第9号台风"利奇马"抢险救灾和灾后重建工作视频会议精神，研究综合供能服务站建设推进事宜，研究兑现原开发区企业研发投入资助政策 2017年度资金及补发2016年资金事宜，研究生物医药项目招引事宜，研究泰谷诺石英增资扩产项目事宜，研究《杭州钱塘新区政府投资预算管理办法（试行）》《杭州钱塘新区政府投资项目评审实施意见（试行）》事宜
8月29日 （十一次会议）	会议研究《新区规划纲要（战略规划）》事宜，研究新区群团组织有关事宜，研究《新区建设项目用地复核验收工作实施方案》事宜，研究街道职能配置、内设机构和人员编制规定事宜，研究《新区战略性新兴产业认定操作办法》事宜
9月4日 （十二次会议）	会议研究成立河庄街道东沙湖社区、知行社区事宜，研究2018年度原开发区金融政策兑现和浙江华昌融资担保有限公司等3个企业政策兑现等事宜，研究生物医药招引项目事宜，研究辉瑞生物制药（杭州）有限公司等22个企业扶持政策兑现事宜，研究《2019年度"大党建"考核实施方案》事宜，研究新区首轮巡查情况事宜
9月19日 （十三次会议）	会议研究总结新区第一批"不忘初心、牢记使命"主题教育开展情况及研究部署第二批主题教育开展事宜，听取新区"平安护航新中国成立70周年大会战"攻坚决胜阶段工作情况，公安相关工作情况及传达全国全省公安工作会议精神，研究应急管理有关机构设置事宜，研究与杭州钢铁集团有限公司签订《战略合作协议》事宜，研究与海宁市战略合作事宜，研究新区残疾人联合会第一次代表大会实施方案事宜
9月30日 （十四次会议）	会议研究《新区工业项目按期开竣投奖励暂行办法》事宜，研究部署国庆期间安全生产、社会稳定及防台工作等事宜，研究钱塘新区基层党建组织架构体系优化事宜，研究增加新区党群服务中心项目投资事宜，研究与浙江理工大学、杭州电子科技大学等6所高校签订区校战略合作协议事宜
10月15日 （十五次会议）	会议研究《新区高质量发展三年行动计划》事宜，传达学习全市第二批主题教育工作交流会精神，研究《新区关于实施新制造业计划打造杭州制造业发展最大增长极的实施意见》和"1+4+X"政策体系建设事宜，研究《新区产业发展规划》事宜，研究共建"浙江大学智能创新药物研究院"事宜
10月29日 （十六次会议）	会议传达学习市有关领导调研新区时的讲话精神，研究西子势必锐合资项目事宜，研究与浙江传媒学院、杭州师范大学等8所高校签订区校战略合作协议事宜，研究开展钱塘新区基督教有关工作事宜，研究涉军事宜
11月4日 （十七次会议）	会议传达贯彻中共十九届四中全会精神，传达贯彻全市扩大有效投资推进重大项目暨文化兴盛行动比学赶超活动推进会精神，研究新区扩大有效投资有关事宜，研究 2019年拟新增政府投资建设项目事宜，研究新区与工商银行浙江省分行等18个银行及浙商证券等3个券商战略合作事宜，研究杭州市大江东医院和杭州市第一人民医院深化合作事宜

续表1

会议时间	会议主要议题
11月28日（十八次会议）	会议传达学习中共浙江省委十四届六次全会精神，听取新区大平安建设冲刺阶段工作汇报，研究《关于加强新时代新区公安工作的实施意见》事宜，研究作风建设事宜，研究新区 10蒸吨～35蒸吨／时燃煤锅炉淘汰改造事宜
12月5日（十九次会议）	会议研究新区清运体制模式调整事宜，研究优秀社区党组织书记比选纳入专项周转事业编制事宜，研究新区科学技术协会成立大会暨第一次代表大会事宜，研究与中国科学院曼谷创新合作中心签订“一带一路” 新兴技术创新与孵化战略合作协议事宜，研究与浙江吉利控股集团有限公司签订协议事宜
12月13日（二十次会议）	会议研究2019年度新区“凤凰”政策拟兑现补助（奖励）资金有关事宜，研究与杭州移动签订战略合作协议有关事宜，研究《新区科技创新载体管理办法》有关事宜，研究企业专项公共租赁住房实物配租方案有关事宜，研究数字经济财政扶持政策资金分配方案有关事宜

2019年新区党工委书记专题会议时间及议题一览

表2

会议时间	会议主要议题
4月26日（一次会议）	会议研究干部人事有关工作
5月21日（二次会议）	会议研究党工委、管委会议事规则等有关事宜，研究委领导外出请假（报告）工作，街道、新区部门（单位）主要负责人外出请假报告工作，会议活动请假审批制度等有关事项，研究办公用房面积超标整改有关事项，研究新区产城融合示范区建设指挥部、重大基础设施建设指挥部和军地园区管理办公室等机构设置有关事项，研究公检法、教卫体制有关事项，研究移民机构设置有关事项
6月25日（三次会议）	会议学习传达杭州市委书记周江勇调研新区有关讲话精神
7月2日（四次会议）	会议研究新区教育系统2018年度考评奖励发放方案有关事项，研究党工委、管委会领导分工有关事项，研究制定新区党工委、管委会议事规则有关事项
7月9日（五次会议）	会议研究委管国有企业2018年度综合考核评价、企业主要负责人年薪核定结果、任期激励收入等有关事项
9月2日（六次会议）	会议研究新区首轮巡查情况有关事项，研究重大招商项目（积海、华瑞航空）有关事项
9月2日（七次会议）	会议研究新区城市有机更新有关事项，研究吉利项目有关事项，研究“走亲连心三服务”问题解决有关事项，研究新区国有企业深化改革总体方案有关事项，研究区校合作有关事项，研究新区与海宁市战略合作有关事项
11月25日（八次会议）	会议研究推进新区高质量发展领导小组会议暨集中开工活动筹备有关事项，研究区校合作大会、浙江大学和浙江工业大学战略合作签约筹备有关事项，研究临江园区转型升级有关事项，研究大创小镇高质量发展计划有关事项，研究新区公务员职级晋升操作口径、优秀社区党组织书记比选纳入专项周转事业编制、干部人事有关事项，研究作风建设有关事项

【党工委书记专题会议】 2019年，新区党工委召开书记专题会议8次，讨论和决定事项26项。传达学习杭州市委书记周江勇调研新区重要讲话精神；研究新区党工委、管委会议事规则，党工委、管委会领导分工，产城融合示范区建设指挥部设置，重大基础设施建设指挥部设置，军地园区管理办公室设置，移民机构设置，公检法体制、教卫体制、临江园区转型、国有企业深化改革、公务员职级晋升、优秀社区党组织书记比选纳入专项周转事业编制、干部人事等事项；研究重大招商项目、区校合作、新区与海宁市战略合作、新区首轮巡查、办公用房面积超标整改、作风建设等事项。（高圆圆）

纪律检查

【概况】 2019年，杭州市纪委、市监委派驻大江东产业集聚区纪检监察组与杭州市纪委、市监委派驻杭州经济技术开发区纪检监察组整合成立中共杭州钱塘新区纪检监察工作委员会（简称新区纪检监察工委）。围绕纪检监察工作主线，新区纪检监察工委针对两区体制整合、新区建章立制、干部作风提升、优化营商环境等开展专项督查和专项行动，累计开展监督检查30多次，印发《督查通报》4期，推动解决问题28个，约谈4人，问责

2人。构建亲清新型政商关系，改进作风、强化纪律。印发意见要求各级党组织和党员干部、公职人员当好“服务员”“施工员”“安全员”。做好廉政谈话，促进提醒教育常态化。全委分级分层开展监督谈话，全年新区14名委领导开展廉政谈话442人次。完善廉政鉴定程序，健全委管干部廉政档案312份。开展正风肃纪，查处违反中央“八项规定”的典型问题，对42人给予党纪政务处分。协助党工委专题研究全面从严治党工作12次，专题听取21个区级单位党组织履行主体责任情况报告。加大纪律监察，全年办理信访举报件183件，处置问题线索160条。通过审查调查，立案38件，谈话函询14人，组织处理75人，党纪政务处分31人，向市纪委、市监委移送指定留置4人。累计核查涉黑涉恶问题线索66件，党纪立案查处涉黑涉恶腐败和“保护伞”问题11个，给予党纪政务处分11人，组织处理41人。围绕“不忘初心、牢记使命”主题教育中收集的问题、年度目标任务及优化营商环境问题、群众信访问题、基层减负工作等，督促部门（单位）自查整改问题122个，实地督查整改问题18个，督查结果纳入部门（单位）年度考评。

【两区体制调整纪律执行督查】 2019年1月，原杭州市纪委、市监委派驻大江东产业集聚区纪检监察组和原杭州市纪委、市监委派驻杭州经济技术开发区纪检监察组分别印发《关于严明纪律确保“两区”体制调整顺利进行的通知》，强调严明纪律规矩，保障体制调整进行。4月，杭州市纪委、市监委驻杭州大江东产业集聚区（杭州经济技术开发区）纪检监察组印发通知，就两区体制调整期间纪律执行情况展开专项督查，会同新区党工委、管委会办公室、新区党群工作部（组织部）成立专项督查组，对两区整合期间部门（单位）在政治纪律、组织纪律、干部人事纪律、财经纪律、廉洁纪律等方面开展专项督查，保障两区整合平稳进行。

【纪检督查检查】 2019年，新区纪检监察工委围绕减税降费政策措施落实情况，联合税务机构开展减税降费监督检查，走访部门、街道、基层站所、村社100多个，对发现的15个问题督促整改。7月，开展新区建章立制工作效能监察，加快推进制度建设。整合出台政策制度307项，建立健全议事协调机构102个。针对基层巡查发现的问题，督促责任单位建章立制，重点完善工程建设、公共资源交易、国企监管、招商引资、办公用房管理、村社“三资”管理等领域制度69项，落实长效监管机制。同月，开展廉政风险排查防控，督促部门（单位）建立健全廉政风险，累计排查廉政风险797条，制定防控措施1231条；开展防止利益冲突事项自查，对6类利益冲突事项，按照人事管理权限进行集中交办，要求部门（单位）落实源头治理。

【监督专项治理】 2019年，新区纪检监察工委开展违规享受集体所有土地征迁安置专项整治，对新区6455名干部享受集体土地征迁安置政策进行核查、比对，对区外双重享受人员按区域分发至各区协助核查。至年末，31人完成整改，涉及金额569万元。7月，开展党员干部非法买卖集体土地（宅基地）清查，对辖区范围内公职人员涉嫌买卖集体土地情况进行排查；针对20宗涉嫌违规转让的集体土地（宅基地），督促分类妥善处置，落实源头防范。8月，印发《关于建立健全村级“三小”监督体系深入推进清廉乡村建设的指导意见》，联合新区农业发展中心开展村级报账员队伍集中专项治理，推行村级公务卡制度和无现金收款模式，创建市级清廉乡村示范点4个。

【办公用房规范管理】 2019年，新区纪检监察工委结合正风肃纪和基层巡查反馈的问题，督促机关、教育卫生系统、直属国企、村（社）对办公用房进行规范管理。针对下沙区块、江东区块办公用房管理制度不一致问题，推动出台《新区党政机关办

2019年8月15日，新区纪检监察工委书记李栋（右二）到经开区法院调研交流纪检监察衔接配合工作 （夏佳美 供稿）

义蓬街道火星村党群服务中心　　（新区融媒体中心　供稿）

公用房管理实施办法》，对办公用房配置、标准以及出租、调剂等制度进行规范，全区109个村（社）办公用房规范管理工作完成。

【基层巡查与业务指导】 2019年6月24日，新区纪检监察工委召开第一轮巡查工作动员部署会，对新区河庄街道、义蓬街道、新湾街道党工委及下属部分行政村启动巡查。10月11日，召开村（社）巡查工作动员部署会，启动新区村（社）巡查。11月8日，召开工程建设领域专项巡查动员部署会，对辖区工程建设领域开展专项巡查。至年末，累计巡查3个街道、30个村（社）及工程建设领域，发现问题383个，移送问题线索15条，发出抄告单14份。通过督查整改，完善工程建设、专项资金、“三资”管理等领域制度63项，追责、问责17人，挽回经济损失2000万元。基层巡查的同时开展业务指导。8月，开展基层纪检监察业务实用培训。11月，组织纪检监察业务骨干，对7个街道纪工委和监察办基层监察、廉政风险防控、重要时间节点落实中央八项规定精神情况、纠治“四风”情况，以及信访案卷、案件评查、纪检监察业务等进行综合考评指导，对发现的4个方面、12个问题进行反馈。

【党纪政务案件协助审理】 2019年7月，新区纪检监察工委出台《党纪政务案件协助审理工作办法（试行）》，着力规范党纪政务案件协助审理。全年立案38件，协助审理案件26件，党纪政务处分33人，其中处级干部2人、科级干部6人、国企事业单位工作人员5人、村（社）干部4人。提升处分执行工作规范化水平，建立健全处分宣布和警示教育同步开展、处分决定执行内容告知、受处分党员干部回访教育、处分执行情况专项检查等制度。

【纪检监察信访工作】 2019年7月，新区纪检监察工委优化信访举报工作流程，启用纪检监察系统检举举报平台。8月，印发《新区失实纪检监察信访举报澄清工作办法（试行）》，对失实信访举报落实澄清机制，保护辖区干部担当作为。根据当事人意愿，累计澄清失实信访举报案件2件。10月，入驻新区社会治理综合服务中心（信访超市），接收和受理纪检监察业务范围内信访举报。引导群众向有关职能部门反映问题，采取协调、督促和责任追究等方式，推动解决群众信访诉求。

【集中警示教育】 2019年，新区纪检监察工委制定印发警示教育活动方案，开展集中警示教育活动。全年累计900多名基层党员和群众观看“廉戏下乡”巡演。街道和单位党组织80多人次参观杭州市北郊监狱，680多人次观看警示教育片，210多人次参加廉政主题培训，排查廉政风险并制定防控措施690多条。组织委管以上干部约300人赴省法纪教育基地、省乔司监狱接受警示教育。坚持用身边案例教育身边人，针对发现的体制机制问题和制度漏洞，督促发案单位建章立制。推动发案部门完善内控制度建设，全年利用身边典型案件开展警示教育5次，组织庭审旁听1次。

（吴　倩）

干部工作

【概况】 2019年，新区组织工作围绕“新区组建、开局起步、融心融合”三大关键节点，开展“解放思想大讨论、勇立潮头大担当”活动。推动街道体制机制改革，加快推动新区运转，完成部门（单位）班子配备、干部调配、人员转隶、“三定”编制等工作。深化干部人事制度改革，借鉴企业考核管理模式，出台干部考核评价暂行办法，实施“八七指标”和S级、A级、B级、C级、D级5个等级考核。实施干部教育培训三年行动计划，联合清华大学等6所国内知名院校，搭建年轻干部建功学院等载体。全年组织培训班16期，参训2000多人次。做好职务职级工作，制定出台《新区公务员职务与职级并行制度实施方案》，完成新区公务员职级套转

402人、职级晋升126人；完成新区51名政府雇员科级干部聘任；统筹推进法院法官助理、检察院检察官助理和书记员的选任工作。加大干部人才引进，招录应届高校毕业生4994人，其中本科生3795人、硕士生1165人、博士生34人，硕士及以上学历的毕业生比上年（指2018年，下同）增长12.2%。

【干部人事工作】 2019年，新区党群工作部（组织部）根据新区组建各部门领导班子和干部队伍建设需要，推进班子组建、干部选配等工作。做好21个部门（单位）领导班子配备和171名委管干部配备，稳妥做好1467名人员转隶，理顺机构职能1374项。制定处科级干部选任办法及相关配套制度，规范干部选拔任用操作。全年累计提拔或转任重要岗位110人，晋升委管职级公务员82人，接收安置军转干部13人。

【干部专项考核办法】 2019年，新区党群工作部（组织部）制定出台《新区雇员管理办法》，实行政府雇员“七级、三十档”分级管理办法，突破政府雇员晋升原有限制条件，加大新区对优秀人才吸引力度。创新推行全员绩效考核，出台《新区干部考核评价暂行办法》，建立完善“八七指标”考核体系，强化分布S级、A级、B级、C级、D级5个考核等级，推动考核结果与提拔晋升、奖金绩效、评先评优挂钩。

（魏代龙）

【干部监督管理】 2019年，新区党工作群部（组织部）建立健全新区干部监督工作体系，对3个街道开展选人用人工作专项检查，组织新区整合后首次“一报告两评议”（专题报告年度干部选拔任用工作情况，接受对本级党组织干部选拔任用工作评议和新选拔任用领导干部的民主评议）。把好选任关，开展“凡提必核”，完成2批次、23名拟晋升四级及以上高级警长查核处理。开展领导干部个人有关事项报告随机抽查和重点抽查，全年抽查干部62人，不一致率比上年下降23%。综合运用提醒函询诫勉举措，对3名干部实施提醒、2名干部给予诫勉。针对议事决策、选人用人、个人有关事项查核、出国（境）管理、干部人事档案5项整治重点内容，组建4个督查组开展集中督查，梳理5个重点方面25条检查问题清单，督促指导部门（单位）出台规章制度48项，修订完善57项。

【干部教育培训】 2019年，新区党工作群部（组织部）以提高理论素养和专业素质为主线，出台《新区2019—2021年干部教育培训三年行动计划》，开展城市规划、智能制造、现代服务、前沿科技、生态文明等专业能力培训。全年组织委管处级领导干部产城融合高质量发展专题研讨班、深化改革和经济高质量发展专题研讨班，以及“青年建功学院”、科级干部“兴航计划”培训班等16期，培训干部2000多人次。

【老干部服务管理】 2019年，新区有退休干部906人。按机构性质划分，管委会机关退休干部76人、街道机关退休干部77人、事业单位退休干部752人、企业退休干部1人；按享受待遇划分，其中副厅局级退休干部6人、县处级退休干部97人、乡科级及以下退休干部803人。规范退休干部管理服务，以座谈会、上门走访等形式将两区整合的情况及老干部服务管理工作做好解释传达，引导老干部理解、拥护、支持两区整合。落实老干部政策待遇，按照有利于退休干部服务管理原则，做好退休干部归属交接，确保退休干部有组织归属。完成退休干部支部选举及更名。开展“我看新中国70年巨变”主题征文和寻找最美“共和国同龄人”等活动，退休干部张保灿被评为市最美“共和国同龄人”和省“离退休干部先进个人”。

（李　敏）

宣传工作

【概况】 2019年，新区宣传工作主管部门优化提升宣传机制，推进区级融媒体中心建设。6月，“报、

2019年9月，“学习强国”地铁专列进新区。图为新区高校学生随乘扫描加入“杭州学习平台”

（童志忠　摄）

2019年6月28日，新区企业华东医药（杭州）百令生物科技有限公司组织党员员工到临江知青文化园参观学习（傅诚成 摄）

刊、台、网、端”及微信、微博、抖音8个内部宣传发布平台上线试运行。拓展海外、中央、省、市媒体外部宣传渠道，与媒体联合开展“一媒体一策划”，拓展《英国卫报》、央视频道、新华社、中新社等海外和中央媒体资源。探索央视新闻移动网、今日头条网、腾讯新闻网、凤凰一点资讯网等新媒体合作创新模式，运用5G、4K、AR技术，通过新媒体对活动进行视频、图文直播，形成电视、报纸、网站、电台、新闻客户端、媒体“官微”全面覆盖的媒体外部宣传格局。全年区内主要媒体《钱塘新区报》发行4.2万份，“钱塘新区发布”微信、微博及抖音平台发稿约3000篇，“粉丝”数38万人。《潮涌钱塘》杂志出刊2期，“浙江24小时”和“杭+新闻”新闻客户端新区频道点击量1800万人次。全年累计在海外、中央、省、市各级媒体报道1800篇次，其中省级及以上媒体报道500多篇、媒体头版报道50多篇。加强宣传队伍建设，构建以新闻发言人、网络评论员、新闻通讯员、“学习强国”供稿员为主力，基层宣传员为延伸，记者、新媒体编辑为辅助力量的宣传队伍。邀请央视特约评论员、复旦大学教授、资深媒体人授课，开展系列培训12场、培训人数750多人次。

【思想理论学习与宣传】 2019年，新区成立宣传思想文化工作领导小组，制定宣传思想工作要点，细化大党建考核中关于意识形态工作考核指标细则并开展常态化考核。制定新区党工委理论学习中心组学习实施细则，拟定全年学习计划。加大全委层面学习覆盖面和学习频次，邀请中国城市规划设计研究院副院长郑德高、中国科学院地理科学与资源研究所教授黄金川等专业领域引领者授课，累计组织党工委理论学习中心组学习会15次，参加人数2360人次。做好中共十九届四中全会精神、宣传工作条例和中央省市关于意识形态领域相关文件精神学习安排。建立杭州“学习强国”平台钱塘新区特色供稿中心，被录用稿件210多篇，其中浙江平台27篇、全国平台10篇。宣传党的创新理论，与新区总工会联合策划“荐书时光”系列短视频，与浙江传媒学院共同制作《软软很科学》科普音频集，与杭州职业技术学院合作推出“钱塘慕课”系列短视频。

【新区融媒体中心上线试运行】 2019年6月10日，由新区管委会联合浙报集团、杭报集团共建的新区融媒体中心上线试运行。该中心由“一心两委八端”架构而成。“一心”指新区全媒体指挥中心，围绕新区党工委、管委会中心工作，经新区党群工作部业务指导，联通人民日报、新华网、浙报集团、杭报集团等中央省市主流媒体及腾讯、新浪、今日头条、抖音等新媒体资源，统筹调度、合理配置，实现新区影响力提升、国际化传播。“两委”即编务委员会和品牌运营委员会，分别统筹组织协调新闻宣传业务和品牌影响力提升业务。“八端”指8个主要发布平台和端口，分别是《钱塘新区报》、“钱塘新区发布”双微平台、钱塘网络视听平台、《潮涌钱塘》杂志、“智慧钱塘”客户端、钱塘新区官网、浙江24小时钱塘新区频道、杭+新闻钱塘新区频道。

【8个内部宣传发布平台】 2019年，新区融媒体中心推出《钱塘新区报》等8个内部宣传发布平台。《钱塘新区报》一周3期，逢周一、周三、周五出刊，以做强导向型党媒、做深本土化新闻、做精主流信息传播为目标，努力成为新区权威媒体平台。“钱塘新区发布”双微平台以“钱塘新区发布”官方微信公众号和政务微博为主阵地，是集政务发布、新闻信息、便民服务等为一体的掌上权威发布矩阵。钱塘网络视听平台在抖音、喜马拉雅等视听平台开设钱塘新区号，通过音频、视频产品，以视听互动为核心，是融网络电台、电视特色于一体的新媒体平台。《潮涌钱塘》杂志为双月刊，围绕产业转型、产城融合、社会发展等新区重点工作，

深入解读、深挖内涵、全方位展示新区发展成就。“智慧钱塘”客户端突出“新闻+政务+服务”功能的融合，旨在改善民生服务能力、提升民生服务水平，为群众提供涵盖资讯、政务、便民等方面的便捷服务。钱塘新区官网定位为以信息发布、政务公开、在线办事、互动交流等主要功能和内容的政府门户网站。浙江24小时钱塘新区频道是搭载于浙报集团浙江24小时App的钱塘新区权威信息发布平台，及时关注新区动态，聚合传递新区声音，全面呈现新区活力，为用户带来海量资讯和智能体验。杭+新闻钱塘新区频道为在杭州日报新媒体“杭+新闻”新闻App上开设的钱塘新区频道，旨在打造新区学习强国供稿中心，输出钱塘经验，展现新区形象。

【区域宣传品牌构建】 2019年，新区宣传工作主管部门重视区域宣传品牌建设，凸显宣传品牌效应。6月18日，启动新区LOGO全球征集活动，对新区历史文化、人文底蕴、产业规划等展开解读，活动网络点击量累计逾1000万人次。杭州市文博会举办期间，新区“拓荒牛”IP形象亮相，累计参观人数2.9万人次。10月18日，新区召开成立后首场新闻发布会，发布新区LOGO、“1+4+X”政策体系、产业规划等。11月20日，通过网络宣传报名和定向邀请形式，组织“百名市民看新区”市民体验日活动暨“百家媒体走进新区”全媒体采访活动，邀请海外、中央、省、市、区30多家媒体，通过动态新闻、专题报道、典型报道等形式，挖掘新区高质量发展过程中的新闻故事和亮点，累计发稿100多篇，其中头版、专题、专版13篇。

【宣传主题活动】 2019年，新区宣传工作主管部门以庆祝中华人民共和国成立70周年为主线，拍摄“我爱你中国”大型“快闪”视频，被“学习强国”省、市平台录用；举办“盛世华乐、钱塘潮起”新区首场大型文艺晚会，央视频道在线直播观看人数超100万人次；举办“你好，钱塘新区”摄影比赛和摄影展，收到作品1000幅，展示作品60多幅（组）。开展“不忘初心、牢记使命”主题教育宣传，将“解放思想大讨论、勇立潮头大担当”专题活动作为重要载体，组织大讨论320多次，开展专题讨论会1000多次。在《钱塘新区报》、“钱塘新区发布”等平台，开设“一把手访谈”专栏，谈思路、亮想法150多人次，在人民网、中国网、《中国组织人事报》、浙江卫视新闻联播时段等发稿100多篇。围绕弘扬新时代“拓荒牛”精神和传承提升“围垦精神”，开展“大美钱塘展风采、砥砺奋进开新局”系列主题宣传活动10多场，参与人数3000多人次。

党组织建设

【概况】 2019年，新区党工委开展基层党建“固本强基”行动，优化新区党组织架构，完成20个一级党委设置，重组36个机关部门党组织。出台村（社）班子整顿提升10条办法，完成10个后进党组织整顿，歇职、调整和清退基层干部38名。开展“党建双强”活动，比选评定“钱塘双强”60人。创新“沉入式街社”党建引领基层治理模式，推动组织、阵地、服务、协商、资源下沉到街道社区。基层党建工作述职评分居杭州市第8位。以村（社）基层带头人队伍建设为重点，制定《村（社）班子整固提升十条办法》，推行区级联审、定期研判、“歇职”教育等机制。开展优秀社区书记比选纳编，畅通村（社）干部晋升通道，2名优秀社区书记被纳入专项周转事业编制管理。针对村（社）基层干部“难选、难当、难留”问题，组织201名基层带头人参加集训、比武，调整、清退村（社）基层干部38人。

【基层组织体系调整】 2019年，新区党工委优化新区基层党组织架构体系，组建成立新区“两新”工委，调整新区下属一级党委组织架构，设街道党工委7个、公安分局党委1个、小镇党委2个、国企党委2

2019年12月28日，新区在杭州市党群服务中心开展“两新”组织开放日活动
（童志忠 摄）

个、“两新”组织及行业党委7个。新区机关党委隶属市直机关党工委，接受新区党工委双重管理。调整优化基层党组织417个，整转后进党组织10个，整合出台政策制度307项，重塑支部党员发展等基本制度15项。设立“杭嘉一体化”等区域党建联盟26个。

【“沉入式”街社治理探索】 2019年，新区党工委探索“沉入式街社”基层治理模式，实施组织、阵地、服务、协商、资源“五个沉入”。推行街道人大工委、村（社）大党委、小区业委会和物业党建新模式，将401个网格党支部、1200多个楼道（街巷）党小组、147个业委会和物业公司“沉入”基层治理最小单元，构建“区域统领、街道龙头、村（社）主导、多元共治、群众参与”的基层治理组织体系。新建或改造157个新区党群服务驿站，形成“10分钟服务圈”。聚合代办服务、应急救护、纠纷调解、居家养老等社会力量，强化基层服务支撑。

【5个党建服务联盟成立】 2019年，新区党工委构建生物医药、汽车、航空航天、通信、互联网五大产业党建联盟，横向成立政银企、亲商惠企、区校合作、法律援助、社会中介5个党建服务联盟，覆盖1596个企业和210多个驻区单位。举办党建引领产业发展论坛和组团间互联互通活动200多场。开展产业发展论坛、区校合作、银企对接会等活动350多次。聘请25名高校教授、企业高管担任产业导师，举办党建引领产业发展论坛10场，开展互联互通活动200多场，提供法律服务150多次。解决小微企业贷款问题483个。建立玫琳凯（中国有限公司）、顾家家居股份有限公司等产业党建示范点8个，启用医药港小镇服务中心、大创小镇服务中心2个党群人才服务中心。（杨一洲）

主题教育

【主题教育成效明显】 2019年6月起，按照中央和省、市委统一部署，新区党工委分两批开展“不忘初心、牢记使命”主题教育，共335名委管以上领导干部、1335个基层党组织、2.24万名党员参加。贯彻“守初心、担使命，找差距、抓落实”总要求，以学习教育、调查研究、检视问题、整改落实4项举措为重点，层层推进主题教育活动开展。经上级主题教育领导小组办公室及市委第五巡回指导组的指导，新区党工委将主题教育与事业开局融合起来，以“解放思想大讨论，勇立潮头大担当”活动为抓手，实现理论学习、思想政治、干事担当、为民服务、清正廉洁、改革发展“六有新气象”的目标，形成“再干一个30年，趟出高质量发展新路”的共识，破解一批制约新区高质量发展的问题，形成行之有效的做法，前后两批主题教育均取得明显成效。

2019年6月11日，新区“不忘初心、牢记使命”主题教育会议召开

（童志忠 摄）

【主题教育部署督导】 2019年，新区党工委成立主题教育领导小组，组建工作专班，统筹指导新区主题教育工作。全年新区党工委先后召开巡回指导组交流会、工作推进会8场次，对主题教育工作进行研究部署。明确第一批47项重点和76项具体安排，分领域制定第二批“四张清单”及第一批“回头看”任务清单。建立健全督导职责与制度，实施全覆盖指导、全过程督查。落实“一切工作到支部”要求，以党支部为基本单元，组织党员原原本本通读原文，确保覆盖全员、一贯到底。依托联村（社区）干部、第一书记等力量，指导帮助村社、“两新”组织等党组织开展主题教育，确保主题教育不走偏、不变样。

【主题教育两批次进行】 2019年，新区主题教育分两批次进行，第一批次时间是6—9月，第二批次时间是9—12月。坚持读原著、学原文、悟原理，新区党工区组织专题党课、集中学习、读书等学习活动2820场次，举办313名委管干部、214名村社书记主任、180名“两新”党组织书记参加轮训。分类做好学习教育，制定主题教育

“规定动作清单”，定制“共学帮帮团”“网络公开课”“乡土宣讲团”“‘两新’四间课堂”等学习教育模式。创设“解放思想大讨论，勇立潮头大担当”总载体，结合两区融合融心，围绕杭州市“10个如何”和新区“钱塘三问”，分批联动开展新时代解放思想大讨论，组织讨论会820场次，参与人数10万余人次，征集高质量发展“金点子”215个、“微建议”343条。深化“走亲连心三服务”活动，党员干部走访企业和村社829个，办理老旧小区改造、征迁拆违、就业就学、垃圾分类、“智慧养老”等民生事项，解决综合性问题811个，解决率92%。组建一线临时党支部78个、专业服务队32支，定向破解项目推进、城市建设、要素保障等方面问题152个。深化“党建双强”创建，围绕营商环境、项目建设、民生实事、乡村振兴、基层治理、新制造业计划等工作，开展“双强双争比武月”，比选评定新区“党建双强”党支部30个、新区“最美先锋党员”50名。

2019年10月，义蓬街道新益村为党员家庭户安装信报箱，用于投放主题教育及党建学习资料 （陈浩杰 摄）

【主题教育典型交流】 2019年，新区河庄街道以“五学五比五带头”为载体推进两批主题教育活动，教育引导辖区41个基层党组织、2167名党员、近11万新老河庄人“不忘初心、牢记使命”。夯实基层基础，修订完善党工委议事规则、“三重一大”议事决策制定、政府投资项目管理办法等19项制度，创新网格化城市管理制度，推动行政管理力量下沉。白杨街道美达社区主题教育中，开展学习研讨、问题检视、整改落实等规定动作；衔接新区机关部门、街道及辖区单位，建立“红色业委会”，共同推进小区治理；开设“美达议事厅”，实现线上线下同步议事，解决家常小事近1000件、难题10多件；强化技防措施，安装高空抛物监控30多个，推进人脸识别、云梯监控、智慧消防建设，做好社区安全防护。松下家电（中国）有限公司党委召开主题教育部署会，编制12项工作计划，从“学习教育、对标落实、检视整改、总结提升”四大方面细化内容、分解任务、责任到人；开展“一有三无”（党员身边有创新，无违纪、无事故、无次品）和“双岗双号”（党员先锋岗、巾帼文明岗、青年文明号、工人先锋号）岗位承诺活动，涌现一批先进典型；加入新区“潮益荟”扶贫公益党建联盟，担任副主席单位，开展向青海省玉树州称多县学生捐献冬衣、衢州市开化县油川村贫困家庭扶贫慰问等公益活动，累计捐赠金额100多万元。 （张慧卿）

统战事务

【概况】 2019年，新区贯彻落实省、市各级统战工作会议精神，加强统战工作领导和统筹，构建“大统战”工作格局和长效工作机制。年内，完成新区党外人士摸底调查，建立和完善党外人士数据库。新区有各民主党派、无党派人士110名，中国国民党革命委员会、中国民主同盟、中国民主建国会、中国民主促进会、中国农工民主党、中国致公党、九三学社和台湾民主自治同盟8个民主党派在新区均有成员，分布在企业、学校、医院、机关等领域。落实九三学社市委会和新区对口联系制度，与九三学社市委会开展“建设国际一流营商环境和争创民营经济高质量发展示范区”专项民主监督，组织召集辖区15个相关部门、100个民营企业参与座谈及调研。

【党派建设及活动开展组织指导】 2019年，新区以国家确立多党合作制度70周年为契机，开展“风雨七十年、肝胆长相照”主题活动。组织民主党派、无党派人士赴金华浦江开展“不忘合作初心、继续携手前进”活动。举办“庆祝中华人民共和国成立70周年，争当新区发展先行者和排头兵”主题座谈会，开展“同心引领、筑梦前行”新区统战人士“捡跑”公益行活动。组织开展“同心大讲堂”活动3期。助推中国民同盟经开区支部“盟员之家”揭牌，为民盟基层组织发挥作用提供平台。 （卢　一）

责任编辑　刘心怡

杭州钱塘新区管理委员会

机构编制

【概况】 2019年4月，杭州市委办公厅、市政府办公厅印发新区管委会职能配置、内设机构和人员编制规定。根据该规定，新区组建党工委、管委会内设机构12个、直属处级机构1个，制定“三定”处级事业单位7个、市级部门派出机构3个，设有新区纪检监察工委、新区机关党委和新区总工会。结合新区部门设置架构及职数核定，内设机构“三定”重点为转变职能和优化职责配置，完成26个行政和事业机构“三定”编制。创新重点领域体制机制，围绕机关内部“最多跑一次”改革、营商环境体制改革优化、国资国企改革，完成新区相关部门（单位）组建；深化街道职能调整和体制改革，核定街道领导职数和人员编制。全年通过机构组建与编制完善，构建起符合新区发展特点的组织架构，为实现新区建设“一年打基础、三年见成效、五年大变样”目标提供体制机制保障。

【街道职能调整和体制改革】 2019年，新区深化街道职能调整和机构改革，印发街道“三定”方案。通过改革优化街道职能定位，明确街道具备加强党的建设、统筹区域发展等8项职能。完善街道内设机构设置，明确各街道设置内设机构不超过6个，区域面积较大、人口集聚、社会职能和管理服务任务重的街道过渡期内可增加工作机构1~2个。加强街道各类中心建设，明确各街道统一设置事业单位3个。合理核定街道领导职数和人员编制，加强街道编外用工规范管理。

【机构编制创新调整】 2019年，新区根据发展建设需要，探索创新招商体制机制。创新企业服务体制，将原3个企业服务中心整合为江东企业服务中心、下沙企业服务中心，分区域专职负责企业服务工作，实现对新区重点企业统筹服务。创新招商引资体制，完善招商机构，形成招商主体7个，构建大招商体系。创新临时机构和平台机构设置，成立新区城市有机更新指挥部、新区重大交通基础设施建设指挥部等临时机构，设立大创小镇发展服务中心、杭州医药港小镇发展服务中心等平台，突出新区城市基础建设与产业平台发展。

（王　芳 吴　灏）

行政审批服务

【行政审批职能】 2019年，新区行政审批局协调推进政务服务“最多跑一次”改革，承担行政审批服务、公共资源交易服务等工作职能，统筹管理、协调新区党工委、管委会的行政审批和便民服务，负责推进行政审批制度改革工作，履行新区“投资之家”“市民之家”建设管理，负责权限范围内公共资源交易的组织实施，承担行政审批、便民服务和公共资源交易信息化建设，指导辖区街道、社区的行政审批、便民服务和公共资源交易相关工作。行使面向普通办事群众、审批与监管边界清晰、追求效率优先、服务质量优先、利于“一窗受理、集成服务”事项的审批权限，履行集中审批职能，具体审批服务事项及权限以备忘录形式予以界定和明确。

【行政审批统一管理】 2019年，新区强化审批职责整合，优化审批资源配置，运行相对集中行政审批机制，实行行政审批集中统一管理。通过事项划转，厘清行政审批部门与行政主管部门职责边界，推行行政审批标准化，实行审批事项全程监管，畅通监管渠道，建立审批与监管相对分离、相互配合、相互监督运行机制，实现“审管分离”，改变原职能部门“以批代管”“重审批、轻监管”模式，职能部门工作重心由审批转向管理并强化事中、事后监管。

【行政服务优化】 2019年，新区行政审批局以“深化‘最多跑一次’改革，优化营商环境”为重点，将面向企业、群众办理的行政审批、公共服务事项，按功能对等原则进驻行政服务中心大江东分中心和行政服务中心下沙分中心，提供“一站式”服务。至年末，行政服务中心大江东分中心进驻部门（单位）22个，行政服务中心下沙分中心进驻部门（单位）26个。全年新区行政服务中心窗口办理业务量224万多件，办结率99%。立项项目数150个，立项项目投资额570.9亿元。产业项目自取得土地到获取施工许可审批时限最短34天，房产项目审批时限最短44天。建设工程规划许可证核发127个，规划面积636万平方米；建设工程施工许可证核发80个，施工面积348万平方米；竣工验收备案128个，竣工面积660万平方米。（沈丽晨）

新区行政服务中心（江东分中心）（新区行政审批局 供稿）

数据资源管理

【概况】 2019年4月，新区数据资源管理服务中心（简称新区数管中心）设立，履行新区移动办公、城市大脑建设、政务服务、信息化项目管理等职责。全年新区数管中心完成政府数字化转型工作，新区综合保税区数字化升级改造项目、新区社会治理综合服务中心（信访超市）数字化建设、智慧安防小区建设等项目分工任务。7月，启动新区内部“最多跑一次”平台建设。该平台整体基于“浙政钉”平台架构，以新区工作台为统一入口，完成PC电脑端和手机移动端融合办公。11月，新区内部“最多跑一次”平台上线（试）运行，线上可办理跨部门（单位）审批事项239个，覆盖全区用户8664个。

【“移动办公之区”建设】 2019年，新区为解决多地办公、政务效率低等问题，加快“移动办公之区”建设，由新区数管中心依托“浙政钉”平台深化移动办公服务。4月，完成新区组织架构搭建，覆盖全区8664人，激活率、完善率、活跃率同步跟进。加快“浙政钉”平台应用，全年建立“钉钉工作群”500多个，“钉钉端”微应用总点击量6.4万次。做好电子表单、电子审批等钉钉原生模块深度应用，为移动办公提供便捷工具。对主要部门（单位）开展专项培训，系统运行后政务办公效率大幅提升。

【电子政务办公平台整合】 2019年8月，新区数管中心完成新区电子政务办公平台整合，实现移动办公机关部门全覆盖，完成一个文件、一个会议、一件事情的全周期“无纸化”移动办公。至年末，开发PC电脑端流程36个、“钉钉”手机端流程33个、IPAD 端流程20个，部门（单位）经电子政务办公平台电子收文1.43万份，电子发文1845份。“钉钉端”微应用电子政务办公平台总点击量6.43万次，居杭州市第一名。全年经平台印发通知文件4000份、公文流转1.2万份。电子政务平台应用，实现“无纸化”流转，节省纸张、印制费用30万元。

【政务服务网钱塘站点建设】 2019年，新区数管中心加快政务服务网钱塘站建设。8月，新区政务服务网、行政云审批系统、行政处罚系统等系统整合完成。10月，开展浙江政务服务“好差评”系统对接，涉及新区权力运行系统的196个办事事项在新区办事大厅窗口受理（收件、办结）回执单实现二维码评价功能。“好差评”系统与浙江统一掌上办公平台完成对接，建立起实时通知、督促整改、超期预警、晾晒通报的工作机制。全年新区政务

2019年8月1日，新区尝试的首个无纸化会议召开。图为与会领导运用平板Pad办公 （陈浩杰 摄）

实现“网上办”服务事项2205个、“掌上办”事项2171个。

【城市大脑钱塘平台建设】 2019年，新区启动城市大脑钱塘平台建设。12月，数据驾驶舱上线（试）运行，“五位一体”整体框架搭建完成，对接系统8个，接入指标200多个。城市大脑智慧门禁场景与经济透视场景完成建设，依托新区智慧门禁系统建设和接入标准，完成覆盖小区113个，场景应用人员33万人，通过数据协同和分析研判，推送流动人口登记数据6.89万条，辅助破获案件42起。经济透视场景完成数据接入工业用地企业696个，涵盖税收、用地、能源、环境、人才、科技等指标100多项。坚持“亩产论英雄”理念，建立企业综合效益评价体系，实现数据给企业“画像”、数据为产业赋能。

（项 扬 张宇立 王 艺）

政策研究

【概况】 2019年，新区管委会办公室做好重要会议活动和上级调研的材料保障，起草《新区高质量发展三年行动计划（2019—2021年）》等重要政策文件。开展调查研究，完成《以规划引领新区高质量发展的思路对策》《关于新区加快打造全省开放高地的思路对策》等课题调研。规范机构运行和群众办事制度流程，推动部门（单位）整合出台相关制度307个。围绕新区三年行动计划及重点工作任务清单，编辑印发党工委、管委会月度重点工作12期。

【会议材料起草】 2019年，新区管委会办公室起草完成全省国家级经济技术开发区整合提升座谈会、全省产业创新服务综合体建设现场会、区县（市）委书记工作汇报会、全市“长三角”一体化会议、全市“美丽乡村、美丽城镇”建设“比学赶超”推进会、全市扩大有效投资推进重大项目暨文化兴盛行动“比学赶超”活动、全市“双招双引”（招才引智、招商引资）工作推进会等省、市重要会议汇报材料14篇。起草省、市领导调研新区汇报材料15篇，做好推进新区高质量发展大会、新区领导干部大会、新区主题教育学习研讨会和专题民主生活会、全面实施“新制造业”计划大会、全区教育大会、区校合作大会、政银企合作大会、综保区验收、重大项目集中开工和竣工投产、上海投资推介会、第三届中新国际技术创新高峰论坛等重要会议和活动材料保障工作，起草完成讲话、致辞材料200多篇。

【重点课题调研】 2019年，新区管委会办公室收集、汇总委领导年度重点调研课题15个，完成委领导牵头调研报告3篇。鼓励引导新区部门（单位）开展调研，筛选高质量研究成果收录于《调查研究》专报，全年累计印发专报7期，获委领导批示12次。赴滨江区、余杭区等地考察学习，对临江化工产业、江东园区发展、五大市场等课题进行实地调研，撰写《关于完善产业项目推进机制》《培育壮大产业平台》《创新高教园区社会管理机制》等调研报告6篇。配合省委政研室、市委政研室、市政府研究室、市决咨委等上级单位，做好关于“新区体制机制创新”“汽车产业发展”“医药产业发展”“新上市企业”等课题研究。 （曹文慧）

督查考评

【概况】 2019年，新区管委会办公室出台《新区党工委、管委会主要领导批示件交办件办理工作制度》《新区政务督查工作实施细则》《新区2019年大督查工作实施方案》3个制度文件，以负面清单形式明确政务督查工作考核办法，督促推动重点工作落地落实。构建大督查工作机制，对新区重大决策部署、重点任务开展督查。研究出台综合考评办法，优化考核机制。实行督查考核核准许可制，落实整治要求。建设督查系统平台，实现新区委领导批示件和重点任务线上交办、线上反馈、线上阅批、预警催办，全年累计办理党工委、管委会主要领导批示件744件、重点任务94项，平均办理反馈时间5天，办理时限缩短约60%。

【大督查工作机制】 2019年，新区围绕“打好体制整合、规划落地、项目建设、招商选资、民生改善五场硬仗”目标，构建大督查工作机制。成立新区委领导牵头的大督查工作组，下设“一办三组”。对建章立制、政府投资项目、产业投资项目、营商环境、民生实事等工作开展定期督查、专项督查、联动督查。全年实地督查6次，编印《督查通报》9期、《督查专报》8期，督办反馈省市领导批示件4件、媒体曝光事项整改件5件。（李倩倩）

【考评督查机制优化】 2019年，新区以“围绕中心、聚焦重点；分类评价，创先争优；绩效导向，注重实干；创新办法，综合施策”为原则，在分类设置考核、重点工作绩效考核、“平安创建”等专项差异化赋分、负面考核清单制定、过程性考核、招商引资加分、社会评价优化、专项晋档设置、公检法等单位依用上级考核结果、主要领导加减分因素10个方面实施考评调整。规范项目考核督查，针对检查过多、督查过频、留痕过度等形式主义问题进行整治，明确大党建、“平安创建”等年度考核督查范围28项，实行核准许可制度。制定专项考核办法，要求以实绩和问题为导向，按实际情况差异化合理设置指标（任务）。统筹减少年末扎堆督查和考核，注重日常工作检查，防止重复扎堆、层层加码。（罗毅卿）

政务信息

【概况】 2019年，新区管委会办公室出台信息工作考核制度，实行积分统计、每月通报、年终评比，激发部门单位采集报送积极性。建立政务信息工作钉钉群，拓展信息报送渠道。围绕智慧政务、改革创新、招商引资、产业发展、营商环境、减税降费等工作进行信息挖掘报送。全年新区向市委办公厅、市政府办公厅报送信息500多条，录用39条，经转报省委办公厅、省政府办公厅200多条。其中上报《情况交流》《政务信息专报》等大型稿件9篇，录用7篇。提高信息撰写水平和录用率，组织开展政务信息培训座谈会2次。丰富《钱塘新区信息》刊物内容，累计编印《工作动态》29期、《工作交流》18期。

【政务信息员培训】 2019年9月11日，新区召开第一次政务信息员培训会。会议通报部门（单位）、街道政务信息得分情况，部署年度政务信息考核要求，就政务信息点采集、信息编写等向信息员做专题培训和问题解答。12月19日，新区召开第二次政务信息员培训会。与会信息员走访杭州医药港小镇发展服务中心、大创小镇发展服务中心、杭州综合保税区，调研平台运行情况。会议通报新区部门（单位）、街道政务信息考核情况，部署年度政务信息考核要求，杭州市政务信息编辑人员进行政务信息编写专题培训。（吴雅莉）

【值班值守与信息收集】 2019年，新区值班室实行24小时值守应急，确保紧急信息报送畅通。全年累计承担值班任务800多人次，完成接听和处理值班电话3983件次，处理公安、维稳、信访类较大以上紧急和突发信息330件次，发送值班提醒、紧急信息等短信1.14万条。重视紧急敏感信息收集，参与协调处置河景路永丰大桥在建项目河道西岸驳坎坍塌、新区（下沙片）适龄儿童家长因子女小学入学片区划分、城东分类减量综合体建设、杭州帝凯化工有限公司爆燃及“五大市场”、杭州星湾橡胶有限公司发生的群体聚集等事件。（汪文传）

机关事务

【办公用房管理】 2019年，新区管委会办公室做好下沙片区办公用房维修改造管理，完成机关大楼会议室改造、屋顶改造、屋面防水、绿化提升、机关大楼入口道闸系统升级等工程，对巡查发现的办公用房有关问题开展专项整治。4月新区成立后，管委会办公地点调整至东沙湖边办公楼，协调完成涉及20多个部门（单位）、14个办公点、约2000人的搬迁。（高升 韩波）

【公务用车规范管理】 2019年，新区公车平台车辆编制数36辆，实有20辆，公务出行保障4100次。规范公车管理，制定《新区管委会办公室公车平台管理制度》《新区管委会公务用车管理规定（试行）》。加强车辆派遣使用、行车轨迹监督等制度，实施统一停放、统一调度、统一定点加油、统一定点维修。开展公车管理使用情况监督检查，协同纪检监察部门开展公务用车检查3次，督查5个单位公车使用情况。加强驾驶员思想安全教育，确保新区公务用车规范高效使用。（张传厚）

【公共机构节能管理】 2019年，新区管委会办公室起草完成《机关事业单位办公楼节能管理办法》。倡导勤俭节约社会风尚、绿色低碳发展观，节能宣传周期间利用QQ群、微信群、政务平台等，推送全国节能宣传周和全国低碳日活动内容。10月，国务院节能司到新区开展能耗质量抽查，节能管理措施到位，

通过抽查考核。全年新区单位面积能耗、人均能耗、人均用水量比上年下降3%。（刘　杰）

【机关食堂服务】2019年，新区加强办公区域建设和改造，对新区机关食堂实行统一管理，餐饮服务由政通后勤服务有限公司整体延伸至新区江东区块已有办公点。优化餐饮服务保障，食堂通过公开招标，择优录选配送供应商，规范配送模式，严控菜品质量和成本；每日推出净菜预定、点心打包等便捷服务，实现鲜果、奶制品及小超市生活用品购买等服务；建立全委职工微信反馈平台；增设办事服务中心和综合楼小超市、面点间，实现餐卡系统升级、钉钉扫码就餐结算等服务保障。（周伟琴）

【行政办公用房改造】2019年，为方便企业和群众办事，新区管委会确定将钱塘中心（又名金融小镇）楼宇作为集中办公的主要场所。该项目办公用房建筑面积2.8万平方米，委托新区国资公司代为装修。钱塘中心有建筑5栋，每栋建筑5层，一层架空层为停车场；2~5层为机关各部门办公用房，可容纳800多人办公；5号楼北侧2层和3层为餐厅，可同时容纳700人就餐。（岳法家）

【公务接待】2019年，新区管委会办公室制定《新区党政机关国内公务接待管理办法》，拟定新区接待管理手册和接待礼仪手册，规范新区接待流程和工作准则。全年接待国内外宾客212批、6865人次。其中：接待重要外宾18批；接待国家、省、市主要领导49批；接待省、市、区（县）考察团145批。保障会务活动159批、2万人次，其中保障大型会务活动89批、商务接待活动43批。（鲍妮佳）

档案年鉴

【概况】2019年，新区组建覆盖全区的45名档案员队伍、57名年鉴撰稿员队伍。制定档案考核制度，召开全区档案工作会议，开展档案基层调研，举办常态化的档案培训，明确新区档案馆建设布局。对原开发区档案实施整理，形成2018年度文书档案2110件，其中永久文书档案326件、30年文书档案902件、10年文书档案882件，另有备查档案26卷。启动原杭州大江东产业集聚区历史档案整理。完成《杭州经济技术开发区年鉴（2019）》编纂出版，该年鉴是原杭州经济技术开发区编纂完成的最后一卷，全书65.9万字，设类目33个、分目175个，收入条目980条，随文图照212幅、表格53张。成立新区地方志编纂委员会及办公室，启动筹划新区年鉴编纂工作。完成《杭州年鉴（2020）》《中国商务年鉴（2020）》《中国改革年鉴（2020）》《浙江商务年鉴（2020）》等组稿入刊。

2019年12月6日，日本枥木县经济交流团到访新区　（童志忠　摄）

【新区档案馆库建设】2019年，新区档案馆明确列入新区人力资源大厦内布局。建设中的新区人力资源大厦东至规划东升路，南至江东大道，北至空地，西至规划河道，建筑面积5.52万平方米，主体建筑21层、裙楼4层。新区档案馆设于该大厦4层至6层，总建筑面积5768.2平方米，其中4层至5层为档案库区，建筑面积2398.8平方米，6层为办公用房和配套用房。年末新区人力资源大厦项目主体结顶，计划2020年启动内部装修。

【档案工作考核列入年度考评】2019年7月，新区管委会办公室制定出台《2019年新区档案考核制度》，将档案工作纳入全区年度综合考评体系。考核采用百分制计分方法，包括组织保障、收集整理、保管利用、档案信息化建设和档案日常管理5项内容及加分项。12月，新区档案馆对纳入考评的36个单位进行集中考核，采用自评、现场检查、整改反馈、汇总通报方式，考核分值最高分94分、最低分86分。成绩为良好以上，取得预期效果。

【新区档案工作会议】2019年12月17日，新区档案工作会议召开，新区部门、街道、直属单位档案工作分管领导和档案工作人员70多人参加会议。新区党群工作部（组织部）、新区建设局、杭州综合保税区管理办公室、新区规划和自然资源分局、前进街道5个部门做交流发言。新区党工委副书记、管委会常务副主任施华森主持会议。会议总结2019年新区档案工作成效，分析档案工作尚存短板，明确2020年档案工作目标任务。会议强调新区档案工作以加强档案资源建设为重点，加快档案数字化建设，提高档案工作成效。

【档案服务平台建立】 2019年5—11月，新区档案馆到各部门（单位）调研10多次，了解全区档案基本情况。8月，通过公开招投标形式，建立新区“档案整理和数字化加工建库”项目，选取5个档案服务公司，为机关部门（单位）档案整理提供便利。9月，与5个档案服务公司签订委托合同，制定规范，统一标准。按合同规定，新区机关部门（单位）年度预算30万元以下的档案整理和数字化加工项目可直接在入围公司采购。至年末，新区启动档案整理的部门占总数的93%。

【原大江东历史档案整理启动】 2019年，新区档案馆通过招投标启动原大江东集聚区历年档案整理和数字化加工，中标单位为杭州远大档案技术有限公司。7月25日，档案服务公司进场施工。至年末，制定新区机关文件材料归档范围和文书档案保管期限表，完成文书档案整理1.6万件。

【档案工作培训】 2019年，新区档案馆组织业务培训会4次，部门、街道、各直属单位及社区、教育系统中小学、公安分局下属派出所、国有公司子公司的档案员参加培训，累计培训550人次。7月24—26日，新区档案馆与省档案培训中心合作，举办为期3天档案业务骨干培训班，档案专家受邀讲授“机关档案管理规定”“文件材料归档范围与保管期限制定”“当前档案工作的形式与任务”“基建项目档案管理”“各类档案分类整理”等课程，同时开展案例分析、现场答疑和业务考试，为通过考试的50多名学员颁发证书。学习档案法律法规知识，帮助掌握档案业务操作技能，全年印发《档案工作规范性文件资料汇编》和《档案专业培训考试参考资料》400多本。（张红丹　富敏超）

精神文明建设

【文明城市测评迎检】 2019年，新区参与全国文明城市指数测评并做好测评迎检。成立新区文明测评迎检专办，从街道和相关部门抽调14名人员集中办公，下设1个综合组、8个检查组、1个宣传组，进行日常督查、问题汇总、宣传协调等工作。专办人员明确分工、落实责任、分组行动，走访社区、街道、医院、商业场所、农贸集市等公共场所，对消防安全、卫生环境、公共服务设施、文明宣传等方面工作进行检查。坚持边查边纠边改，对检查中发现的机动车（非机动车）乱停车、农贸市场卫生死角、小区楼道杂物堆积、垃圾未分类、文明城市宣传标语缺少等问题督促整改。新区管委会主任何美华等领导带队督查，召开动员部署大会3次。建立每日碰头会、每周例会制度，召开辖区高校、建筑单位和志愿者协会等协调会9次，实施综合督查25次，组织志愿者参与文明城市迎检工作2.6万人次。

【精神文明传导】 2019年，新区文明办弘扬核心价值观、传导精神文明，制作印发“社会主义核心价值观”“杭州市民公约”“垃圾分类”“文明出行”“光盘行动”等宣传教育资料7.6万份。发动商场（超市）、企业、高校、社区等，利用户外道旗、海报、墙绘、电子屏、社区橱窗等，播发公益广告1700条。制作文化墙绘2000平方米，新湾街道选送的文化墙绘作品获杭州市年度“最美墙景”。开展典型人物评选活动，评选出区级“美德少年”（新时代好少年）150人，其中入围杭州市“美德少年”20人；新区供电公司员工田汉霖获第七届“最美杭州人”提名奖；下沙街道张雪领获杭州市“见义勇为勇士”称号；义蓬街道高佳被评为杭州市第二届“最美代办员”，白杨街道劳保窗口被评为杭州市第二届“最美办事窗口”；白杨街道舒晓梅家庭、临江街道刘向锋家庭、前进街道吴桂凤家庭被评为杭州市“好邻居”。

（周少铭　朱振东　徐　璟）

责任编辑　刘心怡

人大政协事务

人大政协联络

【概况】2019年，新区有人大代表110名，其中全国人大代表1名、省人大代表7名、市人大代表21名、江干区和萧山区人大代表81名。81名区人大代表分别隶属于7个街道，其中下沙街道15名、白杨街道20名、河庄街道13名、义蓬街道17名、新湾街道8名、临江街道4名、前进街道4名。有政协委员70名，其中省政协委员18名、市政协委员10名、江干区和萧山区政协委员42名。42名区政协委员分别隶属于7个街道和机关部门，其中下沙街道15名、白杨街道14名、河庄街道3名、义蓬街道2名、新湾街道2名、临江街道3名、前进街道1名、机关直属2名。有民盟、民进、九三学社（下沙）、九三学社（江东）4个支部。4月，根据人大政协工作需要，新区组建人大政协联络线。创新开展代表、委员工作“一月一活动、一月一主题”，街道人大工作“一月一例会、一月一交流”，促进代表、委员履职积极性，统筹协调新区人大、政协工作。

2019年9月11日，杭州市人大常委会主任于跃敏（前排中）到新区调研人大工作（童志忠 摄）

【于跃敏调研新区人大工作】2019年9月11日，杭州市人大常委会主任于跃敏调研新区，考察杭州大创小镇发展服务中心并召开专题座谈会，听取新区管理法治保障情况汇报。参会人大代表和新区有关部门对加快新区立法进度、深化改革开放、保障改善民生、促进产城融合等提出意见建议。于跃敏指出加快推动新区立法，有较好工作基础和可借鉴经验，把握打造世界级智能制造产业集群、长三角地区产城融合发展示范区、全省标志性战略性改革开放大平台、杭州湾数字经济与高端制造融合创新发展引领区等发展定位，加强立法研究，以良法促进发展、保障善治；坚持问题导向，对照已有政策法规，系统梳理需要解决的问题清单，明确法律地位、管理权限、体制机制、社会治理和公共服务等事项并争取支持；听取意见建议，用好代表联络站、基层立法联系点等载体，推动科学立法、民主立法、依法立法，为新区高质量发展提供法治保障。

【代表委员听取报告讲座】 2019年8月15日，新区召开半年度政情通报会，全国、省、市、区四级人大代表及部分政协委员受邀听取报告。会议通报新区2019年上半年经济社会发展情况和工作安排。参会人大代表、政协委员肯定新区取得的工作成效，部分人大代表就新区挖掘高校人才资源、民生实事项目推进、教育资源整合共享、生态环境整治、企业扶持等方面提出意见建议。10月15日，在新区大创小镇举行人大代表政协委员活动日，北京航空航天大学国际交叉科学研究院数学与系统科学学院教授王鹏为新区人大代表、政协委员及企业家主讲关于工业前沿知识的讲座。

【新区人大工作例会】 2019年10月28日，新区召开人大工作例会，听取各街道人大工作开展情况，安排部署重点工作。各街道回顾总结工作开展情况，剖析存在问题，提出改进建议和措施，重点汇报街道在争创"最美人大代表联络站"建设方面工作。会议要求统一思想、提高认识，重视人大代表管理和教育，提升履职水平和能力，在各级"两会"提出利于新区高质量发展的意见建议；要建好用好人大代表联络站，通过丰富阵地建设、工作内容、活动形式、文化积累等，拓展联络站功能作用，推进规范化建设；要提升工作实效，注重创新，做好人大工作与街道议政会有机结合，通过人大代表高质量履职，听取群众呼声和诉求，推动问题解决。

【政协领导到新区考察调研】 2019年5月22日，省政协副主席周国辉调研新区高新技术企业，走访杭州立昂微电子股份有限公司、杭州大和江东新材料科技有限公司，参观产品制造加工过程，听取企业发展情况和未来规划介绍，了解企业科技研发、人才引进、项目实施等情况。5月31日，市政协主席潘家玮到新区下沙街道人大代表联络站开展联系基层代表和辖区群众活动，并主持召开座谈会，听取基层人大代表和居民代表对2019年民生实事项目推进情况、人大工作和建设、杭州经济社会发展和"一府两院"工作方面的意见建议，参会基层代表和群众分别就江东大桥收费站、垃圾转运路径、部队停偿区域土地整理置换、围垦文化保护等方面提出意见建议。10月8日，潘家玮再次到新区接待群众访问，协调解决群众反映的经济适用房转商品房上市交易手续办理问题，专题听取相关单位信访工作情况汇报。（李　想）

街道人大工委

【下沙街道人大工委】 2019年，下沙街道配备人大工委主任1名、人大办公室主任1名，人大干事（兼职）1名。有江干区人大代表15名、街道居民议事代表60名。召开人大工委会议及代表小组会议，开展"单月接访、双月活动"。按照区人大代表换届选举（补选）要求，分两次完成人大代表补选4人。强化代表服务保障，全年走访代表及所在单位9次。按照标准优化5个代表联络站建设，统一挂牌市人大LOGO标牌，加设"居民议事厅"牌子。制作代表履职"足迹墙"，确保代表履职工作结果公开化。发挥联络站"连心桥""宣传站""晴雨表""大平台""暖心窝""减震器""回音壁"7项功能，开展助推民营经济发展、垃圾分类及民生实事等单月接访活动6次，走访企事业单位30多个、居民群众350多人次，协助解决问题30多个。监督民生实事，完善街道居民议事会议制度，建立"四公开"工作法，确保民生实事项目公开、票决公开、资金公开、监督公开。票决产生美丽家园、商贸服务、清水治污、安全治理4项民生实事工程。中沙社区代表联络站试行"1+N"聚合概念，创新建站，被评为江干区"最美人大代表联络站"。（傅哲宁）

【白杨街道人大工委】 2019年，白杨街道配备人大工委主任1名、人大办公室主任1名。有全国人大代表1名、省人大代表3名、市人大代表5名、江干区人大代表20名、居民议事会议成员60名。调整充实居民议事会议会商小组成员，召开街道居民议事会议2次，推行居民议事会议"四联三议二审一选"工作法，通过差额选举办法票选公共服务设施提升工程、公共文化服务工程、安全强基工程、全民健康服务工程、便民办事服务工程五大民生实事项目。对辖区5个人大代表联络站进行提升改造，发挥站点和全国、省、市、区人大代表联动作用，围绕政府中心工作及居民群众普遍反映的社会问题，发挥代表联系群众"连心桥"、反映社情民意"晴雨表"、代表交流"暖心窝"、宣传党的主张"宣传站"作用。开展以垃圾分类、民生实事项目、社会治理、城市公共配套建设、学前教育、民营经济发展等为主题的接待活动8场，接待选民200多人次，解答和解决相关问题50多个。结合新区"走亲连心三服务，亲商惠企大走访"活动，组织人大代表走访服务重点企业，搭建企业与职能部门对接平台，交流人才引进政策扶持、辖区资源优化利用、融资平台搭建等问题，助力破解民营经济发展难题，提振民营企业发展信心。

（彭　爽）

2019年11月12日，位于新区河庄街道江东村的人大代表联络站启用

（方　波　摄）

【河庄街道人大工委】 2019年，河庄街道配备人大工委主任1名、人大办公室主任1名，人大干事（兼职）1名。有省人大代表1名、市人大代表1名、萧山区人大代表14名、街道居民议事代表68名。街道人大工委推进和运用“六个一”工作机制，召开街道居民议事会议，对街道城市建设工作开展专项评议，对河庄派出所扫黑除恶工作开展定向视察，对街道工业园区规范化建设开展年度调研并形成调研成果。完成江东村“最美代表联络站”建设并投入使用，承办新区代表联络站建设现场会。开展代表接访及民情走访月活动，助力完成首个村级集体建设用地租赁住房市级试点项目开工、安置房分配、重点项目地块征地拆迁等。全年票决并完成美丽乡村建设试点工程、钱民花苑维修改造工程、集镇公建配套有机更新工程、新围中学新校舍启用、新增集镇区域幼儿园2所、义务教育段“空调进教室”全覆盖工程、街道社会管理服务中心建设启动、天网二期工程建设、集镇停车位新增工程、集镇长效管理机制10项年度民生实事工程，对人大代表的意见建议按期办理答复13条。

（朱佳军）

【义蓬街道人大工委】 2019年，义蓬街道人大工委配备人大工委负责人1名，人大工委办公室主任1名。有市人大代表3名、萧山区人大代表17名、街道居民议事代表73名。召开街道居民议事会议2次，票决产生并启动“美丽城镇”建设、启动“美丽乡村”建设、启动集镇污水“零直排”工程、完成“四好农村路”建设、头蓬集镇配套停车场建设、推行停车场市场化运作、创建星级农贸市场、居家养老街村两级中心建设全覆盖工程、校园基础更新改造工程、卫生服务站改造提升工程10件民生实事，并基本完工。居民议事会议收到意见建议25件，均按规定办理答复完毕。

（包益萍）

【新湾街道人大工委】 2019年，新湾街道配备人大工委主任1名、人大办公室主任1名。有市人大代表1名、萧山区人大代表9名、街道居民议事代表67名。发挥参政议政职能，参与萧山区第十届第三次人代会，提出涉及教育、道路基础设施建设、村级经济发展等方面意见建议9条。召开系列座谈会，听取基层意见，收集意见建议64条。开展代表接访选民工作，全年累计收集选民意见建议28条。履行监督履职职能，全年累计参与街道、村工程验收127次，提出视察意见建议12条并参与安置分房监督。围绕街道工作，召开3次居民议政会议，票选完成建华和宏创安置小区分房、建华安置小区电梯加装、集镇区域城市夜景亮化、教育提质工程、智慧停车场改造、滨水景观建设、大田花海项目、垃圾中转站建设、村级环境提升及美丽湖泊工程、白事馆建设10项年度民生实事工程。

（裘瑶婕）

【临江街道人大工委】 2019年，临江街道人大工委配备人大工委主任1名、人大干事1名。有市人大代表1名、萧山区人大代表4名、街道居民议事代表48名。召开街道居民议事会议2次，票决产生集镇污水零直排建设、农贸市场改造提升、河道综合整治提升、萧东村文化礼堂建设、临江佳苑房屋维修、全域生活垃圾分类、社区党群服务中心建设、社会综合管理服务中心建设8项民生实事工程，除临江佳苑房屋维修项目因新区重新立项，调整为市级老旧小区改造项目外，其余项目基本完成。居民议事会议收到意见建议8个，按要求均完成整改，满意率100%。

（沈永方）

【前进街道人大工委】 2019年，前进街道配备人大工委主任1名、人大干事（兼职）1名。有市人大代表1名、萧山区人大代表4名、街道居民议事代表50名。优化履职平台和载体，标准化建设3个人大代表联络站。规范反馈机制，由代表对部门办理结果进行满意度测评，办理

2019年新区人大代表建议一览

表3

建议人	案由	主办部门
黄文通	关于大江东尽快启动义府大街西伸的建议	新区规划和自然资源分局
沈锦水	关于加快艮山东路（大江东段）建设的建议	新区建设局
赵国芳	关于加快实施大江东与机场东大门道路建设的建议	新区规划和自然资源分局
施秋琴	关于要求大江东加大对农业扶持力度的建议	新区农业发展服务中心
施秋琴	关于落实“五水共治”长效管理的建议	新区建设局
王娜丹	关于设立专项基金，加快对名校、名师的培训建议	新区教育与卫生健康局
邵建明	关于扶持实体经济，建立传统中小微企业产业园	新区经发科技局
张福良	关于要求大江东尽早谋划安置房建设的建议	新区建设局
张福良	关于加快大江东村级留用地落地建设的建议	新区规划和自然资源分局
毛泉红	关于要求大江东加快出台乡村振兴的建议	新区农业发展服务中心
孙　娜	关于要求大江东构建诚信政府，及时支付过渡费等资金的建议	新区财政金融局
邵建明	关于允许适当提高工业用地容积率的建议	新区规划和自然资源分局
许志伟	关于加大对中小微民营企业政策扶持的建议	新区经发科技局
许志伟	关于将河庄街道同一工业园区升格为大江东区级小微企业产业园的建议	新区经发科技局
金传水	关于加大对集体经济薄弱村扶持力度的建议	新区农业发展服务中心
来燕军	关于提高养老保险一次性补助的建议	新区社会发展局
赵国君	关于加快解决无房户和自然增长户农民建房问题的建议	新区规划和自然资源分局
赵国君	关于拓宽村社干部晋升途径的建议	新区党群工作部（组织部）
许伟国	关于解决2003年3月前失地农民养老保险指标的建议	新区社会发展局
孙国灿	关于加大对因病致贫困难家庭的帮扶力度的建议	新区社会发展局
傅岳良	关于要求为大江东各街道机关工作人员办理机场通行证的建议	新区管委会办公室
孙国灿	关于进一步加大对经济薄弱村帮扶力度的建议	新区农业发展服务中心
许伟国	关于要求加大对改善村级办公设施建设扶持的建议	新区规划和自然资源分局
沈金芬	关于对大江东区域中考招生实行过渡期保护性政策的建议	新区教育与卫生健康局
沈金芬	关于义务教育阶段教室安装空调的建议	新区教育与卫生健康局
陆赛春	关于大江东“亩产论英雄”政策落地的建议	新区经发科技局
封　祥	关于优化公交线路设置的建议	新区建设局
封　祥	关于加快江东大道两侧加油站建设的建议	新区规划和自然资源分局
杜晔彪	关于加快建设新世纪大道北伸段工程的建议	新区建设局
冯伟仁	关于加快红十五线改建施工进度及管理的建议	新区建设局
孙先根	关于加快在新区推广应用创新型中医医疗器械的建议	新区教育与卫生健康局
李冬芬	关于加强大江东区域内萧山飞地渣土管理的建议	新区综合行政执法局
张尔根	关于全面推广安装智慧电梯监管装置的建议	新区市场监督管理分局
林振宇	关于6号大街横穿新加坡科技园增设天桥或地下通道的建议	新区建设局
李鑫刚	关于增加下沙城北直通龙湖天街公交车的建议	新区综合行政执法局
楼湘玉	关于加大行业监管部门对物业公司的监管力度的建议	新区建设局

续表3

建议人	案由	主办部门
李鑫刚	关于加快改造德胜高架下沙出口交通拥堵的意见建议	新区建设局
楼湘玉	关于增设日间错峰遛狗时间的建议	新区综合行政执法局
林振宇	关于流浪猫增设绝育站及安放流浪猫安置点建议	新区综合行政执法局
温雪霞	关于加强慢性病及健康教育的建议	新区教育与卫生健康局
王新平	关于认真履行小学生作业减负，提高学生身体素质的建议	新区教育与卫生健康局
冯海东	关于加强新型社会基层治理的建议	新区党工委政法委
方建庆	关于加大拆迁安置小区社区化管理的建议	新区社会发展局
方建庆	关于加大与名院合作，助推基层卫生服务资源提档的建议	新区教育与卫生健康局

2019年新区政协委员提案一览

表4

提案人	案由	主办部门
诸恩光	关于大江东锡安“老人之家”医务室享受同等医保优惠政策的建议	新区社会发展局
张坚明	关于要求对围垦五工段直河和横河拦网养鱼进行治理的建议	新区农业发展服务中心
张坚明	关于拆除影响道路交通安全的违章建筑的建议	新区综合行政执法局
龚建刚	关于垦区生活垃圾（秸秆废弃物）集中收集处置的建议	新区综合行政执法局
王林焕	关于加强监管垦区河道内非法捕捞的建议	新区农业发展服务中心
韩一飞	关于促进残疾人康复建设的建议	新区教育与卫生健康局
夏海甬	关于加强下沙各大学学生安全教育的建议	新区公安分局
郑洲峰	关于加强开发区企业高技能人才队伍建设的建议	新区教育与卫生健康局

建议12件。履职活动实现线上与线下、上级与本级活动相结合。召开街道居民议事会议2次，票选产生启用新社区卫生服务中心、实施污水零直排区建设、建设前进第二幼儿园、启动新前进初中项目、建成并投用新农贸市场、开展国家级卫生街道创建、推动五星级便民服务站建设、实施市民健身广场建设、实施农村危桥改建、推进智慧社区建设10项民生实事工程。

（汪何幸运）

建议提案办理

【概况】 2019年，新区人大政协联络线发挥协调作用，促进部门与人大代表、政协委员的政情沟通，助推人大代表建议和政协委员提案的办理。推进部门协同，明确办理责任，规范办理程序，强化督办考核，提高办理实效。全年办理办结省“两会”代表建议和委员提案3件，市“两会”代表建议和委员提案7件，区“两会”代表建议和委员提案50件（萧山区37件、江干区13件），办结率、面商率（答复率）、满意率、上网率均为100%。（李　想）

责任编辑　刘心怡

总工会

【概况】 2019年6月，整合原杭州大江东产业集聚区总工会和原杭州经济技术开发区总工会，成立新区总工会。新区总工会与新区团工委、妇工委合署办公，下设综合办公室、基层工作部、经济工作部和权益保障部。年末新区总工会辖7个街道总工会、2个片区产业工会工作委员会、2个小镇工会工作委员会和18个直属工会。全区有基层工会902个，涵盖单位1689个，工会会员20.4万人，实名制认证会员15万人。加强新区产业工人队伍建设，建立以区级规模化劳动竞赛为带动、基层工会常态化岗位练兵为基础的劳动竞赛格局。全年组织区级劳动技能竞赛10场、技能比武200多场；对标先进制造业发展需要，制定万名职工培训计划，全年推出技能培训科目30项，培训职工3000人。发展和谐劳动关系，探索区域性集体协商、“云协商”等形式构建和谐劳动关系，参与基层社会治理。建立服务职工项目清单，医疗互助参保职工6.04万人，2201人次获医疗互助金，总计金额212.51万元；高温慰问5.4万名一线职工，组织3150名职工参加疗休养；组织法律讲座、送法下基层活动37场，接待职工群众电话、到访90多件，服务600多人次。加强工会基层组织建设，完善管理体制和工作机制，二级平台由16个精简为12个，配强下沙和大江东两个产业区块力量。以“两新”（新经济和新社会）组织、“三新”经济（楼宇经济、街区经济和总部经济）为重点，开展工会组建攻坚行动，新建基层工会106个，新发展会员1.8万人，其中100人以上单位建会42个。支持基层工会创建特色品牌，80%以上基层工会达到有依法选举的工会主席、有独立健全的组织机构、有服务职工的活动载体、有健全完善的制度机制、有自主管理的工会经费、有会员满意的工作绩效的“六有”标准。

【新区工会第一次代表大会】 2019年6月20日，新区工会第一次代表大会召开，来自全区各行各业的250

2019年6月20日，新区工会第一次代表大会召开　　（童志忠　摄）

2019年7月26日，新区职工文化活动用房项目开工奠基　（吴宇翔　供稿）

名代表参会。新区党工委副书记、管委会主任何美华讲话，市总工会党组书记、常务副主席王越剑，新区党工委委员、党群工作部（组织部）部长陈金泉参加会议。大会回顾新区总工会筹备情况，选举产生新区总工会第一届委员会委员47人、经费审查委员会委员9人，选举产生以虞付月任主席，章国民、徐志成任副主席，于广信、石磊任兼职副主席的新区总工会领导班子。大会讨论确定今后五年工会工作目标和任务，提出实施核心看齐行动，唱响主旋律、传递正能量；坚持发展为上，实施匠心建功行动，组织动员职工为新区建设发展再立新功；坚持职工为本，实施暖心关爱行动，为职工群众提供精准优质普惠服务；坚持重心下移、力量下沉、资源下倾，实施悉心建家行动，激发基层工会活力和动力；实施初心历练行动，通过比学赶超，在工会系统营造干事创业氛围，建立忠诚、干净、担当的工会铁军队伍。

【首届“钱塘工匠”评审认定】
2019年7月9日至9月24日，新区总工会组织开展首届“钱塘工匠”认定活动。经基层工会组织推荐，收到58个企业推荐的108份职工申报材料，推荐人员来自生物医药、电气机械、电子信息、航空航天、食品饮料等16个制造业及教育、医疗2个服务业。经资格初审、专家评审、部门联审、总工会审核、领导小组审议、社会公示6个环节，马以培、马秀玲、王继青、孙玉锋、陈浩、季时伟、俞军红、祝新华、赵賨、贾君芳成为首届“钱塘工匠”，王友权、王龙喜、孙彤彤、杨军、肖国华、李骏、郑云早、林读超、胡加兴、胡洪洋获第一届“钱塘工匠”提名奖。9月26日，新区以“匠心筑梦、实干兴邦”为主题，召开首届“钱塘工匠”表彰大会。大会向“钱塘工匠”获得者颁发荣誉证书、奖牌并给予一次性奖励1.5万元，向“钱塘工匠”提名奖获得者颁发荣誉证书并给予一次性奖励5000元。

【职工文化活动用房项目开工】
2019年7月26日，新区职工文化活动用房项目开工奠基。工程项目位于新区24号大街与江湾巷交叉口，占地面积1.5万平方米，总建筑面积6.41万平方米，总投资4.78亿元。项目遵循“城市文化沙龙”和城市综合体的设计理念，以文化体育为主题特色，汇集体育健身、文化活动、教育培训、文化展示等功能，分设健身房、游泳馆、图书馆、小剧场、亲子活动室等10多个场馆。项目计划于2022年2月竣工，杭州亚运会前投入使用。

【和谐劳动关系标杆园区创建】
2019年，根据市总工会“把构建和谐劳动关系作为工会参与加强和创新社会治理的重要切入点”的工作要求，新区总工会联合正泰中自科技园工会，开展市级和谐劳动关系标杆园区培育工作。7月，举办园区消防安全大比武，提升园区应急事件的处理和控制能力。8月，成立园区工会劳动法律监督委员会及劳动争议调解组织。9月，指导正泰中自科技园工会组织园区40个小微企业签订区域性（园区）集体合同，覆盖职工1344人。成立园区集体合同监督检查小组，每半年对集体合同履行情况进行检查。年末，正泰中自科技园创建杭州市和谐劳动关系标杆园区验收通过。

【赴工会改革示范区学习考察】
2019年，为借鉴工会改革先行示范区在推进新经济组织工会组建、创新职工服务方式、建设职工服务阵地等方面的先进经验，新区总工会组织街道总工会和部分企业工会主席分批外出学习考察。11月13—16日，考察团到重庆、成都实地考察重庆两江新区互联网产业园、新区职工服务中心、成都市天府高新视窗等8个单位，与重庆两江新区总工会、成都高新区工会进行座谈交流。11月26—30日，到广州、深圳实地考察广汽集团总部、广州天河区职工服务中心、深圳奥比中光有限公司等10个单位，与广州天河区总工会、广州黄埔区（开发区）总工会、深圳南山区总工会进行座谈交流。（徐霞丽）

团工委

【概况】2019年5月，新区团工委成立，设副书记1人。年末新区有团组织863个，其中基层团委51个、基层团工委1个、基层团总支13个，基层团支部798个，团员1.57万人。新区团工委以中华人民共和国成立70周年为契机，通过庆祝活动及纪念五四运动100周年诗歌朗诵大赛、“红船杯”党团知识竞赛、唱红歌“快闪”等活动，对团员青年进行爱国主义教育；组织“青年大学习”专题培训，加强政治理论学习，提升团员青年综合素质；以服务青年为宗旨，打造“缘聚钱塘”交友品牌，举办10场青年交友联谊活动；联合新区教育与卫生健康局举办新区首届健康讲师比赛、首届青年教师比赛，授予一等奖获得者“钱塘新区优秀青年岗位能手”称号。关爱青少年健康成长，举办3场“轻松备考、与你同行”助力中高考活动，受益学生2000人。丰富新区青少年暑期生活，举办公益夏令营活动120场，组织到杭务工人员子女以及留守儿童等青少年群体开展文化体验、主题教育、生活技巧、暑期作业辅导等活动，参与青少年3800人次。联合新区公安分局、青悦社会工作发展中心，开展12场“三禁三防三自”（禁黄、禁毒、禁赌，提高传销、诈骗、校园欺凌自我防范意识，树立自爱、自重、自强的健康心态）教育活动，参与青少年1000人。

新区团工委在团市委2019年度综合考评中获优胜名次，获市级先进团委称号，在杭州市第二十三届青工“五小”（小发明、小创造、小革新、小设计、小建议）活动中获优秀组织奖。提交的《关于新区企业单身青年婚恋情况调查及对策建议》获评杭州市共青团优秀调研论文。白杨街道团工委获2019年杭州市百场公益夏令营活动优秀组织奖，前进街道“我和我的祖国”2019年青年之家主题活动获选杭州市级示范项目。全年认定市级青年文明号13个、青年安全生产示范岗8个，7名青年职工被评为杭州市优秀青年岗位能手。

【结对贵州省凯里市贫困学生】2019年9月19日，新区团工委携手青年联合会的青年企业家代表到贵州省凯里市开展帮扶调研。新区团工委、青年联合会代表与凯里市19名贫困学生结成对子，签订长期帮扶协议，每年按照小学1500元、初中3000元、高中5000元、大学8000元的标准资助学费及生活费。新区团工委联合企业投入50多万元，用于建设“蓝房子公益图书馆（室）”，并与凯里市旅游地接中心签订两地旅游扶贫项目，每年输送旅游消费预计100万元。

【团工委助力全民阅读】2019年，新区团工委通过创设看书渠道、开展捐书活动、建立荐书机制、营造评书氛围、鼓励写书创作等形式，建立青年文化阵地和有形化共青团“门店”，营造全民阅读氛围。全年组织“习近平总书记关于青年工作的重要思想”“艰苦奋斗、勇于担当”争当青年楷模、“为新中国成立70周年献礼·我把故事说给你听”等主题读书会30场，新建“悦读益站”28个、“悦读角”2个，收到爱心书籍2100多册，阅读人数4万人次。

【团工委参与社会治理】2019年，新区团工委贯彻落实“打造共建共治共享的社会治理格局”要求，多维度参与社会治理。6月，开展禁毒宣传进社区、进家庭、进市场活动，发放防毒禁毒宣传册2000份、禁毒问卷调查表150份，接待防毒禁毒咨询1000多人次。8月，发起垃圾分类示范行动，依托各级团组织资源组建机关、企业、高校、社会组织、公益组织等垃圾分类环保青年志愿队，建立常态化志愿服务机制，开展垃圾分类进社区（村）、垃圾分类嘉年华等活动50场。全年组织青年志愿者参与文明交通劝导，参与志愿者4000多人次。

（乐红磊）

妇工委

【概况】2019年5月，新区妇工委成立，设副主任1人。年末新区妇工

广汽乘用车（杭州）有限公司职工书屋　　（许莉莎　供稿）

2019年12月9日，新区归国华侨联合会揭牌成立　　（童志忠　摄）

委下辖7个街道妇联、105个村（社区）妇联、328个企业妇女组织和41个机关、事业单位妇女组织。带领全区妇女群众和女职工，实践“巾帼奉献·岗位建新功”活动，全年获评省、市级先进妇女组织称号和先进妇女工作者称号15个，获命名全国最美家庭1户，省、市级最美家庭和绿色家庭11户。出台《新区巾帼文明岗管理办法》，优化巾帼文明岗创建机制，全年新命名27个区级巾帼文明岗，继续认定150个；区级巾帼建功标兵20名，新获评市级巾帼文明岗8个、巾帼建功标兵4名。彩虹邻里“小候鸟”项目获杭州市妇女儿童家庭公益服务创业大赛第3名。发挥女企业家、女劳模、女干部的辐射引领作用，成立“钱塘丽人之家”“钱塘魅力女创营”等活动平台。

【三八妇女节系列活动】 2019年3月，新区妇工委以“庆祝新中国70华诞·争当新时代新女性”为主题，开展委领导走访慰问、三八维权周、妇女干部读书会、形象礼仪塑造、女性健康知识讲座、插花培训分享等三八节系列纪念活动。3月1日，召开纪念三八国际妇女节109周年大会，向新区妇女群众和妇女工作者致以节日的问候，街道、村（社区）妇联主席、企事业单位妇女干部、家庭代表等160多人参加。3月8日，在区内媒体刊登题为“巾帼力量，春风化雨酿似锦繁花”专版，集中宣传2018年获评省、市级妇女工作的先进集体和个人，利用妇联系统网络、微信、广播等媒体矩阵优势，开展学习宣传教育活动。

【妇儿维权关爱】 2019年，新区妇工委开展“助力法治杭州·巾帼在行动”维权服务下基层系列活动。全年送法进社区、进企业5场，慰问新区困难妇女50人次，发放慰问金6万元。六一国际儿童节和暑假期间，看望慰问外来务工人员子女、留守儿童和暑期“小候鸟”班学员7283人次，发放价值4.5万元的图书和学习用品。设立专项资金用于基层单位“妈咪暖心小屋”建设，新建小屋20个、补助小屋41个，发放价值4.8万元的母婴物资。协调化解家庭矛盾，成立巾帼律师服务团“法媛帮”和“爱家和”家事调解工作室。指导成立七色花妇女儿童成长中心、祥祺妇女儿童公益服务中心等女性社会组织，对新区困难妇女儿童开展帮扶救助。　（赵丹洋）

侨　联

【新区第一届侨联成立】 2019年12月9日，新区第一届归侨侨眷代表大会暨归国华侨联合会成立大会召开。市政协副主席、市侨联主席王立华，市政府党组成员、新区管委会主任何美华参会并讲话。新区党工委委员、党群工作部（组织部）部长陈金泉主持。杭州市侨联党组书记裘建平为新区侨联授牌。会议审议通过《新区归国华侨联合会一届一次全委会选举办法（草案）》和《新区归国华侨联合会工作细则（草案）》，选举新区归国华侨联合会第一届新区委员会常委，杨丽敏当选主席，刘洪炉、吴亮、邱浩群、曹冲锋、黄斌为副主席，黄斌兼任秘书长。

【侨联建设与职责】 2019年4月，新区成立不久即着手筹备成立侨联组织，推进企业侨联等基层侨联组织建设。12月，新区侨联成立。其职责主要包括为凝聚共识，发挥归侨侨眷、归国创业人员和海外侨胞的力量；夯实基层基础，扩大侨联组织覆盖，并针对侨情特点开展特色活动，增强侨联组织的影响力和凝聚力；发挥独特作用，围绕新区工作任务和省、市委关于新区的定位，发挥侨界人才荟萃、联系广泛的优势，团结动员海内外侨界人士投身新区经济社会发展；做好为侨服务，深入了解归侨侨眷和海外侨胞的需求与期盼，发挥桥梁纽带作用。

（卢　一　吴　兵）

责任编辑　周　丹

党工委政法委

【概况】 2019年4月，新区党工委政法委作为新区党工委内设机构组建成立，下设10个科室、7个司法所、2个事业单位。保障社会稳定，化解重大涉稳问题，全年纳入项目化监管重大涉稳问题15个，其中纳入省级监管1个、市级监管1个、区级监管5个、街道监管8个；加大涉稳问题项目化监管，明确项目化监管责任单位，落实包案领导，研究制定责任分解表及时跟踪化解处置情况。全年化解重大涉稳问题14个，化解率93.3%。开展重点项目社会稳定风险评估，明确“谁主管、谁评估、谁决策、谁负责”原则，对年度5个新开工项目、25个已开工且做过稳定风险评估项目落实责任单位，制定稳定风险评估工作计划；对已开工但未做过稳定风险评估项目抓好稳定风险评估。推进诉源治理，通过制定方案、明确职责、下达任务等，从源头减少诉讼增量。全年法院一审收案比上年（指2018年，下同）下降3.6%，完成诉讼案件数量“零增长”目标。深化“平安钱塘”“法治钱塘”建设，党工委政法委获评2018—2019年度平安浙江建设先进集体。

【平安创建攻坚】 2019年10月，新区党工委政法委牵头制定实施方案，启动平安创建“奋战六十天、奋进三十五”攻坚活动，明确新区平安考核进全省各区县（市）总分排名前35名的工作目标。开展平安“三率”（平安建设知晓率、平安建设参与率、平安建设安全率）提升仗、过程性指标保卫仗、命案防控仗、信访秩序维稳仗、涉众型案事件防范仗、“一大一小”两车治理战、建筑工地施工安全阵地仗、消防安全翻身仗、食品药品安全仗、智慧安防小区攻坚仗“十大硬仗”，细化平安考核过程性指标赋分办法责任分工，每月对照排名赋分办法和市平安考核扣分点，梳理形成排名扣分情况，通报部门并推进整改完善。制定推出平安创建十大场景指导手册，以企业、学校等十大场景为主要对象，量化梳理社

2019年9月12日，新区公安分局举行授牌仪式　　（童志忠　摄）

会治安、安全生产、消防安全等平安创建综合指标，统筹形成首批10个大场景、30个具体场所、401条平安创建指导要点。编印手册1000本，分发至街道、社区和职能部门，为平安创建暗访督查、行业自查提供指导依据。

【平安督查核查】 2019年7月，新区党工委政法委制定《新区平安创建暗访督查工作实施方案》，明确一级重点督查单位、二级重点督查单位。抽调人员组建平安督查专班，开展常态化督查，重点围绕反恐、消防安全、生产安全、校园安全、食品安全、酒店实名制管理等，采取随机抽查进行暗访检查。全年督查点位505个，发现问题771个，发文通报9次，消除隐患并跟进问题整改。针对华东医药港二期火灾事故、“6·6”大型普通客车交通事故、“10·15”地铁施工安全事故等启动平安核查程序，调查事故原因及相关责任，全年启动平安核查程序10次。

【中华人民共和国70周年新区安保】 2019年国庆节前，新区成立中华人民共和国70周年维稳安保领导小组，抽调人员组建工作专班，实行集中办公。9月2日至10月3日，启动维稳安保一级响应，20个重点部门（单位）实行24小时值班值守，落实每日会商机制，编发《每日情况简报》14期。新区党工委政法委牵头组建督查组7个，开展督查30次，检查企业1700多次、村（社区）113个，累计整改反馈问题256个。组织机关村（社）干部、巡防队员、企事业单位职工、居民群众参与平安巡防、交通安全劝导、消防安全演练等行动10次。9月16日，新区公安机关启动“践行新使命·忠诚保大庆”誓师大会暨高等级勤务模式，民警、辅警、特保队员及新区企业代表、高校代表、安保人员、志愿者1000多人参加大会。

【平安宣传月活动】 2019年10月，新区党工委政法委以“共建共治共享平安钱塘”为主题，开展平安宣传月创建活动。针对17个重点职能部门和5个街道制定量化宣传任务，开展全民巡防3538次，出动人员3.26万人次；开展消防应急演练、生产安全救援应急演练等活动291场次，参加人员3.74万人次；开展交通劝导活动，参加人员4690人次，被劝导人员5.73万人次；开展平安宣传讲座、平安志愿者活动等宣传活动1500多场；建设平安文化示范点128个。在《钱塘新区报》开设平安宣传专栏，累计刊登活动内容30期；利用通信、网络媒介累计推送活动信息45.19万条。

（陈　焕）

公　安

【概况】 2019年8月，杭州市公安局撤销原杭州市公安局经济技术开发区分局、原杭州市公安局大江东产业集聚区分局，整合设立杭州市公安局钱塘新区分局（简称新区公安分局）。新区公安分局内设机构5个、直属机构13个、派出所8个。

2019年9月16日，新区公安分局举行“践行新使命·忠诚保大庆”誓师大会暨高等级勤务模式启动仪式　（童志忠　摄）

有民警432人、警辅人员953人、特保队员91人。做好警情处置，全年受理“110”报警平台有效警情8.18万起，其中有效刑事警情3563起、有效治安警情9671起。刑事案件立案3367起，刑事案件侦破811起。命案发案2起，破案2起。侦破黑社会性质组织1个、恶势力犯罪集团3个、恶势力犯罪团伙19个。受理群众信访2327件。打击违法犯罪，开展“飓风”“雷霆”专项行动24次。维护社会政治稳定，排查化解矛盾纠纷和不稳定因素120多件，累计办理《中华人民共和国反恐怖主义法》处罚案件22起。完成中华人民共和国成立70周年大庆安保维稳等重要警卫、大型活动及重要会议等安保任务23场次，完成全国“双创”周、钱江观潮、女子国际马拉松等安保任务30多项。启动社会面防控等级响应233天。

2019年9月12日，新区公安分局揭牌成立　（《钱塘新区》报 供稿）

【新区公安分局授牌揭牌】 2019年9月12日，新区公安分局举行授牌仪式，市公安局及各城区公安分局、市公安局各警种主要负责人，新区各部门（单位）、各街道负责人，萧山区法院、萧山区检察院负责人等参加仪式。授牌仪式上，市公安局党委委员、政治部主任方国伟宣读市编办关于调整杭州市公安局钱塘新区派出机构设置的文件；市公安局党委副书记、常务副局长徐柏林和新区党工委委员、管委会副主任许昌共同为新区公安分局授牌；新区公安分局局长戚海滨作表态发言。授牌仪式结束后，举行揭牌仪式。新区公安分局在原杭州大江东产业集聚区和杭州经济技术开发区两个公安分局的基础上整合成立。

【扫黑除恶】 2019年，新区公安分局对接新区建设局、新区规划和自然资源局分局、新区招商与人才局、新区市场监管分局、新区社会发展局、新区信访局等部门，做好谋划介入和评估干预。建立合成作战同步上案工作机制，为网上合成研判、网下落地告诫奠定基础。全年处置教育告诫402人，采取强制措施55人。落实信访维稳，全年办理、答复信访案件2327件次。开展扫黑除恶专项斗争，全年侦破黑社会性质组织1个、恶势力犯罪集团3个、恶势力团伙19个，刑拘312人，移诉151人，起诉217人，判决148人，移交“保护伞”线索7条、12人，提出行业建议7份。完成配合中央督导组督导整改，核查中央、省、市、区群众举报线索120条，核实27条，查扣涉黑恶资产价值8362万元。

【追捕逃犯和打击网络犯罪】 2019年，新区公安分局成立追逃工作组，建立“一人一档一研”工作台账，组织集中追逃业务培训，推进追逃工作。全年抓获“云剑”逃犯7人，其中10年以上库存逃犯3人；抓获涉恶督捕逃犯2人。完善打防新型违法犯罪工作机制，实体化运行新型犯罪研判中心，侦破“海象”平台网络赌博、“11·26”重大通信网络诈骗等新型犯罪案件，累计刑拘电信网络犯罪嫌疑人198人，协调推动2018年“7·17”诈骗案再退赃款70多万元。

【危化品管控】 2019年，新区公安分局加强危险化学品管控，严把审核审批关，落实备案登记，强化剧毒化学品购买凭证审批和易制爆化学品购买备案。全年检查辖区危险化学品企业、高校实验室2650多个次，整改隐患210多处；整治单位45个，行政处罚25个。

【公安警务建设】 2019年，新区公安分局推进“情指行一体化”改革，构建以“警力下沉、警区前移、警务前置”为主要内容的新型县域勤务运行机制。全年辖区警力8分钟内处警到场比率85%以上，接处警现场或警务站处结率81.2%。建设“智慧警务”，推进完成警务“金沙平台”二期建设，汇聚重点人、重点事、重大警情信息至云端，系统自动分析比对、自动研判线索，支撑警务实战。配合推进“雪亮工程”建设，在辖区治安复杂区域、人口密集部位、主要交通要道新建高清视频、人脸监控、智能卡口设备，强化数据采集和系统应用。启动新区“智慧警务”三年工作计划，与

2019年9月9日，新区公安分局开展“雷霆14号”暨“飓风15号”集中统一行动
（方　波　摄）

浙江大华技术股份有限公司签署战略合作协议，建立警企合作实验基地。推广微信预约办证、网上预约受理、网上查询办证进度等“互联网+”服务举措，推出容缺办理、双休日办公、延时服务、数据共享、免费复印、支付宝缴费、绿色通道、网上预约等便民措施。助力优化营商环境，推出“警企联盟”新版本，落实服务企业措施20条。

【人才落户服务优化】 2019年8月22日，新区“人才安居乐业一件事”窗口在新区行政服务中心公安服务区运营。新区公安分局营造良好对外开放环境，优化外国人到华逗留签注、外国人到华工作许可办事流程，完善海外人才入境、居住、工作、生活等行政审批和咨询服务。11月12日，白杨街道朗琴社区境外人员服务站启动，全国首台境外人员自助申报机同步启动，境外人员办理签证实现“一次不用跑”。推出人才新政举措，全年配套做好人才落户5061人。

【警务保障】 2019年，新区公安分局推进7个派出所营房改建，完成白杨派出所、下沙派出所新建营房选址、立项，其中白杨派出所年内开工建设。临江派出所、前进派出所主体结顶。义蓬派出所过渡营房完成装修搬迁。新湾派出所土建招标完成，临江派出所土建竣工。提升改造警务硬件设施，完成情指联勤中心、基础管控中心、刑事研判中心、执法管控中心、合成作战中心及8个派出所综合指挥室、8个警务站硬件改造。闻潮派出所、义蓬派出所办案中心“三位一体”执法规范化办案场所建成投用。年末有租赁辅警巡逻工作用车64辆，采购并分配使用防爆车1辆、大功率摩托车20辆，落实付费警用指挥车1辆，审批采购特种车13辆。

【治警优警】 2019年，新区公安分局坚持从严治警，利用教育阵地发布教育资料63篇，开展从严治警活动，编撰印发警示教育案例汇编，重大节假日发送廉政提醒短信4500多条。开展警示教育活动和风险隐患排查，组织领导干部赴浙江省法纪教育基地、浙江省乔司监狱开展现场教育活动。全年开展警务督查90多次，编发通报61期，督促问题整改900多个。辞退1人、党内警告1人、诫勉1人、批评教育3人、函询2人、提醒谈话105人。坚持从优待警，做好职工疗休养、生日慰问、传统节点慰问。邀请市公安局心理教官团队开展辅导培训3次。与辖区医院签订警务合作协议，畅通民警就医绿色通道，提高民警体检标准。维护民警执法权威和法律尊严，打击违法侵犯民警人身权利犯罪嫌疑人51人，慰问民警25人次。新建民警公寓141间。强化表彰奖励，搜集挖掘战时典型人物事例，开展“专项之星”“优秀公务员”“十佳钱塘卫士”“十佳辅警”“十佳警嫂（属）”推荐评选活动，鼓励民警争当先进、争做先锋。

（孙弋茜）

检察院

【概况】 2019年，新区成立后，杭州经济技术开发区检察院（简称经开区检察院）沿用原名。全年经开区检察院受理提请审查逮捕案件342件453人，受理移送审查起诉案件411件625人。深化法律监督，统筹推进刑事检察、民事检察、行政检察、公益诉讼检察四大类检察业务。刑事检察全年受理审查逮捕案件342件453人，经审查依法批准逮捕229件284人；受理审查起诉案件411件625人，经审查提起公诉333件525人；监督立案5件8人，追诉漏犯5人；提请抗诉4件5人；开展羁押必要性审查，对18名犯罪嫌疑人变更强制措施为取保候审，对147名社区矫正人员开展动态监督。民事检察提出再审检察建议4件；开展民事虚假诉讼监督，联合新区公安分局、经开区法院推进惩治虚假诉讼，针对3件虚假诉讼案件提出再审检察建议；开展审判、执行活动监督，提出检察建议5件。开展辖区行政非诉执行案件专项排查，推进法治政府建设。围绕生态环境和资源保护、食品药品安全、国有财产保护、国有土地使用权出让等领域开展公益诉讼，针对农贸市场食品安全、死亡及服刑人员养老金发放、食品安全犯罪人员从业禁止、食品添加剂监管、小区业主违规占用公共绿地、非法处置危险废物等违法情形，向相关部门制发检察建议，督促落实整改。推进扫黑除恶专项斗争，成立扫黑除恶专案组，全年依法起诉涉黑案件4件20人，涉恶案件9件16人，依法办理孙某等14人黑社会性质组织案。

【保障民营经济发展】 2019年，经开区检察院助力新区营商环境优化，严惩侵害企业利益犯罪，批准逮捕职务侵占、侵犯知识产权等侵犯企业权利或破坏市场经济秩序类犯罪嫌疑人12人，提起公诉38人，办理的宣某等人销售假冒注册商标的商品案入选年度浙江省知识产权刑事司法保护十大典型案例、年度浙江省互联网十大检察案例。落实企业座谈会制度，检察长走访新区史陶比尔（杭州）精密机械电子有限公司、松下电器（中国）有限公司、杭州健培科技有限公司等企业，听取意见建议并提供法律服务。

【检察民生实事】 2019年，经开区检察院推进“12309检察服务中心”规范建设，派员进驻新区社会治理综合服务中心，受理群众信访161件次，做到所有来访7日内程序性回复、3个月内实体性答复。推动新区出台《关于办理阻碍律师依法行使诉讼权利案件的通报协作实施办法》，保障律师执业权利，核查阻碍律师行使诉讼权利的控告申诉，向相关部门发送书面检察意见纠正违法行为。全年对10名司法救助申请人开展司法救助，发放救助资金15.6万元。

【未成年人和在校大学生犯罪案件办理】 2019年，经开区检察院贯彻“宽严相济”司法理念，对11名涉罪未成年人、在校大学生作出宽缓处理并帮助重返校园或就业。落实涉罪未成年人权益保护，完善未成年人、在校大学生犯罪案件办理工作机制，与浙江省之江社会工作服务发展中心合作，推进“摆渡人”边缘青少年关爱项目。对侵害未成年人权益的10名犯罪嫌疑人从严从快打击，针对1名强制猥亵案被告人在校外培训机构从事教职的情况，建议宣告从业禁止，获审判机关判决支持。开展检察官担任法治副校长、“法治进校园”宣讲活动，参与校园法治建设，全年开展法治宣讲26次，覆盖新区学校14所、师生1万余人。

【诉源治理深化推进】 2019年，经开区检察院贯彻“少捕慎诉”司法理念，对轻微刑事犯罪做出不批准逮捕决定170人，占审查逮捕总人数的37.4%，比上年增长61.2%；做出不起诉决定88人，占审查起诉人数的16.8%，增长32.3%。推进认罪认罚从宽制度适用，全年适用认罪认罚从宽制度办理刑事案件291件382人，适用率74.4%，量刑建议采纳率99.1%。推进诉前会议制度适用，做好释法说理，将争议焦点协调在诉前、疑难问题沟通在诉前，全年召开诉前会议24次，促成刑事和解或认罪认罚19件。

【职务犯罪惩处】 2019年，经开区检察院健全职务犯罪案件依法办理机制，成立职务犯罪侦查领导小组和办案小组。根据《中华人民共和国刑事诉讼法》赋予检察机关对司法工作人员利用职权实施犯罪的侦查权，依法将办案中发现的相关职务犯罪线索移送上级部门。加强与监察部门工作衔接，依法办理监察部门移送审查起诉的职务犯罪案件4人并提起公诉，在办案中发现的国家工作人员职务犯罪线索均移送监察部门处置。

【检务建设与司法体制改革落实】 2019年，经开区检察院将信息技术融入检察工作，运用技术协助办案78件，其中技术勘验检查75件、技术协助3件，涵盖人身伤害鉴定、DNA分子鉴定及数据排同等领域。

2019年10月10—13日，经开区法院对孙某甲等14人黑社会性质组织案依法公开开庭审理，经开区检察院出庭支持公诉 （周 易 供稿）

深化“智慧检务”建设，运用统一业务应用系统、政法办案一体化系统、队伍管理系统等检察信息化成果，升级“智慧检务”工程配套基础设施建设，完成检察工作网建设工程。落实司法体制改革，全年完成检察官等级晋升3人、员额检察官遴选1人、司法雇员招录9人。推进入额院领导带头承办重大疑难复杂案件机制，承办案件190件。优化人员配置，加强民事检察、行政检察、公益诉讼检察员额检察官配备。落实“捕诉合一”办案机制，通过互学互助、专题培训、观摩出庭等，提升检察官专业办案水平。

（周　易）

法　院

【概况】 2019年，新区成立后，杭州经济技术开发区法院（简称经开区法院）沿用原名。立足司法职能，加大案件审判，全年经开区法院受理案件7594件，审结7694件。优化审执质效指标，15个报新区综合考评审执质效指标中，有14个指标居杭州市前5名。主要审执质效指标中，二审改判发回率7.8%，法定审限内结案率99.3%，有财产可供执行案件法定期限内实际执结率99.3%。电子卷宗随案扫描率、智能送达率、政法一体化协同办案率等“智慧法院”建设指标均为100%。完善审判流程、庭审活动、裁判文书、执行信息四大公开平台建设，通过阳光司法综合服务平台查询案件信息、LED大显示屏滚动庭审公告、法庭楼道内电视随机直播庭审、法庭入口上方显示屏显示案件信息、官方微信公众号定期推送信息等方式，满足公众知情需求。在浙江法院庭审直播网探索开展庭审活动全程直播，接受社会各界和群众实时监督。全年直播案件1861件，观看人数366万人。提高法院工作透明度，上网公开裁判文书3253件。推进公开透明、“零佣金”网络司法拍卖，全年网拍率93.4%，成交63件，成交总金额1.78亿元，为当事人节省佣金345.02万元。落实司法为民，开展调查研究，班子成员分别带队6次调研新区企业9个，蹲点新区社区（村）3次，走访人大代表8次。加强法治宣传，开展宣传活动7次，组织公众开放日活动10次，召开新闻发布会2次。完善新型诉讼服务体系，加强一站式多元解纷机制和一站式诉讼服务中心建设，贯彻落实立案登记制，利用移动微法院等“智慧法院”建设成果，为当事人提供综合性诉讼服务。

【刑事审判】 2019年，经开区法院受理刑事案件346件，审结351件，判处被告人500人。推进扫黑除恶专项斗争，受理涉黑恶案件5件、36人，审结4件、22人。坚持认罪认罚从宽制度，落实以审判为中心诉讼制度改革，推进简案速办、繁案细办工作模式，将证人出庭、庭前会议等工作落到实处，全年累计适用速裁案件111件，认罪认罚从宽制度案件229件，量刑建议采纳率99.4%。落实辩护人全覆盖制度，为被告人指派法律援助律师或值班律师112名。健全完善刑事和解制度，保障被害人合法权益和被告人诉讼权利。

【民商事审判】 2019年，经开区法院加大民间借贷协同治理力度，入驻新区社会治理综合服务中心（信访超市）开展审判工作。全年受理民商事案件3798件，审结民商事案件3808件，立案审查破产案件13件，裁定受理破产案件6件，审结1件，审结强制清算案件2件。妥善审结系列新兴企业等涉诉案件，保护中小企业合法权益。探索家事纠纷多元化解工作机制，对到院诉讼纠纷实施调解前置，发挥人民调解诉调对接中心、道路交通保险行业人民调解工作室和律师调解工作室3个驻院调解平台的诉讼分流作用，推广应用在线矛盾纠纷多元化解平台，累计立案引调案件3161件，调解成功817件。加大民间借贷协同治理力度，建立“职业放贷人名录”。8月，牵头召开多部门参加的民间借贷协同治理联席会议，建

2019年10月24日，经开区法院召开打击拒执犯罪典型案例新闻发布会

（夏佳美　供稿）

立联席会议机制，联合税务部门对职业放贷人已执行案件进行利息征税。10月，对接新区社会治理综合服务中心（信访超市）建设，入驻立案庭员额法官1人、书记员1人、诉调对接中心人民调解员3人和窗口立案人员1人。

【行政审判】 2019年，经开区法院受理行政诉讼案件17件，办结10件，判决行政机关败诉案件3件，辖区行政负责人均出庭应诉。落实“两高一低”（行政发案率高、行政败诉纠错率高、行政负责人出庭率低）专项整治，监督行政机关依法行使职权。与行政争议调解中心协同配合，成功调解行政案件2件。助推行政执法规范化，就非诉案件审查过程中发现的送达不规范、催告内容不完整等问题向行政部门发出司法建议。响应省高级人民法院、省司法局“旁听百场庭审”活动，邀请30多名新区行政机关法制工作人员旁听庭审。

【案件“执行难”破解】 2019年，经开区法院实施“执行保全、执行查控、执行实施、司法处置”等措施，整合发挥干警特长，破解案件“执行难”问题。配备熟悉网拍业务执行员，开展司法网拍工作，提高司法处置效率，平均拍卖天数38.74天。完善执行指挥中心运转机制，完成上级督办案件73件、上报下达模块150件；借助平台办理委托1642件、办结1523件，办理受托330件、办结318件，委托、受托范围涉及全国15个省。惩戒逃避执行、抗拒执行行为，执行出警490次，拘留被执行人280人，限制高消费1945人。强化失信惩戒，对拒不履行的被执行人采取失信惩戒措施，纳入失信名单1690人，设置失信彩铃24人。加大对规避执行、抗拒执行犯罪行为的刑事制裁，移送涉拒执犯罪案件4件5人，审结3件4人，被告人吴某、龚某拒不执行判决被裁定罪一案入选2019年度杭州市打击拒执十大典型案例。

【法院司法体制改革】 2019年，经开区法院推进法官员额制、司法人员分类管理、司法责任制、司法雇员和司法人员职业保障等改革，实行专业职务序列分类和员额制管理，促进法院队伍正规化、专业化、职业化建设。执行法官员额比例和法官入额标准，遴选第4批次入额法官1人，确保优质审判资源集中至审判一线。探索建立以员额法官为核心的审判团队，优化审判资源，构建新型审判团队。入额院长、庭长均编入审判团队，全年办结案件2183件。充实审判辅助队伍力量，招录第三批司法雇员7人。推进司法责任制改革，完善以审判权为核心、权责清晰、权责统一、管理有序、监督到位、保障有力的运行机制。

【“互联网+审判”模式应用】 2019年，经开区法院深化信息科技在司法实践的应用，加快建设智能语音识别转录、电子卷宗随案同步生成、庭审网上直播等系统，以信息化建设提效率、促公信。全年网上公开直播庭审案件1861件次，比上年增长280%。探索“移动互联网+审判”新模式，依托“移动微法院”微信小程序，建设覆盖立案、开庭、证据交换、调解、送达、执行等全流程的移动办案诉讼平台。全年完成在线民商事案件立案1101件，执行案件立案36件，调解案件996件。　（夏佳美）

司法行政

【概况】 2019年，新区司法局健全行政调解机制，开展行政调解依据清单梳理，累计梳理并公告行政调解依据63项。加强和规范行政调解工作，明确部门（单位）行政调解主体责任、理清行政调解职责、规范行政调解行为。规划行政执法，审查行政处罚案卷140多件次，提出修改建议60件次。开展新区行政执法案卷评查，累计抽查行政许可和行政处罚案卷40多件次。启用新区管委会行政审批专用章，对以新区名义实施的行政审批事项用章进行统一规范，累计刻制行政审批专用章13枚，覆盖行政审批事项321项。做好行政执法证件管理，完成原杭州经济技术开发区、原杭州大江东产业集聚区执法证件管理系统合并，组织行政执法资格报名培训考试2次，新增执法证件管理系统人员报名136人，完成跨区换证人员309人。强化法制服务保障，为新区党工委、管委会重大行政决策提供法制保障35件次；做好行政争议调解并妥善处理，组织行政处罚听证4次，参加经开区法院调查询问4次、行政复议调解3次；反馈法制意见征求13件，组织行政执法监督员参与行政执法4次；提供日常法律事务咨询400多件次。加强法治宣传，与杭州钱塘华数数字电视有限公司联合举办首届“钱塘华数杯”普法创意大赛，评选优秀普法创意作品11件。制定出台《新区法治宣传教育责任清单》，推动落实“谁执法谁普法、谁主管谁普法、谁服务谁普法”责任制。开展“12·4”国家宪法日系列宣传活动，举办书画征集、评选和展览活动，与白杨街道平安办联合举办宪法宣传活动，发放宣传资料2500多份。开展“民主法治村（社区）”创建，新区河庄街道蜀南村、义蓬街道春光村和下沙街道早城社区被评为省级“民主法治村（社区）”，下沙街道七格社区，白杨街道邻里社区、闻潮社区、美达社

2019年11月24日，新区律师行业党委授牌成立　（陈　焕　供稿）

区，河庄街道群欢村及临江街道临江佳苑社区6个省级“民主法治村（社区）”复评合格。

【人民调解与法律援助】 2019年，新区司法局牵头开展行业性、专业性人民调解委员会建设工作，与新区财政金融局制定出台《新区人民调解“以奖代补”实施办法》，统一新区人民调解补贴范围和补贴标准。9月，成立新区消费纠纷、医疗纠纷、物业纠纷、道路交通事故纠纷及教育行业人民调解委员会等行业性专业性人民调解委员会，选调32名调解员组成区级人民调解员专家库。举办新区首次司法行政业务培训班，150多名人民调解员参加培训。全年各级调解委员会调处矛盾纠纷3235件，调解成功3229件。落实法律援助，坚持“诉调结合、调解优先”原则，引导当事人采取调解、和解等非诉讼方式解决纠纷。加强刑事法律援助，刑事案件律师辩护全面覆盖，理顺公安、检察和法律援助中心工作衔接机制。全年新区法律援助中心累计受理法律援助案件1898起，其中民事案件1234起、刑事案件176起、法律帮助案件488起，解答法律咨询3572人次。

【社区矫正管理】 2019年，新区新增社区矫正人员81人，协助监管1人，解除矫正81人，特赦8人，居住变更迁离5人。至年末，在册社区矫正人员150人。完成社区矫正国庆70周年安全保卫，实现矫正信息化监测平台全面覆盖，全年未有人机分离情况发生。引进社会组织参与社区矫正，与“村口公益”“蓝天公益”组织合作，组织矫正对象参加社会公益活动，全年走访1142人次，集中教育2000人次，谈话1700人次。对基层司法所社区矫正开展执法检查5批次，对问题督促落实整改。7月，组织30名矫正对象赴杭州市南郊监狱接受现场教育。

【行政规范性文件及政府合同管理】 2019年，新区司法局制定《新区行政规范性文件管理办法》，明确行政规范性文件制定审查和备案程序。全年累计审查规范性文件60多件次，其中按行政规范性文件要求制发并公布实施6件次；组织行政规范性文件清理，累计清理行政规范性文件77件，其中继续有效24件、需要修改7件、失效9件、废止37件。制定《新区合同管理办法》，全年审查新区及部门（单位）合同、投资协议书259件，对重大协议、涉法疑难问题出具法律意见书77件次。

【律师事务所管理】 2019年，新区有律师事务所12个，其中合伙律师事务所8个、个人律师事务所4个；执业律师152人，其中专职律师135人、兼职律师17人；律师办理民商事诉讼、刑事诉讼、行政诉讼等案件3397起，业务收费4675万元。1月，建立律师事务所与信访、公安、社发等部门的信访接待值班制度，全年调处纠纷700多件，签署《调解协议书》500多份，调解成功率70%。3月，组织律师学习《律师执业行为规范（试行）》《律师协会会员违规行为处分规则（试行）》。4月，启动律师事务所及律师年检年审，对6个律所开展抽查。7月，开展律师助力脱贫攻坚专项行动，5个律所事务所、14名律师组成新区律师脱贫攻坚团，与淳安县枫树岭镇大源村12户建档贫困家庭结对，捐助慰问金1.4万元。10月，开展“律师进社区”公共法律服务。至年末，律师在社区（村）值班2885次，为群众解答法律咨询933人次，出具法律意见书110份，举办法律讲座76次，参与调解81次，化解矛盾纠纷92件。

【律师行业党委成立】 2019年11月24日，新区律师行业党委挂牌成立，新区律师行业党委班子成员、各律师事务所主任、村企代表及律师约150人参加大会。律师行业党委下辖党组织7个、党员律师49人。全年律师行业党委新建浙江民衡律师事务所党支部、浙江和纳律师事务所党支部；推进党支部规范化建设，开展党内“双评”（党内评议党员和群众评议党员）工作，评选五星级党组织1个、四星级党组织4个、三星级党组织2个；组织开展党建活动3场，参加党员150人次。

（陈　焕）

案 例

【2018年“12·11”涉黑恶专案】 2019年1月4日，2018年“12·11”涉黑恶专案进入集中收网阶段，原经开区公安分局经由市公安局扫黑办牵头组织及刑侦支队、技侦支队、特警支队和萧山区公安分局支持帮助，抽调25名业务精干警员成立专案组，由局长戚海滨担任组长指挥专案办理，累计刑拘23人，扣押车辆8辆，冻结资金460多万元，查封房产10套。3月18日，该案被列为浙江省扫黑办督办案件，由市公安局局长金志担任专案组组长，累计抓获犯罪嫌疑人41人，其中主要犯罪嫌疑人于7月1日移诉，犯伪造印章罪被萧山区人民法院判决3人，以个案移诉13人，移交保护伞线索4人。

【“海象”平台网络赌博案】 2019年11月，新区公安分局经上级部门协查线索传递，发现辖区东部国际商务中心16楼杭州海象网络科技有限公司涉嫌网络赌博。经分析研判，明确该团伙组织构架及公司负责人、管理人员、运营组员工等涉案嫌疑人员50人、赌博嫌疑人11人，涉案资金273万元。12月3日，新区公安分局刑侦大队牵头组织收网行动，于辖区和山东省济南市等地抓获以孙某为首的犯罪嫌疑人50人，采取强制措施47人，其中刑拘23人，取保候审24人，缴获作案设备50多台，冻结资金203万元。

【“11·26”重大通信网络诈骗案】 2019年11月26日，新区发生案损价值1200万元、以公检法名义进行的重大通信诈骗案件1起。新区公安分局成立专案组开展资金流、通讯流、网络流侦查，经12天分析研判，锁定犯罪嫌疑人主要在中国台湾地区活动，并分别在吉林省长春市、陕西省汉中市存在取款团伙2个。专案组赴四川省、安徽省、陕西省、吉林省等地调查取证，于吉林省长春市、陕西省汉中市、湖北省武汉市、广东省湛江市等地抓获犯罪嫌疑人10人，缴获涉案资产200万元。（孙弋茜）

【孙某民间借贷纠纷再审案】 2019年5月9日，经开区检察院对〔2015〕杭经开商初字第831号民事调解书向经开区法院发出再审检察建议。经审查查明，2014年12月至2018年6月，以滕某为首的“套路贷”诈骗团伙，诱骗何某等多名借款人签订虚高借条、空白借条，再隐瞒部分还款事实，借他人名义提起诉讼，骗取借款人钱财，破坏司法权威和司法公正。8月12日，经开区法院作出〔2019〕浙0191民监2号民事裁定书，确认前述涉案调解书错误，裁定再审。10月23日，经开区法院作出〔2019〕浙0191民再1号民事裁定书，撤销原案调解书，驳回原审原告孙某的起诉。该案被评为2019年度杭州市检察机关民事检察优秀案例。

【家族式黑社会性质组织案】 2019年8月12日，经开区检察院以组织、领导、参加黑社会性质组织罪、寻衅滋事罪、故意毁坏财物罪、故意伤害罪、强迫交易罪、妨害公务罪、职务侵占罪、非国家工作人员受贿罪、赌博罪、利用影响力受贿罪、行贿罪对孙某甲等14人提起公诉。经审查查明，孙某甲、孙某乙、孙某丙、孙某丁系同胞兄弟。长期以来，4人及其他人员以血缘为纽带，形成以孙某甲、孙某乙为首，以孙某丙、孙某丁及王某、茅某等人为核心，以孙某戊、孙某己等8人为成员，以萧山区进化镇涂川村为中心势力范围的家族式黑社会性质组织。近20年，该黑社会性质组织横行乡里，欺压百姓，采用非法手段强揽工程，将村内大量建筑工程安排给组织成员承揽施工。侵吞集体资产、攫取经济利益等违法犯罪，严重破坏当地经济、社会生活秩序。（周 易）

【转移房产抗拒执行案】 2019年4月8日，经开区法院对被告人吴某、龚某作出一审判决：被告人吴某犯拒不执行判决、裁定罪，判处有期徒刑1年4个月；被告人龚某犯拒不执行判决、裁定罪，判处有期徒刑10个月，缓刑1年。经审查查明，新区农居多层公寓建设管理中心与被告人吴某就回迁安置签署协议，其家庭5人获新区某小区安置建筑面积275平方米，被告人吴某、龚某获其中110平方米。2016年8月24日，被告人吴某、龚某在明知涉及民间借贷案件和道路交通案件，且法院有生效判决、裁定未履行完毕的情况下，故意隐瞒财产，签署协议约定将享有上述回迁安置房110平方米登记至女儿名下并于次日办理公证，2016年10月9日、2016年10月25日办理不动产权属登记，致使上述民事判决、裁定部分无法执行。经开法院认为被告人吴某、龚某对法院的判决、裁定有能力执行而拒不执行，情节严重，其行为均已构成拒不执行判决、裁定罪，且系共同犯罪，做出如上判决。该案入选2019年度杭州市打击拒执十大典型案例。（夏佳美）

责任编辑 刘心怡

制造业

综　述

【规模以上工业总产值2916.9亿元】 2019年，新区实现规模以上工业总产值2916.9亿元，比上年（指2018年，下同）下降1.1%；规模以上工业增加值658.4亿元，下降0.3%；固定资产投资完成357.8亿元，增长0.1%，其中工业投资121.8亿元、增长8.1%；新产品产值1284.47亿元，增长14.4%；数字经济核心产业增加值110.7亿元，增长17.5%。年末全区累计规模以上工业企业609个，工业总产值1亿元以上企业336个；产值1亿元以上企业实现工业总产值2785.9亿元，占总量的95.5%。

【聚力发展五大制造业】 2019年，新区坚持"智能制造"产业发展路径，明确聚力发展半导体、生命健康、智能汽车及智能装备、航空航天、新材料五大先进制造业，建设半导体、生命健康、智能汽车及智能装备、航空航天和新材料五大制造集群。至年末，新区汽车及零部件制造业完成规模以上工业总产值514.1亿元，比上年下降18.9%；高端装备制造业完成产值565.5亿元，下降8.8%；生命健康制造业完成产值483.5亿元，下降0.7%；新

2019年9月26日，新区企业富丽达集团杭州进出口有限公司在中国国际纺织面料及辅料博览会上参展　（宋有常　摄）

材料制造业完成产值463.7亿元，下降1.1%。

【新区“新制造业计划”发布】

2019年10月18日，新区召开推进高质量发展暨全面实施“新制造业计划”大会，发布新区产业规划及“新制造业计划”，公布新区“1+4+X”政策体系。新区坚持“产业立区”，以新规划、新政策、新行动推进高质量发展。新区产业发展规划提出围绕新区主导产业体系，加快产业空间整合、产业要素集聚、产业分工协作和科技产业融合，立足发展生命健康产业、汽车及零部件产业、航空航天产业、数字经济及智能制造产业、新材料产业，构建“一轴双湾五园”的产业总体布局。新区公布的“1+4+X”政策体系中的“1”，指综合性产业发展扶持意见，围绕推进新区高质量发展的总目标，适应新区发展现实、放眼长远，着力优化营商环境，实现新旧动能转换，确保经济持续发展。政策中的“4”指“钱塘头雁计划”“钱塘雨燕计划”“钱塘雏鹰计划”“钱塘凤凰计划”，从企业成长规模出发，制定梯队培育计划，给予领军企业、成长性企业、科技型企业及上市企业全方位、多渠道的扶持。“钱塘头雁计划”是为发挥领军企业的引领、支撑、示范作用；“钱塘雨燕计划”是为加快成长型企业实现跨越式发展，提升核心竞争力；“钱塘雏鹰计划”是为鼓励高成长型科技企业快速发展，提升科技创新对实体经济的支撑作用；“钱塘凤凰计划”是为推进企业上市和并购重组，发挥多层次资本市场在优化资源配置和助推经济社会发展中的重要作用。“X”指各条线政策。除制造业政策外，同步发布加快现代服务业发展、推动科技创新创业、集聚高端人才、促进跨境电商及口岸发展、加快医药港建设以及推动区校合作等方面政策，囊括新区产业各领域，各企业均能在该体系中找到适合自身发展的政策。

2019年10月18日，新区召开推进高质量发展暨全面实施“新制造业计划”大会
（童志忠 摄）

▸▸资料：“一轴双湾五园”

“一轴”指横穿新区东西的产业发展主轴；“双湾”分别指位于下沙区块的“金沙科创港湾”和位于江东区块的“东沙融创港湾”；“五园”分别指生命健康产业园、未来产业园、半导体产业园、智能装备产业园和新材料产业园。

【2025年“四个倍增”目标确定】

2019年10月18日召开的新区推进高质量发展暨全面实施“新制造业计划”大会上，新区管委会提出至2025年，全区制造业要实现规模总量、质量效益、产业投入、创新能力“四个倍增”目标。“规模总量倍增”指全区规模以上工业企业数突破1000个，工业总产值突破5000亿元，规模以上工业企业增加值突破1500亿元；实施“十百千亿企业培育工程”，培育1000亿元以上企业1个、100亿元以上企业10个、10亿元以上企业100个。“质量效益倍增”指实施“亩均论英雄”改革，提升制造业发展水平和效益，亩均税收、亩均工业增加值年均增长7%以上，到2025年全区亩均税收50万元，亩均工业增加值250万元，单位工业增加值能耗、污染物排放量、用水量明显下降，节能减排主要指标优于全省全国同行业平均水平。“产业投入倍增”指发挥主平台作用，推动制造业大投入，到2025年工业投资规模不低于420亿元，其中新引进项目投资不低于240亿元，技改投资不低于180亿元。通过5年努力，数字经济增加值占比超40%，高新技术产业增加值占比超70%，主导产业经济规模占比超80%，形成1个1000亿级产业集群、2个500亿级产业集群。“创新能力倍增”指深入实施创新驱动战略，到2025年制造业高新技术企业超过250个；企业研发投入年均增长10%以上，新产品产值率达65%，全社会研发经费支出占GDP比重3.8%以上；制造业企业新引育国家及省级高层次人才100人、领军型创业创新团队100个、急需紧缺人才1000人以上、经营管理人才1万人、专业技术人才5万人。

2019年11月5日，中新社、中国之声、《浙江日报》、浙江之声等媒体采访新区企业奥普家居股份有限公司 （陈浩杰 摄）

【新制造业高质量发展实施路径】 2019年10月28日，新区制定实施《新区高质量发展三年行动计划（2019—2021）》。该计划明确提出发展新制造业，从招引大项目、打造大平台、集聚大产业、培育大企业4个方面提出具体实施路径。招引大项目方面，坚持招商引资“一把手”工程，构建“招商与人才局+特色平台+三大招商服务处+街道、部门、国企、驻外招商机构及招商顾问”的大招商体系；坚持项目为王，突出产业重点，结合产业发展规划，瞄准全球大企业大集团和可产业化项目。打造大平台方面，重点抓杭州医药港小镇和大创小镇两个产业平台，医药港小镇结合“万亩千亿”新产业平台创建，形成双核产业发展空间，即医药港区块规划6.2平方千米的高端创新科技研发服务集聚地，前进区块规划2.3平方千米的成果产业化基地。大创小镇以数字经济为主导，聚焦集成电路、新型显示、柔性电子及信息软件、电子商务、智能应用产业，重点打造海聚中心、新加坡科技园三期、佳宝园区等项目。集聚大产业方面，着重发展半导体、生命健康、智能汽车及智能装备、航空航天、新材料五大先进制造业。培育大企业方面，实施新区“886”企业培育计划，即争取到2021年，新区培育规模以上工业企业800个、产值10亿元以上企业80个、产值100亿元以上企业6个。 （金怡 陈晨）

【数字经济核心产业增加值110.7亿元】 2019年，新区完成数字经济核心产业增加值110.7亿元，比上年增长17.5%；数字经济核心产业规模以上企业营业收入529.8亿元，增长25.6%。机器人产业规模以上企业营业收入46.9亿元，居杭州市第一位；电子信息制造产业649.9亿元、集成电路产业61.2亿元，均居杭州市第二位。发展数字经济，成立新区数字经济发展工作领导小组，明确考核责任主体，落实考核指标；委托第三方机构编制新区数字经济发展规划，开展相关调研工作。 （周阿丽）

【5个制造业大项目竣工投产】 2019年12月11日，新区举行重大项目集中开工、投产活动，中欣晶圆大尺寸半导体硅片、格力电器产业园、吉利新能源汽车一期、嘉航科技航空零部件、士兰集成电路5个制造业项目竣工投产。中欣晶圆大尺寸半导体硅片项目在新区投资10亿美元，主要建设3条8英寸、2条12英寸半导体硅片生产线。格力集团在新区投资100亿元建设杭州智能电器产业园项目，总用地94.47公顷，建成投产后产业园将成为格力电器最大的出口基地。吉利集团在新区建设首期年产10万辆AMA平台新能源汽车整车项目，总投资80亿元，占地面积54.33公顷，规划年产10万辆乘用车。浙江嘉航科技有限公司航空零部件项目估算总投资3亿元，2018年7月开工建设。杭州士兰微电子股份有限公司、杭州士兰集成电路有限公司、国家集成电路产业投资基金股份有限公司和杭州高科技创业服务有限公司联合在新区投资建设士兰集昕集成电路项目。项目占地面积5.33公顷，主要生产8英寸集成电路芯片、高压集成电路和电源管理集成电路芯片、功率半导体器件芯片、MEMS传感器芯片，总投资6亿元，2017年6月开工建设。

【传统制造业转型升级】 2019年，新区成立后加快推进传统制造业转型升级，按照综合转型提升试点“收储、收购、转迁、提升、转型、重组”的“六个一批”模式，以“整体谋划、分步实施、连片推进、试点示范”为思路，强化分类处置，做好“一企一方案”。经前期对接推进，下沙片区实施转型升级涉及企业70多个，有18个企业进入收储状态，其中2个企业完成收储签约，其他16个企业进场评估和收储谈判阶段；有28个转型项目处前期可研设计或进入建设阶段，有10个项目方案在酝酿研讨，另有19个项目待明确实施路径。整治大气重污染企业，指导企业关停转迁，国际香料香精（浙江）有限公司、浙江蓝天环保高科技股份有限公司

等11个化工企业完成产能停产，杭州朝阳橡胶有限公司7条炼胶生产线关停。（沈建鹏）

【企业数字化改造与“两化”融合】 2019年，新区开展企业数字化改造专项行动，由新区经发科技局牵头召开数字化改造与惠企减负政策解读专场宣讲会，通过服务引导和帮助企业实现数字化转型，利用大数据、云计算等新一代信息技术与业务相结合，打造智能化应用和数字化创新两大核心数字能力。建立健全数字化工作跟踪服务机制，定期走访企业，跟踪项目进度，协调项目推进中遇到的问题。至年末，新区已实施市级数字化改造攻关项目20个、机器换人项目105个、工厂物联网项目70个，工业企业数字化改造覆盖率70%。杭州九阳欧南多小家电有限公司“绿色健康厨房电器离散型智能工厂”、杭州中策橡胶有限公司“炼胶智能工厂”、浙江恒逸高新材料有限公司“化纤智能化工厂建设”5个企业列入省级数字化车间和智能工厂名单。推进“两化”（工业化与信息化）深度融合示范区建设工作，助推产业加快转型升级。年末，新区组织20个工业企业开展线上评估填报，并提供指导培训。（徐佳伟）

【产业惠企政策兑现】 2019年，新区经发科技局做好原杭州经济技术开发区《深化改革创新加快转型跨越发展的若干政策》及相关延续政策兑现工作，合计兑现金额9034.15万元。其中：2018年度产业类资助（奖励）资金涉及企业162个、兑现金额4655.53万元；2016年度技改剩余资助，涉及项目17个、兑现金额3128.62万元；2013—2016年省级重点企业研究院项目区级配套资金涉及企业4个，兑现金额1250万元。根据原杭州大江东产业集聚区《加快创新驱动、推进实体经济高质量发展的若干意见》，给予江东区块杭州格林达电子材料股份有限公司等152个企业兑现2018年度政策资助（奖励），兑现资金2911.5万元，其中统筹使用省、市工信资金322.74万元、区财政承担2588.83万元。

（华凯锋　施亚萍　余　晶）

【亲商助企解难题】 2019年，为改善新区投资发展环境、完善服务企业长效机制，新区成立亲商助企工作领导小组，专门负责协调解决企业实际困难。梳理为企业排忧解难中呈现的典型案例，形成“亲商助企专报”；推进企业精准服务，落实企业服务专员制度、企业服务例会、领导联系重点项目三级服务机制，协调解决项目推进中的难点问题。自“走亲连心三服务”活动开展起，通过领导联系、带头走访、问题协调、督查反馈等机制，新区经发科技局走访服务企业625个次，收集困难问题745个。针对企业提出的个性化问题，对接新区规划和自然资源分局、新区综合行政执法局等部门，通过上门走访了解情况、召开多部门专项协调会议等路径，解决企业涉及园区建设、产权变更等方面疑难问题50多个。（倪建峰）

生命健康制造业

【生命健康制造业产值483.5亿元】 2019年，新区生命健康制造业实现规模以上工业总产值483.5亿元，比上年下降0.7%。年末新区集聚生命健康产业规模以上企业93个，年产值超1亿元企业62个、超5亿元企业22个、超10亿元企业7个。新区生命健康制造业主要分生物医药、食品饮料、化妆品三大行业门类，其中生物医药生产企业以杭州默沙东制药有限公司、中肽生化有限公司等为代表，食品饮料生产企业以杭州顶益食品有限公司、浙江太古可口可乐饮料有限公司等为代表，化妆品生产企业以玫琳凯（中国）有限公司、娇时日化（杭州）股份有限公司等为代表。

【生物医药产值比重占全市50%】 2019年，新区生物医药产值增幅13%，占杭州市生物医药产值比重50%；生物医药产业投资30亿元，

2019年6月13日，新区以生物医药产业为核心的杭州医药港小镇参加2019“双创周”活动主会场。图为新区企业向外商推介产品（童志忠　摄）

2019年新区部分新增生物医药企业情况

表5

序号	签约日期	企业名称	签约项目
1	2019年1月25日	杭州康夫医疗器械有限公司	杭州康夫可吸收钉皮下缝合器项目
2	2019年3月12日	杭州多禧生物科技有限公司	多禧生物研发中心及中试生产基地项目
3	2019年3月12日	杭州联川生物技术股份有限公司	联川生物研发及技术服务平台项目
4	2019年3月13日	杭州奥泰生物技术股份有限公司	奥泰生物研发中心及新型检测试剂生产基地项目
5	2019年3月15日	杭州卓健信息科技有限公司	卓健科技医疗互联网项目
6	2019年3月26日	孛朗孚（杭州）生物科技有限公司	孛朗孚植入类医疗器械项目
7	2019年6月17日	康永生物技术有限公司	康永生物创新型体外诊断试剂研制及产业化项目
8	2019年6月24日	明仁制药有限公司	明慧创新医药项目
9	2019年8月30日	明峰医疗系统股份有限公司	明峰医疗高端医学影像系列设备研发及产业化项目
10	2019年11月20日	Exegenesis Bio Inc.	嘉因生物基因治疗项目
11	2019年11月20日	凯睿恒济生物医药（杭州）有限公司	睿道医药抗氧化酶新药项目
12	2019年11月20日	辉诺生物医药科技（杭州）有限公司	辉诺生物抗感染创新药项目
13	2019年12月2日	Geneception（Hong Kong）Limited	Geneception基因和细胞治疗项目
14	2019年12月6日	杭州培生医疗科技有限公司	培生医疗骨科植入器械项目

2019年新区部分生物医药企业产学研合作项目情况

表6

序号	企业名称	合作高校	合作项目
1	浙江巴泰医疗科技有限公司	杭州电子科技大学	全自动血管取栓柱塞泵电路控制系统
2	杭州和正医药有限公司	浙江理工大学	新型药物分子的合成
3	浙江诗华诺倍威生物技术有限公司	浙江理工大学	猪圆环支原体二联疫苗的开发
4	杭州多禧生物科技有限公司	浙江理工大学	ADC小分子药物的结构确证分析
5	杭州洪扬生物工程有限公司	浙江理工大学	生物反应器悬浮培养技术制备猪支原体肺炎和猪圆环病毒抗原蛋白的工艺研究
6	华东医药供应链管理（杭州）有限公司	浙江理工大学	标准化补助申报技术服务
7	华东医药供应链管理（杭州）有限公司	浙江理工大学	疫苗物流标准化技术服务
8	饮源生物科技（杭州）有限公司	中国计量大学	动物源食品中八种药物残留的检测
9	杭州奥唯生物技术有限公司	中国计量大学	禽肉制品中兽药氟苯尼考残留的检测
10	杭州亚灵生物技术有限公司	中国计量大学	水产品中氯霉素残留的检测
11	杭州乐敦科技有限公司	中国计量大学	乌龟药用有效成分提取
12	杭州常华生物科技有限公司	中国计量大学	基于NK细胞系免疫治疗平台的研究开发

企业税收30亿元；新增生物医药企业200多个。至年末，生药医药企业累计1000多个；引进项目36个，其中总投资10亿元以上项目6个。年内，杭州术创机器人有限公司、杭州奕安济世生物药业有限公司、捷诺飞生物科技股份有限公司、杭州多禧生物科技有限公司、艾博生物医药（杭州）有限公司、杭州九源基因工程有限公司等企业发展强劲。新区生物医药企业众多，辉瑞生物制药（杭州）有限公司、杭州九源基因工程有限公司等企业主要生产生物技术药，泰尔茂医疗产品（杭州）有限公司、艾博生物医药

（杭州）有限公司等企业主要生产高端医疗器械，杭州默沙东制药有限公司、中肽生化有限公司等企业主要生产化学药，浙江康莱特药业有限公司、浙江惠松制药有限公司等企业主要生产现代中药。

【天境生物项目入驻医药港小镇】 2019年5月16日，由天境生物科技（上海）有限公司投资56亿元的天境生物项目签约入驻杭州医药港小镇。省委常委、市委书记周江勇见证签约并会见公司董事长臧敬五等管理团队一行。天境生物科技（上海）有限公司于2016年成立，由臧敬五领衔的新药研发团队创建，是一个聚焦于肿瘤免疫和自身免疫疾病治疗领域的新药研发生物科技公司。经过多轮对接洽谈，基于杭州医药港小镇的良好发展环境和专业产业配套，天境生物确定落户新区，建立抗体研发及产业化项目。

2019年5月16日，天镜生物项目签约入驻杭州医药港小镇　　（童志忠　摄）

【中科院肿瘤与基础医学研究所签约】 2019年6月20日，浙江省卫生健康委、中国科学院肿瘤研究所与新区管委会三方共同签署中国科学院肿瘤与基础医学研究所合作框架协议。副省长成岳冲见证签约仪式。根据框架协议，中国科学院将与杭州医药港合作共建肿瘤与基础医学研究所，该研究所是近三年来中国科学院对外设立的唯一直属研究机构，也是杭州市唯一一个中国科学院直属研究所。研究所是中国科学院首个以肿瘤及基础医学为主要研究方向的专业研究机构，由中国科学院院士、浙江省肿瘤医院院长谭蔚泓领衔研究，将配置先进的科研教学和试验设施设备，目标建设成为功能完备、国内领先、国际一流的现代化科研院所。该机构的落户及设立将助力新区建立综合肿瘤防治、临床实践、药物研发、成果转化及人才引进为一体的先进平台，为省市建设生命健康高地发挥先导和引领作用。

【3个区校共建研究院项目签约】 2019年5月和11月，中国药科大学（杭州）创新药物研究院、浙江大学智能创新药物研究所、浙江工业大学钱塘生物产业研究院3个区校共建研究院项目相继签约落户新区。中国药科大学（杭州）创新药物研究院由中国药科大学和新区共同组建，位于杭州医药港小镇加速器一期1号楼，占地面积2700平方米。该研究院以创新药物制剂、全工艺过程质量风险控制为特色，以小分子药物、中药、生物大分子药物的研发为基础，重点建设高端长效药物制剂研发服务中心、药学研究服务中心、生物医药产业育成中心、仿制药物一致性评价中心四大区域公共技术服务平台。浙江大学智能创新药物研究院、浙江工业大学钱塘生物产业研究院分别由新区与浙江大学、浙江工业大学签署协议共建，前者是由院士蒋华良等人才团队组建的科研平台，将开展智能新药创制的基础理论和转化应用研究，以提升药物研发速度，缩短研发周期，节省资金投入，提高新药研发成功率。后者围绕合成生物学、系统生物工程、生物制药等重点方向和领域，提升产业重大科技问题的解决能力。

【药品上市许可持有人转化平台成立】 2019年3月14日，落户新区的浙江省药品上市许可持有人（MAH）转化平台揭牌成立。该平台是由新区管委会联合浙江省药学会、浙江省食品药品监督管理与产业发展研究会及浙江医药高等专科学校共同发起，旨在服务全省医药产业，助力医药产品转化，促进全省医药经济发展，实现药品MAH开发全要素资源集聚与精准化信息对接。平台致力于为省内外、国内外生物医药机构提供MAH转化服务，通过举办论坛和专题研讨会，开展微信公众号和网站等线下、线上活动，丰富平台MAH持证要素，利用大数据和AI技术实现供需双方合作对接，是浙江省医药技术服务、仿制药研究、新药创制、研发服务外包和人才培训与交流的非营利性公共服务平台。

【和泽医药公司入选中国医药研发企业20强】 2019年6月，全国工商联医药业商会发布2018年度中国医药行业最具影响力榜单，新区企业杭州和泽医药科技有限公司入选2018年度中国医药研发企业20强。杭州和泽医药科技有限公司集药学研究、临床研究、药品注册、医药技术产业转化的全链式药品研发为一体，拥有320名研发人员和近1万平方米的标准化药品研发实验室，是浙江省规模最大的专业药品研发机构之一。自落户新区起，完成约300个品种的药品研究和注册申请。2019年5月，公司自主研发的抗病毒类药物富马酸替诺福韦二吡呋酯片（商标名“代韦”）正式首发，浙江苏泊尔南洋药业有限公司为该药品的生产受托方。“代韦”是公司首个按照MAH制度进行研发的产品，也是浙江省首个、全国第二个有科研机构持证的产品。（李　丹）

智能汽车及智能装备制造业

【汽车制造业产值514.1亿元】

2019年，新区汽车制造业实现规模以上工业总产值514.1亿元，比上年下降18.9%。年内，新区集聚汽车及零部件制造，加快在建项目建设，推动投产企业产能释放；集聚智能装备制造，加强与中国科学院等知名院所合作，发展以工业机器人、服务机器人为核心的智能机器人，以数控车床整机、关键零部件为重点的高端数控机床，以食品包装设备、纺织装备为主的智能专用装备，以工业大脑为核心的智能化解决方案，以及适应消费升级的高端化、融合化智能家电产业。

新区汽车企业主要位于江东区块，拥有长安福特、东风裕隆、广汽乘用车、吉利新能源4个整车项目及长安李尔、麦格纳光能等近100个中高端汽车零部件生产企业和研发中心，形成轿车、电动汽车、客车、新能源整车及零部件的汽车全系列设计开发与生产能力。年末，全区累计集聚汽车产业规模以上企业60个，产值超1亿元企业33个、超5亿元企业9个、超10亿元企业7个。有湖南江南汽车制造有限公司浙江分公司、广汽乘用车（杭州）有限公司、东风裕隆汽车有限公司、杭州长福汽车零部件有限公司、杭州吉利汽车有限公司5个汽车整车企业，以及中策橡胶集团有限公司、浙江三花汽车零部件有限公司、杭州朝阳橡胶有限公司、杭州优科豪马轮胎有限公司等为代表的汽车零部件企业。

【高端装备制造业产值565.5亿元】

2019年，新区高端装备制造业实现规模以上工业总产值565.5亿元，比上年下降8.8%。年末新区集聚高端装备制造产业规模以上企业167个，涉及通用设备制造、专用设备制造、汽车制造、计算机、通信和其他电子设备制造、电气机械和器材制造、仪器仪表制造等领域，集聚史陶比尔（杭州）精密机械电子有限公司、杭州新松机器人自动化有限公司、泰瑞机器股份有限公司、杭州三花微通道换热器有限公司等装备制造企业。年内，新区与中国科学院计算机所、沈阳自动化研究所、上海光学精密机械研究所、上海技术物理研究所等知名院所开展合作，加快提升装备制造业内涵。

（施春晞）

【智能汽车和智能装备企业投产】

2019年12月11日，新区举行30个重

广汽乘用车（杭州）有限公司生产的2019款SUV车型——传祺GS5　（童志忠　摄）

大项目集中开工、投产活动，项目总投资663亿元。其中吉利集团首期年产10万辆AMA平台新能源汽车整车竣工投产；投产智能装备企业项目3个，分别为格力电器杭州智能电器产业园项目、东南新型装配式钢结构绿色建筑基地项目、圣奥智造家具中心项目。新区依托已有基础和特色，推动“装备制造”走向“装备智造”，主攻智能和新能源汽车整车及关键零部件、智能机器人、高端数控机床、智能专用装备等领域，推动制造业向数字化、网络化、智能化转型。

【青工“五小”科创3个项目获奖】 2019年6月，共青团杭州市委、杭州市科学技术委员会联合开展以“青春心向党、建功新时代”为主题的杭州市第二十三届青工“五小”科技创新创效活动。新区各级团组织和青年申报参加活动，新区广州汽车集团乘用车（杭州）有限公司3个项目获优秀科技创新成果荣誉，分别是新能源动力电池检测设备升级改造项目获二等奖，四门锁扣处电泳流痕改善项目获专家提名奖，焊装车身总拼线自动弧焊改造获优胜奖。（张迪庆）

半导体制造业

【半导体制造业销售产值25.8亿元】 2019年，新区半导体制造业实现工业销售产值25.8亿元，比上年下降4.4%。年内，新区集聚发展半导体制造业，参与长三角地区半导体产业分工合作，以半导体材料、集成电路制造、智能终端生产为重点，以芯片设计和测试、智能应用为配套，加快推动积海、中欣晶圆等重大项目建设。年末，新区累计有规模以上半导体工业企业5个，拥有杭州中欣晶圆半导体股份有限公司、杭州士兰集成电路有限公司、杭州士兰集昕微电子有限公司、杭州士兰明芯科技有限公司、杭州立昂微电子股份有限公司等知名企业，形成以集成电路芯片、半导体芯片、分立器件芯片设计制造为主的半导体制造业集群。

2019年11月22日，落户新区的杭州中欣晶圆半导体股份有限公司半导体大硅片项目竣工投产（陈浩杰 摄）

【集成电路芯片居行业制造前列】 2019年，新区集成电路芯片制造企业杭州士兰集成电路有限公司整体生产经营规模居国内同类型企业首位、世界同类型企业前5位。杭州大和江东新材料科技有限公司是半导体陶瓷行业领先企业，拥有研发和检测设备，具备2条10000级和100级氧化铝陶瓷自动清洗线及1条100级碳化硅陶瓷自动化清洗线，检测和清洗工艺均获LAM、AMAT等国际先进半导体厂商的认证。杭州立昂微电子股份有限公司建有企业研究院、院士工作站、博士后企业工作站，是国内唯一具有硅单晶、硅研磨片、硅抛光片、硅外延片及芯片制造能力的完整产业平台，也是国内具强劲竞争力的半导体材料、功率半导体和集成电路制造的产业平台。杭州士兰集昕微电子有限公司由杭州士兰微电子股份有限公司、杭州士兰集成电路有限公司、杭州集华投资有限公司、国家集成电路产业投资基金股份有限公司和杭州高新科技创业服务有限公司合资建设，主要生产8英寸集成电路芯片。杭州士兰明芯科技有限公司是由杭州士兰微电子股份有限公司和杭州士兰集成电路有限公司合资成立，主要设计、制造发光半导体器件、化合物半导体器件及半导体照明设备。至年末，该公司累计投资超过18亿元，年销售额3.62亿元。

【中欣晶圆半导体大硅片建设工程竣工】 2019年9月21日，落户新区江东区块的杭州中欣晶圆半导体股份有限公司半导体项目建设工程竣工。该项目历时1年8个月，完成8英寸大硅片正式量产，12英寸大硅片生产线进入调试、试生产阶段。该公司大硅片项目的建成投产，将改变国内半导体大硅片完全依赖国外的状况，有效填补国内半导体大硅片供应的行业短板，推动新区半导体产业发展。中欣晶圆大尺寸硅片项目实施主体为杭州中欣晶圆半导体股份有限公司，由日本株式会社Ferrotec Holdings（日本磁性技术控股股份有限公司）、杭州大和热磁电子有限公司、上海申和热磁电子有限公司合资建立，总投资60亿元。

【国内首个大规模半导体大硅片项目投产】 2019年11月22日，杭州中欣晶圆半导体大硅片项目竣工投产活动在新区举行，国内首个规模大、技术成熟、拥有自主核心技术的可量产半导体大硅片工厂启动运行。杭州中欣晶圆半导体股份有限公司项目于2017年落户新区，注册资本29亿元，占地13.34万平方米，厂房面积15万平方米。项目总投资10亿美元，建设有3条8英寸、2条12英寸半导体硅片生产线，属浙江省重大产业项目。量产后企业可实现8英寸半导体硅片年产420万枚、12英寸半导体硅片年产240万枚的产能。（朱　伟）

新材料制造业

【新材料制造业产值463.7亿元】 2019年，新区新材料制造业实现规模以上工业总产值463.7亿元，下降1.1%。年内，新区集聚新材料制造业，引导传统企业转型升级，支持引进高端精细化工项目，发展以生物医药材料、新能源电池材料为重点的关键战略材料，以智能复合材料为重点的前沿新材料，以高性能轻合金新材料、新型高强韧汽车钢、功能纺织新材料为重点的先进基础材料。年末，新区集聚新材料产业规模以上企业71个，其中产值超1亿元企业52个、超5亿元企业21个、超10亿元企业10个。重点企业有浙江恒逸高新材料有限公司、浙江巴陵恒逸己内酰胺有限责任公司、浙江永杰铝业有限公司、杭州聚合顺新材料股份有限公司，主要以生产先进基础材料、前沿新材料及关键战略材料为主。

【新材料工艺与产能处于行业先列】 2019年，新区新材料生产工艺与产能处于行业先列，位于江东区块的杭州聚合顺新材料股份有限公司集锦纶6切片研发、生产、销售为一体，是国家高新技术企业、浙江省科技型中小企业。为满足国内在注塑、食品包装、全消光锦纶6切片领域产能需要，该公司拟投资4.5亿元推动14万吨产能的建设，至2020年企业总产能计划达到26万吨，可实现销售收入38亿元。浙江恒逸高新材料有限公司是2018年度新区“工业产值十强”企业，拥有年产150万吨聚酯直纺熔体的生产线，主要产品为聚酯切片、POY和FDY长丝及短纤，生产工艺采用中国纺织设计院优化的“一头两尾四釜”流程工艺技术，技术水平和生产能力得以大幅提升。

杭州士兰集昕微电子有限公司厂房　（陈浩杰　摄）

【福膜新材料公司院士工作站获市级认定】 2019年11月，新区企业杭州福膜新材料科技股份有限公司院士工作站通过认定被评为“杭州市院士工作站”。该公司由海外归国博士团队于2010年创立，是国家高新技术企业，设有省级新能源新材料研究院。作为光伏背板用PVDF膜的行业领先企业，公司致力于耐候功能薄膜解决方案，开发出可应用于建材、汽车、高铁和飞机等领域用的功能性PVDF膜产品，年产能2.5亿立方米，可满足3500万千瓦光伏组件用膜需求。该公司院士工作站是企业与浙江国际协同创新研究院合作共建。浙江国际协同创新研究院理事长张泽为中国科学院院士，长期从事准晶、低维纳米材料等电子显微结构研究，系统研究解决准晶、低维纳米材料等国际材料科学界的重要问题，获得创造性研究成果。（施春晞）

航空航天制造业

【航空航天制造业项目建设】 2019年，新区集聚发展航空航天制造业，发挥西子航空、艾美依航空等项目作用，加快推进华瑞航空制造等项目建设。以大飞机关联制造、通用航空、地面保障设备、商业航天、航空创新服务等为主要方向，开展面向全球的航空航天产业招商。全年实现航空航天产值1.3亿元，比上年增长26.8%。至年末，新区累计引进有浙江西子航空、西子势必锐、艾美依航空、浙江大学航空制造高端装备研究中心、华瑞航空、百合航太等一批航天领域产业化和研发项目，并与中国航空工业集团有限公司、中国商用飞机有限责任公司、西安飞机工业集团有限公司、沈阳飞机工业集团有限公司等中央企业，以及欧洲空中客车公司、加拿大庞巴迪公司等世界知名航空企业开展合作，先后签约落户有总投资100亿元的省机电集团科工贸合作项目、总投资30亿元的浙江大学航空航天军民融合协同创新产业基地项目和总投资30亿元的西子航空智能制造科技园项目。

【航空航天“万亩千亿”产业平台规划】 2019年初，新区编制完成航空航天“万亩千亿”产业平台规划。该规划通过主攻飞机大部件、关键核心零部件、结构件精密制造、航空新材料、航空电子设备、无人机、中小卫星、航空航天研究院等领域，建设新区航空航天“万亩千亿”产业平台。4月，新区规划建设的航空航天产业平台被列入省级第一批“万亩千亿”新产业平台培育名单。根据平台规划，新区远期规划用地666.67公顷。其中近期规划总用地约480公顷，分航空研发区和智造区两个区块。其中：航空研发区东至青东一路，南至江东一路、西至靖江路，北至江东二路，总用地132公顷；航空智造区东至前进大道和规划河道，南至江东二路，西至梅林大道和东一路，北至江东五路，总用地349.8公顷。

（王 雪）

杭州艾美依航空制造装备有限公司厂房外景　（新区融媒体中心 供稿）

【航空零部件制造与装备研发】 2019年，浙江西子航空工业有限公司和杭州艾美航空制造装备有限公司是新区2个已投产的航空航天零部件制造企业，另有浙江大学航空制造高端装备研究中心、杭州空间信息技术研究院等研发机构。浙江西子航空工业有限公司为西子联合控股集团旗下全资子公司，主要从事飞机零部件的制造、加工、销售、服务，承担中国商用飞机有限责任公司C919大型客机舱门、加拿大庞巴迪公司、空客公司、美国波音公司及其他民用航空零部件的生产制造业务、国内外其他航空制造企业飞机零部件的生产加工及转包业务。杭州艾美依航空制造装备有限公司主要从事飞机数字化装配技术输出、复合材料结构设计与制造技术输出、脉动生产线建设、脉动生产线工装、飞机零部件定位装备生产等，产品应用于国家重点型号飞机。2019年，该公司实现产值2612万元，完成纳税222.6万元。浙江大学航空制造高端装备研究中心作为浙大的校设研究机构，人员编制安排到位，年内已投入使用。杭州空间信息技术研究院由中科院上海技术物理研究所和新区合作共建，在商业卫星（立方星）光谱成像载荷、业务应用型无人机光谱成像系统等领域成功研制出产品。

【华瑞航空大项目设立】 2019年，浙江华瑞航空制造有限公司航空大项目在新区落地。华瑞航空制造项目为新区2019年“152”省市县长工程项目之一，由浙江省机电集团、美国势必锐航空系统公司、西子联合控股有限公司合资共建，是飞机大部件项目，总投资100亿元，规划总用地39.6公顷。项目主要提供与中国商飞飞机开发相关的飞机金属及复合材料零件制造、飞机结构件组装、飞机技术服务、售后支援、零部件维修等业务。12月，合资三方成立浙江华瑞航空制造有限公司。（陈 伊）

责任编辑　黎洪正

产业平台

杭州医药港小镇

【概况】 杭州医药港小镇位于新区下沙区块，规划面积3.4平方千米。2016年启动创建，2018年被市政府授予“杭州医药港”称号。作为新区高端产业平台，小镇以生物技术制药、生物医学工程、高端医疗器械、医疗大数据为发展方向，推动产业链、创新链、生态链、人才链、金融链、服务链“六链”融合，构建生物医药研发生态圈。2019年，小镇围绕增强产业发展后劲，加大项目招引，引进天境生物、赋源生物、明峰医疗、明慧医疗等一批重点产业项目，其中总投资10亿元以上项目6个、产业个性化项目10个；引进中国科学院院士、中国工程院院士等顶尖人才5人，引育高层次领军型人才近100人，集聚从业人员3万余人。推进项目建设，生物医药加速器三期投入使用，加速器四期施工建设，加速器五期进入前期规划，中国药科大学（杭州）创新药物研究院建成投用，圣石科技、科惠医疗2个项目竣工验收，华海药业、捷诺飞等项目进展顺利，明峰医疗、多禧生物、联川生物、奥泰生物、九洲大药房创新总部5个项目完成用地挂牌；培育已有项目，完成固定资产投资约15亿元，研发投入10多亿元。推进杭州医药港建设，获批组建浙江省生物技术药物产业创新中心，长三角G60科创走廊生物医药产业联盟落户小镇。至年末，小镇集聚生物医药企业1000多个，健康产业产值规模350亿元，占杭州市生物医药产值比重约50%；完成生物医药产业投资30亿元，企业上缴税收30亿元。

2019年9月25日，浙江省药品MAH转化平台药品“联合持证”推荐会在杭州医药港小镇举行 （李 丹 供稿）

【杭州医药港小镇发展服务中心成立】 2019年5月，杭州医药港小镇发展服务中心获批成立。该中心为直属于新区管委会的事业单位，承担医药港创建、产业发展、招商引资、企业服务等工作职能。新区为加快生物医药产业发展，成立生物医药产业发展领导小组，负责研究生物医药产业发展规划、方针政策、重大项目和重大平台引进、医药港开发建设等工作。领导小组下设办公室，办公室设在小镇发展服务中心。该中心与新区相关部门存在具体职责划分，下设综合科、产业发展科、投资促进科、产业服务科4个内设科室，分别承担对应职能。

【生物医药发展专项政策出台】 2019年，杭州医药港小镇贯彻落实杭州市关于促进生物医药产业创新发展的实施意见，出台加快杭州医药港小镇建设的若干政策。政策明确小镇发展生物医药产业4个主要方向，即生物制药、医疗器械、生命医学工程、医疗大数据及14个细分领域；鼓励加大研发投入，对药物、医疗器械从临床前研究到临床试验的不同研发阶段进行重点支持，鼓励企业开展国家重大科技项目申报，提高企业创新能力；鼓励加快成果转化，抓住药品上市许可人制度试点等政策机遇，企业通过投资建设、委托生产等方式，加快推进创新成果产业化；鼓励企业通过增资扩产、技术改造、市场拓展、标准体系建设、引进销售公司等方式做大做强规模，增加经济效益；鼓励专业技术服务，围绕研发、中试、生产、销售等各环节，政府引导、市场为主体，加快建设生物医药公共服务平台，提供专业技术服务，完善生物医药产业生态链。

杭州医药港小镇　　（李　丹　供稿）

【医药研究机构和平台落户小镇】 2019年，杭州医药港小镇发展服务中心招引高端研究机构和平台在小镇落户，引进中国药科大学（杭州）创新药物研究院、浙江大学智能创新药物研究院、浙江工业大学钱塘生物产业研究院、杭州医药港生物药研发公共服务平台、浙大一院创新转化中心、浙江工业大学钱塘生物产业研究院、杭州协和产业创新研究院、杭州市生物医药创新研究中心等优质项目，其中中国科学院肿瘤与基础医学研究所作为浙江省和中国科学院合作的省重点平台，是近三年来中国科学院在外设立的唯一直属研究所及杭州地区落地的首个直属研究所，为2019年度杭州市引进的最具影响力新型研发机构。

【高层次医药人才引进与服务】 2019年，杭州医药港小镇坚持人才优先原则，推出创新创业峰会、人才技术交流、人才项目申报等措施，做好高层次人才联系服务工作。全年主办、承办、协办2019年侨界精英创新创业峰会、德国北威州生物产业集群项目合作对接会、浙江大学校友创业大赛、医疗健康行业赛等交流活动，吸引生物医药领域的高端专业人才关注医药港小镇。组织推荐小镇人才申报人才计划（项目），与相关部门合作举办新区"1+4+X"政策、"人才政策"等宣讲活动，从个人生活、职业发展两方面阐述新区人才在子女教育、医疗交通、金融服务等方面能享受到的政策支持。2017—2019年，累计完成人才项目认定595个，人才项目评审32个，获A类以上项目资助9个。

【长三角G60科创走廊生物医药产业联盟落户小镇】 2019年5月28日，"中国·杭州医药港健康产业

2019年5月28日，长三角G60科创走廊生物医药产业联盟在杭州医药港小镇揭牌　　（李　丹　供稿）

峰会（首届抗体药大会）暨长三角G60科创走廊生物医药产业联盟成立大会”在新区举行。长三角G60科创走廊生物医药产业联盟揭牌，永久落户杭州医药港小镇，这是长三角G60科创走廊区域继新材料、机器人、智能驾驶、新能源、网联汽车和人工智能之后成立的第7个联盟。长三角G60科创走廊生物医药产业联盟首批成员由55个单位组成。联盟将通过“产、学、研、用”相结合的新机制、新模式，开展技术合作，建立公共技术平台，实施技术转移，联合培养人才，整合及协调产业资源，提升长三角G60科创走廊生物医药企业的研究开发、生产制造、系统集成应用、市场拓展、维修维护及售后服务水平，增强在国内、国际市场上的竞争力。

【小镇获批组建省生物技术药物创新中心】 2019年9月27日，由杭州医药港小镇提交的《浙江省生物技术药物产业创新中心组建方案》获浙江省发改委批复同意，成为进一步提升全省生物创新药研发和服务能级，在更大范围整合生物技术药物创新资源的重要平台。新区坚持“引龙头、强链条、促集聚”，以杭州医药港为核心平台，聚焦生物制药、医疗器械、生命医学工程、医疗大数据等核心领域，招引培育一批世界500强企业和上市公司。新区累计集聚生物医药企业1000个，辉瑞、默沙东、强生等全球十大医药企业中有7个落户。平台初步形成生物技术药、高端医疗器械、化学药、现代中药四大发展领域，在生物技术药、化学创新药、高端医疗器械、生物数字服务等细分领域构建优势和潜力。生物医药综合体将通过“六链”（人才链、创新链、生态链、服务链、金融链、产业链）融合的模式，聚集业内知名企业和生物医药人才，以打造世界一流的生物医药研发创新高地为目标，完善生物医药产业链。

【创新药药物研究国际高峰论坛】 2019年10月25日，由市经信局、新区管委会、中国科学院上海有机化学研究所、中国化学制药工业协会主办，杭州医药港小镇发展服务中心、浙江瑞博制药有限公司承办的第一届创新药药物研究（暨绿色制药技术）国际高峰论坛在新区举办，中国科学院院士周其林、丁奎岭、冯小明偕同跨国制药公司和国内创新药领域的14位知名专家嘉宾在论坛做学术报告，分享药物创新成果与应用。全国高校、科研院所、医药企业代表、新闻媒体共300多人参加论坛。论坛设14个邀请报告，覆盖“不对称催化氢化和手性催化剂”“绿色化学的本质与实现路径及其在制药工业中的应用”“化工医药的连续化工艺开发”等技术方向。

【侨界精英助力医药港建设】 2019年10月31日，侨界精英创新创业（中国·杭州）峰会暨国际创新药物会议在新区举行。峰会以“侨聚科技创新英才、助力生物经济发展”为主题，助推国际纳米生物医药研究，促进杭州生物医药产业国际化发展，吸引国内外该领域102个项目参与洽谈，10个生物医药产业项目和10个生物医药高层次人才项目现场签约落户新区，总投资80亿元。 峰会聚焦生物医药领域，鼓励引领侨界精英共同助力中国生物医药产业高端化发展。峰会举行“中国侨联新侨创新创业基地——杭州医药港”和“中国生物物理学会材料生物学与智能诊疗技术分会”授牌仪式，并向杭州医药港聘请的5位海内外院士颁发聘书。峰会期间，举办系列专业论坛、参观考察和项目对接洽谈会等，为参会专家和海外侨界人才提供交流合作的平台。

【生物医药加速器四期开工】 2019年12月11日，新区举办重大项目集中开工活动，杭州医药港小镇的生物医药加速器四期项目名列其中。加速器四期总投资10.6亿元，总建筑面积31.6万平方米。项目配有生物医药、医疗器械研发平台、小试中试空间、初创型企业创新孵化平台和规模企业加速产业化平台，满足企业研发、生产、办公全生命周期发展所需，建成后将通过空间平台建设为生物医药产业发展赋能。

（李　丹）

大创小镇

【概况】 大创小镇位于新区下沙区块，规划面积3.8平方千米。小镇以国家级杭州市高科技孵化器、新加坡杭州科技园、浙江省留学人员创业园等园区为核心，按“一核一街、三区三带”规划布局建设，重点发展柔性电子、集成电路、新型显示三大产业，培育信息软件、互联网平台、智能终端、电子商务等智能应用企业。2019年，小镇新增企业636个，“四上”（规模以上工业企业、有资质等级以上建筑业企业、限额以上批零住餐企业、限额以上服务业）企业141个，其中工业企业32个、服务业企业47个、批零住餐类企业60个、房产企业2个。全年企业主营收入逾300亿元，完成税收13亿元；新增上市企业2个；新增市级高新技术企业22个，累计240个；新增国家级高新技术企业38个，累计97个。企业拥有专利2900件，员工5.36万人，市级以上领军型人才160多人。鼓励企业上市，杭州壹网壹创科技股份有限公司、浙江米奥兰特商务会展股份有限公司挂牌上市。小镇入选科技部“对以科技创新合作联盟”成员，入驻创新平台10多个，其中柔性电子与智能技术全球研究中心引进院士2人、长江学者和国家杰出青年科学基金获得者8人。成立京东方联合实验室。奥克兰大学创新研究院获评浙江省国际合作基地。红帮孵化器被认定为杭州市级科技企业孵化器。巢生国际、创岩国际获评杭州市级众创空间，其中巢生国际累计引进11个项目，融资逾1.5亿美元。帝工先进技术研究院引进德国上市公司项目落地，并引进世界人工智能大赛冠军团队；杭州先进技术研究院累计引进19个企业，合作设立中科杭医研究院和心脑精准医学研究中心。

▸▸资料：“一核一街、三区三带”规划布局

大创小镇以新加坡杭州科技园和国家级杭州高科技孵化园为主平台，通过“一核一街、三区三带”规划布局，建设高端人才汇聚、特色产业鲜明、配套体系完善的国际化特色小镇。“一核”指核心创业区，“一街”指拇指路创业大街，“三区”指西部拓展区、东部教育生活配套区、南部拓展区，“三带”指高教园区双创带、南部转型升级带、钱塘江围垦文化带。

【大创小镇发展服务中心成立】 2019年5月，新区大创小镇发展服务中心批准成立。该中心是直属于新区管委会的事业单位，负责新区人才工作职能，牵头推进区校合作，承担小镇创建、经济发展、建设开发、招商引才、科技创新等工作职能。新区设立大创小镇开发建设领导小组，作为小镇高质量发展的决策机构，讨论研究小镇开发建设、方针政策、重大项目和人才引进等

大创小镇国际创博中心　　（童志忠　摄）

工作。领导小组下设办公室，办公室设在新区大创小镇发展服务中心。小镇与新区相关部门设定具体职责划分，下设综合科、产业发展科、项目推进科、人才服务科、社会合作科5个科室。

【数读大创小镇】 2019年，大创小镇新增企业856个，累计入驻企业3200多个；小镇主营业务收入逾300亿元，实现税收13.4亿元，营业收入和税收均比上年增长超20%。新增上市企业2个；新增市级高新技术企业22个，累计240个；新增国家高新技术企业38个，累计97个；新增创新平台投用面积16万平方米，累计建成创新平台150万平方米；在建创新载体6个，合计面积71万平方米。

【产业创业创新孵化体系建立】 2019年，作为新区践行"大众创业万众创新"理念的重要载体，大创小镇已建立"众创空间+孵化器+加速器+创业园"的产业创业创新孵化体系。年末累计建成科创平台总量面积逾150万平方米，建有重要平台项目10多个、孵化器及众创空间11个。8月20日，海聚中心投入运营。作为小镇2019年推出的专业化产业综合体，海聚中心上游承接创业源头培育孵化，下游引导产业加速提升，聚焦数字经济、智能制造、新一代信息技术产业。年内，新加坡杭州科技园三期、佳宝科技园等项目开工建设。环普产业园、星月创新园等科创平台启动方案设计。引进创新平台，浙江省"千人产业园"和杭州市国际人才创业创新园揭牌，中法创新合作加速中心、枫惠六合桥国际人才创业创新园、水木清华校友会研究发展中心等平台均落地启动。

【小镇搭建创新创业平台】 2019年，大创小镇依托新区14所高校、25万师生及特色重点学科的资源优势，构建创新创业生态。小镇与清华大学、牛津大学、帝国理工学院、奥克兰大学等院校合作共建13个创新中心，与新区高校联合会共建大创天使基金，建立80亿元的产业基金，通过创业引导、产业并购、产业扶持等专业服务体系鼓励双创企业做大做强。助推区校合作，产教融合成果显著。11月，启动"浙子回归梦钱塘"工程，新区与区内14所高校签订又一轮全面战略合作协议，同步推出"校友回归100条"政策，涉及区校合作、产教融合、人才聚集、科技创新、产业发展等方面，动员校友项目落地、人才回流。开展人才企业问题征集，举办投融资对接活动、"钱塘话潮"人才沙龙、人才子女夏令营、人才研修班等特色活动；结合新区行政审批"最多跑一次"和"人才一件事"改革，优化高层次人才永居证、留学人员工作证等办事流程，提升人才服务质量。

【小镇产业发展成果显现】 2019年，大创小镇优质项目创新成果不断显现。9月，杭州壹网壹创科技股份有限公司作为国内电商代运营服务商第一股，在深圳证券交易所挂牌上市；10月，浙江米奥兰特商务会展股份有限公司上市，中国本土会展业进入A股资本市场，结束数十年来国际会展资本一统中国会展资本市场的局面。企业创新成果突出，百力司康生物医药（杭州）有限公司肿瘤靶向新药获美国食品药品监督管理局（FDA）批准，浙江霍德生物工程有限公司入围中国生物医药最具创新力企业50强，领博生物科技（杭州）有限公司"小口径人工血管"项目进入中国医疗器械创新创业大赛复赛前10强，健艾仕生物医药科技（杭州）有限公司入选杭州2019年度"小而美"项目名单，杭州海仓科技有限公司的存拣一体化"摩天轮"智能仓储操作系统、牛津大学黑科技——OXSIGHT仿生眼镜、杭州福膜新材料科技股份有限公司的PVDF膜光伏背板、杭州正负极工业设计有限公司的创新产品、杭州中肽生化有限公司的多肽合成技术等优质项目和成果在小镇落地。

【7批人才项目认定和3批项目评审】 2019年，大创小镇助力高层次人才创新创业，开展7批人才项目认定和3批项目评审，落地项目86个，其中院士和诺贝尔奖获得者等顶尖人才参与的项目3个、国家级特聘专家和杰出青年等国家级人才领衔的项目5个。新落地项目中获得融资项目21个，融资5.16亿元。项目经认定和评审，企业可享受高层次人才创新创业政策；企业内部符合条件的优秀人才，可获得相应补助。通过认定的项目获得20万~100万元的启动资金和20万元的房租补贴。项目征集优惠政策涵盖人才项目认定资助、人才引进鼓励、人才金融支持、领军型人才激励、人才校企共享、人才安居资助等方面，评审通过企业最高可获1000万元的无偿创业启动资金资助。

【小镇获评"杭州新经济会议小镇"】 2019年11月16日，大创小镇获评杭州市文旅局颁发的"杭州新经济会议小镇"荣誉。大创小镇的国际创博中会议厅面积1900平方米，可容纳1000人参会，是新区大型会议主要承办地，2019年该中心举办全国"双创周"钱塘新区分论坛、国际人才与项目合作大会、全国创投峰会、中新创新高峰论坛、中以创新论坛、浙江国际协同创新峰会等高端峰会20多场，组织举行大型会议活动50多场。

【中小微企业创新创业大赛在小镇举办】 2019年8月25—26日，由浙江省经济和信息化厅、浙江省财政厅、中国科学院浙江数字内容研究院共同主办的“2019‘创客中国’浙江好项目中小微企业创新创业大赛”总决赛暨颁奖仪式在大创小镇国际创博中心举办。大赛作为“创客中国”中小企业创新创业大赛浙江区域赛，重点聚焦数字经济，在新材料、人工智能、工业互联网、智能制造、大数据等领域中发掘优秀项目和团队。大赛于6月启动，省内702个项目报名（不含宁波），累计举办赛事73场，产生优秀项目30个，评选出优胜奖20个。总决赛中来自新区的领博生物科技（杭州）有限公司创新项目——小口径人工血管项目获大赛三等奖。（杨　卫）

2019年5月14日，中以创新论坛暨以色列项目入驻仪式在大创小镇举行（童志忠　摄）

杭州综合保税区

【概况】 2019年，杭州综合保税区实现规模以上工业总产值108.5亿元，比上年增长17.1%。规模以上工业企业累计实现利润总额3亿元，增长25.3%，税收总额21.3亿元，增长34%。跨境进口19.6亿美元，增长9.9%，跨境零售进口额19.6亿美元，占杭州市比例的90%；跨境出口额9.46亿美元，增长16.4%。累计招引企业80个，统计在册外贸企业1015个，其中实绩企业688个。外贸进出口总额846.05亿元，增长3.8%，其中出口总额465.49亿元，增长7.3%。进出口总值35亿美元，占新区进出口总额30%。服务贸易出口总额9.07亿美元，增长15.1%。服务外包离岸执行额8.4亿美元。

年内，杭州综合保税区获批国家“增值税一般纳税人资格”试点；验收通过并升级为综合保税区。叠加政策优势，引导区内企业转型升级；扩大开放水平，与萧山国际机场“区港联动”，建设全省首个“城市货站”；位于保税区的杭州唯一肉类口岸通过验收。优化营商环境，联动海关完成“五位一体”智能卡口改造，通关时长缩短30%；实现政策加持，出台外经贸与跨境电商新政，帮助企业做大规模。创新跨境电商发展模式，全国首创跨境电商进口B2C包裹退换货模式和跨境电商1210B2C邮路出口模式；完善跨境电商生态，联合浙江工商大学组建全国首个跨境电商学院；联合杭州互联网法院，组建全国首个跨境电商法庭；推进中非合作，与库哈工业园签订合作协议；“易趣”“中财加速度”“麒麟谷”等400多个跨境电商企业集聚保税区。

【杭州综合保税区验收通过】 2019年6月11日，杭州综合保税区通过海关总署授权省联合验收组的验收。杭州综合保税区前身是浙江杭州出口加工区，是国务院批准的中国大陆首批出口加工区之一。2001年封关运行，依托海关特殊监管区优势，发展保税加工制造业和跨境电商贸易，形成以笔记本电脑、汽车配件、家用电器产业为主的加工制造、保税物流、跨境电商一体化产业链格局，为杭州市发展对外贸易、吸引外商投资、实现开放强市发挥重要作用。为满足未来产业发展的需求，杭州综合保税区将建设监管服务区、监管仓库区、查验等候区、机检查验区、检疫处理区五大主要功能区。

【保税区列入一般纳税人资格试点】 2019年1月31日，国家税务总局、财政部、海关总署联合发出公告，赋予杭州综合保税区企业增值税一般纳税人资格试点，并于2月1日起施行。早在2018年5月，杭州综合保税区借鉴苏州高新区等首批试点园区的申请经验，组织区内工业企业开展“增值税一般纳税人”政策宣讲，针对有需求的企业开展论证和财务测算，调研企业需求。2018年10月起，征求杭州海关、市税务局意见并与省市有关部门对接申报，向国家税务总局、财政部、海关总署申请赋予企业增值税一般纳税人资格试点，获国家批准。杭州综合保税区被列入试点后，为推动加工贸易转型升级提供持续的优惠政策，区内企业享有增值税抵扣等优惠政策的同时，还享有海关特殊监管区保税加工、保税贸易、保税物流特殊待遇的政策。

杭州综合保税区五大功能区之一的检疫处理区（艾小享 供稿）

【“天猫国际”首推保税仓直播】 2019年11月25日，“天猫国际”联合杭州综合保税区举办“了不起的保税仓”之“黑色星期五特别篇”活动，把直播间搬进保税仓，美食博主走进杭州综合保税区，为消费者直播推荐进口商品，3小时直播卖出商品30万单。作为全国首个跨境电商试点园区，“天猫国际”推出“网紫+保税仓”直播电商新模式，通过保税仓里实地实景的直播，让消费者直观了解进口商品。消费者边看直播边下单后，保税仓工作人员立即分拣和包装，缴税通关后商品便能进行物流配送。

【e—WTP公共服务平台上线】 2019年12月27日，在杭州综合保税区的跨境园区，全球首个e—WTP（世界电子交易平台）公共服务平台上线。39件小包裹经e—WTP公共服务平台申报，得到杭州海关放行指令后，经邮路发往俄罗斯、西班牙等国家。e—WTP公共服务平台是整合政务与商务等能力所搭建的政企合作服务平台，也是为全球中小企业提供全球买、全球卖的数字化基础设施。该平台整合政府的通关、结汇、退税等服务及企业所需的交易、金融、支付、物流、结算等能力，为中小企业提供通关、结汇、退税等贸易便利化解决方案。e—WTP公共服务平台的线上信息化，有助提升报关效率，降低中小企业使用报关服务的门槛，通过数字技术帮助中小企业小包贸易归并统一的电子报关单，让中小企业也能享受到和跨境贸易大企业一样的退税优惠。

（艾小享）

杭州东部湾总部基地

【东部湾总部大楼建设推进】 杭州东部湾总部大楼项目位于新区24号大街与规划支路二交叉口，总建筑面积22.7万平方米，由5幢综合楼及商业裙房组成。项目集办公、商业、餐饮、会议等服务为主要功能业态。塔楼主要功能为办公，沿东西两侧道路错落布置，整体布局由南向北呈逐渐升高之势，楼层及高度依次为7层43米、12层62米、16层77米、23层105米、47层199.5米。裙房具有配套商业、餐饮及展示中心等功能。裙房一层、二层主要为通高大堂及沿街配套商业、餐饮及设备用房，三层裙房内主要布置会议空间，部分为餐饮空间。项目由新区东投集团旗下全资子公司杭州东部湾总部基建设有限公司实施建设。

【杭州东部湾阿玛瑞酒店项目签约】 2019年11月21日，杭州东部湾总部基地建设有限公司与泰国酒店品牌Amari（阿玛瑞）完成签约。酒店暂定名杭州东部湾阿玛瑞酒店，酒店管理方为傲领酒店管理（上海）有限公司。12月19日，杭州东部湾总部基地建设公司就酒店泳池设备、采购、灯光照明事宜分别与上海邢氏艺术设计顾问有限公司、上海安肃酒店管理顾问有限公司、光莹照明设计咨询（上海）有限公司签订相关工程合同。

【东部湾总部大楼项目获市“最美工地”称号】 2019年11月，由杭州市城乡建委组织开展的全市“最美”建筑工地评选活动公布结果，新区东投集团实施建设的杭州东部湾总部大楼项目获杭州市房屋建筑“最美”建筑工地称号。杭州东部湾总部大楼项目位于新区24号大街与规划支路二交叉口，邻近杭州绕城高速公路下沙南互通出入口。项目坐拥50多公顷湿地景观公园，处于一线江景位置。总建筑面积22.7万平方米，由5幢综合楼及商业裙房组成，包含地下室、道路广场及绿化配套设施等。该项目以办公、商业、餐饮、会议等服务为主要功能业态。

（郑 驹）

责任编辑 黎洪正

服务业

综　述

【服务业重点发展方向确定】 2019年，新区经发科技局对区内服务业各行业开展走访，调研两区块服务业发展水平。据调查，下沙区块以电商（跨境电商）、物流、商务服务业为主，江东区块规模以上服务业多为物流企业。新区信息软件、互联网物联网等高端服务业态相对缺乏。通过现状分析并结合未来几年发展趋势，新区将“鼓励软件信息和信息技术业快速发展、电子商务业质量发展、检验检测业集聚发展、仓储物流业转型发展、楼宇园区集约发展”确定为服务业发展新思路。10月，根据新区发布的产业发展规划，软件信息、电子商务、金融科技、文创旅游、检验检测五大门类被确定为新区现代服务业发展方向。

【服务业增加值324.8亿元】 2019年，新区完成服务业增加值324.8亿元，占全区地区生产总值比重29.5%。服务业稳步发展，年末新区规模以上服务业企业累计731个，其中产值1亿元以上企业140个，实现营业收入978亿元。经营业务主要涉及交通运输、软件信息、商务服务、科学研究、批发零售、住宿餐饮等12个门类，有交通运输企业145个、商务服务企业82个、科学研究企业36个、批发和零售企业340个、住宿和餐饮企业65个、软件信息企业28个。杭州美巴科技有限公司、信雅达（杭州）计算机服务有限公司等6个软件信息企业营业收入增长逾20%。

【服务业集聚发展特征明显】 2019年，新区服务业集聚发展特征较为明显，有宝龙城市广场、龙湖金沙天街、金沙印象城等城市商业综合体9个，有杭州恒大建材市场等专业市场11个。大创小镇作为高端产业发展平台，入驻规模以上服务业企业众多，服务业相关企业占比77%；建有（含在建）创新创业载体37个，合计面积170万平方米。新区拥有楼宇和服务业集聚区（园

新区大型商业综合体—龙湖·杭州金沙天街外景　　　　（董科娜　供稿）

区）77个，入驻企业1万余个，入驻率80%。位于江东区块的传化公路港物流园每天车流量约3000辆，入驻物流企业360多个，平台年营业额逾40亿元。

【服务业企业“亩产效益”评价】2019年5月，新区规模以上服务业企业“亩产效益”综合评价工作启动。由新区经发科技局对符合条件的企业名单进行筛选，初定参与评价企业285个；召开新区规模以上服务业企业“亩产效益”综合评价申报会议，传达省市相关精神并布置落实申报；印发评价表，由部门、街道按照职责分工推进工作，8月完成表格回收。12月，拟定《新区规模以上服务业企业“亩产效益”综合评价工作的实施意见》，明确总体要求及原则、评价范围、评价方法等，完成规模以上服务业行业“亩产效益”综合评价工作。根据实施意见，对综合评价出来的A、B、C、D类企业在用地、用电、资金扶持、信贷等资源要素配置上实施差别化政策。

【服务业企业走访与政策兑现】2019年，新区经发科技局对检验检测、信息软件、现代物流等重点行业、重点企业进行走访调研，累计走访企业100个。围绕新区物流仓储服务于电商产业的目标，召开电商企业与物流仓储企业对接会，杭州壹网壹创科技股份有限公司、杭州悠可化妆品有限公司等10个电商企业和杭州深国际供应链管理有限公司、乐歌杭州物流园、普洛斯物流园等10个物流仓储园区参加对接会。9—10月，组织各部门、街道对465个服务业企业进行走访调研，帮助企业解决经营过程中的困难和问题。根据原杭州经济技术开发区“深化改革创新、加快转型跨越发展的若干政策”，兑现2018年度服务业产业政策资金1000.98万元，涉及服务业企业101个。（冯　青）

电子商务服务业

【电子商务业务稳步增长】2019年，新区通过公共网络实现销售额232.8亿元，比上年增长10%；41个限额以上电子商务企业实现零售额176.7亿元，增长25.1%。电子商务成为新区服务业主导产业，化妆品、食品、小家电是电商销售中主要品类，杭州郝姆斯食品有限公司、杭州京东晟行贸易有限责任公司等电商企业增长势头强劲。跨境电商业务发展良好，全年跨境进口19.6亿美元，增长9.9%；跨境出口9.46亿美元，增长16.4%。鼓励跨境电商入区发展，全年招引跨境电商企业80个。

【发展电子商务服务业激励政策】2019年10月，新区出台政策鼓励发展电子商务服务业，对新取得或新引进具有中国人民银行支付业务许可证的第三方电子商务支付平台，给予平台企业一次性奖励100万元；对自建第三方平易结算平台，当年日均资金流量逾500万元的，给予平台企业一次性奖励100万元。提高仓储物流科技应用水平，加快推进智能传感器、工业机器人、移动互联网、大数据、云计算等装备和技术在快递物流领域的应用。推广使

2019年12月11日，位于中国（杭州）跨境电子商务综合试验区下沙园区的“考拉海购”平台工作人员在直播售货（童志忠　摄）

用托盘、立体仓库、自动识别和标识、电子数据交换、可视化与货物跟踪、货物快递分拣、电子结算物流系统技术开发及应用，当年项目投资额逾100万元的，按项目投资额的10%给予一次性补助，项目补助总额最高100万元。

【国内电商发展环境优化】 2019年4月新区成立后，电商企业发展空间变得更为广阔、生态环境更加优化。杭州郝姆斯食品有限公司是新区一个大型食品电商企业，生产基地位于大江东片区，总部基地和新零售旗舰门店位于下沙片区。通过分片区不同功能的划分，该电商企业活力得到释放，实现电商生态的重组。新区培育优质电商企业，帮助更多电商向品牌化发展。9月，杭州壹网壹创科技股份有限公司在深圳交易所挂牌，成为国内电商代运营服务商第一股。杭州壹网壹创科技股份有限公司2012年到下沙创业，经过多年培育，合作商涵盖“强生”“宝洁”“百雀羚”等国内外35个品牌，公司提供品牌形象塑造、产品设计策划、大数据分析、线上品牌运营等电商综合服务，帮助品牌方提升知名度与市场份额。

【电商企业参与扶贫对接】 2019年，新区多家有实力的电商企业与贵州省黔东南州展开合作，参加政府组织的扶贫对接会议，帮助黔东南贫困地区的产品找到销路或借助平台进行推广。杭州子卯文化创意有限公司通过自主设计，寻找并培训贵州当地的绣娘进行手工刺绣，创造有设计感的手工原创刺绣品，解决当地就业并进行非物质文化输出；杭州郝姆斯食品有限公司将贵州当地多款农产品、水果等通过公司平台进行销售。

（俞　宙）

软件信息服务业

【软件信息服务业企业】 2019年，新区有规模以上软件信息服务业企业25个，实现营业收入20.4亿元。鼓励发展软件信息服务业，重点发展人工智能、大数据、云计算等核心产业；加大招商引资力度，将软件信息行业列为新区现代服务业引资重点。1月，闪银科技有限公司旗下子公司杭州鲸算科技有限公司、杭州鲸算闪信息技术有限公司和北京搜狗网络技术有限公司旗下子公司搜狗（杭州）智能科技有限公司3个软件信息类企业落户新区。

【软件信息服务业激励政策】 2019年10月，新区出台政策鼓励发展软件信息服务业。根据政策，对当年首次取得信息技术服务标准资质一级、信息安全服务资质五级、软件能力成熟度模型集成资质五级、信息安全等级保护资质五级或其中之一的企业，一次性给予50万元奖励。对当年首次取得信息技术服务标准资质二级、信息安全服务资质四级、软件能力成熟度模型集成资质四级、信息安全等级保护资质四级或其中之一的企业，一次性给予30万元奖励。对当年首次取得信息技术服务标准资质三级、信息安全服务资质三级、软件能力成熟度模型集成资质三级、信息安全等级保护资质三级或其中之一的企业，一次性给予10万元奖励。降低企业运营成本，对企业年度开展正常经营活动时发生的网络通信费用、服务器托管费用逾30万元的部分，给予50%补贴，补贴最高50万元。支持企业开拓市场，对取得地市级以上政府智慧应用示范项目的，按示范项目实施金额的10%给予奖励，最高可获10万元。

【天宽科技公司被认定为专利示范企业】 2019年6月，新区企业杭州天宽科技有限公司被认定为杭州市专利示范企业，为新区首个获该荣誉的软件信息服务业企业。杭州天宽科技有限公司于2007年注册成立，总部位于新区，在杭州、天津、深圳设有研发中心。作为国家级高新技术企业，公司专注于构建移动互联网、物联网终端安全运行环境，为行业用户提供包括移动终端、信息安全、功能外设在内的完整移动安全终端解决方案。公司业务广泛，与国内主流手机厂家形成安全解决方案战略合作；与国内重点科研院所及高校有交流合作；与国内各大运营商合作政企业务推广。

（冯　青）

现代物流服务业

【现代物流服务业增加值16.38亿元】 2019年，新区现代物流业服务业实现增加值16.38亿元，比上年增长4.4%，占服务业增加值比重5.7%。年末新区登记注册物流企业800多个，其中限额以上企业125个，总仓储面积400多万平方米，运输车辆5000多辆，运作类型以运输、仓储、货代及第三方仓储物流为主。新区下沙区块以A级物流企业集聚为主，有杭州德邦货运代理有限公司、浙江八方物流有限公司、杭州口岸国际物流有限公司、杭州和达物流有限公司、浙江苏宁物流有限公司等企业，以国际货运业务、城市配送业务以及第三方物流业务为主；江东区块物流以物流园集聚为主，有普洛斯物流园、传化公路港物流园、乐歌杭州现代物流园、杭州深国际综合物流港等物流园区，以专线运输、传统货运为主。

【传化公路港物流园获评优秀园区】 2019年8月，在全国物流园区工作年会上，位于新区江东区块的杭州传化公路港物流园获“2019年优秀物

2019年3月6日，杭州传化公路港物流园与海拍客供应链管理有限公司、中商国际货运代理（北京）有限公司战略合作签约 （童志忠 摄）

流产业园”称号。杭州传化公路港物流园秉承“为司机服务、心系货运司机、将货运司机当作家人”的理念，优化服务结构，通过创新服务模式拓展延伸服务，促进货运行业转型升级。同月，该物流园因服务品质突出，被交通部与全国总工会授予“品牌服务司机之家”。杭州传化公路港“司机之家”规划建设建筑面积2.5万平方米的旅馆区，有旅馆2家、客房300间。旅馆下方是特色美食街，可供20多种口味菜式。园区另设有2家超市、洗浴中心、水果超市、药店及30多家汽修汽配店，满足司机餐饮、休息、停车安保、配套服务等需求。

【华东医药供应链获供应链企业“金质奖”】 2019年11月，新区企业华东医药供应链管理（杭州）有限公司获评由中国物流与采购联合会医药物流分会颁发的2019年度医药供应链“金质奖”十佳供应链企业。该公司从事医药供应链领域物流业务近10年，是新区AAA级物流企业。医药冷链物流为公司核心业务，在浙江省范围内拥有冷库容积2万立方米，为省内最大单体药品冷藏基地。公司拥有较大规模及运量的冷链运输车队，配备冷藏车100多辆，采用先进的冷链无缝对接体系，保证冷藏货品储运、运输无缝对接，冷藏货品运输全程温度记录实时打印并书面告知。

（冯　青）

检验检测服务业

【检验检测集聚区加快建设】 2019年，新区拥有全省综合实力强大的检测机构和计量机构，集聚浙江省计量科学研究院、浙江省医疗器械检验研究院、方圆集团等第三方检验检测机构40个，第三方检验检测机构总产值近10亿元。40个检验检测机构中，事业单位8个、企业32个；国家级检验中心11个、省级质量检验中心3个；检测能力涵盖食品、电器、建材、轻工、智能装备、化工产品、纺织、汽车、仪器计量等多个领域。新区依托制造业基础和高校集聚优势，推进区校合作，加快建设中国计量大学国家大学科技园，打造以检验检测硬件驱动、产学研检深度融合的发展平台。完善检验检测产业链和产业体系，引进中国科学院院士、厦门大学教授田中群领衔的科研团队，联合复旦大学、华东理工大学等打造以检测仪器仪表为核心的物联网与数据服务产业园，拉曼光谱仪、质谱仪、先进成像检测仪器等光谱仪器项目相继实现产业化。

【检验检测企业扶持】 2019年，新区坚持在用地、政策和服务等方面给予检验检测服务业企业保障和支持。针对规划用地6.67公顷的方圆集团检测认证总部基地项目，新区结合城市有机更新工作，综合确定其一期3.33公顷选址，助推方圆集团建设具有国际影响力的综合性检测认证机构。针对省计量科学院计划未来3年建设32个具有国内领先水平的计量检测平台，新区协调解决实验室场口缺口，助力打造全国省级技术机构引领者。针对省轻工业院场地分散、空间不足的困难，新区协调解决其整体搬迁落户问题，加快推进省轻工业院检验检测平台建设。强化政策扶持，新区“1+4+X”产业新政在科技创新、上市融资、人才招引等方面对落户新区的检验检测企业提供多样化扶持。

【检验检测服务业激励政策】 2019年10月，新区出台政策鼓励发展检验检测服务业。根据政策，首次通过中国合格评定国家认可委员会CNAS实验室认可的企业，给予一次性10万元的奖励；首次获得DILAC国防科技工业实验室认可的企业，给予一次性10万元的奖励；首次通过CMA资质认定的企业，给予一次性5万元的奖励。对新入驻新区的检验检测企业，自完成注册之日起2年内，仪器、设备（不含空调、电脑等办公类设备）的总投资额超过500万元的，按超过500万元部分的20%标准给予补贴，补贴最高500万元。

【国家特检中心启动运行】 2019年9月，经过两年多的筹备及建设，位于新区江东科创园的国家特种金属结构材料质量监督检验中心（浙江）（简称国家特检中心）基础设施和园区配套建设竣工验收并启动运行。2016年12月，原国家质检总局发文批准在原浙江省特种设备检验研究院基础上筹建国家特检中心。2019年4月新区挂牌成立后，管委会加快推进项目建设，配套9475平方米的建筑免费使用及2800万元用于基础装修和设备补助。中心项目建设由新区市场监管分局牵头，主体建筑基础装修于2018年开工。国家特检中心占地9500平方米，总投资5600万元。投入使用后的国家特检中心为国内先进的特种设备、航空、核电等材料检测实验室，也是首个检验项目齐全的极端承压设备、航空、核电等特种材料领域的权威检测机构，检测领域涵盖特种材料的机械性能、化学成分分析、物相检验、失效分析、无损检测、环境测试、大型结构试验等。

【检验检测高技术服务业集聚区建设】 2019年，新区加快发展检验检测高技术服务业，建设国家检验检测高技术服务业集聚区杭州园区。全年新增中科佑隆（杭州）食安标准科技有限公司等9个机构入驻，新增通过CANS认证企业（实验室）10个。年末，新区检验检测机构累计40个，其中产值1亿元以上机构2个。2017年12月，由杭州、宁波、嘉兴、绍兴联合创建的“国家环杭州湾检验检测高技术服务业集聚区”，获原国家质检总局和国家发改委发文批复，四地共同建设国家检验检测高技术服务业集聚区（浙江），其中杭州分区集聚区落户新区。新区采取“1+6中心区—辐射区”布局，即以省级检验检测基地所在的金沙湖中央商务区为中心区，辐射区分别为传统产业检验检测及上下游产业链、电子信息及新能源新材料检验检测、生物医药检验检测、计量大学检验检测国家大学科技园、动物实验中心、医疗器械检验检测6个区块。

（程甦超）

文创旅游服务业

【文创产业指导及项目建设】 2019年，新区筹建成立文化创意产业指导委员会，管委会机关职能部门、各街道和区内高校等36个单位为成员单位。加快文创项目建设，跟踪、推进杭州市“之江文化产业带”重点项目金沙湖文化大剧院和大创小镇的建设进度，总投资8.7亿元的金沙湖文化大剧院项目加快建设，大创小镇年内新增数字文化企业428个，杭州壹网壹创科技股份有限公司和浙江米奥兰特商务会展股份有限公司挂牌上市，分别成为国内A股首个电商服务业和会展业企业。

【文创旅游服务业激励政策】 2019年10月，新区出台政策鼓励发展文创旅游服务业。支持文创精品佳作，对获得全国、浙江省“精神文明建设‘五个一’工程奖”的作品，分别给予100万元、30万元的一次性奖励；对获得其他国际、国内重大奖项的动漫游戏、影视节目、创意设计、网络文学等原创作品，分别给予最高50万元、20万元的一次性奖励；列入国家、省级文化出口重点企业的，一次性分别给予50万元、20万元的奖励；原创影视作品（90分钟以上）在省级以上电视媒体或影院公开播映的，奖励5万元。支持文创品牌活动，对获得省级、市级文化产业园区的，分别给予50万元、20万元的一次性奖励；获得省级、市级文化创意街区的，分别给予20万元、10万元的一次性奖励。由新区文创企业主办，且举办地设在新区，在浙江省乃至全国有较大影响的特色文化创意活动，经认定，可给予50%的经费支持，资助总额可达30万元。

鼓励创建旅游景点。经认定区级及以上旅游示范基地（社会资源访问点）的企业或纳入旅游景点的单位，按国家和省、市、区级分别一次性奖励20万元、15万元、10

2019年9月19日，第十三届杭州文化创意产业博览会开幕。新区组织5个文创品牌企业设台参展（吴宇翔 供稿）

新区获国家级、省级、市级、区级工业旅游示范基地名单

表7

序号	企业名称	基地名称	级别
1	杭州娃哈哈集团有限公司	杭州娃哈哈下沙工业园	国家级
2	杭州味全食品有限公司	杭州味全品牌体验馆	省级
3	杭州万事利丝绸文化股份有限公司	万事利丝绸工业园	省级
4	杭州顶益食品有限公司	康师傅梦想探索乐园	市级
5	杭州九阳小家电有限公司	九阳健康厨房家电工业旅游示范基地	市级
6	玫琳凯（中国）有限公司	玫琳凯工业旅游基地	市级
7	浙江太古可口可乐饮料有限公司	可口可乐博物馆	区级
8	浙江东方百富袜业制造有限公司	东方百富袜业旅游基地	区级
9	卓尚服饰（杭州）有限公司	卓尚服饰工厂店及尚+众创空间	区级

2019年新区争创区级工业旅游示范基地名单

表8

序号	争创区级工业旅游示范基地企业	序号	争创区级工业旅游示范基地企业
1	松下电器（中国）有限公司杭州分公司	9	杭州新松机器人自动化有限公司
2	杭州默沙东制药有限公司	10	顾家家居股份有限公司
3	费列罗食品（杭州）有限公司	11	杭州郝姆斯食品有限公司
4	长安福特杭州分公司	12	广汽乘用车（杭州）有限公司
5	杭州吉利汽车有限公司	13	浙江西子飞机部件有限公司
6	格力电器（杭州）有限公司	14	东风裕隆汽车有限公司
7	浙江康莱特药业有限公司	15	杭州加多宝饮料有限公司
8	杭州维丽杰旅行用品有限公司	16	上正时尚文化产业园
		17	浙江五丰冷食有限公司

万元、5万元；并自认定年份起3年内给予其新建、改建、设备购置等固定资产投入10%的补助，当年累计最高50万元。鼓励发展旅游服务业。对新评定的五星级、四星级且正式挂牌的饭店分别给予一次性20万元、10万元的奖励，其中对已完成创建和评定的星级饭店，完成无障碍设施项目提升改造的，投入资金超过20万元的，给予一次性5万元的补助，每增加投入5万元则增加1万元补助，最高补助20万元。对新评定的五星（AAAAA）级、四星（AAAA）级旅行社分别给予一次性10万元、5万元的补助。

【文化产业园区申报】 2019年，新区文创产业主管部门培育推荐5个园区申报2019—2020年度市级文化产业园区，其中新加坡杭州科技园·文化与科技融合创新中心、浙江传媒学院传媒文化创意产业园、杭州和达创意设计园、华媒科创园4个园区被认定为“杭州市文化产业园区”。组织杭州正负极工业设计有限公司、杭州子卯文化创意有限公司、杭州气味王国科技有限公司、杭州问童子文化创意产业有限公司、杭州麦扑文化创意有限公司5个文创企业参展市文博会。推荐气味王国项目申报获市级文创资金扶持。 （朱振东 徐 璟）

【工业旅游示范基地创建】 2019年，新区规范引导工业和旅游业的融合发展，制定出台《新区工业旅游示范基地评选办法》，启动新区工业旅游示范基地评定工作。结合企业的工业旅游发展需要和新区整体工业旅游发展规划，组织召开工业旅游创新发展座谈会，邀请专家参与新区工业旅游发展谋划。年内，杭州九阳小家电有限公司创建成为省级工业旅游示范基地，杭州味全品牌体验馆入选社会资源国际旅游示范访问点，康师傅梦想探索乐园与娃哈哈集团有限公司下沙工业园入选社会资源国际旅游推荐访问点，可口可乐展示馆、味全品牌体验馆、九阳创意工业园、娃哈哈智能工厂入选“杭州市最具品质体验点”50强，有17个工业企业争创区级工业旅游示范基地。

▸▸资料：新区工业旅游发展历程

新区工业旅游起步于杭州娃哈哈集团下沙工业园。2003年，娃哈哈集团下沙工业园生产线旁增设参观通道和展示馆。总面积约200平方米，展区开放后吸引逾2000人次的参观者。2004年，国家旅游局公布首批103个工业旅游示范点，“杭州娃哈哈集团下沙工业园”榜上有名。此后，更多企业自发建立工业旅游项目。2015年，康师傅打造“梦想探索乐园”项目——整个展区总投资2400多万元，专门修建从工厂大门到展馆的观光火车线路。至2018年末，新区下沙区块已挂牌成立9个工业旅游示范基地。

（夏舒慧 钱全利）

商贸服务业

【社零总额完成311.67亿元】 2019年，新区社会消费品零售总额311.67亿元，比上年增长8.5%。其中限额以上零售额175.5亿元，增长10.5%。批发业、零售业涨势喜人，分别实现36.1%、10.5%的增长。12月20—22日，新区举办首届“钱塘造·乐购节”消费博览会。活动由新区管委会主办、杭州综合保税区管理办公室承办。区内100个知名商贸企业集中展销，各大商业超市、综合体、工厂店作为分会场共同参与，推出500多个品牌、1万多个品种在活动中优惠促销。实现销售额逾5000万元，参与人数20万人次。

【商贸服务业激励政策】 2019年10月，新区出台政策鼓励发展商贸服务业。根据政策，现有超市、商业综合体年度零售额首次达1亿元、3亿元、5亿元、10亿元以上的，经认定分别给予10万元、20万元、30万元、50万元一次性奖励；鼓励大型商业综合体内非法人单位经营户转为独立法人单位，转为独立法人单位当年社零额达400万元、800万元、1000万元、2000万元以上的，给予2万元、4万元、5万元、10万元的一次性奖励。新注册独立核算法人开展统一结算且营业面积在2万平方米以上的大型商业综合体可给予50万元一次性资助；鼓励重点商贸企业加大改造投资力度，实际投资额300万元以上的商贸企业的改造项目，按实际完成投资额的8%给予资助，单个企业资助总额最高100万元。

新设立并注册独立法人、面积500平方米以上的品牌餐饮、特色餐饮企业，其第一年度营业收入达到500万元以上的，给予10万元的一次性奖励；新设立的连锁经营企业，在区内设立快餐标准化门店、便利店、特色家政服务、旅游商品等经营网点的，门店经营用房面积20平方米以上50平方米以下的、50平方米以上且正常经营满一年的，分别给予企业每个网点2万元、5万元的一次性奖励，单个企业每年奖励总额最高30万元。对在区内举办的商贸促消费活动，经备案且活动参展企业超过50个的，给予主办方活动相关费用支出30%的资助，资助总额最高30万元，被评为市级及以上品牌活动和重点活动的额外给予10万元奖励。

【商贸零售企业管理强化】 2019年，新区商贸发展主管部门走访商贸企业50多个次，对接企业需求，帮助解决企业生产经营中遇到的困难。开展商贸领域消防安全检查，全年检查大型商场、超市、农贸市场、综合体、大型餐饮场所130多个，出具检查意见书376份。强化再生资源行业管理，出台再生资源回收实施意见，通过政策规范，引导行业健康发展；推动智能回收设施的建设，联合综合行政执法局，通过与高校、社区合作，累计铺设再生资源标准化回收点85处。加强对流动回收人员、违法分拣中心的打击，整治百庆纤维地块、大学城北停车场地块、元成地块等违规设立的分拣中心3处。

【金沙印象城开业】 2019年6月16日，位于新区下沙区块的金沙印象城开业。金沙印象城为金沙湖沿线的第2个大型综合体，是印力集团在

2019年12月20日，新区首届消费博览会在下沙城建文化馆启动 （陈浩杰 摄）

2019年新区下沙区块市场经营发展情况

表9

序号	市场名称	市场类型	成交额（万元）	经营户数（个）	总摊位费（万元）
1	杭州恒大国际建材家居博览中心	装修装饰材料市场	60 000	750	9 300
2	杭州万品汽配城	汽车配件市场	63 000	760	900
3	杭州金茂家居市场	工业消费品综合市场	20 000	880	5 000
4	下沙商贸城	工业消费品综合市场	8 150	300	15 00
5	金沙数码港	电子通讯电脑市场	1 320	50	100
6	杭州下沙物流市场	物流市场	1 150	31	150
7	高沙农贸市场	城市农贸市场	11 600	170	360
8	下沙农副产品综合市场	城市农贸市场	9 400	150	350
9	海天农贸市场	城市农贸市场	5 330	98	200
10	七格农贸市场	城市农贸市场	1 250	40	100
11	湾南农贸市场	城市农贸市场	4 300	65	120
12	金隅农贸市场	城市农贸市场	4 200	85	185

2019年新区江东区块市场经营发展情况

表10

序号	市场名称	市场类型	成交额（万元）	经营户数（个）	总摊位费（万元）
1	新围消费品综合市场	农村农贸市场	2 800	105	50
2	新湾农产品综合市场	农村农贸市场	5 330	165	68
3	义蓬中心农贸市场	农村农贸市场	5 500	35	120
4	临江农贸市场	农村农贸市场	6 090	70	50
5	头蓬综合市场	农村农贸市场	5 700	75	75
6	义盛农副产品综合市场	农村农贸市场	15 000	157	85
7	前进消费品综合市场	农村农贸市场	8 868	157	60
8	义蓬劳动力市场	其他服务市场	5	1	—
9	传化公路港市场	物流市场	380 000	455	180
10	义蓬建材市场	装修装饰材料市场	9 650	143	200
11	河庄消费品综合市场	日用百货杂品市场	6 500	110	70
12	义蓬购物中心	日用百货杂品市场	26 000	163	500
13	杭州湾花木城	花鸟鱼虫、宠物、苗木市场	2 100	201	500

杭州建设的第3座标杆性商业综合体，总建筑面积18.6万平方米，拥有国内外知名品牌230多个，涵盖时尚潮流、精品美食、品质生活、亲子家庭、运动娱乐等在内的多元业态。金沙印象城借助印力集团商业运作实力和品牌号召力，提前3个月完成招商目标。通过差异化特色招商和体验式消费场景打造，为消费者提供多重消费体验。商城拥有迪卡侬、百老汇、木马王国、优衣库、MUJI等品牌组成的门店阵营，230多个品牌中首店比例占70%。开业当天，金沙印象城客流量15.5万人次，完成销售额1552万元。

（孙幸立　程甦超）

责任编辑　黎洪正

招商引资

综　述

【招商体制机制调整】 2019年8月，新区管委会坚持以“项目为王、招大引强、优化机制、配强力量”为原则，对原有招商体制机制做出调整。配强招商力量，在大江东区块设立江东、临江、前进3个招商服务处，围绕新区重点产业和区域特色产业，独立履行江东、临江、前进三大区块的招商职责。原下沙区块杭州医药港小镇、大创小镇、杭州综合保税区外招商职责由招商与人才局承担，做大做强杭州医药港小镇、大创小镇和杭州综合保税区3个招商平台，任务各有侧重，杭州医药港小镇加快空间拓展，大创小镇加大区校协作，杭州综合保税区重点推动跨境电商和e—WTP（世界电子贸易平台）建设。明确招商主体职能，新区招商与人才局负责面上招商引资、投资促进、项目推进、氛围营造等，加强统筹协调。

【招商引资工作保障】 2019年，新区招商体制机制调整后，管委会对招商引资工作加大保障力度。选调12名委管后备干部及党政储备人才到江东、临江、前进3个招商服务处加强一线力量；强化针对性培训教育，对招商队伍素质进行整体提升；统筹职能部门人员力量，探索建立项目招引“矩阵式”管理模式，对于重大项目的招引，由新区管委会领导牵头，组建专业团队进行洽谈招商。调整优化招商项目落地建设推进机制，项目开工（取得施工许可证并进场施工）由新区招商与人才局牵头负责，项目竣工投产由新区经发科技局牵头负责，承担项目协调、推动、服务职能。健全招商激励机制，推行绩效考核管理，建立招商人员专项薪酬管理机制。

【招商队伍建设】 2019年，新区各招商服务处从招商与人才局（招商服务中心）交流部分骨干为基础，面向新区行政事业人员、政府雇员

2019年11月13日，第二届中国国际进口博览会杭州主场活动——杭州钱塘新区2019上海招商推介会在上海举行　（童志忠　摄）

及区属国企员工中选调招商人员，重点选调委管优秀后备干部及党政储备人才。新区3个招商服务处不再设立内设科室，工作人员岗位设一至三级主管，其中一级主管对应正科级负责人，二级主管对应副科级负责人，三级主管对应其他工人员，一级主管、二级主管不作职数限制。凡选调人员为行政事业人员、政府雇员和国企员工的，按原职级聘为相应职级主管，原国企员工可套改为政府雇员；岗位首次聘期为3年，聘期满后进行双向选择。3年聘期内，有两年考核等级为S或A的二、三级主管，可晋升其主管职级；对特别优秀的一级主管，在委管处级领导干部选任中，优先提拔使用。

【招商引资任务完成】 2019年，新区完成实到外资11.8亿美元，比上年增长23.3%。完成产业个性化项目招引，全年高端装备制造目标7个，完成7个；数字经济项目目标3个，完成6个；生物医药项目目标6个、完成10个。获评杭州“大好高”项目5个、“小而美”项目1个；省市县长“152”工程项目引进5个，开工3个。落实项目招大引强方针，服务推动总投资350亿元的高端芯片制造项目、总投资100亿元的华瑞航空制造、总投资56亿元的天境生物三大项目签约落户新区。

▸▸资料：“152”工程

“152”工程又称省市县委书记、县长工程，主要指省、市、县各级领导谋划招引一批100亿元、50亿元、20亿元产业大项目、好项目落地开工。

【“三招三引”举措强化】 2019年，新区更新理念、创新方法、保障力量，强化“三招三引”（招商引资、招企引税、招才引智）举措，与浙江大学、西湖大学、浙江工业大学及区内14所高校开展对接合作。与浙江工商大学共建跨境电商学院，与中国科学院共建肿瘤与基础医学研究所，全年引进硕士及以上人才357人和诺贝尔奖获得者、院士等顶尖人才。国家人才计划创业项目注册落地50多个。制定招商引税政策，洽谈推进一批税源项目，强化财政收入保障。

【实际到资以产业项目和制造业项目为主】 2019年，新区实际利用外资以产业项目和制造业项目为主。全年产业项目到资68个（剔除房地产和投资性项目），到资占比68%；制造业项目31个，到资占比62.4%。制造业项目中，技术密集型制造业项目有14个，主要分布于高端装备制造、航空制造、半导体制造、智能制造等行业。全年实际利用外资项目中，大项目支撑作用明显，实到1000万美元以上的大项目22个，合计到资10.4亿美元，单个项目到位外资超1亿美元的项目4个。生物医药研发和新经济领域项目增长较快。高端服务业和生产性服务业项目成为产业发展、产城融合中重要的驱动力。

2019年新区实到外资1000万美元以上项目情况

表11

序号	项目名称	实到外资（万美元）	占全年到资比重（%）
1	长安福特分公司项目	20 049	17.06
2	悠美妆科技项目	15 010	12.80
3	临投公司项目	18 000	15.30
4	众安房地产项目	20 000	17.00
5	综保区场站项目	1 388	1.18
6	龙瑞新能源项目	1 161	1.00
7	帝通实业项目	1 247	1.06
8	恒升化工项目	1 435	1.20
9	裕桥电子项目	2 354	2.00
10	传泰物联网项目	1 794	1.50
11	华翔零部件项目	1 006	0.86
12	中欣晶圆半导体项目	1 735	1.50
13	深国际供应链管理项目	2 000	1.70
14	旗盛新材料项目	1 015	0.86
15	东芝开利增资项目	1 487	1.27
16	泰谷诺增资项目	1 000	0.85
17	玩物得志科技项目	1 000	0.85
18	明德医药项目	1 000	0.85
19	富达医药项目	2 000	1.70
20	拓尔微项目	1 423	1.20
21	大和热磁项目	2 000	1.70
22	环普产业园项目	5 850	5.00

2019年新区签约落户的15个总投资10亿元以上产业项目情况

表12

序号	项目名称	总投资（亿元）	级别
1	高端芯片制造项目	350	建设基于先进制程的集成电路设计、制造示范基地
2	华瑞航空制造项目	100	飞机大部件制造
3	天境生物项目	56	聚焦肿瘤免疫和自身免疫疾病治疗领域，建设抗体药物研发中心、中试车间和GMP生产基地
4	顾家智能家居及家具制造项目	50	智能家居及家具制造
5	西子势必锐航空项目	40	引进国际先进的飞机大部件生产技术、制造工艺及高端设备，从事飞机大型金属结构部段的生产和装配
6	华东医药大分子药物项目	30	生产制剂和大分子药物
7	优替济生项目	28	以肿瘤免疫治疗细胞药物的研发及生产为主的创新型医药项目，力争建成世界一流的细胞药物研发和生产的全流程平台
8	得力普乐士中日合资智能办公家居项目	21	打造得力普乐士办公智能家具总部，集研发、制造和营销于一体，主要生产智能家具产品
9	富达Geneception基因和细胞治疗项目	20	建立全球尖端的基因及细胞治疗的临床和商业化生产基地
10	士兰集昕项目	15	形成新增年产43.2万片8英寸芯片制造能力
11	浙江华云集团项目	15	华云公司将引入集团总部及下游协作企业，集聚信息科技板块，打造现代信息通信技术与智能电网深度融合的产业
12	明峰医疗项目	13	投资建设高端医学影像系列设备研发及产业化项目
13	药明生物项目	10	建设创新疗法药物发现、工艺开发放大优化、分析方法开发、临床样品制备，生物制药三大设施等
14	兆奕科技新建5G智能通讯模块化组件项目	10	生产智能手机外观装饰核心部件，包括玻纤板复合背盖板装饰件，泛半导体工艺转装饰和导热、天线应用等
15	中核质子项目	10	开展质子装备的组装、设计和研发，面向全国及全球销售质子装备

大项目招引

【重大产业项目引进】 2019年，新区引进“152”工程项目5个、落地开工3个。引进10亿元以上产业项目15个，合计总投资768亿元，投资350亿元的高端芯片制造项目、投资100亿元的华瑞航空项目、投资56亿元的天境生物项目、投资50亿元的顾家智能家居及家具制造等重大产业项目均为有较强辐射带动作用的重大产业项目。

【高端芯片制造项目】 2019年9月4日，杭州市政府与中国电子信息产业集团签署战略合作协议，该集团加大在浙投资，打造国内领先的关键领域基础信息设施产业生态，助力杭州打造全国数字经济第一城。新区管委会与华大半导体有限公司签署合作协议，建设国内首条全球第二条基于高性能应用的制程项目。项目总投资350亿元，采用业界领先的高性能工艺生产技术，引入成熟量产工艺，主要提供CPU、GPU、人工智能芯片、5G等高端芯片的制造，后期立足自主研发突破7纳米工艺，解决国家防断供风险。项目年产能2万片满产后，预计年销售收入115亿元。

【华瑞航空制造项目】 2019年，中外合资共建飞机大部件项目总投资100亿元，投资主体为浙江省机电集团、美国势必锐航空系统公司、西子联合控股有限公司。项目提供与中国商飞飞机开发项目相关的飞机金属及复合材料零件制造、飞机结构件组装、飞机技术服务、售后支援、零部件维修等业务。短期内以形成CR929复合材料中后机身部段研发、设计及制造能力为目标。

【西子势必锐航空合资项目】 2019年10月，浙江西子航空工业有限公司更名为浙江西子势必锐航空工业有限公司，与美国势必锐航空系统公司合资共建航空零部件制造项目。项目总投资40亿元，主要为空客公司、波音公司、国产C919和ARJ21飞机等提供大型金属结构部段（机身、机翼）。美国势必锐航空系统公司创立于1927年，是全球唯一一家同时承担波音公司、空客公司先进复合材料机体结构的制造商。浙江西子势必锐航空工业有限公司成立于2010年3月，为空客公司、波音公司、中国商飞公司的重要供应商，获287项特种工艺资质认证，是国产C919大型客机项目9家机体结构供应商之一，是国内航空制造民营企业中唯一一家符合国际标准、具有完整航空零部件制造体系的企业。

【士兰集昕二期】 2019年8月，杭州士兰集昕微电子有限公司决策在新区增资扩产二期项目，总投资15亿元，新增年产43.2万片8英寸芯片。杭州士兰集昕微电子是国家集成电路大基金重点投资企业，2015年11月批准成立，注册资金19.6亿元，主要从事8英寸集成电路芯片、分立器件半导体、功率模块的研发、制造、销售，该公司是杭州士兰微电子有限公司的子公司。杭州士兰微电子股份有限公司在新区投资设立的企业有杭州士兰集昕微电子有限公司、杭州士兰集成电路有限公司、杭州士兰明芯科技有限公司、杭州美卡乐光电有限公司4个规模以上工业企业。

【顾家智能家居及家具制造项目】 2019年，顾家集团有限公司及其子公司投资建设顾家智能家居及家具制造项目，总投资50亿元。顾家集团是中国软体家居综合运营商，专业从事客餐厅、卧室以及全屋定制家居产品的研究、开发、生产与销售，产品远销世界120多个国家和地区。该项目一期为年产1000万套M2定制智能家居的生产和销售，二期为年产值超20亿元的软体沙发、按摩椅、床垫等家具产品的生产和销售。

【得力智能办公产品项目】 2019年，由得力集团有限公司与日本普乐士集团公司合作建设智能家具产业总部，总投资21亿元。日本普乐士（PLUS）集团公司创立于1948年，2000年进入中国。已建立起遍布全国各省市的营销服务网络。得力集团作为项目摘地及建设主体，在新区生产智能办公产品并做大办公用品销售商城，布局分销、B2B、电商和海外四大业务渠道。项目一期由双方共同打造办公智能家居总部，集研发、制造和营销与一体；二期主要由得力集团负责生产智能打印设备、智能投影设备、智能考勤机、智能安防设备等产品和相关软件系统开发，并开展B2B电子商务业务。

项目促开工

【产业项目联席会议机制】 2019年9月，新区为加快项目落地见效，建立产业项目联席会议机制。联席会议受新区党工委、管委会领导，由分管领导召集。会议成员包括区党工委政法委、区财政金融局、区经发科技局、区招商与人才局、区行政审批局、综合保税区管理办公室、区规划和自然资源分局、区生态环境分局、医药港小镇发展服务中心、大创小镇发展服务中心、新区下属国资公司等部门负责人。在区招商与人才局设立联席会议办公室，承担具体会务工作。会议主要研究讨论新区“152”等重点产业项目及创新平台、跨境电商等项目引进事宜，确定需要提交的招商引资产业项目进区方案；研究讨论涉及国有物业租赁补助项目及需协调解决的问题。

【产业项目联席会议部门职责】 2019年，新区产业项目联席会议明确成员部门（单位）职责。区党工委政法委对项目涉及的投资协议进行合规性审查，并提出建议；区财政金融局对项目涉及资金扶持政策、基金支持等事项提出建议；区经发科技局对项目及产业导向、项目认定等事项提出建议；区招商与人才局统筹组织召开项目联席会议，负责对本单位提交会议项目产业认定、效益产出、优惠政策进行初审；区行政审批局对项目涉及审批事项提出建议；区规划和自然资源分局对项目涉及的选址方案、供地、方案审查等事项提出建议；区生态环境分局对项目涉及生态环保等方面指标提出建议；综合保税区管理办公室、医药港小镇发展服务中心、大创小镇发展服务中心负责对本单位提交会议项目产业认定、效益产业、优惠政策进行初审；新区下属国资公司对项目涉及物业租赁补助等事项提出建议。

【项目开工促进】 2019年，新区招商与人才局围绕项目开工推进，建立每月招商引资固定研究日、项目推进周三例会、招商引资项目准入联席会议、重大项目开竣投、重点项目专员服务等机制。全年牵头召开产业项目联席会议10次，累计过会项目63个，计划总投资累计393亿元；召开企业服务协调会50多场，走访调研企业100多个，回复解决企业提出问题80多个。建立完善重大项目清单制度、重大项目推进工作机制、项目履约监管机制和通报督查制度，完成省市县长“152”工程等项目开工目标。全年完成工业用地挂牌17宗、面积80.39公顷；完成土地农转用组件项目32个、面积206.67公顷；得力普乐士、顾家家具、菜鸟e—WTP（电子世界贸易平台）等13个项目实现开工；省市县长“152”工程有3个项目开工，分别是总投资50

亿元的顾家智能家居项目、总投资30亿元的吉利新增年产10万辆乘用车项目、总投资14亿元的裕桥电子物联网智能设备项目。

【重大项目集中开工投产】 2019年12月11日，新区举行重大项目集中开工、竣工投产活动。30个总投资663亿元的项目集中开工或竣工投产。其中开工项目20个，总投资246.43亿元，包括顾家智能家居及家具制造项目、阿里巴巴杭州e—WTP示范区项目等；年内投产（试生产）项目10个，总投资416.41亿元，包括杭州中欣晶圆大尺寸半导体硅片项目、格力电器杭州智能电器产业园项目等。开工项目中有重大产业项目13个，总投资116.3亿元，涉及生物医药、汽车零部件、高端装备制造、智能高端家具、计算机通信、跨境电商等领域。

招商推介

【招商洽谈与投资推介】 2019年，新区招商部门组织参加大型重要活动10多场，有上海推介会、半导体产业论坛、世界浙商大会、浙江投资贸易洽谈会、国际投资贸易洽谈会、国际人才交流大会、外商投资服务月等。管委会领导带队外出敲门招商20多次，国内招商赴北京、上海、广州、深圳、天津、江苏、安徽、辽宁等省市，国外招商赴美国、日本、韩国、德国、法国、澳大利亚等国家和地区，推介宣传新区，对接项目。9月，新区与南非库哈工业园（经济特区）签订经贸合作事项协议。10月，签约西子航空合资项目、优替济生项目等10个项目。11月，签约日本泰谷诺公司增资扩产新项目。

2019年4月13日，格力集团董事长董明珠（中）检查落户新区的格力电器杭州智能产业园项目建设 （童志忠 摄）

【驻外招商机构成效显现】 2019年，新区驻外招商成效显现，3个国内驻外招商处累计获取施罗德、赛默飞世尔、艾格拉斯等新项目信息167条，拜访企业（机构）738批次，带客户到新区考察洽谈65批次，参加或赞助活动193场。新区驻德商务代表处走访德国及其他欧盟成员国的政府部门、研发机构、企业等100多个。13个境外机构或企业代表团受邀访问新区。协助和筹备投资推介活动8场。引进美国医疗大数据创业、德国定制电商平台、德国工业视觉检测系统3个项目落户新区。

【新区参与贸易展览】 2019年6月8—12日，首届中国—中东欧国家博览会暨国际消费品博览会、第二十一届中国浙江投资贸易洽谈会在宁波举办，新区招商与人才局、综合保税区管理办公室参会。东芝开利空调（中国）公司、松下家电（中国）有限公司等新区代表企业参加2019年浙江省外商投资企业圆桌会和浙江投资贸易洽谈会系列活动。贸易展览期间，松下家电（中国）有限公司、浙江荷清柔性电子技术有限公司在国际会展中心设展，2个企业的魔镜智能系统、柔性无机微纳技术等高科技产品吸引业界关注。新区代表团参与贸易展览，宣传新区投资环境及发展前景，吸引项目交流合作。 （俞佳君）

责任编辑 黎洪正

口岸·贸易

内陆口岸

【肉类查验和生物医药检疫平台建设】 2019年6月，杭州综合保税区经海关总署验收通过后，加快建设肉类查验场和生物医药检疫两大平台。依托杭州进口肉类指定查验场和生物医药检疫平台功能，建设服务于杭州及周边地区进口肉类查验平台，促进综保区服务贸易产业转型，形成多元化冷链产业集聚。利用生物医药检疫平台，通过降低进口实验室设备高昂税务成本及具备更便利进口实验试剂的优势，招引国外有资质的生物医药实验室检测平台入驻，建成平台集聚区并与生物医药小镇形成联动，提供便利的生物医药检测环境，满足新区及周边地区生物医药企业产品实验检测的需求。发挥区域产业优势，促进园区转型升级，做大做强生鲜、冷链物流业，实现差异发展。

2019年10月15日，设于杭州综合保税区的杭州肉类进出口查验场由海关总署、杭州海关到场验收通过 （童志忠 摄）

【进口肉类指定查验场设施建设】 2019年，位于杭州综合保税区的杭州进口肉类指定查验场按照《进口肉类指定口岸/查验场基础能力建设要求》和海关总署2019年68号公告有关要求，基本完成一体化冷库、办公用房和现场查验技术用房、检疫处理区、集装箱放射性检测消毒设施、信息化监管设施等建设工程。一体化查验冷库占地面积6972平方米，建筑面积1.09万平方米，查验平台面积1440平方米，设计卸货平台11个（具备查验功能的平台6个），启用3个，可同时满足查验275吨的进口肉类。设计冷冻库库存量1.4万吨，温度为-20℃，层高为22米，分3个独立冷间，冷库内采用无人操作的全自动智能立体仓储设备，配置约1.8万个托盘位，实现全流程智能化管理，可满足年进口20万吨肉类的业务需求。

【肉类查验场消毒与信息化监管设施】 2019年，杭州进口肉类指定查验场集装箱放射性检测消毒设施建设完成。在杭州综保区进区卡口配备喷淋消毒装置，对集装箱、运输车辆进行全方位消毒。配备集装箱放射性检测设备，对进口肉类开展放射性监控检测，确保进口肉类安全和防疫工作需要。主卡口配置2进2出的货车通道，安装电子闸门放行系统、集装箱箱号自动识别系统、电子车牌自动识别系统、地埋式摄像机、可视对讲系统等。一体化冷链仓库内设有全方位视频监控系统，可满足24小时监管需要。

【肉类查验场验收准备和运营保障】 2019年，新区按照建设全国一流肉类查验场的标准要求，采取现场办公、专题研究等形式，破解建设难题。针对智慧化设备安装调试进度慢的情况，建立工作协调推进机制，成立验收工作专班，协调解决问题100多个。10月15日，杭州海关预验收提出17项整改意见，新区管委会及相关部门逐个落实，10个工作日内整改到位。印发《杭州进口肉类指定查验场肉类产品质量安全保障实施方案》《杭州综合保税区进口肉类重大动物疫病、食品安全事件应急处置方案》等，钱江海关驻下沙办事处和运营单位制定相应监管和保障机制。新区管委会出台《新区关于促进跨境电商及口岸发展的若干政策》，在鼓励进口肉类供应商入驻、做大进口肉类规模、拓展业务类型及提升社会知名度上给予政策支持。

【进口肉类指定场地获运营资质】 2019年12月24日，海关总署发布进口网类指定监管场地名单，杭州进口肉类指定监管场地通过验收并获运营资质。杭州进口肉类指定监管场地是杭州唯一获海关总署（原国家质量监督检验检疫总局）批准设立的进口肉类指定监管场所，是杭州市提升对外开放水平和推进城市国际化的重要平台。监管场地项目占地面积3.2公顷，总投资3.5亿元，2018年3月开工建设。项目按冷链查验和仓储一体化进行规划建设，查验监管场地设11个卸货平台，可满足同时查验275吨的进口肉类量和年进口20万吨肉类的业务需求。根据国家质量监督检验检疫相关规定，钱江海关驻下沙办事处统筹谋划，助推杭州建设进口肉类指定口岸项目。

口岸监管

【进出口货物监管】 2019年，杭州海关隶属钱江海关驻下沙办事处监管进出口货物22.2万吨，货值48.1亿美元，货物报关单接单7.6万份。征收“两税”（关税和进口环节税）30.3亿元，比上年增长3.2%。辖区有备案企业1964个。签发原产地证书1.11万份，为企业节省进口“两税”约1.7亿元。跨境电子商务进口业务保持领先，全年新区验收跨境进口业务5902.5万单，货值118.1亿元。

【钱江海关驻下沙办事处揭牌成立】 2019年2月28日，杭州海关隶属钱江海关驻下沙办事处揭牌成立。钱江海关驻下沙办事处前身是中华人民共和国杭州经济技术开发区海关和杭州出入境检验检疫局驻开发区办事处。为顺应全国海关机构改革有关要求，杭州海关根据地方经济发展的需要，合并海关与出入境检验检疫两大职能成立钱江海关驻下沙办事处，为新组建的钱江海关下设6个正处级办事处之一，业务范围涵盖新区的通关、保税、稽查、企业管理、检验检疫等海关业务。揭牌运作后的钱江海关驻下沙办事处，在新区行政服务中心（下沙）、杭州综合保税区、中国（杭州）跨境电子商务综合试验区下沙园区和下城园区等地均设有办公点。

【跨境海关监管创新】 2019年初，针对“天猫国际”“网易考拉”等大型电商平台反映存在大量“退货难”情况，钱江海关驻下沙办事处在全国率先推出跨境电商零售进口包裹退货新模式。5月，跨境电商进口B2C包裹退货模式在中国（杭州）跨境电子商务综合试验区下沙园区投入运行，实施前期“整单良品类”试点退货模式，允许“非整单”“非良品”类包裹退货入区，缩短企业退货时间，降低企业经营成本，提升消费者体验。8月，经海关总署赋权，探索超过30天退货商品退回杭州综合保税区内重新上架销售的监管模

2019年11月10日，钱江海关下沙办事处联合杭州综合保税区办公室成立“双十一”现场协调指挥部 （董科娜 供稿）

式，跨境电商网购保税零售进口商品历史积压退货处置问题得到解决。

【“区港联动”快速通关】 2019年，钱江海关驻下沙办事处为满足高新技术、生物医药企业快速通关需求，联合萧山机场海关谋划建立“区港联动”模式。该模式整合杭州综合保税区的政策优势和萧山机场港区的区位优势，将物流仓储的服务环节移至口岸环节，赋予杭州综合保税区分拨运抵、分拨理货、货物申报、货物查验口岸作业功能，减少通关作业环节时间，降低企业仓储、物流、管理成本。12月18日，由史陶比尔（杭州）精密机械电子有限公司申报进口的一批工业连接器从萧山机场口岸入境，作为杭州综合保税区与萧山机场首单“区港联动”业务，该批货物在钱江海关驻下沙办事处和萧山机场海关的通力合作下成功办结，实现“当日分拨申请、当日运抵、当日放行”。

【海关助力优化营商环境】 2019年，钱江海关驻下沙办事处压缩整体通关时间，出口整体通关时间0.56小时，比上年压缩62.8%；进口整体通关时间35.74小时，压缩9.5%。贯彻国务院《关于促进综合保税区高水平开放高质量发展的若干意见》，调研对接企业46个次，针对企业迫切需求实现8项政策落地，帮助企业寻求最优解决方案和释放产能，试点企业出口额增长29%。深化全国通关一体化改革，开展加工贸易无纸化作业，推进杭州综合保税区内“两步申报”试点改革。围绕“3·15”国际消费者权益日、“8·8”海关法治宣传日等重要节点，开展专题普法宣传活动。推进知识产权保护进程，组织普法进校园活动；针对AEO认证、跨境电子商务新业态，派员赴企业开展专项政策辅导。全年组织专题宣传活动5次、普法进校园活动2次，赴企业开展法治培训5次，覆盖企业23个，召开政策宣讲、企业培训30多次。指导企业加强自律管理，新培育高级认证企业1个，指导3个高级认证企业完成重新认证。（候昕凝）

对外贸易

【外贸进出口总额850.68亿元】 2019年，新区实现外贸进出口总额850.68亿元，进出口规模居杭州市第一位。其中出口总额470.1亿元，占全国出口总量2.73‰，规模居杭州市第三位，增长8.3%。年末新区统计在册外贸企业946个，其中实绩企业641个。全年实现服务贸易出口总额9.08亿美元，其中服务外包8.4亿美元。帮助近200个企业申请到政策资金逾4700万元，新区外贸企业境外参展数呈现两位数的增长。关注企业进口，组织企业参加博览会。6月，新区外贸主管部门组织52个企业参与首届中东欧博览会。11月，组织200多个企业参加第二届中国国际进口博览会。（郭　铭）

【2个案例入选全国服贸“最佳案例”】 新区跨境电商进口B2C包裹退货新模式和“网展贸”服务新模式2个案例入选全国服务贸易2019年度“最佳案例”。5月9日，杭州综合保税区推出跨境电商进口B2C包裹退货新模式。该模式下的进口商品可直接通过非申报通道进入保税区内设立的公共退货中心仓，允许退货包裹直接退货入区，减少退货商品在区内的滞留，有助减轻企业成本压力。“网展贸”服务新模式依托新区企业浙江米奥兰特商务会展有限公司的“网展贸Max”在线数字展览平台，以米奥兰特海外买家团队收集和提供的商品需求信息为核心，结合企业的外贸大数据服务和精准配对功能，建立集数字展示、数字撮合、数字洽谈为一体的在线数字展览全新模式，实现“在家做外贸、在家找客商、在家拓市场”的目标。（艾小亨）

跨境电子商务

【跨境电商稳步增长】 2019年，新区完成跨境进口19.6亿美元，比上年增长9.9%；跨境零售进口额19.6亿美元，占杭州市比例的90%，交易单量杭州市第一；跨境出口完成9.46亿美元，增长16.4%。鼓励发展跨境电商，全年招引跨境电商企业80个。创新跨境电商模式，探索特殊区域跨境电商B2C邮路，首创跨境电商进口B2C包裹退换货模式。拓展国际合作模式，与南非库哈工业园（经济特区）开展经贸合作。完善跨境电商生态，构建大学生实训创业平台，新设立外贸综合服务试点企业2个。

【跨境电商邮路和退货问题解决】 2019年，位于杭州综合保税区内的中国（杭州）跨境电子商务综合试验区下沙园区与海关、邮政及试点企业的多轮业务协调和对接，实现保税出口“1210”模式正常运行，并实现邮政通道发货，采用邮政国际小包和国际“e邮宝”两个产品，线路可覆盖200多个国家。5月，首创跨境电商进口B2C包裹退换货模式，上海寄至杭州综合保税区的箱包类退货产品经海关确认、登记、理货后进入下沙园区退换货专用仓，平台退货难题得到解决。8月，海关总署批准杭州作为进口退换货试点区域，允许电商平台上销售超过30天的包裹退回下沙园区，“考拉海购”等电商企业之前积压的不能退换货包裹的历史遗留问题得到解决。

【跨境电商人才培养】 2019年，新区构建大学生实训创业平台，联合浙江工商大学签订成立中国（杭州）跨境电商学院框架协议。重点培养“一带一路”国家及国内跨境电商精英人才，填补跨境电商高端人才培养的国内空白。建设跨境电商创业创新高地，引进中国跨境电商实训创业（eBay）中心，与新区大学城14所高校建立合作，常驻导师面对面辅导大学生，开展实操指导，引导踏上跨境电商创业之路。做强产业链条，设立外贸综合服务试点企业。7月，新区企业杭州乐链网络科技有限公司和浙江金创供应链管理有限公司被省商务厅认定为浙江省外贸综合服务企业，成为跨境电商外贸综合服务平台。

2019年6月27日，新区管委会与浙江工商大学举行合作签约仪式，共建中国（杭州）跨境电商学院 （王庆生 朱 帆 供稿）

【政策制度促进跨境电商发展】 2019年，新区加强政策、制度组合，推进跨境电商发展。10月，出台《关于进一步加快现代服务业发展的若干政策》《关于促进跨境电商及口岸发展的若干政策》，鼓励企业发展电子商务，支持引进电子商务交易平台，打造电商特色楼宇；鼓励发展电子商务服务业，建设网上交易支付平台，提高仓储物流科技应用水平等。加快跨境电子商务园区及总部经济建设，扩大跨境电商出口规模，做优跨境电商进口业务，做大新区的肉类口岸规模。围绕推进跨境电商的发展，新区管委会与钱江海关签订战略合作协议。

【跨境电商大型活动】 2019年，新区的杭州综合保税区办公室围绕跨境电商发展多次举办专业性大型活动，营造跨境电商影响力，并获杭州跨境电子商务“三新”（制度创新、管理创新、服务创新）园区认定。3月，在深圳举办跨境电商大卖家招商会，推广杭州综合保税区制度和服务优势，效果显著。7月，主办跨境电商峰会，进口知名平台“洋码头”签约落户新区。10月，参展电子商务博览会，宣传推广新区营商环境。11月，在浙江经贸职业技术学院召开跨境大卖家专场招聘会。12月，举办第二届跨境电商出口十倍增长峰会、中国杭州B2B出口跨境电商峰会·钱塘新区、全国跨境电商创业大赛（杭州赛区）3场重大活动。

【跨境电商学院建立】 2019年6月27日，新区管委会与浙江工商大学会合作建立“中国（杭州）跨境电商学院”，助力杭州建设全国跨境电商第一城。该跨境电商学院是以新区管委会为依托，联合清华大学电子商务交易技术国家工程实验室、知名企业共同创办的新机制学院，致力于中国跨境电商人才培养。杭州有1.3万个跨境电商企业，全国范围内该领域人才缺口约450万人。浙江工商大学是国内最早一批从事电子商务研究的高校，是浙江省唯一一所实现跨境电商方向本科、硕士、博士3个层次全覆盖高校，建有产学研合作基地20多个。该校配置的跨境电商专业，有法语、阿拉伯语、日语等小语种专业和2000多名来自100多个国家的留学生，拥有中非研究院、阿联酋文化交流中心，具有跨境电商人才国际化办学基础。新成立的跨境电商学院开展“一带一路”沿线国家海外办学，培养对象以“一带一路”沿线国家的留学生（兼顾国内生）为主体，每年招收100名学生。

【全国首个“保税仓直播间”开通】 2019年8月，杭州综合保税区与“网易考拉海购”平台开展创新试点合作，在杭州开通全国首个保税仓直播间。“网易考拉”平台数据显示，得益于直播和短视频等内容生态布局，“七夕”期间“网易考拉”杭州保税仓销售额增长138%；与8月1日开播首日相比，8月直播高峰期保税仓销售额提升231%。通过保税仓直播，平台消费者能通过内容化、互动化、场景化的方式，直观感知海外商品跨境进口保税链路，减少用户决策成本，提升进口消费体验。直播品类以服饰、轻奢品为主，由MCN机构的专业人员KOL在保税仓内进行正品直播导购。该创新模式下，从直播样品到发货商品均来自保税仓监管货架，跨境消费正品体验得到强化。 （俞 宙）

责任编辑 黎洪正

开放·合作

开放窗口

【**杭州综合保税区开放发展**】2019年，新区将杭州综合保税区作为打造全省改革开放战略性、标志性大平台的重要抓手，助推杭州综合税区验收，融入e—WTP（世界电子贸易平台）建设，开拓数字经济新兴市场。6月，杭州综合保税区通过海关总署授权省联合验收组验收。新区借此发挥综合保税区、跨境电商综合试验区叠加优势，打造跨境电商“升级版”，加快建设成为物流分拨中心、贸易服务中心。12月，e—WTP公共服务平台在杭州综合保税区内的跨境园区上线。通过该平台申报的首批39件包裹、货值529美元的商品，得到海关特殊监管区域现场放行指令，经邮路发往俄罗斯、乌克兰、英国等国家。杭州综合保税区为全国首批设立的出口加工区和跨境电商综试区试点园区，依托杭州海关特殊监管区域优势，发展保税加工制造业和跨境电商贸易，形成以笔记本电脑、汽车配件、家用电器产业为主，加工制造、保税物流、跨境电商一体化的产业链格局，取得跨境电商领域诸多“全国第一”。自2001年封关运行起，杭州综合保税区累计实现工业总产值1790亿元，税收87.6亿元，进出口总值374.8亿美元，跨境进口交易额293亿元。（艾小享）

中国（杭州）跨境电子商务综合试验区下沙园区（艾小享 供稿）

【**与中科院曼谷中心签订“一带一路”合作协议**】2019年，新区积极建设全省新时代改革开放的重要窗口，融入并参与国家“一带一路”建设。11月9日，中国（浙江）全球科技精准合作交流会暨“一带一路”国际科学组织联盟青年科学家研讨会在新区召开。41个国际科技合作项目在研讨会上签约，其中新区管委会与中国科学院曼谷中心签订“一带一路”新兴技术创新与孵化战略合作协议，内容主要包含加强科技创新合作和积极开拓海外市场等。中国科学院曼谷创新合作中心是中科院首个设在海外的、以促进科技合作和科研成果转移转化为主要目的的非营利性海外代表机构，作为中科院、企业和东盟国家

之间的桥梁，发掘东盟国家对技术的需求和国内企业“走出去”的需求，提供可行解决方案，发挥指导作用。（陈依丹）

区域合作

【参与长三角一体化发展】 2019年，新区贯彻国家长江三角洲区域（简称长三角）一体化发展战略，组织召开全省推进长三角一体化发展大会新区分会场活动，成立新区推进一体化发展领导小组，谋划推进长三角一体化实施方案。梳理新区长三角一体化项目和中央预算内投资储备项目清单等，新区9个项目申报后经省发改委审核通过。谋划新区长三角小镇平台建设，加快小镇规划编制；参与协同融合发展，医药港小镇加入长三角G60科创走廊生物医药产业联盟；推动医药港小镇与上海张江、苏州工业园区等在创新药研发、生物制药和智能医疗设备科研成果产业化方面展开合作。推进区域一体化工作，新区和海宁市政府签订全面战略合作协议，形成高层会商机制、联席会议制度及工作推进机制，推进区域联动创新发展。推进与萧山区战略合作事宜，就协同推进重大道路建设、“飞地”征迁等具体事项达成共识，推进三方债权债务协议的签订。（王　雪）

【新区与海宁全面战略合作启动】 2019年10月23日，新区管委会与海宁市政府签订全面战略合作协议。双方以建设杭嘉一体化合作先行区为基础，在规划政策对接、产业协同发展、平台合作、功能聚合等方面进行协同，打破行政区域限制，促进人口、资金、信息等要素的自由流动和相关领域的融合发展。新区与海宁分处钱塘江两岸，两地分属不同行政区但地块接壤。双方展开战略合作，将以两地区域一体化发展为核心，合力推进两地在规划、建设、产业、平台和社会事业等各方面的对接合作，加快形成开放型区域一体化发展新格局，努力将新区和海宁打造为浙江省跨行政区一体化发展的示范区、领率区、样板区，长三角一体化高质量发展的标志性大平台。签约当天，新区党政考察团一行赴盐官旅游度假区、经济开发区（海昌街道）和鹃湖国际科技城等地，实地考察盐官旅游开发合作项目、欣奕华半导体智能装备项目、奕斯伟项目和浙江大学海宁国际校区。

2019年10月23日，新区管委会与海宁市政府签署战略合作协议

（童志忠　摄）

【“杭海新区”纳入新区战略规划范围】 根据2019年10月23日新区与海宁签订的全面战略合作协议，海宁“杭海新区”同意纳入新区战略规划范围。海宁实施“融杭接沪”战略，将许村镇、长安镇（高新区）205平方千米及盐官度假区25平方千米总计230平方千米区域列为杭海新区规划建设用地。杭海新区建设列入《浙江省大都市区建设行动计划》，发展目标是成为接轨沪杭的科创新区、拥江发展的产业高地、深度融杭的品质新城。全面战略合作协议明确推动产业协同发展，发挥新区电子信息、新一代信息技术、生物医药、新能源新材料、先进装备制造、现代食品等产业优势和海宁市的成本、空间优势，推动产业间协作，实现新区和海宁市的产业协同发展。深化两地重点平台合作，推进海宁市的杭海新区、海宁经济开发区、尖山新区（黄湾镇）、鹃湖国际科技城等平台与新区的医药港小镇、大创小镇等平台合作。两地完善公共服务网络，重点推进跨区域轨道交通、道路等重大交通设施互联互通，提升城市能级，优化教育发展质量等。

【长三角公共服务共享】 2019年，新区和嘉兴海宁市共建共享公共服务，两地分别在自助办事区放置自助终端，实现两地市民可凭身份证异地自助办理社保参保证明打印、房产证明打印等业务。其中嘉兴市民可在新区自助办理762个行政许可事项，杭州市民可以在杭海新区自助办理257个公共服务事项。启动长三角政务服务“一网通办”。在新区行政服务中心大江东分中心和下沙分中心，设立G60科创走廊长三角“一网通办”综合服务窗口，在浙江政务服务网钱塘新区平台专设长三角政务服务“一网通办”专栏，依托统一的EMS物流体系，实现异地收件、证照送达。长三角政务服务“一网通办”开通运行起，在新区有51个政务服务事项实现“一网通办”，包括30个企业服务事项和21个个人服务事项。

区校合作

【区校合作调研与推进】 2019年新区成立后，为调动辖区高校人才、科研潜力，助推新区高质量发展，新区大创小镇发展服务中心对高校优势与产业现状开展调查研究，夯实合作基础。根据“515”现代产业发展体系，谋划具体合作项目与机制；撰写合作报告，推动一批产业项目签约落地。作为新区承载高校创新资源、孵化师生双创项目的主平台和主阵地，大创小镇按照“平台共建、产业共兴、人才共育、资源共享、氛围共创”原则，与高校展开多层次、宽领域的合作。年末，大创小镇与高校累计合作共建创新平台11个，面积6.9万平方米。杭州东部创新创业资源共享服务平台应区校合作而建，在征集企业技术需求、推进高校科技成果转化、促成校企产学研横向合作方面发挥重要作用。该平台面向区内企业和创新平台提供科研仪器、设备和实验室信息共享服务等内容，整合仪器设备1358台，收集高校教授级以上专家信息833名，实验室（所）信息375页，注册企业用户703户，为1600个次企业提供技术服务。

【区校合作渠道构建】 2019年，围绕区校合作，新区搭建多层次的交流渠道。实施企业“人才进校”活动，邀请国家级及省级特聘专家赴高校开设实务讲座、担任兼职教授、开展项目合作等。启动“创新驱动促转型、高校博士进企业”活动，帮助企业解决实际技术问题。通过实施带薪实习项目，将高校优秀学子选到企业学习，首期项目吸

2019年新区推进落地的11个区校合作项目情况

表13

序号	合作高校	项目内容
1	杭州电子科技大学	1.杭电联合创新中心。创新中心以科技创新和成果转化为方向，面向工业互联网、人工智能、新一代移动通信技术、微纳器件与系统、云技术、认知与智能计算、网络空间安全等重点领域，目标打造国家级示范性科技创新和成果转化基地
2		2.资产云开放协同创新中心。开发资产云资产管理系统，新区给予场地租金物业费等优惠政策支持
3		3.研究生联合培养基地。新区鼓励支持区内高层次人才、企业中高层管理人员到杭电任客座（兼职）教授、研究生企业导师。杭电支持和帮助区内龙头骨干企业建设博士后工作站，推动产学研政联合培养高素质创新型人才
4		4.杭电附属幼儿园。与新区共建杭电附属幼儿园，优先保障杭电教职工子女的就近入托
5	浙江工商大学	1.中国（杭州）跨境电商学院。为新区打造e-WTP全球试验区，培养国家一带一路跨境电商精英人才，将综保区作为跨境电商学院教学基地
6		2.支持师生及校友创新创业。引导和激励师生及校友在区内创办各类科创企业，优先支持具有良好产业化前景的高新技术项目在区内转化落地，促进产业结构优化升级
7	浙江水利水电学院	1.共建创新创业园。围绕智能制造、信息技术、电子商务、文化创意等领域，在学校生活区共建创新创业园区
8	浙江经贸职业技术学院	1. 共建浙江钱塘数字经济产教联盟。学校联合区内企业和长三角高校、行业协会成立“浙江钱塘数字经济产教联盟”，建设专业双师工作室、技术研究所和科技人才服务平台，促进科研成果转化及应用，为新区企业提供人才供给、技术支持和员工培训等服务
9		2.共建食品药品质量与安全产教融合示范基地。共建食品检测中心，强化生产性实训基地功能，与区内检测领先企业华测、方圆等合作开展食品药品检测技术、科普宣传、创新创业项目
10		3.共建跨境电子商务城市服务中心。为区内跨境企业提供智库咨询、英才培养，参与跨境电商人才鉴定和标准制定、考评实训系统研发，提供人力、IT、法务等全方位的智力支持和服务
11		4.共建钱塘数字化财税金融协作中心。发挥资源和平台优势与新区税务系统合作开展税务轮岗实训、税务干部培训等，与市场监督局开展企业信用管理示范企业评价和企业示范培训等合作，推进新区财税数字化建设

2019年新区促成的101个校企产学研合作项目情况

表14

序号	企业名称	合作高校	合作项目
1	杭州世宝汽车方向机有限公司	杭州电子科技大学	齿轮齿条方向机性能评估与性能优化技术研究补充协议：FC-3AC、009、J59Y
2	浙江巴泰医疗科技有限公司	杭州电子科技大学	全自动血管取栓柱塞泵电路控制系统
3	杭州凯优科技有限公司	杭州电子科技大学	数字化设计仿真云平台关键技术研究与实施
4	杭州立昂东芯微电子有限公司	杭州电子科技大学	0.5微米开关型pHEMT工艺模型库开发
5	杭州芯耘光电科技有限公司	杭州电子科技大学	高低温探针台测试
6	杭州立昂东芯微电子有限公司	杭州电子科技大学	0.25微米功率pHEMT工艺模型库开发
7	杭州文一教育发展有限公司	杭州电子科技大学	后勤公共服务平台（邮件收发）系统维保项目
8	杭州电力设备制造有限公司	杭州电子科技大学	基于泛在电力物联网的智能低压开关柜技术研究
9	浙江腾泰信息科技有限公司	杭州电子科技大学	智能制造生产执行系统的研发
10	杭州国彪超声设备有限公司	杭州电子科技大学	超声波液体雾化喷涂技术研发
11	浙江众匠信息技术有限公司	杭州电子科技大学	YOU选大数据多维实时数据分析系统及虚拟容器下自动化的关键技术和趋势分析
12	杭州中汇教育咨询有限公司	杭州电子科技大学	数字经济时代CFO能力素质框架研究
13	杭州酷耳教育科技有限公司	杭州电子科技大学	数字化转型背景下的业财融合模式研究
14	杭州一竿子科技有限公司	杭州电子科技大学	App框架研发
15	浙江一清环保工程有限公司	杭州电子科技大学	难降解废水电催化治理技术与装备研究
16	杭州前进齿轮箱集团股份有限公司	杭州电子科技大学	有机废气处理设备除雾器改造技术开发
17	杭州国彪超声设备有限公司	杭州电子科技大学	超声分散石墨烯特性分析服务
18	浙江一清环保工程有限公司	杭州电子科技大学	工业废水处理工程远程诊断系统研究
19	杭州斯帕克工业设计有限公司	杭州电子科技大学	远红外线低辐射吹风机研制
20	杭州多米来文化创意有限公司	杭州电子科技大学	幼教产品创意设计
21	杭州和正医药有限公司	浙江理工大学	新型药物分子的合成
22	杭州安杰制动器有限公司	浙江理工大学	高速水稻钵苗移栽机技术
23	硕维科技（杭州）有限公司	浙江理工大学	地铁400V母联柜程序技术支持服务
24	杭州博才文化发展有限公司	浙江理工大学	青少年创意写作人才的协同培育平台
25	卓尚服饰（杭州）有限公司	浙江理工大学	国际时尚管理培训
26	龙焱能源科技（杭州）有限公司	浙江理工大学	薄膜太阳能电池材料表征及测试
27	安和诚表面处理技术（杭州）有限公司	浙江理工大学	金属配件清洗液组分分析方法开发
28	浙江诗华诺倍威生物技术有限公司	浙江理工大学	猪圆环支原体二联疫苗的开发
29	杭州精效家具制造有限公司	浙江理工大学	东方荟实木产品成组优化系统性研发
30	浙江全连科技有限公司	浙江理工大学	成衣设计的智能搭配
31	杭州工享科技服务有限公司	浙江理工大学	基于NB无线通信的设备电量和状态参数远程监测技术及数据采集模块开发
32	浙江正泰中自控制工程有限公司	浙江理工大学	开封金盛热力智慧供热分析与优化策略开发
33	杭州味全食品有限公司	浙江理工大学	2019年杭州味全精益生产技术开发
34	卓尚服饰（杭州）有限公司	浙江理工大学	服装生产数字化转型战略规划

续表14

序号	企业名称	合作高校	合作项目
35	杭州中科氢能科技有限公司	浙江理工大学	有机样品的结构及含量分析方法研究
36	杭州孚德品牌管理有限公司	浙江理工大学	法网及体育IP服饰设计
37	杭州紫芯光电有限公司	浙江理工大学	薄膜光电器件结构分析
38	杭州先途电子有限公司	浙江理工大学	160千瓦螺杆机异步电机变频控制器
39	博维（杭州）知识产权代理有限公司	浙江理工大学	一种巴斯噶非圆齿轮驱动的八叶片差速泵
40	博维（杭州）知识产权代理有限公司	浙江理工大学	一种正弦非圆齿轮驱动的八叶片差速泵
41	杭州码全信息科技有限公司	浙江理工大学	工程车车牌检测与识别系统
42	杭州长庚测量技术有限公司	浙江理工大学	基于校企合作的科技英语翻译实践研究—产品几何技术规范系列文本翻译
43	杭州多禧生物科技有限公司	浙江理工大学	ADC小分子药物的结构确证分析
44	杭州博才文化发展有限公司	浙江理工大学	公司体育舞蹈文化建设与发展
45	杭州敦固建筑特种工程有限公司	浙江理工大学	中国乡村艺术小镇旧建筑改造研究
46	杭州泰明顿摩擦材料有限公司	浙江理工大学	盘式刹车片组装线全自动化改进研究
47	杭州洪扬生物工程有限公司	浙江理工大学	生物反应器悬浮培养技术制备猪支原体肺炎和猪圆环病毒抗原蛋白的工艺研究
48	华东医药供应链管理（杭州）有限公司	浙江理工大学	标准化补助申报技术服务
49	卓尚服饰（杭州）有限公司	浙江理工大学	服装版型数字化具体实施方案
50	杭州维丽杰旅行用品有限公司	浙江理工大学	新型箱包材料技术开发
51	杭州华丝夏莎纺织科技有限公司	浙江理工大学	“一种抗菌乳液的制备方法”专利权转让
52	华东医药供应链管理（杭州）有限公司	浙江理工大学	疫苗物流标准化技术服务
53	杭州码全信息科技有限公司	浙江理工大学	大数据平台软件设计与研发
54	杭州云擎文化创意有限公司	浙江理工大学	实验课程视频资源拍摄方法研究探讨
55	杭州大道教育科技有限公司	浙江工商大学	国际化视野下的线上线下混合式日语教育模式研究
56	杭州佰昕科技有限公司	浙江工商大学	新型双功能螯合剂制备的重金属铜人工抗原特性测定
57	杭州九阳小家电有限公司	浙江工商大学	豆浆感官属性描述剖析研究
58	杭州下沙股份经济合作社	浙江工商大学	杭州下沙股份经济合作社法律咨询服务研究（2019）
59	杭州华测检测技术有限公司	浙江工商大学	富春环保6号、7号、8号锅炉超低排放设施技术评估
60	杭州禾汇建筑景观设计有限公司	浙江工商大学	客路村景观设计总体方案
61	杭州禾汇建筑景观设计有限公司	浙江工商大学	金华市仙客岭农业旅游综合体总体规划设计
62	杭州佰昕科技有限公司	浙江工商大学	重金属铅单克隆抗体产品开发
63	杭州朗筑景观设计有限公司	浙江工商大学	基于高质量发展的乡村生态构建与创新模式研究
64	杭州睿岂生物科技有限公司	浙江工商大学	畜禽用抗生素快速检测技术研发
65	杭州下沙股份经济合作社	浙江工商大学	杭州下沙股份经济合作社法律咨询服务研究
66	杭州速克文化创意有限公司	浙江工商大学	“速克荣耀”青少年羽毛球嘉年华活动策划与组织
67	杭州乐聪教育科技有限公司	中国计量大学	智能实验室管理系统
68	杭州电眼网络科技有限公司	中国计量大学	基于云平台和大数据挖掘的售后外包平台优化
69	杭州量大互联科技有限公司	中国计量大学	山体裂缝下地测量装置
70	杭州益昊农业科技有限公司	中国计量大学	茶树害虫识别算法开发

续表14

序号	企业名称	合作高校	合作项目
71	杭州计测科技有限公司	中国计量大学	水泵智能控制器
72	杭州凯伟科技有限公司	中国计量大学	AI智慧台灯相关技术
73	杭州中久自控系统有限公司	中国计量大学	热力膨胀阀性能测试方法与自动化装置开发
74	杭州益昊农业科技有限公司	中国计量大学	农业物联网用照明及传感检测技术
75	杭州益昊农业科技有限公司	中国计量大学	基于图像处理的茶叶病虫害识别系统开发
76	杭州亿辰信息技术有限公司	中国计量大学	AGV机器人视觉避障技术
77	浙江量大智能科技有限公司	中国计量大学	一种非接触式污染物浓度扩散检测系统及方法
78	杭州白熊科技有限公司	中国计量大学	石墨烯基导热复合材料研制及应用
79	杭州诚挚生物技术有限公司	中国计量大学	适用于快速检测的3D打印微流控芯片
80	杭州沃镭智能科技股份有限公司	中国计量大学	EPB耐久试验台测试控制器研制
81	杭州沃镭智能科技股份有限公司	中国计量大学	汽车零配件离散制造业边缘计算框架开发
82	杭州沃镭智能科技股份有限公司	中国计量大学	杭州沃镭智能科技股份有限公司产学研合作协议
83	杭州沃镭智能科技股份有限公司	中国计量大学	声波与凝聚剂联合作用控制PM2.5颗粒排放研究
84	杭州亦依农业科技有限公司	中国计量大学	防鸟网室系统的设计与开发
85	杭州启飞智能科技有限公司	中国计量大学	基于机器视觉的云台控制性能测试装置研发
86	杭州启飞智能科技有限公司	中国计量大学	无人机惯性测量单元（IMU）减振方案设计
87	杭州宇隆科技有限公司	中国计量大学	无线充电LED圣诞灯
88	杭州路坦生物技术有限公司	中国计量大学	水产品中辛基酚等八种有害残留物的检测
89	饮源生物科技（杭州）有限公司	中国计量大学	动物源食品中八种药物残留的检测
90	杭州奥唯生物技术有限公司	中国计量大学	禽肉制品中兽药氟苯尼考残留的检测
91	杭州亚灵生物技术有限公司	中国计量大学	水产品中氯霉素残留的检测
92	杭州乐敦科技有限公司	中国计量大学	乌龟药用有效成分提取
93	杭州乐敦科技有限公司	中国计量大学	（3R，5S）-5-（羟基甲基）-1-甲苯磺酰吡咯烷-3-醇的工艺开发
94	杭州汉领信息科技有限公司	中国计量大学	汉领API应用安全网关系统的设计开发
95	杭州宏量科技有限公司	中国计量大学	一种可外部压力校准的电子血压计
96	杭州美迪凯光电科技股份有限公司	中国计量大学	纳米级光学/光电/半导体成膜
97	杭州益昊农业科技有限公司	中国计量大学	农业虫害识别算法及软件开发
98	杭州君桓信息技术有限公司	中国计量大学	基础工业工程实验室教学软硬件开发
99	杭州常华生物科技有限公司	中国计量大学	基于NK细胞系免疫治疗平台的研究开发
100	杭州纬恩电子科技有限公司	中国计量大学	六维力传感器解耦算法研究
101	杭州古德微机器人有限公司	中国计量大学	学生培训信息管理系统的研发

引高校数以百计的学生报名参加。针对项目初创期启动资金困难实情，新区管委会主导、区内相关高校共同参与成立“和达大创天使基金”，引导和带动一批创投机构和天使投资人将资本投向师生初创企业，为创新创业项目提供“种子资金”。年末，和达大创天使基金累计征集项目700多个，并获得足够基金支持。

【区校合作纵深发展】 2019年，新区管委会针对以往区校合作中存在的思想认识不一、对接机制不畅、资源共享不够、产教融合不足等问题，重新理顺沟通协调机制，由新

2019年11月29日，新区召开区校合作大会，10个校友经济项目签约落户
（童志忠 摄）

区党工委、管委会办公室牵头、各部门协力配合，大创小镇发展服务中心负责高校对接工作，推动区校合作向纵深发展。举办区校联合双创活动，2018年起先后与省教育厅、各高校举办"一带一路"千名海外青年走进大创小镇国际日活动、浙江省首届"大创杯"创客大赛、第四届全国创业学院院长论坛、第二届全国创新创业教育西湖论坛、改革开放40周年浙江省大学创新创业成果展等系列双创活动。9月，新区在帝工先进技术研究院举行人工智能复合型人才培养研讨会，为区校合作指引发展方向。发展校友经济，启动实施"浙子回归梦钱塘"工程。至年末，新区高校师生和校友创办科技型创新型企业2600多个，杭州捷诺飞生物科技股份有限公司、杭州缦图摄影有限公司、杭州联川生物技术股份有限公司、杭州沃镭智能科技股份有限公司均为辖区高校校友创办的知名企业。

【"浙子回归梦钱塘"工程启动】 2019年11月29日，新区区校合作暨"浙子回归梦钱塘"工程推进大会在大创小镇创博中心举行。辖区14所高校主要负责人、校企合作企业代表及各创新园区、平台负责人，高层次人才、企业代表、校友企业代表及中央、省、市、新区媒体400多人参会。围绕"深化新一轮区校融合、助推新区高质量发展"主题，新区启动"浙子回归梦钱塘"工程，管委会主任何美华代表新区与14所高校签订区校战略合作协议，管委会副主任王永芳与10个校友企业项目代表签订项目落户协议。新一轮区校战略合作协议内容主要包括平台共建、产业共兴、人才共育、资源共享、氛围共创等。

【区校合作成果显现】 2019年，新区将高校集聚、高教资源丰富的优势转化为助推新区高质量发展的动能，通过实施"浙子回归梦钱塘"工程，动员校友投身新区创新发展，实现项目落地、人才回流，为新区高质量发展注入动力。全年新区组织举办高校负责人座谈会、"创新驱动促转型、高校博士进企业"等活动，促成产学研项目合作101个，举办区校合作创新创业活动11场；组织杭州电子科技大学、杭州师范大学、浙江经贸职业技术学院3名教师到大创小镇发展服务中心挂职，促成30位博士进入30个企业服务。启动"浙子回归梦钱塘"校友回归工程，汇编出台100条校友经济政策。全年签约落地20个校友经济项目，总投资2亿元，涉及电子信息、自动化、生物医药、文创等产业。完成校友签约项目10个，分别是浙江理工大学—杭州功楚—生物医药联合研究所、浙江水利水电学院大禹创业中心、杭州矽磁微电子有限公司、杭州鸣健科技有限公司、杭州富光科技有限公司、杭州计测科技有限公司、杭州驾趣网络科技有限公司、杭州特瑞自动化科技有限公司、杭州万紫千红文化传媒有限公司、浙江威步机器人技术有限公司。

政银企合作

【新区与建行签订战略合作协议】 2019年7月9日，新区与建设银行浙江省分行签订政银战略合作协议。杭州市副市长、新区党工委书记柯吉欣和建设银行浙江省分行党委书记、行长高强参加签约仪式。根据政银合作协议，未来5年建行将向新区意向投资1000亿元以上信贷资产，在科技创新、基础建设、改善民生等方面助力新区高质量发展。政银联手合作，建行在信贷政策、信贷规模、业务运行效率、利率优惠和资源配置上对新区给予重点支持；发挥建行特色和优势，在投融资方面给予更多倾斜，加大金融创新和服务创新，拓展合作领域，深化合作内容，在多领域多层面服务新区开发建设。

【新区政银企党建联盟成立】 2019年12月5日，新区召开政银企党建联盟启动仪式暨全面战略合作签约大会。大会发布政银企党建联盟十大举措，即制定工作运行机制、搭建银企对接平台、组建“金融精英”团队、组织互学互看活动、促成银企党建共建、开展银企互访活动、开展金融业务培训、推出惠企金融产品、组织金融公益活动、营造清正廉洁氛围。特别发布十大金融产品共150个品种，旨在解决中小微企业融资难题。为方便企业了解和办理相关业务，新区财政金融局编印汇集各类金融产品的手册指南，供企业查阅。

【政银企战略合作签约】 2019年12月5日，新区举行的政银企党建联盟启动仪式暨全面战略合作签约大会上，管委会与20个金融机构签订战略合作协议，5个银企合作项目代表举行集中签约。政银合作签约的20个金融机构中，国有银行有工商银行浙江省分行、农业银行浙江省分行、中国银行浙江省分行、交通银行浙江省分行；政策性银行有国开行浙江省分行、进出口银行浙江省分行；股份制银行有浙商银行杭州分行、中信银行杭州分行、兴业银行杭州分行、招商银行杭州分行、浦发银行杭州分行、恒丰银行杭州分行；城市商业银行有杭州银行、宁波银行杭州分行、杭州联合银行、北京银行杭州分行、上海银行杭州分行；农村商业银行有萧山农商银行；证券机构有浙商证券、财通证券。5个银企合作项目分别是中信银行与松下家电（中国）有限公司、交通银行与杭州郝姆斯食品有限公司、农业银行与士兰微集团、工商银行与百合花集团、杭州银行与新区东部城投集团。根据协议，未来几年各大银行在新区加大资金支持力度，为新区基础设施建设、产业发展、普惠金融、乡村振兴等领域提供支撑。

2019年12月5日，新区政银企党建联盟暨全面战略合作签约大会在大创小镇国际创博中心举行　　（童志忠　摄）

【“金融超市”助企解决融资难题】 2019年12月5日，新区在政银企党建联盟启动仪式暨全面战略合作签约大会上，推出“十大金融产品”“金融、企业现场咨询洽谈活动”“杭州e融”等举措，着力解决企业“融资难”“融资贵”等问题。十大金融产品，涵盖担保类、科技类、快贷类、创业类、订单类、税银类、人才类、智造类、券商类，共约150个品种。组织金融、企业现场咨询洽谈活动，35个金融机构推出金融产品，200多家个体工商户、100多个中小微企业现场参与洽谈。参展银行、证券、保险等公司推出“小微网贷”“纳税e贷”“租金贷”“投联贷”等多款产品，具有申请渠道多元、担保方式多样、综合成本低、放款速度快等特点。“杭州e融”（杭州金融综合服务平台）是杭州市为扶持中小微企业而推广实施的“融资通畅工程”，年末平台累计入驻银行45个、上架金融产品191个，撮合融资供需1421笔，总授信金额44.58亿元。通过政府搭台，企业与金融机构面对面对接金融服务需求。借助“金融超市”平台，金融机构了解掌握企业需求，进而创新金融产品、提高金融服务水平。企业通过“金融超市”对金融产品有更全面和更系统的了解，结合自身需求，挑选适合的金融产品，从而拓宽融资渠道。　　（吴舒敏）

责任编辑　黎洪正

人才与科技创新

“人才特区”建设

【实施“人才特区”建设】 2019年10月，新区发布《关于建设“人才特区”打造才智高地的意见》（简称“意见”）。意见提出以建设“人才特区”、打造才智高地为总目标，坚持把人才引育摆在优先位置，建立更加科学、创新、灵活的人才体制机制，努力构建更加积极、开放、有效的人才政策体系，推进实施更加精准、有力、见效的重大人才举措，为新区实现高质量发展提供人才保证。明确实施钱塘人才潮涌工程，建设高能级人才平台，完善人才服务保障体系，确定21条人才引育政策及举措。钱塘人才潮涌工程是意见的实施重点，分钱塘英才引育、高层次人才创新创业支持、国际人才聚智、青年人才逐梦、主导产业人才集英、“钱塘工匠”锻造、“名师名医”培育七大计划。提出至2022年，新区引进和培育省、市领军型创新创业团队10个，引进市“521”计划等D类以上人才200名，高层次人才创办企业逾300个，高技能人才占技能劳动者比例35%以上。

2019年11月9—10日，杭州国际人才交流与项目合作大会在杭州国际博览中心举行，钱塘新区参会设置展位 （方 波 摄）

【人才工作整体运筹】 2019年，围绕“人才特区”建设，新区强化组织保障，成立人才工作领导小组及办公室。明确新区人才工作领导小组负责意见实施的统筹协调和宏观指导；新区人才办牵头分解落实工作目标任务，协调解决意见实施中遇到的问题；领导小组成员单位按照职责分工，制定主管行业、领域人才计划和具体实施细则，做好意见举措的落地见效。落实经费保障，设立新区人才战略专项资金，实行资金预算管理总量控制。建立健全政府投入为引导、用人单位和人才投入为主体、社会投入为补充的多元化人才开发投入机制，设立人才发展基金。整体运筹人才工作，建立新区人才工作领导小组议事协调机制、人才工作联席会议机制、人才工作例会机制、人才工作考核评议机制及人才工作督查机制等。

【钱塘英才引育计划】 2019年，新区聚焦生物医药、汽车及零部件、航天航空、数字经济、新能源新材料等重点产业领域，招引杭州市级A类人才，实行“一事一议”。新区自主申报入选国家级特聘专家的，最高可享受国家、省、市、区各级配套资金420万元；新区自主申报入选省级特聘专家的，最高可享受省、市、区各级配套资金300万元；新区自主申报入选市级特聘专家的，最高可享受市、区两级配套资金200万元。对从区外引进的国家级特聘专家、省级特聘专家，被认定为杭州市高层次人才的，分别给予本人100万元、80万元工作津贴。

2019年9月26日，新区举行海外英才对接会　　（童志忠　摄）

【高层次人才创新创业支持计划】 2019年，契合主导产业集群发展需求，新区着力引进高层次人才创新创业项目，建立市场导向的项目认定和评价办法，优化项目申报流程和补助方式。高层次人才到区内创办企业的，经认定评审后给予最高1000万元启动资金和研发费用补助、最高1000平方米3年租金补贴、最高1000万元贷款额度贴息支持和最高1000万元创业发展资助。对入选杭州、浙江领军型创新创业团队和青年创新创业团队的再给予1：1配套资助。鼓励和支持高层次人才项目的创新技术和产品在新区优先试点推广。

【国际人才聚智计划】 2019年，新区对引进的世界知名奖项获得者和发达国家院士，在薪酬待遇、科研支持、生活保障等方面“一人一议”，对其领衔的创新创业项目给予最高1亿元资助。外国高层次人才团队到新区创新创业和转化成果的，经评审给予最高2000万元资助。对企业所聘外国专家在新区自主申报入选国家、省、市各类人才项目荣誉的，分别给予企业每人次30万元、20万元、10万元奖励。对入选市级以上国（境）外智力计划的项目实行1：1配套资助。

【青年人逐梦计划】 2019年，新区对新引进的全日制博士、硕士、本科应届毕业生（2019年6月3日之后毕业），享受市区两级8万元、5万元、1万元的生活补贴。对新引进的全日制博士、硕士往届毕业生（2019年1月1日之后首次在新区工作），国内外知名高校（世界前200所高校、国内原“985”“211”高校）和区内高校全日制本科往届毕业生分别给予每人3万元、2万元、1万元的生活补贴。招引海内外大学生到新区实习、就业、创业，对符合条件到新区实习的海内外大学生和在校高技能人才，每月给予市、区两级3000元的实习补贴。

【主导产业人才集英计划】 2019年，新区坚持“以产业集聚人才、以人才引领产业”，形成满足产业需求侧的人才引育体系。每年发布主导产业紧缺人才目录，对符合主导产业紧缺目录的人才给予连续3年薪酬补贴：博士、硕士、原“985”“211”高校全日制本科生，每人每年2万元、1.5万元、1万元；正高级职称、副高级职称、中级职称专业技术人才，每人每年4万元、2万元、1.5万元；高级技师、技师、高级工，每人每年2万元、1万元、0.5万元。对在符合主导产业导向并经认定的企业工作、年薪50万元以上的人才按照年薪50%的标准给予连续5年每年最高60万元资助。

【“钱塘工匠”锻造计划】 2019年，新区实施“钱塘工匠”和“钱塘首席技师”遴选活动，深化工匠工作室、高技能人才（劳模）创新工作室、技能大师工作室建设，鼓励开展高技能人才“师带徒”工作，培育“金牌工人”，给予1万~10万元的奖励经费或工作津贴。鼓励人才参加各类技能竞赛、大赛评级，对获得“中华技能大奖”“全国技术能手”和“浙江省技术能手”的人员分别给予20万元、10万元、5万元奖励。鼓励职工参加技能提升培训，对新评定为高级技师、技师的，分别给予5000元、3000元一次性奖励。对入选“浙江工匠”“杭州工匠”或在世界技能大赛中获得金牌、银牌、铜牌和优胜奖的选手及技术指导专家团队，在享受上级奖励的基础上给予1：1配套奖励。

【“名师名医”培育计划】 2019年，新区聚力引进培养教育、卫健行业杰出人才，建成一支德能兼优、结构合理的“钱塘名师名医”队伍。对引进的高层次人才依据不同类别给予20万~100万元的一次性安家补助和1年期每月2500元的租房补贴。培养教育、卫健行业杰出人才，经评选认定的各层次名师名医享受每月1000元至5000元专项津贴和每年3万~10万元专项培养经费。设立年度资金规模不超过500万元的教育医疗科研专项资金，对名师名医领衔的科研项目，依据项目价值予以一定额度的专项经费资助。

【高能级人才平台建设】 2019年，新区聚力引进优质高端教育和科研资源，对重点院校和科研院所到新区设立分校、校区、研究院所的，参照市相关政策给予配套扶持。服务保障已落地高端人才平台发展，加速推动平台能级提升。以硅谷钱塘中心为试点，探索建立“人才飞地”引才新机制，开辟异地聚才通道。推进杭州医药港小镇、大创小镇建设发展，创建省级人才计划产业园，培育建设一流的人才创业创新示范平台。鼓励街道、企事业单位创办高层次人才创业创新园，对运行良好、集聚高层次人才作用明显的园区经认定后一次性给予50万元的工作经费补贴。对认定为杭州国际人才创业创新园的再给予1：1配套工作经费。鼓励企业、科研院所、平台、协会等机构在新区举办具有全国性、行业性影响力的高端论坛和赛事等人才活动，新区管委会作为主办方（或承办方）之一的，经事先备案，按不超过实际支出50%的额度给予最高50万元经费资助。特别重大的活动按“一事一议”给予支持。

【优化人才政务服务】 2019年，新区优化人才政务服务，建立高层次人才智慧数据库，实现项目申报、政策申请、咨询服务等事项线上办理。深化人才领域“最多跑一次”改革，设立“一站、一次、一清单”人才服务专窗。鼓励各类创新园区（孵化器、众创空间）设立人才驿站，支持人才驿站承接政府职能转移，经认定验收合格给予最高20万元支持。推广人才创业券，人才驿站为人才项目（企业）提供创新创业专业化服务的，按服务费的50%给予被服务的人才项目（企业）最高5万元补贴。　（陆平颜）

2019年11月10日，新区国际人才交流与项目合作大会上，新区领导向全球引才联络站和引才顾问颁发聘书　（陆平颜 供稿）

人才引进与培育

【新区人才工作成效】 2019年，新区新增市级高层次人才295人，其中D类以上77人、E类218人；新引进应届高校毕业生4994人，其中本科生3795人、硕士生1165人、博士生34人。13人入选杭州市“521”计划，8人申报浙江省青年拔尖人才。引进人才居住证受理870人，审核通过849人；新增浙江省博士后工作站3个，入站博士后11人、出站3人；入选钱江特聘专家2人，完成“131”培养人选年度考核35人；初级职称评定1172人，中级职师预审1180人，高级职称预审207人。围绕“人才特区”建设，新区出台“钱塘人才21条”，获批省人才计划钱塘产业园。大创小镇落地人才创办企业636个，杭州医药港小镇集聚医药产业人才2万人。创新推出“人才安居乐业一件事”窗口，受到省委人才办肯定推荐，“钱塘人才卡”统筹市级资源服务人才的做法获社会好评。

【“人才安居乐业一件事”综合服务】 2019年8月22日，“钱塘人才安居乐业一件事”窗口在新区行政服务中心揭牌。此为新区行政审批局为优化人才政务服务推出的一项创新举措，是杭州首个具备高层次人才服务、海内外人才服务、入职就业服务、创新创业服务等领域的人才综合服务受理窗口。窗口开设“人才服务自选超市”，内容涵盖30个大项、50个子项的行政审批服务事项及10多个生活配套服务事项，覆盖人才在新区安居乐业所需

2019年11月10日，新区国际人才交流与项目合作大会上，新区领导向人才代表颁发“钱塘人才卡” （童志忠 摄）

办理的全部事项。至年末，该窗口累计办理业务5500件，惠及新区4000多人，精简办事材料约1万份，缩短办理时间30%。

【新区国际人才交流与项目合作大会】 2019年11月10日，“海归杭州梦圆钱塘”钱塘新区国际人才交流与项目合作大会在新区大创小镇举行。该会是杭州国际人才交流与项目合作大会的分会场，海外高层次人才、新区职能单位负责人及平台、企业、高校、科技园区、风险投资机构代表300多人参会。会上，新区向10位全球引才顾问和引才联络站颁发聘书，并举行浙江省特聘专家钱塘产业园、杭州国际人才创业创新园揭牌仪式和钱塘新区人才之家（高层次人才联谊会）揭牌仪式，颁发“钱塘人才卡”。会议现场，“睿阜隆生物医药”“尖叫智能科技”等10个高层次人才项目签约。会议安排海外高层次人才专场路演、柔性电子专场推介会，在场外设置专门区域进行政策咨询解答及人才、项目对接洽谈，奥克兰大学创新研究院、帝工先进技术研究院、杭州中科先进技术研究院等9个创新平台和浙江工商大学、浙江财经大学、中国计量大学3所高校到会设展。

【“钱塘人才卡”制度】 2019年11月，新区为增强高层次人才在新区干事创业的归属感和获得感，推行实施“钱塘人才卡”制度。“钱塘人才卡”适用于在新区区属企事业单位工作且获得杭州市D类及以上高层次人才认定的人才。持有“钱塘人才卡”的人才，凭卡可享受包括金融信贷、健康医疗、交通便利、文体休闲、家政家居、生活消费、行政事务七大类20多项专属服务。推出的“钱塘人才卡”无须自行申领，只要是进入新区人才认定库且符合办卡条件的高层次人才，有关部门会主动与其联系，经确认无误后给予直接制卡并邮寄发放至本人，人才也可自行前往新区“人才安居乐业一件事”窗口领卡。至年末，新区累计发放“钱塘人才卡”128张。

【人才安居补贴申请启动】 2019年12月，新区钱塘人才分类认定和人才安居补贴申请工作启动。在杭州A、B、C、D、E五类高层次人才分类认定基础上，新区再延伸F、G两类人才。全日制硕士研究生、具有副高级专业技术职务任职资格的人才可申请获得F类人才认定；具有“985”“211”工程高校全日制本科学历的人才、具有中级专业技术职业职务任职资格的人才可申请获得G类人才认定。此前10月，新区发布《关于建设“人才特区”打造才智高地的意见》。根据政策，到新区工作的国内应届博士毕业生可拿到一次性生活补贴、安居补贴、主导产业薪酬补贴等共计44万元，硕士毕业生可拿到13.82万元，本科毕业生可拿到6.88万元，到新区企业实习的海内外大学生和在校高技能人才每月可获3000元的实习补贴。发挥企业引才育才用才主体作用，新区企业每培养一名杭州市D类及以上人才，给予企业2万元激励。

【人才计划钱塘产业园揭牌】 2019年11月10日，在新区召开的国际人才交流与项目合作大会上，浙江省人才计划钱塘产业园、杭州国际人才创业创新园在新区揭牌，此为杭州市首个省级人才计划产业园和浙江省首个生物医药特色人才计划产业园。新区将人才工作摆在优先发展的位置，坚持“人才链”与“产业链”双链融合发展，引领生物医药产业和人才集中、集聚发展，引聚生物医药领域的高层次才，聚集有人类基因组计划（HGP）共同发起人、哈佛大学医学院教授乔治·丘奇和著名传染病学专家、中国工程院院士李兰娟等国内外知名专家学者，累计引进生物医药企业936个，其中杭州多禧生物科技有限公司、杭州中肽生化有限公司入选省创新创业领军团队，杭州景杰生物科技有限公司、浙江惠松制药有限公司、杭州捷诺飞生物科技股份有限公司等企业承担国家级科技项目。

（陆平颜）

【技能人才激励培养】 2019年，新区出台并落实多项补贴政策，助力技能人才培养。对取得技师和高级技师资格的人员、获“钱塘新区首席技师”称号的人员、认定为新区技能大师工作室的、获新区“金牌工人”称号的、获“钱塘工匠”称号的、技能大师工作室领衔人开展名师带高徒的均给予不同程度的激励资助。鼓励新区企业开展职工岗位练兵和参加技术比武活动。开展危化行业职工技能竞赛、金牌厨师评选等活动；联合江干区举办砌筑工、防水工、评茶员、中式烹调师、保育员、电工、钳工等区域性职业技能竞赛，累计举办技能竞赛9场，参赛人数1254人。推行企业新型学徒制，新区百树职业培训学校与广汽乘用车（杭州）有限公司合作组织“新型学徒制”培养班，计划两年内为企业培养200名技能型人才。推动企业开展技能人才自主评估定级，实行人才与企业岗位实际需求相匹配的技能人才评价标准，顾家家居股份有限公司117名职工通过企业自主评价获得高级工职业资格。引导高技能人才工作建设，新区华东医药章飞龙技能大师工作室作为杭州唯一推荐对象参加国家级技能大师工作室评选；新增“百千万”高技能领军人才（拔尖人才）3人，新增杭州市首席技师3人，推荐4个区级技能大师工作室参加市级大师工作室评选；社发局组织评选“百千万”高技能领军人才（优秀技能人才）35名。

【人才事务受理】 2019年8月，新区社发局配合新区人才办，拟定新区人才分类认定细则、新区人才安居补贴实施细则、高学历毕业生生活补贴发放、人才晋级晋升奖励等11项操作细则。9月，出台《新区博士后管理工作暂行办法》。至年末，新增浙江省博士后工作站3个，分别为杭州仰仪科技有限公司、浙江荷清柔性电子技术有限公司、杭州聚合顺新材料股份有限公司。入选钱江特聘专家2人，分别为杭州佳慧农业开发有限公司郑寨生和罗绍春。完成2019年度杭州市“131”培养人选年度考核35人。落实市区政策，新引进应届高学历毕业生4414人，涉及补贴6000多万元。新增市级高层次人才172人。理顺人才居住证审核流程，受理870人，审核通过849人。梳理大学生创业审批和服务事项，设立大学生创业专窗。将大学生创业补贴申报从原后台受理转变为“一窗通办”。至年末，新增大学生创业企业209个，创业带动就业1125人。申报杭州市大学生创业项目无偿资助17个，引进第六届中国杭州大学生创业大赛项目13个。

（周嵩楠 丛 囡）

科技创新发展

【创新发展呈现新格局】 2019年4月新区挂牌后，成立以管委会主任为组长的新区科技创新工作领导小组，制定出台科技创新考核方案，整合全区力量，推进科技创新工作。启动临江高新区“一区多园”提升方案编制工作，推进临江高新区提升晋位，为高新区与自主创新示范区核心区的高质量发展注入活力。发布新区“1+4+X”政策体系，包括科技政策、人才政策、生物医药专项政策、区校合作政策等多项政策，从不同发展阶段、类别、领域出发，全面实施创新驱动发展战略，发挥科技创新的支撑作用。落实科技资金兑现，全年兑现企业研发投入补助、科技创新创业政策等奖励资金1.78亿元（不含平台、人才项目资助），撬动企业

2019年5月14日，中以创新投资基金成立 （童志忠 摄）

研发投入。营造创新创业的良好氛围，形成新区创新驱动发展的系统布局和制度基础，为新区科技创新事业提供制度保障。

【自主创新能力提升】 2019年，新区新认定国家高新技术企业128个、浙江省科技型中小企业213个、推荐申报杭州市“雏鹰计划”企业53个，申报数量有较大增幅。聚焦关键共性领域，实施核心技术攻坚。全年集中遴选52个项目申报2020年浙江省重点研发计划项目，有9个项目通过省科技厅评审立项。补齐基础研究短板，提升平台质量。突出企业研发主体地位，新申报浙江省级企业研究院5个、省级企业研发中心24个，新认定杭州市级企业研发中心29个。关注高能级创新平台建设，做实科技合作。引进中科院肿瘤与基础医学研究所、药明康德医药健康创新公共服务平台、浙医一院创新转化中心等一批重大创新平台。推进杭州空间信息研究院、柔性电子与智能技术全球研究中心等高端创新平台，新区自主创新能力提升。

【创新开放合作有亮点】 2019年，新区探索院企、校企合作新模式，摸排新区企业产学研合作情况，制定区校合作专项政策，从平台共建（闲置土地共建、建立技术转移机构）、产业共兴（发展校友经济）、人才共育（引进“名校名院名所”、博士入企、人才进校）、资源共享（科技创新券政策）、氛围共创（天使创投基金、奖学金）5个方面鼓励区校合作。拓宽重点产业招才引智路径，与中国科学院曼谷中心签订“一带一路”新兴技术创新与孵化战略合作协议，举办第二届国际柔性电子大会，共建国际柔性电子技术学术产业联盟，对接中加商业加速网络、MEMS韩方项目团队等。开拓海外市场，助推重点产业集聚，加强科技创新合作。深化产学研合作，加大科技成果转化力度。年内，推荐2个企业申报省网上技术成果市场或竞拍产业化补助，6个企业申报市科技成果转化或竞拍项目入库项目。

2019年4月25日，杭州先进技术与产业创新发展国际论坛暨杭州中科先进技术研究院揭牌仪式在新区举行　（童志忠　摄）

【创新培育环境优化】 2019年，新区激活人才资源，推荐省级领军型团队7个、市级领军型团队6个、省外国专家4名、市“521”计划3名，申报杭州市院士专家工作站8个。设立“钱塘人才安居乐业一件事”窗口，外国人到华工作许可实现窗口审核受理，为外国人和用人单位提供更便捷的服务，全年受理业务187件，线上线下咨询600多人次。开展创新试点，朗琴社区作为杭州市首批国际化社区示范点，建立境外人员服务站，将外国人到华工作许可业务列入站内服务清单，协助做好窗口人员的业务指导与培训，将外国人才服务做到得更好。围绕载体提质，完善孵化培育，全年新增市级以上孵化器9个、众创空间5个，新区国家级、省级创新载体累计分别为8个、15个。　（陈佳丽）

创新培育

【高新企业及科技型企业培育】 2019年，新区新增国家高新技术企业128个、市级“雏鹰计划”企业120个，累计拥有国家高新技术企业461个、市级“雏鹰计划”企业1072个。加快科技型企业培育，全年新区新认定科技型初创企业53个，通过认定的科技型初创企业（“雏鹰企业”“青蓝企业”）累计289个；新认定省科技型中小企业207个，通过认定的省科技型中小企业累计1172个；新认定国家科技型中小企业193个。

【科技项目申报】 2019年，新区鼓励企业申报国家级、省级、市级各类科技计划项目，全年累计申报国家、省级重大科技创新项目200多个，包括国家重点研发计划项目、省重点研发计划项目（择优委托和竞争性）。其中：杭州九源基因工程有限公司、杭州多禧生物有限公司2个企业获国家重点研发计划项目；杭州格林达电子材料股份有限公司、杭州和利时自动化有限公司、杭州和正医药有限公司、杭州健培科技有限公司、杭州士兰集昕微电子有限公司、杭州新松机器人自动化有限公司、杭州奕安济世生物医药有限公司、杭州中美华东制药江东有限公司等9个企业获省重点研发计划项目。（徐　莎）

【企业研发机构培育】2019年，新区新增市级以上企业研发机构52个，其中省级企业研究院4个、省级高新技术研发中心19个、市级企业研发中心29个。杭州富尔顿热能设备有限公司、拜耳作物科学（中国）有限公司、杭州百合科莱恩颜料有限公司、杭州三共机械有限公司4个企业获批省级企业研究院。新区累计拥有市级以上企业研发机构384个，其中省级企业研究院53个、省级重点企业研究院9个、省级企业高新技术研发中心120个、省级企业工程技术研究中心1个。

（徐　莎）

【创新券实施管理】2019年，新区经发科技局牵头制定《杭州钱塘新区创新券实施管理办法》，对补助对象、载体范围和补助范围等进行明确。年末，11个单位获评2019年度新区创新券应用平台载体。奥克兰大学（杭州）创新研究院有限公司获评浙江省国际科技合作基地，中国科学院肿瘤与基础医学研究所获评2019年度杭州市最具影响力新型研发机构。致力于产业创新服务综合体建设，杭州市航空航天产业创新服务综合体、杭州市柔性电子产业创新服务综合体获评市级产业创新服务综合体，浙江省杭州生物医药产业创新服务综合体创建省级产业创新服务综合体。（陈依丹）

科技服务

【新区科创载体管理】2019年，新区经发科技局梳理下沙、大江东两个片区已有孵化器、众创空间等创新载体资源，走访载体100多个次。组织申报2019年市级及以上孵化器、市级众创空间，新增市级及以上孵化器9个、众创空间5个。做好市级及以上孵化器、众创空间数据报表、年度发展评价、政策补助兑拨、绩效督查、在孵企业备案、组织参加活动等日常工作。梳理协调江东科创园相关遗留问题，推进空间信息技术研究院、国家特种金属结构材料质量监督检验中心装修收尾，理顺园区管理运行机制。

【科创政策协议兑现】2019年，新区经发科技局完成2018年度经开区科技创新政策兑现资金下拨，兑现资金约9000万元。完成浙江清华长三角研究院、诺奖国际创新中心、阿里巴巴创新中心（下沙）、杭州中科氢能科技有限公司4个平台（项目）协议兑现，拨付资金540万元。启动诺奖创新中心第二期运营奖励、空间信息技术研究院第三笔运行经费兑现。做好科技型中小企业、初创企业有关工作。完成市科技型初创企业市、区两笔竞争性分配资金兑现工作，拨付63个企业资金870万元。开展2019年市“雏鹰计划”企业申报，组织申报企业53个，下拨资金520万元；市初创企业贷款贴息申报企业39个，下拨资金155万元；市初创企业年报审核报送135个。开展省科技型中小企业认定初审，认定207个；开展省科技型中小企业年报填报，组织填报约800个；开展2019年中小微企业研发后补助申报初审，审核推荐企业57个，下拨资金1350万元。

【科技创新活动】2019年，新区经发科技局牵头组织或参与举办科技创新活动100多场。其中创响中国钱塘站启动仪式暨浙江省创新创业大赛生物医药专场决赛、中国（全球）科技精准合作交流会暨“一带一路”国际科学组织联盟青年科学家研讨会、香港创业青年内地行钱塘站等重大活动的举办，使新区科技创新氛围和全国性影响得到提升。牵头推进“双创”活动。举办2019年全国大众创业万众创新活动周新区分会场启动仪式，配合省市做好双创周主会场会务筹备、嘉宾接待、项目展示和观众组织等工作。做好国家双创示范基地评估，完成自评估报告与实地评估。完成“构建创新创业新高地，推动新区经济高质量发展”双创课题调研，形成调研报告。完成国家双创基地数据监测季度报送和国家双创支撑项目月度数据报送。开展国家双创主题日新区项目推荐，参加长三角双创示范基地联盟各项活动。

【新区科学技术协会成立】2019年12月20日，新区科学技术协会（简称新区科协）成立大会暨第一次代表大会召开。来自街道、新区学会、企业科协、院士工作站建站单位、省市级研发中心项目实施单位、国家高新技术企业项目实施单位、重大项目实施单位、新区机关、医院、学校等120名代表参会。大会宣读杭州市科协关于同意成立杭州钱塘新区科协的批复文件和筹备组关于代表资格的审查报告。审议通过《新区科学技术协会第一届委员会主席、副主席、兼职副主席、委员选举办法》，选举产生第一届委员会成员27人。新区经发科技局副局长范悦诚当选新区科协第一届委员会主席。

（陈依丹）

知识产权保护

【知识产权保护基础数据】2019年，新区专利申请量1.32万件，比上年增长12.2%。发明专利申请量

6623件，增长12.9%；专利授权量6623件，增长2.8%；发明专利授权量1693件，增长8.3%；PCT国际专利申请量102件，增长13.3%。企业专利申请量6604件，企业专利授权量3920件；大专院校专利申请量5214，大专院校专利授权量2623件；实用新型专利申请量5806件，实用新型专利授权量3951件；外观设计专利申请量1368件，外观设计专利授权量979件。年末新区有效发明专利总量7650件。全年完成专利质押融资金额5.94亿元，完成商标质押金额2000万元；新增商标注册1203件，商标质押融资金额2000万元。全区拥有驰名商标累计8件、地理标志证明商标1件。

【知识产权服务】 2019年，新区市场监管分局指导6个次企业参加国家专利优势示范企业申报复核，31个企业参加市级专利试点示范企业申报复核。指导1个企业完成杭州市高价值专利组合项目申报，指导5个企业申报省专利奖；申报专利导航项目5个，申报专利导航培育项目2个，申报杭州市海外知识产权保护和维权项目1个。征集通过知识产权“贯标”（贯彻落实管理标准）企业60个，组织10个企业参加第十届中国知识产权年会，8个企业参加“市长杯”杭州高价值知识产权创新创意大赛决赛和颁奖大会。完成“萧山萝卜干”地理标志年审换证、辖区企业PCT申请量摸底调查及辖区25户种植大户（粮油种植）专项调查，指导乔司农场申报“乔司西瓜”地理标志证明商标。分类指导浙江爱生药业有限公司等6个企业开展省级商标品牌示范企业申报。

【知识产权人才机构培育】 2019年，新区市场监管分局结合日常工作中企业提出的建议，联合中国计量大学知识产权学院，举办“产教融合”项目2期，组织“网络环境下知识产权保护培训班”“大数据人工智能知识产权保护与运用培训班”“知识产权贯标培训班”“商标品牌保护讲座”等多个专题培训，800多人接受培训。邀请中国计量大学、国家知识产权培训（浙江）基地、杭州联合银行下沙支行，吸纳新区约40个生物医药企业和知识产权服务机构组建成立新区生物医药企业知识产权联盟，邀请知识产权领军人才等专家为生物医药企业开展专题讲座。指导2个知识产权代理机构完成“百家代理机构服务千家企业”活动，指导4个园区约700个小微企业完成专利托管，指导15个企业报名知识产权管理体系内审员培训班。

【注册商标专用权案件查办】 2019年，新区市场监管分局联合新区经发科技局制定《关于进一步推进科技创新创业的若干政策》《关于进一步加快新制造业发展的若干政策》等文件，涉及知识产权创造、运用、运维、保护、金融、争创驰名商标等方面。加大知识产权保护力度，全年立案查办侵犯注册商标专用权案件23起，其中涉及涉外商标17件、驰名商标4件、省示范企业商标2件，移送公安机关2件，罚没款总计50多万元。指导成立杭州万品汽配城品牌指导服务站，组织市场约100户经营户开展知识产权法律知识讲座。配合市市场监管局完成辖区无专利代理资质机构的专项抽查。

【生物医药产业知识产权联盟成立】 2019年10月21日，新区首个产业知识产权联盟——新区生物医药产业知识产权联盟成立。联盟成员为中国计量大学、国家知识产权培训（浙江）基地、杭州联合银行下沙支行及新区约40个生物医药企业和知识产权服务机构。杭州生物医药创新研究中心当选联盟理事长单位，联盟邀请温州医科大学校长、研究中心主任李校堃为联盟名誉理事长。温州医科大学药学院副院长、研究中心执行主任林丽代表研究中心接受授牌。联盟邀请中组部国家特聘专家、中国计量大学特聘教授张以哲，杭州九源基因工程有限公司研发中心发展部经理、浙江省第二批知识产权高层次人才、高级工程师徐飞虎分别做“精准医疗时代的生物医药知识产权保护”和“新药立项中的专利预警分析”的主题演讲。杭州联合银行下沙支行宣讲知识产权金融扶持政策。

【省商业秘密保护示范站（点）授牌】 2019年2月21日，新区市场监管分局组建成立前的原杭州市市场监督管理局经济技术开发区分局，为杭州协合医疗用品有限公司颁发“浙江省商业秘密保护示范站（点）”公示牌匾。杭州协合医疗用品有限公司是一个从事医用生物材料研发、生产的高新技术企业，年销售逾5亿元，拥有注册商标10个、国内国际专利10多项。经市场监管部门指导，该公司建立规范的商业秘密保护制度及工作机制，完善员工培训教育，并采取签订保密合同、电子设备加密等措施。（程甦超）

责任编辑　黎洪正

农业·农村

综 述

【农业经济总体稳定】 2019年，新区农业经济总体稳定，农林牧渔业总产值21.92亿元，比上年增长12%。其中：农业产值13.53亿元，增长6%；畜牧业产值5.06亿元，增长42.2%；渔业产值2.67亿元，增长1.3%。全年粮食播种面积5795.7公顷，略有增长；粮食作物总产量2.608万吨，增长25.4%；蔬菜播种面积9325公顷，增长1.4%。蔬菜总产量40.42万吨，增长2.4%。新增国家级重点农业龙头企业1个；农村股份经济联合社实现集体经济总收入2.6亿元，增长12.5%；创建浙江省善治示范村5个。农民人均收入4.11万元，增长8%。

【农业经营主体壮大】 2019年，新区农业经营主体壮大，有市级及以上农业龙头企业32个，其中农业产业化国家重点农业龙头企业和省级骨干型农业龙头企业各1个，获全国农机服务专业合作社和省级及农机服务专业合作社荣誉各2个，市级及以上规范性农民专业合作社9个，市级及以上示范性家庭农场3个。12月，农业农村部、国家发改委、财政部等八部门联合印发通知，公布认定的第6批299个农业产业化国家重点农业龙头企业名单，新区农业企业杭州郝姆斯食品有限公司名列其中，成为杭州市唯一入选第6批农业产业化国家重点农业龙头企业。

2019年11月22日，杭州郝姆斯食品有限公司（百草味）参展浙江省农博会
（童志忠 摄）

【水土保持与堤塘河道管理】 2019年，新区做好水资源和水土保持工作，开展取水企业取水设施专项检查，依法依规征收水资源费。开展取水口核查登记并查处非法取水行为，对建设项目做好监督检查，确保水土保持措施落实到位，督促生产建设项目办理水土保持审批手续。加强堤塘、河道和闸站的管理，按照堤塘养护管理标准开展下沙堤塘2020—2022年养护及防潮设施维护养护单位招标，实施半电三号丁坝坝头及850闸口测沉降裂缝修

理工程。落实河道长效保洁，深化“五水共治”河长制，做好节制闸日常保养维护和闸改桥项目管理。

【林地湿地及野生动植物保护】2019年，新区加强农村人居环境提升，做好植物检疫技术服务，控制林业有害生物入侵的传播和蔓延。根据区域森林植物种植特点、面积及分布，设置2个植物检疫固定监点，安装测报灯和诱捕器等设施，采取定点监测的方法，对全区2267公顷苗木进行疫情监测。全年实施监测166次，发布疫情监测报告3次。加强陆生野生动物救助，全年救护野生动物64只。开展候鸟保护，在沿江湿地和垦区农田清除诱捕野鸭的棚、网和地笼，保护陆地野生动物和生态环境。

种植业

【概况】2019年，新区围绕“保供给、保增长、保安全、保落实”的工作目标，抓住“米袋子”“菜篮子”建设和优势特色农产品发展，保持农产品有效供应和价格稳定，促进农民持续增收。全区粮食种植3.33公顷以上的规模种粮大户114户、总经营面积3533.33公顷，其中种植面积在33.33公顷以上的有17户、总经营面积1200公顷。发展绿色生态农业，全年落实农业绿色生态发展资金206.71万元。其中：完成商品有机肥推广补贴数量6039吨，落实补贴资金181.17万元；完成市级蔬菜高效双低新农药补贴资金25.54万元，惠及农业基地和种植大户14个。实施科技兴农，推广农作物绿色高产高效技术，完成科技兴农项目建设19个，落实科技兴农项目资金151.5万元。其中粮食高产示范项目11个、农作物新品种示范推广项目2个、农作物新技术示范推广项目1个、病虫害绿色生态

2019年10月，位于新区江东一路旁的百亩试验田中，农户在种植的“浙粳100号”水稻田间试验（方 波 摄）

防控示范项目5个。保障农产品质量安全，全年农产品检测1.03万批次；推进农产品质量安全追溯体系建设，建立农产品质量安全追溯点17个；配备二维码打印机，可进行农产品二维码合格证打印，对农产品种植、施肥、采收及销售进行信息采集。

【粮食产销扶持】2019年，新区出台粮食产销扶持政策，由新区管委会与街道签订粮食生产目标责任书。全年落实粮食生产收购补贴资金4456.94万元。其中：落实耕地地力保护补贴资金658.14万元，补贴农户3.46万户；落实规模种粮直接补贴资金1683.73万元，涉及稻麦种植大户114户、种植面积6.67公顷以上105户，认定省级旱粮生产基地67个，旱粮种植大户81户。落实社会化服务补贴资金857.07万元，其中病虫统一防治服务面积2933公顷、补贴资金307.2万元，水稻机插面积1865公顷、补贴资金503.59万元，粮食烘干补贴数量1.16万吨、补贴资金46.28万元。落实订单粮食收购价外补贴奖励资金1258万元，完成订单粮食收购2.01万吨。

【农业投入品监管】2019年，新区有农产品规模生产主体32个、农药生产主体2个、农药经营主体27个、兽药生产主体1个、兽药经营主体2个、饲料生产主体5个、种子经营专店3个。年内，新区农业发展服务中心对农产品生产主体和农业投入品生产经营主体加强监管，以蔬菜、水果、粮油等农产品为重点，对种植业产品开展禁限用农药检查；以农药肥料、兽药、饲料和饲料添加剂等产品为重点，开展畜禽与水产品抗菌药检查；检查农业投入品经营单位门店不规范经营、出售禁用农兽药等违法行为。全年检查主体193个，出动检查人员396人次。

【农药废弃包装物处置】2019年，新区实行农药废弃包装物回收和集中处置，制定出台《新区农药废弃包装物回收与集中处置实施方案》和《新区农药废弃包装物回收与集中处置管理办法实施细则》，采取有偿回收模式，委托第三方作为农药废弃包装物定点回收与集中处理的责任主体，负责辖区内农药废弃包装物的收集、转运、处理等工作。全年落实财政补助资金120万

2019年新区畜牧业生产情况

表15

项目	计量单位	2018年	2019年	2019年比2018年	
				增加	增长（%）
一、生猪年末存栏	头	112 446	119 034	6 588	5.86
存栏中母猪	头	9 936	10 213	277	2.79
出栏肉猪	头	173 241	155 252	-17 989	-10.38
二、牛年末存栏	头	—	1 318	—	—
存栏中乳牛	头		381		
年内出栏	头		195		
三、羊年末存栏	只	7 836	7 611	-225	-2.87
年内出栏	只	6 625	9 672	3 047	45.99
四、家禽年末存栏	羽	40 256	57 250	16 994	42.21
年内出栏	羽	51 833	107 737	55 904	107.85
五、养蜂年末箱数	箱	6 746	7 613	867	12.85
蜂蜜产量	吨	1 349	1 520	171	12.6
蜂王浆产量	千克	80 952	91 356	10 404	12.85
六、肉类产量	吨	15 827	14 393	-1 434	-9.06
牛奶产量	吨	0	4 906.7	4 906.7	—
禽蛋产量	吨	129	218	89	68.99

说明：列表数据与养殖业条目中不一致处，系条目按年鉴体例对小数点后数字“四舍五入”所致

元，设置回收网点38个，回收农药废弃包装物24.78吨，处置农药废弃包装物45.6吨（含上年库存）。

【新围村都市农业园】 2019年，新区河庄街道新围村都市农业园建有高档花卉、特种水产、特种水果、无公害蔬菜、绿色粮食5个种养基地，设规模化经营农场5个，总产值1650万元。位于农业园区的杭州睿博家庭农场是杭州市首个家庭农场、首批省级示范性农场，主营经营无公害蔬菜项目，经营面积4公顷，年产值200多万元；杭州远鸿花卉有限公司经营面积13.3公顷，以培育花卉盆景为主，投入2000多万元建成温室1.3万多平方米，全年生产四季草花700多万盆、中高档盆花约30万盆，年产值1000多万元；杭州祥祺农业科技有限公司主营高档水果，经营面积13.3公顷，生产的中国台湾长桑果及嘉宝果、红心猕猴桃、日本甜柿、迷你小番茄等受市场欢迎，年产值250多万元；杭州炜祥家庭农场经营面积10公顷，主营养殖观赏龟，兼养鲈鱼、青鱼、鳗鱼、甲鱼等特种水产，年产值150余万元。该农业园区内粮食功能区块主要种植水稻、玉米、大豆等，建有标准化的田园及排灌体系，2019年投资110万元建设3.33公顷的田园综合体。年末，该工程一期建设完成。新围村都市农业园位于三工段塘江沿线，总规划面积100公顷。通过向农户租用土地、统一规划、农场化经营的方式，目标建设成为集现代农业生产、农耕体验、农业观光、观潮旅游、吃住休闲、农产品购销等于一体的现代农业园区。

2019年10月29日，新区江东农场晚稻收割 （方 波 摄）

养殖业

【概况】 2019年，新区水产养殖面积672公顷，养殖总产量8602吨。南美白对虾养产量5397吨、龟鳖养殖产量305吨、其他类养殖产量2900吨。南美白对虾为新区第一大养殖品种，占全区总养殖产量的62%。全区有捕捞渔船24艘，总吨位427.3吨，均为杭州市标准化渔船船型，捕捞产量70吨。全年出栏肉猪15.53万头，比上年减少1.79万头，下降10.4%。年末生猪存栏11.9万头，增加0.66万头，增长5.9%。出栏家禽10.77万羽，增长107.9%。年末家禽存栏5.73万羽。奶牛业发展平稳，全年产牛奶4906.7吨，年末奶牛存栏1318头。出栏羊9672头，年末存栏7611头。

【非洲猪瘟防控】2019年，为防范非洲猪瘟疫情，新区防治动物疫病指挥部召开防控工作会议24次，从部门、属地街道、养殖场等层面动员形成联防联控。新区农业发展服务中心通过结对联场对7个养殖场进行安全指导，引导养殖场自主投入500多万元用于生物安全提升建设。做好车辆消毒，联合萧山区与养猪协会力量，在区域外围交通要道设立生猪运输车辆集中消毒点，在猪场外设置定点消毒点。采购约30万元的消毒物资，发放给养殖场、消毒中心使用，月均消毒车辆720次。全年开展联合巡查4次，分散巡查47次，向属地街道发送任务交办单2次。建立生猪养殖场疫情日排查制度和病死猪日报告、存栏情况周报告制度，开展养殖场周边环境和大环境网格化病毒学监测，采集检测样品1050份、生猪血清样品监测100多份，结果均为阴性。建立电子记录表逐车登记信息，存档备案车辆信息800多条。对接备案地方动物卫生监督机构，实施点对点调运政策，检疫证目的地精确到养殖场和屠宰场。

【动物检疫及无害化处理】2019年，新区按照产地检疫规程、屠宰检疫规程对7个养殖场和1个家禽屠宰点的检疫申报受理等检疫工作进行监督。全年产地检疫生猪15.96万头、马10头、犬1只；屠宰检疫家禽37.14万羽，领发动物检疫证明5500份。加强重大动物疫病集中防控，落实强制免疫措施，使用生猪口蹄疫疫苗20.95万毫升、猪瘟疫苗81.41万毫升、牛羊口蹄疫疫苗10.81万毫升、动物狂犬病疫苗9500头份。规范病死动物无害化处理，保障补助资金合规发放。采取无害化监管员工作佩戴执法记录仪全程拍摄监管模式，实行全程监控巡查和音像保存。年末，无害化处理中心处理养殖环节病死猪11.01万头。

【美丽牧场和"菜篮子"畜牧基地创建】2019年末，新区累计创建市级美丽牧场7个，建成市级"菜篮子"畜牧基地7个。其中杭州萧山钱江出口养殖实业有限公司被评为全国优秀养猪企业、国家生猪活体储备基地、市级农业龙头企业，成为新区首个省市级标杆美丽牧场。全区蜜蜂养殖设施化水平提高，建设标准化蜂场3个。

【钱江出口养殖公司生猪存栏2.5万头】2019年末，位于新区的杭州萧山钱江出口养殖实业有限公司生猪存栏2.5万头，年出栏商品猪2万余头。该公司专业从事生猪养殖，为国家生猪活体储备基地、菜篮子工程示范基地和市区级生猪养殖示范园区。公司原先位于萧山区钱江农场，2008年迁至七工段义蓬街道所属围垦区。公司注册资金3000万元，占地面积14.66公顷，有员工60多人，其中畜牧兽医专业技术人员11人。2019年，公司投入600万元开展养殖废弃物处理，污水在场内工业化处理达标后作为城市污水纳管排放，成为环境友好型美丽牧场。该公司预防动物疫病，做好封闭式管理等生物安全提升措施，申请成为新区"先打后补"试点单位，自行采购强制疫苗140多万元，基础动物疫苗免疫合格率95%。

农村建设

【农村发展建设】2019年，新区60个农村股份经济联合社实现集体经济总收入2.6亿元，比上年增长12.5%，村均433万元，各村经济收入均达100万元以上。其中经营性收入1.8亿元，增长33.7%，村均302万元，各村均达20万元以上。年末，资产总额33.91亿元，村均5651万元；所有者权益总额18.32亿元，村均3053万元。有10个农村股份经济联合社分红，按股分配总额3106万元，惠及股东2.25万人。组织开展村级集体经济审计，完成村级财务收支审计67项、所属经济实体收支审计38项、10万元及以上村级工程项目审计280项、离任审计5项。新区、街道财政支付审计经费153.48万元。开展"村企（银）共建新农村"活动，萧山农商银行捐赠村银共建资金1468万元，用于推动农村公益福利事业建设和发展。开展"一户一策一干部"帮扶活动，出台新区低收入农户帮扶方案，完成年度低收入农户动态调整，核定低收入农户1753户、2445人。开展低收入农户春节慰问，慰问纯低收入农户177户，为4名低收入农户申报重疾补助。

【农村水环境治理】2019年，新区加快"美丽河湖"建设，投入资金120万元用于八工段直河、四工段横河水系"美丽河湖"创建。建设展示本土文化的浮雕、展示墙（长廊），在重点地段建设垂钓安全设施，提升修复星级公厕、绿化地、河道保洁专用码头、休闲设施，水文化宣传等。开展河湖清淤，新区江东区块推进农村河道疏浚，全年投入资金535万元，实施2条围垦区域河道清淤，共计长度1.92千米，累计清淤27.2万立方米。通过系统化清淤治理，两条河道水质得到改善，排水泄洪能力增强。

【美丽乡村建设】2019年，新区成立乡村振兴工作领导小组，在新区农业发展服务中心设立办公室。实施乡村振兴战略，制定出台《新时代美丽乡村建设三年行动计划（2019—2021年）》。3年行动计划首轮创建涉及5个街道14个行政村，将通过2年时间，建成美丽乡村改善村10个、精品村4个（其中市级精品村2个）。11月，新湾街道共裕村、共建村、共和村，临江街道东庄

2019年12月1日，新区与贵州省黔东南州开展“黔货入杭，脱贫攻坚”活动。图为黔东南州特色农产品进驻新区机关食堂（童志忠 摄）

村、前进街道临江村5个村的美丽乡村规划设计方案获评审组通过。至年末，14个村的村庄规划设计编制完成并启动建设，涉及建设项目176个，总投资4.1亿元。新时代“美丽乡村”改善村按照规划科学、生产发展、生活富裕、乡风文明、村容整洁、管理民主和宜居、宜业可持续发展的要求，开展“一改”（改垃圾处理方式）、“二拆”（拆危房、拆违建）、“三提升”（道路提升、村节点提升、线网提升）、“四覆盖”（一户一表、天然气入户、公厕、生活污水治理全覆盖）工程，根治“脏乱差”问题，净化、美化、绿化、亮化农村环境，实现农村人居环境提升改善。“美丽乡村”精品村在人居环境整治提升的基础上，着力建设有产业支撑、有文化内涵、有旅游品味，是安全宜居、环境优美、设施配套、产业发展、管理有序、乡风文明的美丽乡村。

【政策助力消除薄弱行政村】 2019年初，新区明确农村建设目标，全面消除经营性收入20万元以下的行政村。通过组织召开新区消薄帮扶工作会议，落实消薄帮扶政策；对集体经济较对薄弱的宏波村、创建村和江盛社区调研，加强扶持力度，落实村级运转保障资金333.33万元；落实年度大学毕业生从事现代农业补助6人次，发放财政补助6万元。至年末，包括宏波村、创建村和江盛社区在内新区所有集体经济组织总收入均达到100万元以上、经营性收入均达200万元以上，实现全区集体经济薄弱行政村消除目标。

对口帮扶

【东西部扶贫协作】 2019年，新区结对贵州省凯里市开展东西部扶贫协作。选派专业技术人才15人次赴凯里市挂职。募集帮扶捐赠资金1283万元，用于协作园区建设、社会民生事业、镇街结对和帮扶贫困户；引导企业到凯里经开区投资合作，完成实际投资额1.49亿元，企业带动贫困人口就业361人，吸纳贫困人口到新区就业71人；采购凯里市农特产品1972万元，完成5个街道“镇街结对”和11个企业与贫困村结对，实现镇街和贫困村结对100%。

【区县协作帮扶】 2019年，新区调整到杭州市第一区县协作组，与西湖区、上城区协作结对淳安县。全年新区落实协作资金4000万元，第一协作组累计完成产业转移到位资金11.6亿元。新区5个街道分别与淳安县等5个乡镇签订镇街结对协议，参与协作的街道发动党组织、党员和辖区单位。开展扶贫、助老、助残等结对帮扶，走访慰问困难党员、群众，落实帮困物资、资金共计5.6万元。

【山海协作推进】 2019年，新区结对衢州、淳安等地区开展山海协作。分别与江山市峡口镇枫石村和淳安县大墅镇西园村结对，共建山海协作乡村振兴示范点，落实帮扶资金300万元。新区加大“杭千飞地园区”的建设力度，完成诚智商务中心交付使用，园区供地按多点分批的方式逐步落实，选址明确新区前进片区13公顷用地，双方协商共同做好新增用地规划和计划指标争取。

【联乡结村帮扶】 2019年，新区牵头第41帮扶集团联系富阳区湖源乡开展“联乡结村”活动。新区落实帮扶资金60万元，第41帮扶集团筹措帮扶资金333万元，实施湖源乡旅游集散中心、闲置房屋回购统一开发和湖源乡龙鳞坝游客接待中心装修等项目。帮扶集团成员单位发挥各自优势，与湖源乡各村逐一结对互助。新区派驻1名农村指导员入驻湖源乡石龙村开展结对帮扶，资助10万元用于村级建设，助力村集体经济增收。（顾小琴）

责任编辑　沈青松

规划·建设

综　述

【“一书两证”核发与规划审批】 2019年，新区规划和自然资源分局核发“一书两证”（建设项目选址意见书，建设用地规划许可证和建设工程规划许可证）344份。其中，建设项目选址意见书116份，发证面积637.19万平方米；建设项目用地规划许可证78份，发证面积497.28万平方米；建设项目建设工程规划许可证150份，发证面积673.56万平方米。办理用地规划意见119项，处置建设项目开竣工延期5宗，完成建设用地复核验收37宗，规划验线62宗，规划核实确认106宗。

（苗　婧　王　泱）

【政府投资项目建设】 2019年，新区建设局聚焦重点项目，计划推进的347个政府投资建设项目中（含新建项目102个、续建项目132个、预备项目113个），实现开工项目57个、竣工项目59个，推进中项目231个。全年完成交通投资20.05亿元，比上年增长35.8%；生态环境与公共设施投资28.59亿元，增长12.7%；政府投资102.06亿元，增长14.9%。推进快速路建设，全年城市快速路开工建设8千米、续建16.67千米，艮山东路过江隧道、江东大道提升改造、下沙路与12号大街提升改造均完成市政府年度考核；滨江二路南段、艮山东路东延、头蓬快速路3个项目按计划开展前期工作。推进总计约31.8千米的地铁线路建设，完成轨道交通约14.67公顷土地的征地借地工作，累计完成投资约46亿元，地铁1、7、8号线各站点建设全面推进。加快城市道路建设，主次干道开工7个项目，总计14.12千米；完成项目5个，总计10.6千米；续建项目3个，总计8.91千米；支小路建设完工4.3千米。　（罗依莲）

【城建中心建设任务36个】 2019年，新区城市建设发展中心有建设任务36个，其中新建项目12个、续建项目17个、备选项目7个。推进新建项目开工，年内开工3个、移交1个、暂停1个，施工招标具备开工条件1个、进入施工招标3个、前期设

开发建设中的新区东沙湖区块　（新区融媒体中心　供稿）

计3个；推进续建项目建设，17个续建项目中竣工7个、基本完工4个、移交2个，其他4个在加快推进。全年完成建筑和安装工程投资2.5亿元。谋划项目建设任务和储备项目，对下沙片区环境提升、大江东片区基础设施、重大交通枢纽等重点区域进行前期预研，会同相关部门做好研究对接，完善项目储备库建设。推进项目工程建设，全年召开建设联席会议4次，商讨解决项目推进事项113个，其中18项议题完成管委会建设联席会的提交上报。强化考核督查检查，助推项目进度，全年督查项目60多次，对沿江公共服务中心、金保小学、大学城北体育健身中心等重点项目开展督查并提出意见建议，编制督查简报8期。9月起，新区城市建设发展中心为解决企业配套、整治交通拥堵，承接计划外新增工程20多项。

（吴　燕）

【建设制度规则梳理】 2019年，新区建设局评估和梳理原两区制度24项，梳理行政审批事项43条、其他对外服务事项99条。出台新区政府投资项目管理办法、项目推进办法、工程变更办法等制度，创新项目生成三级管理规则、项目分配原则，推出四级项目推进机制，召开新区建设联席会议2次，对18项协调事宜予以明确。推进政府投资项目智慧平台建设，实现项目全过程管理、全过程留痕、全过程监督。推行“无纸化”OA办公，局内部审批事项均通过“掌上钉钉”平台完成。推广全流程电子化招投标，简化和缩短有关程序和时限要求；在全市首创手机App审批功能并启用；建立新区7个街道统一的小额招标平台，落实招投标领域10项监管制度。采用政府购买服务方式，引入第三方全过程技术咨询公司；借用市质安协会技术力量，对新区内超过一定规模的危险性较大的部分项目工程组织专家检查；整合全区专业技术力量，建立新区建设工程专家库，每季度对在建项目“双随机”检查。调整并完善集体土地上房屋征收相关费用标准，严堵拆迁补偿中非正常装修、恶意装修等不良行为的源头；拟定非住宅房屋征收补偿安置实施意见等文件，规范非住宅房屋征收补偿安置。出台产业类项目建设突出问题专项治理实施意见，对产业建设项目实施“红黄绿”分级管理，启动重大项目服务专员工作机制，着力化解建设领域热点问题和焦点问题。（罗依莲）

2019年1月26日，新区诚智商务中心的商务、金融及产业办公楼项目竣工
（沈佳琪　供稿）

规划编制

【重大规划谋划与编制】 2019年4月新区挂牌后，围绕省市赋予新区的历史使命和战略定位，新区党工委、管委会相继启动新区发展战略、国土空间、产业发展、综合交通等重大规划的谋划编制工作。编制新区战略规划，开展区域协同、空间结构、发展规模、产业结构等研究，提出发展策略，引导新区发展；编制产业发展规划，提出围绕新区主导产业体系，加快产业空间整合、产业要素集聚、产业分工协作和科技产业融合；编制国土空间规划，开展“三区三线”（“三区”指生态、农业、城镇三类空间，“三线”指据据生态空间、农业空间、城镇空间划定的生态保护红线、永久基本农田和城镇开发边界三条控制线）研究，细化产业发展、重大基础设施、公共服务设施等内容，统筹城乡用地布局；编制综合交通规划，开展江港、海港、空港、铁港“四港”联动及道路网络、轨道交通等研究，提出新区复合式交通发展思路。战略规划明确“一江双城四组团”的空间格局，产业规划明确构建“515”现代产业体系，综合交通规划突出“四港”联动，国土空间规划加快编制。

【专项规划与城市设计】 2019年，新区启动开展生态、内河航道、学前教育布点等专项规划编制。开展生态专项规划，构建生态安全格局，加强生态环境管控，提升生态发展策略；开展内河航道规划，结合新区综合交通现状和运输发展预测，提出建设必要性和可行性；开展学前教育布点专项规划研究，优化布局新区学前教育设施。围绕新区“产城人”融合目标，优化重点区块城市设计，编制《新区东沙湖重点区块城市设计》《新区未来社区城市设计》《新区下沙区块城市有机更新概念规划》《杭州医药港拓展区城市设计》等。加强城市课题研究，组织完成“新区工业邻里中心课题研究”“新区未来社区课题研究”“新区城市有机更新研究”等课题研究。

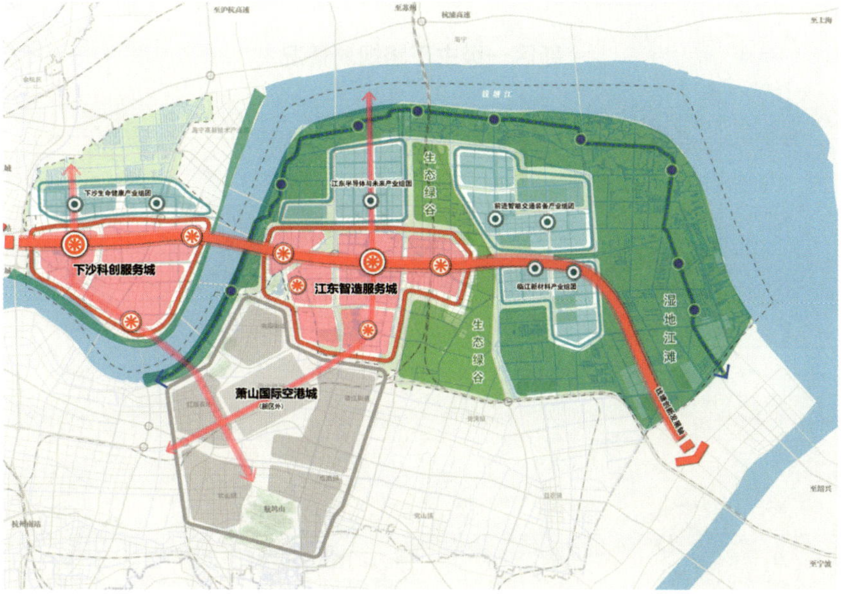

图1 新区“江滩绿谷·一江双城四组团”空间结构图　　（沈超峰 供稿）

【战略规划及综合交通规划研讨】 2019年7月29日，新区召开战略规划及综合交通规划专家研讨会。

新区“四横四纵两延”快速路规划情况

表16

序号	结构	路名	起讫点	长度（千米）	服务片区	对外交通功能
1	四横	五一路至江东三路	区界至滨江二路	23.7	新区下沙片区北部至江东片区东北部产业区块	衔接绕城高速与二绕，实现组团环线沿线组团联系，满足江东片区北部产业区块客货运过江需求
2		德胜快速路至江东大道	东湖快速路至区界	45.6	杭州主城区至新区	新区与杭州主城区联系主要道路通道，下沙片区与江东片区快速联系通道，衔接绕城高速与二绕。环杭州湾南岸城际联系通道
3		艮山东路延伸线	区界至钱江通道	26.4	杭州主城区至新区	新区与杭州主城区联系主要道路通道，下沙片区与江东片区快速联系通道
4		红十五线	区界至钱江通道	7.4	新区至萧山区	衔接钱江通道、头蓬快速路、滨江二路，实现新区江东片区与机场西进场、萧山地区快速道路交通联系
5	四纵	东湖快速路	区界至区界	2.7	萧山区至新区下沙片区、余杭临平	南向联系萧山区，北向联系余杭临平地区
6		头蓬快速路	江东三路至区界	10	新区江东片区至萧山区至绍兴地区	南向联系萧山、绍兴地区
7		滨江二路（西段）	靖江路过江通道至区界	9.4	新区江东片区至萧山区至绍兴地区	近期组团环线通道，实现与机场西进场快速交通联系
8		滨江二路（东段）	江东三路至区界	10.3	新区江东片区至绍兴地区	新区东侧货运通道，环杭州湾南岸城际联系通道
9	两延	塘洲快速路	区界至五一路	2.4	新区下沙片区至海宁许村	近期组团环线通道，北向联系海宁许村地区
10		靖江路北延线	江东三路至区界	6.3	新区江东片区至海宁地区	远期组团环线过江通道，北向联系海宁地区

新区一级主干路规划情况

表17

序号	结构	路名	起讫点	长度（千米）
1	五横	银海街	东湖快速路至区界	11.1
2		20号大街	文渊路至区界	4.7
3		滨江二路	靖江路至江东三路	16.5
4		艮山东路延伸线	钱江通道至滨江二路	6.0
5		红十五线	钱江通道至滨江一路	6.4
6	七纵	文渊路	区界至区界	9.9
7		文津路	五一路至区界	11.0
8		靖江路	江东三路至区界	9.1
9		青六路	滨江二路至区界	12.0
10		钱江通道地面路	滨江二路至红十五线	14.9
11		梅林大道	滨江二路至红十五线	14.4
12		新世纪大道	滨江二路至红十五线	13.3
13	一连	头蓬路	滨江二路至江东三路	3.4

来自全国各地的10位专家学者参与研讨，为新区发展建言献策。围绕新区高质量的发展要求，新区党工委、管委会谋划启动新区战略规划编制工作，委托中国城市规划设计院上海分院编制新区战略规划，委托杭州市城市规划设计研究院对综合交通规划进行专题研究和规划编制。专家们对规划方案成果作点评，提出新区规划编制应从新区实际出发，理顺原杭州大江东产业集聚区和原杭州经济技术开发区的关系，统筹谋划产业发展和空间布局；挖掘长江三角洲区域一体化、浙江省大湾区建设等区域有利因素，以开放的思维、创新的意识提升规划的战略性、前瞻性；跳出做园区的传统理念，更加重视城市发展、生态建设对人才吸引、产业高质量发展的支撑作用；交通规划要善于整合周边资源，构筑外联内畅的综合交通体系等意见建议。

图2 新区框架路网规划图 （王 泱 供稿）

【《新区规划纲要（战略规划）》发布】 2019年9月24日，《新区规划纲要（战略规划）》（简称“规划纲要”）初步成果发布。规划纲要明确新区目标定位、空间格局、战略路径、设施支撑等，为新区未来的发展绘制一幅蓝图。规划纲要提出坚持“借势主城、拥江布局、链接机场、组团生长”四大布局原则，形成“江滩绿谷·一江双城四组团”的空间格局。其中“江滩”指依托钱塘江两岸生态空间，打造杭州的休闲湿地江滩；“绿谷”指依托大江东区块中部的乡村田野景观，打造承载国际艺术节功能的生态绿谷。“一江”指钱塘江拥江发展带，“双城”指下沙科创服务城和江东智造服务城；“四组团”指4个产城融合的特色组团，作为承载世界级先进制造业基地的核心空间，包括下沙生命健康产业组团、江东未来产业组团、前进先进制造产业组团、临江优化提升产业组团。规划构建强化高质量发展，建设双轮驱动、面向未来的创新圈；强化高水平开放，建设全球合作、多向对流的国际圈；强化高品质生活，建设绿色人文、活力宜居的生态圈。

【综合交通规划编制】 2019年7月，《新区综合交通规划》战略成果稿编制完成。该成果稿以“门户枢纽承接区、客货交通高效区、多网融合示范区、绿色交通践行区”为目标，对外交通形成依托钱塘站及沪乍杭铁路、公路网体系实现与长江三角洲城市的高效便捷联系，依托萧山机场、江东货运站、京杭运河二通道及公路网体系构建多式联运的区域物流组织。城市交通依托城市快轨及道路网系统，实现与萧山机场的直连直通，并构建以轨道快线为骨架，普线重点覆盖的城市轨道线网、“四横四纵两延”的快速路网体系和“五横七纵一连”的一级主干路系统。

【道路网络系统规划】 根据《新区综合交通规划》战略成果稿，按照“构筑骨架、轴向发展、结构合理、规模适度”的总体思路，规划提出建立以快速路和主干路为骨架，次干路为基础，支路为补充脉络的道路网络系统。快速路系统主要实现新区与周边地区的快速机动化联系，包括主城、萧山、临平、海宁、绍兴、滨海新区六大方向。结合杭州市快速路网结构，新区规划形成总里程144.2千米的“四横四纵两延”快速路网。“四横”指五一路至江东三路、德胜快速路至江东大道、艮山东路东延线、红十五线，“四纵”指东湖快速路、滨江二路（西段）、头蓬快速路、滨江二路（东段），“两延”指塘洲快速路、靖江路北延线。在快速路网的基础上，规划三类主干路。其中一级主干路为城市主要分区（组团）间的中、长距离联系交通服务，设计速度每小时60千米。新区内部快速路与一级主干路共同构成新区骨丁路网，结合“四横四纵两延”快速路网体系，规划“五横七纵一连”一级主干路系统。“五横”指银海街、20号大街、滨江二路、艮山路延伸线、红十五线，“七纵”指文渊路、文津路、靖江路、青六路、钱江通道地面道路、梅林大道、新世纪大道，“一连”指头蓬路。

【跨江通道规划与跨区域路网衔接】 根据《新区综合交通规划》战略成果稿，新区在已建钱江通道、江东大桥、下沙大桥、九堡大桥4个过江通道基础上，规划新增靖江路过江通道、江东三路过江通道、艮山东路过江通道、20号大街过江通道、文津路过江通道、文渊路过江通道6个过江通道，形成新区由10个过江通道构成的道路跨江体系。其中下沙与大江东之间规划过江道路有3条，分别为江东三路、江东大桥、艮山东路。新区规划无缝衔接的跨行政边界道路系统，西向和南向边界两侧用地呈连绵发展态势，道路对接注重网络一体，北向和东向因受钱塘江、乔司农场等因素阻隔，对接以轴向通道的提质、提速为主。杭州主城方向形成1条高速公路、2条快速路、3条主干路、5条次干路构成的共计11条道路衔接通道，萧山方向形成由2条高速公路、3条快速路、11条主干路、2条次干路构成的共计18条道路衔接通道，海宁方向形成由2条高速公路、3条快速路、3条主干路、2条次干路、3条支路构成的共计13条道路衔接通道，绍兴方向形成1条高速公路、2条快速路构成的共计3条道路衔接通道。

【重点区块城市设计】 2019年，新区就东沙湖、云帆社区2个重点区块开展城市设计方案征集。东沙湖区块有60个国内知名设计单位参与方案设计，经多轮竞赛后确定上海同济城市规划设计研究院有限公司和浙江大学建筑设计研究院有限公司联合体的方案中标。该规划方案对东沙湖区域的功能定位、产业布局、空间形态、地区形象、交通组织、景观意向和开发运作模式等内容进行研究，形成城市设计导则，指导东沙湖区域开发与建设。云帆社区城市设计吸引包括扎哈·哈迪德有限公司、中铁城市规划设计研究院有限公司等40个中外知名设计单位参与，最终扎哈·哈迪德有限公司方案确定中标。该设计方案通过未来教育场景、未来创业场景、未来交通场景等九大场景的营造，建设成为集邻里共享、绿色集约、智慧服务、品质生活于一体的新型社区。云帆社区是浙江省24个首批未来社区试点创建项目之一，选址位于新区义蓬街道，毗邻东沙湖水景公园和新区商务中心。设计范围南至艮山东路东延线，北侧邻东沙湖水景公园，东西两侧至规划道路。研究范围约96公顷，设计范围约34公顷，其中一期面积23公顷。

【产业空间提升研究设计】 2019年9月和12月，新区相继启动下沙区块城市有机更新概念规划、杭州医药港拓展区城市设计及工业邻里中心课题研究。下沙区块有机更新概念规划，旨在通过城市有机更新，对低效用地进行挖潜，对更新方式、更新节奏、项目安排、资金平衡等方面进行统筹，实现区域高效空间整合；杭州医药港拓展区城市设计通过统筹拓展区城市空间布局，协调城市景观风貌，提升整体空间品质，为吸引高素质人才和高端产业、提升创新科技竞争力提供环境基础；工业邻里中心课题通过对邻里中心的研究，完善园区为企业、员工配套的服务设施，提升产业园区服务水平，为企业创造优良经营环境，引导产业园区向产业社区转型。（苗　婧　王　泱）

重大交通建设

【交通建设大会战行动】 2019年8月，新区为弥补交通方式单一及路网密度不足两大短板，加强与杭州主城区及周边区县市的交通联系，提出实施“22377”交通建设大会战行动。2019—2021年，开工2大枢纽工程、2条高速公路、3条地铁线路、7条城市快速路、7条框架性主干路，建成1个枢纽工程、1条高速公路、3条地铁线、1条快速路、5条主干路，合计21个项目，总投资约1000亿元。提升“内畅”水平，建设下沙路与12号大街—艮山东路过江隧道—艮山东路东延、江东大道、江东三路过江通道，以及滨江二路南段、头蓬快速路，构建“三横两纵”快速路网；建设滨江二路（江东三路至绍兴界）、临鸿东路、江东五路、河景路及青西三路、义蓬东二路、钱江通道地面道路，构建“三横三纵一环绕”主干路网。

【5条快速路规划建设】 2019年，新区按照《杭州市迎亚运保畅通快速路网建设四年攻坚行动计划（2017—2020年）》要求，加快推进快速路网建设，构建新区与杭州主城区及周边区域的快速通道。新区规划建设5条快速路（6个项目），分别为江东大道提升改造项目（一、二期）、头蓬快速路、艮山东路过江隧道、下沙路12号大街、滨江二路，总长42.5千米。其中在建项目3个，分别是江东大道提升改造一期、艮山东路过江隧道、下沙路12号大街项目；计划开工建设项目3个，分别是江东大道提升改造二期、头蓬快速路（河景路至红十五线）、滨江二路。江东大道提升改造项目西起滨江二路，东至苏绍高速，全长12.6千米，道路设计等级为城市快速路。头蓬快速路一期项目南起红十五线，北至江东一路，道路全长8.5千米。下沙路与12号大街提升改造项目是杭州市“天目—环北—艮山”快速路的组成部分，西起下沙宝华路西侧，与艮山东路高架九堡段衔接，东至下沙23号大街东侧，与艮山东路过江隧道相连，全长7.47千米。艮山东路过江隧道西起艾博生物医药（杭州）有限公司南侧，东至滨江二路西侧，全长4.62千米，由过江隧道、地下综合管廊、地面道路新建和提升改造及附属工程组成。滨江二路快速路段北起江东三路，南至艮山东路，全长5.66千米，项目工程包括艮山东路及江东大道两处互通枢纽。

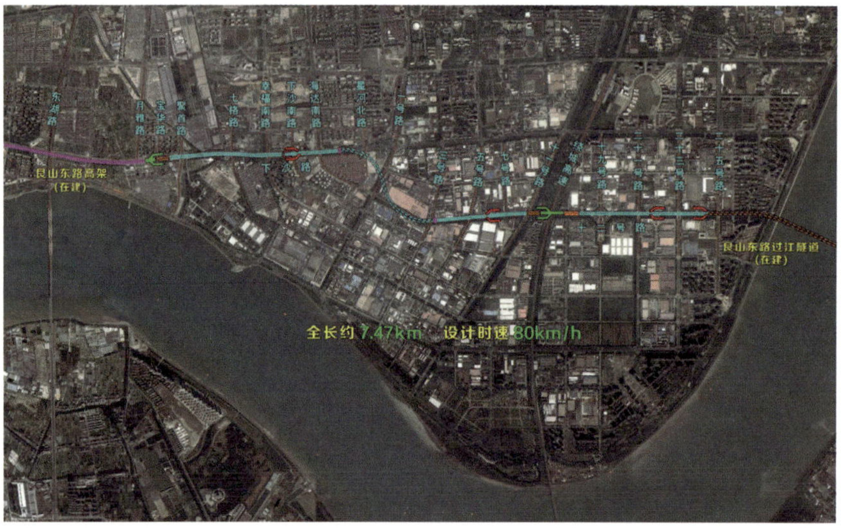

图3 新区下沙路与12号大街提升改造项目示意图 （新区融媒体中心 供稿）

2019年4月，新区江东大道提升改造一期工程在建。一期及地下综合管廊工程西起河庄大道，东至青六路，全长4.58千米 （新区融媒体中心 供稿）

【3条地铁线新区段建设推进】 2019年，杭州地铁1号线三期工程、7号线、8号线一期工程新区段建设加快推进。地铁1号线三期工程起点为下沙江滨站（不含），终点为萧山机场站，线路长11.2千米，设车站5座（滨江一路站、滨江二路站、南阳大道站、向阳路站、萧山机场站），其中新区涉及下沙风井、过江大盾构区间，土建总投资8.3亿元。至年末，该地铁线区间双线贯通，过江大盾构区间完成掘进1930米，完成投资4.2亿元。地铁7号线新区境内线路长10千米，共设义蓬站、塘新线站、北二路站、江东二路站4个车站和1个区间风井；该线新区各站点均进场施工，全年累计完成投资16.8亿元。地铁8号线一期工程在新区境内线路长17.2千米，共设文海南路站（1号线已

运营站点）、文桥区间风井、桥头堡站、河庄站、河景路站、青六路站、青蓬路站、义蓬东二路站、新湾路站9座车站和新湾车辆基地1座，其中青六路站与7号线换乘；该线各站点均进场施工，全年累计完成投资25亿元。

【3条地下综合管廊在建】 2019年，新区江东大道、河景路、青西三路3条地下综合管廊项目在建。于2016年开工建设的3条地下综合管廊是国家试点项目，总长11.31千米。其中，江东大道地下综合管廊全长4.58千米，建设内容包括综合管廊工程、管线工程、机电附属工程等，总投资6.17亿元；河景路地下综合管廊起于靖江路，终至头蓬快速路，全长4.2千米，总投资4.61亿元，建设内容包括管廊工程、控制中心及附属工程等；青西三路地下综合管廊起于江东一路，终至河景路，全长2.53千米，总投资2.85亿元，建设内容包括管廊工程及附属工程等。

【高压线“上改下”工程开工】 2019年9月，新区下沙中心区高压线“上改下”工程开工。该工程在新区与江干区交界处以东实施建设，途径德胜东路、乔下线、海达北路、文渊北路，建设电力隧道长度16.98千米。由新区和国家电网杭州供电公司共同建设、浙江大有实业有限公司负责实施，总投资29.8亿元。建设该项目主要破解新区电力“上改下”难题，因受技术和安全等方面制约，原先高压电传输通过架空线实现，高耸的铁塔、盘绕的线缆，在拉低城市“颜值”的同时，也阻碍区域土地开利用建设。该区块内8个回路（4排）220千伏线路和1个回路（1排）110千伏线路，自东北向西南斜穿金沙湖和医药港小镇两个重点区域，致使不少土地

2019年4月30日，杭州地铁7号线河景路站至河庄站左线区间盾构始发
（新区融媒体中心 供稿）

无法开发建设。为此新区推进项目建设实施，将沿线4千米的高压线全部“上改下”，迁改进入地下管廊。该工程完工将盘活超过46.67公顷的土地资源，为新区高质量发展提供支撑。

【江东三路建成通车】 2019年5月25日，新区主干道路项目江东三路建成通车。该路为新区成立后首条建成的城市主干道路，为新区路网自西向东道路工程的重要组成部分。道路总长15.62千米，为双向6车道，西起滨二路，东至新世纪大道，途径河庄、临江、前进3个街道14个自然村，和已建成的江东大道一样，从西至东贯穿整片大江东区域。江东三路通车有助沿线村民出行，并为江东大道分流，缓解交通压力，提升新区路网功能。

【下沙新收费站启用】 2019年10月28日，杭州绕城高速公路下沙新收费站启用通车。新建成的下沙收费站是市民驾车自杭州市区进入新区大江东片区的第一个门户，位于杭州绕城高速公路下沙枢纽中心以东250米处，沿杭州绕城高速公路下沙互通至江东大桥连接线，终点至江东大桥西桥头。新收费站为双向六车道，设计时速80千米，共建设15个收费岛、16个收费车道。该工程于2019年1月开工，为拆除原有下沙东收费站和江东大桥收费站而新建的一个收费站，总投资1.68亿元。

（李婷娜）

基础公建配套建设

【城市功能配套建设】 2019年，新区建设局推进城市功能配套建设，大剧院、文体中心、亚运轮滑馆等工程加快建设，临江环境能源工程、第三固废处置中心主体结顶、云帆未来社区完成土地“农转用”审批和城市设计。协调推进综合体地下空间项目，完成地下空间开发63万平方米，实现完工项目1个、土方开挖2个、主体施工2个、装饰工程施工1个。保障电力配套，推进22个输变电项目，完成开工项目7个、投产项目2个；推进高压线路“上改下”工程开工建设，完成工作面绿化迁移和交改，沿线10个工作井有9个在施工。推进“绿色建筑”，实施可再生能源198.41万平方米、完成率132%，

2019年9月，新区幸福河幼儿园投入使用 （夏贞勇 摄）

完成可再生能源应用面积297.17万平方米。推进海绵城市建设，开工重点项目23个，完工重点项目19个，完成区域化面积8.55平方千米。

【7所新学校建成投用】 2019年9月，新区7所新学校建成投用，分别是杭州高级中学启成学校、云帆小学、观澜小学、红黄蓝国际幼儿园、云帆幼儿园、启慧幼儿园、维翰幼儿园。杭州高级中学启成学校位于青六北路以西、南沙大堤以南，按九年制Ⅰ类标准设计，预设小学部24个班、每班30人，初中部36个班、每班35人。云帆小学位于千帆路以东、水云街以南、春新路以西，规划42个班。观澜小学位于下沙湿地单元，南临22号大街、西至19号大街，规划36个班。红黄蓝国际幼儿园位于义蓬街道小泗埠村，占地1.38公顷，总建筑面积逾1.3万平方米，设置18个班，是首个符合新区定位和人才引进战略的高品质国际化幼儿园。云帆幼儿园位于文淙路以东、水云街以北，拟建规模18个班。启慧幼儿园位于云水街以南、海涛路以西，设9个班。维翰幼儿园东至盛安路，北至下沙南路，西邻金沙湖实验学校，南至规划服务设施用地，拟设18个班。

【民生项目建设保障】 2019年，新区加快征迁安置，东沙湖片区完成农户拆迁360户、非住宅拆迁8户；安置房建设项目开工1个、房源3672套，交付项目4个、房源5005套，安置在外过渡拆迁户1206户、分配房源3883套；下沙集镇供销社优惠购房分配118户、房源127套；5个安置房项目完成产权登记，共计2548套。推进住房保障供应，完成公租房分配3072套、人才专项租赁住房分配168套、蓝领公寓分配530套；推进既有住宅加装电梯，新湾街道建华村安置房项目加装电梯52台。提升交通治堵措施，新世纪大道北伸（江东一路至江东三路）完工，文泽路（德胜东路至2号大街）堵点治理开始苗木迁移等施工，江东大桥至钱江通道接线工程完成工程量的74%。保障公共配套，新建污水管网11.29千米，新建雨水管网12.54千米，新建停车场（库）13个；新增停车泊位9188个，其中公共泊位1309个。优化公交出行，针对医药港小镇人员出行需求，对公交377路优化调整，增设公交站点，并与地铁站点实现换乘；针对大学城北区域人员出行需求，新辟下沙南路公交站至春潮路海河路口的公交线路。（罗依莲）

住宅房产建设

【批建预售新建商品房9865套】 2019年，新区建设局批建预售新建商品房9865套、面积91.18万平方米，其中住宅6067套、面积63.96万平方米。预售新建商品房8429套、面积81.47万平方米，其中住宅5964套、面积63.35万平方米，每平方米均价2.12万元；累计摇号26次，推出房源4612套，登记人数11.18万人，其中无房人数4.09万人，平均中签率4%。成交存量房5474套、面积54.57万平方米，其中住宅4391套、面积41.83万平方米，每平方米成交均价2.28万元。新区有3个住宅楼盘项目签约销售逾1000套房源，分别是杭州龙湖·江与城楼盘签约1245套（每平方米均价1.89万元）、晓春城·都会钱塘楼盘1156套（每平方米均价2.37万元），龙湖·春江天越楼盘签约1103套（每平方米均价2.66万元），另有金色和庄、星央悦府、湖景居、融创城、相贤府、滨江新希望新城·未来海岸、潮闻天下等在售热销楼盘。

【安置房竣工面积104.7万平方米】 2019年，新区河庄街道城乡一体化安置小区（二期）、义蓬街道一体化安置小区（二期）南地块项目竣工。2个竣工项目总建筑面积104.7万平方米，合计住宅6276套。河庄街道城乡一体化安置小区总投资59.1亿元，用地面积26.79公顷，总建筑面积85.65万平方米。项目分两个区域，西侧是由15幢商业用房组成的商业街区，东侧是36幢高层住宅小区，有房源4918套，2016年7月开工建设。义蓬街道城乡一体化安置小区（二期）项目南地块位于江东府以北、规划艮山东路以南、义蓬中路西侧、小泗埠河东侧，总用地面积4.7万平方米，总建筑面积19.05万平方米，由9幢高层住宅组成，有住宅1358套。项目于2016年3月开工建设，2019年10月竣工验收。

【8个安置房小区项目在建】 2019年，新区河庄街道新农村建设项目等8个拆迁安置房项目在建，住宅数量合计约1.47万套，总投资186.9亿元。河庄街道新农村建设项目总投资14亿元，用地面积9.33公顷，总建筑面积33万平方米，有单体建筑23幢、住宅1702套。河庄街道棚户区三期项目总投资39.6亿元，用地面积31.13公顷，总建筑面积71.1万平方米。义蓬街道城乡一体化安置小区（二期）总投资58.4亿元，用地面积25.37公顷，总建筑面积82.5万平方米；小区分南、中、北3个地块，有单体建筑44幢、住宅4637套。义蓬街道城乡一体化安置小区三期工程总投资18.4亿元，用地11.2公顷，总建筑面积26.6万平方米，有住宅1204套，2018年11月开工。新湾街道创新村一体化安置用房总投资14.9亿元，用地面积5.79公顷，总建筑面积26.6万平方米，有单体建筑14幢、住宅1303套。新湾街道城乡一体化安置小区项目总投资14.7亿元，总用地面积7.27公顷，总建筑面积23.4万平方米，有住宅1238套，2018年8月开工。临江街道城乡一体化安置小区项目属棚户区二期，总投资10.92亿元，用地面积5.59公顷，总建筑面积20.1万平方米，有住宅1167套，2017年12月开工。前进工业园区高层安置房二期总投资15.7亿元，用地面积10.19公顷，总建筑面积36.2万平方米，有单体建筑26幢、住宅2167套，2018年2月开工。

【人才专项租赁房规划建设】 2019年，新区规划新增下沙中心区、前进片区2个人才专项租赁用房。下沙中心区人才专项租赁用房位于下沙路以北、银沙路以东、海通街以南、金沙阳光小区西侧，占地面积1.1万平方米，是下沙中心区单元首个人才租赁住房项目。前进片区人才租赁房位于前进街道，南至规划道路，西至梅林大道，总用地1.2万平方米。除规划中的人才专项租赁用房项目，另有杭大江东储出〔2018〕1号地块、大学城北2个人才租赁房项目在建。杭大江东储出〔2018〕1号地块人才专项租赁住房项目东至规划道路，南至人才房二期地块，西至梅林大道，北至江东六路，占地面积3.43万平方米，总建筑面积15万平方米，配建有4043平方米的幼儿园。项目建成后总计提供1572套人才专项租赁住房。大学城北人才专项租赁用房位于下沙大学城北单元内，银海街以北，云涛路以西，用地面积1.6万平方米，总建筑面积7.6万平方，由4幢高层、2层裙房组合形成。年内，新区推出汇澜公寓人才专项租赁用房，作为市级房源试点进行分配。该公寓位于新区大学城北，总占地面积7.21万平方米，总建筑面积23.11万平方米，其中住宅面积13.94万平方米，有住宅16幢，房源1394套。

【2个老旧小区提升改造】 2019年，经杭州市建委踏勘审核，河庄街道钱民花苑、临江街道临江佳苑被列入全市老旧小区综合改造提升试点项目。新区坚持“目标引领、问题导向、规划先行、街道实施、

义蓬街道义府名苑安置小区南区　　（新区融媒体中心 供稿）

部门指导、财政兜底、计划倒排”原则，执行杭州市老旧小区综合改造提升工作技术导则标准，建设有完善设施、有整洁环境、有配套服务、有长效管理、有特色文化、有和谐关系的“六有”宜居小区。河庄街道钱民花苑小区5月开始实施改造，11月末完成一期改造，改造投资1913万元。对照杭州市老旧小区综合改造提升工作技术导则，新区领导经专题研究后，增加小区改造二期工程，计划投资2000万元，改造内容包括污水“零直排”改造、停车场改造、充电桩、绿化景观改造提升、道路整修、照明系统完善、环卫设施提升、智能化系统、海绵城市建设及配套设施改造等。临江街道临江佳苑经新区领导专题研究，重新立项、重新设计，严格落实导则标准。该项目于年末开工，计划总投资9311万元，改造内容包括建筑外立面整修、屋顶及墙体漏水修缮、道路、停车场、综合管网、给排水、景观绿化、污水处理等改造及设备采购等。

（罗依莲）

城市有机更新

【城市有机更新启动实施】 2019年9月，新区启动实施城市有机更新。城市有机更新指挥部明确下沙区块中心国际化、区校融合化、园区小镇化、单元多样化4个改造重点，将沿金沙湖、沿江、沿地铁站8个低效低潜地块作为首期启动区块，重点实施产业转型，完成2个企业土地收储签约。根据工作安排，第一阶段主要围绕下沙南部5.29平方千米的区块开展有机更新工作，包含杭州华春化纤染织有限公司在内的华春和朝阳区块。华春和朝阳区块，即原杭州经济技术开发区1号、2号、3号、12号大街合围区块，涉及企业18个，合计土地面积86.67公顷，明确列入新区城市有机更新计划范围。根据《新区规划纲要（战略规划）》，下沙片区南部地块是实施城市有机更新的重点区块，该区块将结合传统制造业改造提升，推进低效产业“腾笼换鸟”，重点发展科技研发、检验检测、软件信息等生产性服务业。

【城市有机更新重点】 2019年，新区城市有机更新重点围绕“城市功能提升、低效用地再开发、校园融合开放和小镇化改造”四大任务，从完善城市生态系统、提升质量能级、增强国际化视野等角度出发，推进下沙南部区块城市有机更新，提升中心城区综合服务功能，促进经济高质量发展。对低效企业进行分类施策，通过“收储一批、转迁一批、提升一批”等模式，推进一批企业“腾笼换鸟”，部分地块实现“退二优二”“退二进三”，强化低效用地优化利用，实现全面整体转型。实施小镇化改造，重点布局邻里中心和未来社区项目，满足企业基础配套需求。加强高校融合开放，形成下沙区域开放共享的城市创新地区，提升宜居宜业宜学水平。

【城市有机更新方案通过】 2019年8月，新区城市有机更新概念方案通过。方案立足新区产业、交通、高校等优势，对城市功能、设施、环境等进行功能提升、优化改造，打造和新区使命相适应的现代化、高品质、国际范魅力新城。新区将在原有规划建设的基础上，提升金沙湖商务区的国际会议功能，增加国际社区功能，强化国际化服务能力、提升国际影响力。“国际化”同时贯穿宜居国际社区建设、国际化活力街区打造、国际化节事活动筹划等方面。实施园区小镇化计划，在医药港小镇西区规划综合功能片区，建设面向智能时代的未来产业社区。针对区域内用地，新区将进行统一谋划、科学布局，优化城市空间格局，同时补足短板，加大城市基础设施、公共服务配套等开发建设力度。针对质量较好的已建建筑物及周边环境，将进行功能提升、优化改造，建设高品质、开放、灵活的公共空间，整合水景、艺术品、广场及展演功能，打造创新型社区，以城市新形象接轨大上海、融入长江三角洲。

【和达物流园邻里中心项目启动】 2019年12月，新区有机更新指挥部围绕“园区小镇化、推动未来产业社区”城市更新目标，以用地综合化代替过度集聚化，围绕企业服务及人员需求，以建设高品质的生产生活空间为目标，经过多轮实地踏勘与调研后，完成新区下沙区域南部产业区及医药港小镇邻里中心项目选址。其中，和达物流园邻里中心项目已启动并进入规划指标调整阶段。

（刘可嘉）

责任编辑　黎洪正

供　水

【概况】 2019年，新区下沙区块供水服务由杭州市水务集团有限公司城东分公司（简称市水务集团城东分公司）承担，江东区块供水服务由萧山环境集团承担。全年市水务集团城东分公司下沙区域供水总量9048.92万吨，该公司加强管网维护，做好8284只供水阀门的抢修与维保和3.2万只水表的抄表收费；完善二次供水监管和验收备案、定期检查维护、水质化验等制度，加强与开发商、物业公司对接，制订高层小区供水方案和应急预案，保障各小区24小时不间断供水。萧山环境集团江东区域供水7580.74万吨，其中企事业单位供水量6548.58万吨；完成江东区域用户工程246个，其中企事业单位工程119个、个人工程127个；二次供水用户接收18个小区（含安置房），涉及用户1.74万户。

【供水保障与服务】 2019年，市水务集团城东分公司主动与用户对接，加强老旧管线改造、抢修和对施工现场的管理，累计完成管网抢修385次。加强在线水表监管，完成130只远传大表及5只电磁水表的周检。做好“最多跑一次”业务流程及跨区受理、网上预受理、App受理，落实“一站式”服务、“首问责任制”。优化报装服务，简化办理事项，报装办理时限由15天缩减至7天。开展“阿力志愿者”服务进社区活动，帮助用户维修内部用水管道、小家电等，提供水费收缴、一户一表受理等便捷服务。萧山环境集团完成管径100毫米~300毫米管线建设工程40.96千米、管径400毫米~1200毫米管线建设工程15.14千米；做好现有管线维护保养，全年抢修管径100毫米以上管线108次。尝试人工智能和传统水务相融合，与科大讯飞股份有限公司、上海国卫通讯科技有限公司签订水务行业生态战略合作协议，6月智能语音服务系统上线服务。提高应急反应，组织开展应急预案演练4次。优化营商环境，落实企业办理环节压减至2个、报装申请资料压减至1份、办理时限不超过4个工作日，实现“一证通办”覆盖、水费电子发票推行。

【江东水厂二期改扩建启动】 2019年，萧山环境集团江东水厂二期改扩建工程启动。工程总投资5.78亿元。完工后，江东水厂供水能力将由原来30万吨/日提升至60万吨/日。年末二期改扩建工程的施工许可证办理完成，卫生、质监完成备案，施工区域围挡、项目部建设到位，施工合同、监理合同完成签订，二期清水池南侧维护搅拌桩完成工程进度的50%。　（姜佳佳　王志坚）

供　电

【概况】 2019年9月，原杭州大江东产业集聚区供电公司和杭州供电公司下沙供电营业部合署办公。12月，两家供电服务机构整合而成的国家电网杭州钱塘新区供电公司（简称新区供电公司）挂牌成立。年内，新区加大配网建设，累计投入建设资金2.92亿元；下沙区块绝缘化率和环网化率保持100%，江东区块配网环网化率、电缆化率明显提高，人工智能AI调度、主动抢修、无人机巡检、电缆隧道机器人巡检等技术在新区得到应用。保障重点项目，做好下沙路隧道工程、金沙湖等项目配套供电服务，为“中欣晶圆”“格力”“容贝电子”等重

2019年12月13日，国家电网钱塘新区供电公司揭牌成立　　（徐红灿　供稿）

点企业提供电源接入。全年新区范围内的26个地铁站点、14.63万千伏安容量的临时施工用电得到支撑；保障亚运会场馆建设，累计为场馆配套工程投入304万元。服务新区开发建设、盘活土地和转型升级，配合新区开展输配电线路迁改及“上改下”工程的实施。做好电力安全生产，规范低压（小散）施工作业，制定持票规范实施细则。全年完成重大活动保供电任务23项，对79个高危企业开展用电安全专项摸排并实行分级管理，对特级、一级用户完成“一馆一册”编制。组建市政建设防外破巡视队伍，保障可靠供电。深化“三化五严”的用电实践，获评“市青年安全生产示范岗”。

年末，新区供电公司经营区域内有35千伏及以上公用变电所33座，变电容量600.9万千伏安；配电线路（含电缆）591条，线路总长度5260.43千米。有电力用户30.79万户。全年全社会用电量63.78亿千瓦时，售电量121.12亿千瓦时。江东区域电网最高负荷95.58万千瓦，增长4.58%；下沙区域电网最高负荷97.01万千瓦，增长16.8%。

【电网建设】 2019年，新区供电公司加快“城市能源互联网”建设，促成新区管委会与杭州供电公司签订战略合作协议，助力新区建设。开展10个主网项目前期，推动南阳变电站项目以“土建先行”模式实施，签订春澜变电站项目垫资协议。12月4日，新区成立后的首座500千伏变电站——萧围变电站投入运营；220千伏新围变电站、110千伏灯塔变电站、闸北变电站、下东变电站开工建设。编制供电可靠性提升方案，落实“一停多用、综合检修”，增加不停电作业比率，减少停电时间，全年新区范围内年户均停电时间比上年降低42%。

【电力服务】 2019年，新区供电公司推广高压客户省力、省时、省钱的服务，低压接入容量提升至160千瓦，延伸低压非居客户投资界面至表箱，1305户客户获益，减少投资760万元。推进大用户直接交易，797个企业进入直接交易名单。执行一般工商业电价的降价政策，为新区电力用户省钱。深化办电“最多跑一次”，线上推广“网上国网”，让客户畅享便捷智慧用电服务；加强营业厅建设，新设服务窗口2个。推进“互联网+营销服务”，居民办理增容、过户、缴费等16项常用业务实现“一次都不跑”。3个下属营业厅完成改造升级，新区2个办事中心增设电力服务窗口。与市场、建设等部门做好配合，做好下沙区块30个单元的既有住宅电梯加装项目。保障5G推广，探索实施5G站点“直供电”。

【生态电力建设】 2019年，新区供电公司重点提升清洁能源在终端能源中的比重，投运红普路综合供能站，推进临江循环经济产业园综合能源示范项目。全区有充电站24座、充电桩234个，实现主要街道充电设施全覆盖，日充电量逾0.9万千瓦时。全年新增企业电能替代项目20个，增售电量1.8亿千瓦时，累计并网光伏用户417户，装机容量10.48万千瓦。（徐红灿）

供　热

【概况】 杭州杭联热电有限公司是为新区下沙区块提供能源服务的企业，生产销售电力、蒸汽及灰渣综合利用、压缩空气集中供气，总装机容量5.7万千瓦，供热能力550吨/时。2019年，该公司新开通蒸汽用户3户，累计在用蒸汽用户119户；全年售热525.2万吉焦，比上年下降13.8%；发电2.17亿千瓦时，增长12.2%。新建供热管网，在杭州医药港小镇区域内完成至加速器三期园区热网管线建设，管径300毫米~400毫米，总长840米；完成至浙江华海生物科技有限公司热网管线建设，管径300毫米，总长640米。两处管线长度合计1480米。

【医药港小镇综合供能站建设】 2019年11月，随着综合供能需求增大，位于新区银海街以北、文渊北路以西的加速器三期园区内的杭州医药港小镇2号能源站启动建设。该能源站距离1号能源站约1千米，占地面积440平方米，项目规模为2台300万大卡制冷机组及相应配套设备，能满足加速器三期园区内企业洁净厂房空调及其他工艺用能需求，总投资2000万元。2018年末，位于加速器二期园区内的杭州医药港小镇1号能源站投用后，用户从2个增至8个，新增用户主要有浙江摩达生物科技有限公司、浙江万辉生物医药有限公司、浙江迈达佩斯医疗科技有限公司等，供能需求的增长促使2号能源站加快建设。

【超高压高温背压机组168小时试运】 2019年4月18日，杭州杭联热电有限公司超高压高温背压1号新机组168小时试运成功。该公司在拆除的原1号炉1号机区域，新建安装一台150吨/时超高压高温循环流化床锅炉及一台15兆瓦背压汽轮发电机组，称之为1号新机组，项目总投资7000万元。1号新机组配置热电行业处于领先水平的设备，包括太原锅炉集团有限公司的流态重构绝热型单分离器的CFB锅炉（国内最大容量的吨/时级的单分离器循环流化床锅炉）、杭州汽轮股份公司的反动式背压机组、浙江中控技术股份有限公司的ECS700分散集中控制系统、德国KSB给水泵、在线汽水分析仪表等，机组能耗水平达到行业先进。

【岑可法院士工作站获市级认定】 2019年11月27日，杭州市科学技术协会认定杭州杭联热电有限公司院士工作站。该院士工作站由杭州杭联热电公司与浙江大学岑可法院士团队合作建立，建站的项目研发工作核心技术内容是对能源生产过程中包括源侧、网侧等要素进行优化研究，以及能源系统生产、输配、消费过程的机理研究，做到提升能源系统生产管理及调度运行技术水平、清洁化用能水平。院士工作站助力公司解决技术瓶颈并形成创新成果，实现节能环保、提升效益、智能化管理，推进公司转型升级，创建“智慧热电”，为新区提供完备综合能源服务。 （林　玲）

供　气

【概况】 2019年，为新区江东区块提供天然气服务的是杭州中燃城市燃气发展有限公司（简称中燃燃气公司）及其子公司杭州东能管道燃气有限公司（简称东能燃气公司），为下沙区块提供天然气服务的是杭州钱江燃气有限公司（简称钱江燃气公司）。中燃燃气公司依特许经营协议规定，拥有新区江东区块的管道燃气特许经营权。至年末，该公司在江东区块建成河庄天然气门站1座，高中压调压站大江东前站、大江东江东北站各1座，全年供应天然气1.16亿立方米（其中液化气1277万立方米），比上年增长5%；居民销气量810万立方米，非居民销气量1.08亿立方米。东能燃气公司负责新区江东区块河庄街道及江东工业园区及周边燃气供应，公司建有集管道燃气和储存液化天然气的储气站1座，集供气、储气、调峰、充装等多功能为一体，向责任区域居民、公建商服、工业企业用户提供管道天然气，是江东区块气源储备保障基地。全年东能燃气公司累计供气9000多万立方米，增长12.3%。年末，东能燃气公司经营区域内实现天然气主干管道全面覆盖，有24个自然村和8个安置小区普及管道天然气，居民用户逾1.8万户，安装中用户5200多户。

钱江燃气公司销售天然气8246万立方米，增长2.4%，其中居民用户售气量1450万立方米，工业、锅炉用户售气量3578万立方米，向海宁连杭经济区销售天然气2133万立方米；全年新增居民用户4241户，累计8.8万户；新增锅炉点火12吨，地热开户349户，热水器开户5949户；新增工业公建用户206户，增长24.8%，工业公建用户累计602户；新建中压和低压管线9.53千米，新通气管线21.45千米，通气管线累计546.98千米；新增调压站25座，累计480座。

【燃气工程建设】 2019年，中燃燃气公司完成江东大道（河庄大道西至青六路东）中低压管道建设6千米，形成环网供气。东能燃气公司累计建成市政中压管网201.5千米，庭院低压管网323.4千米，合计524.9千米；完成天然气应急储备站二

杭州东能管道燃气有限公司LNG应急储备站 （陆佳杰　摄）

期储能扩建工程（可储存80万立方米），通过应急储备站累计反供天然气7500多万立方米；加快燃气配套项目建设，完成河庄街道城乡一体化安置小区、江东保障房、杭高启成学校等板块的燃气配套项目。钱江燃气公司完成杭州市地下综合管廊国家试点路段艮山路管廊V标的廊内燃气管道敷设；天城东路、下沙段管廊及快速路先开段迁改完成；城中村八堡小区整体改造，“钱塘新语”三期、“一品高尔夫”三期、“君悦”二期等新小区燃气配套建设，全年新增资源户数6401户。

【“瓶改管”工程推进】 2019年，中燃燃气公司与钱塘江石材市场近100户商户签署燃气入户合同，通过统一规划、打包安装的方式为用户安装管道天然气；为68个商服用户、6个工业企业用户、1.58万户居民安装管道天然气。东能燃气公司配合新区河庄街道小城镇整治改造，将管道天然气配套建设纳入整治项目的“瓶改管”工程，年末小城镇整治改造涉及的800多户居民和50多个小微企业的管道天然气主干管及庭院管敷设完毕。钱江燃气公司推进首个“瓶改管”试点工程，完成十六街区商城36个餐饮用户“瓶改管”项目。

【管道天然气安全保障】 2019年，中燃燃气公司对经营区域内的天然气门站和场站多次开展检查，接受杭州市城管委等专项检查6次。安排人员24小时值守，确保燃气枢纽稳定运行。设置抢修应急队伍，配备防爆器材及监控摄像、红外设施，联动110，应对突发情况。全年为江东区块4万多户居民进行入户安检，排除安全隐患500多处。为企事业单位进行安全检查和维护，排除管道腐蚀、燃气设备损坏、报警器失效等安全隐患300多处。东能燃气公司配备澳大利亚悉亚特的燃气管网自动监控系统，对区域中压、中低压站场及工业用户调压柜的压力、流量、温度及各重要用气点的可燃气体浓度实施在线监控，对燃气管网及站场进行远程监护；管网维护人员携定位系统在燃气管线上巡护，确保管网安全运行。实施应急值班，处理突发事件。钱江燃气公司开展安全生产月、“防风险保平安迎大庆”排查等活动，完成调压器巡查1138台次、调压器维保67台、非居民用户安检680户，激光巡检111个小区、巡检里程1.3万千米、小区巡查2738次、综合测试桩检测796次；完成阀门井防水处理130个、阀门维护250个、防腐层检测48.82千米、桥管防腐10座、架空管防腐7个等。全年抢修出车1879次。

【供气服务优化】 2019年，中燃燃气公司深化供气服务“最多跑一次”改革，根据区域划分若干服务网格，由网格员为用户提供全天候服务；企事业单位由大客户经理提供从燃气报装、工程安装到运维服务的一站式服务；义蓬营业厅开通微信线上业务办理系统、NFC线上燃气充值卡免费兑换等业务。东能燃气公司对非居民用户用气报装推出“421”服务标准，办理时限不超过4个工作日，企业办理环节压减至2个，报装申请资料压减至1份，对小微商服用户工程推出“7天竣工通气”等承诺。钱江燃气公司完成19个服务厅改造升级，实现“服务零距离、办事一站通”；全年网上业务办理总量4550件，新增网上用户8553户，自助抄表4.2万次。

（胡　斌　陆佳杰　张晓延）

城市公共交通

【概况】 2019年，新区公共交通主要由杭州公共交通下沙有限公司（简称下沙公交公司）和杭州大江东公共交通有限公司（简称大江东公交公司）提供经营服务。年末，下沙公交公司有公交车284辆、出租车400辆，公交营业线路27条，公交站点312个（不含重复站点），线路总长398.5千米，覆射钱塘新区69条主次干道；提供出行服务2557.43万人次，实现票款收入6213.89万元，分别比上年增长8.1%、7.3%。江东公交公司有公交车64辆，公交营业线路10条，线路总长241.7千米，辐射新区51条主次干道；提供出行服务138.21万人次。

【公交线网调整完善】 2019年新区成立后，下沙公交公司和大江东公交公司相应调整公交线网，注重提高运营效率。下沙公交公司实施智能公交系统，推进公交与轨道交通“两网融合”，新辟线路1条，优化公交线路9条，定制专线2条，解决江景家园和头格社区回迁居民公交出行及学生上（下）学乘车难题。大江东公交公司定制公交线路15条、公交站点152个（不含重复站点），优化公交线路2条，开通前进园区接驳线1条，增设往来大江东与下沙之间的跨江接驳班车，为企业定制班车服务，满足员工上下班出行需求。

【公交长效监管】 2019年，新区加强公交安全管理，落实长效监管机制。下沙公交公司推进安全标准化体系建设，全年接到110应急联动平台联动派单10件，张贴宣传横幅135条，发放宣传资料4500多份、安全展板24块；组织开展治安防控、反恐防爆等安全培训27次，受训员工1732人次；安全生产大检查16次，隐患整改56处；组织安全检查4.57万辆次，查违859辆次。8月，公司通过一级安全生产达标企业评审，QC小组研究课题“提高302线路高

2019年12月24日，新区管委会与中国移动杭州分公司签订战略合作协议　　（徐红灿　供稿）

峰班次执行率”获杭州市优秀质量管理小组二等奖。全年江东公交公司检查车辆数1.6万辆，发生行车违章278起；组织检查公交场站72次、车辆1536辆次；开展业务培训35次，受训员工1289人；开展消防应急演练11次，参与人数189人；通过微信推送安全预警信息436条；受理“12345”市长公开信箱（电话）、新区管委会信访件等96件，有责投诉率1%；开展城市公交满意度调查，满意率98.2%。

（池　瑜　朱国锋）

移动通信

【概况】 2019年，中国移动钱塘分公司应围绕新区战略发展定位，做好通信服务与支撑，无线、有线用户发展均实现“双领先”发展。发展有线用户，通过探索智慧家庭创新营销模式，拓展小区宽带承包新模式，深化宽带服务到村等营销活动，年末宽带用户累计8.4万户，宽带电视净增5.15万户。发展无线用户，年末通话用户累计75.4万户，通话用户日通份额80.5%。开展“充值送”“流量风暴”等活动，拉升和巩固资费结构，4G网络活跃用户累计67.7万户，5G网络活跃用户累计5816户。针对属地高校用户定制专属动感流量包，向年轻群推出“爱奇艺”“抖音”“腾讯”等视频流量礼包，挖掘用户需求，推动流量增幅。年末，公司移动用户平均每户每月上网流量16GB，比上年增长99%；年手机上网总流量1298亿兆，累计增幅64.3%。

【移动通信项目建设】 2019年，中国移动钱塘分公司完成LTE7.1期及7.2期新建、扩容等工程建设，启动5G一期及扩大规模项目，与新区管委会、医药港小镇、大创小镇及众多高校、企业开展5G战略合作。推进政府合作项目建设，完成“雪亮工程”二期、新区党工委政法委综治平台对接项目，参与3个社区的智慧安防项目建设。开展校园合作，落地杭州高级中学钱塘学校智能化改造及13所本专科院校的视联网项目建设。至年末，5G网络下沙区块基本完成覆盖，江东区块重点场景完成覆盖，累计覆盖面积300平方千米。全年完成14条管道建设，累计长度23.34千米；完成55个小区、25个商业楼宇的新建与扩容，涉及信息点2.18万个，累计覆盖地址28.53万个，覆盖率92.4%；完成4所高校的校园网宽带改造，扩容信息点1.77万个；完成160个五星基站整治升级，实现无线网络强覆盖；探索5G+应用落地，推进新区“5G+智慧教育”建设。全年完成14项隐患整治，预防网络信号中断等事故；引入独立施工队伍，做好保障电梯联网项目，涉及东湾、德胜东苑等18个区域，解决电梯类信号覆盖问题484项；完成浙江理工大学教学区有线网络提升和杭州职业技术学院无线网络改造建设，保障校园网络环境稳定快速。

【重大活动网络保障】 2019年10月19日，汤达人元气音乐节（杭州站）在浙江传媒学院举行，中国移动钱塘分公司制定网络稳定畅通保障方案，在活动区域内提供有线无线网络双向保障，在现场布放传输光缆及土建电缆，满足近1万名参与者对网络信号的需求。10月27日，杭州国际女子马拉松赛在新区举行，中国移动钱塘分公司制定保障计划和多个应急方案，在现场布放光缆、拉专线，进行有线信号连接，配备多台应急通信车，保障21个直播平台和近1万名参赛者的通信网络畅通稳定。　　（林　松）

责任编辑　沈青松

生态环保

综 述

【新区生态环境分局成立】 2019年4月，新区整合原杭州经济技术开发区建设局与原杭州大江东产业集聚区经济发展局从事环保条线人员，成立杭州市生态环境局钱塘新区分局（简称新区生态环境分局），配置6个内设科室和2个事业单位。成立美丽钱塘新区建设领导小组，下设生态文明示范建设、“五水共治”（河长制）工作、大气污染防治工作和土壤污染防治工作4个专项办公室。治水办实行实体化运作，从新区综合行政执法局、新区农业发展服务中心等单位抽调6人入驻办公。各专项办公室分别制定污染防治年度计划，印发街道部门目标责任，推动生态环保工作落到实处。

【污染防治与环境执法】 2019年，新区生态环境分局推进近岸海域污染防治，对5个入海排污口、9条入江河流开展核查，建立水质监测预警和排查联动机制。完成1个工业集聚区、3个街道和41个生活小区“污水零直排”创建。完成2个中水回用减排项目。编制4个断面水质达标方案，实施1个断面生态修复工程。创建省级美丽河湖1条、市级美丽河湖2条。完成10个企业恶臭治理、22个企业挥发性有机废气整治。国际香料香精（浙江）有限公司等11个企业关停转迁，关停或停用燃煤锅炉11台。淘汰国三柴油车1084辆，联网远程审验汽车尾气9.16万车次。完成重点行业企业用地信息采集117个，新增疑似污染地块7个，完成土壤污染状况初步调查3个，完成污染地块土壤修复1个。开展企业固废核查42个，审核危险废物管理计划428个，备案转移联单2500多份。全年出动环境执法4590人次，检查企业1727个次，处罚69件，罚金701万元。省级生态环境保护督察17件信访件完成落实整改。完成第二次污染源普查数据的审核上报，国家普查办核查组对新区的现场质量核查通过。（韩 涛）

钱江直河新貌 （沈青松 摄）

【空气和水环境质量监测】 2019年，新区有效监测天数359天，环境空气优良天数260天，优良率72.4%。PM2.5平均浓度每立方米38.9克，比上年下降3.0%。6个市级交接断面水质状况年度评价为良好。地表水水质监测断面中符合Ⅲ类水质断面29个，占比10%；符合Ⅳ类水质断面97个，占比33.4%。

（阮劲峰）

【生态环保督察】 2019年，新区各部门和街道开展环保督察“回头看”行动，完成2017年中央环保督察交办的118件信访件销号，推进中央反馈意见涉及新区的“加大统筹落实生态环境保护责任”和“加强危废处置能力建设”2项共性整改。7月中旬至8月初，浙江省生态环境保护督察组对杭州开展生态环境保护督察，新区印发协调保障工作方案，迎接浙江省生态环境保护督察，成立督察迎检专班，开展日常检查督办，调阅资料5批次、28项，完成省级生态环境保护督察17件信访交办件。（陶丹凤）

生态环境建设

【生态规划与三年行动】 2019年，新区规划和自然资源分局牵头编制《钱塘新区生态规划》。该规划明确新区生态发展目标、生态安全格局、生态环境管控、生态景观体系、生态发展策略等重点内容，提出管控措施及实施建议。为实现生态发展目标，制定发布《新区生态环境保护和建设三年行动计划》，涵盖蓝天保卫、碧水截污、净土清废、绿色发展、生态文明、体制改革、保护修复、能力建设八大领域，提出70个提升项目，其中包含特色创新项目16个。总目标是通过3年生态环境保护行动，新区环境质量明显改善，环境污染风险得到有效防控。到2021年，PM2.5年浓度力争控制在37.6微克/立方米以下，区级河道Ⅳ类及以上水质占比力争75%以上，污染地块安全利用率和危险废物规范化管理达标率95%以上。

新区绿道萧围北线段（方　波　摄）

【生态保护举措】 2019年，新区提交生态保护红线评估调整“一上”初步成果，划定生态保护红线19.33平方千米。根据实际生态功能，将迁徙鸟类栖息、捕食的重要场所，以及季节性滩涂和江海衔接的潮间带地区划入生态红线，推进红线勘界定标前期准备工作。落实生态环保专项资金补助，制定印发《新区生态文明建设专项资金使用管理实施细则》，重点支持主要污染物减排、生态环保示范、环保能力建设、环境基础设施建设类以及大气、水、土壤、噪声污染防治等项目，引导和激励企事业单位加大生态环保投入，提升环保治理设施能力和环保管理水平。

【生态工业示范园区复评通过】 2019年11月5日，新区通过生态环境部、商务部、科技部组织的国家生态工业示范园区现场复评。通过构建生态工业链网，坚持绿色招商、产业链招商，新区打造食品饮料、装备机械、电子信息、生物医药生态工业链，完善产业循环体系，构建企业内部微循环、企业间中循环链接和工业园废弃物资源化为代表的社会大循环，形成产业间横向互补、资源共享的生态链接体系。

（陶丹凤）

污染防治

【第二次全国污染源普查】 2019年4月，新区生态环境分局组织区普查指导员和普查员参加省普查办举办的产排污系数核算培训，抽取辖区5个行业的重点企业进行产排污系数试算。5月前完成2300多个普查对象污染物产排污系数核算，核算通过率和双审通过率均为100%。加强数据审核管控，开展污染源基本单位名录比对核实，通过比对第四次全国经济普查清查名录、2017年全年用电量数据、农业部门规模畜禽养殖场直连直报信息、重污染天气应急预案名单、“12369”信访举报清单、散乱污企业排查清单及环境统计等环保内部名录，筛选需增补的普查对象8个，完成增补对象入户调查。开展重点普查对象现场复核，筛选114个重点企业对所填报表数据的准确性、完整性和逻辑性进行

2019年10月20日，由杭州大江东能源有限公司营建的生态能源循环利用实践园开园 （高 良 摄）

核实。进行普查报表交叉复核，重点围绕关键指标，下沙区块与江东区块的第三方单位开展交叉复核，累计发现并整改问题100多个。开展污染源普查质量核查集中攻坚整改，对普查对象数据逐一复核，累计完成核实普查对象2040个。开展上级问题清单核实整改，累计完成国家、省、市问题整改清单核实整改7000多项。8月末，新区污染源普查数据通过国家污染源普查质量核查组现场检查。完成污染源普查总结报告和污染源普查数据分析报告编制。 （潘传信）

【大气污染防治】 2019年，新区生态环境分局实施分类提升锅炉烟气治理，完成对东南新材料（杭州）有限公司、浙江双兔新材料有限公司2个企业共15台锅炉的清洁化改造验收，新区所有35蒸吨/时以下燃煤锅炉清洁化改造验收工作完成。开展锅炉整治，完成浙江中海印染有限公司等8个企业11台35蒸吨/小时以下燃煤锅炉淘汰改造，中意防水材料有限公司等5个企业5台生物质锅炉淘汰改造完成，统一企业（中国）投资有限公司等5个企业8台天然气锅炉低氮燃烧改造完成。华电江东热电有限公司等2个热电企业4台锅炉年内启动改造工程。推进工业废气治理，完成22个市级VOCs（挥发性有机物）整治和10个恶臭项目治理，年减排VOCs3000吨。推进化工企业关停转迁，11个企业完成关停退出。加强机动车尾气管理，淘汰国Ⅲ柴油车1084辆，发放淘汰补助资金1616.8万元。12月，在江东塘新线和23号大街柴油车主要通行路段各安装完成一套柴油车黑烟抓拍系统。开展非道路移动机械编码登记，发放环保标牌601辆。全年联网远程审验汽车尾气9.16万车次。 （周 倩）

【水污染防治】 2019年，新区开展治污水暨水污染防治行动，由生态环境分局编制实施计划，完成街道和小区的“污水零直排”验收方案制定。推进近岸海域污染防治，规范区内5个入海排污口管理，加强对9条入江河流核查，建立水质监测预警和排查联动机制。完成前进工业园区、新湾、前进、临江3个街道和42个生活小区“污水零直排区”创建，启动2020年创建任务。完成5个水污染防治重点行业企业强制性清洁生产审核，完成杭州钱江印染化工有限公司等2个企业中水回用减排工程。落实河道断面水质监测，猪头角等5个断面水质达标方案编制完成，实施临江护塘河断面水生态修复工程。 （戴海炎）

【土壤污染防治与地块修复】 2019年，新区生态环境分局加强土壤污染防治，完成117个企业信息采集，编制印发《新区土壤污染防治暨“清废行动”2019年工作计划》。梳理确定19个企业为年内土壤重点监管单位。年内，新区首块化工企业用地完成修复。新区杭州神鹰医药化学有限公司退出的地块［即杭大江东储〔2017〕7号地块］拟进入房地产项目，新区投入资金2790万元，经过8个月修复治理，完成治理修复土壤4.5万立方米、地下水8.1万立方米。4月，省生态环境厅组织专家对修复治理情况进行评审，地块各项指标均满足住宅类用地标准，满足开发建设要求。

【固体废物管理】 2019年，新区生态环境分局对新区内重点产废单位及其他产废单位进行梳理，列出经营单位、省控企业、重点产废单位、其他产废单位4类企业名单共计182个。8月28日，召开新区第一次年度危险废物管理工作培训会议，200多个企业参与培训。全年完成危险废物管理计划备案审核企业470个，发放备案危险废物转移联单2500多份，转移危险废物11.2万余吨。

【循环经济产业园能源项目建设】 2019年12月，位于新区临江循环经济产业园内的杭州市第三固废中心项目实现主体工程结顶。该项目占地面积11.27万平方米，总投资9.03亿元，建设规模为处置危险废弃物

13万吨/年，计划2020年末投产运行。同月，临江环境能源项目实现主体工程结顶。该项目同样位于临江循环经济产业园，总建筑面积13.07万平方米，设计日焚烧处理生活垃圾5200吨，年发电量6.95亿千瓦时，计划2020年末投产运行。

（沈雯迪）

环境综合治理

【环境综合整治力度加大】 2019年，新区生态环境分局加大环境综合整治力度，对辖区“低散乱”（产业层次低、布局散乱、管理混乱、效益低下，易引发安全事故、环境污染、职业病危害、资源浪费包括国家明令禁止落后产能）企业进行全面整治，关停或搬迁“低散乱”企业（作坊）10个。围绕水生态治理，开展“美丽河湖”创建，编制《新区美丽河湖建设实施方案（2019—2022年）》，完成省级美丽河湖创建1条、市级美丽河湖创建2条。推进“污水零直排区”创建，完成前进工业园区、新湾、前进、临江3个街道“污水零直排区”创建整体验收。对工业集聚区、高教园区东区、生活小区开展排查，累计排查管线182千米、企业32个、生活小区42个、雨污水井4000多个，新建、改造点位3000多个，新建、改造管道超过50千米。对街道“污水零直排区”创建范围进行实地审核，确保创建范围合理、创建单元无遗漏。通过社会公开招聘和管委会内部选拔，组建新区“污水零直排”建设指导专家库，邀请市治水办领导与高校教授举办专项培训会，讲解技术要点，明确验收标准。

（周　倩）

【国家版排污许可证核发】 2019年6月，新区生态环境分局对照《固定污染源排污许可分类管理名录》要求，利用有关统计口径，开展摸底调查，将拟发证行业企业纳入QQ群。线上提供指导服务，线下加强培训，借助技术团队力量进行指导，先后开展4次培训并现场答疑。优化内部会审流程。发证前加强对排放标准、排污总量等指标审核，依法依规核发排污许可证。落实“最多跑一次”改革，提前介入审查，符合申报要求的实行政务网全国申报系统申报提交，网上受理后即可生成电子版证书。至年末，新区有49个企业申领国家版排污许可证，获取纸质版正、副本证书。

【“区域环评+环境标准”改革】 2019年12月，新区产业平台大创小镇区域环评通过杭州市生态环境局组织的审查，明确自12月12日起对小镇内项目环评按照改革方案实施。至此，新区有2个省级特色小镇（杭州医药港小镇、大创小镇）实施“区域环评+环境标准”改革。由建设单位提供齐全资料，环评单位编制时间大幅压缩，审批人员拿到内容完善的降级登记表备案稿后进行形式审查，材料齐全、符合受理条件的，一般1个工作日内即可给予备案通知书。落实“区域环评+环境标准”改革模式，发挥区域规划环评主导作用，单个项目实施降级审批备案，提高建设项目环评审批改革时效，推动建设项目加快落地，营造新区实体经济良好发展环境。

【环境行为信用等级评价】 2019年，新区生态环境分局组织开展2018年度企业环境行为信用等级评价，67个企业接受评价，27个企业获绿牌、31个企业获蓝牌、9个企业获得黄牌。对企业环境行为进行信用等级评价是环保部门每年例行开展的常规工作，按照规定的指标、方法和程序，对企业遵守环保法律法规、执行污染物排放标准、环境质量管理、履行环保社会责任等方面的实际表现开展评价并确定信用等级。企业环境信用分为环保诚信企业、环保良好企业、环保警示企业、环保不良企业4个等级，依次以绿牌、蓝牌、黄牌、红牌表示，最终评价结果会对企业在银行信贷、资金补助、评优评先等方面带来一定影响。

（韩　涛）

新区义蓬街道火星村农村生活污水处理池　（新区融媒体中心 供稿）

环境执法与监测

【环境监管执法】2019年，新区生态环境分局出动4590人次，检查企业1727个次，立案73件，做出处罚决定69件，处罚金额701万元，查封扣押4件，限产整治1个，停产整治1个，移送公安行政拘留1件，涉嫌环境污染案件移送公安2件。加大环境应急处置，完成106个涉危企业突发环境事件应急预案重新备案，修编完成《新区突发环境事件应急预案》《新区突发辐射环境事件应急预案》《新区区域环境风险评估》等文件。落实企业完善环境应急体系建设，3次组织环境风险隐患专项排查，对区内重点环境风险源及危险废物重点产生单位进行检查并派专人跟踪。规范污染源自动监控设施日常监管，实施企业污染物在线设施现场巡查，总计核查企业154个次。对22个养殖企业下达改造任务，企业均按要求完成改造。加强"三同时"（防治污染的设施必须与主体工程同时设计、同时施工、同时投产使用）监理，跟踪管理环保竣工验收建设项目48个。与税务机关对接协作，复核环境违法纳税人信息195个、排污情况异常纳税人信息7个、税收减免纳税人信息10个，确保依法足额征收环境税。开展环境信访矛盾纠纷化解，全年受理环境信访件1450件，梳理环境突出信访问题1件、矛盾纠纷件3件。

【环保专项执法】2019年，新区环境监察大队围绕秋冬季执法、夜间执法、防风险保平安迎大庆、危废专项治理等，对企业废气、废水、危险废物等污染物排放和污染治理设施运行情况开展执法检查。调解餐饮油烟扰民问题，与街道、新区综合行政执法局、新区市场监督管理局和社区等部门联动12次。推进中策橡胶集团有限公司、杭州朝阳橡胶有限公司落实产能转移搬迁，强化废气整治；跟进国际香料香精（浙江）有限公司、杭州下沙生物科技有限公司、浙江蓝天环保高科技股份有限公司、浙江禾田化工有限公司等企业关停转迁进度。开展污染源日常监管，抽查企业162个。参与浙江省生态环境交叉执法检查，对温州龙湾区、鹿城区、瓯海区、瑞安市开展执法检查，配合检查组对新区企业进行检查并落实整改。（邬璐雪）

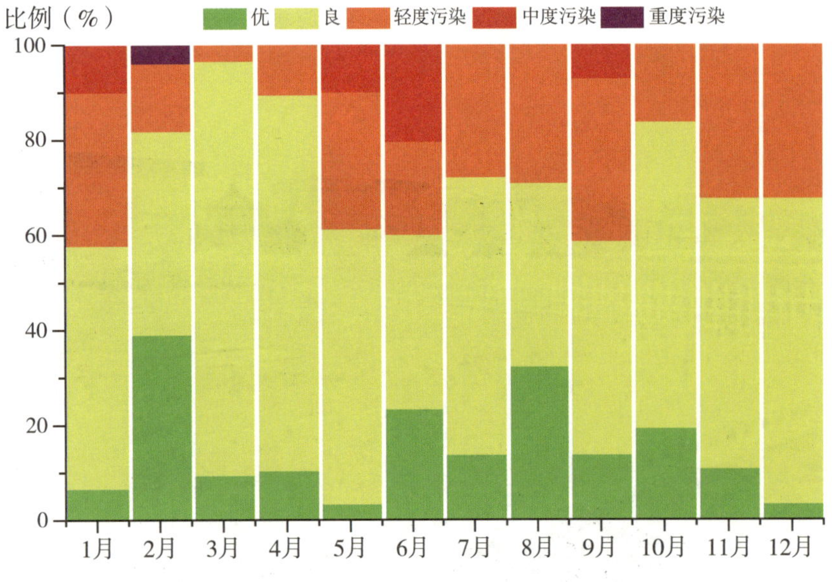

图4 2019年新区环境空气质量监测图

【环境监测站核查监测】2019年，新区环境监测站完成仪器设备检定校准工作，总检仪器69台次。完成68台常用仪器设备的期间核查和61台仪器设备的功能性核查，开展70批次标准物质期间核查，核查结果均证明标准溶液有效。进行现场监测设备周期校准，其中流量校准23次、烟气校准101次。全年实施污染源监督监测335个次，其中废水污染源监测221个次，涉及检测指标1973项，发现超标企业8个；废气污染源监测114个次，涉及检测指标1044个，发现超标企业5个。管理水气自动站开展地表水1.81万个指标的监测，对农村生活污水监测100个指标、地下水监测78个指标实施监测。开展污染源在线比对，共36个次、144个指标，其中4个不合格。开展执法和专项监测，出具执法监测报告203份。监督进行锅炉清洁化改造验收监测。完成火灾4个事故的应急监测，及时报送监测结果。对第三方检测机构实施考核管理，全年完成第三方监测报告审核300多份。

【水环境监测】2019年，新区环境监测站监测辖区内地表水断面290个，包括3个湖泊断面、10个闸站和277个河道断面，监测指标主要为pH值、溶解氧、氨氮、总磷、高锰酸盐指数等，除3个生态考核点单月监测外，其余断面均为每月监测一次。地表水水质监测断面中符合III类水质断面29个，占比10%；符合IV类水质断面97个，占比33.4%；符合V类水质断面108个，占比37.2%；劣于V类水质断面56个，占比19.3%。满足水环境功能区目标水质要求断面234个，占比80.7%。与上年相比，年均水质变差断面112个，占比42.7%；年均水质不同程度好转断面150个，占比57.3%。

【环境空气监测】 2019年，新区环境空气质量有效监测天数359天，优良天数260天，比上年减少9天，优良率72.4%，下降2.7个百分点。环境空气质量指数级别以二级为主，占有效监测天数的57.1%。全年空气质量优良率由高到低分别是3月、4月、10月和2月，优良率分别为96.8%、89.7%、83.9%和82.1%，优良率最低月份为1月，优良率58.1%；全年出现空气污染99天次，其中轻度污染占82.8%、中度污染占16.2%、重度污染占1%。

【臭氧及PM2.5来源专项调查终期评估】 2019年7月，新区环境监测站联合浙江省工业环保设计研究院、浙江大学完成下沙区块臭氧及PM2.5来源专项调查终期评估，并组织专家完成项目验收。专项调查于2018年4月启动，主要为查找环境空气监测指标中臭氧和PM2.5超标原因，明确空气污染防治方向，协助环保管理部门制定环境污染控制措施和环境空气达标方案。调查组科研人员对区块内工业源、道路源、居民生活源、天然源、农业源和建筑工地排放源进行春夏季采样监测，通过数据分析建立PM2.5和VOCs成分谱，构建CMB模型并得出结论："下沙区块空气环境质量的污染物中，臭氧和PM2.5是首要污染物，夏季臭氧平均浓度高于春季，春季PM2.5平均浓度高于夏季；PM2.5指标主要受二次粒子的影响较大，以有机物含量贡献最高，臭氧污染处于VOCs控制区，但臭氧主要以外来输入为主，臭氧浓度与其他常规污染物变化大致呈负相关。" （冯立峰）

新区沿江湿地候鸟 （徐瑞金 摄）

环保宣传教育

【环保绿色创建】 2019年，新区中小学校、幼儿园开展绿色学校创建活动。11月，杭州市生态环境局、市教育局发布《关于命名杭州市第十一批市级绿色学校的通知》，命名51个学校为杭州市第十一批市级绿色学校，新区的学正幼儿园、临江幼儿园和文瀚幼儿园名列其中。12月，杭州市生态环境局、市卫生健康委员会发布《关于命名2019年度市级绿色医院的通知》，授予9个医院2019年度杭州市市级绿色医院称号，新区河庄街道社区卫生服务中心上榜。同月，新区生态环境分局和教卫局联合开展区级"绿色学校（幼儿园）"评选活动。经综合评议，杭州高级中学启成学校、云帆小学、文思小学、新湾第二幼儿园、向阳幼儿园、启慧幼儿园、云帆幼儿园、文清幼儿园获评2019年新区"绿色学校（幼儿园）"。

【环保主题宣传】 2019年6月5日，新区借联合国环境规划署与生态环境部在杭州主办世界环境日全球主场活动的契机，组织收集环保公益作品参加会场展出。主场活动保障期间，强化巡查检查，配合做好会期环境质量保障。围绕"蓝天保卫战，我是行动者"世界主题和"美丽中国，我是行动者"中国主题，发布多篇报道。营造生态环境保护氛围，网上公布《2018年新区（原杭州大江东产业集聚区区块）环境状况公报》，《杭州日报》刊发《新区建设美丽浙江大花园的示范区，坚持走绿色经济发展道路》报道，浙江在线发布《空气越来越好，两个维度看杭州城市"气质"提升》文章。5月，联合海达绿色发展促进会开展首届新区中小学环保知识竞赛及环保主题绘画比赛，几十所学校报名、近1000人参赛。 （韩 涛）

责任编辑 周 丹

城市综合管理

土地利用管理

【土地筹措与优化布局】 2019年，新区土地利用管理主管部门开展耕地占补平衡指标筹措，通过省市支持和对接丽水等地区开展有偿调剂，筹措入库耕地占补平衡指标305.07公顷。开展新增建设用地指标筹措，通过“东南网架”“势必锐航空”等省重大产业项目争取、存量建设用地盘活利用及特色小镇奖励等途径，筹措到位新增建设用地计划指标110公顷，筹措到位跨省增减挂指标117.6公顷。完成农转用组件报批，全年实现用地项目报批66个，报批用地面积264.27公顷。开展全域土地综合整治，对农村生态、农业生产、建设空间进行全域优化布局，对存量建设用地进行集中盘活挂钩，全年整治规模138.67公顷，其中建设用地复垦27.67公顷、旱地改水田44.78公顷，耕地质量提升111公顷；完成乔司监狱66.67公顷提升改造项目工程施工和项目验收；河庄街道农村土地全域整治项目列入省级试点项目。整合下沙片区和江东片区原土地政策，制定出台《关于新区征地补偿标准调整的通知》《新区建设项目用地复核验收工作实施方案》《全面实施新区耕地保护以奖代补机制的通知》等文件。

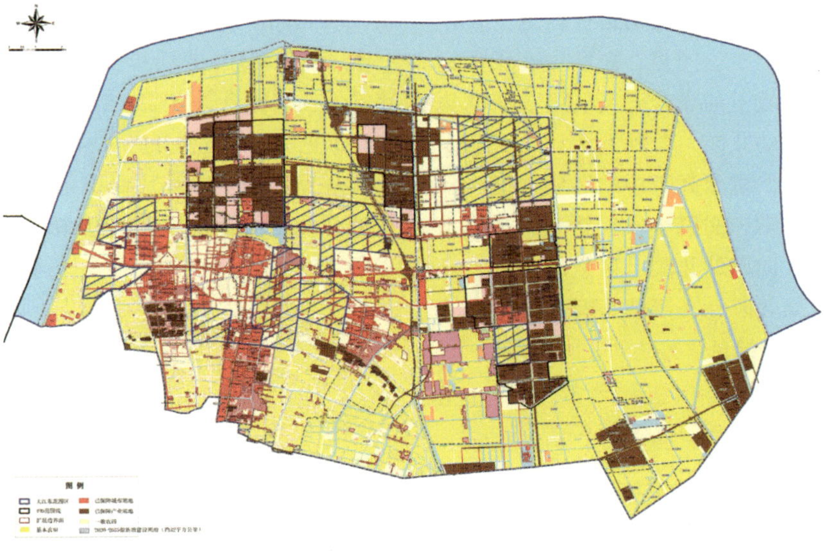

图5　新区江东区块项目用地分布图

【征地签约与土地管理】 2019年，新区完成未来社区、江东大道提升改造、河景路等71个建设项目征地协议签订工作，签订征地协议148份，涉及征地面积263.55公顷。加大拆迁力度，完成省乔司监狱所属杭州下沙酒厂、月牙湖生态园等重点项目的房屋腾空和交地。加强土地执法监察，全年开展巡查300多次，发出责令停止土地违法行为通知书46份。推进“多规合一”、“两书合办”和“最多跑一次改革”，通过流程压缩、时间压缩，实现项目审批再提速。9月，权力事项调整后，建设项目用地规划许可和选址意见书、规划条件审批、方案审查、建设工程规划许可、用地预审、划拨供地均调整为“即办件”，“即办件”由原来28.6%提高至100%。实施不动产登记“一窗受理”，全年窗口受理不动产登记业务3.06万件，比上年增长5%；发放不动产权证书2.22万本、不动产登记证明1.58万份；完成权籍调查232件，增长1%；用地复核验收37宗，出让土地首次转让审查4宗。

【土地出让与盘活利用】2019年，新区规划和自然资源分局完成83个建设项目用地预审；划拨供地44宗、面积247.5公顷；出让工业用地23宗、面积113.86公顷，其中创新型产业用地1宗、面积2.67公顷；推进经营性用地出让10宗、面积38.62公顷，出让经营性用地11宗、面积48.06公顷。盘活存量土地，完成批而未供消化利用土地238.33公顷，消化供而未用土地299.2公顷，完成低效用地利用199.33公顷。推进高压线下用地盘活，做好下沙片区10回220千伏、4回110千伏架空高压线路“上改下”的论证审查和服务保障，年末项目进入报建程序，该项目落地将为新区盘活47公顷土地。

【土地执法监察】2019年，新区土地主管部门助力新区“大棚房”整治，清理整治“大棚房”272个、面积16.39公顷，其中拆除复耕16.24公顷、补办用地手续0.15公顷。全年完成临时用地审批29宗、面积29.2公顷。加强年租金征收管理，完成56宗土地年收益征收。（苗　婧）

城管行政执法

【城市管理维护与执法】2019年，新区综合行政执法局完成875千米雨污水管道清淤疏浚，排查雨污水井盖、防坠网4.72万个、整改3280处，完成交通安全隐患点整治237处。强化河道监管，整改河道污染源125个，实施2号渠、高沙渠、文泽渠、高教西渠提升工程，完成幸福河、聚首河年度清淤，累计清淤量4.07万立方米。办好民生实事，完成银沙路、水云街等17条道路暗区盲点的改造，新建公厕5座，新建城管驿站12座，完成七格幸福家园小区、保利江语海小区二次供水改造，完成污水“零直排”小区建设12个。金沙大道（海达南路至银沙路）创建为省级街容示范街，金沙湖公园被评为省级优质综合公园，海达路被评为省级绿化美化示范路。全年查处行政案件2552件，受理群众信访投诉7788件。

【首创“环卫+”工作机制】2019年，新区综合行政执法局在杭州市首创“环卫+”工作机制，利用环卫工人遍布全区、在岗时间长的优势，让他们作为城市管理的“侦察兵”，以弥补一线人员力量不足、现场发现问题不及时等缺陷。改善环境面貌，整合城市养护队伍和属地街道社区力量，对重点保障区域、重点问题集中区域实施大扫除行动，对金沙湖周边、大创小镇、医药港小镇等区域组织开展行动11次。杭州市城管局以新区为样本，在全市推行“万人清扫杭城”活动。

2019年7月3日，新区开展“美丽家园”环境专项治理集中大扫除行动，环卫工人在对快速公交站台进行保洁　（管浚凯　摄）

【金沙湖精细化管理获奖】2019年，新区综合行政执法局对照精细化管理中存在的短板，制定出台金沙湖精细化管理品牌创建实施方案，明确六大类19项工作任务，并将责任落实到19个部门和单位。管理范围由原来1.8平方千米扩展至3.1平方千米，覆盖人口12万人。通过机制创新、细节着手、加大投入、督查考核等工作举措，深化金沙湖精细化管理品牌创建，金沙湖区域整体面貌和综合品位得到提升。12月，杭州市城管局通报2019年城市管理创新实践活动项目及精细化管理品牌创建评审结果，新区金沙湖区域获精细化管理获评“一城区一品牌”创建　等奖。

【2条河渠获评市级美丽河湖】2019年10月，新区2号渠和高沙渠通过杭州市城管局验收，成为首批市级美丽河道。年初，新区综合行政执法局对2条河道实施提升改造，包括沿线游步道贯通、广场改造、绿化景观提升等，结合河道水位变化在河道二级平台设置3个层次不同的景观，打造生态式河岸景观。针对沿河地铁站人流量大、共享单车需

2019年10月，新区2号渠获“杭州市美丽河湖”称号 （洪 波 供稿）

求高的特点，在河道周边试点推出单车盒子，实现广场人车分离、单车有序管理，河道区域路面秩序优化。经改造，2条河渠具有生态、自然、品质、亲水的特色，被市河道管理部门评定为美丽河道。

【城市景观绿化】 2019年，新区综合行政执法局打造春节绿化小品、“五一”自然花境、国庆立体花坛等一批景观，举办精品菊花展，为市民群众提供更多休憩观赏空间。加强城市绿化建设，牵头建设主体及街道开展爱树护树专题行动，全年调整公共绿地、产权绿地、居住区绿地内限制树木生长的铁丝、绳索等3476处。配合新区下沙路与12号大街提升改造、艮山东路下穿隧道等重点工程，将一些树木迁至杭州医药港小镇、杭州综合保税区、中小学校园内，提高树木成活率，节约重点工程提升改造的成本。

【“三车”整治与序化管理】 2019年，新区综合行政执法局围绕城市突出问题，开展实施环境综合整治行动，严查严控“三车”（违停车辆、共享单车、“僵尸车”）。针对违停车辆，加大贴单警醒力度，通过增设隔离设施，合理施划停车泊位，做好源头防范；针对共享单车，开展“清废行动”，清理入库7000多辆，减量外运1.8万辆；针对“僵尸车”，开展为期3个月专项整治，劝导车主自行清理324辆，强制拖移144辆。开展沿江序化专项整治，查处占绿停车、人行道违停、违法洗车、无证摊贩等314起，教育劝改垂钓、烧烤330多起，清理“牛皮癣”95处。开展非法捕捞专项整治7次，劝导教育1350人次，收缴渔网54张、鱼竿90多支、地笼42只；新开辟江堤垂钓区2处。牵头开展小区电动车“飞线”违规充电治理，整改隐患点位469处，劝导违规充电人员560多人，设置集中充电桩3738处。

【渣土运输管理】 2019年，新区综合行政执法局修订《新区渣土管理办法》，出台《新区工程渣土日常监管考核办法（试行）》《新区渣土消纳场地标准化管理实施细则》《规范新区工程渣土类违法行为查处工作的指导性意见》，规范新区建筑渣土运输管理。7月11日至8月10日，开展为期1个月“清尘行动”渣土专项整治，出动人员3069人次，检查建设工地571次、工程渣土车5160车次，暂扣渣土车辆147辆，立案查处170件，打击偷倒乱倒、无证运输、抛洒滴漏等渣土作业乱象，杭州电视台、杭州城管微信等媒体对专项行动做了报道。

【燃气智慧化监管】 2019年，新区综合行政执法局开发建设燃气安全智管平台（一期），以智慧化手段破解燃气监管难题，基本实现“一张网、标准化、闭环式、智慧化”管理模式。通过智慧监管平台运用，落实部门监管责任、属地管理责任和企业主体责任，细化明确各部门的燃气安全工作权力清单和责任清单，构建由新区燃气办牵头，职能部门、属地街道和燃气企业三级协同联动的立体化、全方位监管体系，燃气监管效率和能力大幅提高。开展燃气隐患整治，全年检查用气场所1.81万处，发现安全隐患1647处，处置不规范钢瓶390个，整改安全隐患1647处，移交重大案件5起。（洪　波）

垃圾分类处置

【垃圾分类工作推进】 2019年8月22日，新区召开生活垃圾分类工作推进大会，明确各街道成立垃圾分类办公室，落实人员实体化办公，村（社区）落实专人专职从事生活垃圾推进工作；建立垃圾分类专管人员及垃圾分类管理制度，开展宣传、指导、督查和考核；相关部门和单位各司其职，落实垃圾分类工作；市容环卫、餐饮、旅游、再生资源回收利用等行业协会要督促会员单位开展垃圾分类的评价、培训。新区对区域垃圾分类覆盖率、分类收集车辆配置、资源化减量、就地资源减量设备、清运体制模式调整、智能垃圾分类和定时定点投放等提出目标任务及时限要求；要求街道利用小区公告牌、LED屏、楼道海报等做好投放引导，强调各行政村通过广播等宣传垃圾分类知识，提出入户宣传覆盖、垃圾分类纳入卫生评比、利用微信公众号开展宣传等举措；提出每月召开督查会，曝光问题并现场督查督办；成立垃圾分类专项督查组，按片区分组开展专项督查，发布新区垃圾分类“红黑榜”，公开举报电话，受理市民和企业意见建议，定期邀请人大代表、政协委员和社会监督员开会，听取垃圾分类工作意见建议。

2019年8月15日，新修订的《杭州市生活垃圾管理条例》公布实施。新区居民进行垃圾分类投放（陈浩杰　摄）

【企事业单位垃圾定时定点分类】 2019年，杭州市提出全面推进机关企事业单位垃圾分类工作，新区尝试定时定点投放模式，通过“包干”“追溯”“处罚”等措施，推进机关企事业单位试点分类和资源回收。规范大楼分类设施，按照科室承包制的原则，将各科室分类收集桶作为终端收集点，科室负责对垃圾分类情况进行跟踪，分类错误的由科室自行二次分拣到位。会议室、食堂、浴室由物业负责承包，实行定时定点收集。对分类情况不理想的科室，由垃圾分类办公室委托公益组织进行培训，做到“人人参与、人人监管、人人有责、人人考核”的全单位垃圾分类模式，垃圾分类准确率和回收物回收比例大幅提高。

【生活垃圾分类实现覆盖】 2019年末，新区7个街道所辖100个生活小区、59个村、77个机关事业单位、14所高校、116所中小学幼儿园、18所医院（医务室）、9座商业综合体实现垃圾分类全覆盖，300多个规模以上企业、3000多个沿街店铺和商务办公楼均实行垃圾分类。推进餐厨废弃物规范收运，累计收运餐饮户逾1000户，日均收运餐厨废弃物100吨，收运量位居杭州市前列。新区垃圾分类责任追溯

2019年10月29日，临江佳苑小区开展垃圾分类宣传（方　波　摄）

2019年度新区获杭州市“西湖杯”（结构优质奖）工程项目

表18

序号	项目名称
1	萧政工出〔2014〕155号地块工业用地项目（一期）1号生产车间（建筑）
2	下沙街道头格社区经济联合商业综合用房二期综合楼（建筑）
3	江东锦苑（2号、3号、5号楼及地下室）（暂定名）（建筑）
4	杭州经济技术开发区中心区单元规划幼儿园（三）工程（建筑）
5	大学城东单元规划小学（一）工程（建筑）
6	杭州经济技术开发区大学城北单元规划幼儿园三（建筑）
7	杭州经济技术开发区中心区单元规划幼儿园（一）工程（建筑）
8	杭州经济技术开发区七格区块规划幼儿园（二）（建筑）
9	杭政储出〔2017〕17号地块项目（建筑）
10	浙江飞越真空科技有限公司工业厂房工程（建筑）
11	杭大江东储出〔2017〕8号地块住宅项目二标段（9号、11号、12号、13号楼及地下室工程）（建筑）
12	新界泵业（杭州）有限公司工业厂房工程（建筑）
13	杭大江东储出〔2017〕8号地块住宅项目一标段（建筑）
14	义蓬街道城乡一体化安置小区（二期）中地块（建筑）
15	杭州大江东宝龙广场项目（R21-01地块）（建筑）
16	星河北路公交中心站工程（建筑）
17	浙江星野集团有限责任公司五分公司配套用房工程（建筑）
18	数控机床制造项目车间一、车间二、车间三、车间四（建筑）
19	秀水街北侧公共绿地及地下停车场工程（建筑）
20	杭州大江东人力资源大厦项目（建筑）
21	浙江星野集团有限责任公司四分公司厂房建筑工程（建筑）
22	大学城北单元JS0604-08地块居住区配套服务用房工程（建筑）
23	杭州经济技术开发区中心区单元松合小学（暂命名）（建筑）
24	MG8-15-2地块工业厂房二期项目4号楼（建筑）
25	杭州大江东储出〔2017〕9号地块商业、居住项目（建筑）
26	杭州经济技术开发区大学城北体育健身中心工程（建筑）
27	杭州电子科技大学游泳池改建工程（建筑）
28	杭政工出〔2017〕11号地块工业厂房（标准厂房）工程设计-采购-施工工程总承包项目（建筑）
29	智慧谷项目（建筑）
30	江东锦苑（1号、6号、7与、8号楼及地下室）（暂定名）（建筑）
31	萧山临江污水处理厂扩建及提标改造工程项目（扩建工程）（市政）
32	杭州大江东宝龙广场项目（B1／B2-02地块）（建筑）
33	浙江金融职业学院教学综合楼工程（建筑）
34	杭大江东储出〔2017〕5号地块住宅用地项目（建筑）
35	杭州经济技术开发区湿地单元规划幼儿园工程（建筑）
36	义蓬街道城乡一体化安置小区（二期）北地块（建筑）
37	河庄街道新农村建设项目（建筑）

工作法得到市级肯定，优秀案例在杭州市第三届垃圾分类论坛中获三等奖。临江循环产业园能源项目、第三固废处置中心、城东减量综合体项目按计划推进。全区生活垃圾产生总量29.42万吨，比上年下降1.5%。加大执法支撑，垃圾分类执法案件一般程序完成130件，一般简易程序完成128件。

【垃圾分类工作成效】 2019年，新区综合行政执法局制定出台全区统一的垃圾分类定时定点指导意见。通过对小区生活垃圾“定时定点”分类投放和“定期定点回收”模式，实现源头分类，做到生活垃圾的“减量化、无害化、资源化”。健全垃圾清运机制，打造蜀南村、三丰村等一批精细分类示范村；深化垃圾分类举措，智能第三方服务覆盖小区55个，形成垃圾分类责任追溯为代表的第三方服务经验。推进示范小区创建，每月对示范创建小区组织区级检查、街道检查、社区检查、第三方暗访检查，全年开展检查逾500次，发现整改问题150多个，白杨街道和下沙街道40个小区的示范创建工作通过杭州市城管局验收。

【废弃物治理平台建设】 2019年，新区综合行政执法局推进治废平台（一期）建设，建设以“让老百姓能用”的治废大平台，将数据送到市民手中。将生活垃圾、工业危废、医疗危废、园林垃圾，装修垃圾等信息在平台进行整合，形成区一级的治废大数据。建立生活垃圾清洁直运调度系统、垃圾可追溯查阅系统、数据分析和计量统计系统、视频监控系统、在线监察管理系统、市民互动系统等，建成杭州市领先的“全领域统领、全过程管控、全种类减量”的综合性治废平台。

【首套智能垃圾分类系统试运行】 2019年9月，新区首套智能垃圾分类系统在前进街道三丰村农村小区试运行。该系统安装在小区电动环卫车上，每途经小区住户停下，当装有易腐垃圾的绿色垃圾桶拎起放至车身左侧电子秤上，电子秤的摄像头会完成拍摄。所拍图片显示于车身液晶屏，观察可见垃圾桶“俯视图”和“身份信息”，户主地址、户主名字等信息一目了然。图片和信息会实时传回同步显示在垃圾分类触控一体机上，通过查看可了解农户分类情况。借助智慧平台，三丰村新农村小区垃圾分类变得更智能、方便。帮助村民养成分类习惯，做到生活垃圾分类科学、长效管理。（洪　波）

建设管理

【受监建设项目62个】 2019年，新区建设局办理受监项目62个，总建筑面积200.61万平方米。受监项目中市政工程9个，造价39.33亿元；新增受监人防工程14个，受监面积10.08万平方米；新增受理水利工程1个。全年60个项目竣工验收，竣工面积207.52万平方米，出具质量监督报告60份。全年新区获评杭州市标化工地称号项目24个，获评杭州市“西湖杯”（优质结构奖）项目37个。

【建设工程监督管理】 2019年，新区建设局组织开展保障房专项质量检查、质量月专项大检查、星期天工程师专项检查等多项活动，提升工程质量水平。为解决监管人员少、项目多的矛盾，把施工现场视频监控管理、塔吊安全监控管理、施工现场安全质量文明施工监管三大平台的运行管理，起重机械安装拆卸告知及使用登记备案，工程监管档案整理等委托第三方咨询公司，助力全方位的工程监管。组织编写《新区建设项目安全生产文明施工联合考评制度》《新区建设工程安全生产、文明施工联合考评方案》，建立新区首个专业性的工程技术专家组，通过“双随机”抽查和暗查暗访的方式开展专项检查。

【招投标审批与受理】 2019年，新区建设局完成招投标审批项目343个，办理事项1029项，其中政府投资建设工程招投标项目审批挂网212个，投入预算约120.5亿元，最终中标价约105.39亿元，节约率12.5%；完成企业的非国有投资项目直接发包备案131个，发包备案价格合计49.55亿元。受理投诉举报件16起，对6个违法违规的投标企业做出行政处罚，对3个投标企业做出列入黑名单、限制市场行为2年的处罚。会同公安部门查处一起“串标”的投诉案件，处罚涉案投标企业4个，移送刑事拘留8人。运用手机App审批功能，实现招投标管理“移动办公”。建立健全工程建设项目全过程的信息化管理系统。

【质安监管成效】 2019年，新区建设局升级工程质量安全监管，出动检查1928人次，下发限期整改通知书559份，签发全面停工通知书32份，信用扣分920分。加大行政处罚，立案47件，罚款额319万元，做出行政处罚决定书45件，首次开展简易行政处罚46件、罚款额4.15万元。规范建筑行业，对77个区属施工企业进行信用评估，68个企业通过评估；开展人员资质检查，抽查建筑企业29个、下发整改通知书12份，注销不符合资质要求企业2个，清理违规“挂证”366人；开展合同履约排查，排查项目168个、合同735份，下发整改通知书6份；开展混凝土砂浆企业专项整治，对8个预拌混凝土企业、2个砂浆企业、6个墙材企业专项检查，下发整改通知书9份，协助调查处理疑似问题2起。消防职能划转后，完成120多个项目的消防技术方案审查，工程消防竣工验收备案受理163个、工程消防验收受理101个，工程消防验收备案抽查13个、验收检查89个；开展人防设施“双随机”检查，巡查20多个项目，对10多起违法违规行为进行处罚。

【37个工程项目获“西湖杯”】 2019年，新区有37个工程项目获杭州市“西湖杯”（结构优质奖），获奖总数居杭州市区县（市）第一

2019年6月，新区江东大道提升改造工程（一期）启动。图为保障车辆通行的保通道路（李婷娜　供稿）

位。获奖的37个项目中，有杭州大江东人力资源大厦、智慧谷等“招才引智”项目和杭州经济技术开发区湿地单元规划幼儿园工程、河庄街道新农村建设等惠民便民项目，另有大学城北体育健身中心工程、杭州大江东宝龙广场等文体商业项目，涵盖居民的衣食住学娱等方面。“西湖杯”（结构优质奖）由杭州市建设工程质量安全管理协会主办，由市质监总站从质量行为、结构实体质量、监督检测抽查、观感质量和工程技术资料5个方面，对工程项目进行跟踪评审。该奖项要求申报工程质量达到杭州市先进水平，是推荐参加省级优质工程奖评选的基础。

【房产物业管理】 2019年，新区建设局抽查房产开发企业14个、中介机构51个，核发整改单35张，对1个房产开发企业和3个中介机构实施行政处罚。全年商品房成交套数8411套，面积86.45万平方米，成交面积增长4.7%，成交均价增长17%；存量房（二手住宅）成交4391套，面积41.83万平方米，成交面积增长18.3%，成交均价下降2%。做好物业管理，指导办理业委会变更、备案25件；物业维修金缴交项目21个，物业维修基金使用审核308件，物业保修金缴交项目19个、退还2个、使用1个；完成32个小区经营性收入公示定点确认；房屋租赁备案4324件；处理物业信访投诉1666件；协调纠纷调解和政策解释指导200件；检查物业项目138个，核发整改通知书138份；约谈物业企业3个，上报市住保局项目考核扣分1个；完成开发区智慧门禁验收小区11个。（罗依莲）

道路运输管理

【道路运输分片监管】 2019年，杭州经济技术开发区道路运输管理处（简称开发区运管处）履行新区下沙片区内客货运的行业管理和道路运输市场监管职能，运管处本级设有货运管理、安全管理、违章处理、投诉处理等窗口服务岗位及2个稽查中队。新区挂牌成立后，江东片区区域道路运输行业管理职能暂由新区建设局履行，开发区运管处指派3名工作人员到新区建设局指导工作。年末，下沙片区有从事道路运输的企业177个、工程运输企业14个、货运车辆1133辆；有出租车企业1个、出租车400辆，投入运营出租车318辆。

【下沙片区运输网格化管理】 2019年，开发区运管处对新区下沙片区实行行业网格化管理，分网格化小组5个、每小组2人，分片区管理辖区所有道路运输企业。融合网格化和分类监管，做到关口前移、重心下移。部署网格化落实工作，制定“月度例会制、全处会商制、信息交流制”运行机制。做好网格检查，全年各网格组召开网格企业会议10次，明确网格员与企业负责人及安全员各自职责，建立网格管理微信群。加大工作处罚，对检查中发现的安全管理人员配备不到位、安全管理台账记录不全等问题，向企业出具行政处罚。全年开发区运管处在行业管理方面出动人员226人次，企业现场检查89个次，召开行业安全例会、安全教育培训11次。开具安全隐患整改通知书22份，约谈企业10次，行政处罚10起。货运窗口办理车辆营运证新增523本，年审1495本，注销467本。

【下沙片区道路运输联合执法】 2019年，开发区运管处在新区下沙片区开展和参与“指挥联动行动”、“三严”联合行动、“工程车专项整治”等联合执法行动，联合公安、交警等部门，对出租车行业整治和工程车车辆进行重点整治。全年出动执法人员4260人次，查获违法违章车辆396辆次，其中涉嫌无证营运机动车23辆次、电动车非法营运车辆14辆次、大客车违章21辆次、出租车违章312辆次，货运车违章26辆次。处罚案件罚款总金额48.66万元。处理投诉件392件，其中“12328”平台289件、“12345”平台103件。（朱方晋）

【大江东片区道路运输安全整治】 2019年，新区建设局在新区大江东片区组织开展“危化品运输专项整治”“危化品运输企业和装货单位信息互联”“货运驾驶员安全文明驾驶培训”等专项行动，维护道路运输市场秩序。整合运政执法队伍，参与辖区打击成品油非法经营行为。查处无证营运行为，强化行业安全管理，重点整顿道路运输企业安全管理不到位、安全管理人员缺失问题。全年开展安全监督检查企业103个次，排除问题隐患213处。处置物流纠纷与非法营运信访投诉案件73件，帮助群众追回经济损失9300元。出动现场稽查11次，查获非法营运案件2起。查处道路运输行业违规违章行为32起，罚没金额9.28万元。（罗依莲）

责任编辑　黎洪正

产业规划编制

【概况】 2019年9月24日，《新区规划纲要（战略规划）》初步成果发布。该规划纲要（战略规划）从目标定位、空间格局、战略路径、设施支撑4个部分出发，绘制新区未来发展远景，其中近期规划至2025年、远期至2035年、远景展望至2050年。根据规划纲要（战略规划），新区编制出台产业发展规划，提出构建“1+4+X”产业政策体系、“一轴双湾五园”产业总体布局、“515”现代产业发展体系，明确重点发展的五大“千亿级”产业平台，力争为杭州市和浙江省的产业转型升级起到带动示范作用。

【“1+4+X”产业政策体系】 2019年10月18日，新区推进高质量发展暨全面实施“新制造业计划”大会召开。会上公布新区“1+4+X”产业政策体系。其中，“1”指《新区关于实施新制造业计划打造杭州制造业发展最大增长极的实施意见》，“4”指“钱塘头雁计划”“钱塘雨燕计划”“钱塘雏鹰计划”和“钱塘凤凰计划”4个领飞计划，“X”指各条线政策。该体系将根据企业发展不同阶段进行系统性扶持，对主营业务收入首次达到5亿元、10亿元、20亿元、50亿元、100亿元、200亿元、500亿元的企业，以及企业“小升规”（小微企业规范升级为规模以上企业），分别给予阶段性奖励。该体系囊括新区制造、现代服务、人才、外经贸、跨境电商、生物医药、区校合作、财税、个税等方面产业政策，为助推新区产业高质量发展的政策集成。

【产业总体布局与发展体系】 2019年，新区围绕主导产业体系，加快产业空间整合、产业要素集聚、产业分工协作和科技产业融合，构建“一轴双湾五园”产业总体布局。其中，“一轴”指横穿新区东西的产业发展主轴，“双湾”指位于下沙区块的“金沙科创港湾”和位于江东区块的“东沙融创港湾”，“五园”指生命健康产业园、未来产业园、半导体产业园、智能装备产业园和新材料产业园。首次明确新区重点发展的五大千亿产业平台，即生物医药“万亩千亿”产业平台、航空航天“万亩千亿”产业平台、半导体“万亩千亿”产业平台、汽车产业千亿平台和新材料产业千亿平台。构建“515”现代产业发展体系，围绕新区产业发展战略定位，结合已有产业发展基础和比较优势，以半导体、生命健康、智能汽车及智能装备、航空航天、新材料五大先进制造业为重点，探索布局未来产业，发展研发检测、电子商务、科技金融、软件信息、文化旅游五大现代服务业。

（王　雪）

市场监督管理

【概况】 2019年，杭州市市场监督管理局钱塘新区分局（简称新区市场监管分局）落实市场主体监督管理，做好市场主体年报统计、消费投诉处理。提升市场监管效率，推进掌上执法平台运用，运用“互联网+监管”思路，引入大数据，开展精准执法。全年执法监管平台执法人员入库总人数220人，账号开通率、激活率均为100%；运用掌上执法平台开展检查1.03万户次，其中“双随机”（监管过程中随机

2019年12月24日，新区民个协会党委成立暨诚信经营倡议活动启动

（童志忠 摄）

抽取检查对象、随机选派执法检查人员）抽查5165户次。规范执法行为，创新启用个人动态积分考核办法。该考核办法采取每案积分制，按照简易程序、案件性质、是否大要案、疑难案等指标计算积分，对执法干部案件进行综合评估，同时将个人积分应用到年度绩效考评及评先评优中，产生良好效应。引导辖区市场主体履行年报义务，夯实事中事后监管基础，年报工作达到市市场监督管理局考核目标。参与文明规范市场创建，高沙农贸市场被评定为2018年度省放心农贸市场。引导企业提升信用管理，新区企业杭州金毅科技有限公司、浙江正洁环境科技有限公司和杭州普罗星淀粉有限公司3个企业被评定为2018年度杭州市“信用管理示范企业”。

【新区市场主体构成】 2019年，新区在册市场主体7.04万户，其中企业4.09万户、个体工商户2.95万户。新增市场主体1.65万户，比上年增长30.7%，新增注册资本627.22亿元，增长50.5%。市场主体总量排名依次为下沙街道、白杨街道、义蓬街道、河庄街道、新湾街道、临江街道、前进街道，分别占比40.2%、26.1%、12.8%、8.7%、4.6%、2.7%、1.6%。市场主体增幅排名依次为临江街道、白杨街道、下沙街道、义蓬街道、新湾街道、前进街道、河庄街道，分别为174.5%、32.9%、32%、27.8%、25.6%、21.8%、18.4%。

【消费投诉举报】 2019年，新区市场监管分局受理分流消费投诉举报咨询1.46万件。具体类型包括投诉件8708件、举报件3123件、咨询及其他件2769件。据数据分析，消费投诉排名前10位为互联网购物投诉3568件、交通工具类投诉598件、日用百货类投诉530件、装修建材类投诉272件、家用电器类投诉215件、美容美发洗浴服务类投诉202件、食品类投诉179件、文化娱乐服务投诉155件、餐饮服务类投诉114件、修理维护类投诉114件，排名前10位投诉量占总投诉量的68.3%；举报排名前6位为违反广告管理法规举报590件、违反登记管理法规举报438件、违反产品质量管理法规举报326件、违反消费者权益保护法规举报215件、违反《中华人民共和国反不正当竞争法》举报109件、传销及违法直销举报107件，前6位举报量占总举报量的57.2%。

（程甦超）

质量技术监督

【概况】 2019年，新区市场监管分局履行质量技术监督职能，做好特种设备管理、产品质量监督、行业标准建设、检验检测服务。参与制定“浙江制造”标准并发布，全年新区企业发布“浙江制造”标准11项，新增“浙江制造”“品字标”获证企业6个，获新区政府质量奖企业14个。杭州三花微通道换热器有限公司、泰瑞机器股份有限公司获2018年度政府质量奖。针对电梯风险，联合第三方对新区老旧电梯进行检查，督促物业、维保单位落实隐患整改，全年投入检测资金23万元，排查隐患132个，实现电梯智慧监管1200台。新区特种设备主要类型包括电梯、起重机械、锅炉、压力容器（含气瓶）、压力管道、场（厂）内专用机动车辆、客运索道、大型游乐设施八大类，年末全区在册特种设备5.35万台套（不含气瓶、压力管道），约占全市总量13.1%；在用特种设备3.64万台，其中压力容器1.66万台、锅炉262台、电梯9770台、起重机械4514台、场内机动车辆4700台、游乐设施2台，压力管道1000千米。

【“浙江制造”标准发布】 2019年3月，原杭州经济技术开发区市场监管分局培育扶持的防蚊虫服、光伏组件背板用聚偏氟乙烯薄膜两项“浙江制造”团体标准经省品牌建设联合会批准发布。两项标准分别由卓尚服饰（杭州）有限公司和杭州福膜新材料科技股份有限公司主导起草，主要技术指标均达到国内和国际先进水平。4月，新区企业杭州协合医疗用品有限公司主导起草的可吸收止血微球“浙江制造”标准经省品牌建设联合会批准发布。该标准针对含有以植物淀粉为原料制备的可吸收止血微球制定基本要求、技术要求、试验方法、检验规则等标准。9月，新区市场监管分局培育扶持的挤注式塑料注射成型机“浙江制造”团体标准通过评审。该标准由泰瑞机器股份有限公司负责起草，省机械工业联合会牵头完成，将规范挤注式塑料注射成型机产品生产，提升产品市场竞争力。

【国家级标准化试点项目通过验收】2019年7月31日，受国家标准化管理委员会委托，省市场监管局组织专家组对新区申报的国家级服务业标准化试点项目——“浙江医药物流信息标准化试点”进行现场考核评估。经评估，该试点项目以93分的成绩通过验收。“浙江医药物流信息标准化试点”项目于2016年被国家标准化管理委员会立项，承担单位为华东医药供应链管理（杭州）有限公司。该公司通过3年时间，运用标准化原理和方法，吸取有益经验及做法，从医药配送物流包装、托盘信息编码及标识、第三方现代物流信息平台建设出发，构建涵盖各业务范围标准体系，规范仓库管理、第三方物流管理服务、货主接口、计算机设备控制等流程，最终完成达标。

【企业标准融入专利情况调查】2019年9月，新区市场监管分局为推进技术专利化、专利标准化、标准产业化，开展企业标准融入专利情况调查。重点调查辖区25个企业主导制订的69个先进标准（包括国际标准、国家标准和“浙江制造”标准）融入专利情况，其中16个先进标准取得发明专利，12个先进标准取得发明专利和实用新型专利。据调查结果，邀请专家指导帮扶辖区企业将标准与专利更有效结合，提高企业竞争力。（程甦超）

食品药品监管

【食品药品生产经营主体构成】2019年，新区在册食品生产经营主体9337个，其中食品生产及相关生产企业174个。食品生产及相关生产企业中，食品生产企业99个、食品相关产品生产企业34个、保健食品生产企业7个、食品小加工作坊34个。在册食品流通经营单位3329个，其中农贸市场17个、大型商超8个、保健食品经营单位219个。在册餐饮经营单位5489个，其中学校及企事业食堂624个、大型以上餐饮单位116个。在册农业种养殖企业345个，其中规模种粮大户95个、规模生猪养殖场23个、奶牛养殖户1个、水产养殖户175个、市级蔬菜菜篮子基地9个、农业龙头企业31个、农民专业合作社11个。

食品生产领域，新区有食品和食品添加剂获证生产企业99个，生产项目主要涉及饮料、乳制品、蔬菜制品、食品添加剂、保健食品等。食品流通领域，有食品流通经营户3329个。按经营方式划分，有商场超市11个、食品批发（兼零售）297个、农贸市场17个、保健食品经营单位219个、零售1179个、小食杂店1606个；按经营项目划分，有预包装兼散装食品经营户455个、散装食品经营户704个、乳制品经营户243个。药品医疗器械监管服务单位1719个，其中药品生产企业21个、医疗机构制剂室2个、药包材生产企业1个、药用辅料生产企业1个、医疗器械生产企业52个、化妆品生产企业14个、特药使用监管企业15个、药品批发连锁企业12个、药品零售企业375个、医疗器械经营企业815个、化妆品委托备案经营企业137个、医疗机构274个。

【食品安全检查与小餐饮监管】2019年7月，新区市场监管分局组织各街道开展食品安全交叉检查。检查人员由街道食安办、基层市场监管所及部分社区网格员组成，成立交叉检查组2个，重点检查新湾农贸市场、下沙综合农贸市场及辖区小餐饮店、小食杂店等。累计出动检查人员30人，检查经营户13个

2019年9月18日，政府储备猪肉在新区华润万家龙湖天街店开售

（童志忠 摄）

次，发现问题隐患20多个。同月，新区市场监管分局为首批29名大学生志愿者进行培训并颁发食品安全辅导员证，启动大学生志愿者监管白杨街道小餐饮活动。白杨街道有小餐饮店2267个，食品安全监管难度较大。组织大学生志愿者队伍参与小餐饮日常管理，将事后监管变为事先服务，引导小餐饮从业者规范经营。

【保健品市场乱象整治】 2019年，新区市场监管分局加大保健品市场乱象整顿，牵头成立保健品乱象整治工作领导小组，制定整治实施方案，坚持部门协同共管。全年开展联合整治行动10次，出动检查人员80人次，立案查处违法案件15件，移送公安部门案件10件。将日常监管与专项整治、监督抽检相结合，对保健品违法案件加大打击力度。全年办理保健品领域违法案件147件，罚没款91万元，移交公安案件线索14件。

【上级调研新区食品化妆品监管】 2019年7月23日，杭州市人大常委会副主任罗卫红到新区调研食品安全工作，考察新区食品安全智慧平台运行状况，查看杭州味全食品有限公司、杭州顶益食品有限公司生产车间，走访下沙街道东方社区农村家宴中心，了解新区食品安全监管情况，强调监管部门强化监管责任、创新监管手段，督促食品业态强化主体责任。7月30日，国家药监局核查中心到新区企业玫琳凯（杭州）日用品有限公司开展调研，了解企业生产现状、发展思路和经营理念，考察原料、生产、检验到成品的全过程质量管理。8月，省药监局、市市场监管局到新区调研化妆品生产监管，考察章华化妆品科技有限公司从原料、生产、检验到成品的全过程质量管理，探讨自主品牌创建与发展过程中面临的问题和挑战，要求企业维护自主品牌，把握行业动态，提升产品核心竞争力。

▸▸资料：新区食品安全智慧平台

新区食品安全智慧平台为浙江省食品药品监督管理局食品药品“智慧监管”试点项目。该平台建成“1+3”总体架构：“1”即企业生产信息为主的综合数据中心，实现食品生产企业从原辅料采购到生产、销售的全过程控制与追溯；“3”即食品生产、药品生产、阳光厨房视频实时监控平台。平台纳入食品生产企业44个、药品生产单位10个、餐饮经营单位86个。

【食品安全科普宣传基地成立】 2019年9月，新区市场监管分局与浙江经贸职业技术学院合作成立区级食品安全科普宣传基地。该基地成立后，开展食品大讲堂、求真实验室、快乐“食”光、科普“六进”等科普服务项目，先后在美达社区、大北社区、月雅苑社区、义蓬街道、江湾广场和下沙银泰百货广场等地开展快速检测、保健食品安全知识普及、食品安全知识竞赛、烘焙体验等活动，服务群众600多人；开展食品安全相关培训7次，培训人员500多人；参与新区中小学“科技嘉年华”活动，开展营养健康科普教育，服务中小学生2000人。（程魁超）

统　计

【概况】 2019年，新区经发科技局（统计局）围绕党工委、管委会年度重点工作和市委、市政府下达的主要经济指标，做好工业、服务业、贸易业、建筑业、房地产业、固定资产投资、能源、劳资、科技、核算、名录库、综合12个专业统计。开展园区企业循环经济、月度劳动力、工业生产者价格、企业生产经营景气状况、制造业采购经理、城乡住户、人口抽样、平安、公共交通分担率和满意率等专项调查。开展统计监测分析，以专业统计月快报、月度统计分析等为载体，建立完善统计服务机制。全年累计发布工业、服务业、贸易等统计月快报12期，撰写统计分析材料19篇。（鲍承君　金升杰）

【全国第四次经济普查】 2019年，新区经发科技局（统计局）牵头组织实施新区全国第四次经济普查，出台相关制度、实施方案、年度工作计划、质量控制办法等指导性文件。按照市第四次经济普查领导小组统一部署，普查人员深入辖区108个普查小区开展调查登记，完成对3.99万个调查对象的摸底调查和入户登记，其中企业2.06万个、个体工商户1.93万个。依托街道、社区587人的普查队伍，取得新区经济普查数据。开展数据审核，撰写经济普查业务文章6篇。新区经发科技局（统计局）被评为市经济普查先进集体。（骆金伟）

【统计普法教育】 2019年，新区经发科技局（统计局）落实杭州市“七五”普法宣传教育计划，以《统计年报》和日常培训会议等形式，累计举办统计培训12期，培训人员1200多人次。开展以宪法和统计法为主要内容的统计法治宣传月活动，发放宣传册1200本，制作宣传横幅14条。开展2019年度新区统计工作先进个人评选，评选先进个人82人。（鲍承君）

责任编辑　刘心怡

财金税务

财　政

【概况】2019年，新区实现财政总收入201.2亿元，一般公共预算收入105.8亿元，土地出让金收入94.4亿元。获新增一般债券14亿元、土储专项债13亿元。全年新区一般公共预算支出93.8亿元，政府性基金预算支出98.1亿元。保障政府投资项目建设，推进教育、卫生健康、公共安全、环境治理等公共事业发展。全年新区保障地铁、电力隧道工程、下沙东收费站等项目建设，落实财政资金14.7亿元；保障辖区道路交通项目建设，安排财政资金2.3亿元；保障教育、文体、卫生等社会事业发展，落实财政资金11亿元；保障住房安居工程，落实财政资金2.4亿元；保障基础设施和环境整治，落实财政资金11.5亿元。

根据支出责任与事权相匹配、保障基本、均衡统筹、平稳过渡、激励导向、可持续发展等原则，完成新区街道财政体制改革。

【财政资金规范管理】2019年，新区出台财政预算、经费管理、资金管理、采购监管等30多项财政资金管理制度办法，构建起职责明晰、程序规范的制度体系。加强预算管理，强化预算约束，推进财政资金管理的规范化进程。根据新区高质量发展需要，确立“一体两翼”的财政资金管理模式，“一体”即所有政府性资金纳入“一个笼子”，归入“一个盘子”使用；“两翼”即根据财政资金的不同性质，分别编制部门预算和专项资金预算两个序列。初步形成产业发展、基本建设、土地开发、城市维护四大类专项资金管理体制。建立全口径政府预算体系，实现财政资金管理全覆盖，建立起包括一般公共预算、政府性基金预算、机关事业单位社保基金预算的政府预算体系。建立健全支出标准和程序，基本支出方面出台《新区行政运行费用开支标准》，项目支出方面出台《新区预算项目明细类别申报指南》，并制定预算管理办法和资金审批管理办

2019年11月15日，浙江省银行业协会金融政策和风险教育“三服务”宣讲活动在新区新加坡杭州科技园举行　（张恒希　供稿）

2019年新区财政收支预算执行情况

表19　　　　单位：万元

收入项目	2019年	2018年	增长%	支出项目	2019年	2018年	增长%
一般公共预算收入	1 057 592	1 150 646	-8.1	一般公共预算支出	938 381	867 689	8.1
一.税收收入	967 118	1 063 916	-9.1	一、一般公共服务	93 811	84 803	10.6
1.国内增值税	516 794	554 128	-6.7	二、国防	150	32	368.8
其中：改征增值税	94 619	98 673	-4.1	三、公共安全	61 201	46 258	32.3
2.企业所得税	199 897	206 150	-3.0	四、教育	183 936	119 394	54.1
3.个人所得税	44 971	63 606	-29.3	其中：教育费附加支出	1 493	1 421	5.1
4.城市维护建设税	84 205	93 160	-9.6	五、科学技术	64 423	173 070	-62.8
5.房产税	37 347	53 496	-30.2	六、文化旅游体育与传媒	3 145	2 513	25.1
6.印花税	19 470	18 865	3.2	七、社会保障和就业	34 487	36 539	-5.6
7.城镇土地使用税	6 155	16 910	-63.6	八、卫生健康支出	70 715	27 231	159.7
8.土地增值税	56 347	54 317	3.7	九、节能环保	66 945	25 316	164.4
9.其他税收	1 932	3 284	-41.2	十、城乡社区	143 182	114 895	24.6
二、非税收入	90 474	86 730	4.3	十一、农林水	25 113	23 260	8.0
1.专项收入	63 000	67 328	-6.4	十二、交通运输	4 898	2 515	94.8
其中：教育费附加	31 117	34 537	-9.9	十三、资源勘探信息等	122 797	162 085	-24.2
地方教育附加收入	20 741	23 022	-9.9	十四、商业服务业等	7 891	6 699	17.8
残疾人就业保障金收入	11 120	9 539	16.6	十五、金融支出	0	241	
2.行政事业性收费收入	16 886	7 358	129.5	十六、援助其他地区	2 841	2 630	8.0
3.罚没收入	8 084	7 856	2.9	十七、自然资源海洋气象等	4 677	1 679	178.6
4.国有资本经营收入	0	1 193	—	十八、住房保障	7 469	20 050	-62.7
5.国有资源（资产）有偿使用收入	2 504	2 983	-16.1	十九、粮油物资储备	2 107	0	
6.其他收入	0	12	—	二十、债务付息和发行费用支出	33 042	17 183	92.3
上划中央税收小计	954 409	1 065 197	-10.4	二十一、其他	5 551	1 296	328.3
1.消费税	70 312	105 008	-33.0	附：政府性基金支出	980 721	702 417	39.6
2.增值税	516 794	554 128	-6.7	—	—	—	—
3.企业所得税	299 846	309 225	-3.0	—	—	—	—
4.个人所得税	67 457	95 409	-29.3	—	—	—	—
财政总收入	2 012 001	2 215 843	-9.2	—	—	—	—
附：政府性基金收入	66 739	155 257	-57.0	—	—	—	—

法。构建”三位一体“组织架构，使预算编制、执行、监督三方相互配合又相互制约，实现财政资金管理的公平、透明、健全、规范和高效。推进财政预算信息公开，各部门在预算批复后按法定程序向社会公布。

2019年9月，新区为加强政府采购管理、规范政府采购行为，制定出台《新区政府采购工作规程》，明确新区财政金融局是政府采购监管主体，新区公共资源交易中心是新区政府采购的实施平台和政府集中采购的采购代理机构。新区政府采购统一进入新区公共资源交易中心交易。落实政府采购政策，“钱塘新区农业（扶贫）馆”平台上线运行，“互联网+政府采购+扶贫”模式开启。全年政府采购预算金额6.12亿元，合同金额5.71亿元，资金节约率6.7%。落实事中、事后监管职责，建立大监督工作机制，对会计从业、政府采购、财政票据、公款竞争性存放等13个事项开展监督检查，提出整改意见14条。加强绩效目标管理，制定《新区财政支出绩效评价实施办法》，将预算绩效管理纳入预算编制系统，落实预算项目绩效目标编制、运行监控、绩效评价全过程管理。全年完成绩效运行监控项目485个、绩效自评项目102个、重点绩效评价项目10个。以白杨街道为试点，开展下级财政综合运行评价机制。

【政府采购全流程电子化】 2019年，新区财政金融局依托“政采云”平台，推进“互联网+政府采购”建设，接入采购人、采购代理机构、供应商、评审专家、监管部门等主体，通过业务整合、环节精简、流程再造等信息化改造，实现政府采购项目全流程网上办理。相比传统政府采购交易，电子化方式突破采购空间和时间障碍，从公告发布、投标人获取文件到开标和结束公示等各交易环节均在网上留痕，政府采购运转效率和政府监管覆盖程度大幅提升，采购交易更具规范性、高效性、便捷性和透明度。

【财政数字化转型提升】 2019年，新区财政金融局贯彻落实省市“最多跑一次”改革和政府数字化转型的决策部署，对照要求梳理群众、企业办事事项，31个政务网事项实现“零次跑”。以杭州大江东医院为试点，推广电子医疗票据，节省就医时间、改善服务体验。9—12月，累计发放票据63.73万份，金额1.78亿元。通过“互联网+监管”平台落实掌上执法，对97个单位开展“双随机”执法检查或即时检查，检查完成率、公示率均为100%。开发“钱塘财金”办公平台，实现公文处理、人事管理、财务审批等综合管理事项线上办理，10—12月累计在线收发文件约700件。上线财政金融局“钉钉”微应用，10—12月累计线上报销100多件、线上用印500多件。推进内部“最多跑一次”改革，梳理54个内跑事项并实现办事材料精简30%、办事时间压缩40%。

【政府投资项目资金监管】 2019年9月，新区管委会为加强政府投资预算管理，健全政府投资项目决策机制，制定出台《新区政府投资预算管理办法（试行）》（简称“办法”）。办法明确政府投资预算管理，指对新区管委会用于政府投资项目建设的区本级政府性资金所进行的预算安排、执行和监督管理等活动；政府投资项目指按照《政府投资条例》规定，采取直接投资、资本金注入等方式，全部或部分使用区本级政府性资金的固定资产建设项目。明确政府投资预算管理原则，要求坚持“统筹兼顾、突出重点”，政府投资预算安排应符合国家宏观调控政策要求，符合新区经济社会事业发展规划，优先保障新区管委会确定的重点基础设施和公共服务项目；坚持“量入为出、综合平衡”，政府投资项目实行项目储备库管理，与政府投资项目建设计划相衔接，结合年度财力状况，合理确定年度政府投资预算规模；坚持“控制风险、有效约束”，用于政府投资建设的区本级政府性资金应遵循专款专用原则，严格执行政府投资项目管理程序，规范项目建设成本管理，提高政府性资金使用绩效。至年末，新区财政金融局评审政府投资项目528个，送审金额288.7亿元，审减23亿。

【财政助推产业高质量发展】 2019年，新区财政强化政策导向，坚持鼓励创新创业、提升产业层级、加快集聚人才的发展理念强化产业资金主管部门主体责任，建立并完善产业资金项目储备库，重视财政资金使用绩效，助力新区产业转型升级。出台税源建设激励政策，联动相关部门吸引优质企业落户，年预增税收1亿元。助推招商引资，推动“西子势必锐”“天境生物”“药明康德”等重大产业项目落户新区。开发产业信息管控平台，建立覆盖全区企业的经济数据综合数据

2019年6月21日，新区管委会与农业银行浙江省分行开展合作洽谈

（王　妍　供稿）

2019年9月10日，中国银行杭州市钱塘新区支行揭牌　　（罗润哲　供稿）

库。全年兑现产业扶持政策约39亿元，惠及企业969个次，落实减税降费政策减负37亿元。取消政府采购投标保证金，清退历年政府采购投标保证金3000万元　　（吴舒敏）

金　融

【概况】 2019年，新区金融产业实现增加值38.8亿元，比上年增长8.6%。年末新区有金融机构51个，其中银行机构25个，有金融网点90多个、证券机构3个、担保机构3个、保险机构6个、融资租赁机构13个、典当行1个。做好政策性融资担保，新区财政金融局利用政策性平台，推动政策性融资担保机构杭州和达华昌融资担保有限公司获5个银行、4.3亿元银行授信资金，为4个企业提供1976万元担保贷款金额。为辖区中小企业提供应急转贷服务，全年政策性转贷基金开展转贷业务109笔，转贷金额2.6亿元。启动中小企业政府采购信用融资，出台《新区政府采购支持中小企业信用融资有关事项的通知》，与中国工商银行等银行签署合作备忘录，为中小企业开辟融资“绿色通道”。信用融资以政府采购信用为基础，融资金额未超过政府采购合同金额的，无需提供财产抵押或第三方担保，降低供应商融资成本。加强金融机构、类金融机构准入与变更审核，落实基层治理网格员职责；加强网格化风险排摸，实现金融问题早预警、早解决。

【融资政策助推企业做大做强】 2019年，新区财政金融局创新服务，通过搭建政策性平台、提供差异化金融服务等方式，提升金融服务质效，帮助企业解决融资难问题。10月18日，制定出台《关于助推“凤凰”企业飞速发展的实施意见》，明确企业符合政策相关要求便可享受一定比例的专项扶持资金等惠企政策。12月5日，举行政银企党建联盟启动仪式暨全面战略合作签约大会，促进金融机构与新区企业合作。活动现场，新区会同各金融机构推出十大类金融产品、150个品种，形式多样、利率优惠且符合新区企业发展需求。为方便企业了解和办理业务，新区财政金融局编印汇集各类金融产品的手册指南，供企业查阅。12月20日，新区首批“凤凰”企业财政奖励兑现，8个企业获奖励资金2450万元。

【鼓励引导企业加快上市】 2019年，新区将推进企业上市作为优化产业结构、增强区域竞争力的重要举措，鼓励引导企业强化资本意识，推动企业上市。成立金融专班，开展走访服务；建立重点拟上市企业培育库；开展企业座谈、董秘培训和上市服务沙龙活动，邀请证券交易所、券商、律师事务所、会计师事务所等专家专题讲课，帮助重点企业对接股票交易所审核专家。在“钱塘凤凰”政策中设置上市500万元、并购最高500万元、上市公司落地1000万元、拟上市公司落地600万元及鼓励企业再融资、惠企政策提前兑现、支持企业资产重组和转增股本、支持持股平台落地、保障上市企业总部建设、支持企业设立并购基金的奖励。10月，出台《新区重点拟上市企业认定暂行办法》，通过建立培育库、组织专题培训、协调服务等方式，建立25个拟上市重点企业培育库加快企业上市。全年新增上市企业2个，分别为浙江米奥兰特商务会展股份有限公司、杭州壹网壹创科技股份有限公司；新增报会企业5个，完成股份制改造企业9个，与券商签订辅导协议企业10个。

【产业基金推进与管理】 2019年，新区财政金融局整合优化新区产业基金体系，完善产业基金顶层架构和规则设计，制定《新区政府出资产业基金方案》《新区政府出资产业基金管理办法》。建立健全产业基金工作机制，明确产业基金组织框架，成立产业基金管理委员会；明确新区政府产业基金投资方向为半导体、生命健康、智能汽车及智能装备、航空航天、新材料等先进制造业及研发检测、电子商务、科技金融、软件信息、文化旅游等现代服务业及未来产业领域，运营模式为“1+X”，即区级层面设立产业母基金，通过产业母基金投资于定向基金、非定向基金和政策性直投基金3种子基金模式运作。至年末，新区产业母基金参股并投入运作基金16个，签订合作协议参股基金5个，参股基金合计规模310亿元，其中国家大基金178.5亿元；新区产业母基金认缴金额35.8亿元，实际出资金额9.7亿元。

【中国银行钱塘新区支行揭牌】 2019年9月10日，中国银行杭州市钱塘新区支行揭牌，为新区成立后的首个揭牌的支行。1993年，中国银行杭州经济技术开发区支行成立，为最早进驻开发区的金融机构之一。新区整合成立后，该行迅速行动进行内部机构整合，形成杭州综合保税区、九堡、下沙、大学城、大江东、河庄6个支行全面布局新区金融业务板块的格局。经过26年的发展，钱塘新区支行已是综合性金融服务机构，以发展大公司业务为主体，做强国际结算业务，做好个人金融服务。至2019年7月末，支行日均存款97.08亿元，比年初增加6.28亿元，增幅6.9%；贷款余额88.15亿元，比年初增加10.66亿元，增幅13.7%。（吴舒敏）

审　计

【概况】 2019年，新区财政金融局履行审计工作职能，指导和监督内部审计工作。7月，成立新区党工委审计工作委员会，副市长、新区党工委书记柯吉欣任委员会主任。委员会负责审议新区审计监督重要政策和改革方案，听取审计工作情况、审计整改情况的报告，审议审计工作规划、年度审计计划、审计结果运用等审计监督事项。推进审计体制机制建设，督查落实问题整改，全年推进经济责任审计项目7个、专项审计项目4个，提高公共资金、国有资产的使用效益；监督财政资金使用情况，抽查下沙区块2018年度8个建设单位的16个自行完成项目预算。

【审计监督】 2019年，新区财政金融局建立健全审计规章制度，制定出台《新区审计工作管理规定（试行）》《新区党政主要领导干部和国有企事业单位主要领导人员经济责任审计办法（试行）》《新区财政金融局组织审计业务分配操作规程》。履行审计监督职能，开展义蓬街道办事处、新湾街道办事处、下沙街道办事处、原杭州出口加工区综合管理局等单位10名领导干部经济责任审计，开展2015—2018年招商扶持政策、土地资金财务收支、财政收支、债务情况4个专项审计调查。全年审计发现问题201个，提出审计建议被采纳132条，查出并回收违规资金318.24万元，发出移送处理书2份。（吴舒敏）

税　务

【概况】 2019年4月新区成立后，原两区税务机构未完成整合，税务工作分由国家税务局杭州大江东产业集聚区税务局（简称大江东税务局）和国家税务局杭州经济技术开发税务局（经开区税务局）承担。全年负责江东区块的集聚区税务局累计组织税费收入88.48亿元，其中税收收入66.04亿元、非税收入2.5亿元、社会保险费收入19.4亿元、

2019年4月23日，经开区税务局在新区举办“减税降费增制造动力·转型升级谱钱塘新篇”制造业主题沙龙活动

（杨睦翕　供稿）

其他收入5403万元。办理1139户次企业出口退（免）税6.27亿元，增长2.3%。推进营商环境建设，“最多跑一次”改革涉及的140个事项均实现网上办理。落实税务政策，运用征纳沟通平台“网络纳税人学堂”功能，分享新政策文件并解读视频。开展“万名党员进万企、领导干部下基层”和“走亲连心三服务”活动，全年累计走访服务企业979户，征求并回复意见建议53个，解决困难问题36个。

全年经开区税务局累计组织各项收入215.98亿元，比上年下降0.5%。其中：税收收入131.7亿元，下降5.3%；非税收入（含社会保险费）84.28亿元，增长8.1%。组织财政总收入128.83亿元，下降8.5%；一般公共预算收入66.65亿元，下降10.2%。落实税费优惠政策，累计办理税费减免29.11亿元，增长13.1%。其中：落实高新技术优惠15.56亿元，增长29.9%；支持金融资本市场6.08亿元，下降13.3%；支持文化教育体育0.16亿元，增长4.5%；促进小微企业发展优惠2.26亿元，增长77.9%。留抵退税1.73亿元，城镇土地使用税“亩产税收”减免3300万元，房产税减免2600万元。办理出口退（免）税30.82亿元，增长16.4%，其中出口货物直接退税15.45亿元，增长10.2%。

【江东区块减税降费】 2019年，大江东税务局推进减税降费政策落地，合计减免金额（不含社保）13.81亿元。其中：小微企业普惠性减税1.31亿元，享受户数2.02万户；个人所得税专项附加扣除2217万元，享受户数2.63万户；深化增值税改革减免9.59亿元，享受户数5773户。调整减除费用和税率后，减免个人所得税1.45亿元，扶持自主就业退役士兵创业就业减免税费109万元，公共租赁住房税收优惠75万元，延长高新技术企业和科技型中小企业亏损结转年限减免企业所得税1384万元。落实降低社保费率优惠政策，配合开展778个困难企业社保费返还联审，降低失业保险、工伤保险费率，优惠范围涉及企业1850个。保持其他社会保险费缴费方式稳定，降低小微企业实际缴费负担。开展减税降费政策辅导，全年累计举办政策培训会13场，培训纳税人3495户次；编发《大江东税收最新政策速递》和减税降费政策指南，惠及纳税人11.24万户次；开展“减税降费进园区”宣传活动，确保减税降费政策落实到位。完成3批次小微企业追溯享受税收优惠政策退税，退税经验做法经省税务局采用列入汇编。

2019年，国家税务总局大江东税务局助推“最多跑一次”示范窗口

（姚祎婷 供稿）

【江东区块税费征管】 2019年，大江东税务局严防发票虚开，采取学习培训、强化宣传、分析排查、发票控管、快速打击、综合防控等措施，实行风险纳税人发票领购前置处理、税控发票风险管理快速响应两项制度。加强税收风险分析和应对管理，完成19批次税收风险应对任务102户次，核实有问题90户次，查补税费1019.63万元，其中查补企业所得税795.25万元、增值税96.03万元、房产税51.15万元、印花税64.32万元、其他税费12.88万元，加收滞纳金141.68万元。完成注销清算事项214户，补缴税费55.98万元，加收滞纳金1.91万元；完成股权转让风险管理19户，补交税款304.76万元；完成跨区域风险管理协作任务25个，调整企业所得税应纳税所得额351.68万元，补缴税款6.14万元。加强与政府职能部门合作，完成47户“飞地”企业管户调整。

【纳税服务优化】 2019年，大江东税务局优化办税服务，企业年度办税时间压缩至130小时内，纳税次数压减至每年7次内。加强与市场监管部门跨领域合作，实现企业新办8个事项按“一件事”标准“一窗联办”，发票申领“一网提交、数据共享、零跑审批”，办理时间从2小时缩减至30分钟。优化企业注销流程，全年纳税人通过“智能一网通”服务完成税务登记2925户，网上办税率93.5%；办税服务厅平均等候时长4.22分钟。加强信用应用，8930户纳税人纳入信用管理。对信用良好纳税人开通发票“线上申领、线下配送”服务882户次；为信用等级良好小微企业解决融资难问题，协助金融机构向617个企业发放贷款46.88亿元。扩大税务专邮免费服务范围，信用等级良好的A级、B级纳税人通过电子税务局申请代开发票、领取发票等线上业务时可享受发票免费邮寄。（姚祎婷）

【下沙区块减税降费】 2019年，经开区税务局新增减税22.61亿元，包括2019年出台政策减税16.47亿元（含小微企业普惠性2.3亿元、个人所得税专项附加扣除7400万元、深化增值税改革13.41亿元等），2018年减税政策于2019年翘尾减税6.12亿元（含2018年增值税税率调整翘尾1.43亿元、个人所得税减除费用和税率调整4.58亿元、统一增值税小规模纳税人标准900万元等），社会保险费征收减免7.56亿元（含贯彻国务院降费政策2.35亿元，省政府降费政策5.21亿元）。完成减税降费退税5288户，累计退还税款330.77万元。其中：涉及自然人3077户，退还税款229.99万元；企业及个体户2211户，退还税款100.78万元。建立政策宣传辅导工作制，通过报纸、网络、电视台、微信、微博、钉钉等媒介开展宣传，确保减税降费红利落实到位。组织党员干部与辖区拟上市培育企业、重点制造业企业、民营企业结对，确保企业知晓优惠政策。开展减税降费调研，走访180个样本企业（含个体户）。

【下沙区块税费征收】 2019年，经开区税务局对辖区1个“千户集团”企业开展风险管理，补缴税款29.35万元。完成对391个企业风险管理，入库税款3198.09万元；完成对27个批次、58个企业增值税发票风险管理。全年企业所得税汇算清缴预缴率82.6%，后续审核补税398.22万元，调减亏损1555.67万元。开展跨国公司利润水平监控数据采集及审核上报，上报的泰尔茂医疗产品（杭州）有限公司为杭州市上报省局的唯一跨国利润监控企业。深化税费种认定清理，完成6439户次消费税及附加税种清理。开展印花税重复情况分析清理，删除多余印花税税种鉴定1.2万条。开展教育费附加、地方教育费附加及部分费种清理，删除错误认定信息2600多条。完成市车辆购置税、房地产交易税征管模式调整。推广增值税电子发票，辖区7个专业市场和下沙、白杨两街道2500多个个体工商户实办理电子发票。完成对富春江集团下属企业——杭州电缆股份有限公司开展税收风险内控体系测评。

【税务助力营商环境优化】 2019年，经开区税务局深化“最多跑一次”改革，10个主项、140个子项的税务事项清单实现“最多跑一次”全面覆盖。拓宽“零上门”事项比例，95%事项实现“零上门”；办税窗口平均等候时间降至6.92分钟，降幅13.8%。优化“一件事”多部门联办环境，升级“开办企业全程网上办”平台系统，开办企业首次申领发票业务实现“一网提交、一次交互、数据共享、信息互认、零跑审批”，平均线上半小时内办结；配合新区行政服务中心（下沙）开设开办企业服务专区，“一窗式”受理材料，税务等部门后台办理。简化纳税人税务注销手续，9月15日起增值税一般纳税人税务注销一般流程办理时间压缩至10个工作日内，增值税小规模纳税人和其他纳税人一般流程办理时间压缩至5个工作日内。优化市场竞争环境，推进涉税专业服务实名信息采集和信用管理，辖区纳入实名监管涉税专业服务机构61个。开展纳税信用等级评价，2.46万户纳税人的2018年度纳税信用等级评价完成确认。

【税务管理水平提升】 2019年，经开区税务局建立高度关注库，增加黑名单反推功能，对“虚开风险预警”管理系统进行升级。该系统利用人工智能技术实现“精准画像”，建立虚开纳税人识别模型，对企业开票、申报环节进行精准监控，降低发票虚开风险。以该系统为主要研究内容的市税务局“增值税发票全链条风险防控管理”项目获省税务局2019年创新项目二等奖。探索国际税收管理方式，由原事后调查调整模式转变为以双边协商合作和预约定价为主的跨境税源监控管理，实施全省首个“反避税联查—双边协商—预约定价”一体化管理服务模式。配合国家税务总局就杭州矢崎配件有限公司转让定价案件与日本税务机关进行双边协商，取得成果。经谈判，全省首例中日转让定价双边协商在上海达成一致，就补缴税款问题进行最终谈判后组织税款入库，年末该项工作进入到正式申请和评估分析阶段。

（杨睦翕）

责任编辑　刘心怡

改革·创新

“最多跑一次”改革深化

【“最多跑一次”改革推进】 2019年，新区持续推进“最多跑一次”改革，推出系列便民惠民举措，解决办事难点堵点，提升政务服务效能。落实“减事项、减次数、减材料、减时间”要求，削减企业群众办事材料、压缩办理时间；深化“一窗受理、集成服务”举措，打造“一张表单、一份材料、一次提交、多方使用”的标准化体系，探索新区特色的“一件事”全流程“最多跑一次”路径。提升营商环境，完成人才安居乐业、投资、企业“一件事”改革，推出人防、道口开设专业化服务。优化便民服务，137个事项下放至街道办理，59个涉外事项实现家门口办理，40台综合自助服务机完成布点，22项人力社保业务多点可办。营造政务优势，推进“互联网+政务服务”、投资项目在线审批监管平台迭代建设、电子证照共享应用及智慧大厅项目建设。整合交易平台，健全完善新区公共资源交易管理体制机制。梳理群众和企业办事事项2118项，年末办理事项“最多跑一次”实现率100%，“跑零次”实现率97%。

2019年8月22日，杭州市委改革办到新区调研“最多跑一次”部门事项联办平台
（童志忠 摄）

【全流程服务人才和企业】 2019年8月，新区开设杭州市首个“钱塘人才安居乐业一件事”窗口，通过“前台综合受理、部门分类审核、对内跟进督查、对外专人服务”的模式，形成“人才安居乐业”办事机制，受理高层次人才认定、海外人才服务等领域30个行政审批事项和人才居住、就医等10多个生活配套服务事项，让人才安心、安身、安业。10月，设立“开办企业服务专区”，把企业开办全流程按“一件事”标准整合，通过“一套材料、一次受理、一窗进出、一趟办结”服务模式，实现企业开办一日办结。12月，试运行新区“投资之家”，按照“项目落地前准入、落地后审批、投产后服务”3个阶段，将涉企审批、管理、服务事项集中到统一平台流转，集宣传展示、审

批服务、项目推进、互动交流、帮扶解困五大功能于一体，建设功能齐全的投资服务平台，实现投资者“只进一扇门、最多跑一次”。依托审批集聚、集成、集约的体制优势，集合人防工程审批事项，为企业提供一站式审批服务。针对道口开设事项，设立服务专窗，实行联合踏勘，构建信息共享联审系统，实现项目建设中开设（临时）永久出入口环节“一窗受理、一次审查、一网通办”。

【机关内部“最多跑一次”改革】 2019年7月，新区启动机关内部“最多跑一次”改革（简称机关内跑改革）。针对新区“一江两岸、多地办公”带来的问题和不便，将机关内跑改革和移动办公结合，推进“数字+办公”工作模式，提升新区机关办事效率。坚持问题导向，推出部门间办事事项“最多跑一次”实现率、“网上办、掌上办”率等指标考核。宣传和推广机关内跑平台运用，加快实现“一个界面、一号登录、多平台处理”。至年末，新区有21个部门（单位）发布事项236个。其中：209个办事事项实现“最多跑一次”，实现率88.6%；171个事项可在线办理，实现率72.5%。

【137个事项下放至街道办理】 2019年，新区行政审批局将失业登记、个体劳动者（灵活就业人员）参保登记等116个办事事项，以及市民卡业务包含的21个事项下放至辖区河庄、义蓬、新湾、临江、前进、下沙、白杨7个街道办事处办理。各街道的便民（综合）服务中心设置“无差别受理窗口”，配备专业人员，承接办理下放事项。社保证明、无房证明等部分事项可在街道24小时自助服务厅办理。137个事项已实现街道一级全覆盖。

2019年11月26日，新区白杨街道朗琴社区服务站启用。图为办理境外人员住宿登记的自助申报机（沈丽晨 供稿）

【境外人员服务“一站式”受理】 2019年11月，新区在白杨街道朗琴社区设立的首个境外人员服务站运行，全国首台境外人员住宿登记申报自助机启用。服务站综合受理窗口涵盖出入境、侨办、社保、市民卡、就业人才等59项涉外事项，可办理（受理）临时住宿登记、华侨回国定居、归侨、侨眷身份认定、职工参保登记、外国人市民卡申领等涉外公共服务事项。设置生活咨询窗口，组织文化交流活动。设立境外人员服务站，实现涉外办事贴心服务一站式、一体化，让占社区常住人口6%的外籍居民办事实现在家门口就近“最多跑一次”，生活的便利性大为提高。

【便民业务多点可办】 2019年，新区扩大“自助办”服务范围，增设综合自助服务机40台，全区累计68台，市民可自助办理296个事项。推进“社银联合”办理，辖区内工商银行及杭州联合银行网点可办理灵活就业人员（个体劳动者）参保登记等22项人力社保业务；利用萧山农商行在新区网点密集的特点，将该行纳入“社银联合”范围，实现群众就近跑、多点办。针对大学生医保报销业务，“社银联合”机构上门集中收件，快捷办理，全年有200多名学生体验“零跑”服务，累计为学生报销医保费用逾100万元。

【便民事项异地办理】 2019年10月，新区与海宁市签订全面战略合作协议，海宁杭海新区被纳入新区战略规划范围。两地为优化群众和企业的办事体验，由新区行政审批局与海宁市政务数据办公室对接，通过政务服务合作和信息对接，破解杭州、海宁在异地无法办理政务服务事项的难题。两地以浙江政务服务网和“浙里办”平台为依托，梳理专项清单，将业务需求与大数据应用结合，以高频率事项为切入点，分批次梳理形成自助端可受理事项清单。12月，新区行政审批局（行政服务中心）突破政务服务同城化“行政壁垒”，与海宁市杭海新区行政服务中心合作，分别在两地的24小时自助办事区设置自助终端，两地市民可凭身份证异地自助办理相关事项。海宁市民可在新区自助办理762个政务服务事项，杭州市民可在杭海新区自助办理257个公共服务事项。

【政务服务简便化】 2019年，新区行政审批局深化“最多跑一次”改革，推进“互联网+政务服务”，上线启用政务服务网，指导录入2235个事项。优化事项办理，完成部门联办“一件事”事项梳理、认领及政务网录入和公布，69项群众和企业“一件事”均实现简便办理。推进智慧大厅项目建设，新区行政服务中心智慧大厅一期建设项目试运行，实现网上预约、人脸识别取号、管理数据互通等功能。整合公共资源交易平台，成立杭州市公共资源交易中心钱塘新区分中心，通过提升改造，将开标室增至4个、评标室增至8个，并设立统一窗口和自助服务区域。全年组织开标、评标549场次，预算总额126.35亿元，中标金额110.55亿元，节约率12.5%。审核“政采云”注册供应商633家，审核“全省一张网”网上超市供应商178家、商品3.1万个。启用政府采购全流程电子化，实现采购人无纸化招标、供应商无纸化投标、专家无纸化评标，取消投标保证金，政府采购实现全流程“零次跑”。

（唐寿英　沈丽晨）

街道体制改革

【街道职能调整和体制改革实施】 2019年9月，新区党工委、管委会启动实施街道职能调整和体制改革。按照省委、省政府关于完善基层治理体系、深化街道体制改革精神，以及市委、市政府关于加强新时代城市基层党建引领基层社会治理、推进城区街道体制改革的任务要求，坚持职能转变和权责一致、理顺关系和协同高效的原则，提升街道党建工作和公共服务、公共管理、公共安全水平，确保街道职能清晰、权责一致、运转协调、保障有力、依法高效，加快推动新区高质量发展。

【街道职能定位优化】 2019年，新区党工委、管委会托管江干区下沙、白杨2个街道和萧山区河庄、义蓬、新湾、临江、前进5个街道。各街道党工委领导辖区经济、政治、文化、社会和生态文明建设，全面负责辖区党的建设；各街道办事处依法履行辖区内的政府服务和管理职能。新区明确“加强党的建设、统筹区域发展、组织公共服务、实施综合管理、监督专业管理、动员社会参与、领导基层自治、维护安全稳定”8项街道主要职能；取消街道招商引资相应考核指标和奖励，街道工作重心转到加强党的建设和关注公共服务、公共管理、公共安全，将街道经济工作的重点转变为优化公共服务；探索基层综合行政执法改革，推进行政执法权限和力量向基层延伸和下沉，强化街道的统一指挥和统筹协调职责；推进基层审批服务改革，加强街道党政综合便民服务机构与服务平台建设，实行“一站式服务”“一门式办理”；建立和完善适应基层实际的办事指南和工作规程，实行“马上办、网上办、就近办、一次办”。

2019年11月5日，新区江东区块不动产登记接入主城区系统，市民办证“不出新区”

（方　波　摄）

【街道内设机构设置优化】 2019年，新区优化完善各街道党政机构设置。明确街道综合性办事机构不超过6个，分别为党政综合办公室（挂人大工委办公室牌子）、党建工作办公室（挂群团工作办公室牌子）、综合信息指挥室（挂公共管理办公室、综合行政执法队牌子）、公共服务办公室、平安建设办公室、区域发展办公室（挂应急管理办公室牌子）。下沙街道、河庄街道、义蓬街道、新湾街道为撤镇建街道，增加2个综合性办事机构；白杨街道、临江街道、前进街道区域面积较大、社会职能和管理任务重，增加1个综合性办事机构。明确街道综合性办事机构主要职责，街道议事协调机构的日常工作由综合性办事机构承担。街道人大、纪检监察、人武、工会、共青团、妇联等组织按规定设置并开展工作。

【街道设置事业单位3个】 2019年，新区明确各街道综合设置党群服务中心、公共服务中心（挂退役军人服务站牌子）、区域发展与治理中心（挂社会治安综合治理中心牌子）3个事业单位。党群服务中心承担服务党组织和党员群众工作，为建设区域党建群建的开放式、集约化、共享性服务平台；公共服务中心承担公共服务事务性工作，为建设政务综合服务管理的具体事务性工作平台；区域发展与治理中心承担区域发展与基层社会治理的事务性职能，为建设统筹区域发展、服务“两新”组织、指导物业公司和业委会建设的平台。（傅哲宁）

国资国企改革

【国企改革深化实施】 2019年11月，新区党工委、管委会制定印发《新区国有企业深化改革工作实施方案》，推进新区国有企业改革。改革旨在做大做强新区国资、国企平台，深化监管体制改革，提升国有资本投融资能力和运营效率，加强资源、资产、资金、资本“四资”联动能力，发挥国企平台服务保障职能。改革以《中华人民共和国公司法》等法律法规为依据，通过整合和重组原有国有企业布局结构，促进国有企业资源配置进一步优化、法人治理结构进一步完善、运营效率进一步提高、投融资等发展机制进一步拓展，发挥国有资本在新区经济社会发展中的基础性、保障性作用。

新区成立深化国有企业改革工作领导小组，全面负责国有企业改革推进工作。在财政金融局设立领导小组办公室，下设综合协调组、干部人事组、集团筹建组和资产协调组等综合性工作组，具体执行改革有关任务。按照“思想不散、秩序不乱、工作不断、国有资产不流失”的要求，做好过渡时期的稳定工作，确保企业运营稳定、干部职工思想稳定。

【国企改革基本原则】 2019年，新区国有企业深化改革着眼解决建设发展的突出问题，将强化投融资、产业引领和城市建设等作为重点，通过改革做大做强做优国有企业。按照城市建设、产业服务和城市运营三大功能，将同类资源整合到同一集团板块，通过资源共享和优化配置，形成规模效益和竞争优势，使原有资源得到充分利用，降低国资监管资本的同时发挥“1+1>2”的整合优势。按照“不立不破、先立后破”的思路，分步、分阶段推动国企改革。守住不发生区域性、系统性风险的底线，对于承担融资功能的企业，整合过程中考虑对其融资能力和债务化解能力的影响，通过公司股权整体划转的形式，减少改革带来的不利影响。

【新区组建国企集团3个】 2019年，新区通过国有企业改革，组建3个集团公司。组建杭州钱塘新区建设投资集团有限公司（简称新区建设集团），为新区管委会直属功能类国有公司，由原杭州大江东投资开发有限公司更名组建，主要职能包括保障房建设、基础设施建设、政府配套公建项目建设、区域性开发建设、房地产开发等。

组建杭州钱塘新区产业发展集团有限公司（简称新区产业集团），为新区管委会直属竞争类国有公司，由原杭州经济技术开发区资产经营集团有限公司更名组建，主要职能包括产业园区和高端商务综合体开发与运营、产业服务、产业金融和创业投资服务、高新技术实业投资、房地产开发等，剥离下属杭州和达市政园林建设有限公司、杭州和达交通投资有限公司、杭州金沙湖投资发展有限公司、海宁江滨投资开发有限公司、杭州养正学校等。

组建杭州钱塘新区城市发展集团有限公司（简称新区城发集团），为新区管委会直属公共服务类国有公司。由原杭州大江东国有资产经营管理有限公司更名组建，主要职能包括开发建设、土地流转、保障房经营管理、城市公共设施开发运营、公共能源服务等，将原杭州经济技术开发区资产经营集团有限公司所属的杭州和达市政园林建设有限公司、杭州和达交通投资有限公司、杭州养正学校等划入新区城市发展集团。

【保留重组直属国有公司3个】 2019年，新区通过国有企业改革，保留重组3个直属国有公司。保留杭州东部城市建设投资集团有限公司（简称新区东投集团），为新区管委会直属国有公司，主要职能包括下沙片区开发建设任务。新区东投集团与新区建设集团实行“两块牌子、一套班子”模式运作。原杭州经济技术开发区资产经营集团有限公司所属的杭州金沙湖投资发展有限公司、海宁江滨投资开发有限公司划入新区东投集团。

重组杭州钱塘新区投资集团有限公司（简称新区投资集团），为新区管委会直属国有公司，由原杭州大江东投资集团有限公司更名重组。杭州大江东国有资本投资管理有限公司由新区投资集团出资，原杭州经济技术开发区出资的杭州和达产业基金投资有限公司股权划入新区投资集团。新区投资集团暂不实体化运作，日常业务委托新区产业集团进行管理。

保留杭州临江投资发展有限公司（简称新区临江公司），为新区管委会直属国有公司，主要职能包括开发建设、码头经营、资产经营等，日常经营委托新区城市发展集团进行管理。（黄舒敏）

移动办公应用

【移动办公应用平台】 2019年，新区挂牌成立后以“最多跑一次”

改革和政府数字化转型为牵引、以“浙政钉”平台为依托，利用“互联网+政务服务手段”，加快推进移动办公应用。融合“浙政钉”和OA办公平台，提高“浙政钉”覆盖面和活跃率，新区机关干部100%接入浙政钉协同办公平台，辅警、村（社区）三委班子、专职网格员等相关人员均录入“浙政钉”。将电脑OA办公平台功能与“浙政钉”对接。对OA办公平台提质扩面，结合机关内部“最多跑一次”改革，规范、优化系统流程，提升事项办理效率。结合新区无纸化办公统一部署，扩大OA办公平台使用覆盖面，不再流转纸质件。梳理收文、发文、党工委议题提交、请示报告、会议方案审签、重要事项审签、请假审批等15个日常高频率处理事项，将事项上线至“浙政钉”移动办公平台。

【无纸化移动办公】 2019年，新区办文、办会、办事均实现无纸化移动办理。办文“一件事”涵盖部门行文、办公室预审、法制办审查、办公室主任审签、委领导签批、发文登记、排版校对、发文等环节，功能均加载至“浙政钉”协同办公平台，实现无纸化移动办公，避免以往公文传递耗时长、领导外出签批难等问题，一般当天能走完全部流程。办会“一件事”涵盖通知拟定、审签、印发，会议室预定，会议签到，会议议题提交，会议审议文件印发，会议纪要拟定、审签、印发，会议纪要的督查落实等环节，均实现移动办公。办事“一件事”涵盖事项受理、拟办、委领导阅示、部门交办、意见反馈、督查落实、销案存档等环节，均实现移动办公。结合机关内部“最多跑一次”改革，新区推出首批130个办事事项，利用OA和“浙政钉”协同办公平台实现线上操作，实现部门之间的移动办公。

8月起，新区明确除涉密、涉敏信息外，停止纸质文件收发流转。新区党工委、管委会重要会议均以PPT或PAD形式实现无纸化办公。结合机关内部“最多跑一次”改革，明确部门间办事事项目录和多部门联办“一件事”，明确办事指南、办事流程图，做到成熟一批、公布一批、实施一批，利用OA和“浙政钉”平台实行线上操作，实现部门之间的“无纸化”移动办公。

【移动办公应用实效】 2019年，新区依托“浙政钉”应用平台，推进移动办公应用，加快新区信息化建设，全面实现移动办公。至年末，新区机关内部有116个事项在“浙政钉”和OA办公系统上实现线上流转，其中36个事项在OA办公系统上运行，80个事项在“浙政钉”应用版面上运行。新区机关内部办事呈现在线流转越来越多，离线流转越来越少的趋势，新区机关工作效能、办事效率得到大幅提升。新区在“浙政钉”审批模块平台的运用和推广，作为2019年度最佳创新案例，接受并通过杭州市委改革办的专家评审。

【“就餐扫码”应用上线】 2019年11月，新区机关“就餐扫码”应用上线。机关工作人员在机关食堂就餐，在手机上打开“钉钉”，刷二维码即可完成支付。“就餐扫码”是依托“浙政钉”平台，在新区管委会的独立面板上嵌入的一款应用，新区有6个机关食堂上线“就餐扫码”功能。（范莹颖 王 艺）

营商环境优化

【营商环境优化实施方案】 2019年，新区围绕打造一流营商环境出台实施方案，提出6个方面的具体任务，分别对应政务服务环境、投资贸易环境、产业发展环境、创业创新环境、法治环境、生态人文环境。新区成立建设一流营商环境工作领导小组，统筹推进优化营商环境工作。强化监督考核，建立健全激励机制和容错免责机制，支持改革创新，鼓励担当有为。引入第三方评估评价机制，结合世界银行营商环境评价对标国家、省、市营商环境评价，对新区组织开展营商环境评估，对工作方案贯彻落实情况进行跟踪分析，并纳入年度综合考评。加大监督检查，对进展迟缓、落实不力等问题进行通报，督促整改。畅通企业诉求渠道，发动社会参与、推动、监督、评价改革，听取企业、行业协会、商会等关于改善营商环境的意见建议，研究解决市场主体关注的重点难点问题，倒逼改革举措落地见效。

【政务服务环境优化】 2019年，为营造透明高效政务服务环境，新区提出推进标准化规范化建设、政府数字化转型、提升企业投资项目审批效率、商事登记改革再深化、不动产交易登记再提速、加强招投标采购管理、探索包容审慎监管、建立“店小二”服务机制8项举措。新区行政审批局设立“投资之家”，服务“企业投资一件事”；推行“标准地”+“承诺制”改革和区域评估改革，推出“人防一件事”和道口开设“一件事”；设立常态化企业开办专窗，开设服务专区，实现企业开办“一件事”一日办结；首试行政审批便民服务事项“跨城通办”。在白杨街道设立杭州市首个境外人员服务站，安装境外人员住宿登记申报自助机1台。

【投资贸易环境优化】 2019年，为营造开放便利的投资贸易环境，新区提出推进民营经济发展、提高市场对外开放水平、保障外商投资企业公平待遇、提升贸易便利化水平、加快出口退税进度、打造跨境电商“全球中心仓”6项举措。新区制定实施市场准入“负面清单”，落实外资准入前国民待遇加负面清单管理制度。强化招商引资，聚焦先进制造业，推进产业链精准招商。发挥综合保税区和跨境电商综合试验区叠加优势，服务菜鸟一期模式创新，筹备推进e—WTP（世界电子贸易平台）全球示范区工作。谋划长三角小镇建设，融入长三角区域一体化发展。

2019年8月6日，新区营商环境工作推进大会召开　（童志忠　摄）

【产业发展环境优化】 2019年，为营造成本适宜的产业发展环境，新区提出优化产业空间资源配置、降低企业用地成本、降低企业税务负担、降低企业运营成本、减少企业用能成本、降低企业融资成本6项举措。新区推广电子税务，简化纳税手续，开发风险预警管理系统。降低社保费用，简化水、电、气、网络报装，减少企业成本。发挥政策性融资担保贷款、转贷基金作用，创新运用“政采贷”模式，帮助小微企业缓解融资难题。依托重点企业用工动态监测机制，组织招聘活动，破解企业招工难题。加强对工程建设、招投标等领域的巡查和整治，净化市场环境。推进金融支持实体发展，与22个金融机构展开签约合作。面向企业需求推出金融产品，开展杭州“e融平台”推介培训，组织金融、企业现场咨询洽谈活动。成立政银企党建联盟，打造政银企合作金融服务平台。

【创业创新环境优化】 2019年，为营造充满活力的创业创新环境，新区提出加强平台建设支撑、加大创新政策支持、强化人才引育留用机制、提升公共服务水平、加强知识产权保护、提升交通物流服务水平6项举措。新区加快建设人才特区，获批全市首个省级人才计划产业园，在杭州市首推“人才安居乐业一件事”和“钱塘人才卡”。落实创新创业政策，启动实施“浙子回归梦钱塘”工程，加快国家双创示范基地建设，加大知识产权执法力度。推进地铁、管廊等重大设施建设，推动公共停车位、公用和共用充电桩等基础设施建设，优化调整公交线路和站点，加强公租房、医院、学校等公建配套，提升公共服务水平。

【法治环境优化】 2019年，为营造公平公正的法治环境，新区提出营造良好法治环境、保障企业合法权益、深化信用体系建设3项举措。新区深入建设“四个平台”，推行“双随机一公开”监管，规范行政执法。保障企业合法权益，加大合同执行监督力度，规范破产审判和执行程序。强化重大事项法治保障，严格规范行政执法程序，落实行政复议应诉。推行法律援助申请“容缺受理”机制，开展普法宣传。

【生态人文环境优化】 2019年，为营造舒适宜居的生态人文环境，新区提出提升生态环境品质、建设最美人居生活环境、着力优化文化软环境3项举措。新区推进“碧水蓝天净土”行动，大幅降低废气、废水排放率及废土处置率。垃圾分类在城市化区域和农村区域覆盖率均为100%，垃圾分类第三方服务经验被列为“杭州模式”。加快街道市民学习圈、社区学习共同体、农村文化礼堂、社区文化家园布点建设，完成省级小康体育村升级工程、中心村体育休闲公园建设等目标任务。

（唐寿英　沈丽晨）

责任编辑　黎洪正

国资公司

新区产业发展集团

【概况】2019年，根据新区国有企业深化改革部署，原杭州经济技术开发区资产经营集团有限公司更名为杭州钱塘新区产业发展集团有限公司（简称新区产业发展集团），主要产业有园区平台开发运营、专业化生产型服务业及产业金融等，注册资本22亿元。有下属全资子公司27个、控股（含子公司控股）公司6个、参股（含子公司参股）公司28个、财政出资企业3个。年末新区产业发展集团实现营业收入20.39亿元，上缴税款1.7亿元，完成固定资产投资8.07亿元。

加快产业园区开发运营，“加速器”三期高层、“海聚中心”等平台项目年内竣工交付，新增产业发展平台投用面积25万平方米。投入运营的产业发展平台面积累计逾100万平方米，有国家级孵化器2个、省级科技企业孵化器1个、省数字示范园1个、省小微企业示范园4个。支持公共技术服务平台发展，浙江大学（杭州）创新医药研究院完成1个一类新药临床报批，中国药科大学（杭州）创新药物研究院、温州医科大学杭州生物医药协同创新中心投入使用，浙江大学智能创新药物研究院签约落户。12月，硅谷钱塘中心投入运行，11个创新型研发项目和企业研发中心入驻。推进全球化布局，全年分别与浙大国际创新研究院、墨西哥华富山工业园、韩国京畿道、加拿大多伦多市签署战略合作协议，日本东京钱塘中心办公室挂牌、选址完成。

2019年，新区“加速器”项目二期、三期工程竣工　　（向　超　摄）

发挥城市国际化建设和产业高端化建设的主体作用，推进新区重大基础设施及产业平台项目的建设。年内，杭州综合保税区综合改造提升及检疫处理区工程、中心仓改造项目竣工。湖畔中心F2项目大平层和类公寓项目交付。文化配套用房项目地下室结构完成。提升商业资产运营能力，社区商业品牌“和达城”、长租公寓品牌“梧桐树”、综合体商业品牌“金沙汇”等经运营管理均有提升。夯实希尔顿逸林酒店、莎玛和达公寓运营能力，亚太区第二家、长三角首家希

新区产业发展集团所属全资子公司情况

表20

序号	全资子公司名称	序号	全资子公司名称
1	杭州和达高科技发展集团有限公司	14	杭州和达海聚园管理有限公司
2	和达投资集团（杭州）有限公司	15	杭州和达物流有限公司
3	杭州和达房地产开发有限公司	16	杭州综合保税区服务管理有限公司
4	杭州和达商业资产管理有限公司	17	杭州汉达国际货运代理有限公司
5	杭州万国酒店管理有限公司	18	杭州源东投资有限公司
6	杭州经济技术开发区保安服务有限公司	19	杭州万景房地产开发有限公司
7	杭州和达金融服务有限公司	20	杭州万维投资有限公司
8	杭州和港创业投资有限公司	21	杭州东杨商业管理有限公司
9	杭州经济技术开发区创业投资有限公司	22	杭州金缕投资管理有限公司
10	杭州和达物业管理有限公司	23	杭州旭海通信科技有限公司
11	杭州和达科技服务有限公司	24	杭州海汇企业管理有限公司
12	杭州万海投资管理有限公司	25	杭州和生生物技术有限公司
13	杭州生物医药国家高技术产业基地投资管理有限公司	26	融华亚洲有限公司
		27	国弘融资租赁（杭州）有限公司

尔顿嘉悦里酒店对外营业。物业服务项目累计24个，服务面积逾160万平方米。司法矫正监测业务接入区内外20个司法所，市场占有率和品牌影响力攀升。B2C跨境业务单品物料备案号逾2.3万个，“双十一”发货量120万单。杭州杭联热电有限公司1号超高压机组改造168小时试运行，为区内118个企业提供能源服务。

严控金融服务风险，完成融资租赁公司收购，资管业务转型迈出步伐。托管母基金累计出资子基金11个，合作子基金已投项目99个，其中投资区内企业48个，管理的生物医药基金累计4亿元。规范风险投资管理，建立投资团队2个，累计完成国内直投项目16个、海外科技投资基金直投项目16个，海外项目有5个落户新区。

做好重点领域风险防控，开展资产租赁专项巡察、投资情况督查。严肃国企整合期间纪律规矩，开展廉政风险点排查。强化教育警示，开展议案说纪、庭审旁听、新任职干部廉政法规测试等活动。全年开展正风肃纪检查40次，发送抄告单4份、意见书4份，谈话提醒教育397人次。全年纪委立案1件、党纪处分1人。

【和达高科·海聚中心开园】 2019年8月20日，重点聚焦数字经济产业、新一代信息技术产业及智能智造高端服务产业的和达高科·海聚中心项目开园。海聚中心位于新区大创小镇核心区，总用地面积5.6万平方米，总建筑面积16.5万平方米，由杭州和达房地产开发有限公司代建。作为专业化产业综合体，海聚中心上游承接创业源头培育孵化，下游引导企业加速提升，依托新区高校集聚优势，聚焦数字经济、智能制造、新一代信息技术产业，通过人才、科技、产业、金融服务的导入，形成以创新链、人才链、投资链、服务链为支持的创新创业生态闭环，建设新一代高科技产业综合体。开园当天，海聚中心与杭州中科先进技术研究院、锐掣（杭州）科技有限公司、浙江金创供应链管理有限公司等科技、金融重点企业举办企业入驻仪式，并与中国电信、杭州市云计算与大数据协会签订战略合作协议。活动现场上线启用和达科技园智慧园区平台。该平台包含园企服务、智慧管理、智慧物业、智慧设备、智慧公寓五大服务，为园区入驻企业提供配套服务。

2019年8月20日，位于新区大创小镇和达高科·海聚中心开园（楼志英 供稿）

【3个政府建设项目开竣工】 2019年1月，由杭州和达房地产开发有限公司开发建设的湖畔中心F1项目竣工验收。该项目用地面积1.69万平方米，总建筑面积8.81万平方米。竣工后的湖畔中心委托杭州和达商业资产管理有限公司负责写字楼及园区配套商业的运营管理，可租面积4.07万平方米。2月，由和达投资集团（杭州）有限公司开发、杭州和达房地产开发有限公司实施代建的文化配套用房项目开工。该项目位于新区幸福路隧道以东、金沙大道以南、规划公园绿地以西、金沙湖以北，总用地面积3.19万平方米，总建筑面积4.34万平方米。项目分两大功能体块，分别是有1400个座位的文化活动用房（剧院）和500个座位的多功能厅用房。12月，由杭州万海投资管理有限公司开发、杭州和达房地产开发有限公司具体实施代建“加速器”三期项目二期工程主体竣工。该项目总占地面积7327平方米，总建筑面积约11.67万平方米。项目建成交付后，将与相邻的“加速器”一期和二期、孵化园区、生命科技中心等生物医药专业化园区一起，形成集生物医药研发、检测、生产及相关服务为一体的生物医药产业链，可为新区引进国内外高端生物医药企业提供专业化平台。

【硅谷钱塘中心在美启用】 2019年12月23日，经过几个月的规划与整体施工装修，位于美国加州圣何塞市的硅谷钱塘中心（Q Bay Center）正式启用。该中心由新区产业发展集团下属企业联合杭州及海外资源打造，总面积逾1万平方米，是新区在美国硅谷地域名建立的实体化创新创业平台。该平台于2018年9月在美国硅谷启动，2019年9月项目一期竣工验收，首批企业完成入驻。中心聚焦生物、医疗等高科技现代化产业，重点关注的细分产业领域包括生物医药、体外诊断、医疗器械、基于人工智能的医疗服务、互联网医疗等，重点扶持和培育相关产业的早期初创团队，致力于推动创新技术的进步与发展。

【和达物业服务品质提升】 2019年，杭州和达物业管理有限公司通过完善内控体系、细化服务标准、实施资格认证、健全培训体系、优化用工形式等手段，提高物业服务品质。全年在城建文化馆、和茂大厦、公安大楼、行政中心、综合行政执法局项目统一安装智慧消防系统，对重要防护区域进行报警联网、视频联动，对各执勤点进行24小时远程监管和实时指挥。完成高科技孵化园区10个重点危化品小企业的搬迁工作。全年公司累计接管物业项目24个，服务面积164.15万平方米，物业服务项目——和茂大厦成为杭州市住房保障和房产管理局点名的行业学习榜样。

【公共场站及创新产业园区开工】 2019年12月，杭州和达物流有限公司与普洛斯合资建设的杭州综合保税区公共场站及创新产业园项目开工建设。该项目位于新区20号大街以北、19号大街以西，占地面积8.3万平方米，规划建筑面积1.38万平方米，总投资约8亿元。项目建成后将成为集海关监管、电商平台、关检税汇服务、金融业务服务、新零售等功能于一体并以跨境电商为特色的综合性产业园。

【中科极光激光电视获“高端智能产品奖”】 2019年6月14日，中国数字电视盛典在北京召开。杭州和达金融服务有限公司持有股权的杭州中科极光科技有限公司凭借“100英寸RGB三色纯激光电视”产品获“高端智能产品奖”。该产品具有超高亮度、超大色域和卓越的画质体验，RGB纯激光能再现人眼识别的90%，是市场上能最大限度还原自然色彩的技术和市场上最早推出的RGB三色纯激光电视。 （楼志英）

2019年12月11日，在杭州国际众创大会上，新区产业集团子公司杭州和达科技服务有限公司获评“贡献力十佳创服机构” （童志忠 摄）

新区东投集团

【概况】 新区管委会直属国有企业杭州东部城市建设投资集团有限公司（简称新区东投集团）与新区

建设集团实行“两块牌子、一套班子”模式运作，具体承担商业地产开发、城市基础设施建设、环境提升及民生类项目的投资与建设。公司总资产44亿元，属下有杭州东部湾总部基地建设有限公司、杭州东部大学科技园建设有限公司、杭州东部资产管理有限公司和杭州东部城镇化建设有限公司4个全资子公司，以及原杭州经济技术开发区资产经营集团有限公司划入的杭州金沙湖投资发展有限公司、海宁江滨投资开发有限公司2个全资子公司。2019年，集团承接项目16项，总投资逾90亿元，主要涉及环境整治、大型公建配套、产业服务等项目建设。

集团建设项目中，环境整治类有下沙环线景观提升、大学城北单元区块环境综合提升、沿江景观公园西区、东部湾总部基地环境提升4个项目。大型公建配套类有文体中心、东部湾体育公园（含亚运轮滑馆）2个项目。产业服务类有东部湾总部大楼、创智天地2个项目。其他类有中心区公租房、大学城北人才专项租赁用房、中心区人才房、白杨派出所、下沙派出所5个项目。另有大学城北人才专项用房（汇澜公寓）、下沙公共租赁住房（银海公寓）、紫元人才专项用房（沁香公寓）3个遗留项目。

集团加快推进项目建设，东部湾总部大楼进入主体施工，沿江公园西区、文体中心、体育公园（含亚运轮滑馆）、中心区公租房等项目推进施工。发挥主体做地职能，完成下沙沿江单元地块做地工作，协助实施新区招商项目场地平整。优化自身管理，杭州东部资产管理有限公司、杭州东部湾总部基地建设有限公司等子公司开始独立运作。加快国资国企改革，落实杭州金沙湖投资发展有限公司、海宁江滨投资开发有限公司股权接收等事宜。

2019年8月，位于新区东部湾体育公园内的亚运轮滑馆项目底板施工现场

（郑　驹　供稿）

【亚运轮滑馆（东部湾体育公园）项目建设】 2019年，由新区东投集团负责建设的亚运轮滑馆（东部湾体育公园）项目完成施工图纸深化设计、施工水电安装、道口开设、桩基施工，进入地下室土方开挖和底板结构施工。该项目位于杭州东部湾总部基地，总用地面积13万平方米，其中亚运轮滑馆项目用地面积2.8万平方米，是一个集体育运动、休闲娱乐为一体且具绿色生态性质的综合体育公园。其功能主要分体育馆及运动区、景观绿化区和停车场，亚运轮滑馆为公园内主要节点工程。亚运轮滑馆内设标准的室内速度轮滑场地，除满足亚运比赛需求外，通过提供相关设施及空间，来满足展览、休闲、健身等需要。体育公园另设其他功能体育场馆及配套管理用房，设有地下公共停车位500多个。项目于2018年末开工，计划2021年3月竣工。

【文体中心项目桩基完成】 2019年，位于新区和茂大厦东北侧的文体中心项目桩基施工完成。该项目北至德胜东路，西至幸福南路东侧，东至海达南路，南至学源街北侧河道，总用地面积6.3万平方米，总建筑面积25万平方米。建设内容主要包含体育馆、全民健身中心、图书馆、青少年活动中心等。项目建成后将是以文化活动、体育赛事、全民健身为主导功能，集文化培训、体育培训、运动休闲、城市配套等功能为一体，展示新区特色形象的城市复合型功能区。

【2个派出所项目代建推进】 2019年，由新区东投集团代建的白杨、下沙2个新建派出所项目有序推进中。新建白杨派出所项目位于“2850”护塘河东侧、规划支路西侧、林云街北侧，总用地面积7998平方米，规划总建筑面积9912平方米。建筑设计满足内部办公、外部报案、户籍办理、备勤中心等功能。新建下沙派出所项目位于新区七格路与智格路交叉口，总用地面积8009平方米，规划总建筑面积1.1万平方米，设机动车停车位87个，总投资8758万元。建筑设计满足内部办公办案、外部报案、户籍办理、备勤中心等功能。

【竞得下沙首个人才租赁房项目用地】 2019年10月28日至11月13

2019年新区建设集团道路竣工情况

表21

道路名称	起讫点	长度（米）	宽度（米）	总投资（万元）	2019年计划投资（万元）	开工时间	竣工时间
河庄大道北伸（河庄支线）	江东一路至江东三路	1 042	50	170 021.3	30 000	2018年12月	2019年4月
河庄大道北伸（河庄支线）市政拼宽				79 157	1 200	2019年3月	2019年12月
新湾安置房配套道路（含3条道路）	建华路至新湾大道	798.43	24	10 141.78	725	2017年3月	2019年5月
	横一路至建华村、创新村安置房北侧道路	241.31	18				
	横一路至建华村、创新村安置房北侧道路	340.54	36				
西一路（江东五路至临鸿东路）	江东五路至临鸿东路	1 113	30	9 903	1 683	2018年8月	2019年7月
宏创路	新四路至新湾大道	431	16	1 130	500	2018年12月	2019年8月
杭房西侧配套道路	江东一路至江东二路	578	20	3 462	1 321	2019年2月	2019年10月
新世纪大道北伸（江东一路至江东三路）	江东一路至江东三路	1 040	64	80 422.4	25 000	2019年2月	2019年10月
新世界大道北伸（江东一路至江东三路）市政拼宽				36 451	900	2019年4月	
青年路（钱江通道至丰乐路）	钱江通道至丰乐路	674.5	30	3 556	1 340	209年2月	2019年12月
智造谷代征道路	大和热磁桥梁至江东七路	480.08	24	1 622	1 408	2018年12月	2019年12月
国环三路（北二路至青六线）	青六路至北二路	2 250	24	10 703	3 749	2019年2月	2019年12月

日，新区东投集团在杭州市国有建设用地使用权挂牌出让中，以1.04亿元竞得杭钱塘储出〔2019〕7号地块。该地块位于新区中心区单元，东至金沙阳光公寓，南至规划绿化，西至银沙路，北至海通街，为住宅（人才专项租赁用房）用地。受让土地面积1.08万平方米，是下沙中心区单元首个人才租赁住房项目。

（郑　驹）

新区建设集团

【概况】 2019年，新区建设投资集团有限公司（简称新区建设集团）由原杭州大江东投资开发有限公司变更建立，主要负责新区保障房建设、基础设施建设、政府配套公建项目建设、区域性开发建设及房地产开发等。公司成立时注册资本3亿元，后经数次增资至65.78亿元。公司总资产400亿元，主体信用等级为AA+。有下属子公司4个、参股单位4个。集团履行建设主体职责，全年完成竣工项目15个，竣工房屋面积77.64万平方米，竣工道路总长8.84千米，完工标准海塘12.71千米，新增绿化面积15.65万平方米、雨污水管网总长37.66千米。全年接收临时任务单项目58个，完成项目38个。完成固定资产投资37.63亿元，完成率106.6%。突破融资化债，全年新增授信122亿元，累计放款110亿元，归还到期贷款39.08亿元，支付利息16.37亿元。新增融资成本降至6%，存量贷款平均利率降至6.4%，年度节约成本1.39亿元。存款利率升至3.5%，全年利息收入2620万元。拓展资产经营，全年公司经营性资产可出租面积39.4万平方米，完成出租面积32.3万平方米，收取租金3818万元；签订意向协议销售收入8.18亿元。

【2个安置房项目竣工】 2019年，由新区建设集团负责建设的2个安置房项目完成竣工。8月，紫瑞华庭城乡一体化安置用房项目竣工验收。该项目分北区和南区。北区位于新湾大道和左十四线交汇处，毗邻建设中的地铁8号线新湾路站，总投资15亿元，总用地面积5.7万平方米，总建筑面积25.7万平方米，可分配房源1303套。南区与北区隔路相

望，总投资14.7亿元，总用地面积5.7万平方米，总建筑面积22.6万平方米，可分配房源1190套。10月，义蓬街道城乡一体化安置小区（二期）南地块竣工验收。该项目东至小泗埠直河西侧绿带，南至江东府，西至义蓬中路，北至塘新线，分为南、中、北3个地块。项目总投资58.4亿元，用地面积23.67万平方米，总建筑面积81.2万平方米，可供房源4637套。竣工验收的南地块可供房源1358套、面积19.05万平方米。

【14个市政道路项目竣工】 2019年，由新区建设集团公司负责建设的14个市政道路项目完成竣工。14个市政道路项目分别是河庄大道北伸（河庄支线）、义蓬安置房南侧桥梁工程、大和热磁配套桥梁、新湾安置房配套道路、江东片区污水管网扩容改造工程、西一路（江东五路至临鸿东路）、宏创路、杭房西侧配套道路、青年路（钱江通道至丰乐路）、新世纪大道北伸（江东一路至江东三路）、新世纪大道北伸（江东一路至江东三路）市政拼宽、智造谷项目建设代征道路、河庄大道北伸（河庄支线）市政拼宽、国环三路（北二路至青六线）。竣工的市政道路项目中，有城市主干路2条（宽度大于40米），次干路3条（30米～40米）、城市支路4条（宽度小于30米），配套桥梁7座。

【诚智商务中心项目大楼竣工】 2019年1月，诚智商务中心的商务、金融及产业办公楼项目竣工验收。诚智商务中心原为萧山政储出〔2010〕81号地块商业金融项目，2018年9月经杭州市民政局批准，命名为“诚智商务中心”。竣工验收的商务、金融及产业办公楼项目位于前进街道，地处西三路以东、江东一路以北，总用地面积1.76万平方米，总建筑面积12.45万平方米，可用于商务、金融、高新技术、电商等企业办公。

【新区“智慧谷”项目主体结顶】 2019年5月，作为新区创新服务综合体之一的“智慧谷”项目C1号楼超高层建筑主体封顶。“智慧谷”项目地处新区江东片区核心区块，位于江东大道与青六路交叉口，总建筑面积31万平方米，总投资20亿元，为新区标志性的“三谷”项目之一。项目由22幢单体组成，其中5幢高层办公楼、15幢多层办公楼（其中1幢会议中心于2016年建成投用）、1幢高层酒店和1幢超高层办公楼组成。该项目由新区建设集团负责建设，联合项目参建单位合力攻坚克难，克服诸多不利因素，实现全面结顶目标。

【智造谷主体验收及设备调试】 2019年12月，新区创新创业平台项目“智造谷”完成主体验收及设备调试。该项目位于新区江东片区，总投资8.97亿元，总用地面积13.4公顷，总建筑面积17.25万平方米，设机动车停车位799个、非机动车停车位3335个。项目主要由8幢建筑组成，建设内容包括标准厂房6幢、检测厂房1幢，倒班宿舍、会议展厅、员工食堂、配套用房功能楼及地下室一层，建筑高度最高49米。项目以新区大江东“1+2+X”主导产业为发展方向，进行产业链的配套和完善，形成以先进制造业为主体，相关配套设施完善的复合型、标准化产业园区，加快形成产业链，增强产业集聚度，解决企业配套需求。

【人力资源大厦项目结顶】 2019年5月，新区人力资源大厦项目主体

2019年8月21日，新区新湾街道紫瑞华庭城乡一体化安置用房项目竣工　（沈佳琪　供稿）

2019年12月31日，新区创新创业平台项目"智造谷"五方主体验收及设备调试完成 （沈佳琪 供稿）

结构结顶。该项目为新区社会民生重点项目，位于义蓬街道，地处江东大道以北、待建东升路以西、办事服务中心以东，总用地面积1.03万平方米。项目地上主体建筑21层、裙房4层，地下2层、地下夹层1层，建筑总高度87.4米，总建筑面积5.52万平方米，总投资4.8亿元。该项目2017年2月开工，建设单位科学组织施工，实现预定建设目标。项目建成后，将为新区人才招聘、教育培训、社保服务、档案存储管理、大学生创业孵化等提供功能性保障。

【2个教育设施项目投用】 2019年8月，新区红黄蓝国际幼儿园项目投入使用。该项目东至规划地块，南至头蓬横河，西至国环三路，北至北一路。总投资1.06亿元，总用地面积1.38万平方米，总建筑面积1.36万平方米。同月，位于新区的杭州高级中学启成学校投入使用。杭州高级中学启成学校由省一级重点高中杭州高级中学领办，项目总用地面积9.33万平方米，总建筑面积7.58万平方米，总投资额4.66亿元。建有13幢单体建筑，分小学部与初中部，是一所九年一贯制民办学校，可容纳学生2000名。

【大有集团签约入驻"智慧谷"】 2019年8月30日，浙江大有集团有限公司签约入驻新区"智慧谷"，成为入驻"智慧谷"的首个企业。浙江大有集团有限公司是1979年国网杭州供电公司创办的集体企业，注册资本30亿元，辖3个直属分公司和14个子公司，主营业务覆盖电力施工安装、电力产品研发制造、电力设计、电力高新技术开发、城市照明、新能源汽车运营等行业领域。"智慧谷"项目位于江东大道与青六路交叉口，由22幢单体组成，与"智造谷""科创谷"并称新区江东片区标志性的"三谷"。项目建成后将成为新区集商业、办公、金融、研发、智慧应用、信息产业等为一体的高新产业孵化器的新平台。

【新区建设集团内部管理"六化工程"】 2019年，新区建设集团围绕年度工作目标任务，强化内部管理，推出"六化工程"。其中：目标分解实行"责任化"，分解目标后形成责任清单，再细化签订至经办人；进度管控实行"亮灯化"，对在建的10个安置房项目启动"红黄绿"管理；绩效考核实行"体系化"，分层级制定考核指标及内容，确定考核比例及权重，根据年度绩效考核得分，分别兑现部门绩效工资和个人绩效工资；作风建设实行"务实化"，针对作风建设突出问题开展专项治理，整理意见建议10个方面、60个小项，制定任务清单；项目督查实行"分数化"，按季度对在建工程开展督查，全年印发督查整改通知书116份，召开督查通报会4场，编写督查内刊26期；业务规范实行"制度化"，新制订和修订制度15项，废止制度15项。

（沈佳琪）

新区城发集团

【概况】 2019年，新区城市发展集团有限公司（简称新区城发集团）由原杭州大江东国有资产经营管理有限公司更名建立，主要负责土地流转、公共设施、基础设施及相关城市资源经营管理，以及土地开发、保障房经营管理、公共能源服务等。有直属公司4个，分别为杭州大江东农业生态环境开发有限公司、杭州大江东保障房管理有限公司、杭州和达市政园林建设有限公司和杭州和达交通投资有限公司；托管公司1个，为杭州临江投资发展有限公司；参股公司4个，分别为杭州桥头堡开发管理有限公司、杭州大江东环境投资开发有限公司、杭州临江环境能源有限公司和杭州大江东管理养护有限公司。

盘活资产运作，集团年内完成金融小镇、红黄蓝幼儿园、杭州高级中学启成学校、人力资源大厦4项资产的接收及原萧山经济技术开发区部分资产管理权、经营权的先行承接。梳理、归整临江科创园

14.31万平方米标准厂房，空置率降至20%。盘活临江出海码头，完成码头公开招租。盘活公租房底商资源，完成江海时代花园、江雅苑约7659平方米底商招租。推进零星土地归整发包，新增流转土地发包面积146.2公顷。商洽科创谷二期、江东科创园空置厂房等资产盘活和入驻方案。

优化融资手段，全年周转债务和融通资金79.95 亿元，其中包含杭州临江投资发展有限公司3亿美元债。降低融资成本，引入工商银行基准保障贷款，将2个公司资金成本水平降至6%以内，同时通过置换存量债务等方式节约财务成本659万元。参与信用评级，杭州临江投资发展有限公司通过AA+信用评级。

拓展主营业务，关注区域能源供应市场，与浙能集团合作参与综合能源站的建设和经营。关注公共资源经营，完成金融小镇停车场库的“智慧停车”和“先离场、后付费”系统接入。参股杭州市城市大脑停车运营公司，持股1%。实施渣土规范处置，完成63万立方米量的渣土消纳场地建设。推进街企合作，与前进街道签订合作协议，明确渣土消纳、智慧社区打造和底商物业经营等方面合作。

履行社会职能，做好新区集中办公服务，承接金融小镇装修工程，完成新区“投资之家”江东片区装修工程竣工验收。配合社会事业和重大招商项目，推进新区2个人才房地块做地工作。完成24户轮候家庭及246户选房家庭分配入住。完成地铁3处停保基地、吉利三期项目地块、至信二期项目土地平整。7月，受委托就江东保障房项目与杭州市住保局签订公共租赁住房配建协议书。服务区域有机更新，承担宏海地块整体盘活工作，以2.28亿元取得该区块内原杭州舒美尔纤维有限公司地块司法竞拍。

【参与杭州城市大脑停车系统建设】 2019年5月，新区城发集团前身原杭州大江东国有资产经营管理有限公司配合杭州市钱投集团，与2个民营企业、杭州市各城区等17个单位共同出资3000万元，成立杭州市城市大脑停车系统运营股份有限公司。杭州城市大脑停车系统作为全国首个城市级停车系统，推出“便捷泊车·先离场后付费”，把杭州所有场库作为“一个停车场”。该系统由杭州市政府统一部署，杭州市城市大脑停车系统运营股份有限公司负责运营管理。围绕管理、服务、缴费、分析、运营“五位一体”的核心功能，新区城发集团加快推进城市大脑停车系统建设，年内完成金融小镇停车场库“先离场后付费”平台信息接入。

【产权移交与资产接收】 2019年，新区城发集团完成3个项目产权移交及江东市政相关资产接收。6月，完成杭州高级中学启成学校、红黄蓝幼儿园、人力资源大厦3个项目的产权移交及权属变更。3个项目由新区后勤保障服务中心划转而来，杭州高级中学启成学校和红黄蓝幼儿园按时完工并实现开学，人力资源大厦项目主体结构结顶验收完成。10月，完成江东新城保障房集中配建移交杭州市住保办合同签订及公证手续办理，新区应配建公租房面积指标3.15万平方米得到解决。12月，接收萧山经济技术开发区原江东市政相关资产，完成16处收储土地、办公用房等资产的使用权、管理权和收益权。

【竞得3个地块使用权】 2019年10月，新区城发集团前身原杭州大江东国有资产经营管理有限公司通过司法拍卖以底价2.28亿元竞得原杭州舒美尔纤维有限公司地块8.17公顷的土地使用权、建筑物及附属物、机器设备等资产，并于11月完成资产移交。12月，新区城发集团作为2个拟选址站点土地的竞拍主体，分别以2.24亿元和2.10亿元摘得杭钱塘储出〔2019〕8号、9号两宗地块。8号地块位于临江街道，地处新世纪大道与江东大道交叉口的西北角，面积2800平方米；9号地块位于前进街道，地处江东五路与规划钱江通道交叉口的东南角，面积5133平方米。

2019年，位于新区4号大街的国脉科技园被认定为省级科技企业孵化器

（向　超　摄）

2019年5月27日，新区公共租赁房公开选房　（童志忠　摄）

【临江公司发行3亿美元债券】 2019年11月，杭州临江投资发展有限公司通过子公司——临江投资发展（香港）有限公司在香港特别行政区发行票息5.3%、为期3年的3亿美元债券，初始指导价5.5%区域，最终指导价5.3%，息票率5.3%。此为新区成立后委属国有企业发行的首笔债券，也是当时杭州区县级平台债券单笔发行金额最大、发行利率最低的债券。由杭州临江投资发展有限公司提供无条件的、不可撤销的担保，发行所得用于为国内项目建设及现有债务进行再融资。杭州临江投资发展有限公司于2003年5月成立，经营范围包括码头及其他港口设施服务、货物装卸服务、市政园林公共设施建设、投资融资、房地产开发、房屋租赁等。

【组建钱塘浙石油能源销售公司】 2019年8月，新区城发集团前身原杭州大江东国有资产经营管理有限公司与浙江浙石油综合能源销售有限公司共同投资，成立杭州钱塘浙石油综合能源销售有限公司。该公司主要从事油气电氢综合供能服务站、撬装站和成品油零售网点的建设和运营管理。公司的成立显示新区综合供能服务站建设进入项目申报审批阶段。

【5个街道流转土地交还】 2019年4月，新区城发集团前身原杭州大江东国有资产经营管理有限公司完成义蓬、临江、新湾、前进、河庄5个街道交还流转土地工作。5个街道合计涉及土地1681.14公顷，其中河庄街道913.6公顷、义蓬街道335.8公顷、新湾街道325.27公顷、临江街道106.47公顷、前进街道62.2公顷。

【公租房底商招租】 2019年10月，新区城发集团前身原杭州大江东国有资产经营管理有限公司通过公开招投标形式，对外出租江海时代花园、江雅苑2个公租房楼盘的部分底层商铺，分别位于临江街道和前进街道，合计32个商铺，总建筑面积1万余平方米。江海时代花园为安置房及公租房共建小区，江雅苑为纯公租房小区，共计入住2800多户。底层商铺招租旨在满足小区住户及周边群众生活配套需要，更好地服务入驻新区的高新企业职工。

【公租房选房入住】 2019年11月，新区2019年度区级公租房保障家庭选房入住完成，246户通过选房正式入住。新区城发集团前身原杭州大江东国有资产经营管理有限公司联合新区办事服务中心、住房保障办公室、湘湖公证处、银行、物业等单位，开辟便民服务通道，实现入住办理“最多跑一次”。通过开通短信平台发布相关信息、设置多处导引设施、设点办理储蓄卡开卡业务，发放办理流程图及温馨提示等举措，为选房人提供优质服务。至年末，区级公租房入住3023户，逾6000人的住房难题得到解决。

（龚玲燕）

责任编辑　黎洪正

综　述

【“美好教育先行区”建设】 2019年9月6日，新区打造“美好教育先行区”动员大会暨庆祝第35个教师节表彰会召开。新区出台《关于加快教育现代化、打造“美好教育先行区”的实施意见》《新区教育人才引进办法》，发布《新区打造“美好教育先行区”四个“三年行动计划”》，明确通过系统实施“党建品牌铸造”“品质校园建设”“教育质量领先”“教育开放加速”“教育人才振兴”“改革创新深化”六大工程，力争五年内建成长江三角洲地区知名、省内领先、市内一流的美好教育先行区。新区管委会坚持教育优先发展，加快教育现代化，并将其作为加快推动新区高质量发展的重要举措。年末新区有学校113所，在校师生总数7.5万名，教育整体体量规模居杭州市前三位，区域教育体系较为完整，发展势头总体较好。

【教育资源配置加快】 2019年，应建设发展及民生需求，新区加快教育规划布点与资源配置，完成新区教育布点规划专题调研报告。跟进教育资源供给，云帆小学、观澜小学、云帆幼儿园、河庄知行幼儿园等11个中小学、幼儿园项目竣工投用，湿地幼儿园、金沙湖幼儿园、松合小学、景苑小学扩建等14个学校建设加快。提升教育硬件配置，投入2975万元完成19所学校暑期维修提升改造，投入830万元完成21所学校幼儿园污水管网改造。推进教育信息化发展，引导培育7个中小学、幼儿园创建2019年市智慧教育示范校项目。　（涂荣瑶）

【新区未来教育规划布局】 2019年10月，《杭州市基础教育专项规划（草案）》公示。该规划期限至2035年，涉及新区未来教育规划布局。新区现状幼儿园726班、小学912班、初中342班，规划配置幼儿园142所、1848班，规划小学53所、初中20所、九年一贯制学校20所，

2019年12月25日，新区召开省教育基本现代化区创建评估反馈会

（童志忠　摄）

合计配置学校93所，提供小学2394班、初中1224班；规划新增幼儿园117所、小学35所、初中11所、九年一贯制学校17所，增加幼儿园1122班、小学1482班、初中882班。

（汪　海）

【教师引进培育与督学督导】 2019年，新区教育系统组织6次事业编制教职工招聘，录取328人。出台《新区教育系统人才引进办法》，招引特级教师3人、名校（园）长3人、具有省市教坛新秀等综合荣誉人才41人。推进名师名校长认定培养，评选高层次名师400多人。推荐评选省教坛新秀1人、省“万名好教师”1人、市优秀教师等27人。建立教育督导体系，成立新区教育督导委员会。印发《关于聘任新区首届中小学幼儿园责任督学的通知》，设立25个中小学幼儿园督学责任区，聘任责任督学50人。新区责任督学贺武华获评第一届省级优秀督学。（田建军　伊琦媛）

2019年新区学校基本情况

表22

类别	学校（所）	在校生（人）	教职工（人）	专任教师（人）
幼儿园	75	20 703	3 119	1 624
小学	27	34 389	2 166	2 096
初中（含九年一贯制学校）	16	13 178	1 247	1 167
高中（含十二年一贯制学校）	3	3 489	404	324
成人学校	5	0	26	26
合计	126	71 793	6 962	5 237

说明：一贯制学校为贯穿小学与中学教育的一体化学校　（张温慧）

【省教育基本现代化区评估通过】 2019年12月23—25日，浙江省教育督导委员会评估组对新区创建省教育基本现代化进行现场评估认定。12月25日，评估组召开现场评估认定反馈会。评估组认定新区将教育摆在优先发展位置，推动教育优质均衡发展，教育深化改革创新成果突出，教育品牌特色亮点颇多。新区加强顶层设计，主动适应整体调整和城市化进程，适度超前、高点布位，加快研制出台教育布局规划。加大教育投入，促进优质均衡发展，为新区人民提供公平而有质量的教育服务。强化教育队伍建设，提升教育质量，增强教师队伍活力，保障中小学教师待遇。经初步认定，新区通过现场评估认定，成为省内首个独立创成省教育基本现代化区的非独立行政区。

（汪　海）

2019年10月20日，新区文潮幼儿园举行亲子实践体验活动　（高　良　摄）

【教学科研与交流】 2019年，新区教育科研课题市级立项88个、省级立项9个；参加市级及以上课题成果评比，获省级奖2个、市级奖53个。综合课题获市一等奖2项，小课题获一等奖10项，师训课题获一等奖1项。科研工作和课程改革创新发展，杭州市文海实验学校被评为浙江省教科研先进集体，下沙第二小学、景苑小学、江湾幼儿园的教科室被评为杭州市示范教科室。加强教学对外交流，选派15名教师参加省市组团赴海外研修，选派40多名教师组团赴加拿大、澳大利亚等地研修交流。组织10名加拿大多伦多大学师生到新区教育实习，组织美国俄亥俄州立大学STEM水下机器人示范课活动，接待美国俄亥俄州哥伦布市都柏林教育局外宾20人次。培育建成市教育国际化示范校2个、市国际理解教育特色品牌立项项目2个。（沈伟丰　伊琦媛）

学前教育

【概况】 2019年，新区有幼儿园75所，其中公办幼儿园36所、民办幼儿园39所。75所幼儿园中省一级幼儿园6所、省二级幼儿园43所、省三级幼儿园26所。在园幼儿2.07万人，其中公办幼儿园在园幼儿1.27万人，占在园幼儿总数61.4%；民办幼儿园在园幼儿8001人，占在园幼儿总数38.6%。3岁～5岁户籍适龄儿童数1.35万人，杭州市户籍3岁～5岁在园儿童数1.39万人。学前三年户籍幼儿入园率95.1%，0岁～5岁儿童家长和看护人受训率100%。幼儿园专任教师（含园长）1694人，其中公办幼儿园专任教师1005人（含在编教师656人），民办幼儿园专任教师689人。幼儿教师（含园长）评职称人数912人。其中，幼（小）教高级及以上职称人数244人，幼（小）教一级540人，其他级别128人。

（陈　吉）

【学前教育布点专项规划】 2019年，新区启动学前教育设施布点专项规划编制，构建覆盖城乡、布局合理的学前教育公共服务体系，保障适龄儿童就近接受公益普惠的学前教育。10月，新区发布学前教育布点专项规划公开招标采购。项目规划研究重点梳理现状幼儿园布点情况及存在问题，对办学模式、数量规模、达标率、空间布局、供求关系等进行细化分析，进而提出幼儿园需求总量（建设规模、数量）、建设标准、空间布局、单元配置要求等内容，为推进新区学前教育长远发展建设提供规划指导。

【幼儿优质教育】 2019年，新区创评市甲级幼儿园6所，新区公办幼儿园实现甲级覆盖；新评省二级幼儿园4所，新评省一级幼儿园3所。组建江湾幼儿园教育集团、星辰幼儿园教育集团、启源幼儿园教育集团、清雅苑幼儿园教育集团、学正幼儿园教育集团、听涛幼儿园教育集团6个学前教育集团，成员单位

2019年9月1日，新区红黄蓝国际幼儿园开园　　（陈浩杰　摄）

15个，与浙江大学、杭州师范大学等知名高校合作举办品质公办园8个，公办幼儿园集团化办园覆盖率50%。发挥公办幼儿园及区内优质学前教育资源示范辐射作用，民办幼儿园城乡结对互助率100%。

【科学保育保教】 2019年，新区幼儿园重视科学保育教育，加强幼儿素养培育，促进幼儿身心健康成长。年内，学正幼儿园被评为全国足球特色幼儿园，景苑幼儿园、钱江中心幼儿园、临江幼儿园、前进第一幼儿园获市以上幼儿园体育比赛一等奖；星河幼儿园、月雅河幼儿园、星辰幼儿园、文清幼儿园、听涛幼儿园、河庄中心幼儿园、义蓬第一幼儿园创设品牌课程。

【红黄蓝国际幼儿园开园】 2019年9月1日，位于新区江东区块的红黄蓝国际幼儿园开园。该园占地1.38公顷，总建筑面积1.3万平方米，总投资1亿余元。项目历时两年半建设完成，设置班额18个，可容纳400名适龄儿童入园。红黄蓝教育机构是一家20年专注学前教育领域的教育集团，在全国300多个城市运营约500所高品质幼儿园和1300多个亲子园，拥有教职员工3万余人，累计为中国数百万家庭提供优质学前教育指导与服务。新区引进符合发展定位和人才引进战略的高品质国际化幼儿园，助力学前教育优质发展和建设美好教育先行区。

（钱　良）

义务教育

【概况】 2019年，新区有中小学校46所，其中公办中小学校36所、民办中小学校10所。中学19所（含十二年一贯制学校1所、九年一贯制学校6所）、小学27所。全区在校中小学生5.11万人，教学班1355个。其中：高中生3966人，教学班94个；初中生1.32万人，教学班360个；小学生3.44万人，教学班901个。36所公办学校在校学生4.05万人，占学生总人数79.4%。中小学在册教职工3817人，专任教师3587人，其中中学专任教师1964人、小学专任教师1623人。义务教育阶段学生人数4.76万人，教学班1261个。公办学校专任教师2627人，高于规定学历教师2619人，占比99.7%。中级、高级职称教师1438人，占比54.7%。

新区学正小学女子击剑队　（新区融媒体中心　供稿）

【名校集团化办学】 2019年，新区推动区域教育优质均衡发展，加快推进全区名校集团化办学。9月，萧山第九高级中学、河庄初中、义蓬初中、前进初中、临江第一中学、新湾小学、前进第一小学、临江新城实验小学、星华幼儿园9所学校（幼儿园）分别加入杭州四中、杭州建兰中学、杭州翠苑中学、杭州四季青中学、杭州市文海实验学校、杭州长青小学、杭州采荷第二小学、杭州大关中学附属小学、杭州电子科技大学等名校教育集团。萧山第九高级中学挂牌杭州第四中学教育集团钱塘学校，河庄初级中学挂牌杭州建兰中学教育集团河庄学校，前进第一小学挂牌杭州采荷第二小学教育集团前进学校，星华幼儿园挂牌杭州电子科技大学附属星华幼儿园等。区域“三跨一联”（跨体制、跨层级、跨区域和联盟式）名校集团化覆盖率提升至40%。

【考点建设与招生保送】 2019年，新区新增养正学校中考考点，提升改造义蓬初中和新湾初中考点，新建成下沙中学、景苑中学和新围初中3个标准化中考点，推进萧山第九高级中学高考考点标准化建设。年内，完成杭州外国语学校保送生推荐及省一级重点普通高中保送生推荐名额分配，16所学校合计17名学生被杭州外国语学校录取，503名学生保送省一级重点普通高中，保送完成率99.8%。开展公办、民办小学同步招生，全年招收小学一年级新生6727人，其中一年级户籍新生4008人、随迁子女2719人。落实人才子女入学政策，解决260名人才子女就学需求。

【中小学校城乡结对与特殊教育提升】 2019年，新区落实推进“互联网+义务教育”中小学校结对帮扶，下沙中学等9所学校签署结对帮扶协议，其中区内7所、区外2所。全年投入资金150万元用于9所学校技术环境配置与提升。结对学校累计开课160节，教师网络研究累计94次。实施特殊教育提升工程，保障残疾人受教育权利。9月，挂牌在月雅河小学的新区培智学校启用，招收学生8人，配备专职教师3名。景苑小学、听涛小学、前进第一小学、河庄中心幼儿园和前进第一幼儿园创建成为杭州市合格资源教室，实现资源教室街道全面覆盖。年末，新区102名持证残疾儿童少年均实现义务教育入学，26名持证残疾幼儿实现学前三年入园，34名持证残疾少年有26人实现高中段入学。12月，新区召开融合教育研讨工作会议，出台《新区“送教上门”实施方案（试行）》等政策。

（徐　赟）

【文体艺教育成效】 2019年，新区教育与卫生健康局组织辖区学校参加杭州市中小学生科技节活动，参与科技嘉年华、科普主题等51项比赛，获杭州市中小学科技节优秀组织奖，获世界DI创新思维大赛、天文知识与技能大赛等10个项目一等奖16个。加强“体教结合”，全年新区6所中小学6个项目入选“市队联办”和“体教结合”体育后备人才基地。文海中学自行车队获全国第二届青运会金牌7枚、银牌4枚、铜牌3枚，获大会体育道德风尚奖。下沙中学射箭队获全国射箭锦标赛金牌2枚、银牌1枚、铜牌3枚。文海中学女篮获省、市初中女子篮球赛冠军；景苑中学、下沙第一小学获评全国攀岩特色基地学校。

（郑元洁）

【中国·钱塘“浙派名师”国际教育高峰论坛】 2019年5月25日，由新区教育与卫生健康局、杭州师范大学教育学院、浙派名师研究院联合主办的中国·钱塘2019“浙派名师”国际教育高峰论坛在新区杭州文海实验学校召开。全国人大宪法和法律委员会副主任委员、民盟中央专职副主席徐辉，浙江省教育厅副厅长韩平等领导参加论坛，美国著名教育哲学家、美国杜威协会前主席里奥纳德·沃克斯教授，美国西南教育研究协会前主席罗伯特·卡普拉罗教授和国际课程研究促进协会主席张华等国内外知名教育专家到会演讲。来自省内外高校、浙派名师工作站的特级教师、名校长及综合实践活动教研员、骨干教师等600多人参会。通过网络观看现场直播人数逾4000多人。论坛是新区为推进教育国际化所搭建的平台载体，围绕《中小学综合实践活动课程指导纲要》，通过成果展示、主题报告、课堂观摩和圆桌论坛等形式，共同探讨综合实践活动课程建设的时代价值、现实意义和操作策略。（伊琦媛）

高中教育

【概况】 2019年，新区有区属高级中学4所，分别是公办中学萧山第九高级中学、民办学校杭州实验外国语学校、杭州求是高级中学、杭州英才高级中学。4所高级中学有学生3966人，教学班94个。辖区另有杭州第四中学（下沙校区）、杭州高级中学启成学校、杭州高级中学钱塘学校3所市属高级中学。年内，浙江省二级重点高中萧山第九高级中学被命名为杭州第四中学教育集团钱塘学校，该校有班级36个，学生1518人，在编教职工165人。十二年一贯制民办学校杭州实验外国语学校有2个校区，拥有教学班54个，在校学生2300多名学生、教职员工300多名，其中高中部教学班17个、在校生717人。学校由小学、初中和高中3个部组成。民办高中杭州求是高级中学有教学班30个，在校生1254人，教职工133人。民办高中杭州英才高级中学有11个教学班，在校生477人。

【杭州高级中学启成学校揭牌】 2019年5月16日，落址新区启成路1号的杭州高级中学启成学校举行校名校址揭牌仪式。新区管委会副主任李国梅和杭州高级中学校长蔡小雄为该校校名揭牌。杭州高级中学启成学校是由政府扶持、国有公司投资、杭州高级中学管理的九年制民办学校。学校占地面积9.33公顷，总建筑面积7.6万平方米，总投资4.7亿元。预设24个班级规模的小学部和36个班级规模的初中部，可容纳近2000名学生。“启成”寓意美好景色、美好意象与美好期望，与新区美好未来、美好教育一致。学校以“启于心、成于行”为校训。“启”指杭州高级中学创办者杭州知府林启，“成”源自浙江贡院（现杭州高级中学贡院校区）原有建筑观成堂（观士子学业之大成）之名。“启成”二字蕴涵杭州高级中学深厚的文化传承。

【杭州高级中学钱塘学校在建】 2019年，位于新区浩瀚路1号的杭州高级中学钱塘学校在建。该校为杭州市教育局直属公办高中，为杭州市委、市政府支持新区发展而重点建设的高级中学。学校地处河庄街道闸北村，东邻横岔路直湾，南至江东大道绿化带，西至规划临鸿南路，北至规划路，占地16.4公顷，总建筑面积10.89万平方米，是杭州市占地面积最大的高中。学校规划为72个班寄宿制高中学校（含国际12个班），计划在校学生人数3600人、教职工343人。实行集团化办学，统一管理，集团内文化传统、办学理念、办学资源、办学模式、课程体系、师资团队、校园活动和文化优势共享互通。建成后，该校实行“4+N”特色实验班设置，将分别开设“吴自良英才班”“数学英才班”“人文英才

义蓬初级中学校园外景　　（俞建龙 摄）

班”“综合实验班”，另设若干个专项实验班。（徐　赟）

校外教育

【概况】 2019年，新区青少年宫推出七大类素质培训课程，培训项目68个，开设兴趣班993个，服务学生1.47万人次。丰富青少年校外学习，全年开展活动221场。其中：综合实践活动26场，服务2.5万人次；专项活动54场，服务2.1万人次；阵地活动91场，服务2.2万人次；主题活动50场，服务3.6万人次。美术中心、文学中心学员获2019年浙江省校外教育中心组织的“我的航海梦”比赛大奖7项。新区青少年宫为新区大型综合性青少年校外活动场所，设下沙文化中心和沿江中心两个教学点，建筑面积1.6万平方米。室内设文学、舞蹈、声乐、电子琴、古筝、书法、儿童画、棋类、科技模型、智能机器人等教室，配备休闲娱乐、科技体验、体育活动等专属功能区；2个教学点均建有室外广场，设有儿童活动区、休闲广场、集会广场等活动区域。（傅　晖）

【校外培训机构治理】 2019年，新区教育与卫生健康局围绕民办培训机构专项治理，组织开展跨部门“双随机”检查33次，查处非法办学机构1个，关停违规办学机构2个，限期停业整改1个。成立新区民办教育培训行业协会，要求做到作用发挥、行业自律、规范发展等。优化审批流程、精简审批材料，审批设立校外培训机构近50个。加强日常网格化排查，发放安全办学、规范办学等整改通知书90份，反馈跟进75个培训机构。定期公布黑白名单，年末全区白名单机构数96个。10月，召开民办培训学校规范发展工作会议，印发《关于进一步加强民办培训学校规范化发展的通知》，统一校外培训机构安全办学、前台设置、考核年检等规定。（徐华宝）

职业及成人教育

【新区职教小镇规划建设】 新区职教小镇位于江东区块中部，规划用地4.6平方千米。2019年，小镇落户在建学校项目2个，分别是杭州市中策职业学校大江东分校和大江东“智能制造”开放性公共技能实训基地。杭州市中策职业学校大江东分校项目南至江东大道，东至求智路，北至北一路，西至七工段直河，占地18公顷，总投资8亿元，9月20日开工建设。规划招收学生4500人。大江东“智能制造”开放性公共技能实训基地建设单位为杭州科技职业技术学院。项目南至北一路，东至新湾大道，北至规划道路，西至规划道路，占地2.73公顷，总建筑面积3.47万平方米，总投资3亿元，11月8日开工建设。2019年10月，杭州市人力资源和社会保障局与新区管委会签订《杭州轻工技师学院迁建项目协议书》，明确建设规模、项目选址、用地面积等内容。

【职工技能竞赛与培训】 2019年，新区总工会组织开展“当好钱塘主人翁、建功新区高质量”系列主题劳动竞赛活动，举办区级劳动技能竞赛10场，带动全区各级工会开展技能比武200多场，参与职工人数逾4万人次。制定三年万名职工培训计划，该计划由“蓝领成才”职业素质教育7所成员院校承办，承办高校为杭州电子科技大学、浙江经济职业技术学院、杭州育樱外语专修学校、杭州职业技术学院、浙江育英职业技术学院、杭州求知人才专修学校、浙江理工大学。培训内容有语言、职业技能、数字经济、职业素养、人文生活五大类别，涉及课程34项，拟培训职工3000人，由新区总工会承担绝大部分培训费用，其中职业技能类、数字经济科目培训费用（含考证费）全额承担。发挥班组长“领头雁”作用，组织200名班组长轮训，从班组管理、安全与职业健康等方面提升班组长综合素质。

【资助外来务工人员业余上大学】 2019年，新区总工会联合杭州电子科技大学、浙江理工大学继续教育学院、杭州职业技术学院、浙江经济职业技术学院、杭州科技职业技术学院、浙江工商大学继续教育学院6所院校，开设专业38个。在新区范围内开展资助优秀外来务工人员业余上大学活动，资助费用标准提高到承办院校优惠后学费的75%，最高资助标准5000元，区级以上劳模、“钱塘工匠”全额资助。全年报名596人，成人高考通过514人，2022年完成学业获得毕业证书者将获新区总工会资助。（徐霞丽）

【成人社区教育】 2019年，新区有社区学院1个、街道成人学校5个，村（社）市民学校104个，在职在编专任教师18人，兼职教师约100人。创建全国社区教育示范街道1个、浙江省示范（标准化）成人学校5个、省现代化成人学校1个，创建杭州市30分钟学习圈示范街道3个、区级标准化（示范性）市民学校43个，有学习型社团200多个。年内，启动以新市民培训、新农民培养、老年人休闲生活教育、健康素养、家庭教育、青少年校外教育等为主要内容的“社区教育进文化礼堂（家园）行动”，开展活动200多场，受益人数1.14万人次。（王关校）

责任编辑　周　丹

卫生健康

综　述

【卫生医疗机构332个】 2019年，新区综合性公立医院（院区）3个，分别是浙江省中医院下沙院区（省属三级甲等医院）、邵逸夫医院下沙院区（市属三级甲等医院）、杭州市大江东医院（市属二级甲等医院）。区属医疗机构332个（不含浙江省中医院东方医院、邵逸夫医院下沙院区），其中综合性公立医院1个、社区卫生服务中心7个、社区卫生服务站54个、内部办医疗机构68个、社会办医疗机构203个、疾病预防控制机构1个、卫生监督机构1个。医疗床位1145张（不含浙江省中医院东方医院核定床位700张、杭州市下沙医院核定床位1200张），注册卫生技术人员3229人，其中注册执业医师（含助理执业医师）1697人、注册护士1532人（不含浙江省中医院下沙院区、邵逸夫医院下沙院区）。落实医疗机构从业人员（执业医师、护士）执业注册制度，完成医师护士执业注册、颁证。全年完成执业医师注册及变更注册664人次，护士执业注册及变更、延续注册755人次。医疗机构变更89个次、延续17个次。医疗机构设置审批56个次，医疗机构执业许可56个次，医疗机构年度校验153个次。

【卫生服务优化与队伍建设】 2019年，新区教育与卫生健康局开展“一窗平台”建设和“打造一流营商环境”专项行动，累计梳理、认领办事事项46个，“跑零次”实现率100%。完善“出生一件事”联办事项流程优化，重点关注群众和企业到窗口办事体验。诊所设立审批全流程压缩至5天。简化生育服务登记、再生育审批等流程，推出生育登记及再生育审批网办、掌上办。全年办理生育登记3467例、再生育审批59例、涉法审查32人。加强卫生队伍建设，全年新区招录医卫人员62人，其中副主任医师5人。出台公立医院薪酬制度改革文件，核定公立医院薪酬总量。评选优秀医师10人，完成年度卫生高级职称评审推荐，21人晋升高级职称。（冯　涛　吴珍芳）

新区三级甲等医院——邵逸夫医院下沙院区　　（张温慧　供稿）

【医疗联合体建设推进】 2019年，新区教育与卫生健康局推进杭州市第一人民医院集团与杭州市大江东医院深化合作，争取实现“两院一体化”管理。年末，双方达成初步深化合作意向。社区卫生服务中心开展“一院一品”创建，河庄街道社区卫生服务中心实现与浙江省中医院信息互联互通，临江街道社区卫生服务中心与杭州市职业病防治院合作成立区职业病体检中心。经医疗体合作单位帮扶指导，社区卫生服务中心成立慢病、妇科、中医、小儿推拿科、肝病科、减肥门诊、康复调理门诊等特色门诊。推动“区域影像会诊（诊断）中心”“集中消毒供应中心”等医疗资源共享中心建设，全年区域影像中心累计完成上传病例2355份。优化医疗服务，开展家庭医生签约、智慧云药房、慢病长处方、中药代煎配送等便民服务。签约医生开具最长时间为12周的用药处方，按规定24小时内送药到家。（陈志平）

【医疗健康监管】 2019年，新区教育与卫生健康局健全完善新区医疗质量控制体系，制定出台《新区医疗质量控制分中心管理办法（试行）》，将工作网络覆盖全区各医疗机构。加强重点领域、重点环节和重点部门的医疗质量管理，强化质控检查，建立区质控分中心11个。履行卫生健康行政部门监管职责，建立医疗安全责任追究机制，开展“掌上钉钉”执法128个次。加强卫生行业安全监管，实施卫健系统“大起底、大排查、大整治”活动，开展生物实验室安全管理等培训3场，联合开展专项检查5次，检查医疗机构300多个，发现并整改安全风险隐患50多个。

（张　红　郭伟煜）

【中医药健康服务】 2019年，新区杭州市大江东医院开设有中医内科、中医儿科、中医妇科、中医针灸科、中医推拿科、中医骨伤科6个门诊。辖区7个街道社区卫生服务中心提供中医药服务，下设社区卫生服务站提供中医药适宜技术服务。年内，选派1名临床医生，参加省优秀中西医结合人才培养项目。完成中医确有专长资格考试报名及现场确认2人次。完成基层医疗机构医药服务监测。7—12月，新区教育与卫生健康局组织“中医中药中国行——中医药健康文化推进活动”进机关、进企业、进社区系列活动5次。（钱　瑞）

2019年5月17日，前进街道社区卫生服务中心新大楼启用　（沈逸柔　供稿）

基层卫生

【基层卫生机构布局与运行】 2019年，新区合理布局基层卫生服务机构，“15分钟社区卫生服务圈”更趋完善。年初，白杨街道凌云社区卫生服务站投入使用。5月，前进街道社区卫生服务中心新楼投入使用。12月，闻潮社区卫生服务中心投入使用。年内，金沙湖社区卫生服务中心和大学城北社区卫生服务中心土建施工完成，义蓬街道社区卫生服务中心下辖14个社区卫生服务站和新湾街道金南社区卫生服务站改扩建完成。改革基层卫生运行机制，出台《新区基层医疗卫生机构绩效补偿机制改革实施方案（试行）》。开展“优质服务基层行”活动，组织社区卫生服务中心两次完成自查自评。河庄街道社区卫生服务中心成为杭州市首批达到推荐标准的中心，通过省卫健委专家团队复评，其他6个街道社区卫生服务中心达到基本标准。（朱　静）

【医养护一体化签约】 2019年，新区教育与卫生健康局针对两区整合特殊时期所产生的新问题，制定具有新区特色的绩效考核和分配方案。统筹兼顾效率和公平，通过“告家长的一封信”、微信公众号、报纸等方式，加大医养护家庭医生签约宣传。全年完成签约13.4万人。结合新区教育系统和卫生系统整合，对接辖区各学校，协同推进签约工作。探索建立健康副班主任制度，以签约家庭医生入校入班的形式，促成1.2万名在校（幼儿园）学生签约家庭医生服务。落实“长处方”惠及慢性病患者，全年累计开具慢性病“长处方”4.6万张。加强与区级、市级医院合作，搭建联动转诊平台，为居民提供转诊服务。杭州市家庭医生签约工作年度考核中，新区总分居第二位，签约居民服务满意率居第一位，签约服务知晓率居第二位。（徐　旻）

【全国名老中医河庄工作站签约挂牌】 2019年6月13日，“全国名老中医传承工作站”在河庄街道社区卫生服务中心签约挂牌。该工作站继承教授沈景允学术基础，由浙江省中医院推拿科主任杜红根带头开展工作。以“沈氏推拿正骨法治疗腰突症”为特色，结合针灸、医药，构建基层特色专科，同时重点发展慢性筋骨伤病和儿科推拿，以颈椎病、腰椎间盘突出症、骨关节病、骨质疏松症、儿科常见病为重点病种。“全国名老中医传承工作站”落户河庄，是街道社区卫生服务中心与浙江省中医院深化帮扶的合作举措。加强基层医疗卫生服务体系建设，2018年3月该中心签约浙江省中医院，省中医院由“指导医院”提升为“帮扶医院”。（陈东栋）

公共卫生

【基本公共卫生服务】 2019年，新区推进基层公共卫生服务均等化，组建成立新区基本公共卫生服务项目管理办公室。加大基本公卫项目绩效考核，按工作数量和质量拨付基本公共卫生服务经费，对扣减的经费按排名情况进行二次分配，做到奖优罚劣。开展区级专家遴选考试，针对老年人、高血压患者、糖尿病患者健康管理，组建起区级专家团队。对重点人群年度体检和健康随访情况开展指导督查，全年开展专家团队培训3次、交叉督导4次、交叉检查3次。组织查摆2018年度市、区两级考核发现的问题，督促社区卫生服务机构整改落实，开展条线培训20次。整合签约服务

2019年8月1日，新区家庭签约医生开展问诊服务　　（张温慧　供稿）

与基本公卫项目，完成健康档案质控44.6万份。对区内2.5万名老年人进行健康管理，服务慢性病患者3.3万人。（徐　旻）

【精神卫生防治】 2019年，新区登记在册严重精神障碍患者1179人，报告发病率2.1‰，服药率84.4%，规范服药率76.3%，精神分裂症患者服药率80.1%，精神分裂症患者规范服药率71.7%。加强严重精神障碍患者综合管理，检出管理奖励扩面到全区，全年发放奖励经费1.9万元。做好严重精神障碍发病报告与信息管理，对符合规定的患者进行发病报告，全年上报259例。健全精神卫生管理网络及服务体系，辖区7个街道均配备精防医师及家访医师，配备2个工疗站开展社区康复。落实以奖代补政策，对符合条件的307名监护人发放奖金37.08万元；开展免费用药，报销抗精神障碍药费22.13万元；878名严重精神障碍患者被纳入家庭医生签约服务，签约覆盖率76%。（俞利娅）

【公共卫生监测】 2019年，新区疾病预防控制中心开展食品安全风险监测，完成食品监测样品367件，合格率95.6%。规范食源性疾病病例报告审核，报告食源性疾病病例93例。开展生活饮用水监测，监测末梢水、二次供水等水样168件。对2个监测点学校开展校园环境、食堂餐具和饮用水等内容监测。开展重点场所消毒质量监测，监测医疗机构19个、托幼机构2个和其他场所2个。开展适龄儿童窝沟封闭工作，覆盖中小学校29个，完成窝沟封闭牙数1.19万颗，口腔检查人数7920人，口腔复查人数6196人。（胡连鑫）

【公共场所吸烟控制】 2019年，根据《杭州市公共场所控制吸烟条例》，新区部门、街道分别成立控烟领导小组。4月起，设计制作控烟宣传资料4.09万份，发放控烟宣传纸质资料9.88万份，纸质媒体报道25次，新媒体播报579条。全年开展控烟宣传活动237次，出动工作人员2929人次；组织控烟培训活动94场，涉及执法人员400人次、场所管理者443人次、志愿者1197人次、其他人员2405人次。全年检查禁烟场所6661个，场所责令罚款案件14起，处罚金额1.45万元；个人处罚案件204起，处罚金额150元。

（王良晨）

【登革热疫情防控】 2019年，新区教育与卫生健康局（爱卫办）落实登革热疫情防控，组织街道、社区做好环境整治和应急消杀，累计消杀面积500多平方千米。发挥组织网络功能，以科学防蚊灭蚊为重点，开展大面积环境整治。联合制定登革热防控工作督查方案，全年组织督查63次。宣传防控知识，发放折页2万份。保障疫情防控应急资金，落实公共外环境“除四害”经费31万元，登革热应急消杀服务经费30万元。全年累计报告登革热病例6例，其中5例输入性病例均无继发本地病例，本地病例均无继发本地疫情，涉及的5个疫点蚊媒控制均达到标准要求。

【爱国卫生行动】 2019年3月，新区组织开展春季“除四害”活动，累计出动180多人次，投放鼠药2000千克，清除“四害”滋生地1000多处，填埋鼠洞400多个。春夏之际，开展环境综合整治行动，遏制春夏蚊媒滋生，清除卫生死角6682个，清运垃圾、废弃物1800多吨，清除积水容器4286个，清除棚厕（粪缸）193只。6月，开展防蝇工作，对33个重点企业的50多个点位进行摸排。7月，组织环境整治“回头看”和二次摸排，反馈问题并落实整改。10月，开展秋季统一灭鼠活动，粘贴灭鼠通告3万余张，街道、社区宣传普及人群2万余人。秋季灭鼠活动累计安装毒鼠屋1415只，投放鼠药1470千克，蜡块512千克，堵塞鼠洞105个。 （王　利）

【社会心理健康服务】 2019年，新区健全社会心理服务体系和疏导机制、危机干预机制，建立区、街道、村（社区）三级平台，建成区级心理健康服务指导中心1个、街道社会心理服务站7个、村社心理咨询室102个。在公安、教育、卫生健康等部门设立心理咨询室，针对特定人群构建心理服务平台，年末拥有专（兼）职工作人员70人。年内，制定出台《关于在家事审判工作中建立心理疏导协作机制的实施意见（试行）》，维护婚姻家庭和谐稳定。设定社会心理服务体系建设考核指标，对辖区7个街道进行排名赋分。入驻综治服务中心，为信访矛盾化解提供心理服务支持。举办心理危机干预、婚姻家庭治疗等多场培训，推进心理服务建设。发放心理健康知识手册1.6万册、宣传手提袋300多个，举办世界精神卫生日系列活动，1500多人次受益。10月10日，举办新区首届心理健康游园活动，400多名职工参加。开展心理健康送进机关、社区、学校和企业活动，完成心理康健教育活动51场，受众4000多人。 （陆静芬）

2019年7月31日，新区首届健康讲师比赛暨健康素养进村（社区）三年行动计划启动 （郁佳炜　供稿）

健康促进

【健康钱塘新区建设】 2019年，新区成立由主要领导任组长的健康钱塘新区建设领导小组，在新区教育与卫生健康局设领导小组办公室，7个街道建立由书记任组长的健康街道建设领导小组。新区教育与卫生健康局设立健康促进科，承担健康钱塘战略协调推进和评估工作，组织开展卫生健康教育与促进活动，履行新区建设健康工作领导小组办公室职能。8月，新区举行中国医师节主题晚会暨健康钱塘行动启动仪式，宣布健康钱塘行动启动。9月，印发实施《健康钱塘建设工作制度》《2019年健康钱塘建设考核实施方案和考核细则》，将健康钱塘建设工作纳入制度化、规范化、科学化，对7个街道和23个区直单位进行年度健康钱塘建设考核，考核结果纳入新区部门综合目标考核体系。11月，联合杭州师范大学完成健康城市建设监测评估并形成报告。12月，联合浙江大学进行健康钱塘行动方案编制，经专家论证和业务访谈后初步形成行动方案。新区举办首届健康讲师比赛，组建健康讲师团，普及健康知识，传播健康理念，推进健康素养进村（社区）三年行动，助力健康钱塘新区建设。

【健康促进活动】 2019年6月，新区举办首届健康知识大奖赛，12支代表队参加比赛，参与人数3万余人。前进街道代表队获大奖赛决赛冠军，浙江省中医院下沙院区和街道（下沙、白杨、前进）社区卫生服务中心获二等奖，下沙街道、义蓬街道和浙江理工大学获三等奖。7月，举办新区首届健康讲师比赛，选出金牌、银牌、铜牌讲师20人。举办健康微视频比赛，评选出优秀健康作品18个，4个视频选登学习强国平台。同月，启动健康素养进村（社区）行动，覆盖7个街道的21个村（社区），累计开展36场讲座，受益3400多人。发放健康支持性工具2200多份，建设“健康角”21个。开展健康单位创建，完成2018年“健康细胞”申报单位评审验收，其中获浙江省健康促进学校（铜牌）5个、区级健康企业6个、区级健康社区7个、区级健康家庭52个，14个市级健康单位验收通过。杭州市文海实验学校通过浙江省健康促进学校（金牌）省级复评；杭州市大江东医院通过省级健康促进医院专家组验收。参加杭州市健康家庭比赛，获团体二等奖和团体优胜奖。参评第十二届杭州生活品质健康生活点评项目，杭州国际女子马拉松赛、杭州市大江东医院“糖友”团队等5个现象获评“最具有潜质的健康现象奖”。

【健康素养进村（社区）三年行动计划启动】 2019年7月31日，新区首届健康讲师比赛暨健康素养进村（社区）三年行动计划启动。新区教育与卫生健康局（健康办）、新区社会发展局、新区文明办、新区团工委联合制定出台《健康素养进村（社区）三年行动计划》，选定健康讲座、健康支持性工具、健康活动、健康服务和中医药5个方面的内容进村（社区），自2019年开始到2021年，按构建体系、择优试点、全面推进、巩固提升4个阶段推进，到2021年末实现在村（社区）文化礼堂和文化家园全面覆盖。启动仪式上，新区举行首届健康讲师比赛决赛，综合打分后评选出5名“金牌健康讲师”和6名“银牌健康讲师”。（马志强）

妇幼保健

【孕产妇保健】 2019年，新区3个助产机构接产分娩产妇7143人，辖区常住人口分娩6591人，比上年增加425人，其中本地户籍3208名；“一对一”管理危重孕妇316人均实现安全分娩。免费产前筛查5689人，免费筛查率98.8%。有妊娠结局的产前筛查孕产妇5756人，筛查出高风险192例，高风险发生率为3.3%。召回高风险孕妇产前诊断，确定“21三体综合征”5例、“18三体综合征”2例，均终止妊娠。全年非血清筛查高风险771人。落实国家免费孕前健康检查，防治出生缺陷综合，检查3682人次，发现高风险人员187人次，高风险比例5.1%。

【母婴疾病防治与服务保健】 2019年，新区教育与卫生健康局加强预防艾滋病、梅毒、乙肝母婴传播，3种疾病检测率100%。艾滋病孕妇新发上报1例，管理1例，分娩1例，回户籍地分娩1例，在管1例，分娩的1例新生儿随访HIV检测均为阴性。管理梅毒阳性孕产妇19人，有分娩结局的17人，治疗19人。全区助产机构梅毒产妇所生新生儿10人，预防性治疗10人。查出乙肝表面抗原阳性产妇408人，乙肝表面抗原阳性产妇分娩活产414人，乙肝免疫球蛋白注射414人。优化母婴服务，辖区3家助产机构均实现“出生一件事”多证联办业务。全年办理出生证明7429件，其中发起申请“出生一件事”多证联办612件，出生证明协查14次。开展母婴保健技术服务执法监督，对从事助产技术服务的医疗机构开展评审，全年助产机构出生医学证明管理督导12次，重点督导是否实行专人管理，要求做到证章分开、出入库登记完整。

【婴幼儿疾病筛查】 2019年，新区户籍婴幼儿活产数3241人，访视3218人，新生儿访视率99.3%。其中0岁组4147人，系管4032人，系管率97.2%；1岁组4517人，系管4384人，系管率97.1%；2岁组5301人，系管5115人，系管率96.5%；3岁组4167人，系管4044人，系管率97%。5岁内儿童死亡5人，死亡率1.54‰；流动儿童5岁内死亡4人，死亡率1.31‰；户籍儿童5岁内死亡5人，死亡率1.54‰。新生儿4项疾病筛查7312人，筛查率99.6%；其中免费筛查5747人，免费率78.6%；确诊先天性甲次腺功能减低病（CH）儿童15人、苯丙酮尿症（PKU）1人、葡萄糖-6-磷酸脱氢酶缺乏症（G6PD）11人，总阳性确诊率3.7‰。新生儿听力筛查7301人，筛查率为99.4%；确诊听力异常5人，听力异常发生率0.1%。先天性心脏病筛查5235人，筛查率88%；诊断阳性22人，阳性率4.3%。（徐艺珍）

卫生监督与疾病防控

【卫生监督执法】 杭州市卫生健康综合行政执法队钱塘新区卫生监督分所（简称新区卫监分所）承担公共场所、生活饮用水、职业卫生、传染病、医疗机构、放射、学校卫生等监督执法，依法查处非法行医和非法采供血行为，同时承担辖区突发公共卫生事件调查处理等职责。2019年，新区卫监分所开展专项执法13次，检查监管单位1600多个，责令整改126个次，调查处置投诉举报46次，实施行政处罚81户次，取缔无证行医点1个，罚款金额13.2万元。开展住宿场所、商场超市、美容美发店等卫生监督执法，出动监督执法人员426人次，监督检查1520个单位，抽检样品212份，197份样品合格，合格率92.9%。处理投诉举报件34件，满意率95%。查处违法案件26起。开展校园及周边卫生状况检查，列出检查项目20个，重点监管学校传染病防治与饮用水卫生。暑期对游泳场馆进行重点监管，抽检游泳场所22个，抽检样品96份，对经检测存在问题的6个单位做出处罚。加强职业卫生监管，组织企业内职业卫生防治宣传2次，发放宣传资料1280份。开展尘毒企业专项检查，立案处罚2个。审核职业病体检报告6.22万份，对1个职业病体检机构进行执业监督。

【医疗监督检查】 2019年，新区卫监分所开展辖区医疗机构院感消毒（灭菌效果检测）、传染病监督、医疗广告、非法执业、控烟等专项检查5次，查处非卫生技术人员行医、医疗机构超出核准科目经营、医疗机构内吸烟等行为。开展口腔诊疗机构、血液透析等场所和器械灭菌检测，对不合格单位责令整改并做出处罚，全年实施行政处罚46起。结合医疗卫生监督检查，对医疗机构医疗废物无害化处置收集实施监管，联合环保部门对12个门诊部等医疗机构进行执法检查。检查发现存在使用非专用医疗垃圾回收袋、未严格对医疗垃圾分类收集、医用棉球混入生活垃圾等情况，对11个单位做出责令改进决定，对存在问题的3个医疗机构做出处罚并督促整改落实。（何关坤）

【疾病预防控制】 2019年，新区疾病预防控制中心（简称新区疾控中心）履行疾病防控职能，组织登革热防治、卫生应急处置、结核病防治、传染病和突发公共卫生事件报告等业务培训，参训人员500人次，编发简报29期。开展结核病日、预防接种日、爱牙日、肝炎日、禁毒防艾日、学生营养周等主题宣传，组织健康教育讲座40场，4000多人次参与。加大传染病防治，年内辖区无甲类传染病报告，报告乙类传染病13种1166例、丙类传染病6种1.55万例。控制传染病疫情传播流行，调查处置流感样病例、感染性腹泻、手足口病、水痘和腺病毒等聚集性疫情131起。报告突发公共卫生事件信息13起。落实霍乱、手足口、流感、疟疾等重点传染病监测，监测霍乱外环境水样和市售水产品238件、手足口病例样本83例、疟疾、疑似疟疾、不明发热原因者病人血样222例。开展登革热疫情防控，送检疑似病例样本326例，确诊8例。完成100人份的人群登革热抗体水平监测。登革热疫情发生后及时开展应急处置，报告病例6例，其中输入性病例5例、本地病例1例。

【传染病慢性病防治与职业病监测】 2019年，新区报告登记结核病例252例、疑似肺结核597例。上年登记肺结核患者320例，其中治愈81例，完成治疗221例。开展重点人群青年学生HIV（艾滋病病毒）监测，监测样本825人份。组织青年学生艾滋病哨点监测调查，完成问卷调查900多份。开展慢性病网报审核，报告本地户籍糖尿病1132例、肿瘤1200例、心脑血管905例，死亡1036例。完成35岁以上内科首诊测血压汇总上报，首诊测血压421.54万人次，测压率99.6%，发现疑似高血压患者2.98万例，确诊5964例。加强社区居民慢性病管理，高血压患者管理率52.8%、规范管理率68.5%、控制率74.5%，糖尿病患者管理率48.5%、规范管理率65.7%、控制率69%。落实职业病危害因素监测信息网络报告与质量管理，审核有毒有害工人健康监护卡3757张，报告职业病3例、疑似职业病9例。开展职业病危害因素监测，对化工、水泥生产、汽车制造等12个重点行业的矽尘、苯、铅、噪声和正己烷等10种职业病危害因素进行监测，完成30个企业危害因素监测。

【免疫预防接种】 2019年，新区疾控中心开展疫苗常规接种29.87万剂次，其中一类苗14.7万剂次、二类苗15.17万剂次。狂免疫苗851剂次。开展春节期间返乡儿童疫苗查漏补种，接种疫苗1.29万剂次。做好预防接种疑似异常反应（AEFI）监测，报告AEFI病例165例。落实急性弛缓性麻痹病例监测（AFP）监测，报告AFP病例3例。组织麻疹病例调查和处理，报告麻疹风疹监测病例63例。开展密接应急接种288人。推进浙江省疫苗和预防接种综合管理信息系统上线，河庄街道和下沙街道2个社区卫生服务中心上线运行。（胡连鑫　王青青）

人口监测与家庭发展

【老龄健康服务】 2019年末，新区60岁及以上老年人口5.1万人（按户籍人口统计），占户籍总人口数的16.7%，其中百岁老人30人。结合新区老年人口快速增长、人口高龄化趋势显现的实际情况，新区加快推进老龄健康服务体系建设，全区建成医养结合机构4个，拥有养老床位1169张、医疗床位316张、安宁疗护病床8张、家庭病床338张。做好居家养老服务，居家养老服务照料中心与基层医疗机构签约率100%；3.01万名65岁及以上老年人签约家庭医生，签约服务率88.6%；2.5万名65岁及以上老年人接受健康管理，健康管理率73.6%。开展老年人意外伤害险保险投保，为新区符合条件的8771名老人购买保险。10月，新区开展首届敬老、爱老、助老“最美”系列评选，组织重阳节对70岁以上高龄老人慰问。为失能老人提供护理床、被毯及轮椅。举办老年人书画摄影大赛等系列活动，丰富老年人精神文化生活。

【计划生育与政策导向】 2019年末，新区有育龄妇女7.91万人，初婚886人。全年出生3353人，其中一孩1845人、二孩1466人、多孩42人，年末待生育1362人。简化生育服务登记、再生育审批等流程，全年办理生育登记3467例、再生育审批59例、涉法审查32人。制定出台《新区计划生育公益金管理实施办法》等文件政策，落实计生“奖扶”“特扶”政策和公益金等发放。发放2018年放弃生育二孩养老保险和失独家庭养老保险补贴，确认补贴387人、发放补贴资金126.7万元。符合“奖扶”3165人，发放“奖扶”资金284.56万元。“特扶”195人，发放“特扶”资金167.92万元。计生公益金134人，发放公益资金81万元。计生特殊家庭养老补贴10人，补贴资金6.3万元。关爱特殊家庭，建立计划生育特殊困难家庭信息档案，落实计划生育特殊困难家庭双岗联系人制度。

（杜　娟）

2019年6月25日，“我为七一献热血”无偿献血专场活动在白杨街道党群服务中心启动　　（方　波　摄）

【人口健康服务】 2019年，新区成功申报中国计划生育协会2019年“新市民健康行动”项目，建设“新市民健康之家”“钱塘人家小帮手”阵地，组织志愿服务成员约1000人，开展流动人口服务健康讲座36场，发放宣传资料11万余份，覆盖目标人群约30万人。开展计生特殊家庭“暖心行动”，为117名49周岁以上失独人员提供精神慰藉、生日慰问、家政服务、医疗照护等，组织走访慰问4次，发放慰问品价值12万元。为1.23万户独生子女家庭、234名计生特别扶助人员购买健康保险。推进青春健康教育项目，新区14个高校成立青春健康同伴教育社团，7个高校获国家级项目。新培育区级青春健康师资60名，开展“青春梦想、起航钱塘”高校青春健康文艺展演等专题活动3场。

（何易雯）

【计划生育技术服务】 2019年，新区教育与卫生健康局完善区、街道、社区（村）三级计划生育优质服务体系，开展计生技术服务665例，发放安全套26.8万只。落实流动人口计划生育基本公共服务，办理流动人口分娩补助1例，为育龄群众提供计划生育技术服务34例。新增免费避孕药具自取机5台，年末累计36台。开展以女性健康知识讲座、艾滋病防治、“9·26”世界避孕日为主题的健康教育和健康促进宣传活动28场次，发放健康宣传资料3万余份，受益3万余人。

（徐艺玲）

责任编辑　周　丹

文化·体育

文化服务

【公共文化服务】2019年，新区有区级文化馆1个（租用）、在建文体中心1个、在建大剧院1个、街道图书馆7个。基层文化阵地有农村农家书屋56个、社区图书室41个、公共电子阅览室12个、24小时微型图书室2个。推进公共文化服务，实施公益文化场馆免费开放，建设“一证通”流通服务点，开展送戏送电影送图书进社区、公共文化免费培训等活动。提升无线上网服务，完成新区村（社区）公共文化场所Wi-Fi全覆盖维护，维护服务点97个，新建服务点6个。河庄街道创建成为省级文化强镇。

【文化惠民活动】2019年，新区社会发展局开展文化惠民活动，组织群众文化活动70多场。组织送戏、送演出、送培训、送图书等活动，满足群众文化需求。全年在各街道、村（社区）和企业内送戏、送演出40场、送公益讲座8场、送电影40场，举办文艺免费培训840场。举办新区首届全民艺术普及培训班，增设河庄、义蓬、新湾、临江、前进街道5处服务点，开设舞蹈、器乐、形体、书画等28个培训班，受益群众1.2万人次。开展群众文化示范团队评选和展示，采购1万册新书配送至各街道图书馆和农村文化礼堂供群众借读。

2019年6月，河庄街道文体中心内的图书馆对外开放　　（陈美佳　摄）

【群众文艺活动】2019年，新区社会发展局与杭州市文化广电旅游局共同主办新区青年歌手大赛，2000多名选手参赛。经初赛、复赛、决赛10个场次比赛，16人分享冠军、亚军、季军，以及“最佳人气”“最佳台风”“最具潜力”“优秀歌手”称号。组织“爱读书、读好书、善读书”名作家全民阅读圆桌论坛，邀请鲁迅文学奖和徐迟报告文学奖获得者、杭州市作家协会副主席朱晓军等5位作家和学者与200多名读书爱好者交流互动。开展新春年俗系列活动。1月，江东片区开展“义写春联、福进万家”活动12场次，联合新区总工会、大江东书画协会、新区交

219年9月27日，河庄街道举行庆祝中华人民共和国成立70周年红色经典诗歌颂唱大赛 （童志忠 摄）

警大队、大江东医院等单位组成送“福”小分队，送“福”进村（社区）和企业；下沙片区开展“我最喜爱的新春文化活动”评选，组织基层社区开展群众性文艺演出和传统文化宣传活动。

【文化示范团队培育】 2019年，新区社会发展局加强基层文化业务骨干队伍建设，组织村（社区）宣传文化员培训班，成立新区书法家协会，筹建新区美术家协会。出台《新区群众文化示范团队评选和管理办法（试行）》，评选群众文化星级团队30个，其中三星级5个、二星级10个、一星级15个。群众文化星级团队分布在辖区高校10个、企业2个、各街道18个。推动提升群众文艺队伍整体水平，举办群众文化示范团队展演。

【庆祝中华人民共和国成立70周年系列活动】 2019年，新区社会发展局围绕中华人民共和国成立70周年主题，对新区70年来代表性事件进行梳理，以70人为原型集中采写稿件，编印《拓荒留痕——钱塘新区“70年70人”报告文学集》。融合组建新的摄影家协会、书法家协会、美术家协会，举办新区摄影大赛、新区书画大赛，评选展出反映新区新形象的70幅摄影作品、书画作品。组织群众示范团队培训、创建、展演等群众文化活动70多场。新区“70年70人”集中宣传活动获浙江省县市区域报纪念中华人民共和国成立70周年“红遍浙江”融媒体作品大赛一等奖。

【文化市场经营管理】 2019年，新区社会发展局办理文广旅市场行政事项139件，其中办理行政许可事项78件（网吧9件、广播电视21件、歌舞娱乐5件、游艺娱乐3件、营业性演出39件、文艺表演团体1件）；办理其他行政权力事项161件（文化市场、广播电视单位年检换证150件，网吧变更备案4件，旅行社备案、变更、注销7件）。开展非法卫星电视节目接收设施整治，对辖区企事业单位、宾馆饭店等实施检查157人次，发放非法卫星地面接收设施拆除告知书12份，劝导拆除接收设施44座，取缔非法销售点1个。推进城市大脑文旅系统建设，安装酒店自助入住机6个。 （夏舒慧）

文艺创作及展览

【文艺作品创作】 2019年，新区社会发展局选送原创节目《追梦钱塘》获全省国家级开发区“礼赞新中国·诵读新时代”朗诵大赛金奖，选送歌曲《我爱你中国》获“三江歌手”大赛优秀奖。钱金利创作文学作品《与共和国同龄》获《杭州日报》建国70年征文奖、学习强国浙江学习平台“我和我的祖国”三等奖。《从故乡印信到文化自信》《钱塘江的三种味道》《蜀山传说》《寻找钱塘牛》获《人民日报》全媒体、《杭州日报》、学习强国等平台报道。陈策创作歌曲《你好，钱塘》获学习强国平台报道。

【《拓荒留痕——钱塘新区“70年70人”报告文学集》】 2019年12月25日，由新区党群工作部、新区

2019年12月25日，《拓荒留痕——钱塘新区“70年70人”报告文学集》首发
（新区融媒体中心 供稿）

社会发展局推出的《拓荒留痕——钱塘新区“70年70人”报告文学集》发送。该报告文学集以时间为脉络，每10年选择10位采访对象，以口述报告文学的形式，讲述与时代同频共振的重要事件和记忆，对70年的历史记忆作集体回眸，以记录钱塘新区70年沧桑巨变。通过对70年间70位时代变迁见证人的采访和书写，挖掘钱塘优秀文化传统，追寻钱塘新区从一无所有到现代化新城的发展脉络，见证和发扬围垦精神、抢“潮头鱼”精神和拓荒牛精神。该书由新区党群工作部、新区社会发展局委托浙江传媒学院文学院创意写作中心，由3次入围茅盾文学奖作家、创意写作中心主任叶炜领衔，来自各地10多名文学博士、硕士、青年作家组成创作团队，深入基层采访收集后共同创作。70位讲述者由街道、部门和社会各界共同推荐后经集体商定，地域覆盖新区下沙、白杨、河庄、义蓬、新湾、临江、前进7个街道，接受采访者有年近九旬、跨越时代的耄耋老人，也有新时代的大学生与创业者。（夏舒慧）

【“壮哉钱塘、美哉前进”国际美术作品展】 2019年12月26日，新区前进街道“壮哉钱塘、美哉前进”国际美术作品展开幕。画展汇集艺术大师、名家画师、学者教授及党政企事业单位的160幅作品，展品融思想性、艺术性及群众性于一体，蔚为壮观。其中有来自英国、美国、日本、韩国、俄罗斯、葡萄牙、以色列、伊朗的艺术家作品，让展出成为建构国际人文元素和艺术交流的平台。画展是新区挂牌后的首个重大文化艺术活动，名为《壮哉钱塘、美哉前进——国际美术作品集》的画册与画展开幕式同时推出。该画册由著名艺术家、中国美协顾问、浙江省美协名誉主席、中国美术学院原院长肖峰题字，杭州市副市长、新区党工委书记柯吉欣欣然作序。画册装帧喜庆浓烈，内容图文并茂，融视觉、触感、审美、欣赏为一体。

（汪何幸运）

体育赛事

【浙江大湾区自行车公开赛】 2019年6月2日上午8时，浙江大湾区自行车公开赛钱塘新区站（首站）开赛。该赛事由浙江省体育局、新区管委会主办，浙江省体育竞赛中心、新区社会发展局承办。赛事以国际化、特色化和专业化为标准，吸引森地客—科速美、迈金—朝盟、富律业、BH—CBC、卓比奥斯—R1等国内知名车队及2000多名自行车爱好者参赛，其中有夏威、胡浩等业内顶尖车手。开赛当天，“云犀直播”“新浪直播”“企鹅体育”对赛事进行现场直播，“地平线”“骑友网”“全赛”“黑鸟单车”“我要赛”等渠道合作伙伴提供技术支持。中央电视台体育频道、中央电视台新闻频道、新华网体育、腾讯体育、新浪户外、搜狐户外、国际在线体育、大公网、《杭州日报》等媒体关注报道。历经4个小时角逐，各组别冠军相继产生，来自迈金—朝盟车队的夏威获公路自行车男子精英组冠军，吴明俊获公路自行车男子大师组冠军，洪赛楠获公路自行车女子组冠军，孔文生获山地自行车男子组冠军，蔡雅羽获山地自行车女子组冠军。

【杭州国际女子马拉松赛】 2019年10月27日，由中国田径协会、新区管委会、杭州市体育局主办的杭州国际女子马拉松赛在新区开赛，来自中国、美国、澳大利亚、韩国、加拿大等22个国家及地区的1万余名女性跑者在钱塘江畔开跑。该赛事以“绿色、环保、女性、健康”为主题，以“健康、时尚、美丽、快乐”为元素，展现女子青春风采，倡导女性健康运动。杭州国际女子马拉松赛注重营造女性专属氛围，成为展现颜值杭州、活力杭州、国际杭州的一张新名片。赛道设置在下沙沿江大道，“腾讯直播”“小时新闻”“新浪微博”“今日头条”“百度”“虎牙体育”“中国体育”等21个平台进行直播。

群众体育

【群众体育生活】 2019年，新区围绕丰富群众体育生活，牵头举办全国体育舞蹈公开赛暨开发区第六届操舞大赛、杭州市“体彩杯”射箭比赛、浙江省自由式轮滑积分联赛、毅行大会、青少年跆拳道公开赛、篮球联赛、羽毛球联赛、乒乓球联赛等大型群众性体育赛事，400

支队伍、8000多名居民群众参赛。新区加强群众体育骨干队伍建设，推广群众体育项目，全年举办工间操培训班2期，培训人员240多人。开展篮球、乒乓球、气排球、体育健身舞蹈等项目社会体育指导员培训，200多名群体骨干参加学习。组织20多名基层群体骨干参加省市培训，提升群众体育工作队伍业务素质和服务能力。

2019年11月10日，新区首届毅行大会举行　（童志忠　摄）

【体育社会组织】 2019年，新区召开原杭州经济技术开发区、杭州大江东产业集聚区两区体育行业协会交流工作会议，整合两区体育社团，组建成立新区各类体育行业协会。加强对体育协会举办、承办赛事的培训指导，促进体育协会活动开展。整合后，新区篮球协会举办第十一届高校篮球联赛，新区善健青少年体育俱乐部承办浙江省射箭冠军大联赛、杭州“体彩杯”全民射箭联赛。体育舞蹈协会组织全国体育舞蹈公开赛。篮球、羽毛球、乒乓球等行业协会针对项目骨干举办裁判员、教练员培训。

【基层体育设施建设】 2019年，新区管委会根据杭州市亚组委下达的年度目标，有序推进区级体育场馆建设。其中：下沙亚运轮滑馆完成桩机工程；大学城北体育健身场馆主体结构接近结顶，内部装修设计方案持续优化；新区文体中心进场施工。指导街道、村（社区）做好体育设施建设，通过街道申报和现场审核，全年完成小康体育村提升工程21个、中心村体育休闲公园2个、社区多功能公共运动场所2个，其中义蓬街道江盛社区、临江街道临江佳苑社区的多功能公共运动场列入2019年浙江省为民办实事工程项目。

青少年体育

【“体教结合”成效显著】 2019年，新区深化“体教结合”体育特色建设，加强市队联办项目管理，成效显著。文海中学自行车和女篮项目、下沙中学射箭项目、景苑中学攀岩项目、学正中学和学正小学田径项目、基础教育附小短式网球项目作为市队联办项目，代表杭州市参加青少年自行车、射箭、篮球、攀岩等赛事比赛。下沙中学射箭队获浙江省青少年射箭冠军赛金牌5枚、银牌5枚、铜牌4枚，获全国射箭锦标赛金牌1枚、铜牌1枚。文海中学自行车队参加第二届全国青运会比赛，在预赛中获金牌4枚、银牌1枚、铜牌2枚。19名运动员进入场地自行车项目决赛。参加BMX小轮车项目的12名运动员均进入决赛。9名运动员进入山地自行车项目决赛。

【阳光体育健康发展】 2019年，新区落实国家体育总局、共青团中央启动的全国亿万学生阳光体育运动，创建传统体育项目学校，举办青少年足球联赛、篮球联赛、气排球联赛等系列活动。完成新区运动员注册，组队参加田径、篮球、排球、足球、空手道、羽毛球、射箭等杭州市青少年阳光体育比赛项目，其中新区空手道队获金牌12枚、银牌8枚、铜牌12枚。采用以赛代训的方式，提升区体育团队整体水平。通过承办浙江省青少年射箭冠军赛、浙江省青少年排球锦标赛、浙江省青少年攀岩锦标赛等省级赛事，促进新区青少年体育与全省高水平运动队之间的学习交流。

（任　炽）

责任编辑　周　丹

安全稳定

社会综合治理

【概况】 2019年7月，新区党工委政法委牵头制定《杭州钱塘新区社会治理现代化和推进“六和塔”体系建设的实施方案》，明确工作目标、任务及要求，统筹推进新区社会治理体系建设。围绕社会治理现代化及工作体系建设，全年收集整理报表、信息36起。推进专家人才库建立、社会组织运行能力提升、勤务制度改革等18个节点工作，制定督查考核机制，每月对部门工作落实情况进行检查。开展基层基础大起底大排查大整治专项行动，排查人员13万名，其中重点人员1166名。排查事件779起，其中重点事件16起。排查重点物品2.13万件，其中拥有重点物品1347人次；排查部位设施2126处，其中重点部位设施438处。排查行业1543个，其中重点行业317个。排查场所3550处，其中重点场所1151处；排查流动人口落脚点20.32万个，其中流动人口落脚点新发现数8.81万个；排查安全生产场所2635个，发现安全生产隐患场所581个，整治重点问题20多个。

2019年10月10日，新区河庄街道群欢村物联网智慧安防改造完成。图为车辆凭车牌号码识别进村　（方　波　摄）

【“基层治理四平台”建设】 2019年，新区党工委政法委促成基层治理4个平台（综治工作、市场监管、综合执法、便民服务）整合，以“五率”（网格员上报信息有效率、事件上报流转率、流转办结率、问题倒查率、网格抽查率）为抓手，实现新区基层治理综合信息平台的统一上报、流转、处置。全年上报网格事件13万余件，其中综治工作平台3.29万件、综合执法平台4.09万件、市场监管平台864件、便民服务平台5.54万件。信息流转率、交办率、处置率均为100%。

【安防整治与扫黑除恶】 2019年，新区党工委政法委加快推进智慧安防小区建议，牵头建成42个智慧安防小区。推进挂牌督办重点地区整治，将社会治安重点地区挂牌整治纳入年度平安考核，并报新区考评办作为专项考核目标进行绩效考核。引导市级挂牌整治地区河庄街道落实主体责任，强化自查整改，经上级验收年内实现“摘牌”。

开展扫黑除恶专项斗争，完成中央督导组赴杭迎检任务和“回头看”问题整改，核查中央扫黑除恶第11督导组在浙督导期间交办线索和其他流转线索等220多条，推进主题教育扫黑除恶专项整治。至年末，打掉恶势力犯罪团伙59个，判决团伙27个，查扣非法资产8946万元，刑拘犯罪嫌疑人728名，破获刑事案件数371件，发放举报奖励6.7万元；党纪立案查处涉黑恶腐败和“保护伞”问题12个，给予党纪政务处分11人，组织处理41人。

信访受理

【概况】 新区信访局与新区党工委政法委、新区司法局合署办公，主管信访咨询、投诉、接待工作。2019年，新区信访和“12345”市长公开电话受理群众投诉4.05万件次，其中信访162件，到访765批、3186人次。“12345”网上信访3.96万件。群众反映的问题主要集中在房地产合同纠纷、住房管理、拖欠工资、教育管理、环境污染、村务管理等方面。化解信访积案，全年梳理信访突出问题15件、信访积案26件，建立委领导和单位、部门负责人包案，年末25件积案得到化解。结合创建无信访积案县（市、区）专项活动，开展信访工作“大起底、大排查、大化解”活动，131起民生诉求得到解决。维护信访秩序，在省市“两会”、全国“两会”、世界博览会、中华人民共和国成立70周年庆祝大会、第二届进口博览会、第六届互联网峰会等重点时段，统筹安排驻点保障，完成重大政事活动期间信访维稳任务。

【信访考核与责任落实】 2019年，新区信访局将信访纳入平安考核，落实“一把手”负责制，党工委、管委会与信访成员单位签订目标责任书。对信访突出问题和信访积案落实委领导领衔和部门单位包案，落实信访工作责任制。强化督办指导，出台《新区2019年信访网电目标管理考核办法》《初信初访首问责任制工作制度》，实行考核情况月度通报，编发简报和专报。开展现场督办、发函督办和专题协调，全年编发日报44期、简报5期、专报3期、通报及督办单33件次。召开信访工作会议、联席会议和包案会商专题会议，建立9个领域专项工作领导小组，成立7个突出问题工作专班，助推信访疑难问题解决。

【信访超市建成运行】 2019年，新区结合落实信访代办和“最多访一次”改革，建成由国土、建设、人社、社发、城管、经发、市场监管等部门集中进驻的新区社会治理综合服务中心（信访超市）。信访超市位于下沙幸福南路1116号，建筑面积2200平方米，投入改造资金1100多万元。6月启动建设，10月开始运行。超市设置信访接待、联合调处、公共法律服务等六大功能区，有9个接待窗口和20个对外接待功能室，个访和集体访接待分区处置。年内，政法、法院、检察院、建设、社发、市场监管等11个职能部门进驻（常驻）办公，进驻单位人员38人。超市实行即接即办、教育疏导、会商研判、协调办事、考核管理等工作机制，内设有信访代办服务中心，在街道、村（社区）分设代办站、代办点，构建全面覆盖的信访代办工作机制。该工作机制有助群众向事权单位反映诉求，跟踪办理情况，向群众反馈结果并做好解释疏导服务。

（陈　焕）

应急管理

【概况】 新区应急管理局承担“大安全、大应急、大减灾”三大职能，整合安全生产监管、应急管理、防灾减灾救灾、地质灾害、防汛抗旱等职责。内设8个部门和1个事业单位，有干部职工33名。2019年，新区应急管理局履行安全生产职能，完善安全生产责任体系，由

2019年5月19日，新区危化品重点县专家指导服务预备会议召开

（童志忠　摄）

2019年6月28日，新区成立后首次危险化学品事故应急救援演练在杭州吉华高分子材料股份有限公司举行　　（陆亚玲　摄）

管委会领导签订安全生产和消防安全目标管理责任书，明确安全生产和消防安全责任分工。做好安全生产改革发展和应急处置管理，出台《关于深入推进安全生产领域改革发展的实施意见》《新区突发事件总体应急预案》等文件32个。建立健全专委会履职、通报、评议机制，全年新区党工委听取安全生产汇报5次，研究解决难点问题6个，召开安全生产季度例会4次、专题性会议10次。在五一国际劳动节、国庆节等重点时段（节点）开展委领导带队检查12次。新区安全生产委员会办公室（简称新区安委办）实行实体化运作，总计组织督查31次，督查行业部门799个次，乡镇（街道）18个次。控制安全事故和死亡人数，全年新区发生安全生产亡人事故11起，死亡11人。其中：工商贸领域亡人事故3起，死亡3人；道路运输领域事故8起，死亡8人。

【安全隐患治理和风险防控】2019年，新区应急管理局（安委办）针对工程建筑、道路交通、消防、危化品、工商贸等重点领域，开展“迎大庆安全生产大检查、大整治，大执法行动”“公共安全治理战”“小微企业专项整治”“迎大庆保平安”等专项整治行动，组织安全生产大检查887次，出动执法检查人员9273人次，排查整改事故隐患1.56万处。实行“60日隐患整改闭环工作法”，以60日为循环周期，以消防、建筑施工、道路交通、工矿企业等安全生产事故易发多发领域为重点，针对重大安全隐患和痛点、难点问题，通过暗访查找问题，交办落实整改，督查隐患整治闭环并形成长效机制。全年检查单位场所172个，隐患集中曝光7期，曝光并整改隐患600个。运用“掌上执法”App，全年立案171件，罚款301.25万元。

【社会化服务和安责险推进】2019年，新区应急管理局创新安全生产综合治理模式，推进生产经营单位安全生产隐患排查与治理共防共治。全年累计投入1271万元，出动技术人员1324人次，检查企业2.11万个次，发现隐患2.29万个。其中政府购买社会化服务330.69万元，服务企业575个次。推进安全生产责任险，全年在高危行业领域投保企业96个，受益员工2.42万人，保障金额649万元。开展安全生产标准化创建，全年新区完成一级标准化企业创建2个、二级标准化企业创建72个、三级标准化企业创建491个、四级标准化企业创建119个。

【应急管理体系搭建】2019年，新区应急管理局建立应急指挥平台，初步实现部门应急系统搭建及资源共享。开展应急预案编制修订，完成区级总体应急预案4个、专项应急预案32个、企事业单位应急预案351个。加速应急救援体系建设，完成规范化避灾安置场所54个，重要设施加固6个，城乡危旧房治理6处，老旧小区消防设施增配改造55个，社区微型消防站提档升级21个。加强消防安全，建成社会消防公共安全互动体验馆19个；推进化工专业消防队伍建设，指导危化重点企业建立专（兼）职消防救援队伍；经政策引导扶持，培育2支救援公益队伍。推动乡镇（街道）、村（居）安全生产、消防安全、防汛抗旱、灾害信息网格与基层治理网格“多网合一”。强化“应急事件第一时间处置”原则，实施领导带队24小时值班值守制度，落实专人24小时应急值守，建立24小时突发事件信息报送机制。加强防汛防台值班备勤，防御汛期15次强降雨过程。抗击超强台风“利奇马”，全员72小时坚守在岗。

【危化企业安全监管】2019年，新区应急管理局提档升级危化企业监管，建立“五位一体”（安全监管一体化、危险源监控一体化、人流物流管控一体化、应急保障一体化、医疗救助一体化监管体系）。作为全国53个国家级危险化学品重点县（区）之一，新区化工园区在杭州市率先通过建设“安全生产一体化”平台。建设“五位一体”智慧化监管体系，与市应急指挥平台对接，相关重大危险源视频、监测数据与市应急管理局实现共享。开展“国家级专家常驻+监管”新模式，与中国化学品安全协会签订战略合作，由4名专家和1名工作助理组成的项目组常驻新区，对园区危化企业进行全面安全检查，为新区危化安全监管提供技术支撑。

【安全应急培训教育】 2019年，新区应急管理局开展“安全生产月”“安全生产万里行”等活动5次，将安全生产、消防安全、防灾减灾、防汛防台和应急救援工作纳入领导干部、行业部门负责人培训内容，累计培训95次、6066人。实施“化工企业员工技能提升三年行动”工程，组织128名危化企业员工报考化工专业大专学历资格考试。开展安全生产培训，累计培训1.41万人次。取证培训24期，培训人员1632人，取证人员1288人。推出“钱塘安全大讲堂”宣传平台，组织700多个企业1.28万名员工参加培训。组织3次应急演练和1次“钱塘杯”技能比武，提高企业应急组织指挥水平和队伍应急处置能力。做好安全生产政务信息报送，全年向市安委办报送信息100条，被国家、省级录用21条、市级录用43条。

（钱骋宇）

交通安全

【概况】 2019年，新区公安分局交警大队加强交通源头管理，强化路面管控，辖区道路交通安全保持平稳。全年全口径交通事故死亡40人，比上年下降34.4%。开展勤务机制改革，结合新区公安分局派出所防区部署，新区交警大队各中队防区下设巡区，巡区内划网格，网格内各成员认领责任点段并发展社会联勤力量，包干到组，分责到人。落实层级分解机制，延伸基础触角，强化末端管控。年末新区公安分局交警大队建成防区12个、巡区42个、网格58个。做好交通安全保障，完成新区高质量发展大会、浙江大湾区自行车公开赛钱塘新区站、杭州国际女子马拉松赛等重大会议、赛事的交通安保任务。

【交通违法整治查处】 2019年，新区公安分局交警大队响应市公安局“雷霆行动”“飓风行动”“三严行动”“交通秩序大整治”等交通违法集中整治行动，开展“酒驾毒驾夜查”，严查工程车、电动车等重点车辆，查处涉牌涉证、酒后驾驶、超载超速、闯禁行驶、违反信号灯指示通行及闯红灯、骑快车道、不佩戴头盔等违法行为。全年现场查纠交通违法行为14.6万起（警告1.15万起），其中查处工程车违法行为6100起，电动车6类重点违法行为10.59万起，开车打手机1.94万起；查获酒驾醉驾1432起，5次以上违法行为未处理车辆1472辆次，行政拘留207人次，采取刑事强制措施160人次。非现场交通违法信息录入97.78万条。辖区交通死亡人数下降34.4%，其中涉及工程车的亡人事故3起，减少57.1%。

【事故隐患点整治】 2019年，新区综合行政执法局联合新区公安分局交警大队对辖区多个隐患点进行勘查，出具方案并落实整改。德胜东路地面段作为新区主要干道，道路路幅宽、车辆量大、通行车辆种类多，属于事故多发路段。落实杭州金鑫交通设施有限公司对标线淡化严重的德胜东路进行整体翻新，在文渊路口及海达路口设置二次过街安全岛，漆画横向震荡减速标线及减速道钉，安装隐患提醒标牌、护栏及行人等候标牌，施划整段道路的行人等候区等措施，保障道路通畅和行车安全。针对新区存在安全隐患的T型路口设置信号灯，对区内33个非灯控路口按标准设置T型路口牌、八角亭、线性指引牌等举措，优化安装T型路口标牌80块、停车让行标牌30块、线性诱导标志33块。在3号大街8号大街路口、4号大街大北路路口、学林街顺安巷路口和22号大街15号大街路口增设信号灯和人行灯等措施，优化安装信号灯14套，人行灯11套。全年新区完成240个交通隐患点的整治。（陈　涛　倪高波）

2019年9月20日，新区交警大队铁骑队成立　（施立峰　摄）

2019年10月，前进街道消防体验馆建设完成　　（沈逸柔　供稿）

消防安全

【概况】 2019年12月31日，杭州市消防救援支队钱塘新区大队挂牌成立（简称新区消防救援大队）。大队由原杭州经济技术开发区消防大队和原杭州大江东产业聚集区消防大队整合而成，主要承担对机关、团体、企业、事业等单位遵守消防法律、法规情况进行监督检查和指导，负责辖区火灾扑救和重大灾害事故及其他以抢救人员生命为主的应急救援等。全年新区消防大队所属中队接处警1293起，出动车辆2436车次，出动警力1.36万人次，抢救疏散被困群众270人，抢救保护财产价值约160.6万元。开展消防实战训练，全年完成实战化熟悉368次、实战化演练324次。检查单位1895个，办理行政处罚416起，罚款178.3万元。查封单位113个，处以“三停”单位（停止施工，停止使用，停产停业）114个。针对重点区域和不放心区域及单位，开展“破雷”行动。结合“最多跑一次”改革，制定“创人民满意消防队伍”承诺措施，受理信访363件，完成建设工程消防设计审核（备案）项目45个，验收（备案）项目41个，开业前消防安全检查323个。

【火灾隐患整改】 2019年，新区消防救援大队以高层建筑、居住小区、居住出租房、人员密集场所、合用场所、老旧小区、厂房仓库、小微企业等领域作为整治重点和难点，开展消防安全隐患治理。对伊萨卡小区和原军地园区五大市场实施整治，落实“定期汇报、主动协调、会议协商、现场指导、跟踪督办”机制，推动隐患整改。白杨街道省级火灾防控重点街道实现摘牌。区级重大隐患挂牌且久拖不治的伊萨卡小区落实整改经费1029万元，通过实施隐患闭环整改机制，完成从排查到整治再到监督，最后摘牌。杭州银沙商贸城投入经费800万元进行消防隐患整改，作为案例获《中国应急管理报》刊登报道。

【消防安全宣传】 2019年，新区消防救援大队借助传统媒体，同时利用短信、微博、微信等新媒体平台，对特殊时间节点、重特大火灾事故等进行宣传教育。3月15日，在新区智格小区广场开展“3·15”国际消费者权益保护日宣传。4月4日，联合高校创作歌曲《不曾褪去的荣耀》，缅怀消防烈士。11月4日，临江中队举办“钱塘杯”企业员工技能大比武暨“119”消防宣传月启动仪式；依托“联百镇街、走千村社、进万家庭”入户宣传活动，深化小区居民消防安全意识。借助街道社区志愿者，走访社区行动不便或鳏寡孤独的老年人，开展“敲门守护”行动。在居住小区底层楼道张贴电动车消防安全海报，营造消防安全氛围。全年发送消防安全知识短信19.3万余条、微信微博5000多条，印制、发放、张贴消防宣传资料9.5万份，开展消防培训182场。　（梅玲玲）

责任编辑　周　丹

社会民生

民　政

【养老服务供给】 2019年，新区管委会围绕品质养老“大幸福”工程建设，优化养老政策和优化照护体系，完善服务供给和监管。年末，辖区有养老机构5个、公建民营养老机构1个，床位1605张。街道级居家养老服务中心4个、村（社区）居家养老服务照料中心92个（含挂牌），其中三星级照料中心53个、四星级照料中心9个、五星级照料中心5个，社会化运营的照料中心（含服务中心）41个。实施智慧养老服务，享受服务的老年人4941人，2637名老年人享受政府购买服务。加大养老服务财政扶持，出台《新区养老服务资金补助实施办法（试行）》，规范新区养老服务补助资金使用标准。

【城市社区建设】 2019年，新区深化城市居住社区建设，重点推进江东片区城市型社区管理进程，河庄街道新成立东沙湖社区、知行社区。提升社区品牌建设，下沙街道柠檬社区和白杨街道江潮社区创建成为第4批市级国际化示范社区。下沙街道下沙社区和河庄街道围中村、义蓬街道新庙前村的“撤村建居”和“田园社区”示范型创建验收完成。推进社会工作专业发展，鼓励机关事业单位及村（社）工作人员参加社会工作职业水平考试，累计报名1300多人，228人通过职业水平考试。加强社区工作者队伍建设，制定《新区专职社区工作者工资福利待遇实施细则（试行）》。发挥专家型、领军型、督导型社工人才效应，成立新区社会工作专家委员会、新区社会工作协会和杭州新区领军型社会工作人才工作室。

【社会组织扶持发展】 2019年，新区成立社会组织综合党委，由党建引领社会组织参与基层社会治理。深化社会组织培育，出台《新区社会组织培育扶持办法》，安排120万元专项资金用于社会组织扶持。引导社会组织参与公益创投活动，18个社会组织、19个公益创投项目分别获2万元至7万元不等的项目扶持

2019年10月6日，河庄街道蜀南村为老人们组织重阳宴活动　　（童志忠　摄）

2019年新区清理整治不规范地名清单（江东区域）

表23

序号	标准地名	非标准地名	地名类型	所在区域
1	新湾路	新湾大道	道路	新湾街道
2	海名雅园	滨江新希望新城·未来海岸	居民区	新湾街道
3	龙润城	大江东宝龙广场	建筑物	义蓬街道
4	耀顺江东金座	江东壹号	建筑物	义蓬街道
5	龙湖·江与锦城	杭州龙湖江与城	居民区	义蓬街道
6	纬五路	科创大道	道路	临江街道
7	富达街	汽车站北路	道路	临江街道
8	临捷路	临隆支路	道路	临江街道
9	江东一路	头十一线	道路	临江街道
10	江东大道	九桥连接线	道路	临江街道
11	红十五路	鹿云路	道路	临江街道
12	长风路	长凤路	道路	临江街道
13	临宾路	规划支路二	道路	临江街道
14	江东锦绣名座	江东锦绣	建筑物	河庄街道
15	钱塘一品名邸	至高·钱塘一品	居民区	河庄街道
16	潮闻天下城	潮闻天下	居民区	河庄街道
17	大江之星公寓	大江之星	居民区	河庄街道
18	春意江南名邸	春意江南	建筑物	河庄街道
19	大江源著府	德信·大江源著	居民区	河庄街道
20	临江时代花苑	三恒·临江时代	居民区	临江街道
21	美郡园	美郡苑	居民区	义蓬街道
22	英冠天地城	英冠天地	建筑物	义蓬街道
23	义江东府	江东府	居民区	义蓬街道
24	青六商务大厦	明盛国际	建筑物	义蓬街道
25	大境东湖城	东湖城	居民区	义蓬街道
26	江与珑城	龙湖江与城	房地产等广告	义蓬街道
27	江与东府	龙湖江与城	房地产等广告	义蓬街道
28	义盛北路	义蓬北路	证件信息	义蓬街道
29	义前街	义前路	证件信息	义蓬街道
30	英冠天地城	英冠天地	证件信息	义蓬街道
31	闸口路	匝口路	证件信息	新湾街道

资金。开展新区首届公益嘉年华，弘扬社会组织公益力量。年末，新区有社会组织334个，其中社会团体60个、民办非企业单位274个。

【地名规范管理】 2019年4月，杭州开展清理整治不规范地名工作，梳理出不规范地名及地名信息583条，其中涉及新区不规范地名信息17条。为规范地名管理，促进地名标准化，新区随即启动开展辖区不规范地名清理整治。成立新区清理整治不规范地名工作领导小组，在新区社会发展局设立办公室。制定出台工作实施方案，向居民群众和单位团体征集线索，发现有不规范地名或不规范地名在广告、门牌、路牌、交通标识牌和户外广告中出现等请予报告。6月，通过部门联动、问题抄告、现场督查等方式，整治梳理出全区域不规范地名71处，公示清单后均完成整改。

【困境儿童帮扶】 2019年，新区有困境儿童146人，其中社会散居孤儿6人、事实无人抚养儿童1人、贫困家庭重病重残儿童14人、低保家庭儿童116人，低保边缘家庭儿童9人。落实儿童福利政策，全年新区社会发展局向困境儿童累计发放生活费及补贴92.07万元。充实儿童督导员和儿童主任队伍力量，开展儿童督导员、儿童主任业务培训2次。

【婚姻登记服务】 2019年，新区婚姻登记服务中心办理婚姻登记业务1886件，主持结婚颁证仪式701对次，开展婚姻家庭专业辅导服务91人次，提供婚姻档案服务86人件。推进婚姻登记便民服务，实现杭州市域跨区登记275件，周六值班预约结婚登记举措同步推行，办理预约结婚登记96件。推进结婚生育户口“一件事”联办，推送申请221件。

（郭正强　钟慧妍）

2019年新区清理整治不规范地名清单（下沙区域）

表24

序号	标准地名	非标准地名	地名类型	所在区域
1	头格路	宝华路	道路	下沙街道
2	广泰路	元西路	道路	下沙街道
3	20号大街	20大号街	道路	白杨街道
4	9号大街	9大号街	道路	白杨街道
5	福雷德广场	福雷德广场艾肯金座	建筑物	白杨街道
6	柠檬郡家园	东海·柠檬郡	居民区	下沙街道
7	万晶湖畔中心	和达湖畔中心	建筑物	下沙街道
8	和达物流信息大厦	和达·自由港	建筑物	白杨街道
9	财通中心	绿城·财通中心	建筑物	下沙街道
10	水云城	金地宋都·都会钱塘（西区）	居民区	白杨街道
11	像之素公寓	中国铁建·保利像素	居民区	白杨街道
12	东源商厦	和达·东东城	建筑物	白杨街道
13	1号大街—25号大街	1st Street –25th Street	道路T型牌	白杨街道
14	容音弄	临江大厦北侧支路	道路	下沙街道
15	云沙街	松和农居支路	道路	下沙街道
16	瑞华路	学林规划支路	道路	下沙街道
17	松华路	松合农居东侧支路	道路	下沙街道
18	松合路	松合农居西侧支路	道路	下沙街道
19	乔下路	乔下线	道路	下沙街道
20	宜学路	下沙南路	道路	下沙街道
21	清湖路	名九源路	道路	下沙街道
22	碧江桥	沿江大道23号桥	桥梁	白杨街道
23	碧茵桥	沿江大道25号桥	桥梁	白杨街道
24	潮头桥	沿江大道12号桥	桥梁	白杨街道
25	春霆桥	沿江大道15号桥	桥梁	白杨街道
26	琼鳌桥	沿江大道13号桥	桥梁	白杨街道
27	五彩桥	沿江大道14号桥	桥梁	白杨街道
28	玉虹桥	沿江大道17号桥	桥梁	白杨街道
29	同德桥	21号大街2号桥	桥梁	白杨街道
30	永和桥	23号大街2号桥	桥梁	白杨街道
31	睿智桥	4号大街桥	桥梁	白杨街道
32	清涟桥	沿江景观9号桥	桥梁	白杨街道
33	金乔街	纬二路	道路	下沙街道
34	松乔巷	规划支路	道路	下沙街道
35	玫瑰之湾	玫瑰湾	居民区	白杨街道
36	荣寓	小区北门精欧荣寓字样	居民区	白杨街道
37	早城	德信早城	居民区	下沙街道
38	仲外公寓	中外公寓	居民区	下沙街道
39	听澜越府	春江天越	房地产等广告	白杨街道
40	吾角商业中心	五角广场	房地产等广告	下沙街道

劳动就业

【劳动就业创业】 2019年，新区城镇新增就业人数3.2万人，失业人员再就业1800人，就业困难人员再就业2666人。城镇登记失业率控制在2%以内。推进创新创业，优化创业扶持政策。全年新区对企业申请创业担保贷款资格认定81笔，发放创业担保贷款63笔，共计贷款金额3300万元。组织开展杭州市创业孵化示范基地、杭州市创业陪跑空间、杭州市“众创十佳”等的申报，新区优斯创业陪跑空间获评“杭州市创业陪跑空间”称号。

【高技能人才培养】 2019年，新区鼓励企业提升技能水平，新增市级技能大师工作室2个（杭州娃哈哈集团有限公司王荣栋铣工技能大师工作室、浙江西子势必锐航空工业有限公司赵赟加工中心技能大师工作室），培养高技能人才1860人。其中，杭州中美华东制药江东有限公司章飞龙被评为省“百千万”高技能领军人才（杰出技能人才）；杭州轩玮鸣模具科技有限公司张利舟、杭州夏坤科技有限公司祝新华、东风裕隆汽车有限公司沈亮被评为省“百千万”高技能领军人才（拔尖技能人才）；选送长安福特汽车有限公司杭州分公司侯定华和杭州朝阳橡胶有限公司程海良2名高技能人才参加杭州“金蓝领”工匠团赴美国培训；杭州娃哈哈精密机械有限公司夏明、杭州夏坤科技有限公司祝新华和福特汽车有限公司赵聪被评为杭州市首席技师。

【劳动用工招聘】 2019年，新区社会发展局赴四川、云南、贵州等劳务输出大省组织扶贫专场招聘会，以及赴外专场及区内大型招聘会活动40多场，参会单位1000个次，提供岗位2.75万个，帮助企业

2019年7月13日，新区举行夏季人才招聘会。图为求职者在企业展台问询
（郁佳炜 供稿）

解决用工缺口5000多人。赴中国科学院、合肥工业大学、安徽大学等6个重点高校开展新区智能制造专场招聘会，举办高层次人才专场招聘会。与江西萍乡技师学院对接产城融合项目。参加2019年国际人才交流大会高层次人才招聘会，推出生物医药、高新科技等领域80多个企业的招聘岗位800多个。举办新区首届人力资源峰会，分析人力资源宏观环境，预测人力资源行业发展趋势，为企业用工需求提供解决之道。

【就业援助与职业指导】 2019年，新区社会发展局加大就业援助和职业指导，启动实施就业精准帮扶计划，开展"就业援助月""就业援助私人定制服务周""就业援助公益周"等公共就业服务活动。全年组织重点群体职业指导和6场市级职业指导人员培训，走访失业人员、就业困难人员和"零就业"家庭633人次，联系辖区企业约400个次，开发就业岗位1200个。推进东西部扶贫劳务协作，帮助对口帮扶地区（黔东南州、恩施州）102名建档立卡人员到新区就业。落实就业补贴政策，完成就业补贴审核4921人次，涉及资金2468万元；受理1125个困难企业社保资金返还申请，返还企业社保费5.7亿元，惠及职工10.3万人。开展稳岗、稳就业企业补贴申报，审批通过企业312个，补贴金额1616万元。开展"就业精准服务年"活动，15个社区（村）被评为区级高质量就业社区（村），中沙社区、东方社区、新元社区、高教社区4个社区获评市级高质量就业社区（村），中沙社区、东方社区2个社区获评省级高质量就业社区（村）。

【新区人力资源服务协会成立】 2019年12月13日，新区人力资源服务协会成立并召开第一次会员代表大会。新区社会发展局、新区人才办等单位及182个会员单位代表参会。会议审议通过《新区人力资源服务协会章程》及相关制度修订案，任命会长、副会长、秘书长、副秘书长及理事单位。根据《章程》，协会主要履行人力资源管理职能，为新区人才和企业提供咨询等服务；促进资源共享、新区政策信息交流、法律法规普及，提高劳动者素质，推行专业的人力资源管理理念和方法，促使新区人力资源管理工作高效、有序地开展；发挥协会介于政府与企业之间的桥梁作用，反映行业诉求，搭建交流平台，推进新区高质量发展。 （张宇丹）

残疾人保障

【概况】 2019年10月，由原杭州大江东产业集聚区残疾人联合会和杭州经济技术开发区残疾人联合会整合成立杭州钱塘新区残疾人联合会（简称新区残联）。完善新区残疾人事业发展政策体系，健全残疾人权益保障制度，制定出台《新区残疾人民生保障实施细则》，包含残疾人基本生活保障、康复医疗保障、参保补助保障、就学救助保障、就业创业保障、文化服务保障、居住改善保障7个方面25条政策。实施残疾人扶贫助困，全年新区残联通过发放津贴、开展节日慰问、助学助困、保险补助金等方式，扶助残疾人6398名，投入资金1454万元。两项补贴（困难残疾人生活补贴和重度残疾人护理补贴）、保险补贴惠及4235人，累计发放金额1114万元。残疾人基本养老参保比例99.9%，医疗保险参保比例99.4%，意外伤害保险实现全覆盖。运用"智慧助残"系统，推进残疾人两项补贴工作开展，实现"应保尽保、应退则退"的工作目标。保障残疾儿童享受教育，出台《新区送教上门实施方案》，通过随班就读、上门送教和特教班等形式落实送教服务。推动特殊教育向学前教育、高中阶段职业教育延伸，残疾幼儿学前入园率85%。向688名残疾学生和残疾人子女发放就学补助，补助资金150万元。推进残疾人事业城乡统筹发展，与建德市残联、临安区残联开展合作交流，提供帮扶资金60万元。

【残疾人康复工程】 2019年，新区残联实施以“助明、助听、助行”为主题的康复工程，为区内符合条件的残疾人配备辅具并发放补助，其中助听器补助30例、假肢安装3例、膝髋关节置换5例，辅具适配率95%，残疾人康复服务率92%。开展残疾儿童基本康复服务与补贴项目，拨发儿童抢救性康复补助资金约75万元，为58名残疾儿童实施康复评估，为2例残疾儿童人工耳蜗手术提供补助。会同新区教育与卫生健康局、新区财政金融局出台《新区精神障碍患者医疗保障办法》，全年惠及服药救助的精神残疾人316人。规范“仁爱家园”工疗站建设，完善工疗站入托人员日间照料、管理、服药、医疗保障、基本生活保障等。做好残疾人重点人群家庭医生签约服务，将残疾儿童、精神残疾和重度一级、二级肢体残疾人作为重点签约服务对象，残疾人家庭责任医生签约率70%。

【残疾人就业与维权】 2019年，新区安置残疾人的企事业单位有491个，安置残疾人就业1777人，新增就业83人。落实残疾人就业补贴政策，对符合条件的130个企业发放补助金193万元。通过理论教学加实践操作的方式，帮助残疾人就业，新增培训203人。创办辅助性就业机构3个，安置就业庇护照料40人。培训参与电商活动100人，新增电商就业62人。强化残疾人维权，对残疾人电询信访做到程序到位、解释到位、服务到位，未发生残疾人越级上访和损害残疾人利益的事件。落实持证残疾人办理免费乘车卡，引导残疾人绿色出行。鼓励符合条件的下肢残疾人购置机动轮椅车，足额发放燃油补贴。

【扶残助残服务优化】 2019年，新区残联依托“互联网+政务网”服务，实施“就近办”和“扶残助残一件事”联办，提升区内残疾人办事满意度。丰富残疾人文化体育生活，开展“残疾人图书进社区”活动。与浙江理工大学、中国计量大学的高校志愿者团队进行志愿服务签约授牌，新增助残志愿者40多人。提升信息化运用，完成新区6342人入户调查。推进省级无障碍社区创建，下沙街道元成社区、义蓬街道义和社区获“省级无障碍社区”称号。下沙街道头格社区、新湾街道新北桥社区通过第二批“省级无障碍社区”社区实地验收。河庄街道城隍庙社区将争创第三批“省级无障碍社区”列入工作目标。全年新区无障碍家庭设施配送与安装完成105户。

【残疾人综合服务中心交付】 2019年10月，新区残疾人综合服务中心大楼装修完成并交付。大楼位于七格路465号（杭州市下沙医院西大门对面）。用地面积5863平方米，总建筑面积2.67万平方米，有主楼18层和辅楼4层。项目总投资1.7亿元。主要功能设置有残疾人康复、盲人指导中心、残疾人劳动就业服务中心、残疾人法律援助站、杭州市聋人语言康复培训中心、辅助器具供应站、管理及配套辅助用房等。该中心同时与医疗机构合作，开展医疗体检、康复治疗和养老服务等活动。

退役军人服务

【退役军人服务安置】 2019年，新区落实中央和省市关于退役军人工作的政策措施，做好退役军人思想政治、管理保障和安置优抚等工作的组织实施。由新区社会发展局成立退役军人事务科，履行退役军人服务保障职能。年末，新区建成1个退役军人服务中心，7个街道、105个村（社区）均建立退役军人服务站。退役军人服务站为退役军人提供关系接转、联络接待、困难帮扶、信息采集等服务，保障退役军人诉求有渠道、解困有平台。优抚安置退役军人，全年新区发放重点优抚对象抚恤和生活补助573万元、退伍军人军龄补贴和生活补助358万元，为辖区58名重点优抚对象发放医疗补助10万元。拓宽就业创业途径，提供职业技能培训。组织评选退役军人“每月一星”，推荐市级“最美退役军人”，组织部分退役军人重返军营、重温军旅生活。

【退役士兵返乡欢迎仪式暨专场招聘会】 2019年11月26日，新区举行2019年度退役士兵返乡欢迎仪式暨专场招聘会，欢迎士兵退役。活动为8位退役军人授予年度“每月一星”表彰，为12位退役士兵代表佩戴绶带。仪式结束后，新区举行退役士兵专场招聘会，浙江育英职业技术学院向退役士兵介绍培训项目及内容，44个新区企业提供130多个岗位供退役军人应聘就业。

（吴　孟）

责任编辑　周　丹

杭州下沙高教园区

辖区高校

【概况】 杭州下沙高教园区位于新区下沙区块，北邻德胜东路，南至2号大街（部分至学正街），西起文渊路，东至钱塘江岸线，总面积10.92平方千米，是浙江省最大规模的高教园区。以杭州绕城高速公路东线为界，分东、西两个区块。2000年8月启动建设，2005年基本建成。园区入驻高校14所，东区入驻浙江工商大学、浙江财经大学、杭州师范大学钱江学院、浙江水利水电学院、浙江金融职业学院、浙江经贸职业技术学院、浙江经济职业技术学院7所高校，西区入驻浙江理工大学、杭州电子科技大学、中国计量大学、浙江传媒学院、浙江警官职业学院、杭州职业技术学院、浙江育英职业技术学院7所高校。14所高校中省属高校11所（其中教育部或其他部委局共建高校6所）、市属高校2所、民办高校1所。2019年，园区总建筑面积603万平方米，入学新生9.28万人，全日制普通高校在校学生21.55万人，其中：研究生1.61万人、本科生13.96万人、专科生5.38万人、留学生5962人；成人继续教育学生4.86万人。在编教职工1.68万人。园区高校有博士培养单位4个、硕士培养单位6个。

（刘心怡）

杭州下沙高教园区　　（新区党群工作部　供稿）

2019年杭州下沙高教园区高校院系及学生基本情况

表25

院校名称	总面积（万平方米）	分校区（个）	学院/系（个）	独立学院（个）	专科专业（个）	本科专业（个）	硕士专业（个）	博士专业（个）
浙江理工大学	110.38	3	18	1	—	67	50	12
杭州电子科技大学	90.95	4	19	1	11	49	75	18
浙江工商大学	165.34	3	25	1	—	68	92	51
中国计量大学	103.91	2	19	1	14	53	25	—
浙江财经大学	98.5	4	20	1	—	45	50	5
浙江传媒学院	87	2	16	—	—	41	1	—
杭州师范大学钱江学院	50.09	—	9	—	—	34	—	—
浙江水利水电学院	82.06	1	8	—	6	26	—	—
杭州职业技术学院	66.67	—	8	—	36	—	—	—
浙江金融职业学院	40.87	—	14	—	23	—	—	—
浙江经贸职业技术学院	38.31	1	8	—	30	1	—	—
浙江育英职业技术学院	14.33	—	6	—	23	—	—	—
浙江警官职业学院	34.93	1	4	—	12	—	—	—
浙江经济职业技术学院	35.2	—	10	—	32	3	—	—

说明：表格数据均包含各高校分校和独立学院的数据；专业个数指二级学科点个数

2019年杭州下沙高教园区高校师生构成情况

表26

院校名称	招生（人）					在校生（人）						毕业就业率(%)	教职工（人）		
							全日制普通生							其中专任教师	
	总数	研究生	本科生	专科生	成人本专科	总数	研究生	本科生	专科生	留学生	成人教育生		总数	总数	副高级以上职称
浙江理工大学	12 413	1 472	4 754	—	6 187	42 025	4 183	24 230	—	1 402	12 210	97.8	2 253	1 755	946
杭州电子科技大学	10 436	1 521	6 924	—	1 991	34 325	4 504	24 869	—	1 503	3 449	96.2	2 765	2 034	991
浙江工商大学	19 675	1 646	6 864	—	11 165	43 500	3 691	24 145	—	2 178	13 486	96.7	2 478	1 885	1 007
中国计量大学	7 819	745	5 575	—	1 499	25 774	1 944	21 277	—	184	2 369	97	2 028	1 445	706
浙江财经大学	6 987	717	3 718	—	2 552	16 800	1 525	14 150	—	360	5 536	97.2	1 626	1 140	548
浙江传媒学院	4 927	122	3 548	—	1 257	16 188	220	13 763	—	245	1 960	95.9	1 278	874	394
杭州师范大学钱江学院	2 751	—	2 751	—	—	9 276	—	9 276	—	—	—	96.1	468	310	144
浙江水利水电学院	2 976	—	2 451	392	133	10 178	42	7 176	2 225	—	735	96.6	727	512	263
杭州职业技术学院	5 324	—	—	4 965	359	12 061	—	—	11 309	—	752	98.9	716	390	153
浙江金融职业学院	3 926	—	—	3 926	—	10 486	—	—	10 422	25	39	98.4	568	421	169
浙江经贸职业技术学院	4 572	—	50	4 522	—	13 074	—	194	10 461	—	2 419	97.7	526	367	156
浙江育英职业技术学院	3 460	—	—	2 584	876	8 061	—	—	6 958	50	1 053	97.6	375	265	64
浙江警官职业学院	1 229	—	—	1 229	—	3 141	—	—	3 141	—	—	98.5	384	234	104
浙江经济职业技术学院	6 309	—	—	3 369	2 940	9 777	—	517	9 260	15	4 572	98.8	596	440	158

2019年杭州下沙高教园区高校投档分数线

表27

院校名称	普通类	艺术类
	投档线	投档线
浙江理工大学	602	572
杭州电子科技大学	612	578
浙江工商大学	601	573
中国计量大学	586	567
浙江财经大学	603	568
浙江传媒学院	582	568（美术类，不含中外合作办学） 555（美术类，含中外合作办学） 488（音乐类） 532（舞蹈类） 566（影视表演类） 578（编导类） 552（摄制类）
杭州师范大学钱江学院	552	550（美术类） 553（播音类） 545（编导类） 476（音乐类） 518（舞蹈类）
浙江水利水电学院	本科564 专科508	—
杭州职业技术学院	479	507
浙江金融职业学院	479	508
浙江经贸职业技术学院	486	—
浙江育英职业技术学院	377	484
浙江警官职业学院	488	—
浙江经济职业技术学院	494	511

浙江理工大学

【概况】 浙江理工大学下设18个学院（教研部），举办1所独立学院。现有本科专业67个，其中国家级一流本科专业建设点专业7个、国家（教育部）特色专业8个、教育部综合改革试点专业1个、教育部“卓越工程师教育培养计划”试点专业6个、“教育部—欧特克公司专业综合改革项目”3个、省级一流本科专业建设点专业17个、“十三五”省优势专业7个、省特色专业5个。拥有省重点建设高校优势特色学科2个、博士学位授权一级学科3个、硕士学位授权一级学科24个，并可授予专业学位类别15种，博士后科研流动站3个。学校获国家技术发明二等奖8个、国家科技进步二等奖7个、国家科技进步三等奖1个、鲁迅文学奖1个、何梁何利基金科学与技术创新奖2个。2019年，浙江理工大学制定专业技术职务评聘实施办法，构建优秀人才引进、培养、发挥作用的工作机制。1人当选为中国工程院院士，1人入选教育部长江学者特聘教授。引进专任教师134人，其中，引进发达国家院士、国家人才计划特聘专家等省部级以上人才5人。入选省部级及以上人才12人。新增设博士后流动工作站1个。成立校人才服务中心。学校有全日制在校学生2.98万人，其中研究生4450人。拥有教职工2250人，其中具有正高级职称299人，副高级职称647人。学校坚持开放办学，已与近30个国家和地区的100多所教育、科研机构建立合作关系，与毛里求斯大学、苏里南大学共建2所孔子学院。

【人才培养新成效】 2019年，浙江理工大学入选国家和浙江省一流本科专业建设点24个，3个专业通过工程教育认证。入选国家精品在线开放课程2门、省精品在线开放建设课程28门、省优秀研究生课程1门。获批国家虚拟仿真实验教学项目、省级重点建设实验教学示范中心、省研究生联合培养基地6个。入选省课程教学创新学校、省高校教师教学发展示范中心。本科生深造率21.6%，报考浙江理工大学2020年硕士研究生人数递增57%。在校生获省级一等奖及以上学科竞赛141个。获“纺织之光”2019年度中国纺织工业联合会纺织高等教育教学成果奖30个，研究生教学获省部级教学成果奖3个。

【学科建设迈上新台阶】 2019年，浙江理工大学化学学科进入ESI全球排名前5‰，材料科学、工程学2个学科稳居ESI全球排名前1%。根据《中国研究生教育及学科专业评价报告（2019—2020）》显示，纺织科学与工程学科位列全国第三，纺织科学与工程、机械工程、材料科学与工程、软件工程、设计学、艺术学理论、马克思主义理论、应用经济学8个学科位列全国前30%。助推高峰学科建设，共建国际丝绸学院，设立纺织科学与工程学院、材料科学与工程学院，更名生命科学与医药学院。

【科技创新和社会服务新提升】2019年，浙江理工大学获批国家基金项目97个，国家级重点、重大项目11个。新增省部级科研平台4个，获省部级奖励45项、省级领导批示8项。为539个企业提供科技服务和技术支持，解决企业技术难题755个。学校直纺涤纶工业丝新技术为企业年增销售收入25亿元，学校病毒治疗癌症技术作价1750万元合资成立初创型公司。新增地方产业研究院2个。全年转化科研成果980项，其中转化专利251项。获中国产学研合作创新与促进奖一等奖。牵头发起浙江省时尚产业产教融合联盟、时尚产业专业委员会。

【国际化办学新局面】2019年，浙江理工大学新增中外合作办学项目2个。新增学历留学生131人，比上年增长24.7%；留学生规模位列全省前十。选派赴国（境）外学习交流一个月以上人员337人，比上年增长31.1%。孔子学院累计注册学员1499人。与“一带一路”国家合作国家级纵向课题2个，与毛里求斯大学共建省生物医用材料与组织工程联合研究中心。出国（境）交流学习的学生数比上年增长31.1%。举办第四期科技部“现代丝绸产品加工与创新设计技术”国际培训班。

【陈文兴当选中国工程院院士】2019年11月22日，中国工程院公布2019年增选院士结果，浙江理工大学陈文兴当选中国工程院院士（环境与轻纺工程学部）。陈文兴，1964年12月出生，籍贯浙江绍兴。纤维材料专家，浙江理工大学教授、博导。1987年毕业于浙江丝绸工学院丝绸工程专业，获工学硕士学位；1999年毕业于浙江大学高分子化学与物理专业，获理学博士学位。2016年任浙江理工大学校长、国家地方联合工程实验室“纺织纤维材料与加工技术”主任。长期从事纤维材料科学与工程领域的教学和科研工作。在蚕丝蛋白质结构和性质、生丝高质量制备技术、高黏聚酯熔融缩聚反应器、涤纶工业丝熔体直纺技术、功能性纤维等方面取得重要研究成果，提高中国生丝质量整体水平，攻克熔融缩聚制备高黏聚酯熔体的技术难题，实现涤纶工业丝高效节能生产。以第一完成人获国家技术发明二等奖1项、国家科技进步二等奖1项、省部级科学技术一等奖4项、何梁何利基金科学与技术产业创新奖、桑麻学者奖。

2019年12月3日，浙江理工大学教授、博士生导师陈文兴（左）参加中国工程院2019年当选院士颁证仪式 （朱何旋 朱秋飞 供稿）

【余杭校区（时尚学院）奠基】2019年12月29日，浙江理工大学余杭校区（时尚学院）奠基。该校区规划用地面积33.33万平方米，总建筑面积30万平方米，在校生规划为8000人，以服务时尚产业发展为核心，开展本硕博人才培养，发挥国际时尚教育、人才集聚孵化、众创空间交流、创意产品研发、国际时尚发布、时尚文化传播等功能，助力深化产教融合，支撑地方产业经济转型升级。

【共建国际丝绸学院签约】2019年4月29日，浙江理工大学与中国丝绸博物馆共建国际丝绸学院签约仪式举行。校长陈文兴、中国丝绸博物馆馆长赵丰代表校馆双方签署《共建国际丝绸学院》协议。双方以此为平台，共同助力建设丝绸之府、女装之都、时尚e都、文化浙江，打响中国丝绸、浙江丝绸金名片，为千年丝绸时尚之美和文化之美做出新贡献。 （朱何璇）

杭州电子科技大学

【概况】杭州电子科技大学是浙江省第一批重点建设高校，浙江省唯一一所与国防科工局共建高校。学校设下沙、文一、东岳、下沙东、青山湖5个校区，占地面积167.67万平方米。下设19个学院及教学单位，举办1所独立学院。学校连续五届获国家级教学成果奖励13项。有国家级人才培养模式创新实验区1

2019年1月12日，中国共产党杭州电子科技大学第三次代表大会召开，选举产生新一届党委委员　（寿　欣　供稿）

个，是教育部批准的卓越工程师教育培养计划高校。学校拥有检测仪表与自动化系统集成技术教育部工程研究中心、射频电路与系统省部共建教育部重点实验室等14个省部级重点实验室。拥有3个国家级实验教学示范中心、2个国家级虚拟仿真实验教学中心。拥有10个浙江省实验教学示范中心、4个省科技创新公共技术平台、1个浙江省工程实验室（工程研究中心）、2个浙江省国际科技合作基地、1个浙江省“2011协同创新中心”、1个浙江省新型高校智库（浙江省信息化发展研究中心）。拥有以培养基于网络先进制造技术人才为主的工程训练中心。学校在众多领域参与并完成一系列国家“六五”至“十二五”计划重点攻关、“973”“863”等高科技攻关项目，在集成电路、先进制造、工业自动化、微电子元器件、信息安全与对抗、保密通信、智能机器人、图形图像处理及应用等领域做出突出贡献，曾获国家科技进步一等奖、二等奖5个、国家发明二等奖2个、国家自然科学奖二等奖1个，是“全国信息产业科技创新先进集体”单位。国防军工科研特色明显，是省属高校中唯一国防军工“四证”齐全高校，参与“天宫一号”、预警机、航母、北斗导航系统等重大国防装备攻关和研制工作，多项成果已成功装备部队。产学研合作成果显著，近三年共承担地方政府项目452个，其中承担省重大科技项目39个、国际合作项目9个，科研成果转让350多个，服务社会经济发展贡献突出、效益良好。2019年末，学校有全日制在校学生2万余人，全校教职工2400多人，其中专任教师1600多人，正高级职称320人，具有博士学位教师1250人。拥有院士3人，浙江省特级专家2人、国家级有突出贡献中青年专家4人、国家杰出青年基金获得者4人、国家社科重大项目首席专家2人、国家新世纪百千万工程人才5人、青年长江学者2人、优秀青年科学基金获得者2人、教育部新世纪优秀人才支持计划13人、浙江省突出贡献中青年专家6人、浙江省“钱江学者”特聘教授15人。设有国家“111计划”学科创新引智基地2个、省级院士专家工作站1个。

【国际化合作办学】 2019年，杭州电子科技大学新增2个境外办学机构，累计6个。学校与墨西哥蒙特雷科技大学建立远程控制教学实验平台，成立“杭电—蒙特雷科技大学丝路联合校区”境外办学机构；与奥地利MUT公司共建国际联合研发中心，获奥方近1000万元投资。与马来西亚玻璃市大学、塞浦路斯理工大学、奥地利维也纳大学、罗马尼亚蒂米什瓦拉大学等签署校际合作协议，开展师生交流，建立境外实习基地，共建国际联合实验室、孔子学院。全年招收国际新生414人，派出1316名学生出国交流学习，在校生中具有交流经历的学生占比11.6%。根据浙江省教育厅公布的《2018浙江省高等教育国际化发展年度报告》，学校国际化综合排名居省属高校第一。

【产学研合作成果】 2019年，杭州电子科技大学年度实到横向科研经费1.12亿元，以转让或许可方式进行转化的科技成果179项；新建校企合作平台27个，累计建成212个；新增培育教师创立科技型公司29个，累计培育153个；新建5个技术转移中心，累计24个；与地方政府合作新建2个地方实体研究院（富阳电子信息研究院，浦江微电子与智能制造研究院），累计建有11个地方实体研究院；与中孚信息股份有限公司、杭州城市大数据运营有限公司、北京华大九天股份有限公司、广州汇专工具有限公司等企业签订共建重点校企研发平台；与义乌市委组织部、义乌市人社局共同主办“杭电专家服务企业人才项目精准对接”活动；与杭州钱塘新区、余杭区、滨江区，海宁连杭经济开发区谋建创新平台并有序推进；组织成立杭电企业家联盟，为校内科技型企业家搭建资源共享、互利互惠合作平台。

【专业专科建设质量提升】 2019年，杭州电子科技大学在首批“双万计划”评选中，有10个专业入选国家级一流本科专业建设点，20个专业入选省级一流本科专业建设点。新增3个专业通过工程教育认证，学校拥有国家“虚拟仿真”一流课程2门、省“十三五”时期第二批教学改革项目20个。5月10日，根据基本科学指标数据库公布的统计数据显示，杭州电子科技大学材料科学学科进入ESI国际排名前1%。杭州电子科技大学已有工程学、计算机科学、材料科学3个学科进入ESI国际排名前1%。6月26日，软科发布2019年世界一流学科排名，杭州电子科技大学控制科学与工程、计算机科学与工程、通信工程、电力电子工程、仪器科学、材料科学与工程6个学科上榜，其中控制科学与工程学科位列世界第80名。

【与奥地利公司合作签约】 2019年4月25日，杭州电子科技大学校长朱泽飞出席“浙江省—下奥地利州商务论坛签约仪式”，在奥地利总理库尔茨见证下，杭州电子科技大学与奥地利MUT公司签署“中奥智能环保设备及先进制造技术国际联合研究中心”战略合作协议。学校“一带一路”信息技术研究院与奥地利MUT公司自2010年起，在环保自动控制、城市环保水污染处理、职业教育装备及培训等领域进行广泛深入的合作。

【获批千万级国家重点研发项目】 2019年7月26日，杭州电子科技大学微电子研究中心主任骆建军教授主持的“新型嵌入式阻变存储器（RRAM）研究”项目获得立项，这是学校作为主持单位获得的首个千万级国家重点研发计划项目，项目预算近4000万元，获得1700多万元中央财政经费支持。该项目拟在新型半导体存储器件——阻变存储器（RRAM）方面取得突破性进展，通过摸索半导体工艺、应用各种算法、封装测试技术来提高稳定性和可靠性，打通从实验室到产业化的关键环节，推动国家新型储存器RRAM技术达到国际前沿水平。

【教授严义科技报国】 2019年8月21日，《科技日报》“爱国情、奋斗者”专栏刊登杭州电子科技大学严义教授的科技报国事迹。2019年，计算机学院教授严义团队有关PLC（可编程控制器）的成果频出，如可编程控制器、智能流量仪表、高精度光学检测仪等，诸多技术领先全国乃至全球。严义主持完成多项国家自然科学基金、国家重大专项和省部级科技重大重点攻关项目，成果多次获浙江省科技进步奖一、二等奖。基于相关理论所研发的面向未来5G需要的微型边缘技术可编程控制器也通过中国铁塔股份有限公司审核，即将走入市场。

【新设4个博士后科研流动站】 2019年10月，杭州电子科技大学机械工程、电子科学与技术、计算机科学与技术、管理科学与工程4个一级学科获批设立博士后科研流动站。博士后科研流动站成功获批，将优化学校学科布局，为加强学科建设、培养高层次人才、打造高水平科研团队、产出高水平科研成果、扩大学术交流等构建更为广阔的平台。

【学校信息化发展研究院入选中国智库索引（CTTI）】 2019年12月19日，杭州电子科技大学浙江省信息化与经济社会发展研究中心所属的浙江省信息化发展研究院正式入选中国智库索引（CTTI），成为中国智库“国家队”一员。中国智库索引（CTTI）是南京大学中国智库研究与评价中心联合光明日报智库研究与发布中心开发的智库数据管理与评价系统，也是专门从事智库研究、人才培养、评估、评价和管理咨询工作的重点研究机构。

（寿　欣）

浙江工商大学

【概况】 浙江工商大学是浙江省人民政府、商务部、教育部共建大学

2019年4月16日，浙江工商大学举办“2019钱塘·国际青年学者论坛”

（王庆生　朱　帆　供稿）

2019年10月18日，浙江工商大学举行“食品科学与营养国际大学联盟”和“食品科学与营养国际博士后创新中心”揭牌仪式　　（王庆生　朱　帆　供稿）

和浙江省重点建设大学，有下沙、教工路和桐庐（杭州商学院）3个校区，占地面积165.34万平方米。学校下设学院26个、本科专业68个，涵盖管理学、经济学、法学、文学、理学、工学、历史学、哲学、艺术学九大学科。学校有一批高层次科学研究平台，拥有教育部省部共建人文社会科学重点研究基地1个，教育部“国别和区域研究中心”培育基地1个、国家农产品加工技术研发专业分中心1个、省2011协同创新中心3个、省新型重点专业智库2个、省新型高校智库1个、省“一带一路”建设智库1个。拥有省哲学社会科学重点研究基地2个、省重点实验室6个、省工程实验室4个、省国际科技合作基地2个、省级行业创新平台1个、教育部科技发展中心“互联网应用创新开放平台示范基地”1个、省统计科学研究基地1个、省社会科学普及示范基地2个。教职工2400多人，其中专任教师近1900人、博士生导师114人、正高级职称370多人、副高级职称630多人、博士学位1000多人。有省重点创新团队6个、省高等学校创新团队6个、省高校高水平创新团队2个。成立浙江工商大学杨善林院士工作站。有全日制普通在校生3万人，其中本科生2.4万人、研究生3600多人。有留学生2100多人，其中学历生1200多人。

【高水平大学建设】 2019年，浙江工商大学深入实施统计学创建一流学科行动计划，成立“双一流”建设领导小组。发挥“工商法文”相融合学科优势，构建“大商科”特色学科生态体系。落实一流本科教育建设行动计划，深化“大商科”人才培养模式内涵建设。启动第5轮学科评估和新一轮学位点申报准备工作。召开“钱塘·国际青年学者论坛”。出台《2020—2022年度“三定”方案》《校院两级管理实施办法》，推进校院两级管理体制改革，提升学校治理能力和治理水平。加强人才队伍建设，自主培养国家级人才6人、省部级人才3人，其中入选“长江学者青年学者”2人、“国家百千万人才工程”国家级人选2人，入选“全国宣传思想文化青年英才”1人、“会计名家培养工程”1人，入选省突出贡献专家2人。全职引进国家级人才5人。全年引进博士120人，其中海外博士35人。

【科学研究新进展】 2019年，浙江工商大学共获准省部级以上项目236个，其中获准各类国家社科基金项目43个（含重大专项1个、重点项目4个），年度立项数位列全国第18位；获准国家自然科学基金41个；获准“十三五”时期国家重点研发计划（国际合作）2个；获得重大社会服务项目3个。获省部级及以上科研成果奖20个，其中获国家科技进步二等奖1个；获教育部高等学校科学研究优秀成果奖（人文社科）3个、（科学技术）1个；获省第二十届哲学社会科学优秀成果奖15个，其中一等奖5个（含3项参加）、二等奖4个；获省科学技术奖6个（含1个参加），其中自然科学奖二等奖1个、科技进步奖软科学类二等奖1个；在《自然》子刊上发表高层次论文1篇。获批省“2011协同创新中心”1个。

【服务经济社会发展】 2019年，浙江工商大学深化与商务部、浙江省商务厅、省内外地方政府、浙江物产集团公司等20多个政府机构和大型企业集团的战略合作。10多份决策咨询成果获国家领导人、省部级领导肯定性批示。新签产学研合作合同155个、新增产学研基地4个、申请专利128个，专利成果转化12个。

【拓展国际交流与合作】 2019年，浙江工商大学与英国萨塞克斯大学合作成立人工智能联合学院。与阿联酋沙迦大学合作，在中东建设丝路学院。发起并成立食品科学与营养国际大学联盟。承办“2019年青年汉学家研修班（杭州）”。举办高水平国际学术会议，新建4个国际科研平台。新招收学历国际生331

人，“一带一路”沿线国家学生占学历生总人数的65.9%；加入阿里巴巴“全球跨境电商教育联盟”和“一带一路”人才培养校企联盟。

【获评“创业创新典型示范高校”】 2019年1月16日，“中国创业创新发展战略高峰论坛”在北京举行。浙江工商大学被中国互联网新闻中心（中国双创）授予“创业创新典型示范高校”称号，浙商大创业园被授予“创业创新典型示范基地”称号，学校推荐申报的浙江华坤道威数据科技有限公司被授予“创业创新典型示范企业”称号。

【推进与中国人民大学战略合作】 2019年3月11日，中国人民大学与浙江省人民政府签署战略合作框架协议。作为中国人民大学与浙江省教育合作的重要基地，2020年1月15日，中国人民大学支持帮扶浙江工商大学合作协议签约仪式在北京举行。根据合作协议，中国人民大学将全面支持和帮扶浙江工商大学统计学科和法学学科，建设之江大数据统计研究院和长三角（先行）法治研究院等；创新合作机制和模式，深化帮扶学院内部管理体制改革，以“双一流”高校建设标准努力推动浙江工商大学提升学科建设水平和高层次人才培养能力。

【泰隆金融学院成立】 经浙江省政府批准，浙江工商大学与泰隆银行合作建设泰隆金融学院。2019年5月16日，举行混合所有制办学试点启动仪式。泰隆金融学院是国内高校首家培养小微、普惠金融领域专家型和管理型人才的非独立设置的混合所有制二级学院，已完成第一届100名本科生招生录取工作。泰隆金融学院获批省级产教融合示范基地（第二批人才培养类示范基地）立项。

【中国（杭州）跨境电商学院成立】 2019年6月27日，浙江工商大学与杭州钱塘新区举行合作签约仪式，联合建立中国（杭州）跨境电商学院。杭州市副市长、钱塘新区党工委书记柯吉欣，钱塘新区管委会主任何美华，浙江工商大学党委书记金一斌、校长陈寿灿等出席签约仪式。根据合作协议，双方将共同组建特色鲜明，体制、平台创新的跨境电商学院，开展“一带一路”教育教学、海外办学、科学研究和社会服务；联合国内外高校知名专家、跨境电商龙头企业，增强社会服务功能，打造中国跨境电商人才培养的“摇篮”和中国高端跨境电商人才培养的“黄埔军校”，为e—WTP全球通路和跨境电商行业发展提供高端商务人才支持。

（王庆生　朱　帆）

中国计量大学

【概况】 中国计量大学设有19个学院（部），创办1所独立学院，与捷克共和国高校合作共建1所孔子学院，与义乌市共建中国计量大学义乌研究生院。有在校全日制普通本科生1.54万人、研究生1944人、独立学院普通本科生5842人、留学生184人。有专任教师1400多人，有全国高校黄大年式教师团队1个，拥有共享中国工程院院士2人，长江学者、国家杰出青年科学基金获得者、国家百千万人才、国家创新人才推进计划等国家级人才20多人，浙江省特级专家、浙江省突出贡献中青年专家、浙江省151人才重点资助人选等省部级人才40多人。2019年度有50个普通本科招生专业，涵盖工学、理学、管理学、文学、法学、经济学、农学、医（药）学、艺术学9个门类。学校在2018年浙江省普通本科高校分类评价中获具有硕士生培养高校第一名。学校有国家国际科技合作基地、教育部工程研究中心、国家质检中心、国家地方联合工程实验室、浙江省重点实验室、浙江省工程实验室、浙江省工程研究中心等省部级以上科研平台31个，中国计量大学科技园被科技部、教育部认定为国家大学科技园、国家级科技企业孵化器、国家级众创空间、高校学生科技创业实习基地。成立全球首个“一带一路”标准化教育与研究大学联盟，

2019年10月20日，浙江省人民政府和国家市场监督管理总局签署共建中国计量大学意见签约仪式举行　（孙安宁　供稿）

2019年12月27日，浙江省教育厅与义乌市人民政府正式签署协议，以"省市共建"方式支持中国计量大学创建一流学科　（孙安宁　供稿）

建有ISO国际标准化培训基地（杭州）、国际法制计量组织培训中心（杭州基地）、国家知识产权培训（浙江）基地、中国认证认可协会教育培训基地、国家标准化管理委员会国际标准化人才培训基地等高水平行业人才培养基地。

【专业实力增强】 2019年，中国计量大学加强专业建设，"双万计划"获得突破，6个专业获批教育部首批国家级一流本科专业，15个专业获批省级一流本科专业。省课堂教学创新校、省高校教师教学发展示范中心、产教融合示范教育基地等"十三五"时期人才培养项目获得立项。4个专业通过工程教育认证专家组评审；5门课程获省级精品在线开放课程认定；20门课程入选省级一流课程；44门课程在"中国大学MOOC"平台建课，14门课程在省平台建课；6部教材获批浙江省"十三五"时期第二批新形态教材建设项目。加强实验室建设和管理，申报省级重点建设实验教学示范中心和省级虚拟仿真实验教学项目。9个实验室项目获中央和省财政专项资金1731万元。

【人才强校战略实施】 2019年，中国计量大学引进国家人才工程入选者、省部级人才、博士生导师等高层次人才5人；培养新增国家青年拔尖人才1人、省人才计划青年拔尖人才1人、省有突出贡献中青年专家1人；成功举办首届青年学者国际论坛，引进青年博士165人，其中海外博士21人。

【学科内涵建设持续强化】 2019年，中国计量大学优化博士学校授权单位申报指标，以博士点申报学科为重点，深化推动重点学科建设。实施学科建设"321"工程，分层次开展学科建设，按高峰学科、高原学科和高地学科以及其他学科进行布局。2019年，材料科学学科首次进入ESI全球排名前1%，至此，学校共有工程学、化学、材料科学3个学科进入ESI全球排名前1%。

【科研创新能力提高】 2019年，中国计量大学科研经费到位2.25亿元，比上年增长61%。国家级项目质量和数量持续提升，获2019年度国家自然科学基金项目49个，国家社会科学基金项目14个。获国家重点研发计划项目国际合作重点专项2个，浙江省重点研发计划项目2个。获浙江省哲学社会科学优秀成果一等奖。新增国家计量法治研究基地、省新型培育智库、省新型高校智库、省重点实验室、省工程研究中心等科研平台5个。

【社会服务能力增强】 2019年，中国计量大学获批设立国家计量法治研究基地、国家市场监督管理总局科普基地、国家计量战略专家咨询委员会秘书处等基地和机构。获中国产学研合作创新奖，全年签订科技合作项目750个，与地方政府、学术机构、行业机构和企业等40多个单位签订战略合作协议。助力精准扶贫，重点实施结对帮扶泰顺县司前镇台边村，援助经费20万元。开展市场监管领域人才培训，举办45期培训班，培训学员2419人次。举办2019年度浙江科技成果拍卖会中国计量大学专场，实际成交金额4336万元，总溢价率13.6%。

【开放办学有序拓展】 2019年，由中国计量大学和捷克布拉格金融管理大学联合成立的"浙江—捷克人文交流中心"和中东欧研究院获批成立，5月25日，浙江省委书记车俊出席在布拉格金融管理大学孔子学院举办的浙江—捷克人文交流论坛并致辞。加强孔子学院建设，与布拉格金融管理大学共建孔子学院正式开学。两个项目入选"一带一路"浙江省推进建设成果清单。新增8所国（境）外合作院校，3个项目被国家留学基金委列入全国优秀本科生国际交流项目，228名学生参加国（境）外交流项目。

【中国计量大学共建协议签署】 2019年10月20日，浙江省政府和国家市场监督管理总局在浙江乌镇签署关于共建中国计量大学的意见，合力共建特色行业高校，更好服务经济社会发展。浙江省委副书记、省长袁家军，国家市场监管总局局长、党组书记肖亚庆出席签字仪式。浙江省副省长成岳冲与国家市场监管总局副局长孙梅君代表双方签署协议。12月27日，浙江省教育厅与义乌市政府签署省市共建中国计量大学创建一流学科的协议。

【与义乌市政府合作办学】 2019年，中国计量大学现代科技学院迁建义乌建设工程进展顺利。在此基础上推动与义乌市政府合作共建中国计量大学义乌研究生院，致力打造研究生教育培养与政产学研协同创新平台，提升科研创新能力和社会服务能力，为博士点申报和争取省重点建设大学奠定基础。

（孙安宁）

浙江财经大学

【概况】 浙江财经大学为浙江省重点建设高校，一级学科博士点授权单位，具有博士、硕士、学士学位授予权和外国留学生、中国港澳台学生招生权，下设学院16个、教学部1个、独立学院（东方学院）1个、研究院3个。现有普通全日制在校研究生和本科生2.5万人（含独立学院近万名学生）。其中2019年共招收本科生6632人（其中独立学院2815人）、硕士生705人、博士生17人。浙江财经大学设有应用经济学博士后科研流动站，拥有应用经济学一级学科博士点，“城市公用事业政府监管”博士人才培养项目，9个一级学科硕士点，13个专业硕士学位点。学校本部有教职工1617人，其中专任教师1140人，具有正高级职称专任教师183人、副高级职称专任教师387人，具有博士学位专任教师656人。另聘有116名国内外知名专家、学者为兼职教授。2019年，浙江财经大学推进学校综合改革方案的实施，68个综合改革重点项目中，已完成或已出台相关制度并实施的改革项目50个，定期推动的改革项目6个，按计划推进的改革项目8个，82%的改革项目已基本完成。

【学科建设加强】 2019年，浙江财经大学制定优势特色学科建设绩效配套奖励资金管理和使用办法，建立以绩效为导向的优势特色学科建设考核机制。“城市公用事业政府监管”服务国家特殊需求博士人才培养项目通过国家级评估验收，理论经济学、法学、统计学等一级学科通过省级合格抽评。根据上海软科公布的“2019年中国最好大学排名”和“2019年中国最好学科排名”，学校位列全国高校第115位、全国财经类高校第9位，应用经济学进入前10%，统计学进入前20%，工商管理、公共管理、外国语言文学、管理科学与工程进入前30%。工程学学科首次进入ESI全球排名前1%。

【人才队伍优化和培养】 2019年，浙江财经大学创新“引才”“聚才”制度，完善“育才”“留才”政策体系，举办首届“青年学者国际论坛”，建立人才引育工作月报制度。全年引进全职高层次人才57人，其中省级以上人才5人、海归博士9人；培育省级有突出贡献中青年专家、院士结对青年英才、省钱江人才计划人才等6人；柔性引进国内外知名专家7人；新聘、续聘、特聘兼职教授38人。进一步突出教学中心地位，评聘通过4位教学为主型教授、3位教学为主型副教授。

【科学研究和社会服务能力增强】 2019年，浙江财经大学立项国家社科基金项目26个，其中重大项目2个、重点项目1个，首次获得中华学术外译项目1个；立项国家自然科学基金项目21个；获省哲学社会科学优秀成果奖20个。数据科学与大数据分析协同创新中心获批列入第6批省“2011协同创新中心”，金融创新与普惠金融研究中心获批列入第3批省新型高校智库。42项研究成果获省部级以上领导人批示，中国政府监管与公共政策研究院入选中国智库索引（CTTI）来源智库，并在“党的建设与国家治理领域研究”智库中名列前10位。与温岭市政

浙江财经大学外景（高　灵　供稿）

府、杭州钱塘新区、浙江省城市水业协会、中国银行浙江省分行等签订战略合作协议。举办第三届中国经济学家高端论坛、中国式扶贫政策与实践经验圆桌会议等高层次学术活动。《财经论丛》获“全国高校社科名刊”称号。

【教育教学改革深化】 2019年，浙江财经大学深入推进本科大类人才培养，制定2019级本科生培养方案，完成2次大类分流。8个专业入选国家级一流本科专业建设点，12个专业入选省级一流本科专业建设点，14个省优势特色专业通过中期评估。入选省课堂教学创新校，立项省“互联网+教学”优秀案例10门、省“互联网+教学”示范课堂8门，43门课程在省高等学校在线开放课程共享平台上线。1项成果获省“基于MOOC的混合式教学优秀案例”二等奖，8人在省青年教师教学竞赛和省高校微课教学比赛中获奖。获省级虚拟仿真实验项目认定4个、立项16个。获批省“十三五”重点建设实验教学中心3个。修订2019级硕士、博士研究生培养方案，优化研究生课程体系。1门课程获省研究生优秀课程建设项目立项，10个教学案例被认定为省研究生优秀教学案例。获省专业学位研究生优秀实践成果1个、省研究生教育学会教育成果奖2个。承办全国财经院校创新创业联盟2019年会暨第四届全国财经院校创新创业大赛，举办“KAB创业启蒙”“8+X创业实训”等创业班，“绘梦·蓝创空间”投入运营。东方学院入选省课堂教学创新校，获批省级产教融合示范基地，入选“十三五”时期省级大学生校外实践教育基地2个、省级虚拟仿真教学项目2个。

【国际化办学】 至2019年末，浙江财经大学已与33个国家和地区的137所高校和机构建立合作关系。与新西兰奥克兰理工大学合作举办的应用金融学专业硕士学位教育项目获教育部批准。选派145名教师、669名学生赴国（境）外高校学习交流，聘请40名外籍教师到校授课。在校留学生682人，其中攻读学位留学生比例为65%，有54人取得学士学位、14人取得硕士学位。成功举办第二届中哈经济社会合作论坛等多个中外交流活动。（高　灵）

2019年12月23日，浙江传媒学院和浙江省作家协会战略合作签约暨浙江网络文学院成立仪式举行（黄田心　供稿）

浙江传媒学院

【概况】 浙江传媒学院是浙江省人民政府和国家广播电视总局共建高校，现有杭州下沙和嘉兴桐乡2个校区，占地87万平方米，总建筑面积57.7万平方米。设有16个二级学院（部、中心），有在校生1.6万人，其中研究生220人；教职员工1200多人，其中专任教师874人，专任教师中具有副高级以上职称的有394人。学校获“全国文明单位”“国家级语言文字规范化示范学校”“浙江省平安校园”“浙江省应用型建设试点示范学校”等称号。学校实施专业结构优化工程，通过新专业建设、传统专业改造、优势与特色专业培育等项目的建设，优化学科专业结构，拓展和完善学科专业布局，开设本科专业4个、专科专业2个。本科专业涵盖经济学、文学、工学、管理学、艺术学5个学科门类，有国家级专业建设点4个、省级一流专业建设点10个。有省级科创平台5个、省级科创团队3个。近五年先后获批国家级科研项目74个，其中重点重大项目4个，主持省部级科研项目200多个。获教育部人文社会科学优秀成果奖、省科学技术进步奖、省哲学社会科学优秀成果奖、省“五个一工程”奖和柏林电影节银熊奖、电影金鸡奖、中国电视剧飞天奖、中国国际电视节白玉兰奖、德国红点设计奖至尊奖、茅盾文学新人奖等40多个。建有全国首个网络文学院。有国家级教学平台2个、省级教学平台11个、省级教学团队4个。近五年来先后获省级教学成果奖4个，承担省教育教学改革项目59个，出版国家级规划教材4部、省级教材14部，主持省级精品在线课程9门。建有360多个产学研实践教学基地，其中国家级大学生校外实践教育基地1个、省级大学生校外实践教育基地5个、海外实习基地5个。2019年10月，传媒文化创意产业园获“浙江省科技企业孵化器”平台资质。与美国、英国、日本、澳大利亚、新西兰等国家及中国港澳台地区近80所高校开展交流合作，每年向包括美国哥伦比亚大学、英国伦敦政治经济学院、美国加州大学洛杉矶分校、澳大利亚新南威尔士大学等在内的合作院校派出近300名交流生，2019年有在校留学生245人，每年聘用国（境）外教师30多人。先后与英国考文垂大学合作“服装与服饰设计专业本科教育项目”，与英国博尔顿大学合作“视觉传媒硕士学位教育项目”。自2017年起，浙江省首批国际化专业重点建设项目——播音与主持艺术（双语播音）专业招收全日制学历留学生。2019年，与美国纽约州立大学石溪分校联合开展“全球运营管理（大数据方向）”双硕士培养项目，获批“国家语言文字推广基地”，与教育部中外人文交流中心共建“国际人文交流与传媒人才培养基地”，获评“浙江省海峡两岸交流基地”。

【教学质量提高】 2019年，浙江传媒学院完成本科教学工作审核评估整改任务，打造线下金课等五大类金课211门。获第十一届高校青年教师教学竞赛特等奖等奖项2个、高校教师微课大赛一等奖等奖项6个、省级“互联网+教学”优秀案例评比特等奖等奖项8个。省高等教育“十三五”时期第一批教学改革项目立项15个。获“浙江省整体推进智慧教育综合改革试点高校”“浙江省高校课堂教学创新校”称号。“多讯道导播虚拟仿真实验”获批教育部国家虚拟仿真实验教学项目。播音主持艺术实验教学中心、电影摄影与制作实验教学中心、媒介融合创新实验教学中心获批省重点建设实验教学示范中心。学生获

2019年11月16—17日，中外主持人发展国际会议在浙江传媒学院下沙校区举行
（黄田心 供稿）

省级以上学科竞赛奖项132个，其中国家级奖项11个。获省级以上专业竞赛奖项153个，其中国家级奖项57个。

【科创水平提升】 2019年，浙江传媒学院国家级科创项目立项数22个，其中国家社科基金艺术学项目立项数位居全国第三、浙江省第一。获省哲学社会科学优秀成果奖一等奖1个、三等奖2个，省科技进步奖三等奖1个。新增中宣部网络治理创新研究基地、国家语言文字推广基地、浙江省影视媒体技术研究重点实验室3个省部级平台和茅盾研究中心省科普基地。师生联合参与的纪录片《一带一路上的智者》《爱上中国》，以及电视剧《启航》《小欢喜》等10多部作品在中央电视台和各省电视台热播，电影《我在原地等你》在全国各大院线上映。音乐剧《红船往事》获浙江省第十四届精神文明建设“五个一”工程奖。

【人才布局优化】 2019年，浙江传媒学院全职引进各类人才109人，新增国家万人领军人才1人，中宣部“四个一批”人才2人，享受国务院政府特殊津贴专家2人，省级教学名师3人，行业高端特岗人才2人，留学归国人员32人。柔性引进各类人才27人，其中国际知名院校专家、国家级人才10多人。3名学术名家分别担任新闻与传播学院、电视艺术学院、媒体工程学院院长。抓好“1366人才工程”，加大校内人才培养支持力度。推进师资海外发展工程，支持27人出国（境）研修。加强教师“双送”培养，选派两批37人分赴一线实践，选派13人赴国内高水平大学访学。

【国际合作加强】 2019年，浙江传媒学院深化与新西兰惠灵顿维多利亚大学、澳大利亚新南威尔士大学等院校合作关系，与美国纽约州立大学石溪分校和佩斯大学分别签署硕士层面合作协议。与教育部中外人文交流中心共建人才培养基地，与人民网澳大利亚公司签署关于海外实习培训基地战略合作协议。承办联合国教科文组织第八届创业教育国际会议等7场国际会议。

【入选一流本科专业建设点】 2019年，浙江传媒学院广播电视学、数

字媒体技术、广播电视编导、影视摄影与制作4个专业入选首批国家级一流本科专业建设点。播音与主持艺术、广播电视工程、摄影、文化产业管理、动画、戏剧影视文学、网络与新媒体、音乐表演、编辑出版学、戏剧影视美术设计10个专业入选浙江省一流本科专业建设点。入选专业涉及戏剧与影视学、新闻传播学、电子信息、美术学、工商管理、计算机、音乐与舞蹈学7个专业大类，分属9个学院，覆盖文学、工学、管理学、艺术学4个学科门类。

【长三角智能传播研究院成立】 2019年11月13日，浙江传媒学院与中国社会科学院签订战略合作协议，长三角智能传播研究院揭牌成立。签约仪式上，双方代表为长三角智能传播研究院兼职研究员颁发聘书，并为“青年卓越新闻传播人才见习营”授旗。长三角智能传播研究院成立后，浙江传媒学院与中国社会科学院将在师资共享和人才共育等方面开展广泛深入的合作，促进双方在哲学、社会科学和文化传播领域长远发展，为双方科学研究水平和创新人才培养模式的提升提供有力支撑。（黄田心）

杭州师范大学钱江学院

【概况】 杭州师范大学钱江学院（简称钱江学院）下设7个分院，26个招生专业构成健康产业专业群（社会体育、护理学）、数字经济专业群（跨境电商、经济学、会计学、旅游管理、市场营销、数字媒体等）、智能制造专业群（机械设计制造及其自动化、工业设计、计算机科学与技术）、应用化学群（绿色制药）、文化艺术专业群（音乐表演、舞蹈表演、播音与主持艺术、环境设计、动画等），涉及文学、工学、理学、管理学、法学、医学、教育学、经济学、艺术学9个学科门类。钱江学院建设有浙江省一流学科2个（护理学和化学），浙江省重点建设专业1个（播音与主持艺术），浙江省特色专业2个（英语、经济学），浙江省普通本科高校新兴特色专业3个（播音与主持艺术、机械设计制造及其自动化、护理学）。杭州市属高校新型专业/专业群3个（环境科学、护理学、跨境电商专业群），市属高校产学对接特需专业1个（机械设计制造及其自动化），杭州市重点专业1个（电子商务），杭州市特色专业1个（经济学），市属高校第二轮优秀创新团队1个（基于物联网技术的环境检测技术创新团队）。2019年计划招生2840人，实际录取新生2870人（含专升本）。在省内独立学院26个招生专业中，22个排名第一、2个排名第二、2个排名第三。省内独立学院同布点数≥5的招生专业18个，14个排名第一、2个排名第二、2个排名第三。

【学科专业协同育人】 2019年10月，钱江学院推出《学科建设与管理办法（试行）》和《一流学科建设经费使用管理办法》，探索学科建设与专业人才培养一体化育人，将建设主体由原来的学科落地到学科方向上，在学科建设与专业人才培养一体化育人理念指引下，遴选建设院级一流学科5个（护理学、应用经济学、环境科学与工程、机械工程、戏剧与影视学），设立院级新型专业1个（广播电视编导融媒体编导方向），微专业1个（人工智能）。

【实验室建设与产学合作】 2019年，钱江学院完成基础医学实验室等24个实验室建设项目方案论证、建设与验收工作。学院实验室建设全年投入资金825万元。有计划开展虚拟仿真实验室建设，获批省“十三五”虚拟仿真实验教学项目立项2个。开展产学合作，年末钱江学院建有协议期内有效校外实习基地187个，其中本年度新增校外实习基地31个，年度接收学生各类见习、实习实训900多人。获批教育部高教司第二批产学合作协同育人项目3个、浙江省产学合作协同育人项目1个。通过杭州师范大学竞争性遴选申报，成功获批浙江省大学生

2019年10月29日，杭州师范大学钱江学院与阿里巴巴商学院共同举办中国（杭州）跨境电商人才培养高峰论坛（郭莎莎 供稿）

校外实践教育基地1个，实现学院在省级校外实践教育基地建设平台上“零”的突破。

【国际交流与合作】 2019年，钱江学院设立国际交流中心，组织国（境）外交流互访学生近100人。首次试推“雅思课程教学”，ITEP语言测试考点正式授牌，与2所美国大学（美国伯米吉州立大学、美国中田纳西州立大学）、1所英国大学（英国中央兰卡夏大学）建立友好合作关系，为学生对外交流与深造学习提供更多渠道。

【科学研究成果】 2019年，钱江学院完成优秀著作资助出版项目评选1部，组织教职工申报各级各类科研项目90多个，获国家自然科学基金1个、省部级项目3个、市厅级项目11个、横向项目30个。发表论文180篇，其中高水平论文20篇（二级以上，第一作者第一单位）。“基于物联网技术的环境检测技术创新团队”获批杭州市属高校第二轮优秀创新团队。获授权专利12个，新申请专利19个，5个专利完成科研成果转化，实现学院在专利转化上“零”的突破。

【钱江学院独立运行】 2019年8月，杭州师范大学钱江学院开始下沙校区独立运行与管理工作，按照“维护好、建设好、发展好、贡献好”原则，逐步建立下沙校区独立运行管理机制。钱江学院通过购买后勤保障服务，承接安保医疗职责，完成校区资产、设备、房产交接，实现独立运行有序平稳过渡。

【跨境电商人才培养高峰论坛】 2019年10月29日，钱江学院和杭州师范大学阿里巴巴商学院共同主办院庆20周年学术活动之一——2019年中国（杭州）跨境电商人才培养高峰论坛，全国70多所高校、近30个企业参加论坛。会上，钱江学院参与编写的《跨境电子商务新形态立体化教材》丛书面向全国首发。该丛书是国内首套政、产、学、研四位一体联合推出的跨境电商人才培养系统化教材，共有13册，包含基础教材、实战教材、特色教材三大类，整合浙江省内外高校、跨境电商平台、科研院所专家资源，由浙江大学等9所院校联合编写，五大跨境电商官方平台（阿里巴巴国际站、速卖通、Amazon、Wish、Shopee）参加编写。（郭莎莎）

2019年10月26日，杭州师范大学钱江学院举行庆祝建院20周年暨建设省内一流应用型本科院校推进大会 （郭莎莎 供稿）

浙江水利水电学院

【概况】 浙江水利水电学院是水利部和浙江省政府共建高校、浙江省应用型建设试点示范院校。学校以水利水电为特色，以工学门类为主体，设13个二级教学单位和26个本科专业、6个专科专业，覆盖工学、管理学、理学、经济学、文学五大学科门类。水利工程、电气工程等6个学科为浙江省一流学科，水利水电工程、电气工程及其自动化等7个专业为浙江省特色专业，水利水电工程专业为浙江省优势专业，机械设计及其自动化等7个专业入选省级一流本科专业建设点。学校获有国家级教学成果二等奖1个、浙江省教学成果一等奖5个、二等奖9个。拥有国家水情教育基地、中央财政支持实训基地、省级实验教学示范中心等。学校有教职工727人，专任教师512人，其中高级职称教师占51.4%。2019年，柔性引进共享院士3人、省部级类人才3人、博士46人、具有博士后工作经历者11人，形成优秀的师资队伍。全日制在校生9443人，其中全日制本科生7176人、专科生2225人、联合培养研究生42人。2019年，面向全国18个省（市、区）招生2976人，报到率98.6%。学校连续2年位列全国考生最满意大学浙江省高校第三位。与宁夏大学等多所高校签订研究生联合培养协议，48名教师获硕士生指导资格。11月上旬，学校完成教育部本科教学合格评估工作。构建产出导向特色人才培养体系，把学科和专业布局与水利水电事业发展紧密结合，全面实施SWH-CDIO-E工程教育模式。建成10个新型企（产）业学院，立项46个教育

2019年7月26日，"南方测绘杯"第十届全国高等学校测绘类专业青年教师讲课竞赛在浙江水利水电学院举行　（郭宁宁　供稿）

部产教融合协同育人项目，与12个市（县、区）签订校地合作协议，校企共建"教、学、训、评、拓、创"六位一体人才培养基地，对学生实行从入学到就业全程联合培养。深化大学生创新创业教育，与钱塘新区大创小镇等联合打造"大禹众创"空间，立项国家级创新创业训练计划项目50个。学生在美国大学生数学建模竞赛中获一等奖1个、二等奖1个，国际学科竞赛实现新突破。面向地方行业开展应用型科研社会服务。获批"浙江省农村水利水电资源配置与调控关键技术重点实验室""先进水利装备浙江省工程研究中心"和"浙江水文化研究院"省新型高校智库3个省级重大科研平台，服务浙江水利高质量发展。成立智慧水利研究院，服务水利数字化。新增厅级以上项目80个、国家级项目8个、省部级以上项目22个，13个知识产权成果成功转让。加快国际化进程提升开放办学水平。2019年，取得外事工作与省属本科院校同等待遇，与白俄罗斯国立技术大学等签订本科合作办学协议，与美国瓦尔帕莱索大学签订合作协议，与乌克兰基辅国立建筑大学签订合作意向书。组织学生赴国（境）外交流，15名教师赴国外访学，开拓师生国际视野。1月，学院第一次代表大会召开，明确学校中长期发展目标和发展战略。

【入选省第二批应用型建设试点示范学校】 2019年1月17日，根据《浙江省教育厅办公室关于公布第二批应用型建设试点示范学校名单的通知》，浙江水利水电学院被遴选为浙江省第二批应用型建设试点示范学校。作为一所水利类工科院校，学校面向水利系统输送大批"上手快、后劲足"应用型人才，被誉为浙江水利行业的"黄埔军校"。学校立足水利，坚持特色办学定位，突出行业性、应用性、创新性，致力培养具有国际视野、家国情怀、水利精神、实践能力的行业骨干和领军人才。

【先进水利装备浙江省工程研究中心立项】 2019年10月24日，浙江省发展和改革委员会发布《关于创建2019年度省级工程研究中心的通知》，浙江水利水电学院申报的"先进水利装备浙江省工程研究中心"名列其中。先进水利装备浙江省工程研究中心主要瞄准浙江省水利事业发展痛点问题，重点开展水利安全监测智能化装备、水资源高效利用技术及装备、安全与环保专用水利装备等先进水利装备方面的创新研发、技术推广工作。

【获浙江省重点实验室立项】 2019年10月25日，浙江省科技厅公布"2020年度省级重点实验室拟认定名单"，浙江水利水电学院"浙江省农村水利水电资源配置与调控关键技术重点实验室"名列其中。该实验室面向"美丽乡村建设""乡村振兴"发展战略，围绕乡村振兴战略重大需求，重点开展农村水利水电资源配置与调控关键技术研究和应用技术推广，着力解决当前农村水利水电实际问题，为生态水利、绿色水电建设提供技术支撑。

【共建西北干旱地区水资源配置研究基地】 2019年11月17日，浙江水利水电学院分别与新疆吐鲁番市鄯善县政府、县水利局确定水利行业科研人才交流、西河坝东河坝测绘数据共享合作事宜并签订协议。双方将共建西北干旱地区水资源配置研究基地，合作开展科技创新和科研项目成果转化推广、水利工程投融资研究以及人才培养引进、无人机测绘数据工作等方面进行深度合作。

【入选浙江新型高校智库】 2019年12月11日，浙江省教育厅印发《关于公布2019年度浙江省新型高校智库认定结果的通知》，浙江水利水电学院申报的"浙江水文化研究院"榜上有名。浙江水文化研究院聚焦中华优秀传统水文化及其当代价值研究、中国当代治水思想与地方实践研究、水文化遗产保护与开发策略3个方向开展研究工作，致力于在理论研究上形成水文化研究创新成果，在咨政研究上成为影响政策重要智囊，在社会服务上成为推动水文化传承创新重要力量，为提升浙江高校在咨政建言、社会服务、公共外交等方面提供智力支撑。

（郭宁宁）

杭州职业技术学院

【概况】 杭州职业技术学院下设8个二级学院和继续教育学院、人文社科部，开设11个大类36个招生专业（含方向）。有教职员工716人，其中在编554人。其中专任教师390人，具有副高级职称以上教师173人。有全日制在校生1.13万名。新学生宿舍区建筑面积8.7万平方米，投资2.9亿元，已投入使用，可容纳6600多名学生入住。至2019年末，杭州职业技术学院有8个专业入选国家级骨干专业，4个实训基地被认定为教育部生产性实训基地，获评全国“教学资源50强”。完成国家级第二批现代学徒制试点和浙江省第一批现代学徒制试点院校的终期验收，通过传统手工业（非遗）技艺传习传承与创新专业教学资源库验收。入选教育部首批和第二批“1+X”职业技能等级证书试点院校，10个专业（含方向）入选教育部“1+X”证书制度试点。对接杭州“十三五”时期主导产业，新申报无人机应用技术、跨境电子商务、生物制药技术、大数据技术应用4个专业和应用电子技术（物联网方向），成功立项2个市级新型专业和2个市级新型专业群。启动专业建设“三十”工程项目，加快专业内涵式发展。进行机器人、电梯工程、新材料研究与应用等工程创新中心建设。

【人才引进与培养】 2019年，杭州职业技术学院引进专任教师10人，其中博士1人，杭州市C类人才1人。1人入选国务院津贴和国家职业教育咨询委员会委员，1人获全国优秀教师。1人入选浙江省有突出贡献中青年专家，7人获省访问工程师立项，2人获省访问学者立项；1人入选“西湖鲁班”，4人入选市“教学名师”，3人入选市属高校“领雁计划”之专职思政课教师。3人入选钱江特聘专家，1人入选“最美杭州人——感动杭城十佳教师”。电子商务专业获首批国家级职业教育教师教学创新团队，服装设计与工艺“双师型”教师培养培训基地被认定为国家级教师培养培训基地，医药与新材料研发及技术转化创新团队入选市属高校第二轮优秀创新团队。

【职业技能大赛成绩】 2019年，杭州职业技术学院承办第十五届“振兴杯”全国青年职业技能大赛，获冠军2个、亚军2个，7名参赛选手全部入围全国10强。承办中国技能大赛全国电子信息服务业职业技能竞赛“创想杯”3D打印造型技术竞赛，获一等奖3个，学校获“最佳组织奖与突出贡献奖”。全年在省级以上技能大赛获奖95个，其中一等奖21个（含国赛一等奖6个、二等奖5个、三等奖2个）。参加浙江省第七届职业院校“挑战杯”创新创效竞赛、浙江省第十六届“挑战杯”大学生课外学术科技作品竞赛、第十一届浙江省大学生职业生涯规划大赛，累计获奖28个，其中特等奖1个、一等奖9个。文体竞赛获省级以上奖励40个，其中国家一等奖7个。

【学校入选国家“双高计划”】 2019年10月25日，教育部、财政部

2019年9月10日，杭州职业技术学院与南非高校签订共建“丝路学院”合作备忘录　（邵素云　供稿）

公布"中国特色高水平高职学校和专业群"建设单位名单（简称"双高计划"），全国1418所高职高专院校参评，杭州职业技术学院获评入选B档建设单位。学校"电梯工程技术"与"服装设计与工艺"入选高水平专业群，标志着杭州职业技术学院已跻身全国高职院校第一方阵。"双高计划"项目是根据教育部、财政部《关于实施中国特色高水平高职学校和专业建设计划的意见》等文件要求，经高职学校自愿申报，省级教育部门和财政部门审核推荐，经中国特色高水平高职学校和专业建设计划项目建设咨询专家委员会评审，由教育部、财政部审定完成。

【学校获科研投入大幅增长】 2019年，杭州职业技术学院科研横向项目签约66项，签约金额1181.58万元，比上年增长265.4%；纵向课题资助269万元，增长24.5%；专利授权数248项，增长32.4%；科研奖励240.5万元，增长36.5%。学校获教育部人文社会科学规划课题立项2个，位列全国高职院校第一。

【产教融合新发展】 2019年1月10日，杭州职业技术学院举行与教育部职业技术教育中心研究所共建产教融合研究基地签约暨揭牌仪式。至年末，杭州职业技术学院有校企合作项目56个，比上年增加18个，企业常驻学校兼职教师235人，获企业捐赠228万元。学校深化与"达利""安恒"等企业集团合作，与吉利集团签约共建吉利汽车学院，与湖州市织里镇共建中国童装学院。与钱塘新区签署新一轮战略合作协议，参与杭州市产教融合试点城市建设。产教融合大楼及附属配套用房工程被列入浙江省2020年教育现代化推进工程中央预算内投资计划，学校申报项目入选建设子项目。牵头或参与制订国家级标准7个、省级10个、企业级29个。

【社会服务融入】 2019年，杭州职业技术学院将社会服务职责融入教育教学中，开设各类培训班近60个，服务3万余人，社会服务额超过1000万元。完成中小学职业能力体验74批次，接待中小学师生1587人次，学校被认定为2019年杭州市中小学生研学旅行基地。获批中小学师资省培项目12个。完成退役军人教育培训41人次。推进高职学历教育，2019届成人业余毕（结）业生94人。

【职业教育科研研讨会】 2019年，杭州职业技术学院为贯彻落实《国家职业教育改革实施方案》，交流各省落实情况，推动职业教育科研工作，编写《中国职业教育科研发展报告（2019）》。12月3—4日，教育部职业技术教育中心研究所在杭州职业技术学院主持召开全国职业教育科研工作研讨会，全国各省市科研机构的40多位代表参加会议。与会代表实地考察杭州职业技术学院办学情况。

【国际交流与合作】 2019年，杭州职业技术学院拓展国际化办学，完成首届19名南非留学生项目，该项目入选"2019年中国（西安）世界职业教育大会优秀案例"。承办"共建'一带一路'丝路学院"校企对话会，推进与新西兰维特利亚理工学院等中外合作办学项目，招生80人。与柬埔寨吴哥国家理工学院、南非东开普中心技术职业教育培训学院和沃特苏鲁大学、菲律宾八打雁州立大学和唐·博斯科大学签订《共建丝路学院合作备忘录》，双方就招收留学生、共建"鲁班工坊"和"西泠学堂"等达成共识。承接国家国际合作署和省商务厅援外培训项目，举办伊拉克空调与电梯技术、多米尼克旅游开发与管理研修班。全年派出12个团组共计49人次出访德国、新西兰、美国、瑞士等国家开展职业教育海外研修。

9月10日，浙江省省长袁家军率浙江代表团访问南非，杭州职业技术学院院长贾文胜应邀参加，分别与南非东开普中心技术职业教育培训学院、南非沃特苏鲁大学签订共建"丝路学院"合作备忘录。双方将围绕汽车检测与维修、机械制造、电气自动化、市场营销、旅游管理等专业开展合作。

【入选亚太职业院校影响力50强】 2019年11月23—24日，亚洲教育论坛年会在成都举办。该教育论坛肯定和鼓励在亚太职业教育事业中有突出贡献和国际影响的职业院校，促进亚洲乃至亚太地区职业教育合作发展和人文交流。有10所亚太国家和地区职业院校、40所中国职业院校入选"2019亚太职业院校影响力50强"，杭州职业技术学院位列其中。11月23日，杭州职业技术学院副院长楼晓春受邀主持大会分论坛"亚太职业教育国际合作论坛"，向与会代表分享学校在国际交流合作方面的理念和做法。

（邵素云）

浙江金融职业学院

【概况】 浙江金融职业学院内设金融管理学院、投资保险学院、会计学院、工商管理学院、国际商学院、信息技术学院（互联网金融学院）、人文艺术学院、体育军事部、马克思主义学院、创新创业学院、国际交流学院、银领学院、明理学院、淑女学院、继续教育与培训学院等教学机构，设有浙江农村合作金融学院、浙商银行培训学院、金融投资学院等特色培养机构以及高等职业教育发展研究中心、浙江地方金融发展研究中心、浙江互联网金融研究中心、浙江省跨境电商应用技术协同创新中心等科研机构。学校设有金融管理、保险、会计、国际贸易实务、计算机信息管理等23个专业，与中国计量大学联合培养互联网金融工程专业四年制本科人才，分别与德清县职业中专、浙江信息工程学校、杭州市财经职业学校合作“3+2”五年一贯制专科专业。2019年，金融管理、会计、国际贸易实务、保险、投资与理财、市场营销、商务英语在浙江省优势专业基础上，被认定为国家骨干专业；计算机信息管理、国际金融、国际商务、农村金融、财务管理、文秘被认定为浙江省特色专业。在编教职员工600多人，其中教授博士近100人、正高级职称56人。有国家级“双师型”教师培养培训基地2个，浙江省高校教师教学发展示范中心1个。在校生1万余人。学院入选全国职业院校教学管理50强和学生管理50强案例院校。

2019年10月22日，浙江金融职业学院举行中国特色高水平学校建设启动仪式
（武群堂　供稿）

【省跨境电商综合服务产教融合基地立项】 2019年1月，浙江省教育厅公布《浙江省高等学校省级产教融合示范基地（第一批人才培养类示范基地）建设项目立项名单》，浙江金融职业学院申报的省跨境电商综合服务产教融合基地获省级产教融合示范基地（第一批人才培养类示范基地）立项。

【入选“1+X”证书制度试点院校】 2019年6月17日，教育部职业技术教育中心研究所发布《关于首批1+X证书制度试点院校名单的公告》。10月10日，发布《关于第二批1+X证书制度试点院校名单的公告》。根据公告通知，浙江金融职业学院的计算机信息管理、数字媒体应用技术、会计、财务管理、电子商务、市场营销6个专业分别立项教育部2批“1+X”证书中“Web前端开发”“网店运营推广”“智能财税”3个项目试点。

【学校列入教育部优质专科高等职业院校】 2019年7月1日，教育部公布《高等职业教育创新发展行动计划（2015—2018年）》项目认定结果，浙江金融职业学院被认定为优质专科高等职业院校。商务英语、会计、金融管理、国际贸易实务、保险、投资与理财、市场营销7个专业被认定为国家级骨干专业。“互联网+国际贸易”创新创业实训基地、互联网金融虚拟运营创新创业实训基地被认定为校企共建生产性实训基地建设。会计专业群“双师型”教师培养培训基地、金融管理专业群“双师型”教师培养培训基地被认定为“双师型”教师培养培训基地建设。跨境电商综合服务应用技术协同创新中心被认定为以市场为导向多方共建应用技术协同创新中心。

【产教融合共建产业二级学院】 2019年，浙江金融职业学院与阿里巴巴集团、南京瀚海企业管理咨询有限公司共建“阿里巴巴数字贸易学院”；与杭州联合农村商业银行股份有限公司、同花顺股份有限公司、新道科技股份有限公司、浙江苏宁易购商贸有限公司、浙江省国际贸易集团有限公司、新华三集团有限公司、浙江宁本金融服务外包有限公司共建7个产业二级学院，在人才培养、技术创新、社会服务、就业创业、文化传承等方面合作，打造校企命运共同体。主动参与供需对接和流程再造，推动专业建设与产业发展相适应，推进协同育人。施行校企联合培养、双主体育人的中国特色现代学徒制。推行面向企业真实生产环境的任务式培养模式。

【入选国家级证券期货投资者教育基地】 2019年12月，中国证券监督管理委员会公示第3批拟命名国家级证券期货投资者教育基地，浙江金融职业学院投资者教育基地入选。这是自8月入选中国证券监督管理委员会浙江监管局“浙江省证券期货投资者教育基地”之后获得的又一荣誉。浙江金融职业学院投资者教育基地利用“教学·投教一体化”

场馆与投保学院专业优势，向全国投资者普及证券期货知识、提示金融风险、开展金融信息服务，推动投资者教育与保护全面纳入国民教育体系。该基地根据市场发展和投资者需求定期更新、完善投教产品，丰富活动内容，并通过线上线下投教资源联通及新媒体，及时满足投资者合理教育需求。

【入选中国特色高水平高职学校】 2019年3月29日，教育部、财政部发布《关于实施中国特色高水平高职学校和专业建设计划的意见》，提出集中力量建设50所左右高水平高职学校和150个左右高水平专业群。浙江金融职业学院整合专业优势进行申报。12月10日，教育部、财政部印发《关于公布中国特色高水平高职学校和专业建设计划建设单位名单的通知》，确立197所“双高计划”建设校，浙江金融职业学院入选中国特色高水平高职学校B档建设单位。金融管理、国际贸易实务专业入选高水平专业群。

（武群堂）

浙江警官职业学院

【概况】 浙江警官职业学院是浙江省政府和司法部共建院校，是培养监狱戒毒人民警察、法院检察院司法警察、基层司法事务和法律服务工作者以及安全防范技术、安全保卫技能人才为主的政法类高职院校。学院被确定为浙江省高职优质建设校，入选国家示范性高等职业院校，曾被司法部授予集体一等功。2019年2月，学院被授予“中国—上海合作组织法律服务委员会交流合作基地”。学院办学条件高于专科高职学校设置标准，基础条件充分满足人才培养需要。占地面积34.93万平方米（分为下沙、乔司2个校区），建筑面积15.13万平方米，其中教学行政用房5.86万平方米。有中央财政支持的实践教学基地2个、省级示范性实践教学基地5个。年学生均经费拨款4.12万元。至2019年末，累计为浙江省及部分省市区政法系统及其他相关行业培养输送2.2万名毕业生，其中浙江省监狱和戒毒单位一线民警中，学院毕业生占到70%左右，是浙江省司法行政机关人民警察的重要培养基地。设有刑事司法系、应用法律系、安全防范系、信息技术与管理系、公共基础部、警体教学研究部、培训部、成人教育分院，先后开设18个高职专业，其中刑事执行、安全防范技术、司法信息安全、行政执行（劳教管理方向）、刑事执行（监狱管理方向）5个专业是国家示范专业。社区矫正、监狱信息技术与应用2个专业是中央财政重点支持专业建设项目。刑事执行、安全防范技术、司法信息安全、法律事务、司法警务5个专业是浙江省“十三五”时期优势专业。法律文秘、社区矫正、司法信息技术、安全保卫、消防工程技术5个专业是浙江省“十三五”时期特色专业。学院建有国家级专业教学资源库1个，拥有浙江省司法行政培训中心、全国法院司法警察培训基地、浙江省人民法院司法警察培训基地、浙江省人民检察院司法警察培训基地、浙

2019年12月23–29日，浙江警官职业学院举办首届“学生荣誉周”颁奖典礼 （汪丰茂 供稿）

江省安全技术防范行业协会培训中心、陕西省司法厅人民警察培训基地、中国—上海合作组织法律服务委员会交流合作基地等培训机构。

【入选首批交流合作基地】2019年2月12日，浙江警官职业学院在司法部召开的“中国—上海合作组织法律服务委员会”成立大会暨第一次部际联席会议上，被确定为首批3个交流合作基地之一。学院依托这一国家级国际交流合作平台，立足自身职能，整合相关资源，加强与上合组织区域内国家相关教育机构、政府机关联系，在法律职业教育、司法人员培训、科研课题研究、国际会议（论坛）等方面开展交流合作。发挥“交流合作基地”示范性法律服务的作用，为促进上合组织区域内各国经贸往来和法治交流合作做出贡献。

【“智慧矫正”联合实验室建成】2019年5月22日，省司法厅在浙江警官职业学院举行全国首家集“产、学、研、用”为一体的“智慧矫正”联合实验室启用仪式。“智慧矫正”联合实验室依托学院国家重点研发课题“犯情动态演化和再犯风险预警研判技术研究”项目展开相关前期研究，国内高校专家、知名学者及相关产业联盟等为其提供科研力量和技术保障支撑。围绕5G商用、云计算、物联网、大数据、人工智能、区块链等新技术、新设备在社区矫正领域深度应用，通过数据挖掘和分析辅助，强化大数据分析与5G技术创新应用；以研发“精准矫治”大数据分析研判系统、“5G+社区矫正智能装备应用”等为主攻方向，助力社区矫正信息化建设。

【商务秘书考培基地设立】2019年10月19日，中国对外贸易经济合作企业协会首席专家王瑞成一行到

2019年9月20日，全省司法行政系统平安护航中华人民共和国成立70周年大庆安保誓师大会在浙江警官职业学院举行　（汪丰茂　供稿）

浙江警官职业学院设立商务秘书证书考培基地并举行揭牌仪式。学院法律文秘专业具有较高水平师资队伍，独具特色人才培养模式，能够发挥行业标杆示范作用。专家组指出学院作为省内独家商务秘书证书考培基地，必须做好相关考培工作，为行业培养输送更多高水平文秘人才。专家组还与学院相关领导就探索与实施“1+X”证书制度，深化文秘专业复合型人才培养模式改革进行深入探讨。

【教学资源库通过验收】2019年11月28日，立项于2015年7月、由浙江警官职业学院主持，联合全国司法警官院校及海南政法职业学院等20所学校共同建设的国家职业教育刑事执行专业教学资源库通过教育部验收。该资源库建成资源3万多条，习题7000多道，在线课程35门，微课2000多个，学员12万人，各类指标位居所有建成资源库前列，填补了司法职业教育在国家专业教学资源库领域空白。

【入选国家“双高计划”】2019年12月10日，中国特色高水平高职学校和专业建设计划建设单位名单公布，确认197所“双高计划”建设校，占全国高职院校的13.8%。浙江警官职业学院以刑事执行和安全防范技术两个专业群为主体，做好“双高计划”学校和专业群申报工作，入围高水平专业群建设单位，是全国公安与司法大类30多所高职院校中唯一入选学校。（汪丰茂）

浙江经贸职业技术学院

【概况】浙江经贸职业技术学院下设财务会计系、国际贸易系、信息技术系、工商管理系（合作经济学院）、人文旅游系、应用工程系、公共教学部和马克思主义学院8个教学机构，以及党校办（国际交流与合作中心）等17个党政管理机构，拥有全国供销合作总社职教科研中心、全国供销总社杭州国家级科技特派员创业培训基地、国家（杭州）电子商务示范基地技能培训中心、国家职业技能鉴定站等职业教育培训鉴定和科研机构。设有财务会计、国际贸易、电子商务、会展与策划、农村经营管理和食品营养与检测等30个高职专业，与浙江农

2019年9月10日，浙江经贸职业技术学院副院长张红赴北京参加庆祝2019年教师节暨全国教育系统先进集体和先进个人表彰大会，图为获奖代表合影
（陶杰炳 供稿）

林大学合作开设“食品质量与安全”（四年制）高职本科专业1个。获国家级教学成果奖3个，省级教学成果奖6个。其中国家教学成果奖一等奖1个、省哲学社会科学优秀成果奖一等奖1个。有教职工526人。其中专任教师367人，教师中具有副高级以上职称156人。2019年，浙江经贸职业技术学院全年计划招生4548名，最终录取来自22个省（市、自治区）的新生4572名，计划完成率100.5%。其中四年制高职本科录取50名，面向社会考生扩招录取107名。学校有在校学生1.31万人，跻身万人高等职业院校行列。

【入选国家优质校和“双高计划”建设单位】 2019年7月，浙江经贸职业技术学院被教育部认定为全国200所国家优质校之一，6个骨干专业、2个生产性实训基地、2个“双师型”教师培养培训基地、3个协同创新中心、1个技能大师工作室被认定为创新发展行动计划项目。10月，被国家教育部、财政部确定为197个中国特色高水平高职学校和专业建设计划建设单位之一。学校电子商务专业群入选全国“双高计划”高水平专业群建设项目。12月，电子商务专业教师团队入选“首批国家级职业教育教师教学创新团队”。学校教学实力进入全国高职教育第一方阵。

【入选教育部“1+X”证书制度试点项目】 2019年6月，浙江经贸职业技术学院“Web前端开发”被教育部职业技术教育中心研究所立项为首批“1+X”证书制度试点项目。9月，学校“电子商务数据分析”“智能财税”入选教育部第二批“1+X”证书制度试点项目。11月，浙江省首个“1+X”智能财税职业技能培训点落户浙江经贸职业技术学院。

【国际化办学空间拓展】 2019年，浙江经贸职业技术学院服务国家“一带一路”建设，推动“一带一路”农业合作，提升学校国际知名度。与华立集团股份有限公司、浙江机电职业技术学院等单位合作共建“浙江省丝路学院（泰国）”。6月11—21日，浙江经贸职业技术学院与中国供销合作总社、中国东盟农资商会联合举办澜湄农业农资现代实用技术与减贫经验交流培训班，来自东盟等地区14个国家的100多名学员参加培训。

【“蓝莓学院”揭牌】 2019年7月6日，浙江省供销社“2019·国际合作社日”主题活动暨纪念省供销社建设70周年研讨会在杭州市萧山区举办。会议期间，浙江经贸职业技术学院校长陈德泉与蓝美产业分会秘书长齐艳霞、浙江蓝美农业有限公司CEO叶兆辉签订战略合作协议。省供销社党委书记邵峰、校党委书记劳赐铭以及蓝莓产业分会秘书长齐艳霞、蓝美公司董事长杨曙方为学校“蓝莓学院”揭牌。“蓝莓学院”是学校开展农业产业扶贫的有效载体，深化产教融合的创新举措。

【职业技能大赛水平提升】 2019年，浙江经贸职业技术学院先后承办“全国大学生数字信息大赛”等12个国家级、省级职业技能竞赛。学生在各类职业技能竞赛中获奖项185个，其中国家级奖项10个、省级奖项125个、省级特等奖1个、省级一等奖28个，获奖数量创历史新高。学生还在“挑战杯”等各类比赛中获国家级荣誉4项，省厅级荣誉38项。

【“农民点菜、学校送餐”服务】 2019年，浙江经贸职业技术学院深化“农民点菜、学校送餐”为农服务模式，推进横向科研项目、社会服务团队建设、科研技术服务和暑期社会服务月等活动。全年累计开展各类培训班35期，培训5012人次。开展职业技能鉴定累计2153人次。3月28日，《浙江日报》以《培育农民致富“领头羊”》为题，对学校创新农民培训工作进行专题报道。（陶杰炳）

浙江经济职业技术学院

【概况】 浙江经济职业技术学院下设二级学院9个，继续教育学院1个。开设专业32个，四年制高职试点专业3个。拥有中央财政支持专业6个、国家骨干专业6个、“十三五”时期省级优势、特色专业11个，拥有国家级师资培训基地1个、国家级协同创新中心1个、国家级生产性实训基地2个、中央财政专项支持的实训基地3个。获批浙江省高等学校省级产教融合示范基地建设项目。物流管理和汽车运用与维修2个专业入选全国首批“1+X”证书试点专业。学校有教职员工596人，其中专任教师440人，具有副高级及以上职称158人，招聘录用和引进48人，新增博士及副高级职称以上人才6人。有全日制在校学生9777人（含本科），其中2019年招生录取3369人，浙江省普通类平行录取批次共录取二段线以上考生占比97.7%，位居全省同类院校第一。四年制高职本科招生外贸类、商业类、汽车类录取分数线居全省本科院校第一。学校入选教育部“双高计划”建设单位、国家优质高等专科学校、浙江省整体推进智慧教育综合试点单位，获评“首批职业院校数字校园建设实验校”。

【入选国家优质校和“双高计划”建设单位】 2019年，浙江经济职业技术学院入选国家优质专科高等职业院校，6个骨干专业、2个国家级生产性实训基地、1个“双师型”教师培养培训基地和1个协同创新中心入选高等职业教育创新发展行动计划认定项目。12月，学校被教育部、财政部确定为中国特色高水平高职学校和专业群建设计划建设单位，学校物流管理专业群入群全国“双高”计划高水平专业建设项目。物流管理专业是全国首批“1+X”证书试点专业，为浙江省职业教育协作组组长单位，物流管理专业团队为首批国家职业教育教师教学创新团队立项建设单位。

【产教融合构筑新高地】 2019年，浙江经济职业技术学院与义乌市政府、杭州市钱塘新区签订战略合作协议，与6个世界500强企业以及10多个知名企业开展紧密型校企合作。与物产元通集团共建李有念技能大师工作室。与省物流协会、省商贸业联合会、省连锁经营协会等行业协会建立合作关系，探讨优化职业教育资源配置，推进政行企校合作发展。

【国际交流成效明显】 2019年，浙江经济职业技术学院举办第二期“一带一路”国际培训、“一带一路”国际应用型人才培养协作联盟国际师资与管理人员高级培训班、中国—马来西亚职业教育交流会等，马来西亚驻华大使馆教育专员出席中马职教交流会。组织开展“国际职教培训学员柯桥企业行”活动、第三届国际学生中国职业体验之旅、2019年世界青年技能日庆祝活动等。发挥联合国教科文组织职教与培训联系中心作用，出席世界银行主办的国际技能大会并做主旨演讲。主持完成联合国教科文组织终身学习研究所的国际合作课题1个，在研教育部委托课题和联合国教科文组织合作课题。接待来自加拿大、英国、新加坡、马来西亚等20个国家到访师生113人次，派出12批、41名师生赴新加坡、马来西亚、孟加拉、蒙古、英国、德国培训研修，参加国际会议和国际比赛。新招收9名马来西亚籍留学生。

【物产中大国际学院揭牌】 2019年，浙江经济职业技术学院与物产中大集团、德勤华永会计师事务所三方合作成立混合所有制企业大学——物产中大国际学院。12月28日，三方领导在浙江经济职业技术学院中国特色高水平学校建设启动仪式上为物产中大国际学院揭牌。该项目获“2019年度中国企业大学趋势引领奖”。 （吴辰心）

浙江育英职业技术学院

【概况】 浙江育英职业技术学院有民航交通、信息技术、商务贸易、

2019年12月28日，在浙江经济职业技术学院中国特色高水平学校建设启动仪式上，物产中大国际学院揭牌 （吴辰心 供稿）

2019年11月10日，浙江育英职业技术学院在浙江省第十五届大学生运动会田径比赛中获得优异成绩　（段曹钢　供稿）

经济管理、创意设计、继续教育6个教学分院，社会科学、体育与艺术2个教学部。开设空中乘务、直升机驾驶技术、城市轨道交通运营管理、计算机应用技术、电子商务、国际经济与贸易、广告设计与制作、会展策划与管理等23个专业。学院在校学生8000多人，教职员工375人，其中专任教师265人。2016级和2017级（3+2两年制）毕业生2383人，人才培养合格率97.6%。

【学校专业建设获肯定】 2019年7月1日，教育部公布《高等职业教育创新发展行动计划（2015—2018年）》项目认定结果，浙江育英职业技术学院计算机应用、电子商务被列为国家骨干专业。7月5日，杭州市教育局公布市属高校新型专业建设项目计划，浙江育英职业技术学院航空服务专业群、电子商务专业群获列杭州市新型专业群建设项目，广告设计与制作专业获列得杭州市新型专业建设项目。

【老挝省部级高级干部研修班到访】 2019年11月15日，老挝公安部副部长贡通·蓬维吉等省部级高级干部研修班一行25人，到浙江育英职业技术学院考察交流。中联部国际交流中心、浙江省外事办发展促进中心有关领导陪同考察。考察团一行观看老挝留学生表演的老挝民族歌舞、中国歌舞、中国传统文化及职业技能展示等节目。贡通·蓬维吉对老挝留学生的成长进步表示赞赏和肯定。座谈会上，学校董事长黄纪云就学院概况、办学成果和老挝留学生培养情况进行介绍。贡通·蓬维吉高度评价学院留学生人才培养理念和教育成果。

【首届14名老挝留学生毕业】 2019年6月13日，浙江育英职业技术学院举行首届老挝留学生毕业典礼。老挝外交部官员（老挝驻上海总领事馆前总领事）西莎美·銮珍达翁，老挝教育部职教司副司长本朋，浙江育英职业技术学院名誉院长洪致平，院长盛健，党委书记、常务副院长王锡耀等出席，14名老挝留学生及其家长参加毕业典礼。老挝教育部职教司发来贺信。

【学校当选省轨道交通联盟联合主席单位】 2019年10月11日，浙江省轨道交通产教融合联盟在杭州举行成立大会。浙江育英职业技术学院当选浙江省轨道交通产教融合联盟联合主席单位，学院副院长王敏当选联盟联合主席团成员。联盟由浙江省内25个轨道交通运营管理、装备研发生产制造企业、36个全国交通重点院校和科研机构共同组成。作为主席单位，学校将参加联盟各项事务，推进“专业发展与轨道行业产业”“教学内容与轨道企业岗位要求”“教学过程与轨道企业工作过程”“高校科研和技术创新与解决轨道企业实际问题”4个方面对接。　（段曹钢）

责任编辑　周　丹　刘心怡

下沙街道

【概况】 2019年，下沙街道辖社区19个，户籍人口4.5万人（不含企业集体户）。财政总收入8.67亿元，地方财政收入4.65亿元，分别比上年增长15.1%和16.6%。规模以上工业总产值37.29亿元，增长4.7%。固定资产投资8.5亿元。

新引进培育国家级高新技术企业34个、省级科技型中小企业40个，新增服务贸易出口目标任务实绩企业1个。启动示范产业园建设，完成与13个重点企业及下沙数字新零售等2个产业园的扶持签约。落实企业减税降费政策，合计退还税款1100多笔；整治房屋租赁市场，规范租赁市场纳税秩序。开展第四次全国经济普查，普查登记法人和产业活动单位7935个，抽样调查个体户478户。

完成区域内部队停止有偿服务任务，受到党中央和中央军委表彰。实施金沙湖核心区内住宅保笼整治，上沙、中沙、下沙3个小区4293套保笼拆除完成。改善小区整体环境，推进5个老旧小区和13个回迁小区提升改造。建设海达路精品示范街。提升改造公厕5座，新建垃圾房10座。完成医药港小镇项目、运河二通道、管廊等重点工程项目交地145.53公顷。创建垃圾分类处置省级示范小区2个、市级示范小区7个。

保障民生就业，新增城镇就业人员3235人、失业人员再就业927人、就业困难人员就业470人，中沙、东方、新元3个社区被评为市级高质量就业社区，中沙、东方2个社区被认定为省级高质量就业社区。强化社区建设，滟澜社区获评省级“城乡社区治理和服务成绩突出单位”，柠檬、下沙2个社区分别创建市级国际化示范社区和撤村建居示范社区。

推进街道职能调整和机构改革，设立“八办三中心”，分别为党政综合办公室、党建工作办公室、综合信息指挥室、公共服务办公室、平安建设办公室、区域发展办公室、财政审计办公室、城市建设办公室和党群服务中心、公共服务中心、区域发展与治理中心。强

2019年10月，下沙街道上沙社区锦湖家园保笼集中拆除　（童志忠　摄）

2019年下沙街道各社区基本情况

表28

社区名称	成立时间	面积（平方千米）	户数（户）	户籍人口（人）	经济总收入（万元）	居民人均收入（万元）
智　格	2002年5月	0.90	793	2 940	32 793	4.9
高　沙	2002年5月	0.35	414	1 930	20 247	4.7
七　格	2005年6月	2.00	590	2 603	17 575	4.9
下　沙	2005年12月	1.20	474	1 577	21 285	4.9
头　格	2005年12月	2.50	932	3 161	17 360	4.5
中　沙	2005年12月	1.50	843	3 041	23 351	4.9
上　沙	2005年12月	1.70	453	1 627	14 634	4.5
元　成	2005年12月	4.50	587	2 302	21 270	4.7
东　方	2005年12月	2.00	425	1 597	19 346	4.5
新　元	2005年12月	1.80	527	1 787	8 438	4.8
松　合	2005年12月	0.90	446	1 785	13 729	4.6
湾　南	2005年10月	1.92	646	2 511	20 000	4.4
新　沙	2005年12月	0.80	83	341	—	—
铭　和	2008年9月	0.60	1 338	5 628	—	—
杭　铁	2010年12月	0.55	388	881	—	—
柠　檬	2012年7月	0.48	985	2 393	—	—
滟　澜	2012年7月	0.88	1 548	3 778	—	—
早　城	2012年7月	0.12	1 047	2 876	—	—
星　野	2018年6月	21.86	792	1 826	—	—

说明：新沙、铭和、杭铁、柠檬、滟澜、早城、星野7个社区不属于撤村建居社区，其经济总收入不作统计

化党建引领，推进“不忘初心，牢记使命”主题教育，创新“五位一体”“学思践悟”等特色做法。推进城市基层党建和“党建双强”工作，3名社区书记被选为市、区“双强”季度之星。形成下沙街道聚沙部落党建共同体和“365志愿服务”等党建品牌。

【下沙街道数字新零售产业园开园】2019年11月18日，下沙街道举行数字新零售产业园开园暨重点企业集中签约仪式。下沙街道与浙江华威建材集团有限公司杭州下沙分公司、杭州吴余品牌管理有限公司、杭州舟济网络科技有限公司等13个企业签订重点企业扶持协议。签约企业在未来三年可为街道新增100亿元以上技工贸收入和6亿元以上税收贡献，助力街道打造建筑服务、生命健康、社区新零售3个亿元税收产业集群和实现楼宇税收10亿元的目标。开园的新数字零售产业园由杭州吴余品牌管理有限公司负责运营，该公司旗下拥有6个分公司和6个生鲜生产基地，是世纪联华、物美、华润万家等大型超市的重要供货商，也是省内实力强劲的生鲜服务企业。该公司联合50多个企业，共同打造集基地建设、物流配送、加工中心、批零兼售和产业服务为一体的示范产业园。

【停止军队有偿服务获全国表彰】2019年7月12日，在全国停止军队有偿服务（简称停偿）工作总结表彰大会上，下沙街道作为浙江省唯一停偿工作先进单位，在会上做交流发言并接受国家、军委领导人的接见和颁奖。下沙街道辖区原有驻军有偿服务项目111个，均为农副业基地非农开发项目，出租面积480公顷，经营户2万余户，从业人员逾6万人，主要以五金机电、石材加工、仓储物流、农贸市场等业态为主，利益纠纷复杂、违法建筑多、脏乱现象和安全隐患问题突出。面对停偿阻力，下沙街道主动作为，直面矛盾问题，破解重点难点，全

面完成辖区停偿工作。通过军地协作、集中攻坚，拆除危旧房屋150多万平方米，清理物资200多万吨，分流外来人口近5万人。统筹兼顾利益诉求，落实专项补偿资金，以部队与经营户签订的合同为依据，执行统一的补偿标准，引导鼓励经营户配合停偿。倾听诉求，督促落实搬迁费用补贴、退还剩余租金，为经营户协调新的经营场所，帮助解决实际困难。以停偿为契机，助推城市建设发展，打通一条城市主干道，改善周边交通状况，受到群众好评。

2019年6月15日，下沙街道早城社区开展“友来友往、共筑一家”国际开放体验日活动。图为活动参与者体验非洲鼓（陈浩杰 摄）

【3个回迁小区保笼整治拆除】 2019年6—12月，为改善金沙湖中央商务区的人居环境，实现城市风貌、街区风貌的和谐统一，下沙街道对位于金沙湖商务核心区的上沙、中沙和下沙3个回迁小区保笼（住房私自安装的防盗窗）实施整治拆除。具体范围为上沙社区锦湖家园、中沙社区东岸嘉园、下沙社区铭都雅苑小区及其配套的综合楼和外来人员公寓。街道成立整治工作领导小组，下设3个现场指挥部和7个工作组，全力推进保笼拆除工作。对合计4293套保笼（含商铺54套）、涉及面积26.24万平方米进行拆除及外墙修缮，同时对破损绿化进行修复。经拆除整治，金沙湖商务区居民小区外观品质明显改善。

【中心区块农贸市场开业】 2019年11月30日，下沙街道中心区块农贸市场开业。该市场是为满足金沙湖区域居民日常生活需求新建的新型农贸市场，是2019年街道民生实事项目之一，由杭州宝沣商业管理有限公司具体实施建设。市场位于乔下线以西、学林街以南、金沙大道以北区块，毗邻松合社区，占地面积5136平方米，由下沙街道新城投资集团有限公司投资建设。市场经营面积3000多平方米，内设摊位及营业房43个，业态包括蔬菜、水果、肉类、杀白禽、水产、粮油、冷冻食品、禽蛋、卤味、调味品等。

【下沙街道党群服务中心启用】 2019年12月27日，下沙街道党群服务中心启用。该中心建筑面积8000平方米，共分4层。一层为街道党建文化展览中心，包括共享大厅、序厅等七大主题展厅；二层为培训室、阅览室、安全体验室、社会组织办公室、退役军人办公室；三至四层为婚姻登记处和新区少年宫。党群服务中心作为街道党建的核心阵地，以服务党群、凝聚人心为宗旨，内含党员教育管理中心、党建工作交流中心、文化体育活动中心等功能平台，提供教育管理、政策咨询、场地借用等服务项目，日常举办红色生日会、姐妹课堂、悦读分享会等精品活动。

【2个社区入选市“三型社区”建设示范点】 2019年，下沙街道柠檬社区入选杭州市国际化社区示范点，下沙社区入选杭州市撤村建居社区示范点。柠檬社区成立于2012年7月，2013年11月挂牌，由柠檬郡家园、金沙阳光小区组成，有外籍居民21人。该社区推进国际化社区建设，以双向国际化“天涯比邻、柠聚一家”为主题，围绕建设人文化、生态化、数字化特色邻里国际化未来社区，取得显著成效。下沙社区是新区唯一入选杭州市撤村建居社区示范点的社区。该社区于2004年6月实施撤村建居，2008年整体征地拆迁，2014年完成回迁安置。社区有拆迁户270户，常住人口1650人，流动人口8000人。社区贯彻落实“共建共治共享”治理理念，探索服务群众、维护稳定的有效形式，使社区建设工作迈上新台阶。（傅哲宁）

白杨街道

【概况】 2019年，白杨街道下辖社区25个，常住人口9.7万人。全年完成财政总收入8.91亿元，比上年增长0.6%；地方财政收入4.36亿元，增长1.6%；培育国家级高新技术企业31个、市级高新技术企业25个。至年末，辖区国家高新技术企业累计73个、市级高新技术企业累计147个。

2019年白杨街道各社区基本情况

表29

社区名称	成立时间	面积（平方千米）	小区（个）	户数	户籍人口（人）	企事业单位（个）
景　园	2003年12月	2.00	1	337	1 174	22
大　北	2003年12月	2.09	9	3 709	3 307	378
月雅苑	2003年12月	1.57	6	2 882	2 869	22
高　教	2003年12月	3.91	3	2 006	3 124	68
邻　里	2006年3月	3.30	3	2 611	230	145
闻　潮	2007年6月	2.41	2	3 459	1 313	226
云　水	2007年6月	1.93	5	3 977	6 506	4 690
多蓝水岸	2009年10月	0.30	2	3 229	4 225	260
朗　琴	2009年10月	0.14	2	3 499	3 178	59
海　天	2009年10月	0.48	2	3 051	4 057	31
江滨花园	2011年6月	0.28	3	4 538	3 029	12
伊萨卡	2011年6月	0.20	1	3 148	2 864	17
东　湾	2011年6月	0.50	2	6 209	2 759	13
观　澜	2011年6月	1.71	6	6 326	4 832	10
美　达	2013年12月	0.22	4	3 221	3 463	270
江　潮	2013年12月	0.37	3	5 003	2 799	24
晨　光	2015年11月	0.52	2	4 756	2 856	5
东　郡	2015年11月	0.42	3	3 488	2 196	39
云　滨	2016年11月	4.87	4	4 543	839	12
云　涛	2016年11月	0.67	2	3 127	2 524	30

保障经济发展，街属企业杭州壹网壹创科技股份有限公司登陆深圳证券交易所创业板，为国内电子商务运营服务商第一股。发挥电子商务等产业优势，促进税源经济提质，财政总收入、社会消费品零售总额等经济指标保持平衡。强化企业服务，宣传增值税改革、新区“1+4+X”产业政策，开展政银企对接，解决企业融资难题。发展高新技术企业，杭州壹网壹创科技股份有限公司、杭州衣邦人科技有限公司、杭州微念科技有限公司3个企业入围2019年万物生长大会“准独角兽企业”。浙江速网电子电商有限公司、杭州骄娇服饰有限公司、杭州悠可化妆品有限公司、旎网电子商务（杭州）有限公司4个企业发展势头强劲，贡献地方财政收入分别增长47.7%、52.6%、58.2%、166.5%。

推进垃圾分类处置，辖区54个居民小区均实现垃圾分类，42个生活小区实行智能化垃圾分类。海天、大学城北、金隅3个农贸市场实行生鲜垃圾专项清运。加快21个小区“污水零直排”改造，首批6个小区改造完成。推进停车场智能改造，完成西子阳光星城、福雷德广场等5个停车场城市大脑数据接入和系统提升。深化社区建设，在朗琴社区建立新区首个境外人员服务站，江潮社区创建成为市国际化社区示范点。加强社区治理，伊萨卡社区党建引领“三方协同”治理模式，获省城乡社区治理突出贡献集体称号。提升便民服务，成立西区、东区社区联合工作站。

增进民生福祉，建成杨街道居家养老服务中心，引进专业养老机构运营管理。落实拥军优抚，完成街道及各社区退役军人服务站建设，采集发放退役军人光荣牌566块。做好帮扶救助，全年发放低保金35.67万元。保障残疾人权益，为234位残疾人发放补贴71.74万元，为70名残疾人员申报基本医疗保险。繁荣文化事业，以街道文化站为中心，布局大北、邻里、观澜云邸、大学城北4个文化站点。强化文体队伍建设，建成专业齐全、结构合理的文化队伍，文化人才库有成员112人。搭建文化交流平台，举办第八届文化艺术节、“潮启钱塘、毅同前行”毅行大会、“全民歌唱家”等文化活动。

开展基层基础排查整治，人口房屋信息排查登记6.26万户、单位场所排查登记2341处，消除隐患1000多处。推进出租房屋“旅馆式”管理，建成“旅馆总台和分台”36个，覆盖居住出租房3.9万间。实施小区门禁系统改造，建成小区智慧门禁3282扇。建设平安家园，出资130多万元增配11辆四轮微型消防车、34个消防屋，对5个微型消防站装备进行提升改造。投入42万余元，建成街道智慧消防安全管理平台和景园小区智慧消防微中心平台。完成老旧电梯检测200台，安装并上线运行智慧电梯636台。

完成街道机构改革，综合设置党政工作机构和事业单位，由原“一办六科一室一中心”调整成“七办三中心”，即党政综合办公室、党建工作办公室、综合信息指挥室、公共管理办公室、公共服务办公室、平安建设办公室、区域发展办公室、党群服务中心、公共服务中心和区域发展与治理中心。

【壹网壹创公司挂牌上市】 2019年9月27日，街属企业杭州壹网壹创科技股份有限公司在深圳证券交易所A股创业板挂牌上市，为新区成立后首个上市企业，也是国内电商代运营服务商第一股。该公司股票简称“壹网壹创”，代码“300792”，首次公开发行股票数量为2000万股，占发行后公司总股本比例的25%，发行后总股本8000万股，每股发行价格38.3元，发行市盈率20.27倍，募集资金总额7.7亿元。该公司于2012年4月成立，主营业务是为国内外知名快消品品牌提供网络营销、电子商务服务。签约合作品牌35个，为强生、百雀羚、宝洁、资生堂等全球知名品牌提供品牌电商服务解决方案。公司是白杨街道最早引进和培育的电商企业之一，企业上市也是该街道扶持发展互联网新零售产业的成果。

2019年6月25日，白杨街道西区党群服务中心启用　　（彭　爽　供稿）

【违法建筑综合整治】 2019年，白杨街道加大防违控违力度，完成22处大棚房问题点位整治，拆除违法建筑6600平方米。推进杭钢农场地块综合整治，腾退企业21个，拆除违法建筑1.5万平方米。督办重点企业违建整治，拆除杭州下沙实业有限公司（新奇特汽车用品超市）违建4176平方米、宋都晨光小区架空层违建1700平方米，督促杭州万艺建材有限公司自行拆除违建3703平方米。实施九堡“飞地”违建整治，完成杭州市明确的27个点位整治，整治面积1.4万平方米，拆除违建4500平方米。开展淘宝街（清涟巷）环境综合整治，该路段“脏、乱、差”乱象得到改善。

【3个党群服务中心启用】 2019年，白杨街道按照“东西南北中”布局，在居民集聚区域选址建设5个街道级党群服务中心。根据“按区定位、辐射周边、各有侧重”原则，东区党群服务中心功能以服务少年成长为主，建筑面积5300平方米；南区党群服务中心功能以服务青年创业为主，建筑面积2200平方米；西区党群服务中心功能以尊老养老为主，建筑面积1900平方米；北区党群服务中心功能以生活配套为主，建筑面积1万平方米；中区党群服务中心功能以行政服务为主。至年末，西区、东区、中区3个党群服务中心建成并对外启用，其余2个党建服务中心尚在建设推进中。

【江潮社区入选市国际化社区示范点】 2019年10月30日，白杨街道江潮社区被评为杭州市国际化社区示范点。江潮社区于2013年12月批准成立，有2个居民小区、1个人才公寓，辖区总户数5003户，面积0.37平方千米，有文海教育集团和浙江工商大学等6所院校，教育资源丰富。社区运用国际化氛围、国际化服务、国际化交流、国际化特色为标准的“4+X”模式，推进社区治理创新。完善社区公共设施配套，形成“10分钟生活学习服务

2019年12月25日，白杨街道邻里社区文化家园启用　　（童志忠　摄）

圈”，满足居民在学习、生活、休闲、娱乐等多方面生活需求。出台“一专多能”服务标准，强化社区涉外服务能力，制作双语生活指南，开展国际化培训服务项目和便民活动，提高国际化服务水平。整合辖区学校资源，搭建中外文化交流平台，开展各类文化活动，加强中外文化融合，提升江潮社区国际化社区建设成效。

【邻里社区被评为市五星级文化家园】 2019年12月，2019年度杭州市社区文化家园星级评定结果公布，白杨街道邻里社区入选。作为杭州市首个专门为“新杭州人”提供社区化管理服务的新型社区，邻里社区创新社会治理和服务，着力提升居民归属感、安全感、获得感。社区完善公共配套设施，将2000平方米的社区文化中心提升改造，打造成集书咖、剧场、排练室、培训等功能于一体的文化综合体。丰富社区文化内涵，培育特色文化团队，举办市民文化大讲堂、社区文化节日等活动。提升文化家园品质，开展技能培训、小候鸟暑期班、关爱“老漂族”、陪留守工人过除夕等活动。联合高校建立志愿者服务团队，优化志愿服务。推行文明积分举措，推动居民参与社区治理。邻里社区获全国和谐社区建设示范社区、全国第一批流动人口社会融合示范社区等市级以上荣誉50多项，“邻里模式”曾被《人民日报》、中央电视台《焦点访谈》等栏目宣传报道。

（彭　爽）

河庄街道

【概况】 河庄街道行政区域面积87.8平方千米，辖20个村、3个社区，户籍人口5.45万人。2019年，实现地区生产总值35.2亿元，增长3%；规模以上工业增加值13.3亿元，增长9%；财政总收入6.2亿元，地方财政收入3.33亿元，分别增长19%和15%；固定资产投资9.01亿元，民间投资（扣除房地产）2.72亿元，生态环境和公共设施投资2544万元；农民人均所得4.35万元，增长8.1%。

发展街道经济，完成规模以上工业总产值61.45亿元，增长9.8%；高新技术产业投资7149万元，工业投资1.89亿元；15个投资5000万元以上产业项目开工建设，实现技改投入1.51亿元；新增国家级高新技术企业5个、省级科技型中小企业5个；辖区产值超1亿元企业11个，其中浙江兆奕科技有限公司产值超10亿元。升级现代服务业，善企科创园等项目建设完成并投入使用，“闲梦江东”项目启动建设，杭州湾景假日酒店加快建设，全年新增限额以上服务业企业6个。

落实机关事业单位生活垃圾分类，垃圾收集房改扩新建，行政村、小区生活垃圾分类及直运“四个全覆盖”，推进农贸市场生鲜垃圾分类直运及第三方智能垃圾分类小区试点。规范工程渣土消纳处置，全年消纳处置渣土70多万立方米。联合城管、环卫、交警、巡防等部门管理力量，构建集服务、管理、执法为一体的联勤联动工作体系，查处集镇市容违法违规行为1458起，劝导整改违章、违法行为3200多起。

推进中央环保督查问题整改，落实街道生态环境状况报告制度，完成辖区生态环境质量报告编制。推进土壤污染防治、重点环境风险源核查等专项行动，推进固废清理800立方米，关停、退出落后产能企业3个，完成生物质锅炉清洁化改造1个，挥发性有机物在线监测建设改造2个，异味重点企业整治4个。全年大气平均优良率85%。落实河（湖）长制，实施五工段直河整治，累计清淤12.7万立方米，新增绿化5.3万平方米。创建美丽池塘44个，对32条河道落实全域保洁。

保障社会民生，向困难群众发放补助资金2469万元，累计募集善款347万元，发放救助款143万元，救助854人次。深化与上城区教育局结对互助，教育质量达到主城区公立学校平均水平；满足群众对优质医疗服务需求，推进河庄卫生服务中心成为省中医院结对帮扶医院；国家卫生街道创建完成。推进“文

2019年河庄街道各村（社区）基本情况

表30

村（社区）名	书记	主任	人口（人）	村民小组（个）	耕地面积（公顷）	人均收入（元）
建设村	金传水	高　强	4 077	21	227.13	42 853
同一村	王伟军	2 741	16	31.60	46 042	
同二村	高伟法	—	2 540	12	11.93	44 449
蜀南村	童建中	高　翔	3 018	14	120.20	42 840
向公村	俞荣明	宋立军	2 153	15	81.47	43 869
民主村	戚秋法	—	2 388	17	93.13	43 501
建一村	陈观民	—	2 540	13	74.53	43 976
新和村	钱国民	朱伯川	2 834	17	97.33	44 150
群建村	任张军	徐利根	2 001	6	144.40	42 969
群欢村	赵国君	袁伟刚	1 063	5	61.13	42 879
向前村	周建江		1 680	8	5.67	42 893
向红村	翁志云		1 117	6	59.73	42 802
闸北村	沈欢军	—	3 485	12	90.47	44 017
三联村	俞惠忠		3 122	22	181.47	40 926
文伟村	李天棠	高金荣	3 219	22	127.47	43 762
新围村	高　云	谢建民	2 657	21	156.87	42 232
围中村	陈宏炳		3 650	22	203.07	43 052
新创村	倪建军	赵再福	2 143	15	144.07	43 528
新江村	王伯祥	张雅娟	2 239	17	140.67	43 417
江东村	方建庆	高建均	2 279	18	143.13	44 831
城隍庙社区	汤建良		2 487	—	—	—
知行社区	—		522	—	—	—
东沙湖社区	—		563	—	—	—

化河庄”建设，7个市级文化礼堂及1个文化家园实现联建联创，获评浙江省文化礼堂示范街道。建成南沙大堤遗址公园等“一园两馆”文化阵地，公共文化服务阵地实现全域覆盖。

加强队伍自身建设，完成街道机构改革及96名人员转隶工作，调整和充实村“三委”班子成员10人。开展6个村基层党风廉政建设巡察，查摆和整改问题51个。试点推行村级小微权利清单，建立“三小”监督体系。完善政府依法决策机制，推进“最多跑一次”改革及政府数字化建设，网上OA平台及“浙政钉”掌上办公深化推进。落实依法决策制度及重大事项先行法律评估，加强街道重大决策、决策性文件的合法合规性审查，街村两级法律顾问实现全覆盖。

【河庄街道地铁和东沙湖建设】 2019年4月，因杭州地铁8号线横断面、东沙湖二期等项目建设需要，河庄街道建一村、新和村、民主村、向公村集体土地140.13公顷被确定为整体拆迁冻结范围，具体区域为东至小泗埠直河、西至棚户区三期、南至规划青龙路、北至河庄横河。杭州地铁8号线一期工程起于文海南路站，线路全长17.17千米，河庄境内设桥头堡站、河庄站、河景路站。东沙湖是新区为营造优美城市环境而规划的人工湖，水域面积100公顷。湖区建设涉及湖岸整治及景观工程项目。作为滨水空间，

新区首个全国第一批绿色村庄——河庄街道江东村（方 波 摄）

东沙湖与沿湖连续成片的中央绿环共同组成新区中央公园项目。

【人居环境优化提升】2019年，河庄街道围绕完善城市功能和提升城市品质，加快基础设施优化完善，人居环境改善提升。协调推进地铁8号线、艮山东路隧道、江东大道改造、河景路西伸、江东三路贯通、安置房新建等重大项目建设。推进新围初中迁建、街道农贸市场新建及文体中心内部装修续建工程建设。新围初中完成搬迁，街道农贸市场招标工作启动，街道文体中心图书馆、体教馆等公共场馆向社会开放。总长47.8千米的29条“四好农村路”建设基本完成。3个智慧小区建设完成并投入使用。规范横岔路老街、北二路马路市场，新增一批集镇停车位。

【重点区块项目建设保障】2019年，河庄街道启动东沙湖二期区块建设，完成356户农户征地拆迁，新区核心区块、河景路、东沙湖二期项目开工建设。优化用地的结构和布局，推动桥头堡区块全域土地综合整治省级试点项目建设，推进零散、闲置、低效建设用地的整治和利用，完成农田集中连片工程。优化土地空间格局，完成桥头堡综合整治一期工程，桥头堡全域综合项目预计实现建设用地复垦指标38.73公顷、耕地质量等级提升指标106.93公顷、高标准基本农田指标111.13公顷。

【农业农村建设发展】2019年，河庄街道加快现代农业发展，做好12个村2万亩粮食生产功能区建设，新增粮食种植面积333.33公顷。稳定“米袋子”工程，防控非洲猪瘟，保障农产品质量安全，植物疫情普查防控处置率100%。加大科技兴农力度，新增江东农场等“美丽田园”项目11个，另有区粮油科技兴农项目5个、区级农机化项目3个、市级农业“机器换人”促进工程项目1个。启动乡村振兴试点，完成江东村、围中村、新围村“美丽乡村”规划方案评审并启动建设。

【河庄街道获评省级文化强镇】2019年，浙江省文化和旅游厅组织评选的年度浙江省文化强镇名单中，新区河庄街道榜上有名。近年来，河庄街道推进“文化惠民”工程，传承弘扬地域历史文化，文化事业取得显著发展。以“一心多点”布局文体基础设施资源，搭建文化舞台，“一心”即河庄文体中心，于2019年投入使用；“多点”即覆盖21个村（社区）的村级文体活动中心、文化广场、文化礼堂。街道建有省级、市级文化礼堂（文化家园）18个，四星级以上文化礼堂3个。江东村、向公村的民俗文化节、蜀南村重阳“百叟宴”、建设村和闸北村“小年夜”活动等，受到百姓欢迎。河庄沙地博物馆展陈围垦、沙地特色的馆藏物品及文字图片，展现20世纪河庄人围垦造田、艰苦奋斗的拓荒精神，每年参观人数约5000人次。传承弘扬本土特色文化，境内蜀山遗址被列为市级文物保护单位，河庄沿江带是观潮胜地，另有萧山萝卜干制作、草舍搭建、箍桶、佛像雕刻四大非物质文化遗产项目。河庄民间文化团队稳定活跃，拥有“江城河庄”品牌文化艺术总团和17支文体团队。

（朱佳军）

义蓬街道

【概况】义蓬街道行政区域面积56.48平方千米，户籍人口6.35万人，辖22个村、4个社区。2019年，全社会固定资产投资67亿元，民间项目投资2.1亿元，规模以上工业增加值7.53亿元，财政总收入6.85亿元，农民人均收入4.1万元。

加快经济转型，支持中小企业加快成长，义蓬科创园新引进科创型、税源型企业2个。淘汰落后产能，关停、取缔“低小散”企业30个，整治提升企业5个，腾出用地空间1.55公顷。发挥本土重点企业领跑作用，萧山第六建筑工程有限公司、明境集团等7个重点建筑企业实现产值18.54亿元，完成税收4517万元。发挥在建项目主力军作用，宋都、龙湖、宝龙等5个房地产企业

2019年义蓬街道各村（社区）基本情况

表31

村（社区）名	书 记	主 任	人口（人）	村民小组（个）	村集体可分配收入（万元）	耕地面积（公顷）	人均净收入（元）
蓬园村	朱加雪	冯颖颖	3 690	18	199	116.27	40 986
长红村	高　锋	潘国庆	3 181	15	106	121.53	40 991
白浪村	葛利华	王　勇	2 536	13	144	130.13	40 979
金泉村	王迪江	金伟锦	2 827	12	135	88.47	40 927
杏花村	沈国松	沈爱根	1 995	10	105	84.47	40 998
蜜蜂村	周福根	高宜勇	5 384	19	792	63.33	41144
义盛村	施中江	施中江	3 115	19	364	154.40	40 989
新庙前村	徐国娟	陆兴宝	2 510	17	270	155.73	40 939
后新庙村	童建江	任伟民	1 998	19	118	110.73	40 997
新益村	沈志安	徐利明	2 362	19	318	144.27	41 328
灯塔村	徐国军	王建明	2 491	19	224	123.73	40 910
后埠头村	陈柏林	高建明	3 198	19	161	188.20	40 937
火星村	倪卫星	金鸿桥	2 931	21	400	153.80	40 962
全民村	蔡文萍	陈阳春	2 482	15	120	107.73	40 912
义蓬村	张福良	周国祥	9 092	16	509	106.93	41 026
小泗埠村	陈伯原	陈坚钢	10 864	17	196	172.07	41 010
金星村	沈光浩	高建方	4 850	39	2 209	143.67	40 939
仓北村	黄文通	金利民	3 698	21	186	177.13	40 878
南沙村	赵国君	吕惠江	4 549	36	125	235.60	40 911
春光村	潘高锋	殷国良	2 710	16	194	127.87	41 125
春园村	钱条仙	高海燕	4 839	15	149	142.93	40 924
春雷村	沈爱法	项国军	2 520	13	153	108.93	40 958
江盛社区	杨水员	杨水员	677	4	245	35.07	41 068
义盛社区	周仁灿	周国民	8 922	13	—	—	—
头蓬社区	戴才江	陈秋平	3 505	10	—	—	—
义和社区	苗再煜	杨茶凤	5 691	—	—	—	—

实现投资40.73亿元，完成税收2.43亿元（不含龙湖）；发挥总部经济作用，以浙江中科领航汽车电子有限公司、杭州秋瑞自动化科技有限公司、杭州旭菱光伏电力科技有限公司为代表的“总部—制造基地”功能链条实现投资3000万元，完成税收330万元。支持传统企业技术革新、数字化转型和升级改造，A类亩产评价单位增至6个。加速提升创新能力，成功申报国家级高新企业13个、省级企业研发中心1个、省级科技型中小企业11个。

推进城市建设，配合未来社区（云帆社区）建设，完成一期20公顷土地上的企业搬迁拆除，协调完成区域内管线迁改。推进“两路两铁两站”建设，做好江东大道、河景路两大主干线建设改造中的周边交通管制和农田管理，协调7号、8号两条地铁线路施工中拆迁、流转、沉降、噪音等工作，助推灯塔、新围两个变电站快速启动。规范渣土运输管理，处置北接工程及艮山东路建筑工程渣土9.5万立方米。加大环境保护，完成中央环保督查18件及省环保督查5件问题的整改销号。建设宜居环境，启动金星村拆迁区块占地50.6公顷的大田花海建设。开展环境整治，清理大棚房16处，拆除小区保笼5000多个，清理流转土地45.13公顷，整治农村附房3510处、面积24.76万平方米。

推进街道2019年十大民生实事工程建设。划定4.61平方千米区域，投入2亿元实施节点景观专项提升工程。投资2亿元，在24个村实施美丽乡村建设，重点实施1个市级美丽乡村和3个区级美丽乡村创建。完善基础设施建设，完工5个小区、8个商业及办公区域、1所医院“污水零直排”建设；9所校园基础设施完成更新，公办学校空调实现全覆盖；完成45条“四好”农村路改造、14个卫生服务站改造提升、6个停车场市场化运作改造、义盛农贸市场星级改造；2个街道居家养老服务中心投入使用；头蓬集镇配套停车场建设完成方案设计。

保障社会和谐稳定，落实27户三峡移民同村同待遇，设立街村两级退役军人管理服务站，为46名退役军人补缴社会保险。加大技防建设，完成4个智慧安防小区建设，建成警务室5个，在建智慧岗亭1个。强化群防群治，打击涉恶团伙4个，抓获涉黑涉恶犯罪嫌疑人23人，破获涉恶案件38起。

开展党建“双强”活动，村社党组织评比出年度最强党支部8个、最强“领头雁”8名、“最美先锋”党员50名、最具人气党群服务中心5个。巩固基层治理，组建红色业委会。24个小区中13个符合条件的小区均成立业委会，同步实现党组织覆盖。

【省级“未来社区”试点选址义蓬街道】 2019年9月，浙江省发改委公布首批“未来社区”试点创建名单，新区云帆社区入选。云帆社区位于义蓬街道，毗邻中央水景公园和新区商务中心，设计范围地块南至艮山东路东延线，北邻东沙湖水景公园，东西两侧至规划道路，范围约96公顷，设计范围约34公顷，其中一期面积23公顷。作为浙江省首批试点创建项目，云帆社区以聚焦“未来社区”邻里、教育、健康、创业、服务、治理、建筑、交通、低碳九大场景创新集成，遵照TOD综合开发（以公共交通为导向的开发），创新土地复合开发、空间集约高效利用等方式，探索新区多元文化环境下的生活场景，引领未来生活方式变革创新。

【义蓬科创园获评省级小微企业园】 2019年8月，义蓬科创园获评首批浙江省小微企业园。义蓬科创园运营总面积1.3万平方米，2017年7月开园。园区以企业建设、政府承租、集中孵化为主要模式，重点培育发展节能环保、工业自动化、新材料、信息软件、文化创意、电子商务等科创型企业及税源型企业。园区注册企业116个，实际入驻企业36个。入驻企业中北京科技大学钱浪研究院是街道引进的首个研究院，杭州卓矽电子科技有限公司、杭州矽谷星电子科技有限公司、杭州芯宇通讯有限公司、浙江中科领航汽车电子有限公司、杭州欧光芯科技有限公司、杭州检康方舟智能科技有限公司6个高层次创新创业人才“领军计划”项目组团入驻园区。园区引进有国家人才计划人才5人。欧洲华人微电子中国论坛永久会址及微电子专业加速器落户园区。

【大田花海项目建设启动】 2019年，义蓬街道启动金星村拆迁区块占地50.6公顷的大田花海项目建设。该项目位于塘新线北侧、小泗埠直河以东，属于拆迁待开发区块，土地整理后街道将打造城镇的宜居生态环境。根据规划，大田花海项目包含花海花田的营造、粮油作物的种植、休闲观光、产业带动等建设内容。花海种植规划在不同季节种植合适的花海作物，做到四季有花可赏、有景可看。大田种植规划通过春水稻、秋水稻、油菜轮作的方式，营造宜人的田园风光，给拆迁空地带去生机。

2019年12月，改造施工中的义蓬街道头蓬老街　　（俞建龙　摄）

义蓬街道夜景 （沈 雷 摄）

【义蓬街道机构改革】 2019年9月，根据新区街道体制改革部署，义蓬街道启动实施职能调整和机构改革，将原内设“八办”（党政办、综治民政科、经济管理和劳动保障科、农业科、财政统计审计科、城市管理科、社会事务科、人口和计划生育科）调整为“八办三中心”（党政综合办公室、党建工作办公室、综合信息指挥室、公共服务办公室、平安建设办公室、区域发展办公室、城市建设办公室、农业农村办公室，党群服务中心、公共服务中心、区域发展与治理中心）。新设立公共服务办公室，承担深化“最多跑一次”改革牵头工作，以及社会事务和公共服务工作。新设立的公共服务中心，承担公共服务事务性工作，承接政府部门为社区（村）群众和单位提供各类服务，以及救助政策、就业、社会保障、退役军人保障和离退休人员社会化管理等工作。

（包益萍）

新湾街道

【概况】 新湾街道行政区域面积22.05平方千米，托管部队区域15平方千米，户籍人口2.37万人，常住人口5万人，辖行政村12个、社区1个。2019年，街道规模以上工业总产值56.6亿元；规模以上工业增加值9亿元；财政总收入4亿元，增长62.2%；地方一般公共预算收入2.24亿元，增长49.8%。农业总产值3.7亿元，农民人均纯收入3.85万元。服务业完成税收2.18亿元，增长85.8%；财政可用收入6.8亿元，增长37.9%。落实新区“1+4+X”政策体系，出台总部经济发展政策意见。新增规模以上企业6个，纳入新区重点培育上市企业名录1个。新增高新企业19个，其中国家级高新企业9个、省级科技型企业9个、市级企业研发中心1个，申请专利2项，2个企业亩产效益综合评价为A类。

街道实施城市“中兴、西进、北接、东拓、南扩”战略，启动中部老城区美丽城镇规划，确立西部“钱塘高铁站”站前商业商务板块功能定位，加速北部新区教育科技城规划衔接，完成东部部队区域管理委员会挂牌和军地融合创新区第一轮概念规划编制。强化公建配套建设，紫瑞华庭、南沙新苑安置小区竣工交付，累计交付安置房面积73.6万平方米。推进三新EPC安置小区、农商银行二期、新湾派出所等项目建设。优化路网结构，冯娄横路、新四路、横一路、宏创路、宏景路建设，北部5个村道路整治完成。

推进美丽城镇建设，国家卫生街道创建通过省级暗访，盛凌湾滨水景观、大田花海、夜景亮化工程推进。“一纵一横”滨水景观、新湾大道北段改造及入城口景观项目前期完成，创建“污水零直排”街道、“基本无违建”街道。实施“乡村振兴”战略，出台发展壮大村级集体经济的若干意见，南部5个村美丽乡村规划通过区级评审。投入4900万元完成南沙新苑多层住宅

2019年新湾街道各村（社区）基本情况

表32

村（社区）名	书记	主任	户籍人口（人）	村民小组（个）	工业产值（万元）	耕地面积（公顷）	人均纯收入（元）
共和村	洪柏松	鲍利建	1 939	18	11 785	98.80	38 969
共裕村	蔡　峰	鲍东强	1 978	16	13 298	113.33	39 732
共建村	孙忠海	陆关林	2 612	27	22 057	157.20	38 453
共兴村	潘国良	吴志明	1 328	12	2 348	74.33	38 870
新南村	寿正权	陆　飞	1 292	12	94 407	61.40	38 646
三新村	许伟国	余刚平	3 583	31	239 292	151.53	40 159
冯娄村	曹福传	章锦卫	1 616	14	4 166	84.47	38 793
建华村	胡传荣	沈　江	2 660	21	300	118.07	38 654
创新村	周建兴	李水明	1 568	11	300	78.60	36 205
创建村	孙国灿	徐柏灿	1 633	14	27 024	87.73	36 558
宏新村	王柏利	王柏利	1 745	16	94	74.93	36 905
宏波村	马忠校	胡成军	1 705	17	56 650	95.80	37 566
新北桥社区	柏建林	曹利华	1 482	17	—	—	—

52部电梯加装。

坚持教育优先发展，实施新湾初中扩建，办学规模扩展至36个班。保障基层民生，发放民政、慈善、残联等补助资金1000万元，惠及5000多人次。完善领航教育基金发放制度，资助贫困学子，关爱困难教师，定向捐助52万余元。设立社会综合治理中心，统筹运作平安工作办、综合信息指挥室、司法所、消防、交通、安监等机构人员和职能。健全管理体制，区域发展与治理中心（部队区域管理委员会）挂牌完成。

改造后的新湾农贸市场一角　　（许莉莎　供稿）

【新湾十大民生实事工程】 2019年1月23日，新湾街道首届居民议政代表会第二次会议上，经党员干部代表、居民群众代表票选产生十大民生实事工程，分别是安置分房、建华安置小区电梯加装、城市夜景亮化、教育提质工程、智慧停车场改造、滨水景观建设、大田花海、垃圾中转站建设、村级环境提升及美丽湖泊工程、白事馆建设。至年末，十大民生实事工程有6件完成。其余4件中，教育提升工程正常推进，大田花海工程完成进度20%，美丽湖泊工程完成6个，滨水景观工程完成盛凌湾和南沙大堤景观廊道建设，冯娄横河及抢险湾一纵一横景观带建设正常推进。

【盛凌湾生态景观改造】 2019年3月，新湾街道盛凌湾生态景观改造工程开工建设。工程范围为共和桥至红星桥段，为新建清水廊道、新砌挡墙护栏、新建亲水平台、闸

新湾街容新貌　（王杨琳 摄）

改桥等工程。项目涉及盛凌湾东路拓宽及景观改造工程、盛凌湾生态走廊工程、盛凌路拓宽及景观改造工程和南沙大堤景观改造工程。结合本土文化、民俗传承等概念，建设“南沙成陆”“花海叠潮”“海痕忆湾”“杏棉满地”“滩涂之路”“沙地人家”“金色沙洲”“沙场忆趣”等多个主题场景，设置茶室（商业小卖部）、文化馆（民俗馆）、小广场、公共厕所等设施。改造工程同时规划建设“绿道漫步”，漫步道自南沙大堤与新湾大道口由西至东，沿路行进在水杉大道旁，进入到盛凌湾后沿盛凌湾北岸到闸口路，从桥下穿行过新湾闸，沿南岸一路至红星桥。

【新湾建华安置小区配套道路竣工】 2019年4月，新湾街道建华安置小区4条配套道路——建华村安置房西侧道路、建华村和创新村安置房北侧道路、新四路、横一路竣工贯通。其中：建华村安置房西侧道路段起于横一路，终至建华村、创新村安置房北侧道路，全长241.36米，标准段红线宽18米，双向两车道，为城市支路；建华村、创新村安置房北侧道路段起于建华村安置房西侧道路，经新四路，终至新湾大道，全长798.43米，标准段红线宽24米，双向两车道，为城市支路；新四路段起于横一路，终至建华村、创新村安置房北侧道路，全长340.54米，标准段红线宽36米，双向四车道，为城市次干道；横一路段起于建华路，终至新湾大道，全长770米，标准段红线宽28米，为城市支路。

【抢险湾东商住用地地块出让】 2019年7月29日，新湾街道抢险湾东商住用地地块（新湾综合体）完成出让，出让面积6.01万平方米。浙江万固实业集团有限公司以总价8.78亿元竞得，楼面价每平方米5995元。该地块位于新湾单元中部，南至复兴路、西至抢险湾绿带、北至横一路，为新湾街道商贸中心区域。土地用途为城镇住宅用地建造普通商品房和建造五星级酒店，其中酒店面积不小于3.2万平方米。9月22日，浙江万固实业集团与开元酒店集团签约合作，拟在抢险湾东商住用地地块建设五星级杭州万固开元名都大酒店。

【部队区域军地融合管理】 2019年，新湾街道建立健全部队区域管理。按照“产业小镇+市场小镇”的规划目标，对部队区域实施新区军地融合创新区概念规划项目编制。采用“小管委会”模式，组建由街道党工委书记为主任、分管区域发展工作副主任为常务副主任、部队房管处专员和区域发展中心负责人为副主任的部队区域托管工作班子。工作层面组建“一办四部”机构，即社会事务管理办、国土规划建设部、农业农村部、产业经济发展部、维稳平安建设部，明确相应工作职能。专职层面组建治安巡防、综合执法、交通协管、消防消控中心4支队伍，负责区域治安交通、消防检查、控违拆违等巡查执法工作。

2019年12月25日，新湾街道与杭州演艺集团举行“杭州演艺·新湾剧场”签约启动仪式　　（童志忠　摄）

【“两馆两中心”开馆暨首届民俗文化节启动】 2019年4月28日，新湾街道“两馆两中心”（新湾沙地民俗文化馆和消防体验馆、新湾街道党群服务中心和新北桥社区便民服务中心）开馆暨首届民俗文化节启动。新湾沙地民俗文化馆分上下两层，以影音、文字、图片、实物、模型等形式，展示新湾自围垦起，历经农业、工业、城市的变迁过程及奋斗痕迹。展馆包含“围垦记忆”“旧时岁月”“新城起点”“未来展望”4个板块，结合传统民俗与当下城镇发展，展示新湾地域文化。消防体验馆为新区首个引入VR消防体验的综合型、科技型互动体验馆，具备消防综合体验、火灾隐患排查、初起火灾处置、学生假期安全体验等互动功能，为新湾全民安全教育基地。新湾街道党建服务中心投资300多万元，建筑面积1300平方米。该中心整合党建、工会、青年志愿者、妇女之家、老年大学、文化家园、党风廉政等阵地，是一个集党群综合服务、政策咨询、业务指导、党员教育、宣传展示、社团活动、阅览交流、便民服务为一体的功能服务平台。新北桥社区便民服务中心设有党群综合服务、民政综治、劳动保障、无差别受理等窗口，为社区群众提供一站式便民服务。

【杭州演艺·新湾剧场签约启动】 2019年12月25日，新湾街道与杭州演艺集团签署为期3年战略合作协议。新湾街道将新湾文化中心剧场交杭州演艺集团托管运营，并命名为“杭州演艺·新湾剧场”。该剧场成为杭州演艺集团第一所托管运营的剧场，也是杭州市首个联盟剧场。杭州演艺集团于2018年2月成立，是杭州文化广播电视集团旗下集演艺文化创作生产、剧场经营、演出营销、产业投资、艺人经纪于一体的全产业链国有演艺文化企业集团。杭州演艺集团将依托杭州大剧院15年专业剧场运营管理经验，派驻专人对新湾剧场进行专业化运营管理，普及高雅艺术，提升城市文化品位。

【新湾“五水共治”成绩突出】 2019年，新湾街道“五水共治”工作成绩突出，被市“美丽杭州”建设领导小组评为2019年度杭州市“五水共治”（河长制）“二十佳”镇街称号。2018年起，新湾街道围绕“污水零直排街道”创建，对辖区市政管网和河道排水口进行全面排查，累计排查雨污水窨井3060处、管网21千米、河道排水口122处。新建道路、房产项目均按雨污分流要求建设。结合小城镇环境综合整治，投入1.8亿元完成盛凌路、新湾大道、盛凌路等6条主次干道的改造提升和立面整治，完成24条支小路的路面修复，均做到雨污管道埋设和接入。明确排污主体责任和监管责任，建立巡查、检测、清淤和维护等机制，做好日常养护。推行“河长制”。投入2600万元实施盛凌湾生态景观改造工程，将盛凌湾与南沙大堤串联，打造成一条集运动、景观、商业于一体的体验式生态走廊。实施“美丽湖泊”工程建设，规划改造12个池塘，改造面积2.1万平方米，首批为共和村、共裕村、共建村、新南村、三新村5个行政村各建一个样板池塘。做好“河长制”常态化巡查，街道级河长和村级河长定时巡查，保洁公司专职巡查，发现问题及时整改。　　（袁瑶婕）

临江街道

【概况】 2019年，临江街道行政区域面积44.1平方千米，辖社区1个、行政村2个，代管农一农二总场，托管“飞地”105平方千米，户籍人口6934人，常住人口5.8万人。全年完成固定资产投资1.88亿元，财政总收入6675万元、地方财政收入3829万元。社会消费品零售总额1526万元。

街道借助临商科技孵化园二期平台，全年签约引进高端项目10个，储备项目15个，临商科技孵化园被认定为省级小微企业园。推进创业创新，将创慧园闲置厂房改造

2019年临江街道各村（社区、农场）基本情况

表33

单位	书记	主任	户籍人口（人）	村民小组（个）	耕地面积（亩）	村集体可分配收入（万元）	人均净收入（元）
东庄村	潘荣飞	王志明	1 629	17	2 200	178.38	37 576
萧东村	李水潮	袁忠芳	2 630	22	4 038	313.52	37 779
临江佳苑社区	韩　燕		2 675	—	—	—	—
农一农二总场	徐幼军（书记、场长）			—	10 012	—	—

成大学生创业园，引进大创企业10个。年末街道规模以上工业企业累计6个。推进“三农”建设，农作物播种面积2333公顷，完成粮食总产量1388吨，申报市粮食高产示范方（区）5个、市农业“机器换人”促进工程项目1个、区农机化促进项目2个。编制完成萧东村、东庄村美丽乡村规划，四工段横河整治工程、萧东村路沟渠整治完成。辖区内农场场部改造、农场田间设施提升工程完工。

改善区域环境，临江街道通过国家卫生街道省级暗访督查，东庄村通过省级卫生村验收。推进生活垃圾分类，街道机关大楼成为杭州市首个实行垃圾分类定时定点投放的街道机关，代表新区参加杭州市垃圾分类论坛，获垃圾分类优秀案例三等奖。深化便民服务，推进企业、公民个人办事上门办、就近办、自助办，3个村（社）级便民服务站实现覆盖，新增24小时自助服务机1台，累计办理事项1705件、全程代办事项550件。

保障基层民生，发放慰问资金45万元。落实劳动就业，实现城镇新增就业人数7589人、失业人员再就业219人、就业困难人员再就业160人，发放失业金374人次、60多万元。加快文体建设，临江街道知青文化园创建成为杭州市关心下一代教育基地，临江佳苑社区获评杭州市“十佳书香社区”。东庄村文化礼堂装修完成，萧东村文化礼堂主体结顶。投入建设资金300万元，对学校辖区项目进行改造，临江第一小学获“2019年全国青少年校园足球特色学校”称号。深化社会治理，排查整改隐患1327处。调解信访矛盾纠纷，受理调处信访件266件、纠纷85起。开展道路交通集中整治，整改重大交通隐患点15个。临江佳苑社区党群服务中心建成投用，成为基层党建主阵地。

【“三房”硬仗整治推进】 2019年，临江街道完成“飞地”区域大棚房清理、农场无房户申购、农村附房整治3场硬仗。全年累计对13个土地权属单位的25处经营企业、149个点位约5.9万平方米大棚房进行清理整治，并通过省市区验收。推进农场“无房户”历史遗留问题处理，出台《临江街道农场无房户安居房申购细则》，成立农场无房户安居房申购工作小组，经过两个月的资料收集、资料审核、抽号选房等流程，最终完成71户无房户安居房申购，历时16年的信访“老大难”问题得到解决。整治农村附房，街道成立农村附房整治工作领导小组，下设办公室和5个专项工作组，并抽调街道中层业务骨干进入工作专班。开展排查摸底，分片包

2019年8月8日，临江街道农场无房户安居房申购进行现场抽号

（陆　锋　摄）

临江街道萧东村新貌（沈永方 供稿）

干推进附房整治，全年累计拆除575户、7.28万平方米的农村附房，其中一户多宅有45户、面积5384平方米。

【临江“飞地”全域管理】2019年初，临江街道托管位于街道东南、东部和北部约105平方千米的“飞地”。该区域占新区总托管“飞地”面积的73%，涉及土地权属单位25个。“飞地”区域内有河道36条，长度162.8千米；长度3.5米以上道路85条，总长205.8千米；桥梁93座；农业企业及承包户96个，其中畜禽养殖类22家；工业企业15个；宗教场所2处；流动人口4500多人。面对托管的“飞地”面积大、占比、权属关系复杂等实情，街道按照“条块联动、网格监管”的工作要求，探索推进“飞地”管理新机制。成立“飞地”管理工作领导小组，由街道党工委书记任组长，设立实体化运作的“飞地”管理大队。落实两处办公场所，划分三大网格组，细分12个网格，每名队员负责一个网格。实行问题处置协调、责任落实明确、管理效果督查考核等机制，夯实“飞地”管理工作基础。突出重点，管控“飞地”大棚房、杂类垃圾及安全风险，将违法占地作为“飞地”巡查重中之重，管控耕地保护“失管区”。

【“污水零直排”市级验收通过】2019年，临江街道推进“污水零直排”街道创建工作，涉及5个生活小区、2个学校、1个卫生院、1个农贸市场、1个客运站、3个商用楼宇、61家“八小”行业、10条道路和1条河道等。开展“污水零直排”建设排查，聘请第三方专业机构对集镇排水单元、地下管网、排口整治等进行全面排查，对生活小区、商贸综合体和“八小”行业集聚区域等进行重点排查。对临江佳苑社区阳台雨污水合流情况，实施阳台废水与屋顶雨水分流改造，完成包括临江佳苑社区在内的4个生活小区雨污水混接情况调查，排查污水管道4000米、雨水管道3000米。街道投入1200万元，对老旧管网实施修复、改造和雨污水分流，实现从“治标”到“治本”的目标，辖区水环境质量大幅改善。12月，街道“污水零直排”通过市级验收通过。

【平安主题公园投入使用】2019年12月，临江街道平安主题公园建成向公众开放。公园位于街道社区卫生服务中心南侧、临江新城实验小学东侧、东裕华庭小区北侧，建设投资200万元，占地面积1.1万平方米。平安主题公园着力营造“绿色、人文、休闲”的平安文化体验场所，通过巧妙布局，营造舒适自然的休闲环境。公园北侧是绿化区块，南侧是停车场，园内设数十个宣传栏与立柱式标志，宣传生产安全、应急救援、交通安全、消防安全等，让游客在休闲娱乐的同时，潜移默化学习安全和法治知识，增强平安法治文化体验感。

（沈永方）

前进街道

【概况】前进街道行政区域面积40.54平方千米，辖3个村、1个社区，户籍人口8517人，流动人口2.9万人。2019年，实现地区生产总值3.7亿元、规模以上工业产值5.07亿元，固定资产投资8.23亿元。农民人均收入3.78万元，比上年增长8%；集体经济总收入1564万元，增长21%。

建立健全街道“大工委”制和社区“大党委”制，举行庆祝建党70周年暨街道成立10周年“钱塘永向前”群众性主题展演。加强安全治理，全年清查流动人口4.37万人，办理流动人口证5.07万本、居住证1387本。保障社会民生，全年走访104户困难家庭，发放慰问金15.61万元；发放民生资金326.3万元，为2120户农户投保政策性农村住房保险。加强平安建设，解决前峰村多年遗留信访问题。

推进街道职能调整和体制改革，设立“七办三中心”，分别为党政综合办公室、党建工作办公室、综合信息指挥室、公共管理办公室、公共服务办公室、平安建设办公室、区域发展办公室、党群服务中心、发展与治理中心、公共

2019年前进街道各村（社区）基本情况

表34

村（社区）名	书记	主任	户籍人口（人）	村民小组（个）	耕地面积（亩）	人均纯收入（元）
临江村	张　伟	张　伟	3 647	27	2 862	38 560
前峰村	李冬芬	丁世海	1 546	14	1 351	35 550
三丰村	丁建欢	王国峰	3 301	36	3 769	36 750
前新社区	钟福才	—	87	—	—	—

服务中心。健全日常工作机制，梳理出台《财政资金使用管理办法》《村社综合考评制度》《全面村级小微权力清单制度的实施意见》及六大类、30项的街道制度汇编。做好重点工作示范，创建“小城镇环境综合整治省级样板”和省级“美丽河湖”项目，建设全区首个智慧安防小区和首个生活垃圾定时定点智能投放小区。

【前进科创园揭牌成立】 2019年11月1日，前进科创园揭牌成立。科创园占地面积8万平方米，建筑面积10万平方米，将依托钱塘新区大湾区建设主平台，以智慧交通、航空航天、生命健康、“万亩千亿”等为导向，聚焦美术材料、信息材料、生物材料、纺织材料等新材料技术全产业链发展，创新资源集聚，致力建设成为一个以新材料产业为主要发展方向，智能装备与智能制造等多种产业协同发展的科技企业孵化器。科创园注册企业18个，在谈项目5个。前进街道以政策扶持、成果转化和金融加速三维并举，抓住智能科技产业大发展机遇，推进高质量发展迈步新台阶。

【“两美”示范街道建设】 2019年，前进街道创建小城镇环境综合整治省级样板，申报全省“美丽城镇”创建和全区“美丽乡村”建设。邀请省级规划院编制美丽城镇创建规划，成立以街道主要领导为组长的工作专班，聘请驻镇规划师团队，坚持每周例会工作制度，推进“美丽城镇”创建工作。制定明确任务清单，梳理排定37个项目。至年末，项目总体开工率64%、完工率26%。争创市级无违建街道，全年违建附房拆除9万余平方米，整治户数完成率70.2%。建设“美丽乡村”，前峰村作为新区4个精品村之一通过专家评审；临江村进入改善村行列，年内完成规划编制；三丰村按照规划先行、即拆即修的原则，推进“无违建村”创建。

【营商环境和服务提升】 2019年，前进街道提升营商环境和服务水平，推进住房、商贸、文体、医养、教育和便民“六张服务网”的建设。住房服务网方面，安置房一期完成分房，安置房二期在加快建设；人才保障房一期入住，二期、三期、四期启动建设。商品房杭房悦东方将开盘。商贸服务网方面，集镇中心服务圈基本形成，加快建设科创中心服务圈和邻里中心服务圈。文体服务网方面，推进街道前进新动力大厦（文体中心）建设，新建改建3个村、2个区社文化场所，计划新建前进青少年活动中心。医养服务网方面，建成投用社区卫生服务中心，改建2个卫生服务站，新建1个卫生服务站，开设老年康复病床和养老日间照料中心。教育服务网方面，建成初中、小学、幼儿园、成人教育学校各1所；启动

前进街道前新福苑安置小区　　（汪何幸运　供稿）

2019年6月6日，浙江肖峰宋韧艺术院钱塘艺术中心在前进街道揭牌
（沈逸柔 供稿）

前进第二幼儿园建设，推进前进初中迁建。便民服务网方面，迁建升级街道办事服务中心，增设公安流动人口办证点。

【社会事业加快发展】 2019年，前进街道投入教卫资金3233万元，加快社会事业设施建设。年内，前进第二幼儿园开工，前进初中新校区一期选址立项有序推进，杭房悦东方幼儿园进入装修阶段。辖区主干道路沿线环境全面提升，新农贸市场、三丰村党群服务中心及文化礼堂等项目建设完成。新社区卫生服务中心大楼投入使用，并推动与省中医院等大医院的医疗合作。全年合计发放慰问金26.98万元，下拨民生资金356.3万元，发放就业补贴30.72万元。开展文化体育活动，举办“迎新跑”、先进人物评选、群众性合唱展演、国际美术作品展等大型活动，以及各类进村入企、文化下乡等小型活动，丰富群众精神文化生活。开展演讲比赛、职工联谊派对等活动，促进辖区企业职工和居民之间互联互通。

【街道区域环境治理】 2019年，前进街道投入1600多万元，推进“污水零直排”区建设，完成工业园区和集镇两大区域的“污水零直排区”工程，通过区、市两级验收。对22处农村生活污水设施进行检修、疏通、清理，修复管道96处、设备8处，清理垃圾5.7吨。启动垃圾分类，累计投入资金123万元，建设垃圾集置点1处，发放分类垃圾容器2300多个，配备村社垃圾收运车辆10台，在三丰村实行智能化积分制管理。加大环境保护力度，完成中央环保督查问题整改准备工作，精细化管控扬尘，形成源头严防、过程严管的扬尘污染防治体系。加强农作物综合利用和秸秆焚烧管控。加大建筑垃圾、渣土管理，实现资源化利用。开展“大棚房”整治，拆除大棚房26处、1.6万平方米；推进临江村、前峰村、三丰村3个村的农村超面积附房整治，累计拆除附房895户、面积9.8万平方米。完善防违控违机制，在物业管理小区健全双向登记报告制度，在农村区域加大巡查，确保全年无新增违建。

【社区卫生服务中心新楼建成】 2019年5月，前进街道社区卫生服务中心新楼建成。中心位于前进街道集镇区，项目总用地6752平方米，总建筑面积1.35万平方米。建设内容包括预防保健、医疗管理用房，门诊用房，放射、检查用房，住院（含手术室、产房）用房，行政后勤保障用房及地下停车库等。中心坚持科学管理、规范服务、强化基础、全面发展的原则，主要做好辖区范围内预防、保健、医疗、康复、健康教育及计划生育技术指导等医疗卫生服务工作。

【前进新农贸市场投入使用】 2019年11月，前进街道新农贸市场开业。市场位于前进街道教工路与创新路、东三路交叉处，建设用地面积6650平方米，总建筑面积8252平方米。规划有机动车停车位71个、非机动车停车位411个。新市场分为地上二层和地下一层，提供120多个摊位和9个对外商铺，业态布局包括蔬菜、水果、肉类、水产、粮油、冷冻食品、禽蛋、卤味等，由杭州多赢市场经营管理有限公司负责管理运营，服务前进工业园区及周边农居近19万居民生活。（汪何幸运）

责任编辑 黎洪正

人 物

新区委领导

柯吉欣 男，1968年1月出生，籍贯浙江湖州。2019年4月，任杭州市政府党组成员、副市长、新区党工委书记。1990年8月参加工作，1990年3月加入中国共产党，浙江大学电机工程学系电力系统自动化专业毕业，工学学士学位，硕士研究生学历，教授级高级工程师，高级经济师。历任浙江省电力开发公司项目部副经理，浙江省能源集团有限公司投资开发部负责人，浙江省电力开发公司党委委员、副总经理，浙能兰溪发电厂筹建处党总支书记、主任，浙能兰溪发电有限责任公司党委书记、总经理，浙江省能源集团有限公司党委委员、副总经理，浙江省能源集团有限公司党委委员、董事，浙江省能源集团有限公司党委委员、董事、总经理，浙江省能源集团有限公司党委副书记、董事、总经理。

何美华 男，1961年10月出生，籍贯浙江东阳。2019年4月，任新区党工委副书记、管委会主任。1978年10月参加工作，1983年11月加入中国共产党，就读浙江省委党校社会发展专业，省委党校研究生学历。历任金华市委办公室副主任，金华市婺城区党工委副书记、工委办主任，金华市委副秘书长、婺城区委书记、区人大常委会主任，金华市委副秘书长、市委办公室主任，金华市委副秘书长、市政府党组成员（正处级），金华市政协副主席、市委统战部部长，金华市政协副主席、义乌市委副书记、市长，中共杭州市委副秘书长、办公厅主任，杭州市政府党组成员、杭州大江东产业集聚区党工委副书记、管委会主任，杭州市政府党组成员、杭州大江东产业集聚区党工委书记、管委会主任，杭州市政府党组成员、杭州大江东产业集聚区（杭州经济技术开发区）党工委副书记、管委会主任。

施华淼 男，1976年3月出生，籍贯浙江余姚。2019年5月，任新区党工委副书记、管委会常务副主任（正局长级）。2002年3月参加工作，1997年11月加入中国共产党，浙江大学管理学院企业管理专业毕业，研究生学历，管理学硕士。历任杭州市政府办公厅综合一处副处长，杭州市政府办公厅秘书处副处长，杭州市政府办公厅综合处处长，中共杭州市江干区委常委、纪委书记，杭州高新开发区（滨江）党工委委员、党委常委、管委会副主任、政府副区长，杭州高新开发区（滨江）党工委副书记、党委副书记。

陈金生 男，1963年10月出生，籍贯浙江杭州。2019年4月，任新区党工委副书记、管委会副主任。1983年8月参加工作，1985年6月加入中国共产党，就读中央党校函授学院行政管理专业，中央党校大学学历。历任杭州市余杭区乔司镇党委副书记、镇长，杭州市余杭区乔司镇党委书记、人大主席，杭州市余杭区乔司镇党委书记、余杭经济开发区（余杭高新技术产业园区）党工委副书记、管委会主任，杭州市余杭区区长助理、余杭经济开发区（余杭高新技术产业园区）党工委书记、管委会主任，中共杭州市余杭区委常委、余杭经济技术开发区（杭州钱江经济开发区）党工委副书记、管委会副主任，杭州经济技术开发区（浙江杭州出口加工区）党工委副书记、管委会副主任，杭州大江东产业集聚区（杭州经济技术开发区）党工委副书记、管委会副主任。

许　昌　男，1969年11月出生，籍贯浙江富阳。2019年4月，任新区党工委委员、管委会副主任。1990年8月参加工作，1994年4月加入中国共产党，就读中央党校函授学院经济管理专业，中央党校大学学历。历任富阳市常安镇党委书记、人大主席，富阳市富春街道党工委副书记（正局级），中共富阳市委办公室主任、富阳市保密局局长（兼），富阳经济开发区党工委副书记，杭州大江东产业集聚区党工委委员、管委会副主任兼杭州临江高新技术产业开发区管委会副主任，杭州大江东产业集聚区党工委副书记，杭州大江东产业集聚区（杭州经济技术开发区）党工委副书记。

王永芳　男，1971年9月出生，籍贯浙江杭州。2019年4月，任新区党工委委员、管委会副主任。1990年8月参加工作，1994年10月加入中国共产党，就读中央党校经济学（经济管理）专业，中央党校研究生学历。历任杭州市滨江区西兴镇党委委员、副镇长，杭州市滨江区西兴镇党委副书记、镇长，杭州市滨江区西兴镇党委书记、人大主席，杭州市滨江区西兴街道党工委书记，杭州市滨江区浦沿街道党工委书记，杭州高新开发区（滨江）外经贸局党组副书记、局长，杭州经济技术开发区（浙江杭州出口加工区）党工委委员、管委会副主任，杭州大江东产业集聚区（杭州经济技术开发区）党工委委员、管委会副主任。

俞　斌　男，1967年10月出生，籍贯浙江杭州。2019年4月，任新区党工委委员、管委会副主任。1987年8月参加工作，1993年10月加入中国共产党，就读浙江省委党校行政管理专业，省委党校研究生学历。历任中共杭州市纪委案件审理室副主任、主任，中共杭州市纪委案件审理室主任（副局长级），杭州经济技术开发区（浙江杭州出口加工区）党工委委员、纪工委书记，杭州经济技术开发区（浙江杭州出口加工区）党工委委员、中共杭州市纪委派驻杭州经济技术开发区管委会纪检组组长，杭州经济技术开发区（浙江杭州出口加工区）党工委委员、管委会副主任，杭州大江东产业集聚区（杭州经济技术开发区）党工委委员、管委会副主任。

李　鹏　男，1979年11月出生，籍贯浙江桐庐。2019年4月，任新区党工委委员、管委会副主任。2001年7月参加工作，2008年3月加入中国共产党，浙江大学公共管理学院公共管理专业毕业，公共管理硕士。历任共青团桐庐县委副书记、书记，桐庐县旧县街道党工委副书记、办事处主任，桐庐县副县长，杭州大江东产业集聚区党工委委员、管委会副主任兼杭州临江高新技术产业开发区管委会副主任，杭州大江东产业集聚区（杭州经济技术开发区）党工委委员、管委会副主任兼杭州临江高新技术产业开发区管委会副主任。

李　栋　男，1972年5月出生，籍贯浙江绍兴。2019年4月，任新区党工委委员、纪检监察工委书记。1992年8月参加工作，1999年11月加入中国共产党，就读浙江省高等教育自学考试法律专业、公安管理专业，大学学历。历任中共杭州市纪委执法监察室副主任、主任，中共杭州市纪委执法监察室主任（副局长级），中共杭州市纪委第五纪检监察室主任（副局长级），中共杭州市纪委副秘书长、办公厅主任（副局长级），杭州经济技术开发区（浙江杭州出口加工区）党工委委员、中共杭州市纪委市监委派驻杭州经济技术开发区管委会纪检监察组组长。

李国梅　女，1965年9月出生，籍贯浙江杭州。2019年4月，任新区党工委委员、管委会副主任。1984年8月参加工作，1992年11月加入中国共产党，就读浙江省委党校行政管理专业，省委党校研究生学历。历任杭州市萧山区临浦镇党委委员，杭州市萧山区人事局党组成员、副局长，杭州市萧山区坎山镇党委副书记、镇长，杭州市萧山区河庄街道党工委书记兼杭州江东工业园区（杭州江东新城）党工委委员，杭州大江东产业集聚区党工委委员、管委会副主任兼河庄街道党工委书记，杭州大江东产业集聚区党工委委员、管委会副主任兼杭州临江高新技术产业开发区管委会副主任，杭州大江东产业集聚区（杭州经济技术开发区）党工委委员、管委会副主任兼杭州临江高新技术产业开发区管委会副主任。

王学雄　男，1965年1月出生，籍贯福建浦城。2019年4月，任新区党工委委员、管委会总规划师。1986年8月参加工作，1990年12月加入中国共产党，英国谢菲尔德大学城市规划专业毕业，研究生学历，文学硕士。历任福建省光泽县副县长，福建省南平市城乡规划局副局长，杭州市规划局拱墅规划分局局长，杭州市规划局综合处处长，杭州市规划局用地管理处处长，杭州市规划局（杭州市测绘与地理信息局）副总建筑师、建筑管理处处长，杭州大江东产业集聚区党工委委员、管委会总规划师，杭州大江东产业集聚区（杭州经济技术开发区）党工委委员、管委会总规划师。

董蒋灿 男，1970年8月出生，籍贯浙江杭州。2019年4月，任新区党工委委员、管委会副主任。1989年9月参加工作，1996年12月加入中国共产党，就读中央党校成教学院政工专业，中央党校大学学历。历任杭州市萧山区城乡一体化建设办公室党组成员、副主任，杭州市萧山区新街镇党委副书记、镇长，杭州市萧山区蜀山街道党工委书记，杭州市萧山区临浦镇党委书记，杭州大江东产业集聚区党工委委员、管委会副主任兼杭州临江高新技术产业开发区管委会副主任，杭州大江东产业集聚区（杭州经济技术开发区）党工委委员、管委会副主任兼杭州临江高新技术产业开发区管委会副主任。

陈炯林 男，1971年9月出生，籍贯浙江杭州。2019年4月，任新区党工委委员、管委会副主任。1990年8月参加工作，1994年3月加入中国共产党，就读中央党校函授学院党政管理专业，中央党校大学学历。历任杭州市萧山区临浦镇党委委员、副镇长，杭州市萧山区临浦镇党委副书记，杭州市萧山区政府办公室党组成员、副主任，杭州市萧山区新街镇党委副书记、镇长，杭州市萧山区闻堰镇党委书记，浙江湘湖旅游度假区（湘湖新城）党工委副书记、管委会主任、闻堰镇党委副书记、镇长，杭州市萧山区义蓬街道党工委书记兼江东工业园区（江东新城）党工委委员，杭州大江东产业集聚区党工委委员、管委会副主任兼杭州临江高新技术产业开发区管委会副主任，杭州大江东产业集聚区（杭州经济技术开发区）党工委委员、管委会副主任兼杭州临江高新技术产业开发区管委会副主任。

陈金泉 男，1966年10月出生，籍贯安徽歙县。2019年4月，任新区党工委委员、管委会副巡视员、党群工作部（组织部）部长。1983年10月参加工作，1989年3月加入中国共产党，南京政治学院经济与行政管理专业毕业，大学学历。历任空军雷达兵第三旅政治部副主任，空军航空兵第28师84团代理副政委，杭州市劳动和社会保障局人事处（组织）处副处长，杭州市劳动和社会保障局机关党委委员、专职副书记，杭州市人力资源和社会保障局组织人事处处长，杭州市人力资源和社会保障局办公室主任，杭州大江东产业集聚区党工委委员、管委会副巡视员、党群工作部（组织部）部长，杭州大江东产业集聚区（杭州经济技术开发区）党工委委员、管委会副巡视员、党群工作部（组织部）部长。

戚海滨 男，1967年9月出生，籍贯浙江杭州。2019年4月，任新区党工委委员、管委会副巡视员、公安分局局长。1985年8月参加工作，1998年2月加入中国共产党，就读中央党校函授学院法律专业，中央党校大学学历。历任杭州市公安局江干区分局党委委员、政治处主任，杭州市公安局江干区分局党委委员、副局长，杭州市公安局江干区分局党委副书记、副局长，杭州市公安局江干区分局党委副书记、副局长（正处级），杭州市公安局指挥中心主任，杭州市公安局技术侦察支队支队长，杭州经济技术开发区（浙江杭州出口加工区）党工委委员、管委会副巡视员、杭州市公安局技术侦察支队支队长。

施水祥 男，1960年6月出生，籍贯浙江杭州。2019年5月，任新区管委会巡视员。2019年6月，套转为二级巡视员。1978年6月参加工作，1981年9月加入中国共产党，就读华中科技大学工商管理专业，工商管理硕士。历任杭州经济技术开发区土地管理局副局长，杭州经济技术开发区（浙江杭州出口加工区）土地环保局副局长兼东部地区管理办公室主任、国土资源与房产管理局（农村发展局）局长兼东部地区管理办公室主任，杭州经济技术开发区（浙江杭州出口加工区）党工委委员、管委会副主任，杭州经济技术开发区（浙江杭州出口加工区）党工委委员、管委会副主任、中共杭州市萧山区委常委、副区长，杭州经济技术开发区（浙江杭州出口加工区）党工委委员、管委会副主任、杭州大江东产业集聚区管委会副主任、萧山区委常委、副区长，杭州市民政局党委副书记、副局长、巡视员，杭州市人大常委会委员、市人大城乡建设环境保护委员会副主任委员、市人大常委会城乡建设环境保护工作委员会主任，杭州大江东产业集聚区管委会巡视员，杭州大江东产业集聚区管委会（杭州经济技术开发区）管委会巡视员。

何铨寿 男，1962年11月出生，籍贯浙江诸暨。2019年5月，任新区管委会巡视员。2019年6月，套转为二级巡视员。1978年8月参加工作，1982年3月加入中国共产党，就读中国逻辑与语言函授大学行政管理专业，大学学历。历任空军航空兵第28师82团副团长，空军航空兵第28师82团正团职副团长，空军航空兵第28师82团团长，空军航空兵第28师副师职团长，空军航空兵第28师副师长，杭州经济技术开发区（浙江杭州出口加工区）党工委委员、管委会副主任，杭州大江东产业集聚区（杭州经济技术开发区）管委会巡视员。

章 强 男，1963年12月出生，籍贯浙江淳安。2019年5月，任新区管委会副巡视员。1984年8月参加工作，1992年9月加入中国共产党，中国人民公安大学公安管理专业毕业，大学学历。历任杭州市公安局上城区分局党委委员、副局长，杭州市公安局上城区分局党委副书记、常务副局长，杭州市公安局指挥中心主任，杭州市公安局副巡视员、治安支队支队长，杭州大江东产业集聚区党工委委员、公安分局局长（副局长级），杭州大江东产业集聚区（杭州经济技术开发区）党工委委员、杭州大江东产业集聚区公安分局局长（副局长级），杭州大江东产业集聚区（杭州经济技术开发区）管委会副巡视员。

张义久　男，1971年3月出生，籍贯湖南辰溪。2019年5月，任新区管委会副巡视员。1993年7月参加工作，1999年6月加入中国共产党，湖南师范大学中文系汉语言文学专业毕业，大学学历，文学学士。历任中共杭州市委组织部办公室副主任，中共杭州市委组织部组织处副处长，杭州经济技术开发区党工委组织部部长、"两新"组织党工委书记、编制委员会办公室主任、人事劳动社会保障局局长，杭州经济技术开发区党工委委员、组织部部长、"两新"组织党工委书记、编制委员会办公室主任、人力资源和社会保障局局长，杭州大江东产业集聚区（杭州经济技术开发区）党工委委员、管委会副巡视员。

冯惠民　男，1960年10月出生，籍贯浙江绍兴。2019年5月，任新区管委会副巡视员。1978年12月参加工作，1980年9月加入中国共产党，就读中国农业大学网络教育学院法学专业，大学学历。历任杭州市公安局出入境管理处副处长，杭州市公安局政治部副主任兼干部处（老干部处）处长，杭州市公安局经济技术开发区分局党委副书记、政委、纪委书记、督察长，杭州市公安局经济技术开发区分局党委副书记、政委，杭州经济技术开发区（浙江杭州出口加工区）管委会副巡视员、开发区公安分局党委副书记、政委，杭州经济技术开发区（浙江杭州出口加工区）管委会副巡视员，杭州大江东产业集聚区（杭州经济技术开发区）管委会副巡视员。

张永庆　男，1959年9月出生，籍贯浙江杭州。2019年5月，任新区管委会副巡视员。1978年6月参加工作，1983年10月加入中国共产党，就读全国法院干部业余法律大学法律专业，大专学历。历任杭州市下城区人民法院办公室副主任、审判庭副厅长、审判委员会委员、民事审判庭庭长，杭州市人民政府驻深圳办事处办公室副主任、主任，杭州经济技术开发区人事劳动局副局长（1996年3月确定正处长级），杭州经济技术开发区党工委、管委会办公室主任，杭州经济技术开发区社会发展局局长，杭州经济技术开发区残疾人联合会理事长，杭州经济技术开发区人事劳动社会保障局调研员，杭州经济技术开发区管委会副巡视员，杭州大江东产业集聚区（杭州经济技术开发区）管委会副巡视员。　（郑昌俊）

钱塘智库专家

毛光烈　男，汉族，1955年2月出生，浙江江山人，中共党员。1978年8月参加工作，在职研究生学历，法学博士，高级经济师。浙江省智能制造专家委员会主任、省人工智能发展专家委员会副主任。历任常山县委办公室秘书，金华地委办公室秘书科干事、副科长，永康县委副书记，义乌市委副书记、代市长、市长，金华市委常委、副市长，金华市委副书记、代市长、市长，浙江省地矿厅党组书记、副厅长、厅长，浙江省科技厅厅长、党组书记，浙江省发展计划委员会主任、党组书记，浙江省发展和改革委员会主任、党组书记，宁波市委副书记、代市长、市长，浙江副省长、省政府党组成员。

岑可法　男，汉族，1935年1月出生，广东南海人。1956年毕业于华中科技大学动力系，1962年获莫斯科包曼高等工业大学副博士学位，毕业后在浙江大学任教，1983年晋升教授，1995年当选中国工程院院士。浙江大学热能工程研究所所长，浙江大学可持续能源研究院学术委员会主任，垃圾焚烧技术与装备国家工程实验室技术委员会主任委员，霍英东基金荣誉顾问，"工程热物理"国家重点学科学术带头人。主要在化石燃料高效裂解气化及燃烧技术、废弃物资源化能源化综合利用、生物质能利用与制氢技术、储能新技术、能源利用过程中多种污染物协同脱除技术和工程气固多相流动等领域开拓并取得新成果。

苏迪尔.斯里瓦斯特瓦（Dr. Sudhir Srivastava）　男，美籍印度裔，系机器人心外手术专家。2003年，在美国德州奥德萨创立联合医院，担任该医院董事会主席，开展心脏病机器人治疗手术4年。其间，完成全球首列单血管全内镜下冠状动脉搭桥术（TECAB），为全球首位双血管、三血管全内镜下冠状动脉搭桥术的医学专家，也是全球唯一的完成四血管全内镜下机器人冠状动脉搭桥术的医学专家。2016年11月，成立杭州术创机器人有限公司并担任公司董事长和首席执行官。

张　泽　男，汉族，1953年1月出生，天津人，中共党员。1980年毕业于吉林大学物理系，1987年毕业于中国科学院金属研究所并获博士学位。国家重大基础研究（973）项目首席科学家，国家自然科学基金委员会数学物理科学部第四届专家咨询委员会委员，中国材料学会副理事长，中国分析测试协会理事长，中国电子显微镜学会理事长，中国物理学会、中国材料研究学会和中国创新方法研究会副理事长，中国晶体学会常务理事，亚太显微学会理事长。曾任中国科学技术协会党组成员、书记处书记，材料科学晶体结构专家，中国科学院院士，浙江大学材料系教授，浙江大学学术委员会主任。从事准晶、低维纳米材料等电子显微结构研究，将原子层次显微结构分析与材料科学中重要问题相结合。

郑裕国　男，汉族，1961年11月出生，浙江象山人。中国工程院院士，浙江工业大学生物工程学院院长、兼任生物转化与生物净化教育部工程研究中心主任，浙江省生物有机合成技术研究重点实验室主任，手性生物制造国家地方联合工程研究中心主任、国家化学原料药合成工程技术研究中心副主任等。中国著名生物化工专家，长期从事医药和农药化学品生物制造工程技术创新，建立以生物技术为核心，融合有机合成、化学工程原理和方法的生物有机合成技术新体系。授权发明专利100多件，发表SCI收录论文200多篇，主编出版教材、专著3部。以第一完成人获国家技术发明二等奖2项、国家科技进步二等奖1项、省部级科学技术一等奖6项、二等奖1项和中国专利优秀奖1项。

凌　云　男，汉族，1961年10月出生，浙江临安人，中共党员。1984年8月参加工作，浙江大学西方经济学专业毕业，硕士学位。浙江省经济和信息化厅巡视员。历任浙江省计经委科技处副处长，浙江省经贸委技术装备处处长，先进制造业基地办公室主任。2006年9月，任浙江省经贸委副主任、党委委员；2009年4月，任浙江省经济和信息化委员会党组成员、副主任；2011年9月至2013年12月，任台州市副市长；2018年10月，任省经济和信息化厅党组成员、副厅长。

翁建荣　男，汉族，1967年1月出生，浙江景宁人，中共党员。1986年8月参加工作，浙江省委党校研究生学历。浙江省发展和改革委员会副主任、党组成员。历任共青团景宁县委常委、干事，景宁县沙湾镇团委书记，景宁县委组织部干事，共青团景宁县委副书记、书记、党组书记，景宁县沙湾镇党委副书记、镇长，景宁县沙湾镇党委书记、镇长，景宁县沙湾镇党委书记、人大主席，景宁县经委党委书记，景宁县经委党委书记、主任，嘉兴市经委（经贸委）副主任、党组成员、企工委委员，嘉兴市秀城区副区长，嘉兴市南湖（秀城）区委常委、常务副区长，嘉兴市环保局局长、党组书记，中共平湖市委副书记、市政府代市长、市长，中共平湖市委书记。

曾志强　男，汉族，北京大学经济学学士，清华大学EMBA，美国罗林斯学院商学院MBA。华盖医疗健康基金主管合伙人、首席执行官，中国医疗健康投资50人论坛发起人、执行理事，医药经理人俱乐部常务理事，清华大学经济管理学院EMBA大健康协会秘书长。曾供职银河证券、博时基金，历任中信产业基金董事总经理、投委会委员、医疗健康投资部负责人，北大方正和生投资有限公司（方正医药健康基金）总裁。累计投资医疗健康领域资金40亿元，为投资人赚取投资回报150亿元。从业期间主导或协助数十个国内知名企业上市及策划实施资本运营方案。

谭蔚泓　男，汉族，1960年5月出生，湖南益阳人。1992年毕业于美国密歇根大学物理化学专业，博士学位。中国科学院肿瘤与基础医学研究所所长，中国科学院大学附属肿瘤医院院长，中国科学院院士。湖南大学化学化工学院、生物学院教授，兼任上海交通大学分子医学研究院院长。教育部科技委员会委员，国家自然科学基金委化学部咨询委员会委员，科技部纳米研究计划专家委员会委员，《分析化学前沿》（Analytical Chemistry Frontiers）主编，《美国化学会会志》（JACS）杂志副主编，《中国科学化学》《国家科学评论》等国内外杂志编委。各类研究成果获2011年教育部自然科学一等奖、2012年美国化学会Florida奖、2013年湖南省自然科学一等奖、2014年国家自然科学二等奖、2016年湖南省光召科技奖、2018年美国化学会“光谱化学分析奖”、2018年何梁何利基金科学与技术奖、2018年湖南省创新团队奖、2019年匹兹堡分析化学成就奖、2019年生物分析化学杰出贡献奖。2005年，当选美国科学促进会会士（AAAS Fellow）；2015年，当选中国科学院院士；2016年，当选发展中国家科学院院士；2019年，当选欧洲科学院院士。

潘云鹤　男，汉族，1946年11月出生，浙江杭州人，中共党员。1970年9月参加工作，1981年毕业于浙江大学计算机系计算机应用专业，研究生学历、工学硕士。中国工程院院士，国际欧亚科学院院士，教授、博士生导师、计算机专家。国务院学位委员会委员、中国科学技术协会顾问、中国图象图形学学会名誉理事长。2013年，任第十二届全国政协常委、外事委员会主任。长期从事计算机图形学、人工智能、CAD和工业设计研究，是中国智能CAD和计算机美术领域开拓者，创造性地将人工智能引入CAD技术，研制成功轻纺花型、广告装潢、建筑布局、管网规划等新颖实用的智能CAD/CAM系统，其中轻纺花型图案CAD/CAM领域取得创造性重大突破，经济效益显著。（陈依丹）

首届“钱塘工匠”人物

赵　贇　男，浙江西子航空工业有限公司机加车间班长、技师。从事精密机械制造10多年，参与C919国产大飞机舱门、空客A320飞机前起落架舱等项目的技术攻关工作。2018年，被评为杭州市“赵贇加工中心技能大师工作站”领衔人。

王继青　男，浙江顾家梅林家居有限公司家居技术总监、技师。从事家具木工技术20多年，主导开发产品近100款。获国内发明专利2项、国内实用新型专利6项，先后获国际名家具（东莞）展览会、中国（上海）国际家具博览会等国际赛事软体家具系列金奖、银奖、最佳工艺奖。2007年，被评为“全国轻工业劳动模范”。

孙玉锋　男，杭州矢崎配件有限公司系长、技师。从事电子制造10多年，多次参与生产工艺改进和设备自动化开发改造。2018年，获杭州市职业技能竞赛维修电工组第4名。“孙玉锋接插件组装检查一体式先进操作法”和“孙玉锋5523接插件组装先进操作法”分别于2009年、2012年被杭州市总工会评为“先进操作法”。2018年，被评为杭州经济技术开发区“首席技师”。

季时伟　男，杭州中美华东制药江东有限公司发酵技工、技师。从事微生物发酵工作30多年。2007年，“发酵冬虫夏草溶氧调节法”获杭州市先进个人操作法。2008年，“发酵虫草菌粉生产新工艺关键技术及其应用”获国家火炬计划项目、浙江省科技进步三等奖、杭州市科技进步二等奖。

陈　浩　男，杭州顶正包材有限公司印刷车间组长、技师。从事印刷工作10多年，多次参与印刷工艺改进及公司水性油墨推广项目。2016年，获中国技能大赛第五届全国印刷行业职业技能大赛职工组三等奖、浙江初赛凹版印刷工职工组一等奖，并被评为浙江省“技术能手”。

祝新华　男，杭州夏坤科技有限公司数控技术总工程师、高级技师。从事精密加工技术20多年，熟练掌握各项加工技术。2017年，被评为杭州市“技术能手”。2018年，获杭州市数控铣工技能大赛第2名。2019年，获杭州市数控车工技能大赛第3名。

贾君芳　女，杭州世宝汽车方向机有限公司计量检测课课长、技师。从事计量检测工作30年，参与设备技术改进。2011—2015年连续4年被评为“优秀员工”；2014年，被杭州市人社局评为“长度计量技师”，并入围杭州市紧缺人才库。

马秀玲　男，杭州司迈特水处理工程有限公司制造部主任、技师。从事焊接工作20多年，负责多项工程管道焊接。2016年，获杭州市“大华建设杯”焊工技能竞赛第3名，并被评为杭州市“技术能手”。

俞军红　男，杭州新松机器人自动化有限公司数控组组长、技师。从事机械加工20多年，熟练掌握数控车工技术。2018年，获杭州市区域性职业技能联赛车工项目一等奖。

马以培　男，普思信（杭州）机械部件有限公司模具班长、技师。从事模具钳工工作10多年，机加工和现场钳工经验丰富。2015年，获杭州市首届装配钳工大赛第1名，并被评为杭州市“技术能手”。

（徐霞丽）

新闻人物

张雪领　男，汉族，1990年2月出生，山东郓城人。杭州成典网络技术有限公司负责人，生前居住于新区下沙街道柠檬郡小区。12月11日19时40分许，张雪领路经新区下沙街道七格小区东南出入口幸福桥时，遇女孩跳水轻生，遂跳河救人后不幸遇难。12月12日，张雪领被追授为杭州市“见义勇为勇士”称号。12月13日，共青团山东省委、山东省青年联合会决定追授张雪领“山东青年五四奖章”。12月15日，山东省精神文明建设委员会决定，追授张雪领为“全省道德模范”。（吴诚琅）

责任编辑　刘心怡

2018—2019年新区国民经济主要综合指标

表35

指标名称	计量单位	2019年	2018年	增长（%）
国内生产总值（GDP）	亿元	1 100.2	1 007.9	2.1
第一产业	亿元	13.6	12.4	1.8
第二产业	亿元	761.9	747.8	-0.4
第三产业	亿元	324.8	247.7	9.7
数字经济核心产业增加值	亿元	110.7	—	17.5
工业总产值	亿元	2 916.9	2 935.7	-0.6
社会消费品零售额	亿元	311.7	287.2	8.5
进出口总额	亿美元	122.9	123.6	-0.6
其中：进口总额	亿美元	55.3	57.8	-4.3
出口总额	亿美元	67.6	65.8	2.7
财政总收入	亿元	201.2	221.6	-9.2
其中：地方财政收入	亿元	105.8	115.1	-8.1
实际利用外资	亿美元	11.8	8.5	39.0
辖区常住人口	万人	116.0	106.1	9.4
其中：户籍人口	万人	30.4	28.7	5.9
其中：暂住人口	万人	85.6	60.1	10.6
年末从业人数	万人	33.1	31.1	6.6
行政区域土地面积	平方千米	531.7	531.7	—

注：2018年数值为原杭州经济技术开发区和原杭州大江东产业集聚区两区相加总数值

2018—2019年新区地区生产总值构成

表36　　单位：亿元

指标名称	2019年	2018年	增长%	比重（%）
地区生产总值	1 100.2	1 007.9	2.1	100.00
农林牧渔业	13.9	12.4	1.9	1.26
工业	725.7	724.1	–0.3	65.96
金属制品、机械和设备修理业	0.2	0.2	5.3	0.02
建筑业	36.6	23.7	–2.5	3.33
批发和零售业	46.9	33.2	2.2	4.26
批发业	30.0	21.9	–0.5	2.73
零售业	16.9	11.3	7.3	1.53
交通运输、仓储和邮政业	17.1	14.5	4.4	1.55
住宿餐饮业	8.5	3.4	4.7	0.77
住宿业	0.8	0.9	0.2	0.07
餐饮业	7.7	2.5	5.2	0.70
金融业	38.8	33.9	8.6	3.53
房地产业	48.8	12.8	52.9	4.44
其他服务业	164.2	149.6	5.8	14.92
第一产业	13.6	12.4	1.8	1.24
第二产业	761.9	747.8	–0.4	69.25
第三产业	324.8	247.7	9.7	29.52

2018—2019年新区规模以上工业主要经济指标

表37

指标	计量单位	2019年	2018年
工业企业单位数	个	609	585
规模以上工业总产值	亿元	2 916.9	2 935.7
规模以上战略性新兴产业产值	亿元	962.8	927.4
其中：新一代信息技术产业产值	亿元	188.9	236.0
高端装备制造业产值	亿元	70.5	55.1
新材料产业产值	亿元	354.3	316.8
生物产业产值	亿元	216.2	199.3
规模以上工业销售产值	亿元	—	2 878.6
其中：出口交货值	亿元	—	429.1
规模以上工业营业收入	亿元	3 205.4	3 124.1
其中：主营业务收入	亿元	3 070.6	3 003.1
规模以上工业资产总额	亿元	3 544.7	3 272.6
其中：流动资产总额	亿元	2 214.4	2 011.6
规模以上工业负债总额	亿元	2 162.5	1 980.4

续表37

指标	计量单位	2019年	2018年
其中：流动负债总额	亿元	1 891.2	1 771.5
利税总额	亿元	259.9	302.4
其中：利润总额	亿元	176.0	195.1
工业企业用电量	亿千瓦时	87.8	86.8
工业企业期末从业人员	万人	18.3	19.3

2019年新区规模以上工业分行业主要经济指标

表38

行业	企业单位数（个）	工业总产值（万元）	新产品产值（万元）	资产总计（万元）	主营业务收入（万元）	利税总额（万元）	从业人员年平均人数（人）	工业增加值（收入法，万元）
总计	609	29 168 830	12 926 838	35 447 230	30 705 582	2 599 494	187 394	6 320 587
按工业主要行业分								
农副食品加工业	3	38 687	225	58 918	68 821	9 523	325	15 395
食品制造业	12	767 699	14 633	988 938	801 396	141 053	6 831	233 861
酒、饮料和精制茶制造业	17	893 991	212 486	1 046 694	1 137 557	115 414	6 965	261 716
纺织业	47	945 608	346 681	1 286 262	955 125	–35 225	13 870	191 439
纺织服装、服饰业	7	74 512	37 395	268 999	116 845	4 047	2 519	33 260
皮革、毛皮、羽毛及其制品和制鞋业	2	13 659	8 828	8 059	14 360	1 863	250	3 966
家具制造业	10	442 661	309 172	1 078 770	404 358	94 666	5 929	140 053
造纸和纸制品业	11	247 175	18 452	196 094	242 186	34 421	2 162	64 713
印刷和记录媒介复制业	5	58 441	1 502	51 615	51 248	2 275	645	13 625
文教、工美、体育和娱乐用品制造业	2	20 981	1 002	19 851	20 368	324	288	3 809
石油、煤炭及其他燃料加工业	2	31 996	0	12 206	31 935	477	126	2 344
化学原料和化学制品制造业	68	3 747 859	1 451 253	3 447 234	3 777 215	515 988	14 408	846 654
医药制造业	27	1 845 696	203 965	1 973 375	1 732 529	415 082	8 950	737 162
化学纤维制造业	23	2 918 710	1 600 460	2 827 829	3 137 191	89 392	9 677	267 823
橡胶和塑料制品业	42	3 252 664	786 640	2 827 056	3 292 765	188 432	19 059	575 692
非金属矿物制品业	19	558 771	36 324	499 131	553 392	58 331	3 016	103 225
黑色金属冶炼和压延加工业	3	262 586	131 069	207 734	258 390	8 470	741	21 643
有色金属冶炼和压延加工业	4	362 909	240 985	283 863	358 087	9 436	1 211	28 415

续表38

行业	企业单位数（个）	工业总产值（万元）	新产品产值（万元）	资产总计（万元）	主营业务收入（万元）	利税总额（万元）	从业人员年平均人数（人）	工业增加值（收入法，万元）
金属制品业	29	386 548	68 989	514 415	439 660	–11 887	3 782	83 970
通用设备制造业	60	939 679	409 499	1 163 031	909 027	110 421	9 678	247 928
专用设备制造业	30	743 542	226 349	903 706	750 134	108 491	8 702	254 856
汽车制造业	55	2 640 884	1 907 831	7 472 293	2 840 257	103 057	12 627	602 169
铁路、船舶、航空航天和其他运输设备制造业	5	49 749	2 736	84 721	48 163	–1 461	1 008	13 894
电气机械和器材制造业	48	3 264 725	1 924 894	3 865 420	4 158 844	309 861	16 800	651 804
计算机、通信和其他电子设备制造业	41	3 470 696	2 683 148	2 265 132	3 432 121	164 844	28 498	546 129
仪器仪表制造业	19	649 005	241 084	832 656	634 818	77 756	7 082	190 841
其他制造业	2	6 871	0	6 609	6 917	451	113	1 407
电力、热力生产和供应业	9	350 840	47 382	717 969	350 197	55 231	1 300	112 028
燃气生产和供应业	2	55 196	0	47 511	54 791	9 846	143	13 986
水的生产和供应业	5	126 492	13 857	491 143	126 888	18 914	689	56 781

2018—2019年新区主要工业产品产量

表39

产品名称	计量单位	2019年	2018年	增长（%）
乳制品	吨	132 406.4	119 814	10.51
饮料酒	千升	5 522	5 063	9.07
其中：白酒（折65度，商品量）	千升	1 563	1 761	–11.24
黄酒	千升	3 959	3 302	19.90
饮料	吨	2 274 732.9	2 583 505	–11.95
纱	吨	57 053.4	65 258	–12.57
布	万米	18 622	20 300	–8.27
服装	万件	3 579.5	2 293	56.11
硫酸（折100%）	吨	186 970	197 486	–5.32
烧碱（折100%）	吨	246 010	223 219	10.21
纯碱（碳酸钠）	吨	317 372	336 100	–5.57
合成氨（无水氨）	吨	235 096	223 009	5.42
农用氮、磷、钾化学肥料（折纯）	吨	365 882	95 885	281.58
氮肥（折含氮100%）	吨	365 882	95 885	281.58
化学农药原药（折有效成分100%）	吨	13 640.2	16 952	–19.53
涂料	吨	20 160.5	18 993	6.15
初级形态塑料	吨	148 815.5	138 768	7.24
合成橡胶	吨	0	28 670	–100.00
中成药	吨	1 919	2 099	–8.59
化学纤维	吨	3 226 308.8	3 060 794	5.41

续表39

产品名称	计量单位	2019年	2018年	增长（%）
橡胶轮胎外胎	条	65 758 056	64 688 609	1.65
塑料制品	吨	2 352 474.3	258 893	808.67
水泥	吨	561 020.2	570 978	–1.74
散装水泥	吨		476 178	–100.00
钢化玻璃	平方米	1 532 003.6	1 904 476	–19.56
夹层玻璃	平方米	89 312	88 292	1.16
中空玻璃	平方米	149 897	82 327	82.08
金属切削机床	台	661	809	–18.29
汽车	辆	108 541	163 892	–33.77
其中：基本型乘用车（轿车）	辆	8 974	56 289	–84.06
多功能乘用车（MPV）	辆	0	415	–100.00
运动型多用途乘用车（SUV）	辆	90 275	81 683	10.52
其中：新能源汽车	辆	9 292	25 505	–63.57
家用电冰箱（家用冷冻冷藏箱）	台	593 999	496 143	19.72
家用洗衣机	台	2 444 374	2 808 509	–12.97
电子计算机整机	台	1 908 608	1 280 181	49.09
集成电路	万块	798.6	700	14.13

2019年新区规模以上工业能源消费情况

表40

能源名称	计量单位	合计	工业生产消费	非工业生产消费
原煤	吨	2 761 792.96	2 756 584.99	5 207.97
焦炭	吨	—	—	—
天然气（气态）	万立方米	58 563.31	58 407.67	155.64
汽油	吨	4 765.96	754.28	4 011.68
煤油	吨	0.11	0.11	—
柴油	吨	10 829.67	9 335.97	1 493.70
电力	万千瓦时	877 786.12	858 523.16	19 262.96
能源合计	吨标准煤	5 547 476.00	5 493 717.66	53 758.34
综合能源消费量（当量值）	吨标准煤	3 749 080.24	—	—

2018—2019年新区服务业主要经济指标

表41

指标	计量单位	2019年	2018年	增长（%）
服务业单位数	个	869	728	19.4
服务业增加值	亿元	324.8	248	
社会消费品零售总额	亿元	311.67	287.18	8.5
其中：批发零售业	亿元	—	—	—
住宿餐饮业	亿元	—	—	—
商品销售额	亿元	1 015.46	869.02	16.9

2018—2019年新区限额以上批发和零售业主要经济指标

表42

	单位	2019年	2018年	增长（%）
限上企业数	家	340	231	47.2
营业收入合计	万元	9 331 364	7 637 526	22.2
主营业务收入	万元	9 211 349	7 533 322	22.3
营业费用	万元	684 927	484 004	41.5
管理费用	万元	243 330	175 609	38.6
财务费用	万元	67 875	29 478	130.3
资产合计	万元	5 373 299	4 120 329	30.4
负债合计	万元	3 679 582	2 585 255	42.3
所有者权益合计	万元	1 697 064	1 535 074	10.6
固定资产原价	万元	216 013	168 523	28.2
累计折旧	万元	71 671	65 907	8.7
本年折旧	万元	15 913	12 788	24.4
利税总额	万元	191 409	250 352	–23.5
利润总额	万元	85 272	139 576	–38.9
应付职工薪酬	元	248 965	196 379	26.8
全部从业人员年末数	人	18 543	16 330	13.6

2018—2019年新区星级住宿和限额以上餐饮业主要经济指标

表43

	单位	2019年	2018年	增长（%）
限上企业数	家	65	46	41.3
营业收入合计	万元	93 770	74 594	25.7
主营业务收入	万元	89 601	74 567	20.2
营业费用	万元	30 119	25 282	19.1
管理费用	万元	18 447	15 389	19.9
财务费用	万元	1 978	1 373	44.1
资产合计	万元	78 980	62 499	26.4
负债合计	万元	94 983	75 113	26.5
所有者权益合计	万元	–16 148	–12 614	–28.0
固定资产原价	万元	25 127	23 821	5.5
累计折旧	万元	10 663	9 144	16.6
本年折旧	万元	1 890	1 853	2.0
利税总额	万元	–3 978	–1 069	–272.1
利润总额	万元	–3 782	–2 746	–37.7
应付职工薪酬	元	13 932	11 403	22.2
全部从业人员年末数	人	2 494	2 266	10.1

2018—2019年新区房地产开发业主要经济指标

表44

	单位	2019年	2018年	增长（%）
企业数	家	79	79	0.0
营业收入合计	万元	1 021 915	1 085 337	–5.8
主营业务收入	万元	1 010 569	1 076 250	–6.1
销售费用	万元	41 215	53 313	–22.7
管理费用	万元	48 356	44 058	9.8
财务费用	万元	14 811	18 526	–20.1
资产合计	万元	9 467 735	9 298 389	1.8
负债合计	万元	7 421 458	7 336 861	1.2
所有者权益合计	万元	2 046 278	1 961 528	4.3
固定资产原价	万元	407 275	248 924	63.6
累计折旧	万元	59 719	45 382	31.6
本年折旧	万元	11 835	9 569	23.7
利税总额	万元	357 823	231 376	54.6
利润总额	万元	227 651	162 137	40.4
从业人员劳动报酬	元	27 758	149 596	–81.4
全部从业人员年末数	人	1 298	1 350	–3.9

2018—2019年杭州综合保税区主要经济指标

表45

招商引资	单位	2019年	2018年
外资项目批准数	个	31	—
外资项目投资总额	万美元	21 167	—
增资额	万美元	1 000	—
合同外资	万美元	7 743.03	—
增资额	万美元	1 000	—
实到外资	万美元	4 697.82	—
内资项目批准数	个	—	—
内资项目注册资本	万元	—	—
工业经济			
工业总产值	万元	1 085 000	926 508
工业产品销售额	万元	909 382	931 735
工业企业利润总额	万元	29 965	23 913
税收收入	万元	212 721	158 855
进口值	万美元	227 815	188 323
出口值	万美元	150 966	132 080
跨境电子商务			

续表45

招商引资	单位	2019年	2018年
进口业务交易金额	万元	1 181 347	1 153 803
其中：网购保税交易金额	万元	1 181 076.63	1 105 009
直邮业务交易金额	万元	270.9	48 794
营业收入	万元	—	11 398
税收收入	万元	—	419
其它			
从业人员	人	7 400	7 497

2018—2019年新区建筑业主要经济指标

表46

指标	计量单位	2019年	2018年	增长（%）
建筑业单位数	个	70	57	22.8
建筑业总产值	亿元	101.31	94.24	7.5
建筑业增加值	亿元	—	23.7	—
资质以内建筑业情况				
资质以内建筑业单位数	个	70	57	22.8
主营业务收入	亿元	102.35	87.4	17.1
主营业务成本	亿元	96.18	82.6	16.5
利润总额	亿元	1.86	1.8	5.7
应交增值税	亿元	2.21	2.3	-3.9

2019年新区招商引资及对外贸易情况

表47

指标	单位	2019年
招商引资		
新批外资项目	个	79
中外合资	个	32
外商独资	个	47
外商投资总额	万美元	544 885
增资额	万美元	90 790
合同利用外资	万美元	216 699
增资额	万美元	21 334
实际利用外资	万美元	117 509
对外贸易		
进出口总额	万美元	1 229 604
出口总额	万美元	676 095
外资企业自营出口	万美元	497 458
进口总额	万美元	553 509

2018—2019年新区财政收支执行情况

表48

指标名称	单位	2019年	2018年	增长（%）
财政总收入	万元	2 012 001	2 215 843	-9.2
地方财政收入	万元	1 057 592	1 150 646	-8.1
税收收入	万元	967 118	1 063 916	-9.1
非税收入	万元	90 474	86 730	4.3
上划中央六税收入	万元	954 409	1 065 197	-10.4
公共财政支出	万元	938 381	867 689	8.1

2018—2019年新区科技发展、人才引进和培养情况

表49

指标名称	单位	2019年	2018年	增长（%）
科技发展（R&D）研究与开发经费支出				
工业企业研究与试验发展经费支出	亿元	34.12	32.11	6.26
国家高新技术企业数量	家	461	347	32.85
高新技术产业增加值	亿元	435.79	416.78	4.56
高新技术产业增加值占规上工业增加值比重	%	66.2	61.1	—
省级以上企业研发机构数量	个	237	211	12.32
国家级孵化器、众创空间数量	个	8	8	—
企业专利申请量	件	13 275	11 835	12.17
企业专利授权量	件	6 623	6 444	2.78
拥有省级以上知名品牌（商标、名牌）的企业数量	家	—	8	—
人才引进和培养				
引进高层次人才	名	333	160	108.13
国千	名	19	18	5.56
省千	名	11	10	10

2018—2019年新区人口和计划生育情况

表50

指标名称	单位	2019年	2018年
辖区常住（公安登记）人口	人	1 159 899	1 060 689
户籍人口	人	304 339	287 264
下沙街道	人	44 621	41 582
白杨街道	人	100 628	89 253
义蓬街道	人	64 598	63 478
河庄街道	人	53 918	52 981

续表50

指标名称	单位	2019年	2018年
新湾街道	人	25 153	24 899
临江街道	人	6 933	6 653
前进街道	人	8 488	8 418
人口增长情况			
出生人数	人	4 490	4 559
死亡人数	人	910	1 094
人口自然增长数	人	3 580	3 465
出生率	‰	15.2	16.3
死亡率	‰	3.1	3.9
人口自然增长率	‰	12.1	12.4

2018—2019年新区从业人员劳动情况

表51

指标名称	单位	2019年	2018年	增长（%）
从业人员				
年末从业人员数	人	331 492	311 033	6.58%
女性	人	117 788	108 073	8.99%
在岗职工	人	274 775	250 856	9.53%
年平均从业人数	人	331 993	311 394	6.62%
年在岗职工平均人数	人	271 117	251 643	7.74%
劳动报酬				
从业人员劳动报酬总额	万元	3 148 504	2 689 838	17.05%
在岗职工工资总额	万元	2 718 482	2 315 377	17.41%
从业人员平均劳动报酬	元	94 980	86 381	9.96%
在岗职工平均工资	元	100 270	92 010	8.98%
文化程度				
大学本科及以上	人	86 947	48 077	80.85%
大专	人	60 126	52 532	14.46%
职业类型				
中层及以上管理人员	人	22 362	21 449	4.26%
专业技术人员	人	62 613	57 499	8.89%
办事人员和有关人员	人	55 708	58 157	-4.21%

注：文化程度2018年统计报表仅调查四上数据

2019年新区分行业从业人员劳动情况

表52

指标名称	年末从业人员数（人）	从业人员平均劳动报酬（元/年）
总计	331 492	100 270
按国民经济行业分组		
制造业	174 981	91 079
电力、燃气及水生产和供应业	1 961	118 580
建筑业	41 545	60 934
交通运输、仓储和邮政业	8 520	87 265
信息、计算机服务和软件业	7 357	95 746
批发和零售业	19 155	105 993
住宿和餐饮业	2 587	55 612
房地产业	3 695	115 516
租赁和商务服务业	18 765	72 959
科学研究、技术服务与地质勘探业	5 886	131 277
水利、环境和公共设施服务业	400	77 987
居民服务业和其他服务业	4 907	70 925
教育	29 163	142 801
卫生和社会工作	3 231	170 728
公共管理、社会保障和社会组织	8 795	159 782

2018—2019年新区学校、医疗和文化基本情况

表53

指标名称	单位	2019年	2018年
学校	所	136	122
大学	所	14	14
在校学生	万人	25.47	20.65
教职员工	人	16 788	18 314
中学	所	19	17
在校学生	人	16 667	16 191
教职员工	人	1 651	1 382
小学	所	27	25
在校学生	人	34 389	32 935
教职员工	人	2 166	1 983
托幼儿园	所	75	66
入园儿童数	人	20 703	19 436
教职员工	人	3 119	1 660
医疗机构	个	332	297

续表53

指标名称	单位	2019年	2018年
医院	个	14	13
社区卫生服务中心	个	7	7
区内医生数	个	1 449	1 496
区内病床数	张	3 147	3 055
卫生防疫机构	个	1	1
文化经营单位	家	157	149
文化娱乐场所	家	44	37
网吧	家	113	112

2018—2019年新区社会保障、环境保护、城市绿化和安全生产情况

表54

指标名称	单位	2019年	2018年
社会保障			
年末职工养老保险总人数	人	320 244	305 172
年末工伤保险参保人数	人	363 832	307 420
年末生育保险参保人数	人	—	304 927
全年新增就业岗位	人	31 761	61 790
帮助失土失业人员实现就业	人	1 800	5 601
工业“三废”排放及处理			
重点调查单位工业废水排放总量	万吨	4 715.7	5 506.3
重点调查单位工业企业废水处理率	%	100.0	100.0
污水处理厂污水处理能力	万吨/日	94.0	94.0
重点调查单位工业废气排放总量	万标立方米	1 172.4	1 074.4
重点调查单位工业固体废物产生总量	万吨	96.0	131.1
危险废物	吨	271 320	406 864.9
其他废物	万吨	68.9	90.4
重点调查单位工业固体废物综合利用率	%	93.9	70.5
安全生产			
工矿商贸事故死亡人数	人	3	5
道路交通事故死亡人数	人	40	61

文献政策

努力建设全省标志性战略性改革开放大平台

——大江东产业集聚区蹲点调研报告

省委常委、杭州市委书记周江勇

（2018年7月23日）

省委书记车俊在全省对外开放大会上明确提出，要下大力气把杭州大江东打造成为标志性、战略性改革开放大平台。为贯彻落实全省对外开放大会精神，根据省委开展“大学习大调研大抓落实”活动要求，6月14日至15日，我带队到大江东开展蹲点调研。其间，走访企业、学校、社区、农户、工程项目16家，召开重点企业、周边城区、街道社区（村）负责人和机关干部、村民群众座谈会5场次，还逐个听取附近萧山区、高新区（滨江）、杭州经开区主要负责人的意见建议。通过蹲点调研，我深切感到大江东作为承担省委、省政府重大战略意图的大平台，责任重大、使命光荣，现在已经有一定基础，但总体上发展还不够快，需要以“排头兵”的决心和气势，义无反顾、激情创业、强势推进。

一、基本概况

规划建设大江东产业集聚区，是省委、省政府加快经济转型升级、优化生产力布局的重大决策部署，承载着杭州打造经济发展新增长极的重大历史使命。大江东产业集聚区自成立以来，管理体制调整主要分三个阶段：一是批复组建阶段（2010～2012年）。2010年9月，省委、省政府批复设立杭州大江东产业集聚区。2011年9月，市委、市政府根据省编办批复设立大江东产业集聚区管委会，着手开展组建工作。二是分区管理阶段（2012～2014年）。2012年10月管委会正式挂牌运行，新成立的管委会为市政府派出机构，核定行政编制数8名、内设机构两个，由市政府授权，主要承担集聚区内核心区块的开发建设职责，牵头负责集聚区内其他区块规划建设发展的统筹协调。集聚区内江东、临江、空港3个园区管委会和靖江、南阳、河庄、义蓬、新湾、临江、前进7个街道仍归萧山区管辖，前进园区指挥部仍归杭州经开区管辖。三是实体化运行阶段（2014年至今）。2014年8月，市委、市政府对大江东管理体制作出重大调整，区划范围由原来的“四园区、七街道”缩减为“三园区、五街道”，将空港经济区及其所在靖江、南阳街道划归萧山区，同时撤销原江东、临江、前进等功能区管理机构，托管萧山区河庄、义蓬、新湾、临江、前进5个街道，并负责大江东区域内各派出机构、分支机构的协调管理。2015年1月，大江东管委会（党工委）正式实体化运行，在保持萧山区行政区划不变、司法管辖不变、汇总统计不变的原则下，对大江东区域统一履行经济、社会、文化、生态文明建设和党的建设各项管理职能。

目前，大江东规划控制总面积427平方千米，其中陆域面积348平方千米、水域面积79平方千米，有8个社区、59个行政村和1个农场，常住人口35.6万，户籍人口15.44万人。经过多年积累发展，特别是2015年实体化运行以来，大江东经济社会发展取得长足进步。

一是综合实力持续增强。区域生产总值从2014年的211亿元增长到2017年的296亿元，年均增幅12.1%；财政总收入、一般公共预算收入分别从35.5亿元和15.5亿元，增长到87.2亿元和39.4亿元，年均增幅分别为34.9%和36.5%。先后获批国家级高新区、国家自主创新示范区核心区、国家级产城融合示范区、国家级循环化改造重点支持园区和省级军民融合产业示范基地。

二是产业集聚初具规模。区域内共有注册企业1355个，其中纳税企业911个、规上工业企业271个、产值亿元以上企业94个、10亿元以上企业20个，形成了以汽车整车及零部件、高端装备制造和新能源新材料为主导的产业体系，三大主导产业2017年实现工业总产值718.6亿元，占比61.9%。

三是大企业大项目增多。近三年引进重大项目45个，总投资达1000亿元，其中50亿元以上重大工业项目5个，累计引进世界500强、中国500强、民营企业500强投资项目66个，集聚了长安福特、林肯、Ferrotec、西子航空、格力、吉利、广汽、费列罗、顾家工艺、新松机器人、华东医药、传化公路港等一批知名企业。

四是产城融合不断加快。规划建设大江东高铁客运站、铁路货运站、杭甬高速复线、杭绍台铁路快速路、艮山东路过江隧道、地铁7、8、13号线等重大交通基础设施，先后引进杭高大江东分校、杭高东湖学校、中策职校大江东分校、市一医大江东院区及宝龙、龙湖城市综合体等城市功能配套项目，加快建设地下综合管廊，城市功能不断完善。

五是生态环境明显改善。累计完成“三改”360万平方米、拆违161万平方米，新增雨、污水管网102.5千米，关停5家大型养猪场，削减生猪45万头，区域内22家养殖企业纳管实现全覆盖，关停淘汰高污染、高能耗企业97家。2017年大气环境质量优良率达到74.6%，PM2.5浓度下降15%。

二、存在的主要问题

大江东发展进步明显、前景可期，但当前发展也存在一些困难和问题，与省委“标志性战略性改革开放大平台”的定位还有较大差距。最突出的问题就是“散”和“弱”，空间布局散、功能配置散，城市功能弱、产业竞争力弱、区域主导能力弱。具体体现在以下四个方面：

（一）产业定位和结构不合理。大江东多以制造型工厂为主，研发、市场两端在外，产业层次偏低、缺少内生动能等问题比较突出。2017年大江东三次产业结构为4.3：83.1：12.6，其中规上工业增加值220亿元，占比为74.3%。一是汽车制造业连番出现起伏。近年来由于部分汽车制造企业产值大幅下降，直接导致大江东汽车制造业产值由2016年的472.6亿元下降至2017年的350.6亿元。二是传统化工行业转型压力增大。2017年大江东化工化纤制造业实现20%以上高速增长，合计实现产值491.7亿元，占比达42.35%。但67个规上化工企业用地占大江东工业用地的26%，综合能耗占73.3%，VOC排放占80%，工业废水排放占70%，给大江东资源环境带来较大负担。三是高新产业集聚发展势头不足。2017年大江东实现高新技术产业增加值61亿元，仅占工业增加值的27.7%，高新技术产业投资16.77亿元，占比仅为7.7%；高端装备制造业增加值79.8亿元，同比下降19.15%；信息经济增加值7.11亿元，同比下降1.5%，产业转型升级、新旧动能转换任重而道远。

（二）发展质量效益有待提升。2017年大江东规上工业亩均增加值为87.4万元/亩，比全省平均水平低16.3万元；271个规上企业中，亩均税收达到40万元标准的只有21个。一是产能利用率低。如个别汽车制造企业产能10万辆，2017年仅生产1.6万辆，产能利用率仅为16.23%。二是项目见效慢。近三年大江东招引45个项目，供地7000多亩，2017年财政贡献不到1亿元。三是供地方式粗放。由于土地利用不够集约，目前大江东可以一次性供地100亩以上的建设区块只有10个左右。

（三）城市功能相对滞后。城市建设框架拉得大但中心不够突出，基础设施和公共服务配套不足，是当前制约大江东发展的突出问题，影响大江东整体发展环境，成为优高项目和高端人才难以引进的主要原因。一是产城融合支撑不足。大江东地域广阔，城市功能项目布局、产业布局、小城镇布局、村庄布局比较散乱。作为一个新区，大江东缺少聚拢人气的集中展示区，特别是核心区建设进度缓慢，尚未形成城市风貌。二是城市建设资金难以平衡。从支出看，2018年大江东计划投资100.4亿元。但从收入看，2017年大江东地方一般公共预算收入、政府性基金预算收入、土地出让收入三项合计可用财力为74.11亿元，仅能满足社会民生、城市管理、征地拆迁和政府运转等刚性支出。

（四）管理体制尚未完全理顺。管委会实体化运作体制有效促进了大江东区域一体化发展，但大江东作为非行政区或国家级新区，管理和审批权限等体制性难题、历史遗留问题尚未得到很好解决，“小马拉大车”“看得见管不着”现象仍然存在。一是“飞地”管理。目前大江东共计“飞地”153.11平方千米，占未征用土地51%，分属萧山区、高新区（滨江）、部队和省水利厅。对这些“飞地”，大江东有维稳治安环保的责任，但无土地开发建设和管理使用的权限。二是审批事项。由于大江东没有独立区划代码，国土农转用报批、占补平衡挂钩、土地规划调整方案报批、建设用地预审、供地等审批管理事项没有独立端口，只能使用杭州市或萧山区职能部门审批账号登录办理，影响了投资项目审批效能，未能做到“办事不出大江东”。

（五）干部精气神需要再提升。大江东作为开发建设新平台，要加快发展新技术新产业新业态，实现异军突起，必须有一支激情创业的高素质干部队伍。但由于人员混岗、绩效管理等体制机制因素，干部交流渠道较窄，对干部的吸引力不够，造成大江东干部队伍人员结构、知识能力和作风状态与发展要求还不相适应。目前大江东管委会共有“一办一部七局”9个内设机构、5个市级部门派出机构、9家直属主要事业单位和5个街道，核定行政编制380名、事业编制101名。另有编外人员394名，占全部工作人员的64.6%。

三、对下一步发展的思考

大江东发展中存在的这些问题，究其原因，有的是历史遗留问题造成的，有的是资源要素制约，有的是体制机制不顺。下一步，要按照“大格局、大学习、大招商、大建设、大统筹、大改革、大党建”的要求，立足区位优势，整合资源力量，着力破解当前发展中的困难和问题，推动大江东实现高质量发展。重点要从五个方面着力：

（一）面向“大湾区”，理清发展思路。一是明确总体定位。根据省委、省政府的要求，自觉把大江东发展置于“大湾区”建设格局中思考和谋划。紧紧围绕“全省改革开放的标志性战略性大平台”这一定位，瞄准国内外先进标杆，把大江东打造成为大湾区核心区、高端制造业集聚区、新时代改革开放的重要窗口和高质量发展的实践范例。二是细化具体目标。坚持“一年打基础、三年见成效、五年大变样”，研究制定2018年攻坚任务、三年行动计划和五年发展规划，列出详细的工作清单，逐条逐项抓好落实。三是确定主导产业。瞄准未来产业发展方向，对大江东现有“7+X”产业体系进行深度分析，开展多方研究论证，确定大江东未来的若干主导产业。

（二）优化空间布局，做好科学统筹文章。一是扎实推进多规融合。通过新一轮城市总规修编和土地利用规划调整，推动土地利用规划、产业规划、城市总体规划与发展规划充分对接融合，提高大江东城镇、产业、村庄布局的集约化水平。二是加大产业平台整合力度。有效整合江东、临江、前进等区域的平台空间，打造若干以科创产业、数字经济、高端制造、新材料和贸易服务为重点的“万亩空间千亿量级”重大产业平台（基地）。三是做精做强产业新城中心区。明确150平方千米的核心区和20-30平方千米的先行启动区，集中精力推进产业新城中心区的开发建设，尽快打造出一个具有大江东地标性的“城市客厅”。

（三）加快发展新兴产业，积极培育新的发展动能。一是明确招引方向。在明确主导产业的基础上，围绕汽车及零部件、航空航天、新能源新材料等先进制造业产业集群，有针对性地“建链”“补链”“强链”。二是拉高招引标杆。建立项目招引的筛选机制，对具有行业影响力、重大牵引力的项目要主动出击、紧盯不放，力争每年招引一批优高大项目。三是拓展发展空间。针对“有项目难落地”的问题，建立大江东低效用地再开发激励机制，对未达到规定容积率、亩均税收等指标的低效建设用地，通过政府收储、异地置换等措施开展再利用。对区内工业用地，探索“创新型用地”的模式与做法。四是持续优化营商环境。对标国际一流产业新城，不断降低创新创业时间成本、商务成本和制度成本，形成有利于产业、人才、资金集聚的“洼地”和更加宜居宜业宜创新的环境。

（四）加快“小镇”化改造，推进人产城融合。一是用特色小镇的理念和方法改造提升产业区块。改变“摊大饼”式的传统开发建设路径，针对传统工业园区功能单一的问题，充分借鉴特色小镇建设的成功经验，加快建设一批邻里中心，让入驻企业和当地群众生活更加便捷。二是完善综合交通体系。加快推进高铁江东站等重大交通项目建设，依托萧山国际机场，统筹推进海陆空交通枢纽体系建设，不断强化大江东在环杭州湾经济区的区位优势。三是提升公共配套服务能力。按照大湾区核心区的标准提升城市功能，加快城市综合体建设，谋划一批重大社会事业项目布局落户大江东，推动省市优质教育、医疗资源向大江东集聚。四是创新开发建设模式。着眼破解大江东城市开发建设碎片化、时序不一等问题，积极推行连片开发、集中建设的模式，吸引社会资本、海外资本参与基础设施、土地、产业园区建设。五是健全要素保障机制。争取在跨省统筹指标和跨省增减挂结余指标分解中，对大江东涉及的重大产业、基础设施、民生项目予以支持。稳妥推进债务化解，以全市统筹的方式，逐步降低负债比例。

（五）创新体制机制，激发大江东发展的内生动力。一是理顺管理体制。按照“一个主体、一个平台”要求，进一步加大统筹力度，确保实体化运行真正落地。深化审批制度改革，鼓励和支持设立大江东独立区划代码，实现“办事不出大江东”。推动相关部门在大江东设立海关、检验检疫和外汇管理机构，设立自由贸易口岸和综合保税监管区，打造e—WTP实验区重要平台。二是完善与周边城区联动发展机制。加强大江东与周边城区在招商引资、产业发展、城市建设等方面的协作，积极导入高新区（滨江）、萧山区、杭州经开区等平台溢出效应。三是创新“飞地”管理办法。积极探索跨区域托管，开展只转不征政策试点，先行先试规划调整方案和农转用方案同步受理、同步审批。四是推进人事制度改革。探索推行全员聘用制，实行在编在岗人员编制身份归档管理、绩效考核，打破身份限制，实行岗位管理，有效激发干事创业动力。大力引进更多专业型干部，切实加强干部的专业知识培训，不断提高干部队伍的专业化水平。

中共杭州市委　杭州市人民政府
关于加快钱塘新区高质量发展的意见

（2019年4月16日）

杭州大江东产业集聚区和杭州经济技术开发区整合转型升级为钱塘新区（以下简称新区），是我市贯彻落实省委、省政府决策部署，“干好一一六、当好排头兵”的重大举措。为加快新区高质量发展，制定如下意见。

一、指导思想和主要目标

（一）指导思想。以习近平新时代中国特色社会主义思想为指导，全面贯彻党的十九大和十九届二中、三中全会精神，按照统筹推进“五位一体总体布局和协调推进“四个全面”战略布局要求，坚持新发展理念，改革和完善体制机制，推进产业转型升级，提升城市功能，加快新区高质量发展，打造我省标志性战略性改革开放大平台。

（二）主要目标。经过若干年努力，新区产业竞争力走在全国前列，先进制造业与数字经济融合度处于全国领先水平，成为世界级智能制造新区、产城人文融合的生态型样板新区、长三角一体化高质量发展的重要增长极，成为我省标志性战略性改革开放大平台。

二、托管区域范围

在保持萧山区、江干区行政区划不变的原则下，新区受萧山区、江干区委托，管理原杭州大江东产业集聚区、杭州经济技术开发区规划控制范围，总面积约531.7平方公里，其中陆域面积436平方公里、钱塘江水域面积约95.7平方公里，具体四至范围为：东、北以钱塘江界线为界，南至红十五线、十二埭横河及与绍兴县接壤的北侧河道，西南与杭州空港经济开发区交界，西至东湖路，西北与余杭区、海宁市交界。

三、管理体制

（一）行政管理体制

1.职责权限。新区党工委、管委会作为市委、市政府的派出机构，托管区域范围内的萧山区河庄、义蓬、新湾、临江、前进和江干区下沙、白杨等七个街道的党工委、办事处。新区党工委、管委会在新区区域贯彻执行省市党委、政府的各项决策和工作部署，全面履行经济、政治、文化、社会、生态文明建设和党的建设等各项管理职能，负责区域内市及以上各派出机构、分支机构的协调管理。新区继续享受省级产业集聚区的各项政策但不再保留“杭州大江东产业集聚区”牌子，继续保留并管理杭州经济技术开发区、浙江杭州综合保税区、萧山临江高新技术产业开发区，撤销省级以下其他产业平台。萧山区、江干区人大、政协、人民武装继续按照行政区划范围行使相关职权。将杭州经济技术开发区法院、检察院更名为钱塘新区法院、检察院，并将管辖范围扩大至新区全域（在此之前继续由萧山区法院、检察院和杭州经济技术开发区法院、检察院按照司法管辖范围行使相关职权）。

2.机构设置。按照“大部门、扁平化”管理要求，遵循精干高效、服从功能、服务发展原则，设置新区党工委、管委会内设工作机构、直属机构和事业单位及市级部门派出机构，具体“三定”规定由新区党工委、管委会研究提出，报市委编委审核批准。设立新区纪检监察工委（在纪检监察工委获批设立前继续由市纪委监委驻新区纪检监察组负责）；机关党委，工、青、妇等群团组织按有关规定设置；税务、海关等垂直管理部门在新区设立下属或派出机构。

（二）干部人事管理体制

1.干部管理。新区党工委、管委会领导班子成员由市委管理、任免；新区内设工作机构、直属机构、事业单位和托管街道的领导班子成员，由新区党工委管理、任免；新区法院、检察院领导班子成员和公安分局领导班子成员、处级干部的管理、任免根据有关文件规定执行；市级部门派出机构由新区党工委和市级部门党委（党组）共同管理并以新区党工委管理为主，人财物由新区负责，领导班子成员任免按照相关规定执行。

2. 编制管理。原杭州大江东产业集聚区和杭州经济技术开发区核定的编制全部划转给新区，具体由市委编委负责。新区的人员招考、考察、录用等日常工作由新区党工委、管委会负责，并按相关规定、程序办理。

3. 考核监督。新区党工委、管委会内设工作机构、直属机构、事业单位、托管街道及其工作人员的考核、监督、奖惩工作由新区党工委、管委会实施；市级部门派出机构及其工作人员的考核、监督、奖惩工作，由新区党工委、管委会负责并会同相关市级部门共同实施。

（三）财税收支及国资、债务管理体制

1.统一财政体制。一是新区实行分税制财政管理体制。建立相对独立的一级财政预算体制，实行统一征收、统一入库、统一结算、统一反映。新区范围内税费按规定由当地主管税务机关负责征收。二是新区独立编制财政收支预决算并接受市人大常委会的监督。新区管委会按照“财力和事权相匹配、事权和支出责任相适应”的原则，负责对新区财政资金进行合理分配。三是明确一般公共预算收入市本级分成返还政策。以2018年为基期年，确定市对新区的上下划基数。2019年至2021年三年内市本级将新区增收分成部分全额返还新区。同时，根据新区开发建设、招商引资等实际情况，市本级另行给予一定财力支持。四是政府性基金收入返还政策。2019年至2021年三年内新区的政府性基金收入，除国家、省按政策需计提部分外，其余全额返还新区（其中，土地出让金按16%计提，以后国家和省计提政策若有调整，按新政策执行）。新区土地出让的收支管理由市财政局负责，纳入市本级政府性基金预算管理，属于新区的部分由市财政局按规定通过转移支付核拨。具体土地出让金征收工作由市规划和自然资源局新区分局负责。五是积极向国家和省争取地方政府债券的分配额度，市级统筹额度也重点向新区倾斜。

2.国有资产和政府性债务管理。原杭州大江东产业集聚区和杭州经济技术开发区及托管街道的国有资产和债权、债务，统一转归新区。萧山区政府与原杭州大江东产业集聚区管委会之间特别约定的债权债务按原协议执行，具体事宜由萧山区政府与新区管委会协商确认。

（四）规划及自然资源管理体制

1.统一规划管理体制。新区发展战略规划由新区管委会会同市发改委编制，共同报请市政府审批；新区国土空间规划、控制性详细规划以及跨区域重大线性基础设施规划，由新区管委会规划和自然资源机构组织编制，并报市政府审批。

2. 统一土地管理体制。新区区域土地的收储、交易、出让等工作，委托或授权新区管委会统一组织实施。新区区域的经营性用地出让、收储和做地计划由新区管委会组织编制，纳入市区经营性用地出让、收储和做地计划。土地出让方案经市规划和自然资源局审核后，报市政府批准执行。建立完善新区区域统一的征地拆迁安置政策。新区区域内，江干区、杭州高新开发区（滨江）、萧山区、余杭区等单位不得在本级的围垦土地上进行开发建设，由新区管委会根据开发建设需要统一征收，围垦单位必须给予全力支持保障。

3. 强化土地要素保障。积极开展永久基本农田储备库建设，结合国土空间规划编制，在资源环境承载能力和开发适宜性评价基础上，优化调整永久基本农田红线、生态保护红线、城市开发边界，预留新区合理用地空间。支持新区区域建设项目用地实施直报省制度，在重大产业项目用地、耕地占补平衡指标等方面予以重点倾斜。支持新区实施土地利用改革创新试点，积极争取国家、省支持核减新区基本农田保有量，新区土地整理后新增耕地占补平衡指标，全额留用于新区。

（五）城市基础设施建设管理体制。新区区域内城市基础设施由新区管委会制定统一规划、统一标准、统一建设、统一管理。跨区域的城市交通、重大水利设施等项目，由市政府协调或市级主管部门会同新区管委会和相关区政府共同研究决定。

（六）行政审批和执法管理体制。加快推进《杭州钱塘新区管理条例》地方立法，依法充分赋予新区管委会相当于县级的经济、社会行政管理职能和审批、执法权限，给予独立的审批（管理）系统端口、账号、编码。新区区域内实行大范围的跨部门、跨领域综合执法。按照“办事不出新区”原则，市级行政管理部门依法委托或授权新区管委会和相关派出机构行使与市级相同的行政审批管理和执法权限。新区管委会若需省级有关部门下放行政审批（管理）权限，由市政府审核后向省政府提出申请。

（七）社会建设管理体制和公共服务体系。新区管委会统一负责区域内的城市管理、社会治理、公共服务工作，组织编制和实施区域内的社会发展、城市管理及社会治理规划和年度计划。新区实行社会保障、户籍管理、教育、卫生健康等基本公共服务一体化，并与主城区全面并轨。市级各相关部门要支持主城区优质资源向新区倾斜，提升新区公共服务水平。

（八）统计管理体制。新区区域的经济社会数据由新区管委会统计汇总，其中原杭州大江东产业集聚区的经济数据同步纳入萧山区反映（仅供萧山区对外使用，不纳入市本级对萧山区综合考评统计范围）。国家级经济技术开发区、高新技术产业开发区根据上级有关部门的规定进行统计。

四、重点任务

（一）强化创新能力建设。支持新区创新招才引智政策，鼓励各类高精尖、高技能人才在新区创新创业创造。发挥新区科教资源优势，鼓励科技成果就地转化应用。依托杭州下沙高教园区、大创小镇等平台，推进一批大学城创业园、众创空间、创客联盟、创业学院、孵化器、加速器建设，加快国家双创示范基地建设。

（二）打造现代产业体系。坚持高水平、高质量发展，优化完善新区产业导向目录，加快优质高端产业集聚。支持以生物医药港小镇和前进、江东、临江等区块为重点，打造生物医药、汽车及零部件、航空航天、集成电路及智能装备、新材料等万亩千亿产业。以清华柔性电子技术协同创新中心为引导，打造军民融合产业集群。加快新区传统产业数字化智能化改造提升。

（三）构建开放合作新格局。以打造长三角一体化高质量发展重要增长极为目标，推进苏绍高速南北段延伸、杭绍台和沪乍杭铁路、江东高铁枢纽、运河二通道、杭州湾出海码头改造提升等项目。支持浙江杭州综合保税区创新升级，建设成为具有全球竞争力的技术研发中心、加工制造中心、物流分拨中心、贸易服务中心。全面参与自贸区杭州片区、eWTP试验区建设，进一步推动贸易投资便利化。

（四）提升城市治理能力。以“移动办事、移动办公”为抓手，建设跨部门、跨层级、跨业务的智慧城市综合管理平台。以集中行政审批为抓手，完善优化“一窗服务、一章审批、一网审管、一单规范、一次办结”的行政审批体制。以综合行政执法改革为契机，建立一支队伍相对集中执法的体系，提升行政执法水平。推进基层治理创新，增强街道社区公共服务和城市治理能力。

（五）补齐公共服务短板。统筹规划学校、医院、文体中心、养老机构、商业设施、邻里中心等民生项目布局，加快地铁7号线、8号线、艮山西路过江隧道建设进度，谋划新一轮地铁、过江通道和快速路规划。推动主城区名校、名（医）院在新区设立分校（院），实现新区教育、卫生健康、社保等与主城区一体化、高水平。

（六）争创绿色发展典范。加大对自然资源环境、城乡人居环境保护力度，以钱塘江沿岸为重点，划定并严守生态保护红线。加大环保执法力度，坚决淘汰落后产能，提高工业废气污染防治水平，加强土壤污染治理与修复，建设绿色低碳新区。

五、组织保障

（一）加强组织领导。切实加强党对新区高质量发展的领导，成立新区高质量发展领导小组，定期研究重大事项。

（二）落实主体责任。新区党工委、管委会要切实履行主体责任，细化目标任务，确保工作落实。

（三）强化服务保障。各级各部门要主动服务，全力支持，为新区高质量发展提供保障。原涉及杭州大江东产业集聚区、杭州经济技术开发区的相关政策意见与本意见不符的，以本意见为准。

中共杭州钱塘新区工作委员会 杭州钱塘新区管理委员会职能配置 内设机构和人员编制规定

厅发〔2019〕60号

（2019年4月16日）

第一条 根据《浙江省人民政府关于同意设立杭州钱塘新区的批复》和《中共杭州市委、杭州市人民政府关于加快钱塘新区高质量发展的意见》，制定本规定。

第二条 中共杭州钱塘新区工作委员会、杭州钱塘新区管理委员会（以下简称新区党工委、管委会）作为市委、市政府派出机构，代表市委、市政府对钱塘新区统一履行经济、社会、文化、生态文明建设和党的建设等各项管理职能，为正局级，挂杭州经济技术开发区管理委员会、杭州临江高新技术产业开发区管理委员会、杭州综合保税区管理委员会牌子。

第三条 新区党工委、管委会的主要职责是：

（一）贯彻落实市委、市政府的重要决策和工作部署，代表市委在钱塘新区实施党的领导和监督。

（二）负责国家和省、市有关法律、法规和政策在钱塘新区的贯彻实施，拟订钱塘新区有关管理规定并组织实施。

（三）编制并组织实施钱塘新区经济社会发展规划、年度计划和产业政策。

（四）编制并组织实施钱塘新区国土空间规划、详细规划和相关专项规划。编制并组织实施钱塘新区土地利用总体规划和年度计划。负责钱塘新区耕地保护和基本农田保护，节约集约利用土地和矿产资源。负责钱塘新区土地储备、整治、征收及建设项目用地管理等工作。

（五）制定并组织实施钱塘新区产业规划和产业准入指导目录、项目准入标准和准入管理办法。

（六）负责钱塘新区招商引资工作。按审批权限，审批、审核投资项目。

（七）负责钱塘新区的城市建设工作。负责钱塘新区建设规划项目的审核和规划项目的监督检查工作。负责钱塘新区建设工程的审批和管理工作。负责钱塘新区的房地产管理工作。

（八）负责钱塘新区的文化、教育、科技、卫生、体育等社会事业的管理工作。

（九）负责钱塘新区的经济贸易、农业农村、水利、林业、旅游、交通、统计、物价、审计、外事、人力资源、社会保障和市场监管、安全生产监管、应急管理、生态环境、综合治理、信访、民政、退役军人事务、民族宗教等方面的管理工作。

（十）负责钱塘新区区域内财政金融、国有资产管理等工作。负责下属投融资平台管理，负责所属行政事业单位财务监督管理。协助做好税收事务管理工作。

（十一）负责钱塘新区的城市管理和综合行政执法工作。

（十二）检查、监督、协调有关部门设在钱塘新区的分支机构或派出机构工作。协调海关、供水、供电、供气、通信、金融等部门（单位）的工作。

（十三）负责和指导机关及企事业单位党的建设、精神文明建设、纪检、监察、统战和群团工作。按照干部管理权限，管理机关、直属机构、事业单位、派出机构和托管街道的领导干部。

（十四）承办市委、市政府交办的其他事项。

第四条 新区党工委、管委会受萧山区、江干区委托在河庄、义蓬、新湾、临江、前进、下沙、白杨7个街道，以及钱塘新区规划控制范围内的其他区域（不含萧山区党湾镇所辖接壤区域的行政村）内依法行使以下职责：

（一）贯彻落实市委、市政府的重要决策和工作部署，代表市委在区域内实施党的领导和监督。

（二）根据杭州市城市总体规划和经济社会发展计划，编制并组织实施河庄、义蓬、新湾、临江、前进、下沙、白杨7个街道经济社会发展计划。

（三）负责区域内工业、商贸、农业、组织、人力资源和社会保障、公安、司法行政、民政、退役军人事务、文化旅游、教育、科技、卫生健康、体育等经济社会发展方面的各项党政管理工作。

（四）负责区域内规划耕地保护，土地利用、征收，农转用报批和具体项目供地等规划和自然资源管理工作。

（五）负责区域内的建设管理、房产管理、生态环境和文物保护等工作。

（六）统一规划和建设、管理区域内的各项基础设施和公共设施。

（七）规划、审批区域内新办企业和投资项目。

（八）组织实施区域内民政、文化旅游、教育、科技、卫生健康、体育等各项事业以及农田水利设施的建设。

（九）管理区域内的财政金融、国有资产、审计、物价、统计等工作。

（十）行使市委、市政府授予的其他职权。

第五条 新区党工委、管委会设下列内设机构：

（一）党工委、管委会办公室。综合协调党工委、管委会机关日常工作。督查各项决议、决定的落实情况。建立健全机关各项规章制度。协调实施年度工作目标责任制。承担综合考评工作。承办机关文电、重要会务、政务信息、政策研究、机要、保密、档案、数据管理、安全保卫、行政后勤等日常工作。负责人大、政协联络工作。

（二）党工委政法委。指导、协调、支持、监督辖区政法单位行使相关职权。组织、协调、指导维护社会稳定和社会治安综合治理工作，牵头推进基层治理体系建设。负责防范和处理邪教工作。负责处理信访事项，接待群众来信、来电、来访的受理和接待工作。负责法制、司法行政工作，推进依法行政工作。联系指导人民武装工作。

（三）党群工作部（挂组织部牌子）。负责党组织建设、党员管理工作。负责新区机构编制、人事管理工作，按干部管理权限，承担各级领导班子和干部队伍建设工作。统筹、协调新区人才工作。负责对外宣传和宣传引导管理工作，承担意识形态和精神文明建设工作。负责统战联络、侨务、台湾事务、民族宗教、老干部管理工作。统一领导机关党委和群团组织。

（四）财政金融局。贯彻执行国家和省、市有关财政、金融、国有资产管理等法律法规、规章和规定。组织编制和实施新区区域内的财政收支预决算，承担各类财政资金收支的监督和管理，开展财政绩效评价工作。承担部门预决算管理、行政事业性收费、财务指导、协助税收征管等工作。承担政府采购和会计事务等管理工作。承担政府投资基本建设项目的财务管理工作，统筹安排开发建设资金和政府性债务管理工作。负责审计工作，指导和监督内部审计工作。承担企业上市、金融业发展和金融风险防控工作。承担国有企业监管和国有资产管理工作。指导监督受委托管理街道的财政、财务工作。

（五）经发科技局（挂统计局牌子）。组织编制和实施新区经济发展、产业发展规划和年度计划，协调经济运行中的重大问题，指导经济体制改革。承担投资项目立项、可行性研究报告等审核报批工作。负责促进第二、第三产业发展工作。承担定价管理工作。承担知识产权管理，促进高新技术产业发展。承担引进国（境）外智力和外国专家管理工作。负责统计工作。承担军民融合综合协调和管理工作。负责临江高新技术产业开发区日常考核和对上衔接工作。

（六）社会发展局。组织编制并实施新区社会事业发展规划。负责农业农村、林业、水利管理和“飞地”区块协调管理工作。负责辖区内人力资源工作。承担就业管理、劳动关系、劳动监察、社会保险、人事劳动争议仲裁等社会保障工作，构建和谐劳动关系。负责对口支援和区域合作、文化旅游、体育、广播电视管理工作。负责民政事务管理、退役军人事务、养老服务、残疾人事业、慈善、地名管理等工作。指导区域内机关事业单位离退休人员的管理服务工作。

（七）教育与卫生健康局。编制并组织实施新区教育和卫生健康事业发展规划，统筹配置教育和卫生健康服务资源。组织实施基础教育、职业教育、继续教育、特殊教育，建立健全教育服务体系。组织实施卫生健康基本公共服务，承担疾病预防控制、爱国卫生、计划生育管理和服务工作。负责区域内教育培训机构、医疗卫生服务机构的监督管理工作。指导基层医疗卫生和妇幼健康服务体系建设等相关工作。承担区域内教育、卫生健康服务单位党的建设和干部队伍建设工作。

（八）建设局。负责新区建设管理工作，组织实施新区建设规划，协调推进基础设施建设。负责新区人防设施、地下空间、管线建设及管理工作。负责新区市政、水务、园林、绿化等基础设施建设工作。承担新区建筑业发展、建筑市场、建设工程安全质量等监管工作。承担建设工程招投标管理工作。负责新区住房制度改革和保障性住房、人才住房的建设与管理工作。承担新区房地产市场、物业和房屋管理工作。负责统筹新区综合运输体系规划和建设工作。负责新区交通设施规划建设、运营维护和交通行业管理工作。

（九）招商与人才局。负责新区人才引进与管理服务工作。统筹协调和指导投资促进工作。承担招商引资工作，组织拟订招商引资政策，审核各类投资协议。承担投资环境、政策的对外宣传工作。负责新区重点产业和重大招商引资项目的跟踪和服务。承担内外资项目落户后的服务管理工作。负责商贸管理工作，组织协调国内外贸易、对外经济合作工作，推进新区内外贸融合及商贸服务业发展。承担外事管理工作。负责杭州经济技术开发区日常考核和对上衔接工作。

（十）应急管理局。负责新区应急管理与日常值守工作，指导各部门（单位）应对安全生产类、自然灾害类等突发事件和综合防灾减灾救灾工作。负责新区应急体系建设，牵头协调处置安全生产类、自然灾害类等突发应急事件，综合研判突发事件发展态势并提出应对建议。依法组织实施安全生产准入制度。负责安全生产综合监督管理和工矿商贸行业、危险化学品、烟花爆竹经营等单位安全监督管理。负责监督管理消防工作，指导消防监督、火灾预防、火灾扑救等工作。负责应急处置、安全生产宣传教育和培训工作，建立应急协调联动机制，统筹协调指挥各类应急专业队伍。

（十一）行政审批局。统筹推进、协调管理新区行政审批制度改革工作。牵头推进“最多跑一次”改革。负责集中行使依法赋予新区的行政审批权。承担新区行政审批服务体系信息化建设工作。负责对进驻行政服务中心的相关职能部门行政服务工作的规范、管理和监督工作。指导管委会下属单位及受委托管理街道的行政审批相关工作。指导公共资源交易管理工作。

（十二）综合行政执法局（挂城市管理局、综合行政执法大队牌子）。统筹推进新区综合行政执法体制改革工作。承担新区管委会事权范围内的综合执法工作。统筹协调、管理钱塘新区有关行政执法工作。承担新区区域内城市管理、市政公用设施、园林绿化养护和市容环卫管理等工作。

机关党委。负责党工委、管委会机关和直属单位的党建和群团工作。

新区党工委、管委会机关工、青、妇等群团组织按各自章程设置。

第六条 新区党工委、管委会机关行政编制控制数236名。核定党工委委员13名，其中党工委书记1名、副书记2名（如党工委书记由市领导兼任，则另增加党工委副书记1名）。核定管委会主任1名（根据省编委浙编〔2019〕15号文件规定，按省管正厅长级配备）、副主任8名（其中1名常务副主任为正局长级），总规划师1名；原则上是党员的主任、副主任和总规划师进党工委班子。另纪检监察工委书记、党群工作部（组织部）部长、公安分局局长原则上进党工委班子任党工委委员。核定处级领导职数66名，其中正处长级15名（含机关党委专职副书记1名，人才办常务副主任1名，总工会主席1名）、副处长级51名。

新区党工委、管委会机关工、青、妇等群团组织的人员编制和领导职数在核定党工委、管委会的编制和领导职数内解决。

第七条 杭州综合保税区管理办公室（正处级）为新区党工委、管委会直属行政机构。负责制定综合保税区的各项管理规定并组织实施。依授权及产业政策导向，负责拟订综合保税区发展、建设及招商引资规划方案，颁发综合保税区外商投资企业批准证书及内资企业的注册登记工作。依据授权负责综合保税区加工贸易业务管理及企业进出货物、物品的审批。负责与海关等其他行政机构及服务单位沟通协调，承担综合保税区内企业的日常管理服务工作。

杭州综合保税区管理办公室设处级领导职数5名，其中正处长级1名、副处长级4名，人员编制在新区行政编制控制范围内调剂解决。

第八条 新区党工委、管委会设12个处级事业单位。其中承担新区管理服务的事业单位7个，归口党工委、管委会相应内设机构管理。承担产业平台管理服务的事业单位5个。

（一）内设机构归口管理的事业单位

1.钱塘新区城市建设发展中心，为相当正处级公益一类财政补助事业单位，归口建设局管理，主任由建设局局长兼任，主要承担钱塘新区城市建设发展服务相关工作。

2.钱塘新区招商服务中心，为相当正处级公益一类财政补助事业单位，归口招商与人才局管理，主任由招商与人才局局长兼任，主要承担钱塘新区区域内的招商引资服务工作。

3.钱塘新区行政服务中心（挂钱塘新区公共资源交易中心牌子），为相当正处级公益一类财政补助事业单位，归口行政审批局管理，主任由行政审批局局长兼任，主要承担钱塘新区区域内为企业和个人提供“一站式”行政审批和便民服务，在权限范围内组织各类公共资源交易活动等工作。行政服务中心设下沙和大江东两个分中心，为行政服务中心的分支机构（相当副处级）。

4.钱塘新区农业发展服务中心，为相当正处级公益一类财政补助事业单位，归口社会发展局管理，主任由社会发展局局长兼任，主要承担钱塘新区区域内农业农村发展服务等相关工作。

5.钱塘新区数据资源管理服务中心，为相当副处级公益一类财政补助事业单位，归口党工委、管委会办公室管理，主要承担钱塘新区区域内智慧城市、政务数据归集共享、“基层治理四平台”建设管理服务等工作。

6.钱塘新区人才创新服务中心，为相当副处级公益一类财政补助事业单位，归口招商与人才局管理，主要承担钱塘新区区域内人才招引与服务、创新创业服务等工作。

7.钱塘新区社会经济调查队，为相当副处级公益一类财政补助事业单位，归口经发科技局管理，主要承担钱塘新区区域内相关统计数据及调查资料的采集、上报、分析等工作。

（二）产业平台发展服务事业单位

对于经批准的省级特色小镇、发展相对成熟的产业区块设立服务机构，服务机构根据平台开发建设成效实行动态调整。

1.杭州医药港小镇发展服务中心，为相当正处级公益一类财政补助事业单位，主要承担杭州医药港小镇区域内的开发建设和管理服务工作。

2.钱塘新区大创小镇发展服务中心，为相当正处级公益一类财政补助事业单位，主要承担大创小镇区域内的开发建设和管理服务工作。

3.江东区块企业服务中心，为相当副处级公益一类财政补助事业单位，归口经发科技局管理，主要承担江东区块产业发展管理和服务工作。

4.临江区块企业服务中心，为相当副处级公益一类财政补助事业单位，归口经发科技局管理，主要承担临江区块产业发展管理和服务工作。

5.前进区块企业服务中心，为相当副处级公益一类财政补助事业单位，归口经发科技局管理，主要承担前进区块产业发展管理和服务工作。

（三）新区党工委、管委会所属处级事业单位的编制、领导职数等具体事项另行规定；科级事业单位由新区党工委、管委会根据工作需要统筹设置。

第九条　市公安局、市规划和自然资源局、市生态环境局、市市场监督管理局等设在钱塘新区的派出机构实行双重管理，以钱塘新区管理为主。日常工作由新区党工委、管委会统一领导和管理，业务上分别受市级部门的指导和监督。

第十条　钱塘新区实行一支队伍综合行政执法，综合行政执法局（综合行政执法大队）统一行使管委会行政执法权，具体方案另行规定。

第十一条　本规定由中共杭州市委负责解释，其调整由市委机构编制委员会办公室按规定程序办理。

第十二条　本规定自2019年4月16日起施行。

关于推动钱塘新区高质量发展
打造智能制造产业高地的若干意见

钱塘管发〔2019〕30号

（2019年10月29日）

为深入贯彻党的十九大和省第十四次党代会精神，弘扬新时代的“拓荒牛”精神，进一步解放思想、深化改革、锐意进取，全力创建国家级新区，推进钱塘新区经济高质量发展，特制定本意见。

一、目标任务

高举习近平新时代中国特色社会主义思想伟大旗帜，认真学习贯彻习近平总书记关于推动长三角一体化发展的重要指示精神，全面落实全省推进长三角一体化发展大会精神，贯彻落实杭州市市委十二届七次全会精神，紧紧围绕国家级新区创建，以更宽视野、更高格局定位钱塘新区发展，进一步优化资源配置、强化科技创新、加快转型升级，构建国际一流营商环境，着力将钱塘新区打造成为世界级智能制造产业集群、长三角地区产城融合发展示范区、全省标志性战略性改革开放大平台、杭州湾数字经济与高端制造融合创新发展引领区。

二、主要措施

钱塘新区每年从财政支出中按不低于20%的比例安排专项扶持资金，全面推进“新制造业计划”，大力实施“领飞计划”，加大招商引资，鼓励创新创业，提升产业层级，加快集聚人才，实现高效优质发展。

（一）坚持产业发展高质量

1.推进“新制造业计划”。全面推进新制造业计划，坚持增总量、优存量、促增量、提质量，瞄准智能制造、高端制造和绿色制造，大力发展战略性新兴产业和未来产业，加快传统产业数字化智能化改造提升，加大对生产性服务业支持力度，培育一批具有国际竞争力的创新型龙头企业和千亿级先进制造产业集群。注重产业平台建设，积极推进建设航天航空、生物医药“万亩千亿”产业平台，全面提升医药港小镇、大创小镇，布局一批具有明确产业和功能定位的小微园区，加快集聚优质企业。

2.实施“钱塘领飞计划”。每年安排预算不少于5亿元，培育一批“钱塘头雁”企业，支持在关键技术领域拥有核心自主知识产权、技术水平处于国际领先或行业领头地位的领军企业不断做强，发挥“钱塘头雁”在新区的引领、集聚、支撑作用；培育一批“钱塘雨燕”企业，鼓励高成长型企业不断加大投入力度、强化研发创新，助力其做优、做大、做精；培育一批“钱塘雏鹰”企业，鼓励科技型企业快速发展，提升科技创新的驱动作用，实现新旧动能转换；培育一批“钱塘凤凰”企业，鼓励市场前景好、综合效益高、核心竞争力强的企业上市融资，充分发挥多层次资本市场在优化资源配置和助推经济社会发展中的重要作用，推动经济转型升级。

3.大力发展现代服务业。进一步调整优化产业结构，促进现代服务业经济高质量高水平发展。加快建设总部基地等重点区块，盘活区内商业楼宇，积极引进各类区域性、功能性总部；大力积极发展检验检测服务业，以智能汽车、生物医药、健康食品等检验检测服务为特色，创建一流国家级检验检测高技术服务业集聚区；加快发展融资租赁等非银金融，引进、培育一批具有全国知名度和影响力的私募股权投资基金及其管理机构。围绕主导产业发展需求，搭建高能级生产性服务业配套园区，引育一批会计师事务所、律师事务所、人力资源等服务机构，形成专业化服务外包配套能力。

（二）坚持创新驱动高质量

4.鼓励科技型企业创新发展。每年安排预算不少于2亿元，用于科技型企业的培育。深入实施“雏鹰计划”，通过财政扶持、科技金融和创业服务等方式，完善制造业企业创新发展体系。鼓励高新技术企业发展，加大国家、市高新技术企业奖励及房租补助力度。鼓励企业加大研发投入，开展研发创新活动，鼓励企业设立研发中心等各类创新载体，不断提升企业竞争能力。鼓励高校教师、研发团队创办科技型企业，给予创业资助。

5.全面推进双创平台建设。大力推进双创平台建设，提升完善创新创业载体，集聚优势资源，扶持和引导创投机构、专业团队等社会优势资源创办或参与众创空间、孵化器、小微企业园建设。鼓励创建国家、省、市级孵化器和众创空间，对其报备的在孵企业给予资助。支持大企业大集团参与“双创”平台建设，加大众创空间和孵化器对制造业科技企业的培育力度。鼓励企业、院所、平台、协会、机构等在区内举办具有全国性、行业性影响力的高端论坛和赛事等创新创业活动。

6.深化产学研融合。鼓励区校全面深度合作。大力实施区校平台共建、产业共兴、人才共育、资源共享、氛围共创“五大工程”，形成协同合作体系。积极营造环境，充分利用高校、科研机构的创新资源和能力，建立资源整合与协同创新的新机制。依托高端创新平台，建立更为顺畅的产学研用合作关系，重点支持一批符合核心区产业发展方向、具有广阔市场前景的重大科技成果就地转化。

（三）坚持人才引育高质量

7.集聚海内外人才。加大国际人才引进力度，对引进的世界知名奖项获得者和发达国家院士，对其领衔的创新创业项目给予高额资助。聚焦生物医药、汽车及零部件、航天航空、数字经济、新能源新材料等重点产业领域，大力招引高层次领军型人才。大力引进高层次人才创新创业项目，给予高额资金补助，并给予租金补贴、贷款贴息等资助，对产业发展紧缺、水平特别突出的创业项目给予资助。

8.鼓励人才创新创业。制定出台建设“人才特区”打造才智高地的政策意见，优化人才项目引育管理办法，积极招引各类高层次、高学历、高技能人才。对新引进到我区企业工作的全日制硕士研究生及以上学历的各类人才（含归国留学人员），分层分类给予人才安居保障。对新引进的全日制博士、硕士、本科应届毕业生，享受区级生活补贴。对区内高新技术企业和重点企业的人才骨干给予住房、交通、教育等补助。建立健全人才荣誉制度，每三年开展“钱塘智慧英才”、“钱塘领军型人才团队”、“钱塘青年英才”、“重才爱才先进单位”评选，给予政策支持。发扬“工匠精神”，加强高技能人才培养，开展“杭州工匠”、“钱塘工匠”认定。

（四）坚持招商选资高质量

9.加快招商体系建设。将招商引资作为新区“一把手”工程和重中之重，构建“招商与人才局+特色平台+三大服务处+街道、部门、国企、驻外招商处及招商顾问”的大招商体系。坚持项目为王，立足新区主导产业发展及未来产业布局，重点围绕半导体、生命健康、智能汽车及智能装备、航空航天、新材料等五大先进制造业，瞄准大企业大集团，积极引进一批大项目好项目。同时，加强对未来产业的招引培育，力争三年引育100个未来产业项目。

10.加大招商引资力度。鼓励符合新区重点发展产业的行业领军企业、总部企业、世界500强企业、中国500强企业、中国民营500强企业、国内外主要证券市场上市公司、工信部制造业单项冠军示范企业、浙江省“隐形冠军”企业、重点拟上市企业以及新经济领域高速成长型创业企业直接投资的产业项目落户新区，鼓励区内企业新建符合新区产业发展导向的外资增资产业项目，可根据其对新区财政贡献情况和到资规模，对研发投入、市场开拓、扩大投资、产学研合作、节能降耗等给予资助，对租赁、购置新区楼宇和标准厂房的可给予补贴，对高管、技术骨干、科研人员等企业家、研发人才可给予奖励，可优先推荐新区产业基金给予融资扶持，推动企业上市、实施并购等。符合新区产业项目供地条件的，可优先供给项目用地，保障企业研发、管理、总部及必要的产业发展需求。

（五）坚持开放合作高质量

11.大力推进产业国际化。支持企业开展自主出口品牌的建设与推广，对企业在境外注册出口商标的，经认定，分类给予补助；营建符合国际规则的税收、法律、服务和管理环境，培育和引入一批有国际服务能力的会计师事务所、律师事务所、人才服务和专业咨询机构、境外非银行金融机构。加大出口信用保险支持力度，积极发挥出口信用保险的风险防范作用，扩大出口信用保险的覆盖面与渗透率，增强外贸风险防范意识与能力。

12.发挥“走出去”带动作用。鼓励境外生产型企业营销机构建设，通过境内外产业分工协作，带动境内主体的产品出口，对企业以新设、并购、参股等形式进行境外投资、根据中方投资额给予分级补助。鼓励企业出口从传统市场为主向“一带一路”沿线国家开拓的多元化市场局面。

（六）坚持营商环境高质量

13.推进产城人融合发展。推进空间布局和发展模式创新改革，不断优化产业用地。深化实施“亩均论英雄”改革，推进工业企业综合评价，按亩均税收、单位能耗、劳动生产率等指标，对综合效益处于行业领先水平的企业给予资源要素配置优先支持。探索产业项目供地模式和建设模式创新，实施工业综合体开发建设改革。加快全面完善城市功能配套，提升公共服务综合能力，为高新产业集聚和人的全面发展提供保障。

14.全面优化政府服务。深化“最多跑一次”改革，扩大政府服务的范围和领域，打破数据孤岛，建设数据共享平台，打造围绕企业全方位服务、线上线下一体化的综合服务平台。建立亲商助企服务机制，优化“投资之家”，建立政企沟通信息化平台，实现企业服务规范化、常态化、制度化，进一步优化营商环境。

三、保障措施

1.强化组织保障。进一步强化组织保障，落实责任分工，将优化提升营商环境、全面打造世界级智能制造产业集群，作为新区高质量发展的重点内容，切实把完善政策体系、优化营商环境摆在事关高质量发展全局的重要位置抓紧抓细抓实。各部门按照职责做好政策措施研究制定工作，成熟一项，推出一项，确保各项工作落到实处。

2.突出精准服务。进一步提升部门、街道、平台为市场各类主体服务的意识、质量和效率，建立健全亲商助企服务机制，协调解决企业生产营运中的深层次困难和问题，进一步强化企业服务中心作用，深层次了解企业困难，为企业提供精准服务。

3.加大财政支持。加大财政专项资金统筹使用力度，强化绩效考核，支持制造业高质量发展。同时，逐步建立政策性融资担保基金、创投引导基金、天使投资引导基金等金融类政策，进一步加大金融扶持力度。

4.加强宣传推介。为确保新区政策体系落到实处，适时统一发布，进一步提升影响力和知名度。同时，拓宽宣传渠道，通过新闻媒体、宣传讲座等形式，及时宣传新区“1+4+X”政策体系，形成“亲商、重商、安商、富商”的浓厚氛围。

四、附则

1.本政策体系内的所有政策适用本附则，体系的具体细则，由各相关部门牵头制订，报管委会通过后组织实施。各牵头部门应规范申报、结算和兑现流程，实施中接受新区财政、审计部门策落实及资金使用情况的监督检查和评估。

2.本政策体系中所有政策资助（奖励）对象均应为财政收入级次在新区范围内的单位；本政策体系中“对区贡献”特指企业生产经营所实现的增值税和企业所得税（不含税务稽查补收部分）所形成的区财力部分。所有扶持总额不超过企业对新区地方财政贡献总额；另有约定，从其约定。

3.同一企业、人员获得区其他同类资助（奖励）的（包括国家、省、市专项政策的配套资金及区专项扶持），按从优从高不重复的原则办理，不再重复资助（奖励）。对新区经济转型升级具有重大推动作用的重大项目、重点企业、科技创新等已按照“一事一议”享受其他特殊优惠政策，原则上不再重复享受相关政策。

4.政策体系中“房租补贴”最高不超过以下标准：下沙区域楼宇1.5元/平方米·天，厂房1.2元/平方米·天，工业仓储1元/平方米·天，高校物业1元/平方米·天；江东区域楼宇1.2元/平方米·天，厂房1.0元/平方米·天，工业仓储0.8元/平方米·天；另有约定，从其约定。

5.当年发生安全生产、环境污染等重大责任事故和发生较大群体性事件的企业，不享受新区政策；具体标准由经发科技局会同政法委、财政金融局、应急管理局、生态环境分局明确。

6.对亩产效益评价D类或亩均税收3万元/亩以下等情况的企业，原则上不享受本政策体系内的政策。

7.享受政策扶持的企业，自享受年度起，应在新区持续经营十年以上，不减少注册资金，不改变在新区的纳税义务与基数。在政策实行期间，因注册地变更等导致企业不再符合享受政策条件时，或提前将税务级次关系迁出，或将税收转移出钱塘新区的，企业须对已享受的各类财政扶持资金按照双方约定予以返还。

8.本政策体系自2019年11月29日开始施行，试行3年；发布当年符合本意见扶持条件的，可参照执行；原大江东管发〔2018〕9号、杭经开管发〔2018〕9号文件同时废止，其他文件如有与本意见不一致的，以本意见为准。

关于促进“头雁”企业引领发展的实施意见

为更好的发挥领军企业的引领、支撑、示范作用，支持其进一步做大做强、做优做精，推进钱塘新区经济高质量发展，特制定本实施意见。

一、认定条件

财政级次在钱塘新区（含新迁入企业），主营业务属于我区鼓励发展类重点产业，在关键领域具有核心技术，拥有较强研发技术实力，具有引领带动作用的龙头企业（以集团口径计），原则上需满足以下条件之一：

1.连续两年主营业务收入在10亿元（含）以上且税收收入在5000万元以上的工业企业；

连续两年主营业务收入在5亿元（含）以上且税收收入在2000万元以上的服务业企业。

2.连续两年税收收入在5000万元以上且两年平均增幅在10%以上的工业企业；

连续两年税收收入在2000万元以上且两年平均增幅在10%以上的服务业企业。

二、服务机制

1.认定考核。头雁企业每三年评定一次，符合条件的企业向新区管委会提出列入“钱塘头雁企业发展计划”的申请，由经发科技局会同财政金融局等部门审核，报管委会审定同意后签订协议，明确企业在经济贡献、创新成果、绿色发展等方面的三年发展目标，并确定具有针对性、持续性的扶持办法。

2.滚动兑现。对扶持资金达到当年上限，超出部分可滚动累加至下一年度兑现，原则上仅在认定期内滚动累加。

3.专员服务。对认定为钱塘头雁企业的，由企业服务中心落实服务专员，开展“一对一”服务，协助解决发展过程中遇到的各类问题或政策需求。

三、扶持政策

对认定为钱塘头雁企业的，以企业入选年度上一年对区贡献为固定基数，给予企业奖励，奖励额度不超过当年区财政贡献超出固定基数部分的80%（项目配套、技改投资、人才激励按相关政策执行，不以增量部分为限），用于支持企业研发投入、扩大投资、融资上市、市场开拓等，具体按照以下方式兑现：

1.支持创新发展。对企业加大技术研发能力所发生研究开发费用，可按实际研发投入最高30%予以资助。支持企业争取国家和省、市各类创新资源，对企业申报、承担国家、省市课题和项目，按规定给予资金配套。支持企业做大做强，按区相关政策享受规模突破奖励。支持企业与高等院校、科研院所开展产学研合作，支持申报高新技术企业，设立研发机构、院士工作站、博士后科研工作站、科技创新服务机构、国际科技合作基地等高层次重大创新载体，支持企业知识产权创造、运用，对企业获得专利、品牌、技术发明奖（科技进步奖）以及主导或参与标准制定的，按区相关政策给予奖励和资助。

2.支持扩大投资。对企业实施的技术改造、两化融合、数字化改造项目，可按其投资额给予最高20%的资助，市区两级最高可达1亿元；企业新建产业用房或开发地下空间，给予1000元/平方米的资助，单个项目最高不超过1000万元；租用房屋用于研发生产的，按实际发生额的80%给予房租补贴，最高不超过3000平方米；对企业节能减排等绿色发展方面的投入，可按其当年实际发生额给予最高50%的资助。

3.支持企业融资。对企业在三个月以上的银行贷款以及其他各类债权融资，最高可按银行一年期贷款基准利率的100%给予当年发生贷款额度的贴息。鼓励企业上市融资或并购重组，分阶段给予企业上市奖励，支持企业持股平台落户新区，支持企业因上市开展的各类手续办理，在合法合规的基础上开设“绿色通道”。支持企业发起设立并购基金，按实际并购金额给予企业一定比例的奖励。

4.支持开拓市场。鼓励企业融入“一带一路”国家战略，积极开拓国际市场，增强国际创新研发能力，提高国际竞争力。鼓励企业扩大出口、加大出口品牌建设和推广、服务贸易创新发展、构建国际商务与科技服务平台，按区相关政策给予资助。鼓励企业区内采购、结对帮扶，享受相关区级政策。支持企业参加国际展览展会和经认定的国际性专业会议及论坛等活动，可按展位费或举办活动场租费用的50%给予最高不超过100万元的资助。

5.支持人才引进。实施人才激励政策，按新区人才相关政策分层次给予奖励和资助，专项支持企业引进、培养和奖励创新创业人才，妥善解决人才生活和工作条件（包括：住房补助、交通补助、教育补助等）。符合条件的，给予购房（安家）补贴，对符合条件的高层次人才优先安排人才专项用房配租或给予个人住房租金补贴。按新区人才相关政策分层次给予奖励和资助。

6.支持高效用地。优先保障头雁企业的产业发展空间，根据企业发展需要预留产业发展用地，确保土地资源向头雁企业倾斜。鼓励头雁企业参与区内低效用地的盘活，头雁企业兼并重组区内落后产能企业的，按不超过固定资产评估总额的5%给予资助。

四、附则

本意见自2019年11月29日开始施行，试行3年；发布当年符合本意见扶持条件的，可参照执行。

关于支持“雨燕”企业跨越发展的实施意见

为加快成长型企业实现跨越式发展，进一步提升核心竞争力，助力钱塘新区实体经济高质量发展，特制定本实施意见。

一、认定条件

1.财政级次在钱塘新区（含新迁入企业），主营业务属于我区鼓励发展类重点产业，增长快、效益好、潜力大、质量高的法人企业，主营业务收入在2000万元（含）以上，且认定申请年度满足以下标准之一：

（1）主营业务收入在1亿元（含）—10亿元，且近两年平均增速不低于10%；

（2）主营业务收入在5000万元（含）—1亿元，且近两年平均增速不低于15%；

（3）主营业务收入在2000万元（含）—5000万元的，且近两年平均增速不低于20%；

（4）主营业务收入两年均为正增长但未达到增速标准，符合以下要求也可列为雨燕企业：一是列入上市辅导梯队的后备企业

（已向证监会提交材料的企业，具体名单由财政金融局提供）；二是属于我区鼓励发展类重点产业且为细分行业领军企业。

2.雨燕企业由企业申请，由经发科技局会同财政金融局等部门初审后提出建议名单，报管委会审定同意后公布名单。雨燕企业每年认定一次，认定当年有效。

二、扶持政策

对认定为钱塘雨燕企业的，以企业入选年度上一年对区贡献为基数，给予企业奖励，奖励额度不超过当年新增区财政贡献部分（项目配套、技改投资、人才激励可按相关政策执行，不以增量部分为限），支持企业创新发展、扩大投资、开拓市场、贷款融资、人才引进，具体按照以下方式兑现：

1.支持研发投入。对企业加大技术研发能力所发生研究开发费用，可按实际研发投入最高20%予以资助。对企业申报、承担重大课题和项目，按规定给予资金配套。支持企业做大做强，按区相关政策享受规模突破奖励。支持企业产学研合作，申报高新技术企业，设立研发机构、院士工作站、博士后科研工作站、科技创新服务机构、国际科技合作基地等高层次重大创新载体，支持企业知识产权创造、运用，对企业获得专利、品牌、技术发明奖（科技进步奖）以及主导或参与标准制定的，按区相关政策给予奖励和资助。

2.支持扩大投资。对企业实施的技术改造、两化融合、数字化改造项目，可按其投资额给予最高20%的资助；企业新建产业用房或开发地下空间，给予1000元/平方米的资助，单个项目最高不超过500万元；在新区租用楼宇、厂房进行生产经营的，按实际发生额的80%给予房租补贴，最高不超过1500平方米。

3.支持企业融资。对企业在三个月以上的银行贷款以及其他各类债权融资，最高可按银行一年期贷款基准利率的50%给予当年发生贷款额度的贴息，最高不超过100万元。设立担保公司，优先为符合条件的雨燕企业提供贷款担保，设立产业扶持基金，优先向符合条件的雨燕企业投资。鼓励企业上市融资或并购重组，享受区级相关金融政策。

4.支持开拓市场。鼓励企业区内采购、结对帮扶，享受相关区级政策。支持企业参加国际展览展会和经认定的国际性专业会议及论坛等活动，可按展位费或举办活动场租费用的50%给予资助，单个企业每年累计不超过100万元。

5.支持人才引进。实施人才激励政策，按新区人才相关政策分层次给予奖励和资助，专项支持企业引进、培养和奖励创新创业人才，妥善解决人才生活和工作条件（包括：住房补助、交通补助、教育补助等）。符合条件的，给予购房（安家）补贴，对符合条件的高层次人才优先安排人才专项用房配租或给予个人住房租金补贴。

6.保障发展空间。对年营业收入超过3亿元（或税收

超2000万元），从业人员超过300人，行业竞争力强、有明确上市计划、建设资金有保障的雨燕企业，优先满足用地需求或预留发展用地。

三、附则

本意见自2019年11月29日开始施行，试行3年；发布当年符合本意见扶持条件的，可参照执行。

关于助力“雏鹰”企业快速发展的实施意见

为鼓励高成长型科技企业快速发展，进一步提升科技创新对实体经济的支撑作用，助力钱塘新区高质量发展，特制定本实施意见。

一、认定条件

财政级次在钱塘新区（含新迁入企业），主营业务属于我区鼓励发展类重点产业，具有核心自主知识产权和自主研发实力，主营业务收入在5000万元（含）以下，研发投入在100万元（含）以上且占主营业务收入比重在5%（含）以上的科技型企业，认定申请年度同时满足以下条件之一：

（1）近两年研发投入平均增幅20%（含）以上，或研发投入达300万元（含）以上且平均增幅10%（含）以上；

（2）主营业务收入达到300万元（含）以上且近两年平均增幅20%（含）以上，或主营业务收入首次突破2000万元（含）。

钱塘雏鹰企业每年评定一次，经经发科技局会同财政金融局等部门初审，报管委会审定同意后，认定当年有效，给予当年扶持政策。

二、扶持政策

1.研发补助。企业在享受科技政策研发费用投入补助5%的基础上，再对其研发费用较上年增长部分的10%给予资助，每家每年最高500万元。

2.房租补贴。在新区租用楼宇、厂房进行生产经营的，按实际发生额的50%给予房租补贴，最高不超过1000平方米。

3.贷款贴息。对企业三个月以上的银行贷款，按银行同期贷款基准利率的50%给予当年发生贷款额度的贴息，最高不超过50万元。

4.创新支持。对企业申报、承担重大课题和项目，按规定给予资金配套；支持企业产学研合作，申报高新技术企业，设立研发机构、院士工作站、博士后科研工作站、国际科技合作基地等高层次重大创新载体；支持企业知识产权创造运用维权工作，争创科技奖项，开展标准制定；支持企业参加创新创业赛事，开展人才引育，按区相关政策给予奖励和资助。

三、附则

1.资助总额原则上以企业当年对新区财政贡献为限，培育期企业参照新区科技政策执行。

2.本意见中“科技型企业”指经各级科技部门认定的企业。

3.本意见自2019年11月29日开始施行，试行3年；发布当年符合本意见扶持条件的，可参照执行。

关于助推“凤凰”企业飞速发展的实施意见

为加快推进钱塘新区建设，充分发挥多层次资本市场在优化资源配置和助推经济社会发展中的重要作用，做优做强实体经济，推动钱塘新区经济转型升级，根据《浙江省人民政府关于印发浙江省推进企业上市和并购重组“凤凰行动”计划的通知》（浙政发〔2017〕40号）、《杭州市人民政府关于加快推进钱塘江金融港湾建设更好服务实体经济发展的政策意见》（杭政函〔2018〕53号）等相关法律法规和规定，结合新区实际，特制定本政策。

一、“凤凰”企业认定标准

“凤凰”企业是指经认定且符合以下条件的：

1.在钱塘新区内登记注册、纳税并正常经营的企业，法人治理结构健全，运作规范；

2.符合国家、省、市及钱塘新区产业政策导向，企业综合竞争力较强、主营业务突出、具有较强盈利能力且有发展潜力；

3.近二年内无重大违法行为；

4.企业股东大会或董事会已作出改制上市决定、有明确的上市工作计划，且满足下列条件之一的：

（1）完成上市股改的；

（2）已与证券公司、会计师事务所、律师事务所之一签订上市服务协议，且最近一轮融资企业估值5亿元人民币以上或净资产在2000万元以上。

二、鼓励企业上市发展

区内企业在境内外成功上市的，经认定，给予500万元的奖励，分以下三个阶段兑现：企业与证券机构签订IPO辅导协议并完成上市股改的，奖励150万元；取得上市申报材料受理函的，奖励250万元；企业在境内外上市并实现交易的，奖励100万元。

三、新区惠企政策提前兑现

为更好地支持重点拟上市企业上市，助推“凤凰”企业飞速发展，企业在取得上市申报材料受理函后，可申请提前兑现企业应享受的新区其他惠企政策。惠企政策以企业申请当年政策金额及今后二年根据兑现政策的条款进行测算的合计兑现额度，该政策额度可提前兑现，并在企业上市后据实结算。企业终止上市后，应于终止上市日起一个月内归还提前兑现的政策。

四、鼓励上市企业再融资

企业在境内外证券交易所上市并将募集资金的50%以上投资我区的，给予企业三年再融资奖励，用于企业引进人才、技术创新和扩大投资，额度不超过企业当年度区贡献新增部分的40%（以企业上一年度增值税、企业所得税对区贡献为固定基数）。

五、鼓励企业境内外并购

区内上市企业或重点拟上市企业进行国家鼓励的海外并购、国内产业并购及盘活区内存量资产并购（关联企业除外），单笔并购金额2000万元以上的，按照实际并购金额的1%给予奖励，单个企业当年度累计最高奖励不超过500万元。并购境内国家高新技术企业和研究机构的（关联企业除外），按实际并购金额的2%给予奖励，单个企业当年度累计最高奖励不超过500万元。

六、支持企业资产重组和转增股本

区重点拟上市企业按规定历年积累的资本公积、盈余公积、未分配利润进行转增股本，按不超过转增股本额5%的比例给予奖励，奖励总额以其转增股本产生的区贡献为限。在股份制改造过程中，为明确资产权属，在同一控制下进行的资产重组，按不超过企业资产重组额5%的比例给予奖励，奖励额度以其资产重组所产生的区贡献为限。

七、鼓励区外上市企业落户

区外上市企业将上市主体的注册地和纳税登记地迁入区内的，给予1000万元的落户奖励；已完成股份制改造且与券商签订IPO服务协议的区外企业将拟上市主体的注册地和纳税登记地迁入区内的，给予最高600万元的落户奖励。对以上特别优质的企业，可按“一事一议”给予支持。

八、支持持股平台落户新区

区内企业将持股平台的注册地和纳税登记地落户在新区内的，自注册和纳税登记完毕当年起5年内，给予企业奖励，奖励额度不超过企业区贡献的80%。

九、保障上市企业总部建设

上市企业和重点拟上市企业因发展需要，企业愿意将总部设立、迁入新区的或首次拿地的，根据企业需求，可以优先保障自建总部大楼用地，确保土地资源向上市及重点拟上市企业倾斜。同时，也可以按成本价以租赁或购买的方式获得总部用房。

十、支持企业设立并购基金

上市企业和头雁企业开展符合国家和新区鼓励的境内外并购、战略重组，并购标的不低于4亿元，产业母基金可按不高于并购基金规模的25%、最高不超过2亿元出资，并按协议约定退出。

十一、鼓励企业引进和培育人才

企业引进和培育的人才享受钱塘新区人才政策。

十二、附则

1.本政策支持的对象为在钱塘新区内登记注册、纳税并正常经营的企业，其中区重点拟上市企业须通过《杭州钱塘新区重点拟上市企业认定暂行办法》的认定。

2.企业在境内外上市并实现交易的主要是指：国内的沪深股票主板、中小板、创业板、科创板，境外主要是指美国纽约交易所、纳斯达克、香港主板实现交易。

3.本政策持股平台所涉及的新区贡献是指个人所得税新区贡献。

4.本政策的补助（奖励）与钱塘新区其他相关政策按从高从优不重复原则实施。

5.企业弄虚作假获得资助（奖励）的，除应按照相关规定承担责任外，所获得的资助（奖励）应无条件予以退回，且今后三年不再受理其申请财政相关专项资金支持。

6.本意见自2019年11月29日开始施行，有效期为3年。在政策有效期内如遇国家政策调整，按国家相关政策执行。原杭经开管发〔2018〕211号文件同时废止，其他已发文件如有与本意见不符的，以本意见为准。

关于进一步加快新制造业发展的若干政策

为大力实施“新制造业计划”，充分发挥制造业主平台主阵地作用，营造一流的营商环境，将新区打造成为世界级智能制造产业集群和生命健康产业高地、长三角地区产城融合发展示范区、全省标志性战略性改革开放大平台以及杭州湾数字经济与高端制造融合创新发展引领区，特制定本政策。

一、适用范围

财政级次在钱塘新区（含新迁入企业），主营业务属于钱塘新区重点鼓励发展的航空航天、汽车及零部件、数字经济、智能制造、生命健康、新材料等产业。

二、鼓励企业做大做强

1.【规模突破】对年主营业务收入首次达到5亿元、10亿元、20亿元、50亿元、100亿元、200亿元、500亿元的企业（以集团在新区的汇总统计），给予50万元、100万元、120万元、200万元、400万元、800万元、2000万元的奖励（进档的差额奖励）。年主营业务收入达到20亿元以上且连续两年增长的企业，主营业务收入每增加1亿元，给予5万元奖励，依次递增后，单个企业奖励最高可达200万元。

2.【凤凰计划】实施钱塘新区“凤凰计划”行动，支持企业上市融资，鼓励企业境内外上市、挂牌融资、资产重组和转增股本等，充分发挥上市企业在多层次资本市场中优化资源配置和助推经济社会发展的重要作用，具体按照金融相关政策执行。

3.【小升规】对年主营业务收入首次突破2000万元，并纳入统计的新上规工业企业，对首次上规企业给予10万元奖励，对上规后连续三年在规企业再给予一次性20万元奖励。

4.【个转企】对实际在经营、正常报账或有缴纳税收的“个转企”企业给予1万元奖励，“个转企”后主营业务收入首次达500万元以上的，追加奖励1万元。

三、鼓励企业做优做精

5.【行业领军】培育扶持“单项冠军”、“隐形冠军”、“专精特新”入库企业，对国家、省级、市级认定的隐形冠军（单项冠军、专精特新）企业，分别给予200万元、100万元、50万元的一次性奖励。

6.【品牌建设】新认定为“浙江省知名商号”的企业，给予10万元奖励。对新创建成为“浙江制造”品牌的企业，给予20万元奖励；对新认定为“中国驰名商标”的企业，给予50万元奖励。对导入卓越绩效管理方法的企业，奖励1万元。

7.【商标注册】鼓励商标国际注册，逐国（地区）注册的，给予每家企业2万元补助；按马德里协定注册手续办理多国（地区）注册，根据企业注册过程中所发生的费用总额，给予50%的补助，对一次性在五个以上国家（地区）注册的，给予80%的补助，最高不超过3万元；对注册后正常使用的注册商标，给予每件500元补助。

四、鼓励企业扩大投资

8.【技术改造】对实际完成投资额500万元（设备、外购技术及软件投入）以上的技术改造项目，实施分类分档支持，其中航空航天、汽车及零部件、数字经济、智能制造、生命健康、新材料产业项目给予实际完成投资额的15%；其他项目给予实际完成投资额的10%。单个项目资助额最高不超过5000万元。对项目实际投资比例小于70%的项目不予扶持。对重大投资项目，经管委会审定，实行“一事一议”重点扶持。

9.【数字化改造】支持企业数字化技术改造。以产业数字化全覆盖为目标，每年组织实施一批示范性强、产出高、带动力大的数字化技术改造示范项目。对经认定的市级制造业数字化改造攻关项目，每个项目给予120万元的补助。

10.【物联互联】企业实施“工厂物联网”或“工业互联网”项目且通过验收的，按其实际投资额的30%给予资助，单个项目资助额最高不超过100万元；对认定为市级“工厂物联网”或“工业互联网”示范样板工程的，单个项目再给予50万元的一次性奖励。推进工业互联网平台建设，对经认定的国家、省级工业互联网平台，给予500万元、300万元的一次性财政奖励。

11.【机器人购置】支持企业应用工业机器人进行智能化改造，鼓励企业应用本土自主品牌工业机器人，对购置工业机器人的企业，按进口、国产机器人每台分别给予设备购置额5%和10%的资助，每家企业资助总额不超过50万元。

12.【企业上云】支持区内企业上云，经政府认定的云平台服务商为区内企业提供上云服务的，每新增一家首次上云企业给予云平台服务商最高不超过1000元补助，每家云平台服务商补助总额不超过100万元。被评定为省级、市级企业上云标杆企业的，每家分别给予30万元、20万元奖励，晋级予以差额补助。

13.【智能工厂】经评选认定为数字化车间和智能工厂样板企业的，分别在项目资助外再一次性给予100万元奖励。

五、鼓励企业创新发展

14.【自主创新】对新认定的国家级、省级、市级企业技术中心、工业设计中心，分别给予区级奖励300万元、50万元、20万元；对新认定或引进的国家技术创新示范企业，给予区级奖励50万元。

15.【创新平台】推动制造业创新中心建设。鼓励和支持研发基础好、创新能力强的行业龙头企业，组建一批市级制造业创新中心，积极争创国家级、省级制造业创新中心。对认定为国家级、省级、市级制造业创新中心的，分别给予5000万元、1000万元、500万元的区级补助。

16.【技术创新】对企业通过国内、省内首台（套）产品认定的，分别给予区级奖励50万元、25万元；对省级和市级认定的新材料首批次项目，分别给予50万元、25万元。

17.【新产品】凡企业当年被认定的国家级、省级新产品，给予企业每个新产品一次性奖励20万元、10万元。对当年工业新产品产值率和增幅均高于全区平均水平，且新产品产值总额排名前十位的企业，各奖励10万元。

六、鼓励企业开拓市场

18.【对口帮扶】对参与对口支援地区实际投资超过100万元的企业，按照企业实际投资额的2%给予补助，最高不超过500万元。

19.【区内采购】凡企业通过采购区内非关联企业生产的设备或产品，年累计采购额达500万元以上（含）

的，给予企业当年累计采购额的2%的奖励，最高不超过100万元。

20.【展会补贴】上年度符合开发区产业导向的企业参加由新区相关部门组织或推荐的国内外各类展销会，经相关部门认定后按实际发生的展位费给予50%的资助，最高不超过100万元。

七、鼓励企业转型升级

21.【绿色发展】对当年通过清洁生产审核验收、电平衡测试验收、节水型企业创建（水平衡审核验收）的企业，均给予企业5万元的奖励。获得省级、市级节水型企业称号，分别给予企业15万元、10万元的奖励。

22.【亩均论英雄】深化实施“亩产倍增”计划，推进工业企业综合评价，按亩均税收、单位能耗、劳动生产率等指标，对综合效益处于行业领先水平的企业给予资源要素配置优先支持。

23.【小微园区】对经认定的小微企业园区，允许园区配套一定比例的非生产性服务配套设施（为园区配套的食堂、便利店、咖啡厅、银行网点以及ATM机），比例不大于建筑面积的15%。对认定成为省级、市级小微企业园的，分别给予运营团队10万元、5万元的奖励；对认定成为省级、市级数字化小微企业园的，再给予运营团队20万元、10万元的奖励。鼓励园区每年引进或培育规模以上企业，每净增一家，给予园区主体奖励5万元。

把小微园区作为“亩均论英雄”和“小升规”的主阵地，支持小微企业集聚发展，对小微企业园亩均税收达到一定标准以上（江东片区高于30万元/亩，下沙片区高于60万元/亩），且当年税收总额增长15%以上的，给予园区主体奖励，奖励额度不超过当年度该园区区财政贡献新增部分的80%，用于投资扩建、优化配套等，具体可按以下方式予以兑付：

（1）鼓励投资扩建。对园区扩建产业用房（仓储用房除外）给予1000元/平方米的资助。

（2）鼓励优化配套。对园区投资建设电信基础设施、公共服务平台、停产场（库）等公共配套设施的，可按其当年实际投资额给予最高20%的资助。

（3）鼓励集聚发展。对入驻率达80%以上且符合新区产业导向的企业占70%以上的园区，给予园区运营机构一次性20万元的奖励。对纳税总额超3000万元的园区，纳税总额每增加500万元则增加5万元奖励，最高奖励可达100万元。

24.【企业家培育】弘扬“诚信、包容、开放、创新、睿智”的新时代杭商精神。树立企业家先进典型，建设优秀企业家队伍，培育年轻一代企业家。每年对钱塘新区规模十强、区贡献十强、亩均十强、出口十强、十大功勋企业经营者以及一批卓越贡献者予以表彰或奖励。

八、附则

1.政策条款中凡含市级财政补助的，按照就高不重复原则执行。

2.本政策自2019年11月29日开始施行，试行3年；发布当年符合本政策扶持条件的，可参照执行；其他已发文件如有与本政策不符的，以本政策为准。

关于进一步加快现代服务业发展的若干政策

为积极营造一流营商环境，鼓励企业做大做强，大力发展软件信息、电子商务、检验检测等主导产业，进一步调整优化产业结构，促进现代服务业经济高质量高水平发展，结合新区实际，特制定本政策。

一、适用对象

本政策适用于在钱塘新区范围内注册、纳税、正常生产经营的服务业企业（房地产企业除外）。

二、主要条款

（一）鼓励企业做大做强

1.鼓励企业做大规模。对年主营业务收入首次突破“1亿元、3亿元、5亿元、10亿元、20亿元、30亿元、50亿元、100亿元”八个目标档次的企业，分别给予企业“3万元、5万元、10万元、20万元、30万元、50万元、100万元、200万元”的一次性奖励。

2.鼓励企业加快发展。对年主营业务收入5000万元以上且主营业务收入、税收增幅均在20%以上的企业，在新区租赁自用办公用房的，以最高1000平方米的标准，按实际租金的50%给予资助。

3.鼓励企业上规发展。对年主营业务收入首次突破1000万元并纳入统计的新上规（限）企业，给予5万元的一次性奖励。

4.鼓励企业参加各类展会。参加由政府组织的国内展会，按省外、省内分别给予每次可达10万元、5万元的资助，新区头雁企业、雨燕企业、灵雀企业、亩产效益评价为B类及以上的企业年累计资助最高50万元，其他企业年累计最高10万元。

5.大力引进主导产业企业。经认定的新入驻企业（指从事软件信息、电子商务交易平台、检验检测、研发设计、科技金融、文化创意的企业），员工人数10人以上，在新区租赁自用办公用房的，以最高1000平方米（文化创意企业最高200平方米）的标准，按实际租金的50%给予两年资助。

6.鼓励发展特色楼宇。对于企业入驻率达95%以上、产业（指软件信息、电子商务、检验检测等符合新区产业导向的产业）集聚度达80%以上、纳税总额5000万元以上的楼宇，给予楼宇运营机构一次性20万元的奖励，纳税总额每增加1000万元则增加5万元奖励，最高奖励可达100万元。

7.鼓励企业开展品牌建设。对首次认定为“中国驰名商标”的企业，给予一次性50万元的奖励。首次认定为“浙江省知名商号”的企业，给予一次性10万元的奖励。

（二）鼓励发展软件信息服务业

8.支持企业开展资质认定。对当年首次取得信息技术服务标准（ITSS）资质一级、信息安全服务资质五级、软件能力成熟度模型集成（CMMI）资质五级、信息安全等级保护资质五级或其中之一的企业，一次性给予50万元的奖励。对当年首次取得信息技术服务标准（ITSS）资质二级、信息安全服务资质四级、软件能力成熟度模型集成（CMMI）资质四级、信息安全等级保护资质四级或其中之一的企业，一次性给予30万元的奖励。对当年首次取得信息技术服务标准（ITSS）资质三级、信息安全服务资质三级、软件能力成熟度模型集成（CMMI）资质三级、信息安全等级保护资质三级或其中之一的企业，一次性给予10万元的奖励。

9.降低企业运营成本。对企业年度开展正常经营活动时发生的网络通信费用、服务器托管费用超过30万元的部分，给予50%的补贴，补贴最高可达50万元。

10.支持企业开拓市场。对取得地市级以上政府智慧应用示范项目的，按示范项目实施金额的10%给予奖励，最高可达100万元。

（三）鼓励发展电子商务服务业

11.鼓励发展网上交易支付平台。对新取得或新引进具有中国人民银行《支付业务许可证》的第三方电子商务支付平台，给予平台企业一次性奖励100万元。对自建第三方交易结算平台，当年日均资金流量超过500万元，给予平台企业一次性奖励100万元。

12.提高仓储物流科技应用水平。加快推进智能传感器、工业机器人、移动互联网、大数据、云计算等装备和技术在快递物流领域的应用，推广使用托盘、立体仓库、自动识别和标识、电子数据交换、可视化与货物跟踪、货物快递分拣、电子结算物流系统技术开发及应用。当年项目投资额超过100万元的，按项目投资额的10%给予一次性补助，项目补助总额最高可达100万元。

（四）鼓励发展检验检测服务业

13.支持开展实验室资质认定。首次通过中国合格评定国家认可委员会CNAS实验室认可的企业，给予一次性10万元的奖励。首次获得DILAC国防科技工业实验室认可的企业，给予一次性10万元的奖励。首次通过CMA资质认定的企业，给予一次性5万元的奖励。

14.鼓励企业加大设备投入。对新入驻新区的检验检测企业，自完成注册之日起两年内，仪器、设备（不含空调、电脑等办公类设备）的总投资额超过500万元以上的，按超过500万元部分的20%标准给予补贴，补贴最高可达500万元。

（五）鼓励发展专业中介服务业

15.支持金融机构发展。对入驻新区的农商银行、联合银行、村镇银行、城商行等金融机构，将税收纳入新区的，按区贡献部分70%予以奖励。经认定为新引进的企业集团财务公司、保险公司、证券公司、会计师事务所、律师事务所等类金融机构独立法人及中介服务机构，在新区租赁自用办公用房的，以最高1000平方米的标准，按实际租金的50%给予两年资助。

16.鼓励发展教育培训机构。具备教育主管部颁发的行业许可，首次年营业额达到5000万元及以上，其中：线下教育机构在全国培训网点覆盖超过5个城市，培训学校超过20所或培训教学点超过50家，学员超过1000名；线上教育机构需具备互联网信息服务相关执照，且实际付费用户超过10000名。在新区租赁自用办公用房的，给予累计最高可达100万元的资助，分三年按40%、30%、30%的比例发放。

17.鼓励发展健康服务机构。具有医疗卫生主管部门颁发的行业许可，运营中无违规行为和重大医疗事故，首次年营业收入达到3000万元及以上，全国范围内管理的医疗、健康机构超过3家。在新区租赁自用办公用房的，给予累计最高可达100万元的资助，分三年按40%、30%、30%的比例发放。

（六）鼓励发展文创旅游服务业

18.支持文创精品佳作。获得全国、浙江省“精神文明建设五个一工程奖”的作品分别给予100万元、30万元的一次性奖励。对获得其他国际、国内重大奖项的动漫游戏、影视节目、创意设计、网络文学等原创作品，分别给予最高50万元、20万元的一次性奖励。列入国家、省级文化出口重点企业的，一次性分别给予50万元、20万元的奖励。原创影视作品（90分钟以上）在省级以上电视媒体或影院公开播映的，奖励5万元。

19.支持文创品牌活动。获得省级、市级文化产业园区的，分别给予50万元、20万元的一次性奖励；获得省级、市级文化创意街区的，分别给予20万元、10万元的一次性奖励。由我区文创企业主办，且举办地设在我区，在浙江省乃至全国有较大影响的特色文化创意活动，经认定，可给予50%的经费支持，资助总额可达30万元。

20.鼓励创建旅游景点。经认定区级及以上旅游示范基地（社会资源访问点）的企业或纳入旅游景点的单位，按国家和省、市、区级分别一次性奖励20万元、15万元、10万元、5万元；并自认定年份起三年内给予其新建、改建、设备购置等固定资产投入10%的补助，当年累计最高可达50万元。

21.鼓励发展旅游服务业。对新评定的五星级、四星级且正式挂牌的饭店分别给予一次性20万元、10万元的奖励，其中，对已完成创建和评定的星级饭店，完成无障碍设施项目提升改造的，投入资金超过20万元的，给予一次性5万元的补助，每增加投入5万元则增加1万元补助，最高补助可达20万元。对新评定的五星（5A）级、四星（4A）级旅行社分别给予一次性10万元、5万元的补助。

（七）鼓励发展商贸服务业

22.鼓励零售企业做大规模。现有超市、商业综合体其年度零售额首次达到1亿元、3亿元、5亿元、10亿元以上的，经认定，分别给予10万元、20万元、30万元、50万元一次性奖励。鼓励大型商业综合体内非法人单位经营户转为独立法人单位，转为独立法人单位当年社零额达到400万元、800万元、1000万元、2000万元以上的，给予2万元、4万元、5万元、10万元的一次性奖励。23.鼓励商业综合体提升改造。新注册独立核算法人开展统一结算且营业面积在2万平方以上的大型商业综合体可给予50万元一次性资助。鼓励重点商贸企业加大改造投资力度，按其实际完成投资额给予一定比例的资助：实际投资额300万元以上的商贸企业的改造项目，按实际完成投资额的8%给予资助，单个企业资助总额最高可达100万元。

24.大力引进品牌、连锁门店。新设立并注册独立法人、面积500平方米以上的品牌餐饮、国别特色餐饮企业，其第一年度营业收入达到500万元以上的，给予10万元的一次性奖励；新设立的连锁经营企业，在区内设立快餐标准化门店、便利店、特色家政服务、旅游商品等经营网点的，门店经营用房面积在20平方米以上50平方米以下的、50平方米以上，且正常经营满一年的，分别给予企业每家网点2万元、5万元的一次性奖励，单个企业每年奖励总额最高可达30万元。

25.对在区内举办的商贸促消费活动，经备案且活动参展企业超过50个的，可给予主办方活动相关费用支出30%的资助，资助总额最高可达30万元，被评为市级及以上品牌活动和重点活动的额外给予10万元奖励。

三、附则

1.依据国民经济行业分类（GB/T4754-2017），本政策中的软件信息企业是指从事软件开发、集成电路设计、信息系统集成服务、物联网技术服务、运行维护服务、信息处理和存储服务、信息技术咨询服务、数字内容服务、呼叫中心等内容的企业。检验检测企业是指从事检验检疫、检测、计量、标准化、认证认可等内容的企业。文化创意企业是指从事数字内容、影视传媒、动漫游戏、创意设计、文化会展、工艺美术等内容的企业。研发设计企业是指从事研究开发、工业设计、技术成果转移等内容的企业。科技金融企业是指从事供应链金融、互联网和移动支付、信息安全技术、区块链技术、金融信息综合平台等的企业。

2.各类财政资助（奖励）总额以企业当年对新区财政贡献为限（第5条除外）。

3.本政策自2019年11月29日开始施行，试行3年；发布当年符合本政策扶持条件的，可参照执行；原大江东管办发〔2016〕91号废止，其他已发文件如有与本政策不符的，以本政策为准。

关于进一步推进科技创新创业的若干政策

为全面实施创新驱动发展战略，充分发挥科技创新的支撑引领作用，进一步加快新区创新平台和载体建设，着力营造创新创业良好氛围，激发各类创新主体的积极性和创造性，全面打造拥江发展、大湾区建设，乃至长三角一体化发展中最高能级产业平台，制定如下政策意见。

一、适用对象

本政策适用于财政级次在杭州钱塘新区范围内注册、纳税，正常开展生产经营活动的企（事）业单位。新引进企业是指从新区辖区以外引进的独立法人企业。

二、政策条款

（一）支持企业创新能力提升

1.鼓励设立研发机构。新认定的国家级企业研发机构、省级企业研究院、省级研发中心、市级研发中心，分别给予300万元、100万元、50万元、30万元奖励；对新认定的省级重点企业研究院，按规定给予建设经费资助，对其承担的省重大科技攻关专项，按规定给予配套。

2.支持企业研发投入。按规定享受税务部门研发费用加计抵扣的科技型企业，按国家高新技术企业5%、其他企业2%的额度对研发费用（自筹部分）给予资助，最高200万元。

3.鼓励高新企业发展。首次认定或新引进的国家高新技术企业，给予企业经营团队60万元奖励。其中国家高新技术企业引进或认定当年拨付30万元，再次认定后再拨付30万元；对新认定的杭州市“雏鹰计划”企业、杭州市高新技术企业，给予10万元配套奖励；对新认定的浙江省科技型中小企业给予3万元奖励。新认定或新引进的国家高新技术企业，连续2年对其租赁自用经营用房面积的100%给予补助，最高不超过1000平方米；新引进的国家高新技术企业，自引进次年起，连续2年按企业形成的新区财政贡献额度给予50%的奖励。

4.鼓励申报科技项目。经新区推荐申报，获得国家级科技计划项目（国家科技重大专项、国家重点研发计划项目）、省科技重大专项（省重点研发计划项目）、市科技重大专项的企业，有地方配套比例规定的，按要求给予配套资助；无地方配套比例规定的，按照杭州市级财政补助到位资金给予1∶1配套支持，单个项目资助总额不超过500万元。

5.鼓励争创科技奖项。对获国家科技进步奖（技术发明奖）一等奖、二等奖的，分别给予企业研发团队500万元、200万元奖励；对获省科技进步一等奖、二等奖、三等奖的，分别给予企业研发团队100万元、50万元、20万元奖励。第二完成单位按上述标准减半奖励。

（二）鼓励科技成果转移转化

6.鼓励设立技术转移机构。鼓励国内外高校院所在新区建立市场化运作的技术转移机构，自设立起3年内，给予实际使用面积80%的房租补助，最高不超过300平方米，并按其投入每年最高给予30万元运行费补助；对列入国家级、省级的技术转移示范机构，分别给予50万元、30万元奖励。科技中介及高校促成科技成果在新区内转化并实现产业化、项目合同金额10万元以上的，在市级政策基础上，再按实际交易额的2%给予奖励，每家单位最高奖励100万元。

7.鼓励企业合作创新。企业（创客团队）使用检验检测、技术服务、技术咨询、技术查新、测试分析、产品设计、技术培训等科技服务按服务合同金额的30%补助；进行技术开发按服务合同金额的15%补助，每家企业（创客团队）同一年度享受补助额度不超过20万元。区级创新载体按其为企业（创客团队）提供服务交易额的3%，给予载体每年最高10万元补助。

8.鼓励知识产权创造。对新授权的国内发明专利，给予每件3万元奖励；通过“专利合作条约”（PCT）途径提出的向国外专利申请，进入国家阶段后，给予每件3万元奖励；对新授权的国外发明专利，属于美日欧专利局授权的，给予每件8万元奖励，其他地区给予每件5万元奖励；新取得实用新型专利授权5项（含）以上，给予每件1200元奖励。获资助的单位应当依据《专利法》对职务发明创造的发明人或者设计人给予奖励。鼓励参加国家企业知识产权管理规范标准创建，验收合格后给予5万元资助。

9.支持知识产权运用。每年择优评选10个发明专利产业化示范项目给予资助，按照项目转化程度给予一定资助，每个项目最高资助不超过50万元。新认定的国家知识产权示范企业和知识产权优势企业，分别给予30万元、20万元奖励；新认定的省级、市级、区级专利试点（示范）企业，分别给予20万元、10万元、2万元奖励；对获得国家专利金奖、国家专利优秀奖、省专利金奖、省专利优秀奖的，分别给予企业研发团队50万元、20万元，10万元、5万元奖励。

10.支持知识产权运维。对在涉外或者具有重大影响的知识产权案件中（各类贸易摩擦案件除外）胜诉或者和解的企事业单位，按其维权代理费的50%给予资助，最高50万元。同一申请人每个年度内最高资助100万元。支持区内企事业单位开展行业专利数据库建设，开展国内外专利运营、专利预警分析、专利导航，以及重大经济科技活动知识产权评议等知识产权活动，经备案审核认定，单项活动经费给予50%的资助，最高20万元。同一申请人每年最高资助50万元。

11.鼓励企业标准创新。企业研制先进标准，且当年发布的，分别给予以下资助：主导制定完成国际标准、国家标准、行业标准、“浙江制造”标准和团体标准的企业，分别给予不高于50万元、30万元、20万元、20万元、20万元的资助；主导修订完成上述标准的，按主导制定完成额度的50%资助；参与完成国际标准制定的企业，每项给予不高于10万元的资助；牵头开展完成国家级、省级、市级标准化试点示范项目的企业，分别给予不高于20万元、15万元、10万元的资助；成为国际标准化组织成员单位、引进国家标准化专业技术委员会（分技术委员会）秘书处的单位，分别给予不高于50万元、20万元的资助；首次通过中国合格评定国家认可委员会认证（CNAS）的，给予不高于10万元奖励；被认定为省级、市级标准创新示范企业的，分别给予不高于10万元、5万元的奖励。

（三）优化创新生态体系建设

12.支持创新平台建设。对新认定国家级、省级、市级孵化器，分别给予园区管理公司最高200万元、80万元、30万元奖励。众创空间按上述标准减半奖励。新认定市级及以上孵化器的，给予园区管理公司改建费用10%的一次性补助，最高300万元；新认定市级及以上众创空间的，给予装修（含设备购置）费用20%的一次性补助，最高100万元。

13.鼓励科技初创企业集聚。对新引进或新设立落户新区市级及以上孵化器和众创空间（享受“一事一议”房租补助条款的除外）内的符合新区产业导向的科技型初创企业，自落户之日起两年内，年度研发投入达到50万元以上，经新区创新载体（孵化器、众创空间）管理有关部门审核确定，连续2年给予实际租用面积50%的房租补助，最高300平方米。其中，获创投机构投资的符合上述条件的科技型初创企业连续2年给予实际租用面积100%的房租补助。

14.支持开展创新创业活动。鼓励企业、院所、平台、协会、机构等在区内举办具有全国性、行业性影响力的高端论坛和赛事等创新创业活动，新区作为主办方（或承办方）之一的，经事先备案，按不超过实际支出50%的额度给予补助，最高50万元。具有重大影响力的活动可给予“一事一议”支持。

15.鼓励参加创新创业赛事。企业参加中国创新创业大赛行业总决赛获成长组一、二、三等奖和优胜奖的，分别给予50万元、30万元、20万元和10万元奖励；获初创组一、二、三等奖和优胜奖的，按成长组标准减半奖励。

16.支持科技企业融资。企业利用自有知识产权质押贷款并按期偿付，按银行同期贷款基准利率的50%给予当年发生贷款额度的贴息，最高不超过100万元。对符合条件的科技型企业，按规定享受政策性融资担保支持，担保费率最高1.5%；对符合条件的科技型企业，按规定享受中小企业转贷基金支持，费率最高1‰。

17.鼓励引进知识产权服务品牌机构。对新引进或新设立具有行业主管部门许可的合法资质且依法经营的知识产权服务机构，连续2年给予实际租用面积80%的房租补助，最高500平方米。新引入或新认定的国家级知识产权服务品牌机构，每家给予50万元奖励；国家级知识产权服务品牌机构在区内新设立分支机构的，每家给予10万元奖励。

（四）促进科技人才示范引领

18.鼓励设立高层次人才工作站。对新认定为国家、省、市级院士工作站，经考核合格后，分别给予100万元、80万元、50万元奖励；对新认定的市级专家工作站（A、B类），经考核合格的，分别给予20万元、10万元奖励。

19.鼓励创新创业团队发展。对入选浙江省、杭州市领军型创新创业团队、青年创新创业团队的企业，最高可享受1000万元的各级财政资助。

20.支持企业引才育才。对企业所聘外国专家自主申报入选国家、省人才计划，最高可享受各级财政资助420万元、300万元；对企业所聘外国专家自主申报入选杭州市“521”计划，最高可享受各级财政资助200万元；对入选浙江省海外工程师的企业，最高可享受各级财政资助20万元；对入选杭州市“115”引进国（境）外智力计划的企业实行1：1配套资助，最高60万元。

三、附则

1.所享受的各类资助（奖励）总额原则上以企业当年对新区财政贡献为限，以下情况除外：一是新引进或新设立、处于培育期内的企业：一般科技企业为3年、生物医药企业为5年其中新药研发类企业为7年（“培育期3年”是指企业新引进或新成立当年及后两年，以此类推）。二是省级重点企业研究院、省市领军型创新创业团队、省重点研发计划择优委托项目的配套资助。三是新认定获评国家高新技术企业、市级及以上研发机构、科技进步（技术发明）奖等称号（资质）的奖励。四是经认定且考核通过的创新园区（孵化器、众创空间）所获资助。五是创新券补助。六是另有约定的。

2.未按规定填报科技活动统计报表的，不享受第2条研发投入补助政策。

3.专利申请地址应在新区，且同一专利只奖励一次。涉及一年以上的延续性资助（奖励），须每年度申请。

4.本政策自2019年11月29日开始施行，试行3年；发布当年符合本政策扶持条件的，可参照执行；原杭经开管发〔2014〕181号文件废止，其他已发文件如有与本政策不符的，以本政策为准。

关于促进跨境电商及口岸发展的若干政策

为加快推进钱塘新区外向型经济发展，根据杭州市打造“全国跨境电商第一城，全球跨境电商第一流”要求，进一步做优跨境生态体系，提高口岸贸易便利化水平，鼓励企业做大做强，推动钱塘新区跨境电子商务产业高质量发展，特制订本政策。

一、加快跨境电子商务园区及总部经济建设

（一）鼓励区内具备条件的园区建设企业，申报“杭州跨境电子商务综合试验区（下沙园区）一区多点”拓展园区，经杭州市综试办认定并予以授牌的园区，给予园区运营主体200万元一次性补助；鼓励园区运营企业积极申报年度杭州市级跨境电子商务产业示范园区，经杭州市综试办认定的，给予园区运营主体市级扶持资金1：1配套的资金扶持。

（二）支持跨境电子商务产业园区招引优质跨境电商和服务企业入驻，自园区被授牌次年起三年内，对园区内新注册的符合以下条件的企业合计所创造的区贡献（扣除上述企业已享受的区资助）的20%额度给予园区运营资助：跨境进口额1000万美元/年（含）以上、或跨境出口额200万美元/年（含）以上、或跨境电商服务性营业收入500万元/年（含）以上的企业。

二、着力做大跨境电商出口规模

（三）给予钱塘新区辖区内跨境电商出口金额超过100万美元以上的企业，经认定，每100万美元给予2万元奖励，每家企业累计补助金额最高不超过200万元。

（四）鼓励区内企业开拓网上出口业务，对入驻各类网上跨境电商出口平台年出口额达到1万美元的区内企业，经认定，每入驻一个平台给予一次性运营补助2万元，单个企业补助不超过10万元。

（五）鼓励开展跨境电商1210出口模式。对年度跨境电商出口金额达100万美元的企业，按照实际物流、快递金额的30%给予补助，每家企业补助总额不超过30万元。

（六）支持跨境电子商务企业开展自主出口品牌的建设。经认定，对出口企业境外商标注册费以及质量管理体系认证、环境管理体系认证、产品认证和境外法律援助等所产生的商标注册费、认证费、检测检验费用及法律援助服务费的50%给予补助，单个企业每年最高补助不超过50万元。

（七）钱塘新区跨境出口电商企业，经认定，给予其三年自用办公场地实际租金的80%扶持，房租补助标准不超过1.2元/平方米·天，补助面积标准根据企业年出口规模确定。跨境电商企业出口金额达3000万美元（含）以上的企业给予不超过1000平方米办公场地补助；跨境出口金额达1000万美元（含）以上的企业，给予不超过500平方米办公场地补助；跨境出口金额达500万美元（含）以上的企业，给予不超过200平方米办公场地补助；跨境出口金额达200万美元（含）以上的企业，给予不超过100平方米办公场地补助。

（八）鼓励跨境出口模式创新，在杭州综合保税区内从事跨境电商出口企业，经认定，给予其三年仓储租金的扶持，房租补助标准不超过1元/平方米·天。跨境电商企业出口金额达5000万美元（含）以上的企业给予80%的仓储租金补助最大面积不超过5000平方米；跨境电商企业出口金额达1000万美元（含）以上的企业给予60%的仓储租金补助最大面积不超过1000平方米。

三、做强做优跨境电商进口业务

（九）新落户钱塘新区的跨境进口电商企业，经认定，给予其三年自用办公场地实际租金的80%扶持，房租补助标准不超过1.2元/平方米·天，补助面积标准根据企业年进口规模确定。跨境电商企业进口金额达1亿美元（含）以上的企业给予不超过1000平方米办公场地补助；跨境进口金额达5000万美元（含）以上的企业，给予不超过500平方米办公场地补助；跨境进口金额达2000万美元（含）以上的企业，给予不超过200平方米办公场地补助；跨境进口金额达1000万美元（含）以上的企业，给予不超过100平方米办公场地补助。

四、提升钱塘新区跨境电子商务生态体系

（十）鼓励区内高校及培训机构进行跨境电子商务专业人才培养。经市综试办认可的注册在钱塘新区的社会培训机构开展跨境电子商务人才培养，对机构培养的跨境电子商务学员被钱塘新区内跨境电商企业成功录用并连续就职半年以上，且当年底仍在区内电商企业就业的（区内企业输送的学员参照执行），按1500元/人的标准给予扶持（含市补贴部分）。

（十一）钱塘新区的跨境电商服务企业，经认定，给予其三年自用办公场地实际租金的80%扶持，房租补助标准不超过1.2元/平方米·天。跨境电商服务企业营业收入达到5000万元以上或服务收入达到300万元以上或签订服务合同30个以上的给予不超过500平方米办公场地补助；营业收入达到3000万元以上或服务收入达到200万元以上或签订服务合同20个以上的给予不超过300平方米办公场地补助；营业收入达到1000万元以上或服务收入达到100万元以上或签订服务合同10个以上的给予不超过100平方米办公场地补助。鼓励招大引强，凡与市综试办签订战略合作协议的平台或服务企业视同达到最高档补助标准予以扶持。

（十二）积极支持企业开拓融资渠道，对钱塘新区内企业使用金融机构提供的供应链金融等跨境金融产品，经认定，按同期一年期贷款基准利率给予50%的补助，补助期限为三年，每家企业三年累计补助总金额最高不超过50万元。

（十三）培育外贸综合服务企业。鼓励外贸综合服务企业在通关、检验检疫、结售汇、出口退税、出口信保等环节享有更加便利化的服务。对经市级以上部门认定后的外贸综合服务试点企业，给予100万元的一次性奖励。对年出口额在1000万美元（含）以上的外贸综合性服务企业，给予运营经费补助，出口额每200万美元补助2万元，单个企业每年补助最高不超过200万元。

（十四）鼓励企业、行业协会在钱塘新区举办有影响力的峰会、论坛、博览会、大赛等活动。经备案后给予一定的扶持，单项活动资助额不超过该活动实际发生费用的50%，最高不超过50万元。

（十五）经认定，开展跨境新零售业务的企业给予线下体验点租金、设备等固定资产投入费用80%的扶持，每家企业每年资金扶持不超过100万元；对开展跨境电商网络直播销售业务的电子商务企业、电子商务交易平台每新建一个实体直播间给予2万元的扶持，每家企业每年资金扶持不超过10万元。

（十六）对取得海外支付牌照的企业，在我区设立全国性或区域性总部开展跨境电子商务支付业务，年度在线交易额突破2亿美元的，按每2亿美元给予100万元

资金扶持，每家企业每年资金扶持不超过300万元。

五、着力做大钱塘新区肉类口岸规模

（十七）鼓励进口肉类冷链企业入驻，在综保区内注册设立公司，并在综保区内设立办公区的进口肉类贸易及服务企业，年进口肉类达到500吨（或货值2000万元）以上，经认定，给予其两年自用办公场地实际租金的100%扶持，房租补助标准不超过1.2元/平方米·天，最大补助面积不超过200平方米。

（十八）鼓励综保区内注册的进口肉类冷链贸易或服务企业持续做大做强进口业务规模，经认定，自公司入驻综保区设立之日起，首年进口肉类交易总量达到500吨或者交易货值达到2000万元以上的企业，每500吨或者交易货值2000万元，给予不超过奖励3万元；自第二年起给予年进口肉类业务增量奖励，以上一年交易总量为基数，每增加500吨或交易货值2000万元，给予不超过奖励5万元（奖励主体为综保区内海关账册建立单位并以海关统计数据为依据）。最高不超过200万元。

（十九）鼓励冷链企业申办肉类分割及各类进口指定监管场所资格。对于自主成功申请保税肉类分割牌照的企业，给予不超过3万元的奖励。对于自主成功申请国家进口指定监管场所（如：指定进口水果、冰鲜水产品、粮食等类型），每申请获批一个给予不超过5万元的奖励。

（二十）鼓励参与行业协会评优评比。经认定获得国内、国际冷链物流行业协会评比前十名，给予冷链运营公司不超过2万元的奖励。

六、附则

（二十一）本政策适用于在钱塘新区范围内注册、纳税，并正常开展生产经营活动的跨境电商企业和经认定备案的肉类进口及冷链企业。新落户企业为自2019年1月1日后落户钱塘新区的企业。

跨境电子商务企业具体包括：

1.垂直电商企业：跨境电子商务行业中直接终端零售的企业。

2.平台电商企业：在跨境电子商务领域内为企业或者个人提供网上交易、洽谈的平台。

3.电商服务企业：主营业务收入总额50%（含）以上来自于服务跨境电商企业，具体包括：代运营企业、供应链仓储服务企业、金融服务企业、数据服务企业等。

4.电商园区运营企业：为跨境电子商务企业提供场地支持的园区运营企业。

（二十二）本政策统计数据以海关统计数据或钱塘新区外综服平台或以审计企业后台数据为准；区内跨境电子商务企业若同时开展跨境进口、出口业务可根据跨境进出口完成比例同比例合计计算申领办公场地补助；

（二十三）对于跨境电商企业年度安全生产考核不合格或有走私行为的企业不予以兑现本政策条款。

（二十四）受资助的企业若在5年内迁出钱塘新区，需进行税务清算，且所享受的财政资助应按照协议予以返还。

（二十五）本政策自2019年11月29日开始施行，试行3年；发布当年符合本政策扶持条件的，可参照执行。

关于加快杭州医药港建设的若干政策

为加快杭州医药港建设，贯彻落实《杭州市人民政府办公厅关于促进杭州市生物医药产业创新发展的实施意见》等文件精神，促进我区生物医药产业创新发展、引领发展，打造国内顶尖、世界一流的研发创新高地，结合钱塘新区实际，特制定本政策。

一、鼓励企业加大研发投入

1.鼓励企业积极申报重大科技项目。区内企业及机构获得国家级科技计划项目（国家科技重大专项、国家重点研发计划项目）、省科技重大专项（省重点研发计划项目）有地方配套比例规定的，按要求给予配套补助；无规定的，按照杭州市级财政补助到位资金给予1∶1配套支持，单个项目总额最高不超过1000万元。

2.支持企业、科研机构开展临床前研究、临床研发，根据研发进度给予阶段性资助。

药品类：

对完成国内或美国、欧盟、日本等发达国家临床前研究、开展临床试验的，符合本文件附则第二条的药品分阶段给予资助。

（1）完成临床前研究并取得临床批件的，给予100万元资助；

（2）进入Ⅰ、Ⅱ、Ⅲ临床试验的分别给予100万元、150万元、250万元的资助；

（3）完成Ⅰ、Ⅱ、Ⅲ临床试验的，再按照该产品实际研发投入的20%给予资助，最高不超过100万元、200万元、400万元。单个企业每年资助不超过3000万元。

器械类：

（4）新获得国家医疗器械注册证书的，创新型二类医疗器械，按该产品实际研发费用的10%给予资助，最高不超过100万元；三类医疗器械，按该产品实际研发费用的20%给予资助，最高不超过500万元。单个企业每年资助不超过1000万元。

仿制药：

（5）新获得仿制药生产批件，给予100万元奖励

（不同规格视为同一品种）；其中通过生物等效性试验（BE）的，每个品种给予200万元的一次性奖励。如该品种在全国同类仿制药中前三个获得生产批件，再按该药品实际研发费用的20%给予资助，最高不超过300万元。单个企业每年资助不超过1000万元。

生物制品（兽用）类：

（6）对获得新兽药注册证并在区内产业化，一类注册证给予100万元资助，二类注册证给予50万元资助，三类注册证给予20万元资助。单个企业每年资助不超过500万元。

3.对我区药品上市许可持有人（研发机构或企业）购买药物临床试验责任险和药物安全质量责任险的，每年按单品种实际购买保费金额的50%给予资助，最高分别不超过20万元、50万元。单个企业每年资助最高不超过200万元。

二、鼓励创新成果产业化

4.在本区取得药品注册批件且实施产业化的项目，对于项目总投资（不含研发投入）1亿元以上，5亿元以下的，按固定资产投入（不含土地款）的10%予以资助，每个企业资助最高不超过2000万元；项目总投资5亿元以上的，按固定资产投入（不含土地款）的12%予以资助，每个企业资助最高不超过5000万元。在本区取得创新型二类、三类医疗器械注册证且实施产业化的项目，对于项目总投资（不含研发投入）5000万元以上，1亿元以下的，按固定资产投入（不含土地款）的10%予以资助，每个企业资助最高不超过500万元；项目总投资1亿元以上的，按固定资产投入（不含土地款）的12%予以资助，每个企业资助最高不超过2000万元。

5.区内药品或医疗器械上市许可持有人委托区内生物医药企业生产（非关联企业）其所持有药械产品的，年度委托金额超过1000万元的，对委托方按年度实际交易金额的5%给予资助，单个企业每年资助最高不超过1000万元。

三、鼓励企业做精做优做强

6.对实际完成投资额500万元以上的技术改造项目给予实际完成投资额的15%资助；单个项目资助额最高不超过5000万元。对项目实际投资比例小于立项金额70%的项目不予扶持。

7.区内企业开展药品或医疗器械生产且销售的，对主营业务收入达1亿元以上的，对企业当年主营业务收入高于其存续期内年度主营业务收入最高值的，每增长5000万元，给予25万元奖励；若企业主营业务收入增量部分中来自三年内新获得国家药品或医疗器械注册证书生产且销售的，每增长5000万元，再给予25万元奖励；单个企业每年奖励最高不超过500万元。

8.对区内企业新取得美国食品药品监督管理局（FDA）、欧洲药品管理局（EMA）、日本药品医疗器械局（PMDA）等机构批准获得境外上市资质的药品和医疗器械，每个产品分别给予100万元、50万元的资助。单个企业每年资助不超过500万元。

9.对经浙江省级及以上部门认定的首台（套）高端医疗设备，按当年该产品单台（套）销售价格的20%给予资助，单个企业资助金额最高不超过1000万元。

四、鼓励优化发展环境

10.对符合产业导向的研发、服务型企业新引进或设立起3年内，经认定，按其租金的50%进行资助。补助面积上限按：年研发投入800万～1500万元的，补助面积最高不超过600平方米；年研发投入达到1500万～2000万元的，补助面积最高不超过800平方米；年研发投入2000万元以上的，最高不超过1000平方米。

11.对新引进的医药销售（服务）公司，经认定，自企业税收达到500万起三年内，按其租金的50%进行资助，最高不超过300平方米。对其经营绩效按相关政策给予奖励。

12.支持生物医药重要公共服务平台项目建设，对在杭州医药港小镇等重点产业平台新建的药物非临床安全性评价（GLP）、药物（含医疗器械）临床试验机构（GCP）、有特殊专业要求的临床研究医院、实验动物服务平台等重要公共服务平台建设，经认定，给予每个平台建设总投资的30%、最高不超过2000万元的资助。

13.区内GLP、GCP、生物医药研发外包（CRO）、生物医药产业中试平台、合同生产服务机构（CMO）等公共服务平台及研发服务机构，经认定，按其对生物医药企业（与本机构无投资关系）年度合同实际服务金额的5%给予资助，单个机构每年资助最高不超过500万元。

区内企业使用经认定的公共服务平台等研发服务机构进行技术服务的，对委托方按年度实际交易金额的5%给予资助，单个企业每年资助最高不超过500万元。

14.对通过国家GLP、GCP资格认证的区内生物医药企业和机构给予一次性奖励，获得药物GLP认证批件的认证项目达到3大项以上、6大项以上、9大项以上（均含本数）的，分别给予100万元、200万元、400万元奖励；获得GCP认定证书的，按每通过1个专业给予10万元奖励并予以累计（含非首次获得GCP认定证书的新增专业），单个企业和机构最高奖励不超过200万元。

15.鼓励企业、院所、平台、协会、机构、联盟在区内举办具有全国性、行业性影响力的高端论坛和赛事活动，经认定，给予会议主办方（或承办方）不超过实际费用50%的补助，最高不超过50万元。

16.对区域经济发展有重大推动作用或贡献特别大的项目，经管委会审定，可合法合规予以专项奖励和扶持。

五、附则

1.本政策适用于在钱塘新区范围内注册、纳税，并正常开展生产经营活动的企（事）业。新引进企业是指从钱塘新区以外引进的独立法人企业。

2.本政策重点支持领域包括：

（1）生物医药：主要包括疫苗、重组蛋白质药物、治疗性抗体、血液制品、基因工程药物等生物制药；化学药制剂、化学药；中药和天然药物等。

（2）医疗器械：主要包括高端医学影像、激光手术、临床监护设备；高通量、高精度的体外诊断仪器和试剂；再生医学和组织工程；新型医用材料等。

（3）生物制品：包括用于动物传染病和其他有关疾病的预防、诊断和治疗生物制剂。

（4）生物技术服务：主要指以合同的方式为企业和研发机构在研发生产过程中提供专业化服务。

（5）医疗大数据：主要指基于互联网+、大数据、云计算、IT与生命健康产业融合的智慧健康大数据产业。

（6）精准医疗：主要包括基因检测、分子诊断、细胞治疗等新型疾病个体诊疗技术及配套产品的开发应用。

3.“合同服务金额、实际交易金额、实际研发费用、实际完成投资额、固定资产投资、研发投入”是指由审计事务所出具并经区财政部门确认的专项审计报告中所披露的实际发生的相关金额。

4.对于创新研发类的生物医药企业设置五年培育期（新药研发类企业为七年）、器械类企业设置三年培育期，企业培育期是指从企业注册设立之日起计算。在培育期内的企业相关政策兑现不以企业当年度区贡献为限。培育期结束后，除本政策第一条中第1、2项及第四条中第10、12项外，各类财政资助（奖励）总额以企业当年对新区财政贡献为限。

5.本政策自2019年11月29日开始施行，试行3年；发布当年符合本政策扶持条件的，可参照执行。

关于进一步推进区校合作的若干政策

为推动杭州钱塘新区高质量发展，全面推进区校深度合作，大力实施区校平台共建、产业共兴、人才共育、资源共享、氛围共创“五大工程”，形成协同合作体系，特制定本政策。

一、鼓励平台共建

鼓励支持高校建设孵化器、众创空间等各类双创平台，参与大创小镇建设，为师生校友创新创业提供产业孵化、技术转移等服务。

1.鼓励建设创新创业载体。区内高校利用校内闲置土地建设创新创业载体，列入新区与高校合作项目的，给予15%的建安成本补助，最高3000万元。利用校内现有楼宇建设创新创业载体，列入新区与高校合作项目的，给予30%的改建费用补助，最高1000万元。

2.支持建设孵化器、众创空间。对新认定国家级、省级、市级孵化器，分别给予高校园区管理公司200万元、80万元、30万元奖励。众创空间按上述标准减半奖励。新认定市级及以上孵化器的，给予园区管理公司改建费用10%的一次性补助，最高300万元。新认定市级及以上众创空间的，给予装修（含设备购置）费用20%的一次性补助，最高100万元。具体参照《关于进一步推进科技创新创业的若干政策》执行。

3.鼓励设立技术转移机构。鼓励国内外高校院所在新区建立市场化运作的技术转移机构，自设立起3年内，给予实际租用面积80%的房租补助，最高不超过300平方米，并按其投入每年最高给予30万元运行费补助；对列入国家级、省级的技术转移示范机构，分别给予50万元、30万元奖励。科技中介及高校促成科技成果在新区内转化并实现产业化、项目合同金额10万元以上的，在市级政策基础上，再按实际交易额的2%给予奖励，每家单位最高奖励100万元。具体参照《关于进一步推进科技创新创业的若干政策》执行。

4.鼓励建设高校联盟机构。支持高校联合区内或国内外知名高校成立以高校和企业为主体、以企业需求为导向、以构建产学研相结合的实体化运作的联盟机构，经事先备案，给予房租、运营经费、绩效奖励等每年最高100万元补助。

二、促进产业共兴

大力支持师生创新创业，对符合高层次认定的师生给予人才创业资助，鼓励高校优秀校友回归钱塘新区创业。

5.鼓励发展校友经济。积极发挥高校校友资源优势，共建高校校友联盟，发展校友经济、吸引校友人才、协同创新创业等，给予专项经费扶持。鼓励高校在新区建设校友创新创业平台和载体，按1元/平方米·天的标准，按实际使用面积给予3年最高5000平方米的场地租金支持，同时根据运营情况和绩效，给予最高100万元运营经费支持。高校推荐校友创办企业在钱塘新区落地，每成功推荐1个项目被评为新区D类及以上项目，给予高校最高30万元的奖励，具体参照《关于建设“人才特区”打造才智高地的意见》执行。高校新引进或新设立符合新区产业导向的重点校友企业（集团总部、龙头企业、独角兽企业等），引进企业按照新区相关政策给予支持，给予高校方引进奖励，额度不超过其累计引进企业当年度税收区贡献部分的10%。

6.鼓励高层次人才创业。高校高层次人才在新区创业，符合高层次人才认定条件的，经认定评审后给予最高1000万元启动资助和研发费用补助、最高1000平方米3年租金补贴、最高1000万元贷款额度贴息支持和最高1000万元创业发展资助。对产业发展紧缺、水平特别突出的创业项目给予最高1亿元资助。对入选杭州、浙江领军型创新创业团队和青年创新创业团队的再给予1：1配套资助，具体参照《关于建设“人才特区”打造才智高地的意见》执行。

7.鼓励校企合作创新。企业（创客团队）使用检验检测、技术服务、技术咨询、技术查新、测试分析、产品设计、技术培训等科技服务按服务合同金额的30%补助；进行技术开发按服务合同金额的15%补助，每家企业（创客团队）同一年度享受补助额度不超过20万元。区级创新载体按其为企业（创客团队）提供服务交易额的3%，给予载体每年最高10万元补助。具体参照《关于进一步推进科技创新创业的若干政策》执行。

三、实施人才共育

加强区校在人才引进、培育、交流等方面的合作，鼓励校企高层次人才双向交流任职，开展科技合作和成果转化活动。对高校优秀毕业生在区内就业落户给予资助。

8.积极引进“名校名院名所”。对引进经教育部门批准的中外合作办学机构（高校或学科专业排名世界前100位）或与钱塘新区合作重点支持的办学项目，经认定，给予最高1000万元补助。

9.鼓励高校申报高层次人才。高校高层次人才在新区创业，自主申报入选国家人才计划的，最高可享受国家、省、市、区各级配套420万元；自主申报入选省人才计划的，最高可享受省、市、区各级配套300万元；自主入选市全球引才“521”计划的，最高可享受市区两级配套200万元。具体参照《关于建设“人才特区”打造才智高地的意见》执行。

10.鼓励毕业生服务本地。对新引进的全日制博士、硕士、本科应届毕业生，享受市区两级8万元、5万元、1万元的一次性生活补贴。对新引进的全日制博士、硕士往届毕业生，国内外知名高校（世界前200所高校、原“985”“211”高校）和区内高校全日制本科往届毕业生分别给予每人3万元、2万元、1万元的生活补贴和相应的租房补助。大力招引海内外大学生来新区实习、就业、创业，对符合条件来新区实习的海内外大学生和在校高技能人才，每月给予市区两级3000元的实习补贴。具体参照《关于建设“人才特区”打造才智高地的意见》执行。

11.加强高层次人才住房保障。区内高校全日制博士研究生在区内企业就业落户，在区内自购首套商品房，分3年给予最高30万元补助。具体参照《关于建设“人才特区”打造才智高地的意见》执行。

12.鼓励校企人才互享。高校选派优秀青年教师（博士以上层次）到区内企业开展技术开发、技术转化、技术培训等服务，经统一组织和备案给予教师每年最高5万元津贴。区内企业高层次人才（市全球引才“521”计划以上）到高校担任兼职教授、实务导师等，经统一组织和备案给予人才每年最高5万元津贴。

13.联合培养高层次人才。高校与新区联合共建研究生联合培养基地，每年给予高校最高10万元运行经费补助。

四、推进资源共享

充分挖掘区校资源集聚优势，推进优质资源共享，提高高校科研仪器、实验场地、运动场馆、图书馆等资源的利用率，降低企业科研成本，促成科研项目合作，协同提升校企科研水平，实现全社会资源的集约利用和良性互动。

14.鼓励科研设备共享。鼓励高校以优惠或有偿方式面向企业开放大型仪器设备、实验室等优质科技资源，提高设备利用率，降低企业研发成本，促进校企产学研合作，具体参照《关于进一步推进科技创新创业的若干政策》执行。

15.鼓励公共设施开放。鼓励高校向钱塘新区企业、群众开放体育场、图书馆等设施，场馆根据不同使用对象可采取免费、优惠或有偿方式开放。

五、实现氛围共创

支持共同举办高端创新创业活动，实现高校广泛参与、师生全面覆盖，设立区校专项基金和专项奖学金，对区校合作先进单位和个人给予奖励，积极营造创新创业的浓厚氛围。

16.强化科技金融支持。发挥1亿元区校合作天使创投基金作用，重点支持区内师生和校友创业项目。

17.加强培育优秀学子。出资500万元设立区校专项奖学金，专门对区内高校各类优秀学子进行表彰奖励。

18.支持举办双创活动。支持区校联合举办高层次创新创业大赛等高端双创活动，经事先备案，按不超过50%的额度，给予最高50万元的活动资助。具有重大影响力的活动可给予“一事一议”支持。高校师生和校友项目参加“互联网+”“挑战杯”“大创杯”等知名双创赛事活动，获奖项目进区落地，分别给予5–50万元的大创天使基金支持。

19.奖励突出贡献。鼓励各单位全面推进区校合作工作、对推进校友经济、校企合作、人才培养等方面作出突出贡献的单位和个人，分别给予5万元和1万元奖励。

六、附则

20.本政策所指创新创业载体包括专业技术服务平台、科学技术研究院、协同创新中心、创新创业平台等。

21.本政策所指高校是在杭州钱塘新区辖区范围内，与钱塘新区开展协议合作的国内外高校和机构。

22.所享受的各类资助（奖励）总额原则上以高校当年对钱塘新区财政贡献为限，高校人才享受政策及对高校引进企业税收奖励除外。对区校合作有深远意义或对区域经济发展有重要推动作用，经管委会审定，实行“一事一议”重点扶持。

23.本政策自2019年11月29日开始施行，试行3年；发布当年符合本政策扶持条件的，可参照执行；原杭经开管发〔2017〕306号文件同时废止。

重要文件目录

2019年新区党工委印发的重要文件目录

表55

文号	标题	文号	标题
钱塘委发〔2019〕1号	关于党工委、管委会领导分工的通知	钱塘委发〔2019〕11号	关于加强钱塘新区基层纪检监察队伍建设的意见
钱塘委发〔2019〕2号	关于成立中共杭州钱塘新区管理委员会机关委员会和机关纪律检查委员会及陈金泉等同志任职的函	钱塘委发〔2019〕18号	关于深入推进安全生产领域改革发展的实施意见
钱塘委发〔2019〕5号	关于开展“不忘初心、牢记使命”主题教育的实施意见	钱塘委发〔2019〕22号	关于印发《杭州钱塘新区高质量发展三年行动计划（2019—2021年）》的通知
钱塘委发〔2019〕9号	关于钱塘新区党工委开展巡察工作的实施意见	钱塘委发〔2019〕23号	关于实施新制造业计划打造杭州制造业发展最大增长极的实施意见

2019年新区管委会印发的重要文件目录

表56

文号	标题	文号	标题
钱塘管发〔2019〕1号	关于分解落实2019年市政府重点工作任务的通知	钱塘管发〔2019〕23号	关于印发《杭州钱塘新区被征地人员社会保障工作实施意见（试行）》的通知
钱塘管发〔2019〕5号	关于河庄街道文伟村等6村全域土地综合整治与生态修复工程实施方案的批复	钱塘管发〔2019〕26号	关于同意建立河庄街道东沙湖社区、知行社区等两个社区的批复
钱塘管发〔2019〕7号	关地举办2019杭州国际女子半程马拉松赛事的通知	钱塘管发〔2019〕28号	关于大江东职教小镇水域调整方案的批复
钱塘管发〔2019〕13号	关于印发《杭州钱塘新区国有企业监督管理办法（试行）》的通知	钱塘管发〔2019〕30号	关于印发“1+4+X”政策体系文件的通知
钱塘管发〔2019〕15号	关于印发《杭州钱塘新区政府投资预算管理办法（试行）》的通知	钱塘管发〔2019〕31号	关于印发钱塘新区突发事件总体应急预案的通知
钱塘管发〔2019〕18号	关于同意将云帆社区一期商住地块列入2019年出让计划的批复	钱塘管发〔2019〕33号	关于印发杭州钱塘新区生态文明建设专项资金使用管理实施细则的通知
钱塘管发〔2019〕19号	关于印发《杭州钱塘新区政府投资项目评审实施意见（试行）》的通知	钱塘管发〔2019〕34号	关于下达钱塘新区城市有机更新（下沙区块）收储计划的通知
钱塘管发〔2019〕20号	关于印发杭州钱塘新区政府投资项目管理办法（试行）的通知	钱塘管发〔2019〕35号	关于同意2019年度第四批土地开发整理项目立项的批复
钱塘管发〔2019〕21号	关于同意将新湾街道东升路东商住地块列入2019年出让计划的批复	钱塘管发〔2019〕40号	关于高水平建设“四好农村路”的实施意见

2019年新区党工委办公室印发的重要文件目录

表57

文号	标题	文号	标题
钱塘委办发〔2019〕1号	关于印发《中共杭州钱塘新区工作委员会议事规则》和《杭州钱塘新区管理委员会主任办公会议议事规划》的通知	钱塘委办发〔2019〕55号	印发《关于加快教育现代化打造美好教育先行区的实施意见》的通知
钱塘委办发〔2019〕2号	关于印发《中共杭州钱塘新区工作委员会理论学习组学习实施细则》的通知	钱塘委办发〔2019〕56号	关于印发《杭州钱塘新区教育人才引进办法》的通知
钱塘委办发〔2019〕26号	关于印发杭州钱塘新区党工委、管委会主要领导批示件交办件办理工作制度的通知	钱塘委办发〔2019〕57号	关于印发《杭州钱塘新区2019年大督查工作实施方案》的通知
钱塘委办发〔2019〕29号	关于印发《钱塘新区党工委领导班子带头深入开展“不忘初心、牢记使命”主题教育的实施方案》的通知	钱塘委办发〔2019〕58号	关于印发《杭州钱塘新区2019年综合考评实施办法》的通知
钱塘委办发〔2019〕30号	关于印发《杭州钱塘新区社会治理现代化和推进“六和塔”体系建设的实施方案》的通知	钱塘委办发〔2019〕61号	关于建立杭州钱塘新区亲商助企服务机制的通知
钱塘委办发〔2019〕32号	关于印发《杭州钱塘新区2019—2021年干部教育培训三年行动计划》的通知	钱塘委办发〔2019〕62号	关于印发《杭州钱塘新区街道职能调整和体制改革方案》的通知
钱塘委办发〔2019〕40号	关于印发《杭州钱塘新区党政机关国内公务接待管理办法》的通知	钱塘委办发〔2019〕70号	关于建立杭州钱塘新区产业项目联席会议机制的通知
钱塘委办发〔2019〕42号	关于开展钱塘新区“一户一策一干部”结对帮扶的实施意见	钱塘委办发〔2019〕72号	印发《关于进一步加强农村文化礼堂建设的实施意见》的通知
钱塘委办发〔2019〕43号	关于印发《杭州钱塘新区机关事业单位政府雇员管理办法（试行）》的通知	钱塘委办发〔2019〕71号	关于印发《杭州钱塘新区全面提升社区建设国际化水平实施方案》的通知
钱塘委办发〔2019〕44号	关于印发《2019年杭州钱塘新区深化推进“最多跑一次”改革打造一流营商环境工作要点》的通知	钱塘委办发〔2019〕75号	关于表彰2018年度区财政贡献十强企业等的通报
钱塘委办发〔2019〕45号	关于印发《杭州钱塘新区2019年对口支援和区域合作工作任务》的通知	钱塘委办发〔2019〕76号	关于选派干部担任重点企业“服务专员”的通知
钱塘委办发〔2019〕46号	关于印发杭州钱塘新区机关事业单位厉行节约反对浪费实施细则（试行）的通知	钱塘委办发〔2019〕77号	关于印发《杭州钱塘新区经济政策兑现操作规范》的通知
钱塘委办发〔2019〕49号	印发《关于进一步调整优化招商体制工作的实施方案》的通知	钱塘委办发〔2019〕78号	印发《关于进一步深化杭州钱塘新区专职社区工作者队伍建设的实施意见（试行）的通知
钱塘委办发〔2019〕50号	关于印发杭州钱塘新区党工委、管委会办公室公文处理程序的通知	钱塘委办发〔2019〕79号	关于印发《杭州钱塘新区经营类事业单位改革工作方案》的通知
钱塘委办发〔2019〕51号	关于整饬“六大顽疾”为基层减负的实施意见	钱塘委办发〔2019〕82号	关于印发《杭州钱塘新区国有企业深化改革工作实施方案》的通知
钱塘委办发〔2019〕53号	关于建设“人才特区”打造才智高地的意见	钱塘委办发〔2019〕84号	关于打造国际一流营商环境的实施意见

2019年新区管委会办公室印发的重要文件目录

表58

文号	标题	文号	标题
钱塘管办发〔2019〕3号	关于切实抓好2019年度粮食产销工作的意见	钱塘管办发〔2019〕32号	关于印发杭州钱塘新区战略性新兴产业认定操作办法的通知
钱塘管办发〔2019〕5号	关于认真做好杭州钱塘新区人大代表建议和政协委员提案办理工作的通知	钱塘管办发〔2019〕37号	印发《关于开展工业企业亩产效益综合评价加快转型发展的实施意见》的通知
钱塘管办发〔2019〕7号	关于“推进美丽乡村建设，开展农村附房整治”的实施意见	钱塘管办发〔2019〕38号	关于印发《杭州钱塘新区政府投资建设项目推进办法（试行）》的通知
钱塘管办发〔2019〕9号	关于成立杭州钱塘新区城市有机更新指挥部等临时机构的通知	钱塘管办发〔2019〕40号	关于印发《杭州钱塘新区工程建设项目招标投标管理实施细则（试行）》的通知
钱塘管办发〔2019〕11号	关于杭州钱塘新区征地补偿标准调整的通知	钱塘管办发〔2019〕44号	关于进一步明确新区危险化学品安全生产管理工作职责的通知
钱塘管办发〔2019〕13号	关于印发杭州钱塘新区生产安全事故调查处理工作规程的通知	钱塘管办发〔2019〕45号	杭州钱塘新区管理委员会办公室关于印发《杭州钱塘新区工程渣土管理办法》的通知
钱塘管办发〔2019〕14号	关于印发《杭州钱塘新区安全生产委员会组织机构设置及工作规则（试行）》的通知	钱塘管办发〔2019〕50号	杭州钱塘新区管理委员会办公室关于印发《钱塘新区云帆社区（暂命名）推进工作方案》的通知
钱塘管办发〔2019〕15号	关于印发《杭州钱塘新区政府产业资金监督管理制度》的通知	钱塘管办发〔2019〕51号	杭州钱塘新区管理委员会办公室关于印发《钱塘新区危险化学品事故应急预案》的通知
钱塘管办发〔2019〕16号	关于印发《杭州钱塘新区财政资金审批管理办法（试行）》的通知	钱塘管办发〔2019〕52号	杭州钱塘新区管理委员会办公室关于全面实施钱塘新区耕地保护以奖代补机制的通知
钱塘管办发〔2019〕17号	关于印发《杭州钱塘新区预算管理办法（试行）》的通知	钱塘管办发〔2019〕54号	杭州钱塘新区管理委员会办公室关于印发杭州钱塘新区“区域环评+环境标准”改革实施方案的通知
钱塘管办发〔2019〕18号	关于印发《杭州钱塘新区公共资源交易管理办法（试行）》的通知	钱塘管办发〔2019〕56号	杭州钱塘新区管理委员会办公室关于钱塘新区防汛防台应急预案的通知
钱塘管办发〔2019〕19号	关于印发《杭州钱塘新区政府采购工作规程》的通知	钱塘管办发〔2019〕57号	杭州钱塘新区管理委员会办公室印发《关于推进“浙子回归梦钱塘”工程促进校友经济发展实施方案》的通知
钱塘管办发〔2019〕20号	关于印发《钱塘新区“投资之家”建设工作方案》的通知	钱塘管办发〔2019〕58号	杭州钱塘新区管理委员会办公室关于公布钱塘新区2018年度工业企业亩产效益综合评价结果的通知
钱塘管办发〔2019〕23号	关于印发《进一步加强街道税源建设的实施办法（试行）》的通知	钱塘管办发〔2019〕59号	关于印发《杭州钱塘新区工业项目按期开竣投奖励办法（试行）》的通知
钱塘管办发〔2019〕26号	关于印发《2019年度钱塘新区经济指标任务分解方案》的通知	钱塘管办发〔2019〕60号	关于印发《杭州钱塘新区特种设备事故应急预案》的通知
钱塘管办发〔2019〕31号	关于公布第一届“钱塘工匠”认定结果的通知	钱塘管办发〔2019〕63号	关于印发《杭州钱塘新区高水平建设“四好农村路”项目资金管理办法》的通知

组织机构及负责人

杭州大江东产业集聚区（杭州经济技术开发区）（2019年1月至4月）

中共杭州大江东产业集聚区（杭州经济技术开发区）工作委员会

书　记：戴建平（兼）
副书记：何美华
　　　　邵立春
　　　　陈金生
　　　　周　涛
　　　　许　昌
委　员：王永芳
　　　　俞　斌
　　　　李　鹏
　　　　郝大龙
　　　　李　栋
　　　　李国梅（女）
　　　　王学雄
　　　　董蒋灿
　　　　章　强
　　　　吴来恩
　　　　陈炯林
　　　　陈金泉
　　　　张义久
　　　　戚海滨
　　　　虞付月

杭州大江东产业集聚区（杭州经济技术开发区）管理委员会

主　任：何美华
常务副主任：邵立春
副主任：陈金生
　　　　王永芳
　　　　俞　斌
　　　　李　鹏
　　　　郝大龙
　　　　李国梅（女）
　　　　董蒋灿
　　　　陈炯林
总规划师：王学雄

杭州大江东产业集聚区（杭州经济技术开发区）党群工作部（组织部）

部　长：陈金泉（2019年2月始）

大江东纪检监察组

组　长：吴来恩
副组长：瞿亦农
　　　　俞仙根

大江东党政办公室（审计局）

主　任：周伟东
副主任：沈水良（兼）

大江东党群工作部（组织部、编委办）

部　长：陈金泉（2019年2月止）
副部长：陈月松
　　　　杨丽敏（女）
人才办主任：陈金泉
副主任：王　景（女）
机关党委书记：陈金泉
专职副书记：陈月松
机关纪委书记：陈月松
总工会主席：陈金泉
副主席：杨丽敏（女）
　　　　石　磊（兼）
妇工委主任：杨丽敏（女）

大江东财政局

局　长：江　源
副局长：陈　坚
　　　　余兴君

大江东经济发展局（统计局、科技局）

局　长：王卓胤
副局长：陈天龙
　　　　李　亮

大江东社会发展局（人力社保局、教育局、卫生和计生局）

局　长：韩建明
副局长：王国平
　　　　罗　勉
　　　　陈国锋
　　　　蔡晓琦（女）

大江东规划国土建设局（规划分局、国土资源分局）

局　长：泮炳锋
副局长：高利忠
国土资源分局副局长：董幼红（女）
规划分局副局长：朱坚鹏
行政事务服务中心主任：孙　浩

大江东投资合作局（招商服务中心）

局　长：陈　静（女）
副局长：徐竹标
　　　　沈丹凤（女）

招商服务中心主任：陈　静（女）
副主任：蒋　霖（在经济发展局工作）
　　　　丁　岚（女）

大江东市场与安全生产监督管理局（工商局）

局　长：田晓祥
副局长：王卫锋
　　　　何智勇

大江东行政审批局（办事服务中心）

局　长：陈　琦
副局长：宋国泉
　　　　顾小军
办事服务中心主任：朱宏明
副主任：倪国锋
　　　　陈　兴（在办公室工作）

大江东平安工作办公室

主　任：朱宏明
大江东农村工作办公室
主　任：沈水良

杭州市公安局大江东分局（2019年9月止）

党委书记：章　强（2019年3月止）
党委副书记：李徐龙（2019年4月止）
　　　　　　黄汉臣
党委委员：黄海昱
　　　　　叶永辉（2019年8月始）
　　　　　徐　晓
　　　　　严建中
纪委书记：李徐龙（2019年4月止）
局　长：章　强（2019年3月止）
政　委：李徐龙（2019年4月止）
常务副局长：黄汉臣
副局长：叶永辉（2019年8月始）
政治处主任：黄海昱
督察长：章　强（2019年3月止）
第一副督察长：李徐龙（2019年4月止）
交通警察大队大队长：徐　晓
教导员：沈小奇
巡特警大队大队长：周益斌
教导员：李勇良
教导员：胡一鸣
大江东流动人口管理办公室副主任：严建中
河庄派出所所长：吕建芳
义蓬派出所所长：任建国
新湾派出所所长：屠晓蔚
临江派出所所长：傅国祥
前进派出所所长：单建尧

杭州市综合行政执法支队大江东产业集聚区大队

大队长：徐岳阳
副大队长：赵贤富（正处长级）
　　　　　陈　军

江东企业服务处

主　任：刘晓宁（女）

临江企业服务处

主　任：於振洪

前进企业服务处

主　任：张建强

经开区纪检监察组

组　长：李　栋
副处级纪检监察员：李建华

经开区党工委、管委会办公室（信访局）

主　任：袁　月
副主任：杨朝辉（正处长级）
　　　　解长安
　　　　钟建荣
　　　　陆贤超
　　　　李　征
　　　　金如森
信访局局长：解长安
副局长：王瑞军
行政服务中心主任：周涛（兼）
常务副主任：钟建荣
智管中心主任：李　征

经开区组织部、人社局（人才办）

部　长：张义久（2019年2月止）
副部长：李路宁（女）
　　　　汤丽玉（女）
　　　　施正森
　　　　戎婷蓉（女）
局　长：张义久
副局长：吴丽华（女）
人才办主任：汤丽玉（女）
副主任：曹冲锋
“两新”组织党工委副书记：施正森
企业党工委书记：施正森
副书记：徐志成

经开区政法委、综治办（维稳办）、司法局

书　记：周　涛
副书记：郭　强
委　员：刘　波
　　　　钱　铖
　　　　解长安

徐　臻
林建军
盛　斌
综治办主任：郭　强
副主任：徐　臻
林建军
盛　斌
司法局局长：郭　强
副局长：徐　臻
经开区机关党委
书　记：周　涛
专职副书记：李路宁（女）
副书记：白明跃
纪委书记：白明跃

经开区经济发展局（安监局、统计局、物价局、农发局、科技局、知识产权局）

局　长：陈其松
副局长：余　军
卢建军
范悦诚
余庆锋
陈财生
邵勤华（女）

经开区人才科技局

局　长：汤丽玉（女）
副局长：曹冲锋

经开区社会发展局

局　长：钱晓华
副局长：郑建国
郁　力（女）
庄加棒
金加喜

杭州市公安局经开区分局（2019年9月止）

党委书记：戚海滨
党委副书记：金跃平
党委委员：俞　婷（女）
董　杰
汪建平
余忠明
顾时金
王　伟
纪委书记：俞　婷（女）
局　长：戚海滨
政　委：金跃平
副局长：董　杰
汪建平
政治处主任：余忠明
督察长：戚海滨
第一副督察长：俞　婷（女）
巡特警大队大队长：顾时金
教导员：陈家梁
刑事侦查大队大队长：朱　建
教导员：俞　鹏
经侦（禁毒）大队大队长：顾时金
教导员：曹　明
开发区流动人口服务管理委员会办公室主任：董　杰
副主任：盛　斌
下沙派出所所长：沈雄飞
白杨派出所所长：刘　鑫
闻潮派出所所长：蒋　坚
金沙湖派出所所长：刘　芳（女）

财政局（审计局）

局　长：张雨秋
副局长：肖新宏
龚　青（女）
汤　波

国土分局

局　长：盛春灵
副局长：忻　苏（女）

规划分局

局　长：卢小强
副局长：彭公进（正处长级）

建设局（房管局、环保局）

局　长：沈建立
副局长：张国平
阮顺良
邵　明
王　罡
李冰涛
江建祥
建设工程质量安全监督站站长：王　罡

商务局

局　长：陶　峰
副局长：张立溧（女）
朱　政
冯宝林

卫计分局

局　长：汪新君
副局长：朱志俊（女）
俞光辉

市场监管分局（工商分局、质监分局、食药分局）

局　长：黄　斌
副局长：莫祖明
　　　　郑　郁
食安办专职副主任：陈如寿

城管办

主　任：孙　琦
副主任：李　强
　　　　徐　强
　　　　杨　峰
江堤河道监管中心主任：李　强

出口加工区综合管理局

局　长：吴中荣
副局长：李宗凯
　　　　李建明

总工会（团工委、妇工委）

主　席：虞付月
副主席：章国民
　　　　徐志成
团工委副书记：金灵华
妇工委副主任：徐伟英（女）

残疾人联合会

理事长：童华清
副理事长：黄功胜

行政执法大队

大队长：吴　波
副大队长：孔铁林
　　　　　俞春传

城市建设发展中心

主　任：张国平
副主任：方启军
　　　　李冰涛
　　　　徐红亮
纪检组组长：李军纪

杭州钱塘新区（2019年4月至12月）

中共杭州钱塘新区工作委员会

书　记：柯吉欣（兼）
副书记：何美华
　　　　邵立春（2019年5月止）
　　　　施华淼（2019年5月始）
　　　　陈金生
委　员：许　昌
　　　　王永芳
　　　　俞　斌
　　　　李　鹏
　　　　李　栋
　　　　李国梅（女）
　　　　王学雄
　　　　董蒋灿
　　　　陈炯林
　　　　陈金泉
　　　　戚海滨

杭州钱塘新区管理委员会

主　任：何美华
常务副主任：邵立春（2019年6月止）
　　　　　　施华淼（2019年6月始）
副主任：陈金生
　　　　许　昌
　　　　王永芳
　　　　俞　斌
　　　　李　鹏
　　　　李国梅（女）
　　　　董蒋灿
　　　　陈炯林
总规划师：王学雄

纪检监察工委

书　记：李　栋
副书记：瞿亦农
　　　　金　达
　　　　俞仙根
副处级纪检监察员：郑敏珍（女）
　　　　　　　　　李建华

党工委、管委会办公室

主　任：周伟东
正处长级工作督查专员：赵贤富
　　　　　　　　　　　解长安
副主任：李　征（2019年10月止）
　　　　苏　凡（2019年10月始）
　　　　金如森
　　　　陈　兴
数据资源管理中心主任：李　征（2019年10月止）

党工委政法委

书　记：许　昌
专职副书记：郭　强
副书记：戚海滨（兼）
　　　　刘　波（兼）
　　　　钱　铖（兼）

林建军
徐　臻
盛　斌
王瑞军

党群工作部（组织部）

部　长：陈金泉
副部长：陈月松
王卓胤（兼）
汪新君（兼）
韩建明（兼）
杨丽敏（女）
施正森
戎婷蓉（女）
人才办主任：陈金泉
常务副主任：陈月松
副主任：王　景（女）
曹冲锋（兼）

财政金融局

局　长：袁　月
正处长级工作督查专员：刘晓平
副局长：肖新宏
陈　坚
龚　青（女）
汤　波
余兴君

经发科技局（统计局）

局　长：汤丽玉（女，2019年10月止）
副局长：范悦诚
余庆锋
朱　政
吴文斌（2019年10月始）
李　亮
丁　婕（女，挂职，2019年4月始）
江东区块企业服务中心主任：刘晓宁（女）
临江区块企业服务中心主任：於振洪
前进区块企业服务中心主任：张建强

社会发展局

局　长：韩建明
正处长级工作督查专员：沈水良
童华清
副局长：郑建国
郁　力（女）
庄加棒
陈国锋
蔡晓琦（女）

教育与卫生健康局

局　长：钱晓华
副局长：俞光辉
王国平
罗　勉
朱志俊（女）
金加喜

建设局（城市建设发展中心）

局　长：泮炳锋
副局长：邵　明
李冰涛
高利忠
滕泽军
王　罡
城建建设发展中心主任：泮炳锋
副主任：方启军
李冰涛
徐红亮
李军纪

招商与人才局（招商服务中心）

局　长：陈　静（女）
正处长级工作督查专员：彭公进
副局长：陆贤超
冯宝林
邵勤华（女）
黄　娟（女，挂职，2019年5月始至11月止）
招商服务中心主任：陈　静（女）
副主任：蒋　霖
丁　岚（女）

应急管理局

局　长：朱宏明
副局长：李　强
孔铁林
陈财生
何智勇

行政审批局（行政服务中心）

局　长：陈　琦
正处长级工作督查专员：吴中荣（2019年12月止）
副局长：钟建荣
吴丽华（女）
宋国良
顾小军
行政服务中心主任：陈　琦
副主任：倪国锋

综合行政执法局（城市管理局、综合行政执法大队）

局　长：孙　琦
副局长：徐　强
　　　　杨　峰
　　　　俞春传
　　　　陈　军

综合保税区管理办公室

主　任：李路宁（女）
副主任：李宗凯
　　　　徐竹标
　　　　张立溧（女）
　　　　李建明

杭州市公安局钱塘新区分局（2019年9月始）

党委书记：戚海滨
党委副书记：金跃平
　　　　　　黄汉臣
党委委员：蒋晓敏
　　　　　俞　婷（女）
　　　　　董　杰
　　　　　叶永辉
　　　　　余忠明
　　　　　倪建良
　　　　　李　煜
　　　　　严建中
　　　　　顾时金
　　　　　王　伟（2019年12月止）
纪委书记：俞　婷（女）
局　长：戚海滨
政　委：金跃平
常务副局长：黄汉臣
副局长：蒋晓敏
　　　　董　杰
　　　　叶永辉
　　　　倪建良
政治处主任：余忠明
督察长：戚海滨
第一副督察长：俞　婷（女）
大江东分局交通警察大队大队长：徐　晓
教导员：沈小奇
大江东分局巡特警大队大队长：周益斌（2019年10月止）
教导员：李勇良
教导员：胡一鸣
大江东流动人口管理办公室副主任：严建中
经开区分局巡特警大队大队长：顾时金
教导员：陈家梁
经开区分局刑事侦查大队大队长：朱　建
教导员：俞　鹏
经开区分局经侦（禁毒）大队教导员：曹　明
经开区流动人口服务管理委员会办公室主任：董　杰
副主任：盛　斌
下沙派出所所长：沈雄飞
白杨派出所所长：刘　鑫
闻潮派出所所长：蒋　坚
金沙湖派出所所长：刘　芳（女）
河庄派出所所长：吕建芳
义蓬派出所所长：任建国
新湾派出所所长：屠晓蔚
临江派出所所长：傅国祥
前进派出所所长：单建尧

杭州市规划和自然资源局钱塘新区分局

局　长：卢小强
副局长：孙　浩
　　　　董幼红（女）
　　　　朱坚鹏
　　　　忻　苏（女）

杭州市生态环境局钱塘新区分局

局　长：盛春灵
正处长级工作督查专员：徐岳阳（2019年12月始）
副局长：阮顺良
　　　　陈天龙

杭州市市场监督管理局钱塘新区分局

局　长：田晓祥
副局长：莫祖明
　　　　王卫锋
　　　　郑　郁
　　　　陈如寿

机关党委

书　记：陈金泉
专职副书记：汪新君
副书记、机关纪委书记：白明跃

总工会（团工委、妇工委）

主　席：虞付月
副主席：章国民
　　　　徐志成
团工委副书记：金灵华
妇工委副主任：徐伟英（女）

医药港小镇发展服务中心

主　任：陶　峰
副主任：黄　斌
　　　　卢建军

大创小镇发展服务中心（人才创新服务中心）

主　任：王卓胤
副主任：沈丹凤（女）
　　　　曹冲锋
人才创新服务中心主任：曹冲锋

农业发展服务中心

主　任：沈水良
副主任：余　军

经开区人民法院

党组书记：刘　波
党组副书记：余莲娟（女）
党组成员：吴文峰
　　　　　许　俊
　　　　　吴跃明
　　　　　邱　彤（女）
院　长：刘　波
常务副院长：余莲娟（女）
副院长：吴文峰
政治处主任：许　俊
执行局局长：吴跃明
审判委员会专职委员：邱　彤（女）

经开区人民检察院

党组书记：钱　铖
党组成员：李征宇（女）
　　　　　刘国建
　　　　　胡葵阳（女）
纪检组组长：刘国建
检察长：钱　铖
副检察长：李征宇（女）
　　　　　胡葵阳（女）
政治处主任：刘国建

下沙街道

党工委书记：高云坤（2019年4月止）
　　　　　　沈建立（2019年4月始）
党工委副书记：麻　华（2019年1月止）
　　　　　　　郭国先（2019年4月始）
　　　　　　　叶萧红
党工委委员：韩新港（2019年4月止）
　　　　　　芮智全
　　　　　　施慧烽
　　　　　　刘志豪
　　　　　　刘　芳（女）
　　　　　　郑洲峰
　　　　　　陆建华
纪工委书记：刘志豪
政法委员：叶萧红（2019年4月始）
办事处主任：麻　华（2019年1月止）
　　　　　　郭国先（2019年4月始）
办事处副主任：施慧烽
　　　　　　　陆建华
　　　　　　　张　颖（女）
人大工委主任：张　志
人大工委副主任：王伟民（2019年4月止）
人武部部长：韩新港（2019年4月止）

白杨街道

党工委书记：李跃清
党工委副书记：贺学兵
　　　　　　　陈　雨
党工委委员：梅广勤
　　　　　　翟敏卫
　　　　　　余旭辉
　　　　　　胡雪锋
　　　　　　丁松法
　　　　　　蒋　坚
纪工委书记：翟敏卫
政法委员：陈　雨（2019年4月始）
办事处主任：贺学兵
办事处副主任：余旭辉
　　　　　　　王琴芳（女）
人大工委主任：胡瑞祥
人大工委副主任：王荣祥（2019年4月止）
人武部部长：梅广勤

河庄街道

党工委书记：施　峰
党工委副书记：汪华锋
党工委委员：谭雪华（女）
　　　　　　杜伟标
　　　　　　高　瞻
　　　　　　杜柱佳
　　　　　　汪梦智
　　　　　　高　洁（女）
　　　　　　高志强
　　　　　　吕建芳
纪工委书记：谭雪华（女）
政法委员：杜伟标（2019年4月始）
办事处主任：汪华锋
办事处副主任：高　瞻
　　　　　　　汪梦智
　　　　　　　高志强
　　　　　　　彭建富

陈　可（女）
人大工委主任：许志伟
人大工委副主任：颜伟丽（女）
人武部部长：杜伟标

义蓬街道

党工委书记：施科琦（2019年12月止）
党工委副书记：邱建庆
张　瑛（女）
党工委委员：方幼荣（2019年4月止）
胡　瑾（女）
李志松
俞燕萍（女）
滕泽军（2019年4月止）
郭　瑜（女）
任建国
纪工委书记：俞燕萍（女）
政法委员：张　瑛（女，2019年4月始）
办事处主任：邱建庆
办事处副主任：胡　瑾（女）
李志松
滕泽军（2019年4月止）
沈华锋
人大工委主任：吴志祥
人大工委副主任：漏仁良（2019年4月止）
人武部部长：方幼荣（2019年4月止）

新湾街道

党工委书记：金　明
党工委副书记：叶小明
丁珊胭（女，2019年10月止）
党工委委员：高洪亮
王水潮
李国军
徐建伟
吴令军
陈晓峰
屠晓蔚
纪工委书记：吴令军
政法委员：丁珊胭（女，2019年4月至10止）
办事处主任：叶小明
办事处副主任：王水潮
李国军
陈晓峰
颜燕炯（女）
人大工委主任：傅岳良
人武部部长：高洪亮

临江街道

党工委书记：杜晔彪
党工委副书记：谢国锋
陈永江
党工委委员：傅国祥
汪建伟
谢小燕（女）
寿华成
金永刚
高红鸣（女）
纪工委书记：谢小燕（女）
政法委员：陈永江（2019年4月始）
办事处主任：谢国锋
办事处副主任：寿华成
金永刚
高红鸣（女）
人大工委主任：封　祥
人武部部长：汪建伟

前进街道

党工委书记：胡　潜
党工委副书记：郭国先（2019年4月止）
吴　波（2019年4月始）
黄　妍（女，2019年10月止）
党工委委员：单建尧
郁竣耀
武海蓉（女）
沈　立
纪工委书记：沈　立
政法委员：黄　妍（女，2019年4月始至10月止）
办事处主任：郭国先（2019年4月止）
吴　波（2019年4月始）
办事处副主任：郁竣耀
武海蓉（女）
胡飞洋
人大工委主任：孙先根

杭州经济技术开发区资产经营集团有限公司

董事长：姚晨蓬
董　事：盛　开
秦广怡
曹知白
党委书记：姚晨蓬
党委副书记：齐爱芳（女，2019年4月止）
党委委员：秦广怡
盛　开
曹知白

纪委书记：齐爱芳（女，2019年4月止）
总经理：姚晨蓬
副总经理：盛　开
　　　　　秦广怡
　　　　　曹知白

杭州东部城市建设投资集团有限公司

董事长：沈军玉
董　事：陈　冰（女）
总经理：沈军玉
副总经理：陈　冰（女）

杭州大江东投资开发有限公司

董事长：泮炳锋（兼）
董　事：柴　明
　　　　祝江鸿
党委书记：泮炳锋（兼）
党委副书记：柴　明
党委委员：祝江鸿
总经理：柴　明
副总经理：祝江鸿

杭州大江东国有资产经营管理有限公司

董事长：胡文波
董　事：吴进华
副总经理：吴进华

（林　立）

新区机构全称及规范化简称

1.中共杭州钱塘新区工作委员会办公室（简称新区党工委办公室）
2.杭州钱塘新区管理委员会办公室（简称新区管委会办公室）
3.中共杭州钱塘新区纪检监察工作委员会（简称新区纪检监察工委）
4.杭州经济技术开发区人民法院（简称经开区法院）
5.杭州经济技术开发区人民检察院（简称经开区检察院）
6.中共杭州钱塘新区工作委员会政法委员会（简称新区党工委政法委）［杭州钱塘新区信访局（简称新区信访局）］
7.中共杭州钱塘新区工作委员会党群工作部（组织部）［简称新区党群工作部（组织部）］
8.杭州钱塘新区财政金融局（简称新区财政金融局）［杭州钱塘新区审计局（简称新区审计局）］
9.杭州钱塘新区经发科技局（简称新区经发科技局）［杭州钱塘新区统计局（简称新区统计局）］
10.杭州钱塘新区社会发展局（简称新区社会发展局）
11.杭州钱塘新区教育与卫生健康局（简称新区教育与卫生健康局）
12.杭州钱塘新区建设局（简称新区建设局）
13.杭州钱塘新区招商与人才局（简称新区招商与人才局）
14.杭州钱塘新区应急管理局（简称新区应急管理局）
15.杭州钱塘新区行政审批局（简称新区行政审批局）
16.杭州钱塘新区综合行政执法局（简称新区综合行政执法局）［杭州钱塘新区城市管理局（简称新区城市管理局）］［杭州钱塘新区综合行政执法队（简称新区综合行政执法队）］
17.中共杭州钱塘新区管理委员会机关委员会（简称新区管委会机关党委）
18.杭州市公安局钱塘新区分局（简称新区公安分局）
19.杭州市规划和自然资源局钱塘新区分局（简称新区规划和自然资源分局）
20.杭州市生态环境局钱塘新区分局（简称新区生态环境分局）
21.杭州市市场监督管理局钱塘新区分局（简称新区市场监管分局）
22.杭州钱塘新区企业服务中心（简称新区企业服务中心）
23.杭州钱塘新区招商服务中心（简称新区招商服务中心）
24.杭州钱塘新区行政服务中心（简称新区行政服务中心）［杭州市公共资源交易中心钱塘新区分中心（简称新区公共资源交易分中心）］
25.杭州钱塘新区农业水利发展服务中心（简称新区农业发展服务中心）
26.杭州钱塘新区产城融合建设发展中心（简称新区产城融合建设发展中心）
27.杭州钱塘新区建设投资集团有限公司（简称新区建设集团）
28.杭州钱塘新区产业发展集团有限公司（简称新区产业集团）
29.杭州钱塘新区城市发展集团有限公司（简称新区城发集团）
30.杭州东部城市建设投资集团有限公司（简称东部城投集团）
31.杭州钱塘新区总工会（简称新区总工会）
32.杭州钱塘新区城市有机更新指挥部办公室（简称新区城市有机更新指挥部办公室）
33.杭州钱塘新区“五大市场”管理办公室（简称新区“五大市场”管理办公室）
34.杭州钱塘新区重大交通项目建设办公室（简称新区重大交通项目建设办公室）
35.中华人民共和国钱江海关驻下沙办事处（简称钱江海关驻下沙办事处）

36.国家税务总局杭州大江东产业集聚区税务局（简称大江东税务局）
37.国家税务总局杭州经济技术开发区税务局（简称经开区税务局）
38.杭州市消防救援支队钱塘新区大队（简称新区消防救援大队）
39.国网浙江省电力有限公司杭州市钱塘新区供电公司（简称新区供电公司）

（新区管委会办公室 供稿）

先进名录

2018年度新区5个“十强”企业

财政贡献十强企业

长安福特汽车有限公司杭州分公司
玫琳凯（中国）有限公司
杭州默沙东制药有限公司
中策橡胶集团有限公司
杭州松下家用电器有限公司
杭州顶益食品有限公司
杭州安费诺飞凤通信部品有限公司
杭州九阳小家电有限公司
松下家电（中国）有限公司
杭州娃哈哈启力食品集团有限公司

工业产值十强企业

中策橡胶集团有限公司
长安福特汽车有限公司杭州分公司
浙江恒逸高新材料有限公司
杭州默沙东制药有限公司
广汽乘用车（杭州）有限公司
浙江双兔新材料有限公司
玫琳凯（中国）有限公司
玳能科技（杭州）有限公司
浙江巴陵恒逸己内酰胺有限责任公司
杭州九阳小家电有限公司

产业投资十强企业

杭州吉利汽车部件有限公司
杭州中欣晶圆半导体股份有限公司
格力电器（杭州）有限公司
浙江巴陵恒逸己内酰胺有限责任公司
广汽乘用车（杭州）有限公司
杭州士兰集昕微电子有限公司
杭州中美华东制药江东有限公司
杭州耕德电子有限公司
辉瑞生物制药（杭州）有限公司
杭州聚合顺新材料股份有限公司

服务业发展十强企业

杭州娃哈哈启力食品集团有限公司
杭州郝姆斯食品有限公司
杭州九阳生活电器有限公司
杭州悦萱堂化妆品有限公司
杭州长治建筑劳务有限公司
杭州网阔电子商务有限公司
杭州优买科技有限公司
杭州悠可化妆品有限公司
杭州微众电子商务有限公司
浙江米奥兰特商务会展股份有限公司

科技创新十强企业

杭州士兰集成电路有限公司
杭州新松机器人自动化有限公司
杭州捷诺飞生物科技股份有限公司
杭州格林达电子材料股份有限公司
浙江三花汽车零部件有限公司
杭州和利时自动化有限公司
泰瑞机器股份有限公司
浙江正洁环境有限公司
杭州三花微通道换热器有限公司
杭州先途电子有限公司

2019年度新区获浙江省AAA级“守合同重信用”企业

杭华油墨股份有限公司
杭州金毅科技有限公司
泰瑞机器股份有限公司
硕维科技（杭州）有限公司
杭州电缆股份有限公司
浙江方圆检测集团股份有限公司
杭州电力设备制造有限公司
浙江中财型材有限责任公司
浙江永泉市政园林工程有限公司
浙江美丽达被服有限公司
浙江荣辉建设有限公司

2019年新区获浙江省AA级“守合同重信用”企业

广州汽车集团乘用车（杭州）有限公司
浙江亿华工程建设管理有限公司
杭州永帝建设有限公司

明盛控股集团有限公司
浙江华东科技检测有限公司
杭州万南科技有限公司
杭州洪桥中科基因技术有限公司
杭州码全信息科技有限公司
杭州锐沃科技有限公司
浙江东方百富袜业制造有限公司
杭州和达市政园林建设有限公司
杭州华测检测技术有限公司
杭州经济技术开发区保安服务有限公司
浙江葫芦娃网络集团有限公司
杭州和达物流有限公司
杭州爱知工程车辆有限公司
杭州润亚农产品有限公司
杭州电化集团有限公司
浙江叁益科技股份有限公司
杭州荣峰建设有限公司
杭州汇海建设有限公司
杭州民宇建设有限公司
杭州万保箱柜有限公司
杭州美施服饰有限公司
浙江国蓬建设有限公司
杭州经济技术开发区资产经营集团有限公司
西门子（杭州）高压开关有限公司
杭州优科豪马轮胎有限公司
信雅达（杭州）计算机服务有限公司
浙江正洁环境科技有限公司
杭州下沙恒升化工有限公司
浙江华银非织造布有限公司
浙江康莱特药业有限公司
浙江朱道模块集成有限公司

2018—2019年度杭州市三八红旗手名单（新区上榜个人）

文　芳　新区白杨街道社区卫生服务中心门诊办
鲁小萍　新区钱江小学
周亚君　杭州祥祺农业科技有限公司
姚　臻　杭州纸友科技有限公司

2019年杭州市“最美敬老爱老”荣誉榜（新区上榜村社及个人）

杭州市“最美敬老爱老示范社区（村）”
新区河庄街道建设村
杭州市“最美敬老家庭”
汪华珍（家庭）新区义蓬街道落园村
杭州市“最美敬老签约医生”
1.最美十佳
高爱珍　新区新湾街道社区卫生服务中心
2.最美提名
费若男　新区前进街道社区卫生服务中心
吴世勇　新区下沙街道社区卫生服务中心
杭州市“最美故老爱老助老模范人物”最美提名
李圣焱　新区白杨街道闻潮社区
沈艳娟　新区临江街道临江佳苑社区
杭州市“最美长者”最美十佳
周妙奎　新区下沙街道松合社区

2019年新区“最美敬老爱老”荣誉榜

新区最美长者
周妙奎
俞长茂
金彩英
方毓明
新区最美敬老爱老助老模范人物
毛泉红
李圣焱
新区最美敬老签约医生
高爱珍
吴世勇
费若男
朱海军
新区最美敬老幸福家庭
沈士信与孙美珍家庭
李建万与李春燕家庭
新区最美敬老爱老示范村
河庄街道建设村
新区最美敬老爱老示范社区
白杨街道东郡社区
新区最美敬老爱老示范街道
下沙街道

媒体看新区

2019年新区在市级以上部分媒体报道情况

表59

序号	媒体名称	报道标题	刊登时间
1	人民日报	“我尽力了，但还是……”抗台风一线，他哭得让人心疼	4月8日
2	人民日报	侨聚科技创新英才　助力生物经济发展	11月27日
3	人民日报	绘就之江新画卷（长三角见证高质量发展·浙江篇上）	11月19日
4	人民网	杭州钱塘新区：破解两新党员工学矛盾问题	10月21日
5	人民网	全国首台境外人员住宿登记申报自助机在杭州启用	11月27日
6	中国人才网	杭州钱塘新区“一件事”窗口让人才安居乐业	12月2日
7	新华社	主动加码市场　投资能级提升——长三角部分外商追加投资调研	7月2日
8	新华社	柔性电子技术　惊艳远不止于折叠屏	7月17日
9	新华社	钱塘新区：内整外联提供产业发展新路径	9月6日
10	新华社	杭州钱塘新区举办市民体验日活动	11月30日
11	新华社	这位90后青年留下一句话，然后纵身一跃……	12月16日
12	央视新闻	“这么多线路跳了，我尽力了，但是还是感到无能为力”	8月11日
13	央视新闻	央视2019钱塘江国际冲浪对抗赛	9月16日
14	央视新闻	央视《中国地名大会》节目	1月4日
15	央广网	面对面解百姓难题　杭州钱塘新区邀百名市民感受新区发展	4月18日
16	科技日报	柔性电子技术　惊艳远不止于折叠屏	12月24日
17	中新社	钱塘新区携手浙江工商大学共建中国（杭州）跨境电商学院	6月27日
18	中新社	杭州钱塘新区官方LOGO全球发布	10月18日
19	中新社	钱塘新区发布“1+4+X”政策体系打造新制造业发展样板	10月19日
20	中新社	侨资侨智助力科技创新　总投资80亿元加码杭州生物经济	10月31日
21	中新社	杭州钱塘新区为引才顾问发聘书擂响全球募才鼓声	11月11日
22	中新社	百名浙商齐聚钱塘新区　共谋湾区经济发展未来	11月15日
23	中新社	杭州多方位服务来华外籍人士　让“老外”生活“不见外”	11月26日
24	中新社	杭州钱塘新区多举措解决企业“融资难”“融资贵”	12月8日
25	中新社	借力30个重大项目　钱塘新区擘画高质量发展蓝图	12月12日
26	中新社	钱塘新区人才分类认定和人才安居补贴申请全面启动	12月13日
27	中国组织人事报	做好“四篇文章”促进两新组织党员学习教育扎实深入	11月14日
28	中国经济时报	杭州钱塘新区吹响高质量发展进军号	4月22日
29	中国经济时报	杭州钱塘新区全面实施“新制造业计划”	11月11日
30	新浪网	浙江省政府批复：杭州成立钱塘新区下沙大江东合并	4月4日
31	新浪网	杭州钱塘新区规划纲要初步成果　未来钱塘新区长这样	9月24日
32	新浪网	钱塘新区战略规划出炉　未来新区长这样	9月25日
33	新浪网	犹如朝阳！杭州钱塘新区官方LOGO来了	10月18日
34	新浪网	承接进博会红利，杭州钱塘新区在上海举办首场招商推介会	11月13日

续表59

序号	媒体名称	报道标题	刊登时间
35	新浪网	杭州钱塘新区举办市民体验日活动	11月30日
36	新浪网	钱塘新区市民体验日，让你更懂新区	11月30日
37	新浪网	区校合作，共话未来！钱塘新区“浙子回归梦钱塘”工程推进大会圆满召开	11月30日
38	新浪网	杭州钱塘新区重大项目集中开工投产　总投资663亿	12月11日
39	网易新闻	钱塘新区的核心在哪里？	4月16日
40	网易新闻	钱塘新区，“1+1>2”	4月19日
41	网易新闻	杭州钱塘新区未来啥样？一图看懂新公布的战略规划	9月24日
42	网易新闻	钱塘新区篇（六）：打造国际一流营商环境　钱塘新区为企业	11月20日
43	腾讯新闻	大风刮倒的白杨树怎么办？图书馆全新岗位等它来！	8月20日
44	腾讯新闻	只要跑一次提交一次材料　杭州钱塘新区首推“人才一件事”	8月22日
45	腾讯新闻	钱塘新区党建“朋友圈”扩大这些事我们一起努力！一起点赞！	8月30日
46	腾讯新闻	好消息！10月8号起过江不再“卡”原江东大桥收费站将停用	9月5日
47	腾讯新闻	中西合璧！钱塘新区着力打造人工智能+生物医药的“杭州模式”	9月5日
48	腾讯新闻	来了！《杭州钱塘新区规划纲要》发布　三大战略助新区腾飞江东	9月24日
49	浙江卫视	杭州钱塘新区战略规划正式发布！规划2035　展望2050	9月24日
50	浙江卫视	长三角区域一体化发展：浙江“四大新区”集中发力　打造新增长极	12月7日
51	浙江日报	杭州钱塘新区获批设立	4月2日
52	浙江日报	人才关心事　一站式搞定	8月25日
53	浙江日报	从隔江对望到跨江合体——钱塘新区，生逢其时	4月19日
54	浙江日报	浙江大湾区装上新引擎	8月26日
55	浙江日报	杭州钱塘新区创推“六人工程”新模式打造美好教育先行区	9月10日
56	浙江日报	杭州钱塘新区“拓：”出一片新天地	9月23日
57	浙江日报	奋进高质量　发展新征程	10月22日
58	浙江日报	打造“人才社区”汇聚全球英才	12月18日
59	浙江日报	杭州钱塘新区LOGO邀您来设计	6月18日
60	浙江日报	发布新规划、新政策、新行动和官方LOGO杭州钱塘新区未来这么干	10月18日
61	浙江日报	重磅！钱塘新区未来产业发展方向定了	10月18日
62	浙江日报	范围更广力度更大！钱塘新区“人才礼包”今起“发货”	12月13日
63	钱江晚报	一路奔跑：从浙江制造到世界智造	4月18日
64	钱江晚报	奋力书写高质量发展的钱塘篇章	4月19日
65	钱江晚报	杭州钱塘新区LOGO邀您来设计	6月18日
66	浙江之声	中科院肿瘤与基础医学研究所落户杭州钱塘新区	6月20日
67	浙江之声	瞄准世界肿瘤医学发展前沿和源头创新！中科院肿瘤与基础医学研究所落户杭州钱塘新区	6月20日
68	浙江在线	重磅！浙江省政府批复同意设立杭州钱塘新区	4月4日
69	浙江在线	涌金楼|杭州钱塘新区“新”在哪儿？拥江时代超乎想象	4月14日
70	浙江在线	一个拥江时代的钱塘新区，来了！	4月18日

续表59

序号	媒体名称	报道标题	刊登时间
71	浙江在线	杭州钱塘新区正式授牌！千亿级新区来啦！	4月18日
72	浙江在线	新设立的杭州钱塘新区　举办了第一场属于自己的大型赛事	6月3日
73	浙江在线	钱塘新区将迎来一所三甲医院	6月21日
74	浙江在线	聚焦肿瘤治疗　两个中科院项目正式落地钱塘新区	6月21日
75	浙江在线	杭州钱塘新区战略规划发布	9月25日
76	浙江在线	新政策+新规划　钱塘新区打出产业“组合拳”有何深意	10月19日
77	浙江在线	吹响加速前进“冲锋号”钱塘新区未来这么干	10月19日
78	青年时报	犹如朝阳！很“未来”　杭州钱塘新区官方LOGO昨发布	10月19日
79	青年时报	2019第二届柔性电子国际学术大会在杭召开	7月16日
80	青年时报	潮涌钱塘　演绎“拥江发展”全新篇章	10月1日
81	青年时报	钱塘新区首推“人才安居乐业一件事”窗口	8月27日
82	青年时报	贯彻落实“新制造业计划”，钱塘新区发布“十大举措”	10月10日
83	科技金融报	聚焦数字经济及智能制造高端服务业	8月23日
84	科技金融报	高质量发展动力十足！国际人才交流与项目合作大会在杭州钱塘新区举行	11月11日
85	科技金融报	钱塘新区招才引智又出大招	11月12日
86	科技金融报	引金融活水　促新区发展	12月10日
87	科技金融报	百名浙商走进大湾区杭州钱塘新区	11月15日
88	杭州电视台	国际人才交流大会助力钱塘新区打造“人才高地”	11月11日
89	杭州电视台	10项高层次人才项目　落户钱塘新区	11月11日
90	杭州电视台	重磅！阿里巴巴、格力、吉利、顾家、得力普乐士……30个项目今天在钱塘新区“开花结果”投资额超六百亿	11月18日
91	杭州日报	袁家军在推进杭州钱塘新区高质量发展大会上强调奋力书写高质量发展的“钱塘篇章”	4月19日
92	杭州日报	把钱塘新区打造成宜居宜业的产业新城周江勇在钱塘新区开展“调研解难题、深化‘三服务’”活动时强调	4月19日
93	杭州日报	杭州市首个综合保税区验收通过整合优化，园区功能扩大再升级	6月12日
94	杭州日报	中科院肿瘤与基础医学研究所落户钱塘新区一期项目预计年底前投入使用	6月23日
95	杭州日报	首批杭州制造8英寸硅片昨下线芯片设计领域步入全国第一方阵	7月1日
96	杭州日报	为生物医药创新之城添砖加瓦华东医药加快转型打造创新型跨国药企	7月19日
97	杭州日报	钱塘新区这个窗口真方便—50项人才服务事宜一次搞定	8月23日
98	杭州日报	大创小镇：“双创”路上竞分流	8月28日
99	杭州日报	贯彻“新制造业计划”　钱塘新区奏响最强音	10月20日
100	杭州日报	重磅！钱塘新区战略规划出炉！5G、自动驾驶、数字丝绸之路……新区未来是这样	9月25日
101	杭州日报	凝神聚力打造最强杭州铁军	11月17日
102	杭州日报	自住率跃至七成　逾千户居民回归钱塘新区伊萨卡社区是怎么做到的?	11月21日
103	杭州日报	打造全市高质量发展的重要增长极	12月12日
104	杭州日报	杭科职院发挥产教融合办学优势共建国家级“智能制造”公共技能实训基地	12月17日

续表59

序号	媒体名称	报道标题	刊登时间
105	杭州日报	浙江省未成年人成长教育基地正式开放	12月25日
106	杭州日报	钱塘新区全面落实“新制造业计划”力争三年引进亿元以上制造业项目60个以上	10月9日
107	杭州日报	一个拥江时代的钱塘新区，来了！以大整合推进新区高质量发展，打造标志性战略性改革开放大平台	4月18日
108	杭州日报	钱塘新区打造全省标志性战略性改革开放大平台杭州东部双创新高地长三角高质量发展增长极	6月13日
109	杭州日报	钱塘新区大跨步迈入建设“进行时”把推进主题教育和推动高质量发展有机结合	7月9日
110	杭州日报	钱塘新区潮涌钱塘万象新	10月1日
111	杭州日报	全力以赴推动高质量发展钱塘新区这一年：风帆正满　砥砺前行	12月6日
112	杭州日报	钱塘新区以改革获得感书写“跑改”成绩单	12月26日
113	杭州日报	杭州综合保税区正式开关运作	7月24日
114	杭州日报	政银企党建联盟隆重成立，共创多赢局面，新区这场大会干货满满	12月5日
115	杭州日报	打通基层党建最后一公里白杨街道布局街社两级党群服务中心	12月6日
116	杭州日报	张雪领被授予　杭州市“见义勇为勇士”称号	12月14日
117	杭州日报	钱塘新区硅谷钱塘中心在美启用	12月24日
118	杭州日报	“潮益荟”扶贫公益党建联盟刚刚成立，新区对口支援工作再升级！	12月28日
119	杭州之声	“钱塘新区”正式成立	1月6日
120	杭州之声	2019侨界精英齐聚杭州钱塘新区	10月31日
121	杭州之声	走！相约城市阳台去钱塘新区两新日看看	12月28日
122	杭州网	钱塘新区：是历史的选择也是历史的必然	4月5日
123	杭州网	钱塘新区前进街道扫黑除恶工作深入扎根基层	4月26日
124	杭州网	未来已至！杭州钱塘新区汇聚全球专家学者共探“柔性电子技术”前沿	7月19日
125	杭州网	《杭州钱塘新区规划纲要》正式发布建设三大战略圈	9月24日
126	杭州网	钱塘新区规划昨天发布	9月25日
127	杭州网	钱塘新区多了一个“境外人员服务站”59项服务来这里一站搞定！	11月27日
128	杭州网	以党建“红色基因”助力生物医药产业发展！杭州钱塘新区生物医药党建联盟成立	11月30日
129	杭州网	观时代变迁　解百姓难题！杭州钱塘新区携百位市民看看“新区这一年”	11月30日
130	杭州网	区校合作“最强音”！杭州钱塘新区与14所高校签订全面战略合作“校友经济”成为发展新引擎	12月6日
131	杭州网	缓解企业“融资难”杭州钱塘新区成立政银企党建联盟	12月6日
132	杭州网	总投资663亿元！杭州钱塘新区迎来30个重大项目集中开工、竣工投产	12月11日
133	杭州网	人才福利大放送！“杭州钱塘新区人才就业服务网”正式上线试运行	12月13日
134	杭州网	钱塘新区扶贫成绩亮眼，这个党建联盟的成立助帮扶工作再升级！	12月28日
135	杭州网	运行一年多，浙江省内首个“汽车党建联盟”交出怎样的“成绩单”？钱塘新区来汇报！	12月28日
136	杭州网	党建能够玩出哪些“新花样”？快来钱塘新区“两新日”活动现场寻找答案！	12月28日
137	都市快报	钱塘新区规划昨天发布	9月25日
138	都市快报	钱塘新区刚诞生　大家就盼望它升级为浙江省第二个国家级新区了！	4月5日

续表59

序号	媒体名称	报道标题	刊登时间
139	都市快报	跨江合并	4月5日
140	都市快报	钱塘新区：是历史的选择，也是历史的必然	4月5日
141	都市快报	大江东“牵手”下沙让我们再来认识一下这隔江相望的两兄弟	4月5日
142	都市快报	大江东人最期待什么？教育资源共享！	4月5日
143	都市快报	杭州大事件钱塘新区昨正式授牌	4月19日
144	都市快报	杭州钱塘新区融媒体中心上线试运行	6月11日
145	每日商报	钱塘新区再添一家顶尖研究院中国药科大学（杭州）创新药物研究院揭牌成立	5月13日
146	每日商报	钱塘新区未来产业发展方向定了—四只“鸟”引领新制造腾飞—博士最高可补贴134万	10月19日
147	每日商报	钱塘新区推出“钱塘人才卡”7大类20多项便利服务打造“人才特区”	11月11日
148	每日商报	高校人才项目最高给予1亿元支持钱塘新区壮大校友经济出实招	11月30日
149	每日商报	56秒下线一辆广汽汽车地铁8号线预计明年运行百名市民代表近距离感受钱塘新区发展	12月2日
150	每日商报	发力五大产业集群，打通安居乐业一件事钱塘新区迈向产城融合新局面	12月6日
151	每日商报	钱塘新区特别报道	10月19日

（陶　青　吴　兵）

钱塘故事

1.围垦：下沙是一块新生的土地

题记：今天，当我们走在杭州城东亮丽的新兴城区和下沙大学城的时候，谁曾想近50年前的1970年，这里还是钱塘江潮水肆虐的一片沙地滩涂。“那时候，我们用了整整10年时间，在这里完成了一项惊天地、泣鬼神的伟大工程——下沙围垦。”如果从1953年治理钱塘江北岸的坍江算起，下沙围垦实际上经历了28年的时间。在这段时间里，这里的人民以大无畏的精神，用最原始的工具和人海战术的方式，硬是从钱塘江汹涌潮水的吞噬里，用围堰的办法夺田筑堤，共造地10万余亩，缔造了一次次人间奇迹。今天，我们采访到了下沙围垦的见证者和参与人、原下沙乡乡长吕来土老人，他向我们讲述了下沙围垦的艰难历程。

讲述人：吕来土

今天，当我们走在杭州城东亮丽的新兴城区和下沙大学城的时候，谁曾想近50年前，这里还是钱塘江潮水肆虐的一片沙地滩涂。钱塘江大潮举世闻名，历代文人墨客更是对其赞赏有加。但是，在沿江百姓的眼里，钱江潮带来的却是灾难。吕来土老人说：“我童年时期是在新湾度过的，1946年我家第一次遭遇坍江灾害，同年12月搬到下沙这个地方。1953年又受到坍江的威胁，坍落了盐区的翁东乡、翁中乡、翁西乡，存下了高沙村，后来并入下沙乡。那两次坍江灾害，给沿江人民造成了极大的生命和财产的伤害，那时候由于生产力低下、科技也不发达，新生的人民政府只能看在眼里、急在心里，在抢险救灾的同时，组织和发动乔司农场、下沙公社的人民，开始了艰苦卓绝的抛石堵口、筑堤围坝、保滩护岸等永久性工程。至1965年，钱塘江北岸先后完成了1号大堤，筑堤9700米，围涂15300亩；2号大堤，筑堤7650米，围涂13100亩；3号大堤，筑堤19640米，围涂33200亩；四格围堤，筑堤2229米，围涂1345亩。至此，汹涌的钱塘江大潮终于被挡在了堤岸之外，我们不仅有了安身立命的土地，而且江堤不再游移，起到了固沙促淤作用，形成了大片滩涂，为以后的下沙围垦创造了条件。”

“围垦要在最冷的时候来搞。因为一方面，潮水比较小，容易操作，另一方面，那个时候公社都靠集体生产，秋收结束了，大家也都有时间。但冬天搞围垦也最苦，江面经常结冰，天经常下雪，但大家都不怕苦、不怕累，从那时候起就形成了围垦精神。”1972年我就担任了下沙人民公社副社长，与下沙公社广大农民群众同吃同住。1974年8月19日的一场强台风、暴雨、大潮三碰头灾害袭击下沙，4号、5号、6号11538米大堤和圩内万亩地被冲得荡然无存。这场灾难不仅让几年围垦的成果毁于一旦，而且使下沙人民付出了沉重的生命和财产的代价。面对潮水过后的惨状，承受着方方面面的压力，我们总结了三年围垦毁于一旦的教训：急于求成，抛塘石料跟不上工程进度。我们决心重整旗鼓再战一次！围垦指挥部的意见得到了县委的支持，指挥部根据围垦与治江相结合的工程要求，决定扩增参围单位，在前期4个公社的基础上，增加了星桥、小林、双林、亭趾、五杭、博陆6个公社。

“后来我当了下沙乡乡长。那时候，在上级领导带领下，我和12个村的村民一起参加过多次围垦，其中最大的一次就是1978年的围垦。下沙围垦中也有一支以数万基干民兵为骨干的生力军，他们以军人的作风投入战斗，起早摸黑，你追我赶，仅用5天时间，就挑土45.5万立方米，修复被毁大堤200余米。在他们的感召下，原先参围的4个公社的‘老围垦’们也不甘示弱，2万多人仅用了7天时间，就完成了被毁大堤的修复，重新围涂10982亩。”吕来土说道。

“为了完成任务，只要有工作能力的人都上阵，最大的79岁，最小的15岁，学龄前儿童进了工地临时搭建的草舍托儿所、幼儿班。大人们白天劳动，晚上几十个人挤在临时搭的草舍里睡觉。几万人的围垦工地非常壮观，也产生了很多可歌可泣的先进事迹，好人好事层出不穷，先进人物俯拾皆是。当时唯一的褒奖就是广播表扬，没有物质奖励。当时我们这些工地各级指挥部的大小干部与民工们同喝咸水，同住草舍。当时的工地上还有一些带绰号的人物，他们是‘拼命三郎’张承模、‘黑旋风’陈圃兴、‘翻江鼠’施松林、‘神算子’赵木水、土木工程师周阿根、‘老沙头’周毛姑……这些绰号都为大家熟知。”

如果没有下沙公社老一辈艰苦卓绝的探索，以及不怕吃苦、不怕流血、不怕牺牲的无私奉献，就没有我们现在如此繁华的新城，我们应该记录并永远记住他们开拓创新的围垦精神，铭记历史，面向未来。

（采写：田振华）

2.围涂：沙地是围垦精神发源地

题记：围垦是造福子孙万代的宏伟业绩，是一代人奋力拼搏的最好见证。大江东围垦是中华人民共和国成立后，经历年筑堤圈围、开发建设而成的钱塘江畔的新土地，它很好地开发利用了钱塘江滩涂资源，缓解了人多地少的突出矛盾。自1966年开展大规模围垦以来，共围滩涂50多万亩。这一壮举被联合国粮农组织称为“人类造地史上的奇迹”。河庄街道是围垦一工段所在地，也是我们围垦精神、沙地精神的发源地，今天我们采访到了围垦见证人、河庄新围村村民茹德茂老先生。作为围垦的见证人和亲历者，他向我们讲述了围垦的来龙去脉和自身见闻。

讲述人：茹德茂

大江东围垦实际上凝聚了几代人的心血。茹德茂老先生说：“我小的时候这里就开始了围垦，那时候主要是以农民自发为主的围垦，后来因纳入钱塘江整治总体规划，因而有了永久成陆地的可能。各级政府和人民群众统一认识，从思想上到行动上将治江与围涂真正结合起来协同作战，是在20世纪60年代中期。1966年下半年，浙江省、杭州市、萧山县联合在9号坝下游凹囊内围得毛地2.25万亩，揭开了大规模围涂的序幕，其中英雄金天佑在造闸工具掉入水中后，不顾寒冷跳入水中打捞工具，潜水一个下午终于将工具打捞上来，但留下了后遗症，积劳成疾，早年去世。金家后人主张用科技的办法去抗争自然灾害。从那时起，一期期大规模的围涂应运而生，至1995年，共进行了17期万亩以上的围涂，其中的几次围涂战役在大江东尤其是围垦史上具有重大意义。”

作为围垦的见证人和参与者，茹德茂老先生说道“我们这一带的围垦主要集中在20世纪60年代末期，是在‘大跃进’之后集中进行的，大约进行了5次大围垦。那时候因为人多地少，这里都是钱塘江。县委发出了围垦的号召。那时候几千人一起参与围垦，只要16岁以上，会挑挑子的都去围垦，女的也会参加。那时候大家积极性很高，都热烈响应毛主席‘集中力量办大事’这一号召。1968年的3.6万亩围垦，是历次大规模围涂中最具攻坚性的一次。赭山湾整治工程基本完成后，钱塘江主槽趋向东北，上世纪四五十年代坍失的白虎山至蜀山段南沙大堤外滩涂重新淤涨，至1968年已达到可围高程。此块滩涂因西、北、东三面临江，需三面筑堤，故是围垦史上难度最大的一次围涂战役。为了落实勘察、设计、组织、施工、抢险等责任，1968年6月成立瓜沥地区围垦指挥部，7月，该指挥部组织瓜沥地区（时为大区，包括义蓬区、瓜沥区）15个公社、2个镇进行围涂。12月3日工程竣工，围得毛地3.6万亩。该块滩涂的围成，犹如在该段南沙大堤西段筑起了一座巨大的‘丁坝’，使其东面逐步淤涨起大片滩涂。于是，就有了1969年的2.7万亩围垦、5.2万亩围垦和1970年的军民联围10万亩围垦等。可以说，1968年的围垦是大江东围垦的起点，所以这里被命名一工段。自此往后，分别二工段、三工段，一直至二十二工段，没有3.6万亩围垦，就没有其东面后来的块块围垦地。”

最值得一提的是军民联围10万亩围垦，这是当地围垦史面积最大的一次围涂。“那时候人山人海，军民一起出动。1969年2.7万亩和5.2万亩围垦围成后，其东侧及南部新湾丁坝至十二埭闸大堤东侧淤涨起大片滩涂，有近10万亩。省革命委员会决定由中国人民解放军驻浙某部、南京军区浙江生产建设兵团和萧山县在此联合围涂，并成立浙江省萧山县军民联合围垦指挥部，县围垦指挥部负责具体施工。围涂分两期进行。第一期工程先围北块滩涂。1970年11月20日开工，25日竣工，参加围涂的有：中国人民解放军驻浙某部、南京军区浙江生产建设兵团二师六团和八团，靖江、义蓬、南阳、卫东、瓜沥、坎山、闻堰、戴村、楼塔、所前、城南、裘江、螺山13个公社，军民日出工7万人，围得毛地592万亩。第二期工程围南块滩涂，仍由上述单位参加，日出工6万人。1971年1月15日动工，21日完工，围得毛地3794万亩。”

那时候，虽然大家都以极高的兴致参与围垦，但当时围垦的条件十分艰苦。大家都住草棚，睡泥地，饮咸水。重要的是，冬季气温比内陆低很多，风力也要强很多。历次大规模的围涂战斗中，具体负责围涂工程的市（县）领导与区、乡镇（公社）领导一起，均亲临前线指挥，与广大民工同吃同住，冒严寒，顶北风，赤脚踏冰，挖河筑堤。20世纪60年代和70年代，我们的收入非常少，大家只吃得起咸菜、萝卜干，但要消耗很大的体力，每天要挑土3～5立方米，而抢险护堤和劈山采石更是冒着生命危险。

围垦是造逼一方、成就子孙后代的丰功伟业，是人类造地史上的奇迹，是新时代“创世纪”。正是由于干部、群众不屈不挠的献身精神，才铸成这一伟大事业。从曾经“潮来水汪汪，潮退白茫茫”的一片滩涂，到如今美丽富庶的村庄，是几代人励精图治、奋力拼搏的最好见证。今天我们站在新区大地上享受着美好生活，我们永远也不会忘记，是曾在这里开疆拓土的前辈们用生命和鲜血换来的这一切。

（采写：田振华）

3.老街：头蓬曾是沙地的小上海

题记：头蓬老街始建于清乾隆四十二年（1777），历经了200多年风雨，近700米长的老街，铭刻着岁月的痕迹。这里，历史上曾商贾云集，市场繁荣，被称为“小上海”，也曾在时代的动荡中浮浮沉沉，命运坎坷。而今，伴随着全面的改造升级，头蓬老街迎来了新生。今天，我们采访到了头蓬老街的见证人——义蓬街道仓北村的陶明牛老先生。

讲述人：陶明牛

展现在我们眼前的是一幅头蓬版的《清明上河图》。

伴随着画卷的徐徐展开，店铺、诊所、学堂、宗祠、教堂鳞次栉比，车、马、牛往来其中，小桥流水人家，商贸繁荣兴旺。对头蓬街道退休教师陶明牛而言，他70多年前生活的故乡——头蓬老街的景象依然历历在目、生动如斯。作为地区商贸发展的重要见证，头蓬老街历史上就是钱塘江滨重要的航运码头，有着“小上海”的美誉。

那时候，大宗的盐、棉、杂货等需要借助货船从钱塘江送抵嘉兴、湖州、上海等地，那边的大米、工业品、南北货也需要用船运回，乃至周边地区的货物也会在头蓬一带吞吐，久而久之，这里商贾云集，热闹非凡。老街两侧商铺林立，繁华似锦，众多手工艺人的加入更增添了这里的灵秀之气，做蒸笼的、箍桶的、弹棉花的……各类能工巧匠在这里大显身手。可以说，头蓬老街承载着大江东一代代人的回忆与乡愁，也见证了钱塘江南岸的潮起潮落。

“这幅图画的是1935年的头蓬老街，那时算是旧时头蓬发展的鼎盛期，房子很多，商铺也很兴旺。”从陶明牛的画中，很多年轻人得以领略头蓬老街当时的辉煌，而这幅画更是凝结了多位老人的心血。原来，早在2006年，义蓬街道头蓬社区的张秋生老人就组织了20多位老年人为绘制头蓬老街图四处收集素材，历时5年最终完成。“我就是在这幅图的基础上，把原来的平面图转化成立体图。”当看到张秋生画出的平面图时，陶明牛决定用自己的笔把平台面图变成有形有状的立体图，从而更直观、生动地展现出头蓬旧貌。

“我是边画边采访，经常是根据平面图画不下去了就跑出去找一些老人聊一两个小时，请他们回忆当年的头蓬，然后回来继续画，每座建筑的位置、风格、结构都一一考证，有时候一个地点就要跑十几趟。”通过3年的点滴努力，老街曾经的商店、家宅、一草一木、一桥一路在陶明牛的笔下逐一被还原。近年来，在这一稿的基础上，陶明牛又在图中加入车、马、人等动态事物，展现老街历史上的风土人情，让老头蓬真正“活”起来。他的老头蓬版的《清明上河图》得到了头蓬人的一致认可，还经常被送出去比赛。他坦言，为老街画像是他最为自豪的事情。

在创作过程中，陶明牛也发现，在时代快速前进的步伐中，头蓬老街真的变“老”了。伴随着大江东新城的商业中心、新兴小区的拔地而起，老街两旁的商铺渐渐变得冷清，房子年久失修、基础不牢，其中不少还是C级、D级危房。同时，狭小拥挤的老街只能勉强让一辆小轿车驶过，一旦木质建筑发生火灾，消防车开不进来，消防安全隐患极大。

此外，老街区块发展缺乏有效规划，污水排放设施不完善、街道立面不协调、道路空间不合理等现象随处可见，严重影响了老街人的日常生活。“老街需要一次改造，但老人们一开始并不赞同，毕竟这里的一草一木都寄托着他们的感情，他们不愿轻动土木，经过社区的多次协商讨论，许多街坊对于老街的改造才表示支持与理解。”陶明牛说。

2017年初，头蓬社区完成了人员撤离，拆除危旧老房，进行施工改造。改造工作充分借鉴老街的历史，以微派复古建筑为统一风格，白墙黑瓦、二层小楼，努力保留老街老底子的味道。同时，地下管网雨污分流，地上狭小的过道被扩成6米宽的步行街，过去的水泥路由石板路代替，一系列基础配套设施也已完工，老街焕发出新的生命。

而在不久的将来，头蓬老街还会有自己的展览馆。陶明牛的老头蓬版《清明上河图》也将在那里展出，继续诉说老街的故事，他很期待那一天的到来。

（采写：李　坤）

4.棉花：钱塘江畔的艰辛与荣光

题记：当年，棉花是钱塘江畔大部分村庄的主要经济作物之一，在人们的生活中发挥着重要的作用。今天，我们准备走进当年长征村村委书记朱阿刚老人家中，感受他们当年种棉花的经历的苦痛与艰难，更深入地了解当时的历史。

讲述人：朱阿刚

1953年出生的朱阿刚老人现在精神看起来仍然很好，他身材偏瘦，皮肤黝黑，目光有神，说话铿锵，岁月没有洗尽的是他身上的那股精干果断的气质。

“我们长征村7个大队迁到了钱塘江边，也就是现在这里的前进。”也就是从那时候开始，钱塘江畔一段轰轰烈烈的新征程，开始被浓墨重彩地书写。那一年，朱阿刚成为一名光荣的共产党员，3年后，他当上了长征村党支部书记兼村主任，开始带领长征村村民在1000多亩的土地上辛勤耕种，挥洒汗水。

棉花原来一直是钱塘江边沙地片的主要经济作物之一，特别是计划经济年代，沙地片一个村的耕地有三分之一种了棉花，因为要上缴国家销售任务。那个时候任务很重，除了棉麻蚕桑，沙地片没有其他经济来源。上沙地的土地并不肥沃，便因地制宜地选择了种植棉花。

棉花好看，棉布好穿，耕种过程却复杂艰难。

种棉的时间比种麻略迟，一般是在“荷花脚跟”，大约是荷花都开了，五月初的样子开始下棉籽。原来沙地的本棉籽产棉量低，棉球又硬，种棉的收成不好。后来国家下拨了棉籽，称“洋棉花”，种出的棉花又大又软，和现在新疆的长绒绵相似，产量也提高不少。

种棉花最重要的活是治害虫、摘棉花。有一年，棉铃虫害大爆发，当时的棉花品种抗病虫害的能力很差，农药的效果也不好，肆虐的棉铃虫嚣张地啃食着棉花的新芽，朱阿刚看到，心急如焚。急忙去周边农药多的村镇讨农药，实在没有办法，甚至用最古老的办法——用手去抓，可还是收效甚微，但沙地人都不怕吃苦，收效少，就多花时间，多花力气，多流汗水，无论花再多力气，都要把虫害治好。

虫害治好了，棉花长势喜人。棉花白，桃子黄，八月吐絮，霜降收获。收棉花也是大活，需要手工一朵一朵去摘，摘下来是籽棉，一亩地能有四五百斤中，把棉籽轧出，称为“皮棉”，皮棉可以用来蓬棉花、做棉被。

那个年代，沙地人家很多是一床棉被用一辈子的，用得又冷又硬，但总比没有好。虽然种棉花，但都要卖给国家，完成任务，能留下的棉花很少。到不是计划经济的年代，可以不上缴了，还有不少人家种棉花，种了棉花，可以自己蓬成棉被。新花棉被，又软又暖和，睡在新花棉被下面，连梦都是香的。朱阿刚说，沙地人都很节俭，如果过得去，一般人家也不愿意换棉被，棉花省下来，派用场。

棉花原来在沙地最大的用场是纺成棉纱，织土布衣服，大襟衣裳，很厚实，穿十年也不会破，但下到水里会变得很硬，不好洗，要用脚踩，用棒槌打。把棉纱浸了色彩，可以染成彩线，织成彩带，用来绑缚新嫁娘的嫁妆。新嫁娘的嫁妆里面，新花棉被是必不可少的，哪怕再穷，这嫁妆里面也必须有新被子，而且越多越好。

结婚拜堂，来喝喜酒的人必先看新房。看新房时，必看床上的棉被多不多、好不好。棉被要用新花，被面要用缎了，一条一条，高高地垛在床上，小山一样。来看的人就觉得满意了，这对新人以后的生活会很舒心。

收了棉花，交了皮棉，棉籽留下来，可用来榨油。棉籽油在朱阿刚的记忆里，是又稠又香，隔了几十年，他似乎仍可以闻到那一股遥远的香味，比现在的色拉油、橄榄油香得多。沙地人就是这样，十分节俭，什么都不会浪费，现在的人们，怕不会想到还要把棉籽拿去榨油！

不过，到八九十年代，市场开放，就经济效益来说，种棉花并不高，沙地很多人开始改种水稻。水稻可以出米，米可以做饭，这对老百姓的生活来说，更加重要。棉花开出的那朵纯白的花，从沙地上渐渐消失，只开在沙地人的记忆里了。

和当年比起来，现在的生活已经殷实太多太多。“当年要自己蓬棉花，做棉被，现在都是现成的，鸭绒、蚕丝、棉花，可以随便挑。当年要自己织土布，现在白送给你，你也不要穿，随便买一件，都是又便宜又漂亮。当年一家最多有一辆自行车，现在很多人家里基本上都有了小轿车。以前沙地泥泞的小路，现在也早就变成了多车道的大马路、水泥路。”说着，朱阿刚老人嘴角自然流露出了微笑。在他身上，有着钱塘江畔沙地人特有的腼腆，也有着沙地人特有的勤俭勇敢，朴实如一朵籽棉，开在沙地之上，虽饱经艰辛，却终于开出纯棉的花朵。正是经他们勤劳而朴实的双手，这片土地上才充满了激情与活力，才开满了幸福的花朵。

（采写：钱思衡）

5.蜀山：埋藏着钱塘最深的历史

题记：山不在高，有文物则灵。在一马平川的钱塘江畔，蜀山拔地而起，它虽然只不过是一座方圆不足一公里、高不过百丈的小山丘，但一样显得非常起眼。更重要的是，它身上掩藏着数千年历史的奇珍异宝，多少文物曾在这里被发现，这里已经成为这一带历史文化的标签。文物是历史的一种见证，认识历史才能更好地认识当下，才能照见未来。今天我们采访到了蜀山文物保护管理员、河庄街道的屠世川老人，作为近年来蜀山文物考古发现的见证人和蜀山文物的积极保护者，他向我们讲述了蜀山文物的前世今生以及蜀山保护的历史变迁。

讲述人：屠世川

“蜀山就在我们村子的北面，这个遗址是1956年的时候经考古发现的。考古队来这里考察的时候，我父亲就去蜀山开过两次会，然后我就知道那里有文物。但那时候我们还不太相信，也不知道文物有什么价值。后来听说在考古队挖掘下，山上出土了青铜予、纺轮、稻谷灰化石、鹿角等100多件文物、陶片10余筐。这些文物都是研究这一带历史文化的重要物件。”屠世川老人一边讲述，一边翻着文物画册给我们看。

《神州古史考》记载：“以蜀国之铜材扣临平之石鼓，此山故名，上有蜀山洞，潮决沦入海。”蜀山的历史，最早可以追溯到公元前3300年的良渚文化时期。遗址出土器物232件以及大量的碎陶片、原始瓷片等遗物。发掘分南区、北区两块分别进行，南区文化层保存程度较差，北区保存较好。其文化层可分为三期：第一期为良渚文化时期，包括南区的第7层和北区的第6层，基以M1、M2出土的鱼鳍鼎、黑皮陶中的豆和贯耳壶为代表；第二期为商至西周早期，包括南区的第6、5、4层和北区的第5、4层，出土有青铜器、石器、骨器、陶器等，其器物主要特征均与湖熟文化相仿；第三期相当于西周前、后期，包括南北两区的第3层，出土遗物较丰富，印纹硬陶和原始瓷器增多。

“在围垦之前我们这里全部是钱塘江，蜀山原是钱塘江边一座小山，历史上钱塘江几度改道。蜀山忽南忽北，变化不定。过去还有个传闻，说是海盗将这些文物藏到了蜀山。蜀山虽然只不过是一座方圆一足一公里、高不过百丈的小山丘，但一样显得非常起眼。更重要的是，它身上掩藏着有数千年历史的奇珍异宝。”屠世川说道。

“我在20世纪80年代初期是开拖拉机的。那时候‘文革’刚刚结束，受到旧思想、旧观念的影响，我们这里文物保护的意识还不是很强。那时候蜀山作为开采的对象，经常被爆破，现在只有东北端有一定范围的印纹陶堆积，属于文物保护区，尚未被开采，其他地方基本都被开采过。那时候我开着拖拉机到山上拉石头，能捡到很多文物，也有很多文物丢失了，我在1980年和1982年的时候各捡到一块文物。1982年，考古队过来考察，我把收藏的玉璧等都上交了。刚捡到时我们不知道这些是文物，只知道它们跟石头是不一样的材质，更不知道它们有这么高的价值。我捐出的这两块文物，现在每块都价值近十万元。但我绝不后悔，因为我知道这些文物对国家非常重要，而且现在我作为蜀山文物管理员，每年都有资格到山上去考察，我捐赠的文物也被放到了博物馆里，我感到非常骄傲。”屠世川笑着说道。

作为多水的地带，蜀山的存在显得异常重要。蜀山遗址被确认为是浙江省现存的一处高祭台类型文化遗址。其独特的地理位置和丰富的文化堆积层，对浙江古文化的南北交流融合起着重要作用，为研究钱塘江口的变迁提供了一定的实物资料。蜀山曾经被肆意开采，诸多文物也被一些不法分子盗取过。“特别是20世纪80年代初期，那时候我们只知道战胜自然、利用自然为我们服务，几乎没有人意识到蜀山历史遗迹保护的重要性。再加上管理相对不完善，没有人对此进行监管，有些知道文物有价值的人就专门到山上来盗取，那时候确实损失了不少文物。但现在蜀山早已被保护起来，我们这一带的每一个人都将其看作这里的文化标签，静静地守护着它，对外宣传着它的价值。”屠世川说道。

文物是历史的一种见证，认识历史才能更好地认识当下，才能照见未来。

（采写：田振华）

（摘自《拓荒留痕——钱塘新区70年70人报告文学集》）

索 引

说 明:

一、本类目设主题索引、资料和表3个分目。

二、主题索引采用分析索引方法，中文标目按第一个字汉语拼音（同音字按声调）顺序排列；第一字相同，按第二个字音序排列，依次类推。数字、英文字母开头的标目则按数字和英文字母顺序排列。

标目后的阿拉伯数字表示内容所在页码。数字后的英文字母a、b分别表示从左到右第一、二栏。标目后有多个页码的，则表示相关信息在这些页码中均出现。副标目或说明语缩后两个汉字放在主标目下面。

本年鉴的“特载”“专文”“大事记”“统计资料”“附录”均未做主题索引。

三、表格按序号排列，仅标注所在页码，不标注分栏。

四、资料按标题第一字汉语拼音（同音字按声调）顺序排列；第一字相同，按第二字音序排列，依次类推。所在位置标注方法同上。

主题索引

J

R

S

图表索引

图书在版编目（CIP）数据

杭州钱塘新区年鉴. 2020 / 杭州钱塘新区地方志编纂委员会办公室编. -- 北京：方志出版社，2020.9

ISBN 978-7-5144-4563-3

Ⅰ. ①杭… Ⅱ. ①杭… Ⅲ. ①区（城市）— 杭州 — 2020 — 年鉴 Ⅳ. ①Z525.54

中国版本图书馆CIP数据核字（2020）第247421号

杭州钱塘新区年鉴（2020）

编　　者：杭州钱塘新区地方志编纂委员会办公室
责任编辑：王　娜

出 版 者：方 志 出 版 社
　　　　　地址　北京市朝阳区潘家园东里9号（国家方志馆4层）
　　　　　邮编　100021
　　　　　网址　http://www.zgfzcb.cn
发　　行：方志出版社图书经销中心
　　　　　电话(010)　67110500
经　　销：各地新华书店
印　　刷：南京凯德印刷有限公司

开　　本：889×1194　　1/16
印　　张：24
字　　数：794千字
版　　次：2020年9月第1版　　2020年9月第1次印刷
印　　数：0001～1000册

ISBN　978-7-5144-4563-3　　定价：360.00元